3042

Jardin des lettres

Programme 2016

Français 3e

CYCLE 4

W0392761

Sous la direction d'Évelyne Ballanfat

Magali Brunel
Enseignante en ESPE, Chambéry (73)

Pierre-Alain Caltot
Professeur au lycée Paul Eluard, Saint-Denis (93)

Claire Chauvin
Professeure au lycée polyvalent La Baugerie, Saint-Sébastien-sur-Loire (44)

Cécile Kohn
Professeure au collège Didier Daurat, Le Bourget (93)

Guillaume Loock
Professeur au collège Gustave Courbet, Pierrefite-sur-Seine (93)

Hélène Solnica
Professeure au collège Rosa Luxemburg, Aubervilliers (93)

Coraline Soulier
Professeure au lycée Louis Pasteur, Lille (59)

Ont également participé : Alexandra Bonvalot (Aubervilliers, 93), Yves Caron (Liévin, 62), Stéphane Chantoiseau (Vitry-sur-Seine, 94), Florence Digne (Les Pavillons-sous-Bois, 93), Coralie Doux-Pouget (Douai, 59), Myriam Dufour (Lomme, 59), Amandine Herse (Aubervilliers, 93), Karine Hurtevent (Ivry-sur-Seine, 94), Élise Jaillet (Roubaix, 59), Maud Lapoussière (Rosny-sous-Bois, 93), Apolline Larroumets (Ivry-sur-Seine, 94), Anne-Paule Paes (Aubervilliers, 93), Claire Montanari (Chennevières-sur-Marne, 94), André Rehbinder (Sarcelles, 95), Irène Stavridis (Stains, 93), Séverine Yvon (Neuville-en Ferrain, 59).

Remerciements à Élodie Bouchiche (L'Isle-d'Abeau, 38), Emeline Cardonna-Coquio (Joué-lès-Tours, 37), Fabienne Castaner (Witry-lès-Reims, 51), Carine Leprêtre (Amiens, 80) et Patricia Lopes (Gueux, 51) pour leurs relectures et suggestions, ainsi qu'à tous les enseignants qui ont participé aux études menées sur ce manuel.

5 minutes avec...

Les auteurs et les éditions Magnard remercient vivement pour leur contribution :
Myriam Anissimov, écrivaine et journaliste,
Côme Fabre, conservateur au musée du Louvre,
Sophie Hélène, lauréate du concours d'éloquence Lysias,
Éric-Emmanuel Schmitt, écrivain et metteur en scène,
Michel Vuillermoz, comédien, sociétaire de la Comédie-française.

Ce manuel applique les recommandations orthographiques de 1990, mentionnées dans le BO n° 11 du 26 novembre 2015. Seuls les extraits d'œuvres littéraires n'ont pas été modifiés.

MAGNARD
www.magnard.fr

Programme d'enseignement du cycle des approfondissements (cycle 4) – Français

Extrait du *Bulletin officiel spécial* n° 11 du 26 novembre 2015

L'enseignement du français joue au cycle 4, comme dans les cycles précédents, un rôle décisif dans la réussite scolaire, tant pour le perfectionnement des compétences de lecture et d'expression utilisées dans tous les champs de la connaissance et de la vie sociale que pour l'acquisition d'une culture littéraire et artistique.
Au cycle 3, les élèves ont développé des capacités à lire, comprendre et interpréter des documents de natures diverses, particulièrement des textes littéraires. Ils ont enrichi leurs compétences de communication et d'expression, écrites et orales, dans des situations de plus en plus complexes, structurant leurs connaissances et élaborant une pensée propre. Ils sont entrés dans une étude de la langue explicite et réflexive, au service de la compréhension et de l'expression.

L'enseignement du français en cycle 4 constitue une étape supplémentaire et importante dans la construction d'une pensée autonome appuyée sur un usage correct et précis de la langue française, le développement de l'esprit critique et de qualités de jugement qui sont nécessaires au lycée.

Cet enseignement s'organise autour de compétences et de connaissances qu'on peut regrouper en trois grandes entrées :
– le développement des **compétences langagières** orales et écrites en réception et en production ;
– l'approfondissement des **compétences linguistiques** qui permettent une compréhension synthétique du système de la langue, incluant systèmes orthographique, grammatical et lexical ainsi que des éléments d'histoire de la langue (en lien avec les langues anciennes et les langues vivantes étrangères et régionales) ;
– la constitution d'une **culture littéraire et artistique** commune, faisant dialoguer les œuvres littéraires du patrimoine national, les productions contemporaines, les littératures de langue française et les littératures de langues anciennes et de langues étrangères ou régionales, et les autres productions artistiques, notamment les images, fixes et mobiles.

Le professeur de français veille à articuler les différentes composantes de son enseignement, en organisant les activités et les apprentissages de façon cohérente, autour d'objectifs convergents, par périodes et en construisant sur l'année scolaire une progression de son enseignement adaptée aux besoins de ses élèves. Ainsi, le travail mené pour développer les compétences langagières orales et écrites est effectué en lien étroit avec la découverte et l'étude de textes littéraires et d'œuvres artistiques, choisis librement par le professeur en réponse aux questionnements structurant la culture littéraire et artistique au cycle 4.

Le travail en français, dans les différents cadres possibles (cours de français, accompagnement personnalisé, enseignements pratiques interdisciplinaires...), permet de nombreux et féconds croisements entre les disciplines. Tant sur le plan culturel que sur le plan linguistique, le professeur de français veille tout particulièrement à ménager des rapprochements avec les langues et cultures de l'Antiquité. Il puise aussi librement dans les thématiques d'histoire des arts pour élaborer des projets et établir des liens entre les arts du langage, les autres arts et l'histoire. En outre, l'enseignement du français joue un rôle déterminant dans l'éducation aux médias et à l'information : les ressources du numérique trouvent toute leur place au sein du cours de français et sont intégrées au travail ordinaire de la classe, de même que la réflexion sur leurs usages et sur les enjeux qu'ils comportent. Enfin, l'enseignement du français contribue fortement à la formation civique et morale des élèves, tant par le développement de compétences à argumenter que par la découverte et l'examen critique des grandes questions anthropologiques, morales et philosophiques soulevées par les œuvres littéraires.

Des interviews exclusives

Des entretiens vidéo exclusifs que nous ont accordés des écrivains, journalistes, metteurs en scène...

« Une œuvre se nourrit de tout, elle transmue tout. »
Myriam Anissimov, auteure de la biographie de R. Gary, *Romain Gary, le caméléon*, raconte aux élèves des épisodes de la vie de cet auteur. → **p. 58**

« De ce chatoiement de couleurs naît une poésie qui est liée à ce qu'on imaginait de l'Orient. »
Côme Fabre, conservateur au musée du Louvre, commente pour les élèves un tableau d'E. Delacroix, *Femmes d'Alger dans leur appartement.* → **p. 152, 161**

« La parole, c'est aussi un moyen de se faire respecter. »
Sophie Hélène, lauréate du concours d'éloquence Lysias, expose aux élèves les qualités d'un bon orateur et leur explique pourquoi l'art oratoire est toujours d'actualité. → **p. 218**

« C'est avec le chant que nous sommes arrivés à l'indépendance. »
Jean Métellus, poète, donne aux élèves sa perception du rôle du poète dans la société, en particulier en Haïti (dans une interview accordée en 2012). → **p. 200**

« Faire bouger les frontières intérieures du lecteur. »
Éric-Emmanuel Schmitt, écrivain et metteur en scène, parle aux élèves du pouvoir du romancier et évoque certaines de ses pièces : *Le Journal d'Anne Frank* et *Golden Joe.* → **p. 97, 179**

« Il y a une dimension héroïque, un peu de l'ordre du conte [chez cet auteur du XVIIe siècle] qui a écrit deux livres sur les "États et empires de la Lune". »
Michel Vuillermoz, comédien, sociétaire de la Comédie-française, parle aux élèves de Cyrano de Bergerac, le personnage réel qui a inspiré E. de Rostand. → **p. 136, 239**

Retrouvez d'autres interviews dans la collection *Jardin des Lettres*.

- En 6e :
  Pascale Bordet (créatrice de costumes)
  Marie Desplechin (écrivain)
  François Place (auteur-illustrateur)
  Olivier Py (dramaturge et metteur en scène)
- En 5e :
  Florence Aubenas (journaliste et écrivain)
  Azouz Begag (écrivain et homme politique)
  Marie Desplechin (écrivain)
  Jean-Christophe Rufin (diplomate, écrivain et médecin)
  Michel Tozzi (philosophe)
- En 4e :
  Florence Aubenas (journaliste et écrivain)
  Gérard Audinet (directeur des Maisons de Victor Hugo)
  Jérôme Mesnager (peintre de rue)
  Michel Vuillermoz (comédien, sociétaire de la Comédie-française)

Des extraits vidéo

Pour rendre plus vivantes certaines œuvres, aborder avec les élèves le travail de mise en scène ou leur faire découvrir des techniques cinématographiques.

Voici la liste des extraits vidéo proposés dans ce manuel :

- ***Les Fourberies de Scapin,*** mises en scène de Colette Roumanoff, 2011, et de Jacques Échantillon, 1973 → **p. 90**
- ***Topaze,*** film de Marcel Pagnol, 1933 → **p. 95**
- ***La Ferme des animaux,*** extrait du dessin animé de J. Halas et J. Batchelor, 1954 → **p. 105**
- **« L'après-dîner »,** Sylvie Joly, 1980 → **p. 118**
- ***Frankenstein,*** film de James Whale, 1931 → **p. 225**
- ***The Truman Show,*** film de Peter Weir, 1998 → **p. 229**
- ***Prométhée,*** chanson interprétée par Claude Nougaro, 1981 → **p. 233**
- ***2001, l'Odyssée de l'espace,*** film de Stanley Kubrick, 1968 → **p. 244**
- ***E.T. l'extra-terrestre,*** film de Steven Spielberg, 1982 → **p. 244**
- ***A.I. Intelligence artificielle,*** film de Steven Spielberg, 2001 → **p. 255**

Des exercices interactifs

Dans la partie « Étude de la langue », vous trouverez des EXOS + :

- 76 fiches d'**exercices complémentaires** sous forme modifiable ;
- 38 **exercices interactifs** en auto-évaluation.

+ un « **Tuto vidéo** » pour apprendre à créer une carte mentale

Collège

20..... - 20..... : ....

20..... - 20..... : ....

20..... - 20..... : ....

20..... - 20..... : ....

20..... - 20..... : ....

Compétences travaillées	Domaines du socle
Comprendre et s'exprimer à l'oral • Comprendre et interpréter des messages et des discours oraux complexes. • S'exprimer de façon maitrisée en s'adressant à un auditoire. • Participer de façon constructive à des échanges oraux. • Exploiter les ressources expressives et créatives de la parole.	**1, 2, 3**
Lire • Lire des images, des documents composites (y compris numériques) et des textes non littéraires. • Lire des œuvres littéraires, fréquenter des œuvres d'art. • Élaborer une interprétation de textes littéraires.	**1, 5**
Écrire • Utiliser l'écrit pour penser et pour apprendre. • Adopter des stratégies et des procédures d'écriture efficaces. • Exploiter des lectures pour enrichir son écrit.	**1**
Comprendre le fonctionnement de la langue • Connaitre les aspects fondamentaux du fonctionnement syntaxique. • Connaitre les différences entre l'oral et l'écrit. • Maitriser la forme des mots en lien avec la syntaxe. • Maitriser le fonctionnement du verbe et son orthographe. • Maitriser la structure, le sens et l'orthographe des mots. • Construire les notions permettant l'analyse et la production des textes et des discours. • Utiliser des repères étymologiques et d'histoire de la langue.	**1, 2**
Acquérir des éléments de culture littéraire et artistique • Mobiliser des références culturelles pour interpréter les textes et les productions artistiques et littéraires et pour enrichir son expression personnelle. • Établir des liens entre des productions littéraires et artistiques issues de cultures et d'époques diverses.	**1, 5**

Les enseignements pratiques interdisciplinaires (cycle 4)

Extrait de la *Circulaire* n° 2015-106 du 30 juin 2015

Les enseignements pratiques interdisciplinaires concernent les élèves du cycle 4. Ils permettent de construire et d'approfondir des connaissances et des compétences par une **démarche de projet** conduisant à une **réalisation concrète**, individuelle ou collective (qui peut prendre la forme d'une présentation orale ou écrite, de la constitution d'un livret ou d'un carnet, etc.). […]
Toutes les disciplines d'enseignement contribuent aux enseignements pratiques interdisciplinaires. […] Les enseignements pratiques interdisciplinaires contribuent, avec les autres enseignements, à la mise en œuvre du **parcours citoyen**, du **parcours d'éducation artistique et culturelle** ainsi que du **parcours Avenir**. […]
Les enseignements pratiques interdisciplinaires sont des temps privilégiés pour développer les compétences liées **à l'oral**, **l'esprit créatif** et **la participation** : les élèves apprennent à s'inscrire dans un travail en équipe, à être force de proposition, à s'exprimer à l'oral, à conduire un projet, individuel ou collectif.

lienmini.fr/jdl-001

Retrouvez à l'adresse ci-dessus des propositions pour mettre en œuvre les EPI.

Culture littéraire et artistique en classe de 3e

Extrait du *Bulletin officiel spécial* n° 11 du 26 novembre 2015

Se chercher, se construire Se raconter, se représenter

Enjeux littéraires et de formation personnelle :

- découvrir différentes formes de l'écriture de soi et de l'autoportrait ;
- comprendre les raisons et le sens de l'entreprise qui consiste à se raconter ou à se représenter ;
- percevoir l'effort de saisie de soi et de recherche de la vérité, s'interroger sur les raisons et les effets de la composition du récit ou du portrait de soi.

Indications de corpus :

On étudie :

- un livre relevant de l'autobiographie ou du roman autobiographique (lecture intégrale) ou
- des extraits d'œuvres de différents siècles et genres, relevant de diverses formes du récit de soi et de l'autoportrait : essai, mémoires, autobiographie, roman autobiographique, journaux et correspondances intimes, etc. Le groupement peut intégrer des exemples majeurs de l'autoportrait ou de l'autobiographie dans d'autres arts (peinture, photographie ou images animées – vidéo ou cinéma).

Vivre en société, participer à la société Dénoncer les travers de la société

Enjeux littéraires et de formation personnelle :

- découvrir des œuvres, des textes et des images à visée satirique, relevant de différents genres et formes, et d'arts différents ;
- comprendre les raisons, les visées et les modalités de la satire, les effets d'ironie, de grossissement, de rabaissement ou de déplacement dont elle joue, savoir en apprécier le sel et en saisir la portée et les limites ;
- s'interroger sur la dimension morale et sociale du comique satirique.

Indications de corpus :

On étudie :

- des œuvres ou textes de l'Antiquité à nos jours, relevant de différents genres ou formes littéraires (particulièrement poésie satirique, roman, fable, conte philosophique ou drolatique, pamphlet) et
- des dessins de presse ou affiches, caricatures, albums de bande dessinée. On peut aussi exploiter des extraits de spectacles, d'émissions radiophoniques ou télévisées, ou de productions numériques à caractère satirique.

Regarder le monde, inventer des mondes Visions poétiques du monde

Enjeux littéraires et de formation personnelle :

- découvrir des œuvres et des textes relevant principalement de la poésie lyrique du romantisme à nos jours ;
- comprendre que la poésie joue de toutes les ressources de la langue pour célébrer et intensifier notre présence au monde, et pour en interroger le sens ;
- cultiver la sensibilité à la beauté des textes poétiques et s'interroger sur le rapport au monde qu'ils invitent le lecteur à éprouver par l'expérience de leur lecture.

Indications de corpus :

On étudie :

- des poèmes ou des textes de prose poétique, du romantisme à nos jours, pour faire comprendre la diversité des visions du monde correspondant à des esthétiques différentes ;

le groupement peut intégrer des exemples majeurs de paysages en peinture.

Agir sur le monde Agir dans la cité : individu et pouvoir

Enjeux littéraires et de formation personnelle :

- découvrir des œuvres et textes du XXe siècle appartenant à des genres divers et en lien avec les bouleversements historiques majeurs qui l'ont marqué ;
- comprendre en quoi les textes littéraires dépassent le statut de document historique et visent au-delà du témoignage, mais aussi de la simple efficacité rhétorique ;
- s'interroger sur les notions d'engagement et de résistance, et sur le rapport à l'histoire qui caractérise les œuvres et textes étudiés.

Indications de corpus :

On étudie :

- en lien avec la programmation annuelle en histoire (étude du XXe siècle, thème 1 « L'Europe, un théâtre majeur des guerres totales »), une œuvre ou une partie significative d'une œuvre portant un regard sur l'histoire du siècle – guerres mondiales, société de l'entre-deux-guerres, régimes fascistes et totalitaires (lecture intégrale).

On peut aussi étudier des extraits d'autres œuvres, appartenant à divers genres littéraires, ainsi que des œuvres picturales ou des extraits d'œuvres cinématographiques.

Questionnement complémentaire Progrès et rêves scientifiques

Enjeux littéraires et de formation personnelle :

- s'interroger sur l'idée du progrès scientifique, cher au XIXe siècle, tantôt exalté et mythifié, tantôt objet de répulsion ou de désillusion ;
- poser la question des rapports entre les sciences et la littérature, notamment à travers des œuvres mettant en scène la figure du savant, créateur du bonheur de demain ou figure malfaisante et diabolique ;
- interroger l'ambition de l'art à penser, imaginer, voire anticiper le progrès scientifique et technologique.

Indications de corpus :

On peut étudier des romans et des nouvelles de science-fiction et des récits d'anticipation.

On peut aussi avoir recours à des textes et documents issus de la presse et des médias (articles de journaux ou de revues, enregistrements radio ou télévisés, médias numériques).

Feuilletez votre manuel !

Vous y trouverez…

… pour faciliter l'ÉTUDE DE LA LANGUE

- des **Ateliers de classe** pour **réfléchir collectivement** au fonctionnement de la langue, au sens des mots de la grammaire ; pour faire des hypothèses avant de formuler des règles ;
- des **LEÇONS** synthétiques, accompagnées de schémas visuels variés ;
- des **exercices progressifs** mettant en œuvre la **pédagogie différenciée**, pour permettre à chacun de travailler selon ses besoins ;
- la **Grammaire pour dire et pour écrire** dans les Parcours et les Ateliers, pour **lier l'étude de la langue et des textes**.

… des ATELIERS

pour **S'EXPRIMER** et **SE METTRE EN ACTIVITÉ**.

- À réaliser, **seul(e) ou en groupe**, une production définie dans un **projet**.
- Pour chaque atelier, des **Méthodes** aident à maitriser les compétences nécessaires.
- Voici quelques exemples d'ateliers : parler de soi dans **une lettre**, rédiger et interpréter un **sketch satirique**…

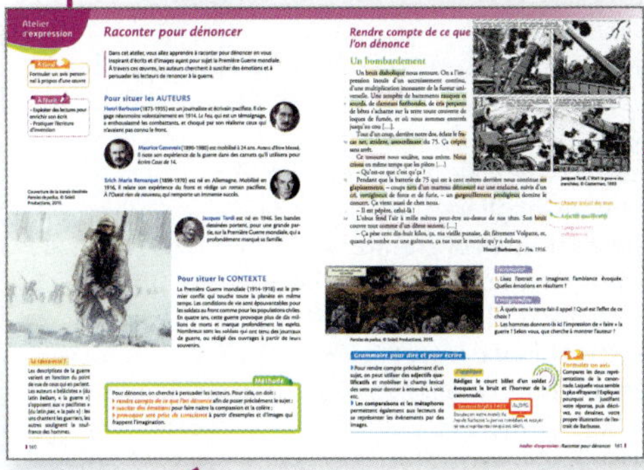

… des interviews

pour partager « **5 minutes avec** » des écrivains (**Jean Métellus, Éric-Emmanuel Schmitt** et **Myriam Anissimov**), un conservateur de musée (**Côme Fabre**), un comédien (**Michel Vuillermoz**), une lauréate de concours d'éloquence (**Sophie Hélène**), pour comprendre pourquoi et comment ils écrivent, voient le monde…

… des ANIMATIONS des extraits AUDIO et VIDÉO

pour accéder aux textes et à l'art par **les yeux et par la voix**, en favorisant la dimension **orale** et en proposant une approche **interactive**.

… des PARCOURS

pour **COMPRENDRE** et **ANALYSER** des textes et des images à travers :

- un **thème**, un **genre** littéraire, une vie/une œuvre d'**écrivain** ;
- des axes de lecture, des **questionnaires** ouverts avec des **objectifs** clairs, qui aident à entrer dans les textes ;
- des **activités** à faire individuellement ou en groupe, pour construire une réflexion personnelle.

… des DOSSIERS

pour **APPRENDRE** et **SE CULTIVER** en découvrant de manière **ludique** des **œuvres d'art**, des **mouvements littéraires** ou **culturels** inscrits dans leur époque.
Ces dossiers qui croisent d'autres disciplines constituent des **pistes EPI**.

BREVET — Au fil des pages, retrouvez des activités, et à la fin du manuel, une méthode et un sujet guidé.

Compétences langagières & Culture littéraire et artistique travaillées dans le manuel

À l'oral

À l'écrit

Atelier d'ouverture — *Créer un selfie littéraire ou artistique*

Se chercher, se construire

Thème 1 Se raconter, se représenter

5 minutes avec... interviews — extraits d'œuvres lues — extraits vidéo — activités +

Vivre en société, participer à la société

Thème 2 Dénoncer les travers de la société

Regarder le monde, inventer des mondes

Thème 3 Visions poétiques du monde

Agir sur le monde

Thème 4 Agir dans la Cité : individu et pouvoir

Questionnement Progrès et rêve scientifique

PARCOURS Un thème — Les personnages de créateurs, êtres bienfaiteurs ou figures maléfiques ?

Dossier — Le mythe de Prométhée, entre littérature et progrès scientifiques

PARCOURS Un thème — La Lune, entre sciences et littérature (pistes EPI)

Dossier — Représenter l'Autre dans le cinéma de Science-fiction (pistes EPI)

PARCOURS Une œuvre intégrale — *Le Robot qui rêvait*, ISAAC ASIMOV (Texte intégral)

Atelier d'expression — *Écrire un article critique*

À partir d'un film de S. SPIELBERG, d'une œuvre d'E. BILAL, de l'ouvrage collectif *L'Humain augmenté* et d'un roman de F. HADJADJ

- Rechercher des documents et définir ses premières impressions
- Définir le sujet et comprendre le thème
- Distinguer thèse / arguments / exemples
- Comprendre les limites d'une argumentation / élargir la thèse

Compétences linguistiques – L'étude de la langue

Une progression méthodique qui vise à acquérir des connaissances grammaticales mais aussi des savoir-faire pour bien analyser les textes et savoir s'exprimer.

• Un premier atelier, appelé **« Les gestes du grammairien »,** apprend à identifier les **différentes formes de manipulation** (suppression, déplacement, remplacement, expansion/réduction, transformation) qui seront utilisées tout au long de l'année.

• Au début de chaque chapitre, un **atelier de classe** permet une **mise en activité** pour mener en groupe, à l'écrit et à l'oral, des recherches conduisant à : des **investigations,** des **émissions d'hypothèses,** des mises en commun, des **confrontations,** pour parvenir à la **formulation de règles.** L'atelier fait découvrir ou redécouvrir par soi-même tout ce qu'il faut savoir pour bien comprendre les leçons du chapitre.

• **38 leçons synthétiques** proposent **d'apprendre et d'appliquer** selon ce schéma : page de gauche, des « activités » pour découvrir la notion grâce à des recherches ; page de droite, un encadré de leçon comportant les éléments essentiels pour apprendre, avec un schéma pour retenir, et la rubrique « pour dire, pour écrire », qui donne des conseils à l'écrit ou à l'oral ; des exercices pour appliquer, ainsi que des liens vers d'autres activités en ligne. Ces exercices sont classés **par compétences** : repérer, manipuler, écrire, préparer une dictée, produire à l'oral…

• Des **bilans** permettent d'évaluer ce que l'on sait faire, et viennent clore le chapitre. Chacun se compose d'un texte littéraire, assez court, permettant de **réinvestir** les notions nouvellement acquises et celles vues antérieurement. Trois séries de consignes de niveaux différents mais avec le même type d'activités proposent un travail en **pédagogie différenciée** pour permettre une évaluation valorisante.

Pour chaque leçon, retrouvez des EXOS+
- 2 fiches **d'exercices supplémentaires**
- 4 **exercices interactifs** en autoévaluation.

La phrase

Le texte

Le lexique

La formation des mots

- La formation des mots ... 5 ... 3
- Ortho Les préfixes • Les suffixes ... 4
- Les familles de mots ... 4
- Origine et famille de mots ... 3

Le sens des mots

- Les synonymes et les antonymes ... 5
- Ortho La polysémie ... 5
- Les champs lexicaux ... 5
- Le sens propre et le sens figuré ... 4
- Ortho Les homophones et les homonymes ... 3
- Le vocabulaire péjoratif et mélioratif ... 4
- Dénotation et connotation ... 3

Vocabulaire

- La nature, les sensations ... 5
- L'inconnu, l'autre ... 5
- Le héros ... 5
- Le merveilleux, l'émerveillement ... 5
- Le vocabulaire des sentiments ... 4
- Les genres et registres littéraires ... 4
- Le lexique de la poésie ... 4
- Le vocabulaire de l'analyse littéraire ... 3

Les figures de style

- Les images : comparaison, métaphore, hyperbole ... 5
- Figures de style : les images ... 4
- Les figures de l'insistance ... 4
- Vocabulaire et figures de style : insister, exagérer ... 3
- Vocabulaire et figures de style : juger, s'opposer, s'engager ... 3
- Les figures de style : outils de mémorisation ... 3

Autour du nom

- Les déterminants et les pronoms ... 5
- Les déterminants et les pronoms indéfinis ... 4
- L'adjectif épithète et le complément du nom ... 5
- Ortho Les accords de l'adjectif ... 5
- Ortho Le pluriel des noms composés ... 4
- Ortho Les accords dans le groupe nominal ... 3
- Les degrés de l'adjectif ... 5
- La proposition subordonnée relative ... 5 ... 3
- Les expansions du nom ... 4 3
- L'apposition ... 3

Le verbe

Modes, temps et valeur des temps

- Ortho Le présent de l'indicatif (verbes irréguliers) ... 5
- Le futur et le conditionnel ... 5
- L'imparfait et le passé simple ... 5
- Les temps composés de l'indicatif ... 5
- L'impératif ... 5
- Le subjonctif présent ... 4
- Les modes impératif, conditionnel et subjonctif ... 3
- Participe présent et adjectif verbal ... 3

Le verbe et ses compléments

- Attribut du sujet ... 5
- Compléments d'objet ... 5
- Les compléments essentiels ... 4 3
- Les verbes attributifs ... 4
- Les verbes transitifs et intransitifs ... 4
- Les différentes constructions de verbe ... 3

Formes et voix

- Formes pronominale et impersonnelle ... 5
- La voix active et la voix passive • Le complément d'agent ... 4
- Les voix du verbe • Les formes pronominale et impersonnelle ... 3
- Les périphrases verbales ... 3

Accords et difficultés orthographiques

- Ortho Les particularités des verbes du 3e groupe ... 4
- Ortho Les accords sujet-verbe ... 5
- Ortho Les accords complexes sujet-verbe ... 4
- Ortho Les accords du participe passé ... 5
- Ortho Les accords complexes du participe passé ... 3
- Ortho L'attribut du COD et son accord ... 3
- Ortho Les verbes pronominaux et leur accord ... 3

la langue : mise en perspective dans *Jardin des Lettres* cycle 4

La phrase

Former une phrase

- Les types et formes de phrases 5 3
- Phrase simple et phrase complexe 5
- Juxtaposition et coordination 5
- La phrase complexe 4
- La proposition subordonnée complétive 3
- L'emploi du subjonctif dans les propositions subordonnées conjonctives 4
- Les emplois du subjonctif 3
- Les emplois du conditionnel 3
- La phrase : outils de mémorisation 3

Utiliser les mots outils

- **Ortho** Les conjonctions de coordination 5
- Les conjonctions de subordination 4
- Le mot *que* 3

Employer les compléments circonstanciels

- Les compléments circonstanciels de temps et lieu, moyen et manière 5
- Les compléments circonstanciels de cause, conséquence et but 5
- Les propositions subordonnées circonstancielles de temps 4
- Les propositions subordonnées circonstancielles de cause et de conséquence 4
- Les nuances des compléments circonstanciels 3
- Les compléments circonstanciels de but, de cause, de conséquence et de temps 3
- Les compléments circonstanciels de condition, d'opposition et de concession 3

Le texte

Situer et énoncer

- Les valeurs des temps du récit 5
- La situation d'énonciation 4
- La situation d'énonciation dans différents genres littéraires 3
- Les repères spatio-temporels 5
- Les repères spatio-temporels et connecteurs logiques 4
- Les connecteurs narratifs et argumentatifs 3

Organiser une progression

- La description 5
- Les reprises pronominales 4
- Les reprises anaphoriques 3
- Thème et propos 3

Insérer un dialogue

- Le dialogue 5
- Les paroles rapportées : discours direct et indirect 4
- Les paroles rapportées 3

Argumenter et modaliser

- L'expression d'un choix personnel 5
- Exprimer un avis, une opinion, un jugement 4
- Les points de vue 4 3
- L'ironie • Implicite et explicite 3
- Les modalisateurs 3

Pour vous aider, des **schémas de synthèse** et des **tableaux de conjugaison** récapitulent les notions étudiées, les astuces orthographiques ainsi que les modèles de conjugaison. Des **cartes mentales à main levée** facilitent la mémorisation.

TUTO VIDEO **lienmini.fr/jdl-002**
Un « **Tuto vidéo** » pour apprendre à créer une carte mentale.

5 *Jardin des Lettres* 5e
4 *Jardin des Lettres* 4e
3 *Jardin des Lettres* 3e

Créer un selfie littéraire ou artistique

À l'oral

- Exprimer ses sensations, ses sentiments, un avis personnel
- Interagir dans une conversation, une situation de recherche

À l'écrit

- Exploiter des lectures pour enrichir son écrit
- Utiliser des stratégies pour trouver des idées
- Élaborer son selfie

Vous allez découvrir diverses manières de vous exprimer, de vous représenter. Pour cela, vous allez vous confronter à des portraits ou autoportraits, littéraires, picturaux ou photographiques. Vous travaillerez en petits groupes, avec des temps de réflexion individuelle. Vous étudierez la façon dont les artistes construisent les représentations d'eux-mêmes, pour aboutir à la création de votre propre autoportrait littéraire (ou selfie).

Jeunes gens prenant un *selfie* devant *Les Tournesols* de Vincent van Gogh à la National Gallery, Londres, 2014.

Méthode

Un **autoportrait** relève de l'expression de soi, mais les techniques mises en œuvre vont justement éviter à celui qui se décrit de trop s'exposer. Ainsi, il faut bien distinguer :

Ce qu'est un autoportrait :

- une représentation de soi qui obéit à certaines règles : être présent(e) sur l'image ou, dans un texte, s'exprimer à la première personne ;
- une manière de mettre en valeur un aspect de notre personnalité, à un moment donné de notre vie ;
- un jeu avec notre physique et notre caractère, qui nous permet de nous protéger et de nous révéler à la fois, grâce à l'utilisation de techniques artistiques comme celles que vous allez étudier.

Ce que n'est pas un autoportrait :

- un portrait neutre ou un texte qui n'exprime rien de la personnalité de son auteur ;
- un jugement définitif sur ce que nous sommes ; un résumé complet de notre personnalité tendant à l'exhaustivité.

Débattre

Se consacrer à l'étude de soi, est-ce dangereux ? Selon votre avis, répartissez-vous en deux groupes dans la classe, puis écoutez et échangez vos idées.

John William Waterhouse, *Écho et Narcisse* (détail), 1903, huile sur toile (107,5 x 236 cm), Walker Art Gallery, National Museums, Liverpool (Angleterre).

Lecture d'image

La nymphe Écho est amoureuse de Narcisse ; celui-ci reste sourd à ses appels, car il est perdu dans la contemplation de son reflet dans l'eau. Bientôt, fasciné par la beauté de son image, il cherche à l'étreindre. Il tombe dans l'eau et se noie.

1. Dans le résumé du mythe, relevez les éléments qui montrent le rapport entre « narcissisme » et « égoïsme ». Vous prendrez soin de définir ce mot.

2. Sur le tableau de Waterhouse, de quelle manière le souci exclusif de soi qu'a Narcisse est-il mis en évidence ? Étudiez la disposition des personnages, les regards, la position des corps et des mains.

Se montrer avec confiance

Audrey Hepburn en 1957 (photographie parue dans un magazine).

Audrey Hepburn en 1955, photographie de **Philippe Halsman**.

Lecture d'images

1. Trouvez trois adjectifs pour décrire la comédienne sur chaque portrait.
2. D'après vous, sur quelle photographie Audrey Hepburn exprime-t-elle le plus librement sa personnalité ? Justifiez votre réponse.

Portrait de **Philippe Halsman** par Yael Joel en 1952.

« Guidé par une profonde curiosité… »

Philippe Halsman (1906-1979) « attrappe le virus de la photographie à 15 ans », selon ses propres termes, en découvrant un vieil appareil photo dans le grenier de ses parents. Il élabore peu à peu son style personnel et devient l'un des maitres de l'art du portrait au XXe siècle.

J'ai demandé à chaque personne célèbre ou importante que je prenais en photo de sauter pour moi. J'étais guidé par une profonde curiosité. Après tout, la vie nous apprend à contrôler et à déguiser les expressions de notre visage. Mais elle ne nous apprend pas à contrôler nos sauts. Je voulais voir les gens célèbres révéler dans un saut leur ambition, ou leur manque d'ambition, leur confiance en eux ou leurs incertitudes, et plusieurs autres traits de caractère.

Site Internet de **Philippe Halsman**.
Traduction de nos auteurs.

Comprendre

1. Lisez l'extrait ci-contre pour comprendre la manière dont le photographe Philippe Halsman met en confiance les personnes qu'il photographie pour leur permettre de s'exprimer.
2. Que cherche-t-il à capter dans ses portraits ? Que veut-il éliminer ? Vous pouvez notamment vous appuyer sur le site internet de Philippe Halsman pour répondre :

ACTIVITÉ lienmini.fr/jdl3-T001

Saisir une personnalité

1. Vous tentez de saisir la vraie personnalité d'un(e) ami(e) que vous photographiez. Quelle stratégie, différente de celle de Philippe Halsmann, allez-vous imaginer ?
2. Et vous, que faut-il vous dire, ou vous faire faire, pour obtenir un portrait où vous êtes vraiment vous-même ?

Se montrer à son avantage

« De mon grand-père Verus : la bonté… »

Marc Aurèle (121-180), empereur romain, passe en revue les qualités qu'il a admirées chez ses proches, et qu'il s'est appropriées.

I. De mon grand-père Verus : la bonté coutumière, le calme inaltérable.

XV. De Maximus : être maître de soi et ne pas se laisser entraîner par rien ; la bonne humeur en toutes circonstances, même dans les maladies ; l'heureux mélange, dans le caractère, de douceur et de gravité ; l'accomplissement sans difficulté de toutes les tâches qui se présentaient ; la conviction où tous étaient qu'il parlait comme il pensait et qu'il agissait sans intention de mal faire […].

XVI. De mon père : la mansuétude, et l'inébranlable attachement aux décisions mûrement réfléchies ; l'indifférence pour la vaine gloire […] ; l'amour du travail et la persévérance […].

Marc Aurèle, *Pensées pour moi-même,* trad. M. Meunier,

Comprendre

1. Lisez l'extrait des *Pensées* de Marc Aurèle. Selon vous, à quoi peut servir un tel bilan ? Faites plusieurs hypothèses.

2. Est-on obligé(e) de dire la vérité, toute la vérité, quand on fait son autoportrait ? Quels avantages et quels inconvénients y voyez-vous ?

Faire la liste de ses qualités

À votre tour, faites une liste, la plus longue possible, des qualités que vous respectez chez vos parents ou amis, et que vous cultivez pour vous-même. N'hésitez pas à dire ce que vous appréciez en vous. Vous pourrez vous référer à cette liste quand vous élaborerez votre autoportrait.

Lecture d'image

1. En une phrase, expliquez ce qui se passe sur le tableau de Norman Rockwell.

2. De quels objets le peintre s'aide-t-il pour faire son autoportrait ? Commentez.

3. Quel(s) défaut(s) ont été corrigés, entre le visage original et sa copie ?

4. Qu'en concluez-vous sur la pratique de l'autoportrait ? Est-elle objective ?

Imaginer son autoportrait

Et vous ? Quel aspect, moral ou physique, aimeriez-vous supprimer de votre autoportrait ?

Norman Rockwell, *Triple Autoportrait,* 1960, huile sur bois (113,5 x 87,5 cm), musée Norman Rockwell, Stockbridge (États-Unis).

Se déguiser pour se révéler

Léonard de Vinci, *La Joconde* ou *Portrait de Mona Lisa,* 1503-1506, huile sur panneau de bois de peuplier (77 × 53 cm), musée du Louvre, Paris.

Portrait de **Yasumasa Morimura.**

Yasumasa Morimura, *Mona Lisa In Its Origins,* 1998, chromogenic print (77, 47 x 54, 61 cm), New York, Luhring Augustine.

Lecture d'images

1. Qu'est-il arrivé à la Joconde sur le tableau de Yasumasa Morimura ? Jouez au jeu des sept erreurs pour décrire sa transformation.
2. Face à cette transformation d'une œuvre d'art très connue, êtes-vous plutôt : choqué(e) ? amusé(e) ? interloqué(e) ? Expliquez pourquoi.
3. Que cherche à exprimer l'artiste au travers de son autoportrait en Joconde ?
4. Dites quelles sont les libertés prises par Yasumara Morimura.
5. Pensez-vous qu'un autoportrait puisse se faire à partir d'un autre support que sa propre image ? Justifiez votre point de vue.

Graine de savoir

« Selfie » est un mot d'origine britannique. Il peut être rapproché de l'anglais *self* (« soi-même »), mais aussi de *selfish* (« égoïste »). Les Québécois traduisent « selfie » par « autoportrait » et « égoportrait ». Renseignez-vous sur le sens du latin *ego* et du grec *auto* pour comprendre les nuances de ces traductions.

Faire un *selfie booth*

Le *selfie booth* est un jeu où les participants choisissent un accessoire amusant (grosses lunettes, moustaches postiches, chapeaux divers…) pour se prendre en photographie.

1. Choisissez un accessoire et prenez-vous en photographie avec l'objet choisi. Décrivez l'effet produit.
2. Avez-vous dit sur vous-même quelque chose de significatif ?
3. Quelle est la différence avec la démarche de Yasumara Morimura ? Qu'apporte-t-il de plus ?

Imaginer son autoportrait en œuvre d'art

Mettez-vous par groupe de deux pour cet exercice.

1. Si vous deviez faire votre autoportrait en œuvre d'art, quel tableau, quelle sculpture utiliseriez-vous ? Quel trait de votre personnalité souhaiteriez-vous mettre en valeur ?
2. Montrez cet autoportrait à un(e) camarade. Sa réaction vous surprend-elle ?

Chercher qui nous sommes

Découvrir

1. Quel évènement amène Stendhal à réfléchir sur lui-même ?

2. Sur quels éléments s'interroge-t-il pour se connaitre ?

Comprendre

3. Pensez-vous qu'il faille attendre la cinquantaine pour savoir qui l'on est ?

4. Quelles autres questions peut-on encore se poser pour se connaitre ?

« Il serait bien temps que je me connaisse… »

Stendhal (1783-1842) est en visite à Rome, lorsqu'il se rend compte que sa vie a passé bien vite, et qu'il se connait mal.

Ah ! dans trois mois j'aurai cinquante ans, est-il bien possible ! 1783, 93, 1803, je suis tout le compte sur mes doigts… et 1833 cinquante. Est-il bien possible ! cinquante ! Je vais avoir la cinquantaine […].

Je me suis assis sur les marches de San Pietro et là j'ai rêvé une heure ou deux à cette idée. Je vais avoir cinquante ans, il serait bien temps de me connaître. Qu'ai-je été, que suis-je, en vérité je serais bien embarrassé de le dire. […]

Qu'ai-je donc été ? Je ne le saurais. À quel ami, quelque éclairé qu'il soit, puis-je le demander ? M. di Fiori lui-même ne pourrait me donner d'avis. À quel ami ai-je jamais dit un mot de mes chagrins d'amour ? […]

Ai-je été un homme d'esprit ? Ai-je eu du talent pour quelque chose ? M. Daru disait que j'étais ignorant comme une carpe […].

Stendhal, *Vie de Henry Brûlard,* 1835.

Décrire son évolution

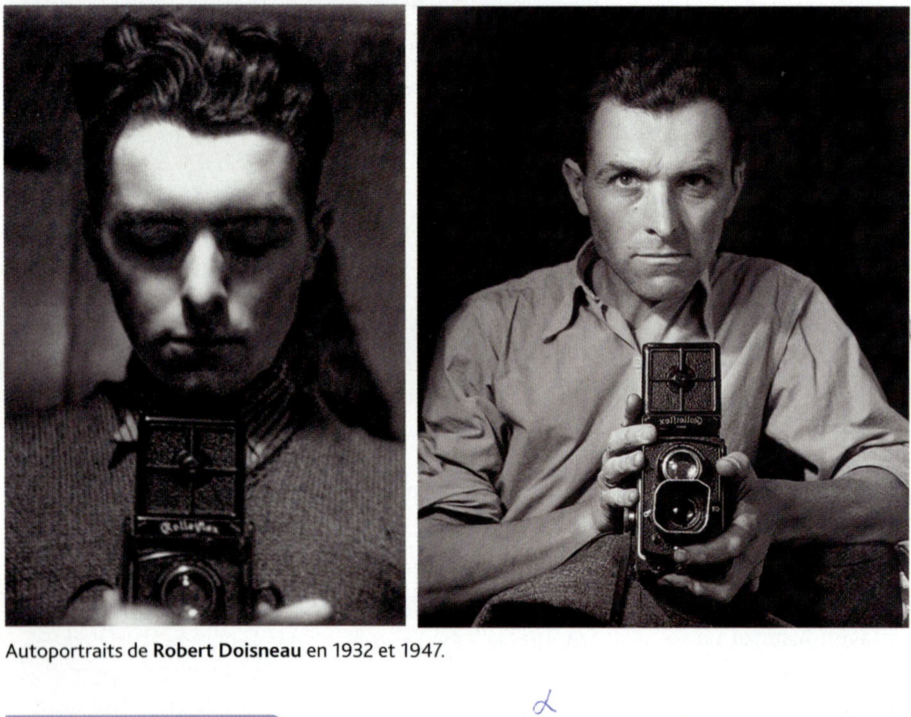

Autoportraits de **Robert Doisneau** en 1932 et 1947.

Lecture d'images

1. Le photographe Robert Doisneau s'est pris plusieurs fois en photographie au cours de sa vie. À votre avis, pourquoi ?

2. Quels sentiments traduit le premier autoportrait ? Et le second ?

3. Quelle évolution le rapprochement des deux images permet-il de deviner ? Qu'est-ce qui est resté semblable ?

Comparer deux portraits de soi

Choisissez, puis décrivez deux photographies de vous : l'une prise à votre entrée en CP, l'autre l'année dernière.

1. Qu'est-ce qui a changé dans votre façon de regarder le monde ?

2. Qu'avez-vous conservé de votre enfance ? Décrivez-vous d'abord physiquement, en abordant successivement les deux images. Ensuite, esquissez votre portrait moral.

Faire son autoportrait comme un écrivain

« Le spectateur me verrait à travers le pare-brise… »

Je me peins assise en voiture, à la « place du mort ». Le spectateur me verrait à travers le pare-brise. Je suis vêtue d'une robe légère, soyeuse, mais aux couleurs plutôt tristes pour une robe d'été : des motifs d'un bleu sombre sur un fond grisâtre. […] J'ai dans la main un appareil photo sur l'écran duquel apparaît le visage d'un jeune homme à la barbe et aux cheveux bruns, aux yeux presque noirs […] J'ai les yeux tournés vers l'appareil et je souris. Un sourire difficile à définir, à la fois fatigué et content, dépourvu de vraie gaieté, et cependant triomphant.

Sylvie Weil, *Selfies,* 2015, paru aux Éditions Buchet Chastel, © Libella, Paris, 2015.

Écrire un autoportrait

Vous pouvez vous inspirer de l'extrait de *Selfies* de Sylvie Weil pour commencer votre *selfie* littéraire.

1. Choisissez le lieu où vous posez. Quelles sont les raisons de votre choix ?
2. Décrivez ensuite votre tenue : que dit-elle de vous ?
3. Passez à votre position : que révèle-t-elle de votre histoire, de votre caractère ?
4. Quelle est, enfin, l'expression de votre visage ? Que dit-elle de vous ?

Débattre

Réagissez aux citations ci-dessous en justifiant votre propos.

- *« Quand on fait un autoportrait, on montre tout de soi. »*
- *« Le Moi est haïssable. » (Blaise Pascal)*
- *« Faire un portrait de soi, ou le faire faire, est une activité nouvelle et liée au développement des smartphones. »*
- *« Un autoportrait est forcément une image. »*
- *« Le selfie est une invention et une mode récentes. »*

S'exprimer à l'oral et à l'écrit

Vous allez faire votre portrait moral.

1. Pour vous aider, un(e) autre élève vous posera une série de questions, tirée du *Questionnaire* de Marcel Proust.
2. Ensuite, vous lui rendrez la pareille.
3. N'hésitez pas à vous référer à vos réponses pour construire votre *selfie*.

Le questionnaire de Proust

Le principal trait de mon caractère : ……………………
Ce que j'apprécie le plus chez mes amis : ……………
Mon rêve de bonheur : ……………………
Quel serait mon plus grand malheur ? ……………………
Où aimerais-je vivre ? ……………………
La couleur que je préfère : ……………………
Mes auteurs favoris : ……………………
Mes héros dans la fiction : ……………………
Mes compositeurs préférés : ……………………
Ce que je déteste par-dessus tout : ……………………
L'état présent de mon esprit : … ……………………
Ma devise : ……………………

Le saviez-vous ?

Marcel Proust (1871-1922) est l'auteur d'un immense roman : « À la recherche du temps perdu ». Il cherche à retrouver des moments de vie passés dans le surgissement des sensations et des souvenirs. Son questionnaire est issu d'un jeu d'origine anglaise, les « Confessions », auquel il avait joué adolescent. Quelques années plus tard, il en traduisit les questions et rédigea une nouvelle série de réponses.

lienmini.fr/jdl3-T002

Saisissez cette adresse sur votre navigateur et découvrez les réponses que Marcel Proust avait faites pour lui-même…

Thème 1

Se raconter,

Pour réaliser cette ouverture, nous avons utilisé deux fois la même sérigraphie.

se représenter

Andy Warhol, *Self-Portrait,* 1966, peinture acrylique et encre sérigraphique sur 9 toiles de 57,2 x 57,2 cm, dimension totale : 171,7 x 171,7 cm, Museum of Modern Art (MoMA), New York. © 2016. Digital image, The Museum of Modern Art, New York/Scala, Florence © The Andy Warhol Foundation for the Visual Arts, Inc. / ADAGP, Paris 2016.

PARCOURS un thème

Écriture de soi et autobiographie

Sandro Botticelli, *Saint Augustin dans sa cellule* (détail), vers 1490, tempera sur toile (41 x 27 cm), musée des Offices, Florence (Italie).

Dans ce parcours, vous allez découvrir comment les écrivains se sont autorisés progressivement à parler d'eux-mêmes ; c'est ainsi qu'ils ont réussi à se faire l'écho des expériences communes à tous les humains.

L'autobiographie dans l'Antiquité et au Moyen Âge

Dans l'Antiquité, le rôle de citoyen est au premier plan des préoccupations de chacun, mais cela n'exclut pas la réflexion personnelle sur soi en fonction de valeurs morales puisées dans la philosophie.

Texte 1 Un début de vie révélateur

Dans les premières lignes de ses Confessions, Augustin relate les premiers mois de sa vie : encore bébé, il tente de s'adresser à son entourage.

[J]e commençai à rire, en dormant d'abord, ensuite éveillé. […] [J]e voulais montrer mes volontés à qui pouvait les accomplir ; mais en vain : elles étaient au dedans, on était au dehors ; et nul sens ne donnait à autrui entrée dans mon âme. Aussi je me démenais de tous mes membres, de toute ma voix, de ce peu de signes, semblables à mes volontés, que je pouvais, tels que je les pouvais, et toutefois en désaccord avec elles. Et quand on ne m'obéissait point, faute de me comprendre ou pour ne pas me nuire, je m'emportais contre ces grandes personnes insoumises et libres, refusant d'être mes esclaves, et je me vengeais d'elles en pleurant. […] Déjà j'étais alors, et je vivais ; et déjà, sur le seuil de l'enfance, je cherchais des signes pour manifester mes sentiments.

Augustin d'Hippone, *Les Confessions,* Chapitre VI, trad. M. Raulx, 1864.

Biographie

Augustin d'Hippone
(354-430)

Après sa conversion au christianisme, il devient « docteur de l'Église » : on appelle ainsi les théologiens qui ont marqué la religion chrétienne par leur réflexion sur la définition de Dieu. Il est également l'auteur de la première autobiographie de la civilisation occidentale.

Graine de savoir

La « confession » est, au départ, un sacrement où les chrétiens avouent leurs péchés à un prêtre, afin d'en obtenir le pardon.

- Plusieurs autobiographies portent le nom de « confessions ». Recherchez le nom de leurs auteurs.
- Selon vous, que doit contenir une œuvre qui porte ce titre ?

Analyser un discours ironique

Entrer dans la lecture. Qu'est-ce qui, dès son plus jeune âge, parait déjà annoncer le futur auteur d'autobiographie ? Citez le texte.

1. Par quels rythmes et expressions le texte exprime-t-il les efforts de l'enfant qui cherche à communiquer ?

2. En citant le texte, donnez deux raisons qui poussent le bébé à vouloir se faire comprendre. Les adultes sont-ils sensibles à ses efforts ?

BILAN **3** Montrez comment la dernière phrase met en évidence la volonté d'Augustin de se prendre lui-même pour sujet.

Biographie

Charles d'Orléans
(1394-1465)

Prince de la famille royale française, il participe aux combats de la guerre de Cent Ans. Fait prisonnier par les Anglais, il consacre sa captivité à la rédaction des poèmes qui l'ont rendu célèbre jusqu'à notre époque.

Charles d'Orléans recevant l'hommage d'un vassal, détail d'une lettre historiée, vers 1460, Archives nationales, Paris.

Texte 2 Exprimer le mal du pays

Pendant la guerre de Cent Ans, Charles d'Orléans, prince français, est captif en Angleterre. Des côtes britanniques, il aperçoit son pays.

En regardant vers le pays de France,
Un jour m'advint, à Douvres sur la mer,
Qu'il me souvint de la douce plaisance
Que souloye[1] audit pays trouver ;
Si commençai de cœur à soupirer,
Combien certes que grand bien me faisoit
De voir France que mon cœur aimer doit.

Je m'avisai que c'était non savance[2]
De tels soupirs dedans mon cœur garder,
Vu que je vois que la voie commence
De bonne paix, qui tous biens peut donner
Pour ce, tournai en confort mon penser[3] ;
Mais non pourtant mon cœur ne se lassoit[4]
De voir France que mon cœur aimer doit.

Alors chargeai en la nef d'Esperance
Tous mes souhaits, en les priant d'aller
Outre la mer, sans faire demourance[5],
Et à France de me recommander.
Or nous donne Dieu bonne paix sans tarder !
Adonc aurai loisir, mais qu'ainsi soit,
De voir France que mon cœur aimer doit.

Envoi

Paix est trésor qu'on ne peut trop louer.
Je hais guerre, point ne la dois priser[6] ;
Détourné m'a longtemps, soit tort ou droit,
De voir France que mon cœur aimer doit.

Charles d'Orléans, « En regardant vers le pays de France », *Ballades.*

Repères littéraires

Ballade

Fréquente au Moyen Âge, la ballade est à l'origine une pièce musicale. Elle devient un poème formé de strophes égales, qui s'achève par un refrain. Le texte se clôt par un « envoi » et permet souvent l'expression de sentiments personnels.

Comprendre l'expression de la nostalgie

Entrer dans la lecture. Quel vers revient comme un refrain ? Commentez-le.

1. Quelles expressions traduisent l'état d'esprit du poète ?

2. Quelle image est associée à ses rêves d'avenir ? Commentez-la.

3. Reformulez avec vos propres mots l'idée essentielle contenue dans l'envoi.

BILAN **4** Quels sont les thèmes universels qui permettent au poète de faire entendre sa voix personnelle ?

1. **souloye :** j'avais l'habitude de…
2. **non savance :** folie.
3. **tournai… :** je changeai ma pensée en réconfort.
4. **mon cœur… :** mon cœur ne se lassait pas.
5. **sans faire demourance :** sans perdre de temps.
6. **priser :** apprécier.

Parler de l'Homme à la Renaissance

École française, *Portrait présumé de Montaigne*, vers 1578, huile sur bois (20,5 x 27 cm), musée Condé, Chantilly.

Texte 3 Présenter son œuvre au lecteur

Ces mots placés par Montaigne au début des Essais *mettent en place un lien particulier avec le lecteur.*

Ce livre, lecteur, est un livre de bonne foi. [...] c'est moi que je dépeins. Mes défauts s'y montreront au vif et l'on m'y verra dans toute mon ingénuité, tant au physique qu'au moral, autant du moins que les convenances le permettent. Si j'étais né parmi ces populations qu'on dit vivre encore sous la douce liberté des lois primitives de la nature, je me serais très volontiers, je t'assure, peint tout entier et dans la plus complète nudité. Ainsi, lecteur, c'est moi-même qui fais l'objet de mon livre ; peut-être n'est-ce pas là une raison suffisante pour que tu emploies tes loisirs à un sujet aussi peu sérieux et de si minime importance.

Montaigne, « Au lecteur », *Essais*, modernisation de nos auteurs, 1580.

Texte 4 Apprendre à se connaitre

Il n'y a pas d'homme à qui il aille si mal de se mêler de parler de mémoire, car je n'en trouve presque pas trace en moi, et je ne pense pas qu'il en existe une autre au monde qui soit si admirable en défaillance. J'ai toutes mes autres parties ordinaires et banales ; mais pour celle-là, je pense être très singulier et très rare, et digne de gagner renom et réputation. [...] Je me souviens moins des offenses reçues, ainsi que disait cet ancien : il me faudrait un protocole, à la façon dont Darius[1], pour ne pas oublier l'offense qu'il avait reçue des Athéniens, faisait qu'un page, toutes les fois qu'il se mettait à table, vienne lui rechanter par trois fois à l'oreille : « Sire, souvenez-vous des Athéniens » ; d'autre part, les lieux et les livres que je revois me sourient toujours avec une fraîcheur nouvelle.

Michel de Montaigne, « Des menteurs », *Essais,* II, 7, modernisation de nos auteurs, 1580.

Biographie

Michel de Montaigne (1533-1592)
Familier des textes antiques, il tente d'œuvrer à la réconciliation entre catholiques et protestants. Après une vie politique intense, il voyage, puis se consacre à l'écriture des *Essais*.

1. **Darius :** roi de Perse ; dans l'Antiquité, il fut vaincu militairement par les Athéniens.

Comprendre l'intention de l'auteur

Texte 3

1. Sur quel ton l'auteur s'adresse-t-il à son lecteur ?

2. Expliquez la plaisanterie autour de la nudité (l. 8) : de quelle nudité est-il question ? Est-elle totale ?

3. Relisez la dernière phrase : quel est son but apparent ? Que veut, en fait, l'auteur ?

4. Puisqu'il s'agit du début du livre, quel lien Montaigne cherche-t-il à établir avec son lecteur ? Pourquoi, selon vous ?

Texte 4

5. Quel trait de sa personnalité Montaigne met-il en avant ?

6. Ce trait de personnalité est-il traité comme un avantage ou comme un inconvénient ? Justifiez.

7. L'auteur se prend-il au sérieux ? Quelles expressions le montrent ?

8. Repérez toutes les marques de comparaison. De qui Montaigne se trouve-t-il différent ? À qui est-il semblable ?

9. Des réflexions sur vous-même vous viennent-elles en lisant cet extrait ? Lesquelles ?

BILAN **10** Comment Montaigne permet-il au lecteur de partager sa démarche de connaissance de soi ?

BREVET

Établir son autoportrait

- À la manière de Montaigne, tentez de rédiger un bref autoportrait, fondé sur l'examen d'un trait de votre caractère.
- Vous le développerez sur un ton léger, mais en veillant à mettre en évidence votre originalité.
- Vous penserez à vous comparer à un personnage historique célèbre.

Parler de soi avec les codes du Grand Siècle

Texte 5 L'épistolaire : un refuge pour parler de soi ?

Madame de Sévigné écrit à son cousin.

Des Rochers, le 15e mars [1648].

Je vous trouve un plaisant mignon de ne m'avoir pas écrit depuis deux mois ; avez-vous oublié qui je suis, et le rang que je tiens dans la famille ? Ah vraiment, petit cadet, je vous en ferai bien ressouvenir : si vous me fâchez, je vous réduirai au lambel[1]. Vous savez que je suis sur la fin d'une grossesse ; et je ne trouve en vous non plus d'inquiétude de ma santé que si j'étois encore fille. Eh bien ! je vous apprends, quand vous en devriez enrager, que je suis accouchée d'un garçon, à qui je vais faire sucer la haine contre vous avec le lait, et que j'en ferai encore bien d'autres, seulement pour vous faire des ennemis […].

Mais c'est assez vous cacher ma tendresse, mon cher cousin […]. [I]l en faut revenir à vous dire que M. de Sévigné et moi vous aimons fort, et que nous parlons souvent du plaisir qu'il y a d'être avec vous.

Madame de Sévigné, *Lettres,* 1648.

1. **je vous réduirai au lambel** : je vous déchirerai en morceaux.

Madame de Sévigné dans son hôtel de la rue de Sévigné, le soir du Jour de l'An (détail), gravure de **Gustave Jacquet**, vers 1900, musée Carnavalet, Paris.

Biographie

Madame de Sévigné
(1626-1696)

Très tôt orpheline, Marie de Rabutin Chantal reçoit une instruction soignée. Ayant épousé le marquis de Sévigné, elle se fait connaitre des cercles intellectuels de son époque par son talent d'épistolière.

Répondre à une lettre

BREVET

Écrivez la réponse de Bussy-Rabutin, le cousin de Madame de Sévigné. Utilisez les codes de la correspondance au XVIIe siècle : cherchez à faire sourire et n'exprimez pas toujours directement vos sentiments personnels.

Apprécier l'expression des sentiments personnels

Entrer dans la lecture. Quelle est la nouvelle annoncée par l'auteure, dans le premier paragraphe ? Quels sentiments y sont en général associés ?

1. Relevez les mots destinés à retenir l'attention du lecteur dans le premier paragraphe. Commentez.

2. Par quels procédés originaux Madame de Sévigné exprime-t-elle sa tristesse de ne pas recevoir de lettre de son cousin ?

3. Observez le rythme des phrases dans le premier paragraphe ; que remarquez-vous ? Quel effet l'auteure cherche-t-elle à produire ?

4. Quels sont les sentiments exprimés en fin de lettre ? Est-ce étonnant ?

BILAN 5 Commentez la manière dont s'expriment, ici, le reproche et l'amitié.

Se prendre en exemple au siècle des Lumières

Biographie

Jean-Jacques Rousseau
(1712-1778)
Écrivain, philosophe et musicien d'une grande sensibilité, il rédige deux ouvrages autobiographiques qui témoignent d'une étude précise de ses sentiments. Il est aussi un penseur politique dont l'influence s'étend jusqu'à nos jours.

Texte 6 Une affirmation retentissante

Voici les premières lignes de la préface des Confessions *de Jean-Jacques Rousseau.*

Je forme une entreprise qui n'eut jamais d'exemple, et qui n'aura point d'imitateur. Je veux montrer à mes semblables un homme dans toute la vérité de la nature, et cet homme, ce sera moi.

Moi seul. Je sens mon cœur, et je connais les hommes. Je ne suis fait comme aucun de ceux que j'ai vus ; j'ose croire n'être fait comme aucun de ceux qui existent. Si je ne vaux pas mieux, au moins je suis autre. [...] Que la trompette du jugement dernier sonne quand elle voudra, je viendrai, ce livre à la main, me présenter devant le souverain juge. Je dirai hautement : Voilà ce que j'ai fait, ce que j'ai pensé, ce que je fus. J'ai dit le bien et le mal avec la même franchise.

Jean-Jacques Rousseau, préface, *Les Confessions,* 1782.

Illustration des *Confessions*, gravure de **Maurice Leloir,** 1850.

Texte 7 Étudier la formation de son caractère

Les Confessions *s'ouvrent avec le récit de l'enfance du narrateur, époque plutôt heureuse, jusqu'à ce qu'un évènement apparemment banal vienne lui révéler la dureté de la vie.*

J'étudiais un jour seul ma leçon dans la chambre contiguë à la cuisine. La servante avait mis sécher à la plaque les peignes de mademoiselle Lambercier. Quand elle revint les prendre, il s'en trouva un dont tout un côté de dents était brisé. À qui s'en prendre de ce dégât ? personne autre que moi n'était entré dans la chambre. On m'interroge : je nie d'avoir touché le peigne. M. et mademoiselle Lambercier se réunissent, m'exhortent, me pressent, me menacent : je persiste avec opiniâtreté ; mais la conviction était trop forte, elle l'emporta sur toutes mes protestations, quoique ce fût la première fois qu'on m'eût trouvé tant d'audace à mentir. La chose fut prise au sérieux ; elle méritait de l'être. La méchanceté, le mensonge, l'obstination, parurent également dignes de punition [...].

On ne put m'arracher l'aveu qu'on exigeait. Repris à plusieurs fois et mis dans l'état le plus affreux, je fus inébranlable. J'aurais souffert la mort, et j'y étais résolu. Il fallut que la force même cédât au diabolique entêtement d'un enfant ; car on n'appela pas autrement ma constance. Enfin je sortis de cette cruelle épreuve en pièces, mais triomphant.

Il y a maintenant près de cinquante ans de cette aventure, et je n'ai pas peur d'être puni derechef pour le même fait : hé bien ! je déclare à la face du ciel que j'en étais innocent, que je n'avais ni cassé ni touché le peigne, que je n'avais pas approché de la plaque, et que je n'y avais pas même songé. Qu'on ne me demande pas comment ce dégât se fit, je l'ignore et ne le puis comprendre ; ce que je sais très certainement, c'est que j'en étais innocent.

Qu'on se figure un caractère timide et docile dans la vie ordinaire, mais ardent, fier, indomptable dans les passions ; un enfant toujours gouverné par la voix de la raison, toujours traité avec douceur, équité, complaisance, qui n'avait pas même l'idée de l'injustice, et qui pour la première fois en éprouve une si terrible de la part précisément des gens qu'il chérit et qu'il respecte le plus : quel renversement d'idées ! quel désordre de sentiments ! quel bouleversement dans son cœur, dans sa cervelle, dans tout son petit être intelligent et moral ! [...]

Je sens en écrivant ceci que mon pouls s'élève encore ; ces moments me seront toujours présents, quand je vivrais cent mille ans. Ce premier sentiment de la violence et de l'injustice est resté si profondément gravé dans mon âme, que toutes les idées qui s'y rapportent me rendent ma première émotion [...]. Je me suis souvent mis en nage à poursuivre à la course ou à coups de pierre un coq, une vache, un chien, un animal que je voyais en tourmenter un autre, uniquement parce qu'il se sentait le plus fort. Ce mouvement peut m'être naturel, et je crois qu'il l'est ; mais le souvenir profond de la première injustice que j'ai soufferte y fut trop longtemps et trop fortement lié pour ne l'avoir pas beaucoup renforcé.

Ibid.

Maurice Quentin de La Tour, *Autoportrait*, pastel (64,5 x 53,5 cm), musée de Picardie, Amiens.

Lecture d'image

1. Décrivez le peintre. Selon vous, s'est-il représenté à son avantage ?
2. Qualifiez son expression, son attitude, son habit.
3. Dans quelle direction son regard porte-t-il ? Quel effet cela produit-il ?
4. Découvrez une étude approfondie de ce tableau : lienmini.fr/jdl3-T101 ACTIVITÉ

Comprendre l'analyse d'un trait de caractère

Texte 6

1. Quelles expressions vous paraissent marquantes ? Pourquoi ?

2. Relevez toutes les occurrences de la première personne. S'agit-il ici simplement d'égoïsme ou d'égocentrisme ?

3. De quel évènement est-il question dans les dernières lignes du texte ? À qui l'auteur se confronte-t-il en imagination ? Réagissez.

4. Comparez ce texte avec celui de Montaigne (➥ p. 26.) Le projet de Rousseau est-il sans « exemple » ? Nuancez.

5. Montrez que l'affirmation de soi comme personne est beaucoup plus forte ici que dans les textes précédents.

Texte 7

6. De quoi le narrateur est-il accusé ? Est-ce à juste titre, d'après lui ?

7. Résumez ce qui est arrivé à l'enfant en trois phrases.

8. Dans le premier paragraphe, quels procédés de style traduisent le déséquilibre des forces entre l'enfant et les adultes ?

9. Repérez la phrase qui marque le passage entre le récit et l'étude, par le narrateur, de ses propres sentiments.

10. Citez la phrase où le narrateur explique les effets de l'injustice sur l'enfant qu'il était. Commentez le rythme de cette phrase.

11. Quelle est la conséquence, dans sa vie d'adulte, de l'injustice subie par le narrateur quand il était enfant ? Citez le texte.

BILAN **12** Montrez les liens entre les deux extraits : à partir de l'anecdote évoquée, dites pourquoi le narrateur peut dire qu'il « connaît les hommes ». Expliquez ensuite pourquoi le souci de la vérité est si important pour lui.

Se peindre pour représenter les hommes au temps des Romantiques

François-René de Chateaubriand faisant une lecture des « Mémoires d'outre-tombe » dans le salon de Madame Récamier, à l'Abbaye-au-Bois, rue de Sèvres (détail), gravure, Paris.

Texte 8 L'esquisse d'une vie d'aventures

J'ai exploré les mers de l'Ancien et du Nouveau-Monde, et foulé le sol des quatre parties de la terre. Après avoir campé sous la hutte de l'Iroquois et sous la tente de l'Arabe, dans les wigwams des Hurons, dans les débris d'Athènes, de Jérusalem, de Memphis, de Carthage, de Grenade, chez le Grec, le Turc et le Maure […].

Des auteurs français de ma date, je suis quasi le seul dont la vie ressemble à ses ouvrages : voyageur, soldat, poète, publiciste, c'est dans les bois que j'ai chanté les bois, sur les vaisseaux que j'ai peint la mer, dans les camps que j'ai parlé des armes, dans l'exil que j'ai appris l'exil […].

François-René de Chateaubriand, Préface testamentaire, *Mémoires d'outre-tombe,* 1849.

Texte 9 Retour sur une enfance malheureuse

Lucile, la quatrième de mes sœurs, avait deux ans de plus que moi. Cadette délaissée, sa parure ne se composait que de la dépouille de ses sœurs. Qu'on se figure une petite fille maigre, trop grande pour son âge, bras dégingandés, air timide, parlant avec difficulté et ne pouvant rien apprendre ; qu'on lui mette une robe empruntée à une autre taille que la sienne […]. Personne n'aurait soupçonné dans la chétive Lucile les talents et la beauté qui devait un jour briller en elle.

Elle me fut livrée comme un jouet ; je n'abusai point de mon pouvoir ; au lieu de la soumettre à mes volontés, je devins son défenseur. On me conduisait tous les matins avec elle chez les sœurs Couppart, deux vieilles bossues habillées de noir, qui montraient à lire aux enfants. Lucile lisait fort mal ; je lisais encore plus mal. On la grondait ; je griffais les sœurs : grandes plaintes portées à ma mère. Je commençais à passer pour un vaurien, un révolté, un paresseux, un âne enfin. Ces idées entraient dans la tête de mes parents : mon père disait que tous les chevaliers de Chateaubriand avaient été des fouetteurs de lièvres, des ivrognes et des querelleurs. […] Tout enfant que j'étais, le propos de mon père me révoltait.

François-René de Chateaubriand, *Mémoires d'outre-tombe,* 1849.

Biographie

François-René de Chateaubriand (1768-1848)

Écrivain fondateur du romantisme français, il est l'un des premiers à célébrer les passions et à approfondir l'analyse des sentiments personnels. Contemporain de la Révolution française, il s'engage en politique du côté monarchiste et fait de nombreux voyages.

Comprendre le regard d'un écrivain

Texte 8

1. Quel effet l'énumération des lieux parcourus par le narrateur produit-elle ?

2. Montrez que l'écrivain a parcouru le monde, mais qu'il a aussi pris le temps de rencontrer les hommes.

Texte 9

3. Qualifiez la situation de Lucile, au premier paragraphe. Quels procédés de style animent la description de la petite fille ?

4. Qualifiez l'attitude du narrateur envers sa sœur (au second paragraphe). Quel trait de caractère positif cela révèle-t-il chez le jeune garçon ?

5. De quels personnages de l'univers merveilleux peut-on rapprocher les sœurs Couppart ? Citez le texte.

6. Pour quelle raison le petit garçon se montre-t-il violent ? Quelles prédictions les adultes formulent-ils alors ? Commentez.

BILAN **7** Quel jugement l'auteur porte-t-il sur lui-même ? Que lui permet l'écriture autobiographique ?

Texte 10 Le lien entre personnel et universel

Pour présenter son recueil de poèmes autobiographiques, Victor Hugo explique au lecteur ce que signifie, pour lui, le fait de dire « je ». « Qu'est-ce que les Contemplations ? » demande le poète.

Ce sont, en effet, toutes les impressions, tous les souvenirs, toutes les réalités, tous les fantômes vagues, riants ou funèbres, que peut contenir une conscience, revenus et rappelés, rayon à rayon, soupir à soupir [...].

Est-ce donc la vie d'un homme ? Oui, et la vie des autres hommes aussi. Nul de nous n'a l'honneur d'avoir une vie qui soit à lui. Ma vie est la vôtre, votre vie est la mienne, vous vivez ce que je vis ; la destinée est une. Prenez donc ce miroir, et regardez-vous-y. On se plaint quelquefois des écrivains qui disent moi. Parlez-nous de nous, leur crie-t-on. Hélas ! quand je vous parle de moi, je vous parle de vous. Comment ne le sentez-vous pas ? Ah ! insensé, qui crois que je ne suis pas toi !

Victor Hugo, préface, *Les Contemplations,* 1856.

Georges Lacombe, *Les Âges de la vie* (détail), 1892, huile sur toile (151 x 240 cm), musée du Petit Palais, Genève (Suisse).

Biographie

Victor Hugo (1802-1885)

Il est l'un des plus grands écrivains de langue française. Du théâtre au roman et à la poésie, il a contribué à renouveler la tradition littéraire. Sa carrière politique a fondé, en France, le rôle public des hommes de culture.

Texte 11 Rendre compte de la vie humaine

On vit, on parle, on a le ciel et les nuages
Sur la tête ; on se plaît aux livres des vieux sages ;
On lit Virgile et Dante ; on va joyeusement
En voiture publique à quelque endroit charmant,
En riant aux éclats de l'auberge et du gîte ;
Le regard d'une femme en passant vous agite ;
On aime, on est aimé, bonheur qui manque aux rois !
On écoute le chant des oiseaux dans les bois ;
Le matin, on s'éveille, et toute une famille
Vous embrasse, une mère, une sœur, une fille !
On déjeune en lisant son journal. Tout le jour
On mêle à sa pensée espoir, travail, amour ;
La vie arrive avec ses passions troublées ;
On jette sa parole aux sombres assemblées ;
Devant le but qu'on veut et le sort qui vous prend,
On se sent faible et fort, on est petit et grand ;
On est flot dans la foule, âme dans la tempête ;
Tout vient et passe ; on est en deuil, on est en fête ;
On arrive, on recule, on lutte avec effort... –
Puis, le vaste et profond silence de la mort !

Victor Hugo, partie « Aujourd'hui », *Les Contemplations,* 1856.

À la manière de Victor Hugo

Racontez un évènement que tous les humains sont amenés à vivre en n'employant que le pronom « on » et en détaillant les sentiments éprouvés. Commentez l'effet produit.

Comprendre l'intérêt universel de l'autobiographie

Texte 10

1. Qu'évoquent *Les Contemplations*, d'après ces lignes ?

2. Relevez les indices qui montrent qu'une forme de dialogue s'établit avec le lecteur.

3. Quels sont les reproches des lecteurs aux auteurs, selon Victor Hugo ? Comment leur répond-il ?

4. Expliquez : « quand je vous parle de moi, je vous parle de vous » (l.11-12), et justifiez « insensé, qui crois que je ne suis pas toi ! » (l.13-14).

Texte 11

5. De quoi ce poème est-il un résumé ?

6. Nommez les aspects de la vie humaine qui sont évoqués ici. Montrez comment est ordonné ce texte.

7. Faites une recherche sur la vie de Victor Hugo à partir des thèmes suivants : sa fille Léopoldine, son rôle d'orateur et de député. Puis retrouvez dans le poème les expressions qui évoquent ces aspects de sa vie.

8. Quel est le pronom personnel le plus utilisé ici ? Est-ce habituel pour une autobiographie ? Commentez.

BILAN **9** Montrez comment le poème justifie la préface des *Contemplations*.

L'autobiographie militante au XXe siècle

Biographie

Amadou Hampaté Bâ
(1901-1991)
Écrivain et ethnologue né au Mali, son métier lui a permis de collecter les récits innombrables qui constituent la culture africaine. Sa connaissance de la culture française et occidentale lui a aussi permis d'être un passeur entre les civilisations.

Texte 12 La lutte pour la paix

Auteur d'une autobiographie, Amadou Hampaté Bâ s'adresse ici à la jeunesse d'Afrique et du monde.

Mes chers cadets,

Celui qui vous parle est l'un des premiers nés du XXe siècle. Il a donc vécu bien longtemps et, comme vous l'imaginez, vu et entendu beaucoup de choses de par le vaste monde. Il ne prétend pas pour autant être un maître en quoi que ce soit. Avant tout, il s'est voulu un éternel chercheur, un éternel élève, et aujourd'hui encore sa soif d'apprendre est aussi vive qu'aux premiers jours.

Il a commencé par chercher en lui-même, se donnant beaucoup de peine pour se découvrir et se bien connaître en son prochain et l'aimer en conséquence. Il souhaiterait que chacun de vous en fasse autant.

Après cette quête difficile, il entreprit de nombreux voyages à travers le monde : Afrique, Proche-Orient, Europe, Amérique. En élève sans complexes ni préjugés, il sollicita l'enseignement de tous les maîtres et tous les sages qu'il lui fut donné de rencontrer. […]

Jeunes gens, derniers-nés du XXe siècle, vous vivez à une époque à la fois effrayante par les menaces qu'elle fait peser sur l'humanité et passionnante par les possibilités qu'elle ouvre […].

Si des conflits vous menacent, souvenez-vous des vertus du dialogue et de la palabre !

Et lorsque vous voudrez vous employer, au lieu de consacrer toutes vos énergies à des travaux stériles et improductifs, pensez à revenir vers notre Mère la terre, notre seule vraie richesse, et donnez-lui tous vos soins afin que l'on puisse en tirer de quoi nourrir tous les hommes. Bref, soyez au service de la vie, sous tous ses aspects !

Certains d'entre vous diront peut-être : « C'est trop nous demander ! Une telle tâche nous dépasse ! » Permettez au vieil homme que je suis de vous confier un secret : de même qu'il n'y a pas de « petit incendie » (tout dépend de la nature du combustible rencontré), il n'y a pas de petit effort. Tout effort compte, et l'on ne sait jamais, au départ de quelle action apparemment modeste sortira l'événement qui changera la face des choses.

Amadou Hampaté Bâ, « Lettres ouvertes à la jeunesse - Concours Dialogue des générations », *in Amadou Hampâté Bâ homme de science et de sagesse,* © Karthala, 2005.

Comprendre la leçon d'une vie d'échanges

Entrer dans la lecture. Dans ce texte, situez les paragraphes autobiographiques. Quels sont les thèmes des autres paragraphes ?

1. L'auteur adopte plusieurs rôles : conteur, écrivain, grand-père. Associez à chacun au moins l'un des paragraphes de l'extrait.

2. Dans ce discours autobiographique, comment l'orateur crée-t-il le dialogue avec ses auditeurs ? Citez le texte.

3. Comment est décrite la vie des jeunes à qui s'adresse l'orateur ? Quel est l'effet produit ?

4. Retrouvez et expliquez les conseils donnés aux jeunes. Décrivez le mode de vie qui en découle.

BILAN **5** Pourquoi et comment Amadou Hampaté Bâ s'appuie-t-il sur sa propre expérience pour proposer une certaine manière d'être et d'agir ?

Palabre devant la maison du chef du village, Côte d'Ivoire, vers 1960, photographie extraite de la série *Vie rurale – palabre autour du chef du village* (détail).

Le savez-vous ?

L'ethnologue étudie méthodiquement la vie des hommes d'autres peuples, en vivant avec eux et en s'intéressant à tous les aspects de leur quotidien, de la cuisine à la religion, en passant par la production des biens nécessaires à la vie et aussi par l'expression artistique…

Texte 13 Le rejet d'une certaine condition féminine

Simone de Beauvoir raconte un souvenir de son adolescence, qui a ensuite orienté sa vie entière.

Un après-midi, j'aidais maman à faire la vaisselle ; elle lavait des assiettes, je les essuyais ; par la fenêtre, je voyais le mur de la caserne de pompiers, et d'autres cuisines où des femmes frottaient des casseroles ou épluchaient des légumes. Chaque jour, le déjeuner, le dîner ; chaque jour la vaisselle ; ces heures indéfiniment recommencées et qui ne mènent nulle part : vivrais-je ainsi ? Une image se forma dans ma tête, avec une netteté si désolante que je me la rappelle encore aujourd'hui : une rangée de carrés gris s'étendait jusqu'à l'horizon ; diminués selon les lois de la perspective, mais tous identiques, et plats ; c'étaient les jours et les semaines, et les années. [...]

Non, me dis-je, tout en rangeant dans le placard une pile d'assiettes ; ma vie à moi conduira quelque part.

Simone de Beauvoir, *Mémoires d'une jeune fille rangée*, © Éditions Gallimard, 1958.

Simone Baltaxé, *Les Repasseuses*, 1948, peinture (100 x 83 cm), Centre Pompidou - Musée national d'art moderne - Centre de création industrielle, Paris.

▸ Comprendre les enjeux de l'autobiographie pour la société

1. Interprétez et commentez l'image des « carrés gris » (l. 10) indéfiniment répétés.

2. Qu'apporte l'autobiographie aux combats qui font changer la société ?

Biographie

Simone de Beauvoir (1908-1986)

Romancière et philosophe, elle a joué un rôle majeur dans les combats pour l'égalité des femmes.

Synthèse L'autobiographie, un genre aux formes multiples

- **L'autobiographie pour faire vivre des souvenirs.** Dans le récit autobiographique, l'auteur livre ses souvenirs. C'est la démarche de Chateaubriand (➡ p. 30), de S. de Beauvoir (➡ p. 33), et de V. Hugo (➡ p. 31). Ces récits peuvent être l'occasion de pratiquer l'autoportrait, comme Montaigne (➡ p. 26). Les *Confessions*, comme les pratiquent Augustin (➡ p. 24) ou Rousseau (➡ p. 28), montrent l'évolution du caractère du narrateur.
- **L'autobiographie pour éclairer une réflexion personnelle.** Au jour le jour, l'écriture autobiographique prend la forme de l'essai (Montaigne) ou du journal intime (Anne Frank ➡ p. 178), qui permettent de croiser narration et réflexion. Les mémoires servent aussi cette démarche, en étudiant le rôle du narrateur dans l'Histoire. Enfin, l'écriture autobiographique peut s'intégrer à d'autres genres : le théâtre peut devenir une tribune (➡ p. 194), et la lettre se prête à l'expression des sentiments (Sévigné ➡ p. 27). Même les textes à caractère officiel (rapports militaires de Jules César, plaidoiries de Cicéron, ➡ p. 35-37) permettent à leur auteur de servir un projet politique en se montrant sous son meilleur jour.

BREVET

S'exprimer à l'écrit et anticiper son autobiographie

Souvenez-vous d'une expérience qui vous a marqué(e) et dont vous pensez qu'elle doit jouer un rôle déterminant dans votre vie. Racontez cette expérience en imaginant que vous êtes, depuis déjà plusieurs années, une personnalité politique, scientifique ou littéraire.

Consigne d'écriture

N'oubliez pas de réutiliser les procédés du genre autobiographique.

Dossier Aux sources de l'autobiographie :

pistes EPI En Grèce et à Rome, c'est surtout dans leur correspondance et en poésie que les écrivains parlent d'eux à la première personne, mais dans le cadre de la Cité, ils peuvent aussi être amenés à parler de leur vie personnelle.

Penser à soi dans la Grèce antique : un défaut méprisable, ou une discipline nécessaire ?

Narcisse, l'égoïste

Le mythe de Narcisse exprime bien l'inquiétude que les Grecs antiques éprouvent face à ceux qui se préoccupent trop d'eux-mêmes. Narcisse repousse brutalement la nymphe Écho qui lui déclare son amour. Il préfère passer ses journées à observer son propre reflet dans un étang. Écho se laisse dépérir, et Narcisse finit par tomber dans l'eau, en cherchant à étreindre son image, dont il est tombé amoureux.

En quelques mots, exprimez la « morale » de cette légende.

Quel jugement implicite est porté sur Narcisse ?

Narcisse et Écho, fresque romaine provenant de Pompéi, vers 60-80 après J.-C. (51 x 48 cm), musée national d'archéologie, Naples (Italie).

Coupe attribuée au peintre de Codros, *Le roi d'Égée attend l'oracle de Delphes* (détail), ve siècle av. J.-C., céramique (12,5 x 32 cm), Antikensammlung (SMPK), Berlin (Allemagne).

La Pythie, la chercheuse

Γνῶθι σεαυτόν *(gnothi seauton)*

« Connais-toi toi-même. »

Cet ordre est adressé aux pèlerins qui viennent à Delphes consulter la Pythie, censée révéler l'avenir par le biais de sentences obscures qu'il appartient à chacun d'interpréter. La maxime enjoint de se reconnaitre comme un être humain, avec ses désirs, ses limites et sa part d'inconnu. Mais elle permet aussi à chaque individu de se penser, hors du groupe.

Avez-vous lu des textes dans lesquels le héros va consulter la Pythie ? Que leur révèle-t-elle ?

ACTIVITÉ lienmini.fr/jdl3-T102

Saisissez ce lien dans votre navigateur, et découvrez, dans l'œuvre d'Hésiode, les premières traces de récit de vie à la première personne dans la poésie grecque.

Histoire d'un mot

La langue française a emprunté le terme « autobiographie » à l'anglais au XIXe siècle. Le mot « autobiography » avait été construit à partir de trois racines issues du grec ; mais il n'existe pas dans la langue grecque ! Ces trois racines sont :

auto	*bio*	*graphein*
« tout seul »	« la vie »	« écrire »

se raconter dans l'Antiquité

Cicéron au Sénat accuse Catilina de conjuration, 1889, fresque appartenant à un cycle consacré à l'histoire romaine, Palazzo Madama, salle de réunion, Rome (Italie).

Parler de soi dans la Rome antique

Cicéron : parler de soi dans une plaidoirie et dans ses lettres

Dans les temps agités de la fin de la République romaine, Cicéron joue un grand rôle politique : il fait échouer une violente conspiration par sa seule éloquence. Puis, à la suite d'un changement de gouvernement, il est chassé de Rome ; tout ce qu'il possède est détruit. Après un nouveau renversement, il revient à Rome, et plaide pour qu'on lui rende sa maison, symbole de sa place dans la Cité.

Oui, pontifes[1], mon retour, mon rétablissement véritable, c'est de recouvrer ma maison, ma demeure, mes autels, mes foyers, mes dieux pénates[2]. […] Si donc vous regardez mon retour comme un événement agréable aux dieux, au sénat, au peuple romain, à toute l'Italie, aux provinces, aux nations étrangères, à vous-mêmes enfin, qui avez toujours donné l'exemple dans tout ce qui s'est fait pour mon rappel, je vous en prie, je vous en conjure, ministres des dieux, ô vous qui m'avez déjà remis dans mes droits par votre autorité, votre zèle et vos suffrages, daignez encore aujourd'hui, d'après le vœu du sénat, me replacer de vos propres mains dans mes foyers.

Cicéron, « Plaidoyer pour sa maison », *in Discours*, tome XIII-1, trad. de P. Wuilleumier, © Les Belles Lettres, 1952.

1. **pontifes :** prêtres chargés de certaines tâches politiques.
2. **mes dieux pénates :** les dieux protecteurs d'une maison.

Quelque temps auparavant, en exil à Thessalonique, Cicéron avait écrit à son épouse restée à Rome.

Hélas ! Lumière de ma vie, objet de mes tendres regrets, tous naguère venaient implorer ton aide, et maintenant, ma Térentia, se peut-il qu'on te traite ainsi, que tu sois ainsi plongée dans les larmes et dans le deuil ? et tout cela par ma faute, à moi qui ai assuré le salut des autres pour nous conduire, nous, à notre perte ?

Pour ce que tu m'écris de notre maison, c'est-à-dire de son emplacement, en vérité, je ne me croirai rétabli dans mes droits que lorsqu'on me l'aura rendue.

Cicéron, « Lettres à ses proches », *in Correspondances*, tome II, trad. de L.-A. Constans, © Les Belles Lettres, 1960.

Associez les propositions aux textes :

– Cicéron se pose en citoyen, en maitre de maison, en chef de famille.
– Cicéron se pose en mari, en homme sensible et désespéré.

Lequel des deux extraits fait le plus apparaitre l'intimité de Cicéron ?

Repérer les caractéristiques de l'autobiographie

Menez l'enquête ! Voici quelques caractéristiques du genre littéraire de l'autobiographie. Repérez celles qui apparaissent déjà dans les textes de Cicéron :

- ❑ récit qu'un auteur fait de sa propre vie
- ❑ récit qui se veut sincère
- ❑ récit fondé sur les souvenirs de l'auteur
- ❑ récit rédigé à la première personne
- ❑ récit qui sert à comprendre la construction d'une personnalité

Cicéron, buste romain en marbre, Apsley House, Wellington Museum, Londres (Angleterre).

Sénèque : parler de soi en philosophe

LETTRE LVI. Bruits divers d'un bain public.
Le sage peut étudier même au sein du tumulte

Je veux mourir, si le silence est aussi nécessaire qu'on le croit à qui s'isole pour étudier. Voici mille cris divers qui de toute part retentissent autour de moi : j'habite juste au-dessus d'un bain. Imagine tout ce que le gosier humain peut produire de sons antipathiques à l'oreille : [...] Figure-toi l'épileur qui, pour mieux provoquer l'attention, pousse par intervalles son glapissement grêle, sans jamais se taire que quand il épile des aisselles et fait crier un patient à sa place. [...] Tout ce vacarme ne me trouble pas plus que le bruit des flots ou d'une chute d'eau, bien qu'on dise qu'une certaine peuplade transféra ailleurs ses pénates par cela seul qu'elle ne pouvait supporter le fracas de la chute du Nil. [...] Je force mon esprit à une constante attention sur lui-même, et à ne se point détourner vers le dehors. Que tous les bruits du monde s'élèvent à l'extérieur, pourvu qu'en moi aucun tumulte ne se produise, que le désir et la crainte ne s'y combattent point.

Sénèque, *Lettres à Lucilius,* tome II, trad. de H. Noblot,
© Les Belles Lettres, 1947.

Aquarelle de **Peter Connolly** (détail), reconstitution des thermes de Stabies à Pompéi, construites au IIe siècle av. J.-C.

Graine de savoir :

Le mot latin « ego » signifie « moi ; moi je ». Il est la forme renforcée de la première personne. Recherchez des mots français formés sur cette racine, et définissez-les.

Le saviez-vous ?

Un philosophe, dans l'Antiquité, cherche à comprendre le sens de la vie, en s'interrogeant sur le monde et les hommes. Il veille à mettre sa vie en rapport avec ses préceptes.

- **Comparez « j'habite juste au-dessus d'un bain » et « je force mon esprit à une constante attention sur lui-même » (souligné). Quel emploi de « je » montre Sénèque dans son quotidien ? Lequel le désigne en tant que philosophe cherchant une règle de vie ?**
- **Repérez la phrase qui fait passer la lettre de la description du quotidien à une réflexion plus philosophique.**
- **Que suggère ainsi Sénèque à Lucilius, et aux lecteurs en général ?**

Comparer nos idées

Les Romains et les Grecs ne craignent pas de montrer leur nudité ; mais ils ne dévoilent pas facilement leurs sentiments. Comparez avec nos propres comportements aujourd'hui.

Romains prenant un bain dans la partie chaude des thermes (*caldarium*).

Repérer les caractéristiques de l'autobiographie

Menez l'enquête ! Voici quelques caractéristiques du genre littéraire de l'autobiographie. Repérez celles qui apparaissent déjà dans les textes de Sénèque :

- ❑ récit qui sert à comprendre la formation du caractère de son auteur
- ❑ récit qui tente de repérer les expériences qui ont eu une influence sur sa vie
- ❑ récit qui rend possible l'expression des émotions personnelles
- ❑ récit qui permet de suivre l'évolution de la réflexion de l'auteur

César : faire un rapport et se valoriser

Dans La Guerre des Gaules, *dont il est l'auteur, Jules César, narrateur et héros, raconte sa conquête du territoire gaulois, dans un récit qu'il envoie à Rome, où il est lu par le peuple et par les hauts fonctionnaires.*

Dans tout le camp chacun faisait son testament. [...] On rapporta même à César que, quand il ordonnerait de lever le camp et de porter les enseignes en avant, les soldats effrayés resteraient sourds à sa voix et laisseraient les enseignes immobiles.

Ayant réfléchi sur ces rapports, il convoque une assemblée, y appelle les centurions de tous les rangs et leur reproche vivement et d'abord, de vouloir s'informer du pays où il les mène et juger ses desseins. [...] Les soldats, dit-on, n'obéiront pas à ses ordres et ne lèveront pas les enseignes ; ces menaces ne l'inquiètent pas ; car il sait qu'une armée ne se montre rebelle à la voix de son chef que quand, par sa faute, la fortune lui a manqué, ou qu'il est convaincu de quelque crime, comme de cupidité. Sa vie entière prouve son intégrité, et la guerre d'Helvétie le bonheur de ses armes. Aussi le départ qu'il voulait remettre à un jour plus éloigné, il l'avance ; et la nuit suivante, à la quatrième veille, il lèvera le camp, afin de savoir avant tout ce qui prévaut sur eux, ou l'honneur et le devoir, ou la peur. Si cependant personne ne le suit, il partira avec la dixième légion seule, dont il ne doute pas, et elle sera sa cohorte prétorienne. César avait toujours particulièrement favorisé cette légion et se fiait entièrement à sa valeur.

Cette harangue, produisant dans tous les esprits un changement extraordinaire, fit naître la plus vive ardeur et le désir de combattre.

César, *Guerre des Gaules,* I, trad. M. Rat.

Gaius Julius Caesar et son armée envahissent la Gaule (l'ombre d'un aigle, symbole de l'Empire romain, apparait dans le ciel), illustration de **Job** extraite de *France, son histoire racontée par G. Montorgueil*, 1896, coll. privée.

▶ **Un rapport militaire doit être un exemple d'objectivité. Qu'en est-il ici ?**

▶ **Renseignez-vous sur l'avenir politique de celui qui, quand il a écrit ce texte, n'était encore que général. Faites le lien entre autobiographie et projet politique.**

Repères littéraires

Mémoires / Apologie / Éloge

L'autobiographie rejoint parfois ces entreprises d'auto-justification ou de louange :

- Les **Mémoires** sont écrits par des personnages politiques, qui ont à cœur de justifier et de faire connaitre leur action.
- L'**apologie** est une biographie (un récit de vie écrit par quelqu'un d'autre) qui a pour but de dire du bien d'un mort.
- L'**éloge** concerne le plus souvent un vivant ; il peut ne mentionner qu'une action ou une période de la vie de l'intéressé.

Duquel de ces genres *La Guerre des Gaules* vous semble-t-elle s'approcher ?

Augustin Pajou, *Jules César,* buste en marbre commandé vers 1800 pour la Galerie des consuls, Sénat - Palais du Luxembourg, Paris.

Repérer les caractéristiques de l'autobiographie

Menez l'enquête ! Voici quelques caractéristiques du genre littéraire de l'autobiographie. Repérez ceux qui apparaissent déjà dans les textes de César :

- ❑ récit rédigé à la première personne
- ❑ récit qui permet d'exprimer sa subjectivité, de manière indirecte
- ❑ récit qui permet de comprendre le rôle des évènements historiques dans la vie de l'auteur
- ❑ récit qui permet de justifier le rôle joué par l'auteur dans son époque

ACTIVITÉ **lienmini.fr/jdl3-T103**

Saisissez ce lien dans votre navigateur pour en savoir plus sur un autre empereur romain, rédacteur d'un journal intime : Marc Aurèle.

PARCOURS

une vie une œuvre

Marguerite DURAS,

La passion d'écrire

1

Dans ce parcours, vous allez entrer dans l'univers de Marguerite Duras. Vous découvrirez sa vie, les lieux qu'elle a habités et les œuvres qui en sont nées. Pour cela, vous allez lire sa biographie, observer des textes et des documents qui la concernent. Vous lirez également des extraits de ses œuvres. Vous interrogerez les liens entre sa vie et son œuvre, et vous réfléchirez avec elle au lien entre réalité et littérature.

« La passion reste en suspens dans le monde, prête à traverser les gens qui veulent bien se laisser traverser par elle. »

Marguerite Duras, *L'Amant,* © Les Éditions de Minuit, 1984.

« Il faut se faire confiance. Vous faites bien confiance aux autres... [...] Moi, je me fais confiance, comme à une autre. Je me fais complètement confiance. »

Marguerite Duras, Michelle Porte, *Les Lieux de Marguerite Duras,* © Les Éditions de Minuit, 1977, 2012.

« [Q]uand j'écris, j'ai le sentiment d'être dans l'extrême déconcentration, je ne me possède plus du tout, je suis moi-même une passoire, j'ai la tête trouée. [...] La prétention, c'est de croire qu'on est seul devant sa feuille alors que tout vous arrive de tous côtés. »

Marguerite Duras, Michelle Porte, *Les Lieux de Marguerite Duras,* © Les Éditions de Minuit, 1977, 2012.

« C'est peut-être ça le plus difficile, de se laisser faire. Laisser souffler le vent du livre. »

Marguerite Duras, *Magazine littéraire,* n° 513, novembre 2011.

2

3

Documents :
1 Marguerite Duras à son bureau, 1955,
2 Portrait de Marguerite Duras, vers 1940,
3 Marguerite Duras à son retour d'Indochine, vers 1932.

Faire connaissance avec l'auteure

Portraits

1. Sur la photographie de la page 38, quels sont les éléments liés au métier d'écrivain ? Quels seraient-ils aujourd'hui ?

2. Pour chacun des deux portraits ci-dessus, décrivez l'expression qui se lit sur le visage de Marguerite Duras. Si vous le souhaitez, utilisez des images (métaphores ou comparaisons) pour vous exprimer.

Citations

3. Lisez les citations ci-dessus. Auxquelles pourriez-vous associer chacun des portraits ? Justifiez votre choix.

4. Marguerite Duras affirme qu'elle se fait « complètement confiance ». Comment l'a-t-elle prouvé ? Que permet une telle certitude dans la vie ?

5. Quelle idée commune trouvez-vous dans les première, troisième et quatrième citations ? Exprimez-la avec vos propres mots.

BILAN **6** *ORAL* Quel est alors, selon Marguerite Duras, le travail de l'écrivain ? Cette manière d'envisager l'écriture vous surprend-elle ?

Le roman familial

Une enfance lointaine. Marguerite Donnadieu – tel est son nom de famille – nait le 4 avril 1914 en Cochinchine. Cette région sud du Vietnam actuel fait alors partie de la colonie française d'Indochine. Ses parents, tous deux enseignants, ont émigré et, veufs tous deux d'un premier mariage, fondent une nouvelle famille. Trois enfants vont naitre : Pierre, l'ainé, et Paul, le « petit frère » puis une fille, Marguerite. Le père meurt des suites du paludisme en 1921. Entre-temps, il a acquis une propriété en France, près de la petite ville de Duras, nom qui va devenir le pseudonyme de l'auteure. Deux ans plus tard, la mère prend un poste à Vinh Long dans le delta du Mékong, puis acquiert une concession qui va se révéler peu rentable mais elle finance ainsi les études de ses enfants en France.

Le temps des études. Malgré une grande liberté laissée à ses enfants dans leur éducation, la mère décide que sa fille doit faire des études poussées. Durant son adolescence, Marguerite Duras est pensionnaire à Saïgon où elle prépare le baccalauréat. Elle passe ses weekends à Sadec, nouveau poste de sa mère. En 1931, la famille Donnadieu quitte l'Indochine pour Paris. Marguerite Duras s'inscrit à la faculté de droit.

Une source inépuisable d'inspiration. M. Duras est profondément marquée par son enfance indochinoise. Elle ne cesse de la faire revivre et de la recréer tout au long de son œuvre. Elle évoque sa liberté, la relative pauvreté de la famille, le sentiment d'être plus proche des Vietnamiens que des colons blancs :

« On se sauvait, on restait partis des journées entières […] dans la forêt et sur les rivières, sur les racs, ce qu'on appelle les racs, ces petits torrents qui descendent vers la mer. »

« Nous, on parlait le vietnamien, comme des petits Vietnamiens, on ne mettait jamais de souliers, on vivait pieds nus, on se baignait dans la rivière. »

Marguerite Duras, Michelle Porte, *Les Lieux de Marguerite Duras,*

Documents : ❶ Marguerite Duras et sa mère Marie Donnadieu, en 1932, à Hô-Chi-Minh-Ville, Vietnam, ❷ Marguerite Duras et son amie, vers 1930, à Hô-Chi-Minh-Ville, Vietnam, ❸ Photographie de classe de philosophie du lycée Chasseloup-Labat, Saïgon, Indochine française, juin 1933, ❹ Marguerite Duras et sa mère Marie Donnadieu.

Comprendre la biographie

1. En lisant les éléments de sa biographie, diriez-vous que Marguerite Duras a eu une éducation stricte ? Dans quel domaine cependant sa mère a-t-elle fait preuve d'exigence ?

2. Quels sentiments Marguerite Duras a-t-elle développés durant son enfance ? Reportez-vous aux éléments de sa biographie et aux citations proposées.

3. Quelle relation avec sa mère semblent prouver les deux photographies où elles sont représentées ensemble ?

BILAN **4** En comparant la photographie du lycée et celle avec son amie vietnamienne, quelle est celle qui, selon vous, correspond le mieux à l'univers de Marguerite Duras durant sa jeunesse ? Expliquez pourquoi.

4

L'œuvre de Marguerite Duras est toujours ancrée dans des lieux précis, associée à des maisons, des paysages, dans lesquels évoluent des personnages qui reviennent sans cesse tout en évoluant au fil des livres :

Le fleuve, la mère et la Cochinchine

Figure centrale : **la mère,** désespérée, obstinée, excessive…

Élément naturel : le fleuve, le Mékong, sa puissance

La maison : celle de Sadec, la violence qui y règne

Les autres personnages :
- **le frère aîné**, « le voyou », violent, préféré de la mère ;
- **le « petit frère »**, faible, souffre-douleur de l'aîné, protégé de sa sœur ;
- **l'amant chinois**, riche, tout d'abord sous le nom de M. Jo, malingre, timide ; devient peu à peu, grandi, magnifié, « l'amant de la Chine du Nord » ;
- **Anne-Marie Stretter**, omniprésente, énigmatique, séductrice pour qui on peut mourir.

▸ Voici les principaux titres qui seront inspirés par cette période de la vie de Marguerite Duras :

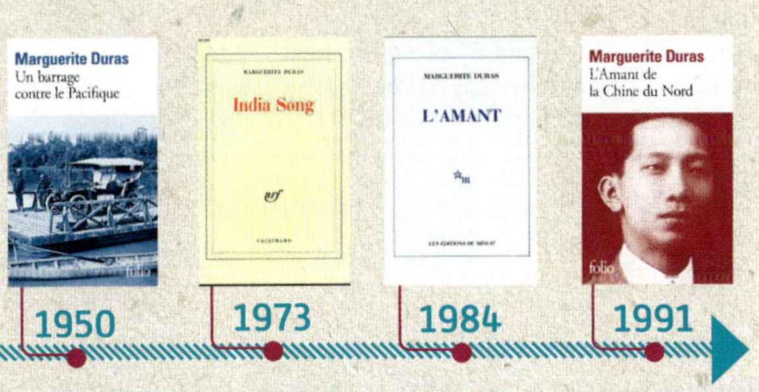

Texte 1 La force du fleuve

Ma mère me dit quelquefois que jamais, de ma vie entière, je ne reverrai des fleuves aussi beaux que ceux-là, aussi grands, aussi sauvages, le Mékong et ses bras qui descendent vers les océans, ces territoires d'eau qui vont aller disparaître dans les cavités des océans. Dans la platitude à perte de vue, ces fleuves, ils vont vite, ils versent comme si la terre penchait.

[…] Le courant est si fort, il emporterait tout, aussi bien des pierres, une cathédrale, une ville. Il y a une tempête qui souffle à l'intérieur des eaux du fleuve. Du vent qui se débat.

Marguerite Duras, *L'Amant,* 1984, © Les Éditions de Minuit.

Texte 2 La mère, son courage, sa naïveté

Alors elle dut se rendre à la réalité : sa concession était incultivable. […] Exception faite des cinq hectares qui donnaient sur la piste, et au milieu desquels elle avait fait bâtir son bungalow, elle avait jeté ses économies de dix ans dans les vagues du Pacifique.

Le malheur venait de son incroyable naïveté. […] Elle était sortie de ce tunnel de dix ans, comme elle y était entrée, intacte, solitaire, vierge de toute familiarité avec les puissances du mal, désespérément ignorante du grand vampirisme colonial qui n'avait cessé de l'entourer.

Marguerite Duras, *Un barrage contre le Pacifique,* 1950,
© Éditions Gallimard.

Texte 3 M. Jo, première apparition de l'amant chinois

Il était seul à sa table. C'était un jeune homme qui paraissait avoir vingt-cinq ans, habillé d'un costume de tussor grège[1]. Sur la table il avait posé un feutre du même grège. Quand il but une gorgée de pernod ils virent à son doigt un magnifique diamant, que la mère se mit à regarder, interdite.

Marguerite Duras, *Un barrage contre le Pacifique,* 1950,
© Éditions Gallimard

1. **tussor grège :** riche tissu de couleur beige.

▸ *Comprendre la force des images*

Textes 1 et 2 **1.** Quels points communs, à travers ces deux extraits, pouvez-vous trouver entre le Mékong et le Pacifique ?

2. Choisissez, dans chaque passage, une métaphore ou une comparaison que vous expliquerez avec vos propres mots.

3. Sur quels aspects du caractère de la mère le deuxième texte insiste-t-il ? Quelles images traduisent la malhonnêteté de ceux qui l'entourent ?

Texte 3 **4.** Qu'est-ce qui caractérise M. Jo ? Que peut-on deviner des pensées de la mère lorsqu'elle le regarde ?

BREVET

Écrire à la manière de…

En vous inspirant de la première phrase du texte 1, imaginez une phrase sur un sujet de votre choix commençant par : « Ma mère me dit quelquefois que, jamais, de ma vie entière, je… ».

PARCOURS une vie une œuvre

L'entrée dans l'écriture : Paris, rue Saint-Benoît

L'amour, l'amitié, la Résistance. En 1939, Marguerite Duras épouse Robert Antelme, rencontré à l'université. En 1942, ils s'installent au 5, rue Saint-Benoît à Paris, dans le quartier de Saint-Germain-des-Prés. L'appartement devient vite un lieu de rencontres amicales, et aussi un foyer de résistants. L'écrivain Raymond Queneau évoque « une ruche exaltée » dont Marguerite Duras est vite le centre. « Elle cuisinait, torréfiait le café dans une poêle, faisait cuire le riz à la vietnamienne » raconte Edgar Morin.

Les années sombres. En 1942, Marguerite Duras perd un enfant mort-né, et elle apprend la mort de son « petit frère ». Le groupe de la rue Saint-Benoît s'implique dans la Résistance. Dénoncé, Robert Antelme est déporté à Dachau. Sauvé *in extremis* après l'ouverture des camps, il revient dans un état physique qui terrifie Marguerite Duras. Elle fera plus tard le récit poignant de ce retour à la vie dans *La Douleur*.

Durant cette période, elle devient aussi la compagne de Dionys Mascolo. Un fils, Jean, nait le 30 juin 1947. Mais un lien profond continuera à la lier tout au long de sa vie à Robert Antelme dont elle a divorcé.

Les débuts en littérature. Ils sont difficiles. C'est sur l'insistance de Robert Antelme qu'un premier manuscrit, *Les Impudents*, est accepté en 1943. Il affirme à l'éditeur : « Si vous ne le prenez pas, elle se tuera ». Mais en 1950, *Un barrage contre le Pacifique* est un premier succès et manque de peu le prix Goncourt. La carrière de l'auteure est lancée.

Documents :
❶ 5, rue Saint-Benoît, Paris, 6e arrondissement, ❷ Marguerite Duras et Robert Antelme dans leur appartement à Paris, vers 1941-1942, ❸ Marguerite Duras et Dionys Mascolo, 1947, ❹ Marguerite Duras et son fils, Jean Mascolo à Trouville dans les années 1960.

Comprendre les évènements déterminants d'une vie et d'une carrière

1. Pourquoi l'appartement de la rue Saint-Benoît marque-t-il un tournant dans la vie de Marguerite Duras ?

2. Ses débuts d'écrivaine ont-ils été faciles ? Qui l'a aidée ?

3. Quel évènement lié à l'Histoire va marquer la vie de l'auteure ?

Le retour à la vie

Texte 4 *En 1945, à la fin de la guerre, Marguerite Duras attend des nouvelles de son mari déporté, appelé ici Robert L. Elle note, au jour le jour, ses réflexions dans les « Carnets de la guerre » qu'elle publiera, bien plus tard, sous le titre* La Douleur.

Il n'y aurait pas de signes avant-coureurs. Il téléphonerait. Il arriverait. Ce sont des choses qui sont possibles. Il en revient tout de même. Il n'est pas un cas particulier. Il n'y a pas de raison particulière pour qu'il ne revienne pas. Il n'y a pas de raison pour qu'il revienne. Il est possible qu'il revienne. Il sonnerait : « Qui est là. – C'est moi. »

Marguerite Duras, *La Douleur,* 1985, © Éditions Gallimard.

Texte 5 […] un matin à onze heures le téléphone a sonné. Ça venait d'Allemagne, c'était François Morland[1]. Il ne dit pas bonjour, il est presque brutal, clair comme toujours. « Écoutez-moi bien. Robert est encore vivant. Calmez-vous. Oui. Il est à Dachau. Écoutez encore de toutes vos forces. Robert est très faible, à un point que vous ne pouvez pas imaginer. Je dois vous le dire : c'est une question d'heures. Il peut vivre encore trois jours, mais pas plus. Il faut que D. et Beauchamp partent aujourd'hui même, ce matin même pour Dachau.

Marguerite Duras, *La Douleur*, 1985, © Éditions Gallimard.

1. **François Morland :** nom de résistance de François Mitterand.

Texte 6 Le docteur est arrivé. Il s'est arrêté net, la main sur la poignée, très pâle. Il nous a regardés puis il a regardé la forme sur le divan. Il ne comprenait pas. Et puis il a compris : cette forme n'était pas encore morte, elle flottait entre la vie et la mort et on l'avait appelé, lui, le docteur, pour qu'il essaye de la faire vivre encore. Le docteur est entré. Il est allé jusqu'à la forme et la forme lui a souri. Ce docteur viendra plusieurs fois par jour pendant trois semaines, à toute heure du jour et de la nuit. Dès que la peur était trop grande, on l'appelait, il venait. Il a sauvé Robert L. Il a été lui aussi emporté par la passion de sauver Robert L. de la mort. Il a réussi.

Ibid.

Comprendre l'intensité des émotions

Texte 4

1. Montrez comment la structure, le rythme des phrases et l'emploi des modes traduisent l'angoisse et l'incertitude de l'attente.

Texte 5

2. Comment l'urgence de la situation se traduit-elle dans le message téléphonique adressé à Marguerite Duras ? Aidez-vous des passages surlignés pour répondre.

3. Quelles paroles permettent de comprendre sa réaction lorsqu'elle les entend ?

Texte 6

4. Quel qualificatif pourriez-vous employer pour décrire la réaction du docteur quand il découvre Robert L. ? Aidez-vous des passages surlignés pour répondre.

BILAN **5** Comment, à travers ces lignes, est montré le retour progressif de Robert L. à sa dignité d'être humain et à la vie ?

Graine de savoir

Robert Antelme est l'auteur de *L'Espèce humaine* (➥ p. 171), premier ouvrage qui décrit la vie des déportés. Malgré tout ce qu'il a subi, il répond par l'affirmative à cette question : peut-on rester un être humain quand tout est fait pour vous priver de cette dignité ?

La maison pour écrire

« [C]'est la première fois que j'ai une maison à moi. » En 1958, grâce aux droits du film tiré d'*Un barrage contre le Pacifique*, Marguerite Duras achète une maison à Neauphle-le-Château dans les Yvelines :

> « …c'est un petit peu comme si j'y étais née, quand même, ici, je l'ai tellement faite à moi que j'ai l'impression qu'elle m'appartient depuis… depuis avant moi, depuis avant ma naissance. »
>
> **Marguerite Duras, Michelle Porte,** *Les Lieux de Marguerite Duras,* © Les Éditions de Minuit, 1977/2012

Dans la solitude de l'écriture. Comme rue Saint-Benoît, la maison résonne souvent de voix amicales, de présences d'acteurs, tel Gérard Depardieu. Mais elle est aussi, pendant plusieurs années, le refuge d'une femme isolée, qui cède parfois aux ravages de l'alcoolisme. C'est pourtant en partie dans cette maison que Marguerite Duras écrit un de ses romans les plus énigmatiques et les plus profonds sur la passion amoureuse : *Le Ravissement de Lol V. Stein*, qui parait en 1964.

5

6

7

Documents : 5 6 7 le bureau dans le salon, le salon et la cuisine à Neauphle-le-Château (photographies de 1990, 2014, 2009).

L'horizon des images

La mer sans limites. En 1963, elle acquiert un appartement à Trouville, dans un ancien hôtel que connut Marcel Proust : « Les Roches Noires ». De plus en plus passionnée par le cinéma, Marguerite Duras tourne des scènes d'intérieur à Neauphle mais de nombreuses scènes d'extérieur à Trouville. À la maison tournée vers une intériorité qui ramène à l'enfance, correspond cet appartement tout de lumière, qui offre le port du Havre en lointaine perspective.

La fiction source de réalité. Une présence accompagne l'auteure les quinze dernières années de sa vie : Yann Lemée, qu'elle rencontre en 1980 et qui devient autant dans la réalité que dans son œuvre *Yann Andréa Steiner* écrit en 1982. L'écriture marque ainsi de son empreinte l'existence même de ceux qui entourent Marguerite Duras.

La reconnaissance d'une œuvre. C'est l'année de ses soixante-dix ans que Marguerite Duras reçoit le prix Goncourt pour la parution de *L'Amant*. Traduit en trente-cinq langues, ce roman est une forme de consécration pour une auteure parfois adulée de certains mais violemment rejetée par d'autres. Cette fois, c'est seulement l'importance de son œuvre qui est enfin reconnue.

Romancière, Marguerite Duras est aussi auteure de théâtre – elle a écrit une quinzaine de pièces –, scénariste pour le cinéma (avec *Hiroshima mon amour* d'Alain Resnais) et elle-même réalisatrice, avec *India-Song*, reprise cinématographique de son roman *Le Vice-Consul* en 1975.

Sa vie s'achève un dimanche de 1996 rue Saint-Benoît. Quelques semaines avant, elle avait dicté à Yann Andréa ces mots : « Morte, je peux encore écrire. »

Documents :
1 Les Roches Noires, 2008.
2 Yann Andréa aux obsèques de Marguerite Duras, le 7 mars 1996 à Paris, 3 *Le Camion*, film français de Marguerite Duras, 1977, avec Gérard Depardieu et Marguerite Duras.

Voici quelques-unes des œuvres majeures de cette période :

1964

1975

1977

1982

1984

1992

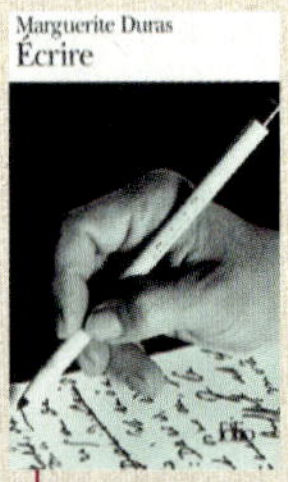

1993

Texte 7 Écriture et image de la passion

Michael Richardson et Lol V. Stein sont fiancés. Pendant un bal, Michael Richardson est pris de passion pour une étrangère, Anne-Marie Stretter, qu'il invite une première fois à danser.

Lol, frappée d'immobilité, avait regardé s'avancer, comme lui, cette grâce abandonnée, ployante, d'oiseau mort. [...] L'ossature admirable de son corps et de son visage se devinait. Telle qu'elle apparaissait, telle, désormais, elle mourrait, avec son corps désiré. Qui était-elle ? On le sut plus tard : Anne-Marie Stretter. [...]

La première danse terminée, Michael Richardson s'était rapproché de Lol comme il avait toujours fait jusque-là. Il y eut dans ses yeux l'imploration d'une aide, d'un acquiescement. Lol lui avait souri. Puis, à la fin de la danse qui avait suivi, il n'était pas allé retrouver Lol. Anne-Marie Stretter et Michael Richardson ne s'étaient plus quittés. [...]

Les yeux baissés, ils passèrent devant elle. Anne-Marie Stretter commença à descendre, et puis, lui, Michael Richardson. Lol les suivit des yeux à travers les jardins. Quand elle ne les vit plus elle tomba par terre, évanouie.

Marguerite Duras, *Le Ravissement de Lol V. Stein,* 1964,

India Song, film de Marguerite Duras, 1975, avec Michael Lonsdale et Delphine Seyrig.

Lecture d'image

Dans *India Song*, long métrage de Marguerite Duras où réapparait le personnage d'Anne-Marie Stretter, c'est le vice-consul qui en tombe éperdument amoureux.

1. Comment le plan est-il construit ? Que révèlent l'attitude et le regard des deux personnages ?

2. Quel lien pouvez-vous faire avec l'extrait de *Lol V. Stein* ?

Déchiffrer les signes de la passion

1. Quels termes montrent que la présence d'Anne-Marie Stretter s'impose comme une sorte de fatalité pour Lol et Michael Richardson ?

2. Quelles sont les différentes réactions de Lol ? Comment comprenez-vous alors le terme « ravissement » dans le titre du roman ?

BILAN **3** La manière dont Marguerite Duras décrit la passion vous surprend-elle ? Dites pourquoi.

Méthode

Identifier l'univers et le style d'un écrivain

Dans ce court passage, vous allez pouvoir identifier quelques-unes des caractéristiques du style de Marguerite Duras. Entrainez-vous à le faire pour d'autres extraits, et, ensuite, pour d'autres auteurs.

Il était à l'arrière de la grande auto noire qui est stationnée le long du mur d'un entrepôt du port. Habillé comme toujours. Dans le costume de tussor grège. Dans la pose du sommeil.
Ils ne se regardent pas.
Se voient.

Toujours cette même foule sur les quais au départ des paquebots de ligne.

Un ordre est hurlé par les haut-parleurs des remorqueurs.
Les hélices se mettent à tourner. Elles broient, brassent les eaux du fleuve.
Le bruit est terrible.

On a peur. Toujours à ce moment-là on a peur. De tout. De ne plus revoir jamais cette terre ingrate et ce ciel de mousson, de l'oublier.

Marguerite Duras, *L'Amant de la Chine du Nord,*

images et thèmes récurrents (voiture noire, l'amant chinois élégant)

sentiments intenses, non exprimés, muets (difficulté de la passion)

violence, peur

force des images, rythme et sonorités poétiques, dimension hyperbolique du pluriel.

Sur l'ensemble de l'extrait : ***la disposition****, qui rend visible le silence par* ***le blanc*** *de la page entre les phrases.*

Dossier L'autoportrait féminin, reflet

pistes EPI

Dès le Moyen Âge, les femmes exercent leurs talents artistiques. Musiciennes, poétesses, elles savent également peindre, mais restent pourtant considérées comme des amatrices.
Au XVIIIe siècle, certaines d'entre elles parviennent à se faire reconnaitre comme professionnelles. Leurs autoportraits deviennent alors le reflet de l'estime nouvelle dont elles sont l'objet.
En suivant l'évolution de l'autoportrait féminin du XVIIIe au XXIe siècle, on perçoit comment les femmes ont progressivement acquis leur légitimité artistique…

L'autoportrait féminin au XVIIIe siècle : l'espérance de liberté et d'égalité

1

Au XVIIIe siècle, l'Académie royale de peinture classe les peintres en plusieurs catégories, des plus respectés aux moins appréciés : peintres d'histoire (comprenant la peinture religieuse et allégorique), de portrait, de paysage, de scènes de genre (vie intime ou quotidienne) ou de nature morte.

Il est difficile pour une femme de prétendre à un titre élevé ou d'être admise à l'Académie car l'accès aux cours de dessin d'après modèle leur était interdit (des hommes nus y posaient). Elles ne peuvent ainsi pas traiter des sujets d'histoire ou de mythologie.

Certaines femmes parviennent cependant à entrer à l'Académie et à vivre de leur art, ce qui témoigne de la reconnaissance qu'on leur accorde et du statut social qui est le leur. Élisabeth Vigée Le Brun en est une figure célèbre…

▸ Le tableau ci-contre a été réalisé par Élisabeth Vigée Le Brun en 1780 pour être reçue à l'Académie. Selon vous, dans quelle catégorie de peintres désirait-elle être classée ?

2

Découvrez le premier autoportrait de Vigée Le Brun

Ce premier autoportrait d'Élisabeth Vigée Le Brun, dit « Au chapeau de paille », témoigne d'une parfaite maitrise technique et a contribué à la faire connaitre du milieu artistique de son temps.

▸ Qui l'artiste regarde-t-elle ? Quel est l'effet produit ? Interprétez ce choix.

Un « manifeste » revendique haut et fort, publiquement, les décisions que l'on prend pour soi, pour l'avenir.

▸ Pourquoi peut-on dire que ce tableau est un manifeste ?

3

Cet autoportrait a été peint après un voyage aux Pays-Bas pendant lequel la peintre découvrit le tableau de Rubens (ci-dessus).

▸ Pourquoi ce tableau peut-il être perçu comme une provocation de la part d'une si jeune artiste ?

Documents : 1 **É. Vigée Le Brun**, *La Paix ramenant l'Abondance*, 1780, huile sur toile (102 × 132 cm), musée du Louvre, Paris ;
2 *Autoportrait au chapeau de paille* (recadré), 1782, huile sur toile (97,8 × 70,5 cm), National Gallery, Londres ;
3 **P. P. Rubens**, *Portrait supposé de Susanna Lunden* dit *Le Chapeau de Paille* (détail), vers 1622-1625, huile sur toile (79 x 54,6 cm), National Gallery, Londres.

Un siècle de femmes peintres

- Découvrez d'autres peintres célèbres du XVIIIe siècle : Marie-Geneviève Bouliard, Angelica Kaufmann, Anne Vallayer-Coster, Adélaïde Labille-Guyard.
- Faites des recherches sur l'une d'entre elles et présentez-la à l'oral sous forme d'exposé.

ACTIVITÉ lienmini.fr/jdl3-T104

d'une conquête

Biographie

Élisabeth Vigée Le Brun
(1755-1842)
Née à Paris, elle découvre le pastel et la peinture avec son père et devient, très jeune, la portraitiste de la reine Marie-Antoinette et de sa cour. En tant que femme, elle a dû lutter pour être reconnue comme artiste.

Élisabeth Vigée Le Brun,
Madame Vigée Le Brun et sa fille,
1789, huile sur toile (130 x 94 cm),
musée du Louvre, Paris.

Étudiez un autoportrait célèbre sur la tendresse maternelle

Sur ce nouvel autoportrait, Vigée Le Brun se représente avec sa fille Julie.

- **Comment la tendresse et la douceur de la relation sont-elles traduites ici ? Citez au moins trois éléments.**

Observez les choix de l'artiste (lumière, contraste des couleurs, agencement des personnages, des regards, maitrise des drapés, des textures, des reflets, des cheveux…).

- **Comment a-t-elle mis en valeur sa maitrise technique ?**

Le saviez-vous

Au XVIIIe siècle, les enfants sont l'objet d'un intérêt nouveau : on leur reconnait des sentiments et une pensée personnels, ils acquièrent le statut de « petites personnes ». Le rôle des parents évolue : la mère n'est plus simplement nourricière, elle est aussi en charge de l'éveil émotionnel et intellectuel des enfants.

L'autoportrait féminin au XIXe siècle : les femmes confinées

Au XIXe siècle, les femmes peintres peuvent exposer au Salon, qui permet chaque année aux professionnels de faire connaitre leurs œuvres. Cependant, on leur fait une réputation d'amateurisme : elles ne seraient pas capables de peindre aussi bien que les hommes. La formation des femmes peintres comporte toujours des interdits : elles ne peuvent pas prendre pour modèle des hommes nus...
Le changement social souhaité par la génération de Vigée Le Brun ne s'est donc pas encore produit : les femmes sont avant tout considérées comme le pilier de la vie familiale.
En écho à cette relégation qui leur interdit d'accéder au statut d'artistes, les femmes ne pratiquent presque plus l'autoportrait : elles s'en tiennent généralement aux scènes de la vie quotidienne et aux natures mortes.

1 **Virginie Demont-Breton,** *À l'eau !*, huile sur toile (183 x 122 cm), Koninklijk Museum voor Schone Kunsten, Anvers.

2 **Virginie Demont-Breton,** *Le Foyer*, 1893, huile sur toile (210,8 x 304,8 cm), collection privée.

Devinez la place de la femme et de l'artiste au XIXe siècle

- **Que représente le tableau 1 ? Pour quelle raison cette jeune femme emmène-t-elle ses enfants se baigner, d'après vous ?**
- **Faites un commentaire, du point de vue des règles de décence imposées aux femmes peintres, sur la nudité des enfants.**
- **Imaginez le quotidien de la femme dans le tableau 2. Quels indices vous ont guidé(e) ?**
- **Dans cette scène, comment l'artiste cherche-t-elle à émouvoir le spectateur ?**
- **Ce tableau dénonce-t-il ce qu'il représente ou en fait-il l'éloge ? Justifiez votre réponse.**

Observez un exemple de nature morte

- **Que représente le tableau 3 ?**
- **Selon vous, qu'est-ce qui est difficile à représenter, et montre l'excellence technique de l'artiste ?**
- **Un tel sujet permet-il au peintre de montrer toute sa sensibilité ?**

3 **Louise Catherine Breslau,** *Narcisses et tulipes dans un vase de verre*, 1889, huile sur toile (61 x 40 cm), coll. privée.

L'autoportrait féminin au XXe siècle : une féminité valorisée et libérée

Après la période difficile du XIXe siècle, une nouvelle génération de femmes apparait, reprenant à son compte le rêve de celles du Siècle des Lumières ; elles se veulent libres et indépendantes, respectées pour la qualité de leur création artistique. Elles sont de plus en plus nombreuses à obtenir la reconnaissance de leur valeur.

Commentez un autoportrait féminin symbolique

Frida Kahlo, âgée de 19 ans, peint cet autoportrait pour l'offrir à son premier fiancé, qui vient de l'abandonner.

- **Qu'exprime le visage de la jeune femme ?**

La mer à l'arrière-plan relève de l'esthétique du « paysage-état d'âme » : elle symbolise les émotions et les pensées de l'artiste.

- **Que vous semble évoquer cette mer : la colère, le désespoir, l'envie de fuir ? autre chose encore ?**

La robe de velours rouge attire le regard par la densité de la couleur. Elle capte la lumière et la renvoie, ce qui manifeste la maitrise technique de l'artiste.

- **Selon vous, quelle est la signification de la couleur rouge ?**
- **Décrivez les sensations qu'on éprouve en touchant du velours. Pourquoi avoir choisi cette matière ?**

Frida Kahlo, *Autoportrait à la robe de velours*, 1926, huile sur toile, collection privée.

La main, posée sur le cœur, semble aussi prête à se tendre, comme celle de Vénus dans un célèbre tableau de Botticelli, *La Naissance de Vénus*.

- **Recherchez le tableau de Botticelli dont s'inspire Frida Khalo. Comment interprétez-vous ce geste dans la situation de l'artiste ?**
- **Que dit ce portrait de la volonté d'affirmation de Frida Kahlo, comme femme et comme artiste, face à la société ?**

Biographie

Frida Kahlo (1907-1954)
Peintre mexicaine, elle lutte toute sa vie contre la maladie, en particulier à cause d'un accident de bus survenu alors qu'elle avait 23 ans. Elle n'en mène pas moins une vie riche de passions. Mariée au peintre muraliste Diego de Rivera, de renommée internationale, elle doit se battre pour trouver la place qui lui revient en tant qu'artiste indépendante de son époux. Son œuvre, qui utilise les symboles de la peinture sud-américaine, exprime ses combats.

Devinette :

À quel sentiment associez-vous Vénus, déesse romaine (appelée Aphrodite dans la mythologie grecque) ?

L'autoportrait féminin au XXe siècle : la légitimité acquise des femmes artistes

Au XXe siècle, les femmes, qui ont été amenées à remplacer les hommes au travail pendant les deux guerres mondiales, ne renoncent pas à cet acquis, et accèdent progressivement à l'égalité légale. Cette évolution sociale imprègne la peinture : les autoportraits féminins réapparaissent, bousculant les marques habituelles du féminin et du masculin. Pour une femme, être formée, considérée et reconnue comme une artiste devient possible.

Tamara de Lempicka, *Mon Portrait* (35 x 27 cm), 1929, huile sur bois, collection privée.

Biographie

Tamara de Lempicka (1898 -1980)

D'origine polonaise, Tamara de Lempicka étudie la peinture à Paris, expose dans le monde entier, mène une vie mondaine brillante. Pleinement reconnue par le milieu artistique qui l'entoure, consciente de sa valeur, elle n'en traverse pas moins des périodes de doute, qui lui permettent d'affirmer son style et de diversifier ses sujets.

Découvrez deux autoportraits féminins qui reprennent des codes masculins

- **Dans quelle direction porte le regard dans chaque autoportrait ? Quels sentiments cela traduit-il ? Comparez avec le regard d'É. Vigée Le Brun à la page 49.**
- **Comment est rendue, pour Tamara de Lempicka, l'impression de vitesse, et pour Lady Pink, celle d'énergie ? Ces éléments sont-ils habituellement associés à la féminité ? Commentez.**

Lady Pink (Sandra Fabara) *Autoportrait*, 1992, aérosol sur toile (96 x 131 cm), coll. privée, Paris.

Biographie

Sandra Fabara (née en 1964)

Née en Équateur, celle qu'on appelle aussi « Lady Pink » vit aux États-Unis, où elle commence par pratiquer le graff dans le métro de New York. Reconnue comme la « première femme du graffiti », art controversé, elle devient célèbre et fonde sa propre société, peignant les fresques qu'on lui commande.

L'autoportrait féminin au XXIe siècle : la remise en question du monde, sans distinction de genre

Observez l'évolution du regard sur les corps

- **Décrivez la scène représentée sur la photographie. L'atmosphère qui s'en dégage vous parait-elle tendue ou apaisée ? Justifiez.**
- **Identifiez le détail qui montre que la femme est aussi la photographe, et qu'il s'agit donc d'un autoportrait.**
- **Que veut faire comprendre la photographe, concernant la place des femmes dans la société et dans l'art, en produisant un tel autoportrait ?**

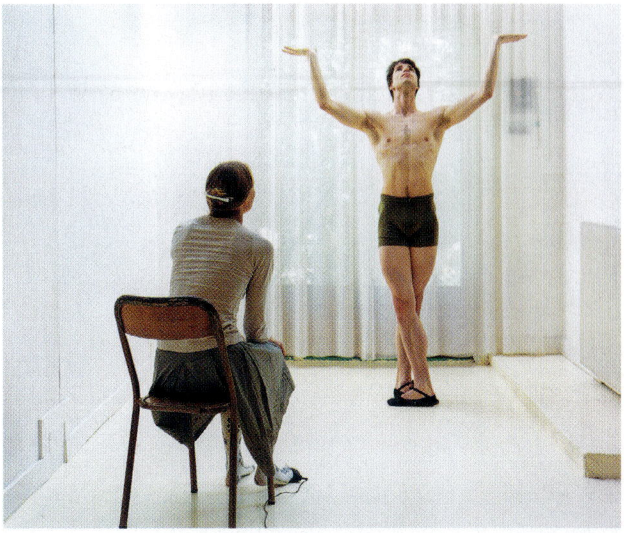

Elina Brotherus, *Artiste avec modèle en Apollon*, 2007 (80 x 94 cm), de la série « Étude d'après modèle, danseurs ».

Cherchez la différence…

Comparez la photographie d'Elina Brotherus au tableau d'Édouard Manet : qui est habillé ? dévêtu ? Quelles libertés les artistes féminines ont-elles acquises au XXIe siècle ?

Édouard Manet, *Le Déjeuner sur l'herbe*, 1863, huile sur toile (208 x 264,5 cm), musée d'Orsay, Paris.

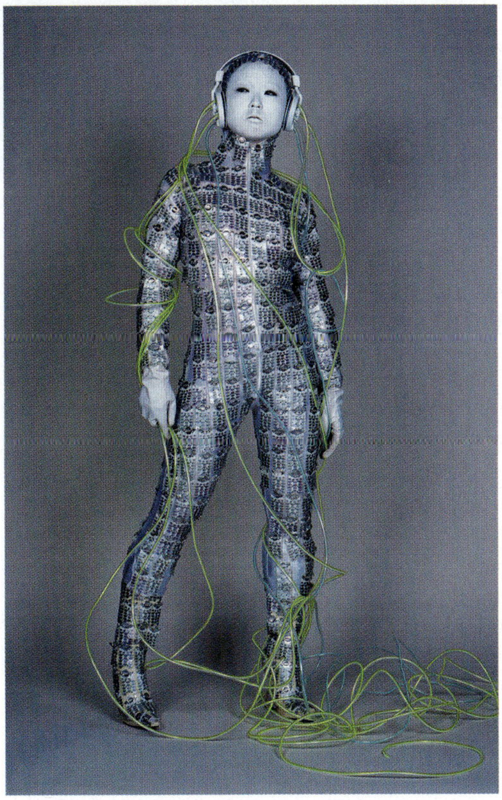

Noriko Yamaguchi, *Keitai Girl* N°. 1, 2004, (1653 x 1200 mm), chromogenic print. © Noriko Yamaguchi, courtesy MEM, Tokyo.

Interprétez la pensée d'une œuvre

Le costume de l'artiste, qu'elle a conçu et réalisé elle-même, est constitué de claviers de téléphones portables. Le mot *Keitai* signifie, en japonais, « téléphone portable ». Les spectateurs, au cours de performances de « Keitai Girl », peuvent appuyer sur les téléphones du costume, qui vont vibrer, sonner et s'illuminer. Le corps de l'artiste est donc à la fois accessible et interdit. L'autoportrait réalisé ici fait suite à une série de performances publiques.

- **À quelles créatures, vivantes ou mécaniques, pouvez-vous comparer Keitai Girl ?**
- **Ici, le téléphone permet-il la communication, ou l'empêche-t-il ? Justifiez vos réponses.**
- **Que dit l'artiste d'elle-même ? Et de notre monde contemporain ?**

Pour conclure…

Retracez l'évolution de l'autoportrait féminin du XVIIIe au XXIe siècle en une dizaine de phrases :

- Quelles règles ont changé ? Quels interdits sont tombés ? Quels ont été les enjeux et les buts successifs de l'autoportrait, pour les femmes ?
- Quelles pensées ces évolutions vous inspirent-elles ?

PARCOURS

une œuvre intégrale

La Promesse de l'aube

Romain Gary

Découvrir la biographie d'un auteur

Retrouvez quelle photographie chacune de ces phrases imaginées pourrait illustrer.

« Je suis une comédienne de talent, dans la Russie du début du XXe siècle : c'est le temps de la Révolution, et de grandes difficultés économiques. Abandonnée par le père de mon enfant, je l'élève seule. Je forme le projet de parfaire son éducation au pays des grands écrivains et des Droits de l'Homme. » ➥ p. 55

« Je me suis juré de lutter contre les démons qui rendent le monde infernal, et quand éclate la Seconde Guerre mondiale, je deviens résistant dans les troupes de la France libre : je lutte contre l'occupation de la France par les nazis. Aviateur, je participe à des missions très dangereuses. Je ne crains pas de mettre ma vie en danger, je veux devenir un héros, comme je l'ai promis à ma mère. » ➥ p. 54

« Après des années de pauvreté et de sacrifices, je suis parvenue à me fixer à Nice avec mon fils avant la Seconde Guerre mondiale. Les années d'errance et la tension due à la pauvreté ont ruiné ma santé, mais je continue d'encourager mon enfant et de le soutenir jusqu'à ma mort, et même au-delà… » ➥ p. 62

« C'est aussi pendant la guerre que je deviens le grand écrivain dont ma mère rêvait, même si je ne me prends jamais au sérieux. Par la suite, je travaille à de nombreux romans, en même temps que, devenu diplomate, j'exerce les hautes fonctions de Consul général de France en Amérique. Par la suite, je prendrai encore un autre nom de plume, Émile Ajar. J'ai vécu plusieurs vies en une, mais je reste insatisfait, et je me suicide en 1980. » ➥ p. 61

« Je suis né en 1914 à Wilno. Ma mère, qui ne peut compter que sur moi dans la vie, m'élève comme un petit prince, et tout l'argent qu'elle gagne par son travail est consacré à mon instruction et à mon confort. » ➥ p. 53

Extrait 1 La naissance d'une vocation

Romain Gary est élève en quatrième au Lycée de Nice quand il a pour la première fois « le pressentiment de sa vocation » peu ordinaire, en découvrant les sacrifices que sa mère fait pour lui.

La Promesse de l'aube (Gary). **Joann Sfar**, Futuropolis, 2014, p.38 © Futuropolis / Dist. LA COLLECTION.

Depuis treize ans, déjà, seule, sans mari, sans amant, elle luttait ainsi courageusement, afin de gagner, chaque mois, ce qu'il nous fallait pour vivre, pour payer le beurre, les souliers, le loyer, les vêtements, le bifteck de midi – ce bifteck qu'elle plaçait chaque jour devant moi dans l'assiette, un peu solennellement, comme le signe même de sa victoire sur l'adversité. Je revenais du lycée et m'attablais devant le plat. Ma mère, debout, me regardait manger avec cet air apaisé des chiennes qui allaitent leurs petits.

Elle refusait d'y toucher elle-même et m'assurait qu'elle n'aimait que les légumes et que la viande et les graisses lui étaient strictement défendues.

Un jour, quittant la table, j'allai à la cuisine boire un verre d'eau.

Ma mère était assise sur un tabouret ; elle tenait sur ses genoux la poêle à frire où mon bifteck avait été cuit. Elle en essuyait soigneusement le fond graisseux avec des morceaux de pain qu'elle mangeait ensuite avidement et, malgré son geste rapide pour dissimuler la poêle sous la serviette, je sus soudain, dans un éclair, toute la vérité sur les motifs réels de son régime végétarien.

Je demeurai là un moment, immobile, pétrifié, regardant avec horreur la poêle mal cachée sous la serviette et le sourire inquiet, coupable, de ma mère, puis j'éclatai en sanglots et m'enfuis.

Au bout de l'avenue Shakespeare où nous habitions alors, il y avait un remblai presque vertical qui dominait le chemin de fer, et c'est là que je courus me cacher. L'idée de me jeter sous un train et de me dérober ainsi à ma honte et à mon impuissance me passa par la tête, mais, presque aussitôt, une farouche résolution de redresser le monde et de le déposer un jour aux pieds de ma mère, heureux, juste, digne d'elle, enfin, me mordit au cœur d'une brûlure dont mon sang charria le feu jusqu'à la fin. Le visage enfoui dans mes bras, je me laissai aller à ma peine, mais les larmes, qui me furent souvent si clémentes, ne m'apportèrent cette fois aucune consolation. Un intolérable sentiment de privation, de dévirilisation, presque d'infirmité, s'empara de moi ; au fur et à mesure que je grandissais, ma frustration d'enfant et ma confuse aspiration, loin de s'estomper, grandissaient avec moi et se transformaient peu à peu en un besoin que ni femme ni art ne devaient plus jamais suffire à apaiser. [p. 20-21]

Romain Gary, *La Promesse de l'aube,* 1960, © Éditions Gallimard, coll. Folio pour la pagination.

Comprendre un épisode décisif

Entrer dans la lecture. Repérez les trois étapes du texte et donnez-leur un titre.

1. La mère a menti à son fils. Quel est ce mensonge ? Pourquoi a-t-elle fait cela ?

2. Pourquoi le fils éprouve-t-il de l'« horreur » (l. 18) ? Pourquoi la mère a-t-elle l'air « coupable » (l. 19) ?

3. Repérez les sentiments et expressions qui montrent que cet épisode est un évènement déclencheur pour le narrateur.

4. Identifiez les temps utilisés dans cet extrait. Pourquoi peut-on dire qu'ils accentuent l'impression d'évènement décisif ?

5. Quelle est la vocation de Romain Gary ? Justifiez votre réponse en citant et en expliquant sa décision.

6. Montrez que, dans cette autobiographie, le narrateur ne cherche pas toujours à se montrer à son avantage.

BILAN **7** Selon vous, pourquoi peut-on dire que cette expérience marque la fin de l'enfance pour Romain Gary ?

Gustav Klimt, *Les Trois Âges de la femme* (détail), 1905, huile sur toile (180 × 180 cm), Galerie nationale d'art moderne et contemporain, Rome.

L'expression énigmatique « promesse de l'aube » est expliquée deux fois dans l'œuvre.

Les deux « promesses de l'aube »

Extrait 2 *La mère du héros est venue lui dire adieu devant tous les soldats de son régiment, lors de la mobilisation de 1939. D'abord humilié par cette situation, le jeune homme comprend l'immense amour de sa mère pour lui.*

Je n'entendais plus les rires, je ne voyais plus les regards moqueurs, j'entourais ses épaules de mon bras et je pensais à toutes les batailles que j'allais livrer pour elle, à la promesse que je m'étais faite, à l'aube de ma vie, de lui rendre justice, de donner un sens à son sacrifice et de revenir un jour à la maison, après avoir disputé victorieusement la possession du monde à ceux dont j'avais si bien appris à connaître, dès mes premiers pas, la puissance et la cruauté. [p. 16-17]

Ibid.

Lecture d'image

1. Comment s'exprime ici la tendresse maternelle ?
2. Par quel sentiment l'enfant lui répond-il ?
3. Quelle impression s'en dégage ?

Repères littéraires

La mobilisation

Au début d'une guerre, les hommes sont appelés à rejoindre l'armée : c'est la mobilisation, qui concerne à la fois les militaires actifs et les civils en âge de combattre. La mobilisation évoquée ici par Romain Gary est celle qui marque le début de la Seconde Guerre mondiale.

Extrait 3 *L'amour de sa mère a été si fort que la vie du narrateur s'en trouve influencée.*

Avec l'amour maternel, la vie vous fait à l'aube une promesse qu'elle ne tient jamais. On est obligé ensuite de manger froid jusqu'à la fin de ses jours. Après cela, chaque fois qu'une femme vous prend dans ses bras et vous serre sur son cœur, ce ne sont plus que des condoléances. On revient toujours gueuler sur la tombe de sa mère comme un chien abandonné. Jamais plus, jamais plus, jamais plus. Des bras adorables se referment autour de votre cou et des lèvres très douces vous parlent d'amour, mais vous êtes au courant. Vous êtes passé à la source très tôt et vous avez tout bu. Lorsque la soif vous reprend, vous avez beau vous jeter de tous côtés, il n'y a plus de puits, il n'y a que des mirages. Vous avez fait, dès la première lueur de l'aube, une étude très serrée de l'amour et vous avez sur vous de la documentation. [p. 38-39]

Ibid.

Comprendre et comparer les deux promesses

Entrer dans la lecture. Relevez la formule qui évoque la « promesse de l'aube » dans chaque extrait. Qui fait quelle promesse ? À qui s'adresse-t-elle ?

Extrait 2

1. Pourquoi, et pour qui, le jeune homme part-il à la guerre ?
2. Que s'apprête-t-il à combattre ? Quels idéaux va-t-il défendre ? Utilisez vos connaissances sur la Seconde Guerre mondiale pour répondre.
3. Commentez la longueur de la phrase et son rythme. Pourquoi ces choix d'écriture ?

Extrait 3

4. Relevez les mots et expressions qui expriment le désespoir. Pourquoi ce sentiment ?
5. Quelle est l'idée défendue dans les deux dernières phrases de l'extrait ? Êtes-vous d'accord ?
6. Pour la seconde promesse, quelle valeur du présent est utilisée ? Quel effet produit-elle ?

BILAN 7. L'autobiographie doit nous permettre de comparer notre expérience et nos idées avec celles du narrateur. Que pensez-vous des propos du narrateur sur les promesses de la vie ?

Extrait 4 Une patrie rêvée ?

La mère du narrateur, sur les routes de l'exil, l'éduque dans le culte d'une France idéalisée.

Jusqu'à ce jour, il m'arrive d'*attendre* la France, ce pays intéressant, dont j'ai tellement entendu parler, que je n'ai pas connu et que je ne connaîtrai jamais – car la France que ma mère évoquait dans ses descriptions lyriques et inspirées depuis ma plus tendre enfance avait fini par devenir pour moi un mythe fabuleux [...]. [D]ans les wagons à bestiaux qui nous emportaient vers l'Ouest, avec le typhus pour compagnie, elle s'agenouillait devant moi, frottait mes doigts engourdis et continuait à me parler de la terre lointaine où les plus belles histoires du monde arrivaient vraiment ; tous les hommes étaient libres et égaux ; les artistes étaient reçus dans les meilleures familles ; Victor Hugo avait été Président de la République ; [...] je marchais dans la neige, le long de la voie ferrée, une main dans celle de ma mère, tenant dans l'autre un pot de chambre dont je refusais de me séparer depuis Moscou et qui était devenu un ami : je m'attache très facilement ; on me rasait le crâne ; couchée sur une paillasse, le regard perdu dans le lointain, elle continuait à évoquer mon avenir radieux ; je luttais contre le sommeil et ouvrais des yeux tout grands pour essayer d'apercevoir ce qu'elle voyait ; le Chevalier Bayard ; la Dame aux Camélias ; on trouvait du beurre et du sucre dans tous les magasins ; Napoléon Bonaparte ; Sarah Bernhardt – je m'endormais enfin, la tête sur son épaule, le pot de chambre serré dans mes bras. [p. 44-45]

Ibid.

Lecture d'images

Quelles idées le dessinateur est-il parvenu à mettre en image sur la couverture et l'illustration ?

La Promesse de l'aube (Gary). **Joann Sfar**, Futuropolis, 2014, couverture et p. 66
© Futuropolis / Dist. LA COLLECTION.

Comprendre l'image d'une patrie rêvée

Entrer dans la lecture. Quelle phrase montre que l'auteur a réfléchi à l'influence exercée sur lui par sa mère ?

1. Remettez dans l'ordre du texte les éléments qui relèvent du simple récit :
- l'enfant imagine une France peuplée de personnages littéraires ;
- la mère raconte une France rêvée ;
- la mère et l'enfant voyagent vers l'Ouest.

2. Relevez les expressions qui évoquent le voyage vers la France. Comment peut-on qualifier ce voyage ?

3. Comment les personnages se représentent-ils la France ? Citez et commentez le texte.

4. Montrez que les pensées des personnages n'ont rien à voir avec ce qu'ils endurent.

5. Selon vous, pourquoi la mère parle-t-elle ainsi à son fils pendant le voyage ? Faites plusieurs hypothèses.

6. Quel signe de ponctuation domine le texte ? Qualifiez le rythme créé et dites quel effet il produit.

7. Par quel détail le narrateur introduit-il une dimension comique dans le texte ? Commentez.

BILAN **8** Dans ce passage, le temps de l'écriture et celui du souvenir sont reliés. Quelle expression le montre ? Qu'en déduisez-vous sur l'influence exercée par la mère sur le fils ?

Extrait 5 Le premier amour

Bel enfant aux yeux bleus, le narrateur est très admiré par son entourage féminin. Sa première rencontre amoureuse est pour lui un choc.

J'avais déjà près de neuf ans lorsque je tombai amoureux pour la première fois. Je fus tout entier aspiré par une passion violente, totale, qui m'empoisonna complètement l'existence et faillit même me coûter la vie.

Elle avait huit ans et elle s'appelait Valentine. Je pourrais la décrire longuement et à perte de souffle, et si j'avais une voix, je ne cesserais de chanter sa beauté et sa douceur. C'était une brune aux yeux clairs, admirablement faite, vêtue d'une robe blanche et elle tenait une balle à la main. Je l'ai vue apparaître devant moi dans le dépôt de bois, à l'endroit où commençaient les orties, qui couvraient le sol jusqu'au mur du verger voisin. Je ne puis décrire l'émoi qui s'empara de moi : tout ce que je sais, c'est que mes jambes devinrent molles et que mon cœur se mit à sauter avec une telle violence que ma vue se troubla. Absolument résolu à la séduire immédiatement et pour toujours, de façon qu'il n'y eût plus jamais de place pour un autre homme dans sa vie, je fis comme ma mère me l'avait dit et, m'appuyant négligemment contre les bûches, je levai les yeux vers la lumière pour la subjuguer. Mais Valentine n'était pas femme à se laisser impressionner. Je restai là, les yeux levés vers le soleil, jusqu'à ce que mon visage ruisselât de larmes, mais la cruelle, pendant tout ce temps-là, continua à jouer avec sa balle, sans paraître le moins du monde intéressée. Les yeux me sortaient de la tête, tout devenait feu et flamme autour de moi, mais Valentine ne m'accordait même pas un regard. Complètement décontenancé par cette indifférence, alors que tant de belles dames, dans le salon de ma mère, s'étaient dûment extasiées devant mes yeux bleus, à demi aveugle et ayant ainsi, du premier coup, épuisé, pour ainsi dire, mes munitions, j'essuyai mes larmes et, capitulant sans conditions, je lui tendis les trois pommes vertes que je venais de voler dans le verger. Elle les accepta et m'annonça, comme en passant :

– Janek a mangé pour moi toute sa collection de timbres-poste.

C'est ainsi que mon martyre commença. Au cours des jours qui suivirent, je mangeai pour Valentine plusieurs poignées de vers de terre, un grand nombre de papillons, un kilo de cerises avec les noyaux, une souris, et, pour finir, je peux dire qu'à neuf ans, c'est-à-dire bien plus jeune que Casanova, je pris place parmi les plus grands amants de tous les temps, en accomplissant une prouesse amoureuse que personne, à ma connaissance, n'est jamais venu égaler. Je mangeai pour ma bien-aimée un soulier en caoutchouc.

Ici, je dois ouvrir une parenthèse.

Je sais bien que, lorsqu'il s'agit de leurs exploits amoureux, les hommes ne sont que trop portés à la vantardise. À les entendre, leurs prouesses viriles ne connaissent pas de limite, et ils ne vous font grâce d'aucun détail.

Je ne demande donc à personne de me croire lorsque j'affirme que, pour ma bien-aimée, je consommai encore un éventail japonais, dix mètres de fil de coton, un kilo de noyaux de cerises – Valentine me mâchait, pour ainsi dire, la besogne, en mangeant la chair et en me tendant les noyaux – et trois poissons rouges, que nous étions allés pêcher dans l'aquarium de son professeur de musique.

Dieu sait ce que les femmes m'ont fait avaler dans ma vie, mais je n'ai jamais connu une nature aussi insatiable. C'était une Messaline[1] doublée d'une Théodora de Byzance[2]. Après cette expérience, on peut dire que je connaissais tout de l'amour. Mon éducation était faite. Je n'ai fait, depuis, que continuer sur ma lancée. [p. 83-85]

Ibid.

Le savez-vous ?

Le thème de l'initiation amoureuse est très présent dans le genre autobiographique. La première rencontre intervient, en général, à l'adolescence ; plusieurs auteurs l'idéalisent fortement et expriment une profonde nostalgie de leur « premier amour », représenté comme un paradis perdu. D'autres mettent en valeur leur timidité et leur maladresse. Romain Gary aborde ce « lieu commun » de manière originale…

1. Messaline : épouse d'un empereur romain, elle symbolise les excès et la débauche.

2. Théodora de Byzance : artiste belle et gracieuse, elle charma l'empereur de Byzance et devint impératrice.

Lecture d'image

1. Que dit le peintre de l'Amour quand il choisit de le représenter comme un enfant ? Est-ce un sentiment pur, inoffensif ?
2. Auriez-vous fait le même choix ? Pourquoi ?
3. Montrez que le point de vue du peintre et celui de Romain Gary, au sujet de l'amour, sont opposés.

William-Adolphe Bouguereau, *Amour et Psyché* (détail), 1890, huile sur toile (60 cm × 71 cm), collection privée.

Comprendre un jeu de séduction enfantine

Entrer dans la lecture. Faites un bref portrait de Valentine.

1. Qu'est-ce qui pousse chacun des enfants à agir comme il le fait, selon vous ?

2. Parmi les expressions qui décrivent Valentine, lesquelles évoquent la manipulation ? Lesquelles renvoient à l'innocence et à l'enfance ? Quel est l'effet produit ?

3. Comment la souffrance est-elle exprimée ? Relevez au moins deux procédés.

4. Cette scène de première rencontre amoureuse déjoue-t-elle les attentes du lecteur ? Pourquoi peut-on parler de « parodie » ?

5. Citez les phrases où le narrateur, devenu adulte, commente son aventure d'enfant. Quel jugement porte-t-il sur lui-même ?

6. Dans le dernier paragraphe, quelle est la valeur du présent ? Reformulez le propos du narrateur sur l'amour et donnez votre avis personnel.

7. Quel effet l'accumulation produit-elle aux lignes 39 à 42 ?

BILAN **8** Quelle vision des relations amoureuses le narrateur expose-t-il ici ? Résumez-la, puis commentez-la.

BREVET

Transposer une scène

Transposez la scène décrite ici en une scène théâtrale. Soignez les didascalies et faites bien apparaitre le caractère de chaque personnage. Vous pourrez, à deux, lire votre texte à la classe.

Graine de savoir

Effectuez une recherche sur l'identité et la relation d'Éros et de Psyché.
Le tableau de Bouguereau vous parait-il une représentation fidèle du mythe antique ?

Extrait 6 Ambition et réalité

La mère de Romain Gary désire que son fils – qui n'a jamais touché une raquette – devienne champion de tennis, mais elle n'a pas assez d'argent pour lui offrir l'accès au club de Nice. Scandalisée par cette injustice, elle se plaint violemment au directeur du club, qui tente alors de la calmer.

Vue de Nice, carte postale, vers 1900.

Comment ! Avec un peu d'entraînement, je pouvais devenir champion de France, défendre victorieusement contre l'étranger les couleurs de mon pays, et l'entrée des courts m'était interdite pour une pâle et vulgaire question d'argent ! […]

Ce fut, je crois, M. Garibaldi qui eut à ce moment-là une idée fatale, destinée, dans son esprit, à calmer ma mère, mais qui mena au contraire à une scène dont le souvenir m'emplit d'ahurissement encore aujourd'hui.

– Madame, dit-il, je vous prie de modérer votre voix. Sa Majesté le roi Gustave de Suède est à quelques pas d'ici, et je vous demande de ne pas faire de scandale.

Cette phrase eut sur ma mère un effet instantané. Un sourire à la fois naïf et émerveillé, que je connaissais si bien, commença à se dessiner sur ses lèvres et elle se rua en avant. […]

– Je viens demander justice à Votre Majesté ! Mon jeune fils, qui va avoir quatorze ans, a des dispositions extraordinaires pour le tennis et ces mauvais Français l'empêchent de venir s'entraîner ici ! Toute notre fortune a été confisquée par les bolcheviks[1] et nous ne pouvons pas payer la cotisation ! Nous venons demander aide et protection à Votre Majesté. […]

Sa Majesté Gustave V était déjà à cette époque un homme fort âgé, et ceci, joint sans doute au flegme[2] suédois, fit qu'il ne parut pas le moins du monde étonné. Il ôta le cigare de ses lèvres, contempla ma mère gravement, me jeta un coup d'œil et se tourna vers son entraîneur.

– Faites quelques balles avec lui, dit-il de sa voix caverneuse. Voyons un peu ce qu'il sait faire.

Le visage de ma mère s'éclaira. L'idée que je n'avais tenu que trois ou quatre fois la raquette de tennis à la main ne la préoccupait nullement. Elle avait confiance en moi. Elle savait qui j'étais. Les petits détails quotidiens, les petites difficultés pratiques n'entraient pas en ligne de compte. J'hésitai une seconde et puis, sous ce regard de confiance totale et d'amour, j'avalai ma honte et ma peur et, baissant la tête, j'allai à mon exécution.

Ce fut vite fait – mais il me semble parfois que j'y suis encore. Je fis, bien entendu, de mon mieux. Je sautais, plongeais, bondissais, pirouettais, courais, tombais, rebondissais, volais, me livrant à une sorte de danse de pantin désarticulé, mais c'est tout juste si je parvenais parfois à effleurer une balle, et encore, uniquement avec le cadre de bois – tout cela sous l'œil imperturbable du roi de Suède, qui m'observait froidement, sous le fameux canotier[3]. […]

Myriam Anissimov
Écrivain et journaliste

VIDEO lienmini.fr/jdl3-T105

Le savez-vous ?

En réalité, comme nous l'explique Myriam Anissimov, auteure de la biographie de Romain Gary, *Romain Gary, le caméléon* (Denoël), Romain Gary n'a jamais joué au tennis. Il n'a fait qu'accompagner un de ses amis plus fortuné que lui. Mais la fiction justifie cette scène qui révèle parfaitement l'ambition de la mère pour son fils, le sentiment de honte de ce dernier et la conscience de leur condition sociale.

- *Regardez et écoutez l'interview que nous a accordée Myriam Anissimov en saisissant l'adresse sur votre navigateur.*
- *Découvrez, grâce à elle, des aspects inédits de l'auteur pour mieux comprendre le lien entre réalité et fiction.*

Je mentirais aussi si je n'avouais pas que, malgré mes quatorze ans, je croyais encore un peu au merveilleux. Je croyais à la baguette magique et, en me risquant sur le court, je n'étais pas du tout sûr que quelque force entièrement juste et indulgente n'allait pas intervenir en notre faveur, qu'une main toute-puissante et invisible n'allait pas guider ma raquette et que les balles n'allaient pas obéir à son ordre mystérieux. Ce ne fut pas le cas. Je suis obligé de reconnaître que cette défaillance[4] du miracle a laissé en moi une marque profonde [...].

Lorsque l'entraîneur eut enfin pitié de moi et que je revins sur la pelouse, ma mère m'accueillit comme si je n'avais pas démérité. [...] Le vieux monsieur toucha son canotier et dit, avec infiniment de courtoisie[5] et de gentillesse – et pourtant, on prétendait qu'il n'avait pas le caractère commode :

– Je pense que ces messieurs seront d'accord avec moi : nous venons d'assister à quelque chose d'assez émouvant... Monsieur Garibaldi, – et je me souviens que le mot « monsieur » sonna sur ses lèvres d'un ton particulièrement sépulcral – je paierai la cotisation de ce jeune homme : il a du courage et du mordant. [p. 155-158]

Ibid.

Imaginer un autre point de vue

Un membre du club, étranger à la scène, l'observe avec intérêt. Rapportez, en quelques lignes, les réflexions qu'il se fait à lui-même et comparez cette version avec celle de Romain Gary. Qu'en déduisez-vous sur la manière de se représenter ?

1. **bolcheviks :** révolutionnaires russes.
2. **flegme :** caractère calme.
3. **canotier :** chapeau de paille.
4. **défaillance :** incapacité, faiblesse.
5. **courtoisie :** politesse, raffinement.

Étudier le récit d'une défaite

Entrer dans la lecture. Résumez cet extrait en trois courtes phrases.

1. Nommez les sentiments qui, au fil de cette scène, ont pu s'emparer du jeune garçon.

2. Décrivez le comportement de la mère, en vous appuyant sur le texte. Comment peut-on qualifier ses rapports avec son fils ?

3. Relevez les expressions qui montrent que la partie est perdue d'avance.

4. Quelle figure de style permet au lecteur de visualiser les mouvements du narrateur ? Citez le texte et expliquez l'effet produit.

5. Pourquoi ce passage fait-il penser à un conte ? Relevez des situations et des éléments précis.

6. Montrez que cet épisode est essentiel dans l'apprentissage du narrateur : que doit-il supporter ? Comment parvient-il à surmonter sa honte ? Commentez.

BILAN **7** Montrez que, dans ce récit d'une défaite, le narrateur donne à voir aussi une forme de victoire sur lui-même et sur la destinée. Quelles leçons pourrait-on formuler à partir de ce récit d'apprentissage ?

AUDIO lienmini.fr/jdl3-T106
Découvrez un autre épisode dans lequel le narrateur se confronte aux ambitions de sa mère.

Lawrence Toynbee, *Serving for the Match*, 1977, huile sur toile (50,8 x 60,9 cm), coll. privée.

Extrait 7 L'expérience de la pauvreté

Le narrateur quitte Nice pour se former à Paris. Il cumule petits emplois, études, et premiers travaux d'écriture. Malgré cela, il manque cruellement d'argent.

Une soirée particulièrement sombre me revient à l'esprit chaque fois que je pense à cette période de ma vie. Je n'avais rien mangé depuis la veille. J'allais souvent rendre visite à un de mes camarades, qui habitait avec ses parents aux environs du métro Lecourbe, et j'avais remarqué qu'en calculant bien mon arrivée, on me demandait presque toujours de rester dîner.

Le ventre creux, je décidai de leur faire une petite visite de courtoisie. Je pris même un de mes manuscrits avec moi, pour en faire la lecture à M. et Mme Bondy, me sentant très bien disposé à leur égard. J'avais une dent énorme et je calculai soigneusement mon temps pour arriver au potage. Je commençais à sentir nettement le fumet délicieux de ce potage aux pommes de terre et poireaux dès la place de la Contrescarpe, alors que quarante-cinq minutes de marche me séparaient encore de la rue Lecourbe – je n'avais pas de quoi m'offrir le métro. [...] Lorsque j'arrivai enfin à destination, débordant d'amitié, personne ne répondit à mon coup de sonnette : mes amis étaient sortis.

Je m'assis dans l'escalier et attendis une heure, puis deux. Mais vers onze heures, un sentiment élémentaire de dignité – il vous en reste toujours quelque part – m'empêcha d'attendre jusqu'à minuit leur retour, pour leur demander à manger.

Romain Gary traverse alors Paris en sens inverse. À travers la vitrine d'un restaurant, il aperçoit un homme en train de manger « un chateaubriand aux pommes-vapeur ».

Je m'arrêtai, jetai un coup d'œil au chateaubriand[1] et m'évanouis tout bonnement.

Mon évanouissement n'était pas dû à la faim. [...]

Je m'étais évanoui de rage, d'indignation et d'humiliation. Je ne pouvais admettre qu'un être humain pût se trouver dans une telle situation, et je ne l'admets pas encore aujourd'hui. [p. 214-216]

Ibid.

1. **chateaubriand :** tranche épaisse de filet de bœuf grillée, servie avec des pommes de terre et une sauce « château ».

Graine de savoir

Expliquez les proverbes suivants. Lesquels pourraient illustrer cet épisode ?

a. « La faim fait sortir le loup du bois. »

b. « L'espoir fait vivre. »

c. « Nécessité fait loi. »

d. « Faute de grives, on mange des merles. »

Emilio Longoni, *Réflexions d'un affamé ou Contrastes sociaux* (détail), 1893, peinture (190 x 155 cm), Museo Civico, Biella (Italie).

Étudier une leçon de vie

Entrer dans la lecture. Qu'est-ce qui pousse le narrateur à sortir de chez lui ?

1. Quelle est sa situation financière ? Relevez deux indices qui permettent de le deviner.

2. Faites la liste des sentiments qu'il éprouve. Expliquez-les avec vos propres mots.

3. Dans le deuxième paragraphe, comment préserve-t-il sa dignité ?

4. Repérez une accumulation aux lignes 23 à 25. Quel effet produit-elle ?

5. Le problème de la pauvreté et de la faim a déjà été abordé par le narrateur (➡ p. 53) : comparez son attitude dans les deux cas.

6. Commentez les réactions du narrateur, dans la situation critique qui est la sienne. Quelle représentation donne-t-il de lui-même ?

BILAN **7** Quelle leçon de vie le narrateur propose-t-il au travers de cet épisode, d'après vous ?

Extrait 8 Écrire en temps de guerre

Pendant son temps libre, le soldat commence à réaliser sa vocation d'écrivain.

Les conditions de travail littéraire à la base aérienne d'Hartford Bridge n'étaient pas bonnes. Il faisait très froid. J'écrivais la nuit, dans la cabane de tôle ondulée que je partageais avec trois camarades ; je mettais ma veste de vol et mes bottes fourrées, je m'installais sur mon lit et j'écrivais jusqu'à l'aube ; mes doigts s'engourdissaient ; mon haleine laissait sa trace vaporeuse dans l'air glacé ; je n'eus aucune peine à reconstituer l'atmosphère des plaines enneigées de la Pologne, où mon roman était situé. Vers trois ou quatre heures du matin, je posais mon stylo, j'enfourchais ma bicyclette et allais boire une tasse de thé au mess ; je montais ensuite dans mon avion et repartais en mission dans le petit matin gris, contre des objectifs puissamment défendus. Presque toujours, au retour, un camarade manquait ; une fois, en allant sur Charleroi, nous perdîmes sept avions d'un seul coup en franchissant la côte. Il était difficile, dans ces conditions, de faire de la littérature. Il est vrai que je n'en faisais pas : pour moi, tout cela faisait partie d'un même combat, d'une même œuvre. [...]

Je terminai *Éducation européenne*, envoyai le manuscrit à Moura Boudberg, l'amie de Gorki et de H. G. Wells, et n'en entendis plus parler. Un matin, au retour d'une mission particulièrement animée – nous faisions alors des sorties en vol rasant, à dix mètres du sol, et trois camarades étaient allés ce jour-là au tapis – je trouvai le télégramme d'un éditeur anglais m'annonçant son intention de faire traduire mon roman et de le publier dans les plus brefs délais. J'ôtai mon casque et mes gants et restai longtemps là, dans ma tenue de vol, regardant le télégramme. J'étais né. [p. 373-374]

Ibid.

Défendre un choix

Parmi les divers extraits de *La Promesse de l'aube*, lequel vous a paru le plus marquant ? Racontez-le à un(e) camarade, de manière à donner envie de lire le livre. Ajoutez, en quelques mots, les raisons pour lesquelles le passage a retenu votre attention.

Portrait d'archives de **Romain Gary** daté de novembre 1945.

Comprendre le début d'un accomplissement

Entrer dans la lecture. Qualifiez les conditions de vie et de travail de l'écrivain soldat. Qu'en dit-il lui-même ? Commentez.

1. Quel sentiment Romain Gary cherche-t-il à susciter chez le lecteur, en insistant sur le manque de sommeil et les conditions de vie difficiles ?

2. Relevez les expressions qui font référence à la mort des autres pilotes. Pourquoi le narrateur choisit-il d'en parler ainsi ?

3. Pour lui, quel est le rapport entre « faire de la littérature » (l. 14) et « faire la guerre » ? Comment comprenez-vous cette idée ?

4. Quelle image donne-t-il de lui-même ? Comparez avec un extrait précédent de votre choix.

5. Au fil de l'autobiographie, quelle évolution se dessine ? Le lecteur est-il plutôt porté à blâmer le personnage ou à le louer ? Justifiez votre réponse. ➥ p. 53 à 61

BILAN **6** « J'étais né » (l. 27) : comment comprenez-vous cette expression, d'après ce que vous savez du narrateur ?

Extrait 9 Un amour sans limites

À la fin de la guerre, ayant publié son premier livre, Éducation européenne, *et couvert de médailles pour sa bravoure au combat, le narrateur revient le plus vite possible à Nice, dans l'espoir d'y retrouver sa mère. Une grande crainte le hante sans qu'il sache pourquoi.*

Je devrais interrompre ici ce récit. Je n'écris pas pour jeter une ombre plus grande sur la terre. Il m'en coûte de continuer et je vais le faire le plus rapidement possible, en ajoutant vite ces quelques mots, pour que tout soit fini [...].

À l'Hôtel-Pension Mermonts[1] où je fis arrêter la jeep, il n'y avait personne pour m'accueillir. On y avait vaguement entendu parler de ma mère, mais on ne la connaissait pas. Mes amis étaient dispersés. Il me fallut plusieurs heures pour connaître la vérité. Ma mère était morte trois ans et demi auparavant, quelques mois après mon départ pour l'Angleterre.

Mais elle savait bien que je ne pouvais pas tenir debout sans me sentir soutenu par elle et elle avait pris ses précautions.

Au cours des derniers jours qui avaient précédé sa mort, elle avait écrit près de deux cent cinquante lettres, qu'elle avait fait parvenir à son amie en Suisse[2]. Je ne devais pas savoir – les lettres devaient m'être expédiées régulièrement – c'était cela, sans doute, qu'elle combinait avec amour, lorsque j'avais saisi cette expression de ruse dans son regard, à la clinique Saint-Antoine, où j'étais venu la voir pour la dernière fois.

Je continuai donc à recevoir de ma mère la force et le courage qu'il me fallait pour persévérer, alors qu'elle était morte depuis plus de trois ans.

Le cordon ombilical avait continué à fonctionner. [p. 386-387]

Ibid.

1. **l'Hôtel-Pension Mermonts :** l'hôtel dont la mère du narrateur était devenue gérante, et où elle résidait.
2. **en Suisse :** le courrier ne pouvait circuler librement depuis la France occupée.

Pablo Picasso, *Mère et enfant*, 1907, huile sur toile (81 x 160 cm), musée Picasso, Paris.

Étudier une scène d'une intense émotion

Entrer dans la lecture. Repérez les phrases qui annoncent une cassure, un changement radical dans le récit. Quel effet produisent-elles ?

1. Quelle a été la dernière ruse de la mère ? Dans quel but a-t-elle agi ainsi ? Citez le texte.

2. Observez le rythme des phrases aux lignes 5 à 9. Quel est l'effet produit ?

3. « Je continuai donc [...] trois ans » (l. 18-19) : quel est, selon vous, le contenu implicite de cette phrase ?

4. Quelles émotions le narrateur éprouve-t-il successivement ? Pourquoi ne sont-elles pas nommées ?

5. Commentez l'image du « cordon ombilical ».

BILAN **6** Montrez que, dans l'autobiographie, le temps écoulé est comme atténué par l'écriture.

Synthèse La Promesse de l'aube, un roman autobiographique

« Se raconter » : dire toute la vérité ?
Romain Gary livre au lecteur un grand **choix de souvenirs**, mais le récit d'une vie entière ne peut pas tenir dans un livre. Une autobiographie ne **dit pas toute la vérité** sur son auteur, ce n'est pas son but. Il n'importe pas tellement de savoir si le narrateur a vraiment mangé un soulier en caoutchouc : ce qui compte, c'est de pouvoir **comparer nos idées et nos expériences** avec les siennes. ➥ p. 56-57

« Se représenter » : donner une image de soi ?
Par le récit de ses souvenirs, Romain Gary parvient à donner **une certaine image de lui,** par exemple, celle d'un garçon tenace, qui a tout fait pour rendre justice à sa mère. ➥ p. 54
Ce choix d'écriture amène, chez le lecteur, une certaine **représentation du narrateur.** Le récit autobiographique ne vise pas forcément l'objectivité, il peut, comme ici, faire appel à l'humour ou constituer une justification, voire une forme d'éloge. C'est ce qui se produit dans le récit de la partie de tennis, ou dans la narration de la « naissance » de l'écrivain et du héros pendant la guerre. ➥ p. 58-59

Débattre à partir d'une citation

À l'oral, réfléchissez ensemble à partir de la citation de Jacques Lacan. Comment comprenez-vous cette phrase ? Comment l'appliquer au genre autobiographique ? Vous vous appuierez sur *La Promesse de l'aube* pour répondre.

« Je dis toujours la vérité. Pas toute ! » (Jacques Lacan)

Consignes de mise en œuvre

1. Pensez d'abord au récit de Romain Gary : vous êtes-vous souvent demandé si l'auteur disait la vérité ?
2. Ensuite, reprenez la définition de l'autobiographie : est-il souhaitable de savoir absolument toute la vérité, tous les détails du quotidien d'un auteur ?
3. Réfléchissez ensemble : à quelles conditions une autobiographie est-elle intéressante ?

Imaginer la suite d'un récit

Lisez les deux extraits ci-dessous, puis racontez ce qui s'est passé dans l'intervalle entre les deux extraits.

À l'issue de sa formation initiale de pilote, en 1938, alors qu'il a toujours obtenu de bonnes notes, le narrateur subit une brutale déception. Un collègue vient lui expliquer la raison de son échec.

Je ne fus même pas nommé sergent, pas même caporal-chef, contrairement à tous les usages et au règlement : je fus nommé caporal. […]
– Tu veux savoir pourquoi tu as été collé ? Je le regardai.
– Parce que tu es naturalisé. Ta naturalisation est trop récente.

Romain Gary, *La Promesse de l'aube*, 1960,

Juste après la guerre, le narrateur rencontre les militaires qui ont refusé de le nommer officier à la veille de la mobilisation.

Quant aux beaux capitaines et à leur coup de poignard, je les ai revus cinq ans plus tard, et ils étaient toujours capitaines, mais ils étaient moins beaux. Pas le moindre bout de ruban ne fleurissait leur poitrine et ce fut avec une expression bien curieuse qu'ils regardèrent cet autre capitaine qui les recevait dans son bureau. J'étais alors Compagnon de la Libération, Chevalier de la Légion d'Honneur, Croix de Guerre, et je ne faisais rien pour le cacher […].

Ibid.

Consignes d'écriture

1. Vous partirez du canevas suivant :
   - Le narrateur confronte l'image de la France léguée par sa mère à la réalité de ce qu'il vit.
   - Il décide de défendre son idéal.
   - Il fait la guerre comme aviateur et participe à plusieurs missions très dangereuses.
   - Il est décoré, à la fin de la guerre.
2. Alternez les passages de réflexion et de récits d'action.
3. N'oubliez pas la distinction entre « se raconter » et « se représenter », et pensez toujours à l'image du narrateur que vous allez construire dans l'esprit du lecteur.

Parler de soi dans une lettre

Dans cet atelier, vous allez apprendre à rédiger des lettres et des billets qui provoquent réactions et réflexions de la part du destinataire. Vous vous inspirerez des procédés mis en œuvre par les écrivains dans leurs correspondances. L'écrit deviendra pour vous, comme pour eux, un des moyens de cultiver les relations sociales, en créant un échange intime avec des absents.

À l'écrit

- Exploiter des lectures pour enrichir son écrit
- Pratiquer l'écriture d'invention
- Exprimer ses sensations, ses sentiments, son avis personnel

Pour situer les AUTEURS

Émile Zola (1840-1902) débute sa carrière littéraire comme journaliste. Il est le chef de file des romanciers « naturalistes » : il souhaite montrer la réalité, jusque dans ses aspects les plus laids. Son succès littéraire fait de lui une autorité morale : le retentissement de son engagement dans l'affaire Dreyfus le montre.

Marcel Proust (1871-1922) nait dans une famille aisée et cultivée de Paris. Il fréquente le milieu aristocratique et se passionne pour les arts. Il travaille avec acharnement à sa grande suite romanesque : *À la recherche du temps perdu*, qui lui vaut la célébrité.

Sidonie Gabrielle Colette (1873-1954) débute à Paris une carrière de mime, danseuse et écrivaine. Elle se dégage de l'emprise de son époux, qui signait lui-même les textes qu'elle écrivait, et devient une écrivaine reconnue pour sa finesse d'observation et la vie de ses descriptions.

Simone de Beauvoir (1908-1978), professeure de philosophie, s'engage dans les combats politiques, et réfléchit à la place restreinte qu'occupent les femmes dans la société de son époque. Ses œuvres sont autant de succès dans la lutte pour la reconnaissance des femmes.

Martin Luther King (1929-1968), pasteur aux États-Unis, est un chef de file des mouvements pour les droits civiques des Noirs. Il organise plusieurs actions non violentes et obtient l'abrogation des lois raciales. Son assassinat est déploré dans le monde entier.

Affiche publicitaire pour la Poste australienne, 2000. Le slogan de l'affiche est : *Si vous voulez vraiment toucher quelqu'un, envoyez-lui une lettre.*

Pour situer le GENRE

Le genre épistolaire recouvre les échanges écrits de personne à personne. De l'évocation des sentiments intimes à la proclamation des choix politiques dans les « lettres ouvertes », du « billet » ou du « mail » informel aux formules codifiées de la lettre administrative, la communication par lettre rend possible la communication entre personnes éloignées.

Méthode

Dans une écriture épistolaire, différentes intentions peuvent être à l'œuvre :

▸ ***Écrire pour se décrire***

Le but est de parler de soi de manière à provoquer la sympathie du lecteur. Vous utiliserez les procédés des écrivains, qui parviennent à parler d'eux de manière vivante et séduisante.

▸ ***Écrire pour partager ses sentiments et ses impressions***

Ce que vous dites à propos d'une scène (réelle ou fictive) à laquelle vous avez assisté doit provoquer l'accord de votre destinataire, il faut donc utiliser les outils appropriés : la description et le commentaire, tout en faisant la part des émotions.

▸ ***Écrire pour partager sa réflexion***

Il s'agit de convaincre le lecteur de la justesse de votre réflexion, afin qu'il partage vos idées. Vous utiliserez certains outils de l'argumentation, qui vous permettront de convaincre et de persuader.

Écrire pour se décrire

Rompre sa solitude

Encore très jeune, Émile Zola a quitté le Sud de la France, où sa famille d'origine italienne s'était fixée, pour Paris, où il compte devenir un écrivain célèbre.

Émile Zola à l'âge de trente ans.

Lettre 1 *À Paul Cézanne, Paris, 14 juin 1858.*

Mon cher ami, je vais t'annoncer une chose, mais une chose charmante. J'ai déjà plongé mon corps dans les eaux de la Seine, de la Seine à la large largeur, à la profonde profondeur. Mais là, il n'y a pas de pin séculaire, [...] mais là il n'y a pas un Cézanne à la large imagination, à la conversation enjouée et piquante ! Aussi, foin de la Seine, me suis-je écrié, et vive la goure[1] de Palette et nos célestes parties sur les bords qui l'avoisinent.[...]

Lettre 2 *À Paul Cézanne, Paris, 9 février 1860.*

Mon cher ami,

Je suis triste, bien triste, depuis quelques jours et je t'écris pour me distraire.

Je suis abattu, incapable d'écrire deux mots, incapable même de marcher. Je pense à l'avenir et je le vois si noir, si noir, que je recule épouvanté. Pas de fortune, pas de métier, rien que du découragement. Personne sur qui m'appuyer, pas de femme, pas d'ami près de moi. Partout l'indifférence ou le mépris. Voilà ce qui se présente à mes yeux lorsque je les porte à l'horizon, voilà ce qui me rend si chagrin. Je doute de tout, de moi-même le premier. Il est des journées où je me crois sans intelligence, où je me demande ce que je vaux pour avoir fait des rêves si orgueilleux. Je n'ai pas achevé mes études, je ne sais même pas parler en bon français ; j'ignore tout. Mon éducation du collège ne peut me servir à rien : un peu de théorie, aucune pratique. Que faire alors ? et mon esprit balance, et me voilà triste jusqu'au soir.

Émile Zola, *Lettres*.

1. **la goure** : mot du Sud de la France pour désigner un trou d'eau.

Lexique des émotions

Comprendre

1. Quelles émotions Émile Zola exprime-t-il dans ses lettres à son ami Paul Cézanne ?
Le ton de ces deux lettres est-il tout à fait le même ? Justifiez votre première impression (à l'aide de citations précises).

2. Lettre 1. Comment l'auteur marque-t-il le contraste entre le Midi d'où il est originaire, et sa vie solitaire à Paris ?
Lettre 2. Notez en deux colonnes les faits évoqués par l'auteur, et les sentiments qu'il éprouve. Quelle image donne-t-il de lui ?

3. Lettres 1 et 2. Expliquez le contraste entre l'image que Zola se faisait de Paris et de son propre avenir et la réalité quotidienne qu'il découvre.

Grammaire pour dire et pour écrire

Le **lexique des émotions** permet d'exprimer son état d'esprit, de se faire comprendre du destinataire, et de rechercher sa sympathie.

J'applique

1 Choisissez une émotion parmi les trois suivantes : joie – colère – peur. Par groupe de quatre, cherchez un maximum de mots appartenant au champ lexical correspondant.

BREVET

2 Rédigez ensuite un billet exprimant cette humeur, où vous raconterez pour quelle raison (évènement, situation) vous êtes dans cet état d'esprit, en utilisant tous les mots du champ lexical que vous aurez dégagé. Relisez votre texte à voix haute.

3 Voici un alphabet des émotions. Complétez-le avec celles que vous connaissez, puis mettez vos réponses en commun.
Ardeur
Bouderie
Colère
Énervement
G... H... I... J...

Écrire pour partager ses sentiments et ses impressions

Faire sourire

Colette passe ses vacances dans le Var. Une soudaine mésaventure vient rompre le cours de journées tranquilles et l'empêche de répondre à l'invitation d'une de ses proches amies.

La treille muscate, route des Cannebières,
Saint-Tropez, Var, lundi 7 septembre 1931.

Ma-Misz chérie, j'aurais bien voulu venir, mais je me suis cassé la jambe avant-hier (dans un petit fossé étroit, neuf, profond, quasi invisible et vertical comme une trappe). Alors je suis dans le plâtre, et on m'a rapportée sans cognoissance[1], après une séance de hurlements remarquables. Je m'ennuie dans le plâtre, et en outre j'ai mal. C'est pourtant une honnête fracture du péroné, en sifflet, au-dessous du mollet. Et si tu voyais l'hôpital de St Tropez, où on m'a portée pour arranger ma jambe ! Heureusement qu'on m'a rapportée quelques heures après, – mais je n'ai pu déjeuner qu'à 5 heures, moi qui n'ai aucun goût pour les five o'clock ! Je criais encore, mais de faim. Heureusement qu'il y avait du veau aux haricots à l'ail merveilleux. C'était bien drôle de me voir couchée et dévorant, sous les yeux navrés de Maurice qui avait l'estomac fermé, et d'Hélène Morhange (elle avait aidé à me rapporter, la pauvre !) qui ne pouvait même pas avaler une larme de vieux marc. Mais je suis vexée, et ça me fait mal, en outre. Ma-Misz je m'excuse de ne parler que de moi. Mais songe que je n'ai pas d'autre distraction que d'écrire à mes amis les meilleurs : « J'ai la jambe cassée » rien que pour les tourmenter ! Je vous embrasse tous deux de tout mon cœur […].

Colette, *Lettres de la Vagabonde*, © Flammarion, 1994.

1. **cognoissance** : orthographe ancienne de « connaissance », déjà vieillie du temps de Colette.

Comprendre

1. Résumez l'épisode raconté dans cette lettre.
2. Colette insiste-t-elle sur sa douleur ? Justifiez votre réponse.
3. Quel est le détail de la scène qui doit faire sourire la destinataire ? Relevez certains termes et tournures qui le montrent.
4. Comment comprenez-vous l'expression « rien que pour les tourmenter » (l. 16) ? Relisez l'ensemble de la phrase et interprétez ces termes avec vos propres mots.

Niveau de langue courant

Effets comiques (mots vieillis ou étrangers)

Tournures proches de l'oral

Georg Schrimpf, *Martha* (détail), 1925, huile sur toile (66,5 x 60,5 cm), coll. privée.

Grammaire pour dire et pour écrire

- Différents procédés permettent d'imiter la légèreté de la conversation, en particulier l'utilisation d'un **registre parfois moins soutenu** ou celle de tournures proches de l'oral ; on peut aussi utiliser des **mots vieillis ou issus d'une autre langue**, pour créer une emphase comique.

J'applique

BREVET

Dictez un court billet à votre voisin(e) de table, en imitant le style léger de Colette. Racontez rapidement une mésaventure qui vous serait arrivée. Ensuite, échangez les rôles.
Puis, reprenez chacun votre propre texte et améliorez-le : renforcez les tournures orales sans tomber dans la familiarité.

Graine de savoir

« Quelle belle invention que la poste ! », écrivait Madame de Sévigné. Savez-vous à quand remonte exactement cette invention ?
À l'heure actuelle, la communication écrite ne cesse d'augmenter. Quelles en sont les nouvelles formes ?

Exprimer des émotions

Marcel Proust entretenait avec l'une de ses voisines une correspondance suivie. Pendant la guerre, chacun d'eux est frappé, au même moment, par un malheur.

Mars 1915.

Madame,

J'étais hier dans le plus profond chagrin. Après tant de parents et d'amis tués à la guerre, le plus cher peut-être après M. Hahn (qui est en Argonne mais bien portant) un être rare et délicieux Bertrand de Fénelon vient d'être tué. Je ne croyais pas que Dieu pût ajouter à ma peine, quand on m'a appris la vôtre. Et j'ai tellement pris l'habitude, sans vous connaître, de sympathiser avec vos tristesses ou vos joies, à travers la cloison où je vous sens invisible et présente, que cette nouvelle de la mort de Monsieur votre frère m'a vivement chagriné. Je pense toujours beaucoup à vous, j'y penserai davantage puisque vous avez du chagrin. Hélas je sais que cette sympathie est bien peu de chose. Quand nous souffrons, seules nous touchent les paroles de ceux qui ont connu l'être que nous aimions et qui peuvent vous le rappeler. Je n'ai pour moi qu'une expérience déjà bien ancienne et presque ininterrompue de la tristesse. Veuillez je vous prie me rappeler au Docteur, voulez-vous aussi remercier votre fils (que je n'ai jamais aperçu non plus !) et qui demande paraît-il si gentiment de mes nouvelles à ma femme de chambre. Si je savais quelque jouet ou livre qui pût lui faire plaisir, comme je serais heureux de lui en envoyer. Mais il faudrait que vous me guidiez. J'espère que sa tendresse et celle du Docteur vous aideront à supporter votre dure peine et je vous demande Madame d'agréer mes hommages respectueux.

Marcel Proust, *Lettres à sa voisine*, © Gallimard, 2013.

Proust, au milieu d'un groupe de jeunes femmes, jouant de la guitare sur une raquette, au tennis du boulevard Bineau à Paris, 1892.

Marques de 1re pers.

Marques de 2e pers.

Graine de savoir

Le mot « sympathie » vient du grec *sym-*, « avec », et *pathein*, « souffrir ». Comment la lettre que vous venez de lire témoigne-t-elle de ce sens du mot ?

Comprendre

1. Quels chagrins frappent à la fois le rédacteur et la destinataire de la lettre ?
2. Comment Marcel Proust cherche-t-il à apporter de l'apaisement à la souffrance de sa voisine ? Citez au moins deux manières de le faire.
3. Observez la disposition des pronoms personnels surlignés. L'auteur ne parle-t-il que de lui ? que de sa destinataire ?
4. Que peut-on dire de l'attitude de l'auteur vis-à-vis d'autrui ?
5. Selon vous, que cherche-t-il à faire en faisant partager sa propre peine ?

Grammaire pour dire et pour écrire

Dans une lettre, on utilise **les marques de la première et de la deuxième personne** pour mimer le dialogue avec un absent. On parle de soi, mais on parle aussi à celui à qui l'on écrit. Les pronoms personnels sont donc très présents.

J'applique

BREVET

Consolez un(e) ami(e) qui vient de subir un choc inattendu. Rédigez un billet d'une douzaine de lignes, en prêtant une attention particulière à la place des pronoms « je » et « vous ». Faites évaluer cet aspect par un(e) autre élève et améliorez-le si nécessaire.

Écrire pour partager sa réflexion

Écrire pour témoigner

À son arrivée à Rio, où elle vient donner des conférences, Simone de Beauvoir envoie une lettre à Nelson Algren, dont elle a été très proche sa vie durant.

Lettre du 26 août 1960.

Rio, où je suis, cité immense, terrible, laide et belle, explose véritablement des contrastes les plus violents. La mer, la baie, la plage, les montagnes qui avancent au cœur de la ville, tout ça d'une admirable beauté. Les longues rues étroites du centre ressemblent un peu aux bas quartiers de Chicago : immeubles hauts et lourds sans aucun charme mais imposants. C'est plaisant, en dépit de tout, tant c'est vivant. Et puis, grimpant à l'assaut de toutes les pentes, autour et dans la ville, les favelas, 750 000 personnes (sur 4 millions) entassées dans des taudis. [...] Ces favelas ont surgi du fait que les émigrants dépourvus de tout qui affluent des déserts de l'intérieur, après avoir voyagé des jours et des jours en camion, animés de l'espoir d'une vie meilleure, à la ville, ne peuvent trouver d'endroit où dormir à moins de construire eux-mêmes sur du terrain volé. Pas d'électricité, pas d'égouts, pas d'eau : les femmes doivent fréquemment monter et descendre 600 pieds[1] pour trouver de l'eau. [...] Ces zones misérables se mélangent inextricablement aux secteurs chics et ultrariches : voilà Rio.

Simone de Beauvoir, *Lettres à Nelson Algren*, lettre du 26 aout 1960, trad. de Sylvie Le Bon de Beauvoir, © Éditions Gallimard, 2008.

Outils de modalisation

Connecteurs logiques

1. **600 pieds** : presque 200 mètres.

Comprendre

1. Quels sont les deux champs lexicaux qui s'opposent dans ce texte ?
2. Par quels moyens la rédactrice fait-elle en sorte que le destinataire ait l'impression de voir la ville de Rio ?
3. Comment Simone de Beauvoir décrit-elle les favelas ? Cherche-t-elle à être neutre, à dénoncer, à expliquer ? Justifiez votre avis.
4. Selon vous, quels sont les sentiments de l'auteure à l'égard de la ville de Rio ? Pouvez-vous les caractériser aisément ?
5. Après la lecture de cette lettre, diriez-vous que l'auteure voyage en simple touriste ? Développez votre point de vue.

Simone de Beauvoir, Écrire pour exister, pièce mise en scène par **Laure Mandraud**, avec Laure Mandraud et Yannick Nedelec, Tours, Compagnie Prométhéâtre, 2009.

Grammaire pour dire et pour écrire

- Parler de soi, c'est aussi mettre en avant sa façon de voir les choses. Les **outils de modalisation** sont alors utiles pour montrer que l'on exprime son opinion :
  – adverbes ;
  – adjectifs qualificatifs ;
  – termes péjoratifs ou mélioratifs...
- De même, l'usage des **liens logiques** permet de mettre en relief la progression de sa pensée. La manière de percevoir et de partager les informations reflète la personnalité du rédacteur.

J'applique

BREVET

À votre tour, décrivez une situation ou un évènement qui vous ont frappé(e). Rédigez une quinzaine de lignes.
Facilitez la lecture en utilisant des liens logiques.
Marquez votre présence en utilisant des outils de modalisation.

Expliquer son combat

Emprisonné à la suite de ses actions non violentes, qui visaient à donner aux Noirs américains une place dans la société, Martin Luther King écrit à un groupe d'ecclésiastiques qui ont dénoncé son combat.

Pour ceux qui n'ont jamais ressenti les traits cinglants de la ségrégation, il est peut-être aisé de dire : « Attendez ! » Mais si vous voyiez la populace haineuse lyncher vos père et mère et noyer vos frères et sœurs au gré de sa fantaisie ; si vous voyiez d'affreux policiers, l'injure à la bouche, rouer de coups et parfois même tuer vos semblables ; si vous voyiez l'immense majorité de vos vingt millions de frères noirs écrasés de misère au cœur d'une société opulente ; si soudain les mots vous manquaient et que vous vous mettiez à bégayer en essayant d'expliquer à votre petite fille de six ans pourquoi elle ne peut pas aller au nouveau parc d'attractions sur lequel la télévision vient de faire un reportage ; et si vous voyiez ses yeux se remplir de larmes quand vous lui expliquez que Funtown est interdit aux petits enfants de couleur ; si vous voyiez les inquiétants symptômes du complexe d'infériorité envahir son esprit enfantin, et sa petite personnalité s'altérer sous l'effet d'une rancœur inconsciente à l'égard des Blancs ; [...] alors, oui, alors vous comprendriez pourquoi nous ne pouvons plus attendre. Il vient un moment où la coupe de la patience déborde et où l'homme refuse de se laisser noyer dans les abysses du désespoir. J'espère, Messieurs, que vous comprendrez ce qu'il y a de légitime et d'inévitable dans notre impatience.

Martin Luther King, « Lettre de la prison de Birmingham », 16 avril 1963, in *Révolution non violente*, trad. d'O. Pidoux, © Payot, 2006.

Martin Luther King Jr.

Comprendre

1. Résumez le propos de cet extrait.
2. Par quels moyens les lecteurs sont-ils sans cesse interpellés ? Dans quel but ?
3. Le « je » n'apparait qu'une fois dans cette lettre. Pourquoi préférer l'emploi de la 3e personne ?
4. Quel champ lexical identifiez-vous aux lignes 20 à 24 ? Quelle figure de style accentue l'effet du propos ?
5. Comment pourrait-on nommer cette lettre à l'adresse de ceux qui condamnent son combat ?

Grammaire pour dire et pour écrire

Divers procédés permettent de faire de la lettre, outil d'expression de soi, un texte militant :
- l'emploi de **figures d'intensité**, comme l'accumulation ;
- l'**interpellation** répétée du lecteur ;
- la **description** précise de la situation dénoncée.

J'applique

À votre tour, dénoncez une situation injuste : le racket. Vous écrirez une huitaine de lignes, en utilisant au moins une fois chacun des trois procédés énumérés ci-dessus.

Activité finale

BREVET

Vous partez en voyage et vous entretenez une correspondance avec vos proches. Dans trois lettres distinctes, racontez les évènements suivants :

- **un moment de solitude à décrire de manière émouvante (Écrire pour se décrire) ;**
- **une mésaventure à raconter sur le mode comique (Écrire pour partager ses sentiments et ses impressions) ;**
- **une situation qui vous choque, et des idées que votre lecteur devra pouvoir partager (Écrire pour partager sa réflexion).**

Utilisez tous les procédés que vous avez étudiés au fil de cet atelier pour enrichir et structurer vos lettres. Si vous le désirez, vous pouvez rédiger ces lettres sous la forme de billets de « blog » destinés à être lus par vos camarades de classe.

Thème 2 Dénoncer les travers de

la société

Vivre en société, participer à la société

Les *Fables* de La Fontaine, mises en scène par **Robert Wilson** à la Comédie-francaise en 2004, à Paris.
Prologue, avec **Bakary Sangaré** dans le rôle du Lion.

PARCOURS un thème

Des sociétés imaginaires : déformer pour mieux faire voir

Affiche du film *Metropolis* de **Fritz Lang**.

À travers ce parcours, vous allez découvrir des sociétés inquiétantes et des sociétés idéales. Vous réfléchirez à l'intérêt qu'elles présentent pour comprendre et critiquer les travers de la société.

Des sociétés inquiétantes

Voici quelques images tirées du film de Fritz Lang Metropolis. En groupe, étudiez-les, puis répondez aux questions posées. À la fin de cette étude, vous formulerez votre propre synthèse.

La ville visible

Les dirigeants de Metropolis ont construit une ville futuriste, réservant à leurs enfants les « jardins éternels ». Voici quelques images de cette ville.

CINEMA

Metropolis

Réalisation : Fritz Lang

Interprétation :
Joh Fredersen : Alfred Abel,
Freder : Gustav Fröhlich

Distribution : UFA (Universum-Film AG), 1927

Photogramme 1

Photogramme 2

Photogramme 3

Photogramme 4 - « jardin pour adultes »

Découvrir les caractéristiques de la ville

Entrer dans la lecture. Qu'associez-vous à une ville qui porte un nom tel que celui-ci, *Metropolis* ?

Photogrammes 1 et 2

1. Quels éléments architecturaux évoquent la modernité ?

2. Comment qualifier les dimensions de la ville ? Comment le réalisateur les met-il en valeur ?

3. Selon vous, quelles sont les activités et les professions des habitants de cette ville ?

Photogrammes 3 et 4

4. Qu'évoque pour vous le terme de « jardin éternel » ? S'agit-il d'un espace « naturel » ?

5. Cela apparait-il dans les images ?

6. À quoi les personnages qui profitent de ces jardins s'occupent-ils ?

BILAN **7** Résumez les différents aspects de la ville montrés dans ces quatre images.

La ville invisible

Freder, le fils du dirigeant, vient de découvrir comment vivent les travailleurs. Il demande alors à son père : « Mais où sont ceux qui ont bâti ta ville de leurs mains ? », avant de retourner à leurs côtés. Le bonheur de ces privilégiés a en effet un prix : une ville souterraine dans laquelle vivent et s'activent des ouvriers.

Le savez-vous ?

Metropolis est un film muet de science-fiction de 1927 réalisé par le cinéaste d'origine autrichienne Fritz Lang. Le destin de ce film a été compliqué : de nombreuses copies ont été perdues lors de la Seconde Guerre mondiale, et il faut attendre 2010 pour retrouver une version quasi intégrale. Le scénario du film met en scène de grandes nouveautés : c'est la première apparition d'un robot en tant que personnage ainsi que de voitures volantes. Beaucoup d'artistes furent influencés par cette œuvre étonnante : par exemple, Métropolis est le nom de la ville dans laquelle habite Superman.

Photogramme 5

Photogramme 6

Photogramme 7

Photogramme 8

Comparer l'opposition entre la ville du haut et la ville du bas

1. Quels vêtements les ouvriers portent-ils ? Peut-on les distinguer les uns des autres ?

2. Présentez l'univers dans lequel vivent les ouvriers. Détaillez en particulier les éléments de décor choisis par le réalisateur.

3. Dans la liste suivante, choisissez deux termes qui vous paraissent les plus appropriés pour définir leur travail, en expliquant votre choix : monotone, répétitif, uniforme, fatigant, épuisant, lassant. Quelle image de la machine peut-on voir dans le photogramme 6 ? Que suggère le réalisateur ?

4. Où vont-ils une fois leur journée terminée ? À quoi ou à qui sert leur travail selon vous ?

5. Quel contraste relevez-vous par rapport à la ville en surface ? Développez votre réponse à l'aide du tableau suivant :

	Ville du haut	Ville du bas
Habitants		
Cadre de vie		
Activité		

BILAN 6 Pensez-vous que ces images relèvent seulement de la science-fiction ou peut-on en trouver un écho dans notre société ? Justifiez votre réponse.

Texte 1 Voyage en Grande Garabagne

Dans ce recueil, Henri Michaux explore un pays imaginaire, la Grande Garabagne. Il rencontre ainsi plusieurs peuples dont il décrit les coutumes.

Biographie

Henri Michaux
(1899-1984)

Poète d'origine belge, il publie, outre ses recueils poétiques, des carnets de voyage réels (en Équateur par exemple) ou imaginaires, comme dans l'œuvre *Ailleurs, voyage en Grande Garabagne*.

Chez les Hacs

Comme j'entrais dans ce village, je fus conduit par un bruit étrange vers une place pleine de monde au milieu de laquelle, sur une estrade, deux hommes presque nus, chaussés de lourds sabots de bois, solidement fixés, se battaient à mort.

Quoique loin d'assister pour la première fois à un spectacle sauvage, un malaise me prenait à entendre certains coups de sabots au corps, si sourds, si souterrains.

Le public ne parlait pas, ne criait pas, mais uhuhait. Râles de passions complexes, ces plaintes inhumaines s'élevaient comme d'immenses tentures autour de ce combat bien « vache », où un homme allait mourir sans aucune grandeur.

L'un des combattants meurt, le combat s'achève.

« Alors, me demanda mon voisin, que pensez-vous de cela ?

– Et vous ? dis-je, car il faut être prudent en ces pays.

– Eh bien ! reprit-il, c'est un spectacle, un spectacle parmi d'autres. Dans la tradition, il porte le numéro 24. »

Et sur ces paroles, il me salua cordialement. […]

Les Mazanites et les Hulabures

La religion des Mazanites déplaît aux Hulabures et les révolte. Ils se sentent couler dans une vaste infection, quand ils y songent.

Pourtant les Mazanites trouvent leur religion, le chemin évident vers la sainteté et le déploiement naturel de ce qui élève l'homme et compte véritablement en lui. Ils ont d'ailleurs trois cultes. Mais les Hulabures n'en voient qu'un. Un qu'ils détestent.

Les Hulabures font donc la guerre aux Mazanites et souvent avec succès. […]

Les Kalakiès

Le peuple est bagarreur à ce point que les conversations ont dû être interdites. Il en résultait trop de coups et de blessures mortelles. Le pays eût été en peu de temps entièrement dépeuplé.

Le problème du mariage ?... Courts rapprochements, les plus courts possible.

Quant à faire vivre ensemble mari et femme, il n'en a jamais pu être question. Ce serait une véritable provocation, qui ne pourrait finir que par un prompt décès.

En fait, il ne reste plus que quelques Kalakiès. […]

Les Hivinizikis

Toujours pressés, en avant d'eux-mêmes, fébriles, courant de-ci de-là, affairés, ils perdraient jusqu'à leurs mains. Impossible de leur donner une satisfaction un peu prolongée.

Enthousiastes, impétueux et « en pointe », mais toujours pour peu de temps, diplomates-papillons, posant partout des jalons qu'ils oublient, avec une police et un état-major possédant des dizaines de codes secrets extrêmement ingénieux, dont on ne sait jamais lequel appliquer, qui changent et se truquent à nouveau constamment. […]

Henri Michaux, « Voyage en Grande Garabagne », *in Ailleurs*, 1948, © Éditions Gallimard, 1986.

Henri Michaux, *Sans titre*, 1949, aquarelle et gouache (38,7 x 54 cm), Centre Pompidou - Musée national d'art moderne, Paris.

Lecture d'image

1. Que représente ce tableau ? Qu'y voyez-vous ?
2. Proposez un titre pour ce tableau.

Repères littéraires

La satire

La satire est un texte qui critique un défaut par l'humour et la moquerie, notamment en s'appuyant sur le ridicule. Ce genre très ancien trouve son origine dans l'Antiquité, et était très prisé à Rome. On s'y moquait aussi bien des hommes politiques que des défauts de la société.

Débattre à l'oral

Aimeriez-vous vivre parmi ces peuples ? Expliquez les raisons de votre choix.

Retrouver ses défauts chez des peuples inconnus

Entrer dans la lecture. Les noms de ces peuples, inventés, ressemblent-ils à des noms existants ? Quel autre mot vous parait créé par l'auteur ? Quelle est son intention, d'après vous ?

1. Chez les Hacs, en quoi consiste le spectacle ? Comment expliquez-vous la prudence du narrateur ? Quelle information peut-on en déduire sur leur société ?
2. Quel est le motif de la guerre entre les Hulabures et les Mazanites ?
3. Énumérez les conséquences du caractère des Kalakiès : comment les jugez-vous ?
4. Présentez les Hivinizikis : quelle est la caractéristique principale de ce peuple ? Détaillez votre réponse en vous appuyant sur leur mode de vie.
5. Quel peuple est présenté de façon humoristique ? Est-il justifié de parler de satire ? Expliquez votre réponse.
6. Ces peuples ont-ils des points communs avec les sociétés de notre époque ? Sont-ils aussi prononcés ?

À l'aide des questions précédentes, complétez le tableau pour vérifier votre interprétation.

	Hacs	Hulabures et Mazanites	Kalakiès	Hivinizikis
Caractéristiques principales				
Défauts bien réels				

BILAN 7 Qu'évoque Michaux à travers ces peuples ? Quelle leçon pouvons-nous en tirer ?

Biographie

George Orwell
(1903-1950)
➥ p. 102

Graine de savoir

Le mot « police » vient du grec *polis*, qui signifie « ville, cité », au sens administratif du terme. La police est cet organisme qui vise à en assurer la sécurité et la bonne organisation.
Sur ce radical grec, on a aussi formé les mots suivants : « politique », « policer ». Expliquez leur définition à l'aide du radical qui les compose.

Affiche du film anglais *1984*, réalisé par **Michael Radford** en 1984.

Texte 2 Un monde effrayant

Winston Smith vit à Londres, la capitale d'Océania, dans une société dominée par un seul dirigeant, appelé Big Brother. Au début du roman, il rentre chez lui, ce qui permet au lecteur de découvrir ses conditions de vie.

Le hall sentait le chou cuit et le vieux tapis. À l'une de ses extrémités, une affiche de couleur, trop vaste pour ce déploiement intérieur, était clouée au mur. Elle représentait simplement un énorme visage, large de plus d'un mètre : le visage d'un homme d'environ quarante-cinq ans, à l'épaisse moustache noire, aux traits accentués et beaux.

Winston se dirigea vers l'escalier. Il était inutile d'essayer de prendre l'ascenseur. Même aux meilleures époques, il fonctionnait rarement. Actuellement, d'ailleurs, le courant électrique était coupé dans la journée. [...]

Il s'arrêta plusieurs fois en chemin pour se reposer. À chaque palier, sur une affiche collée au mur, face à la cage de l'ascenseur, l'énorme visage vous fixait du regard. C'était un de ces portraits arrangés de telle sorte que les yeux semblaient suivre celui qui passe. Une légende, sous le portrait, disait : BIG BROTHER VOUS REGARDE. [...]

Au-dehors, même à travers le carreau de la fenêtre fermée, le monde paraissait froid. Dans la rue, de petits remous de vent faisaient tourner en spirale la poussière et le papier déchiré. Bien que le soleil brillât et que le ciel fût d'un bleu dur, tout semblait décoloré, hormis les affiches collées partout. De tous les carrefours importants, le visage à la moustache vous fixait du regard. Il y en avait un sur le mur d'en face. BIG BROTHER VOUS REGARDE, répétait la légende, tandis que le regard des yeux noirs pénétrait les yeux de Winston. [...] Au loin, un hélicoptère glissa entre les toits, plana un moment, telle une mouche bleue, puis repartit come une flèche, dans un vol courbe. C'était une patrouille qui venait mettre le nez aux fenêtres des gens. Mais les patrouilles n'avaient pas d'importance. Seule comptait la Police de la Pensée.

Derrière Winston, la voix du télécran continuait à débiter des renseignements sur la fonte et sur le dépassement des prévisions pour le neuvième plan triennal. Le télécran recevait et transmettait simultanément. Il captait tous les sons émis par Winston au-dessus d'un chuchotement très bas. De plus, tant que Winston demeurait dans le champ de vision de la plaque de métal, il pouvait être aussi bien vu qu'entendu. Naturellement, il n'y avait pas moyen de savoir si, à un moment donné, on était surveillé. Combien de fois, et suivant quel plan, la Police de la Pensée se branchait-elle sur une ligne individuelle quelconque, personne ne pouvait le savoir. On pouvait même imaginer qu'elle surveillait tout le monde, constamment.

George Orwell, *1984,* 1950, trad. d'Amélie Audiberti,

Dessin de **Delize**.

Lecture d'image

1. Quel rapprochement cette caricature suggère-t-elle ?
2. Que critique-t-elle précisément ?

AUDIO lienmini.fr/jdl3-T201
Écoutez d'autres extraits de *1984* d'Orwell.

Texte écho L'éducation des jeunes

Presque tous les enfants étaient maintenant horribles. Le pire c'est qu'avec des organisations telles que celle des Espions, ils étaient systématiquement transformés en ingouvernables petits sauvages. Pourtant cela ne produisait chez eux aucune tendance à se révolter contre la discipline du Parti. Au contraire, ils adoraient le Parti et tout ce qui s'y rapportait : les chansons, les processions, les bannières, les randonnées en bandes, les exercices avec des fusils factices, l'aboiement des slogans, le culte de Big Brother. C'était pour eux comme un jeu magnifique. […] Il était presque normal que des gens de plus de trente ans aient peur de leurs propres enfants. Et ils avaient raison.

George Orwell, *1984*, 1950, trad. d'Amélie Audiberti, © Éditions Gallimard, 2015.

Vivre sous une surveillance constante

Texte 2

1. Quelle place Big Brother occupe-t-il dans cette société ? Pourquoi voit-on son visage partout ?

2. Décrivez le télécran tel que vous pouvez l'imaginer. Indiquez ensuite quelles sont les fonctions de cet objet.

3. Selon vous, que surveille la Police de la Pensée ? Quels crimes traque-t-elle ?

Texte écho

4. D'après vous, en quoi consiste l'éducation des enfants d'Océania ?

BILAN **5** Quels sont ici les modèles d'Orwell ? Que dénonce-t-il avec l'exemple de cette société ?

Exprimer un point de vue

Peut-on être heureux quand on habite l'Océania ? Expliquez votre réponse en envisageant différentes situations de la vie quotidienne.

Des sociétés idéales

Texte 3 L'Eldorado, un pays merveilleux

Au XVIIIe siècle, Candide est un jeune homme naïf qui, chassé du château où il habitait, découvre le monde qui l'entoure. En Amérique du Sud, suivi de son valet Cacambo, il arrive par hasard dans un curieux pays.

Biographie

Voltaire

(1694-1778)

Philosophe du XVIIIe siècle, il est convaincu, comme d'autres penseurs, qu'il faut diffuser les « lumières de la raison » pour améliorer la société de son époque. Il critique particulièrement l'intolérance et le fanatisme religieux et est réputé pour ses contes philosophiques : *Candide*, *Micromégas* et *Zadig* en sont des exemples.

Vingt belles filles de la garde reçurent Candide et Cacambo à la descente du carrosse, les conduisirent aux bains, les vêtirent de robes d'un tissu de duvet de colibri ; après quoi les grands officiers et les grandes officières de la couronne les menèrent à l'appartement de sa majesté au milieu de deux files, chacune de mille musiciens, selon l'usage ordinaire. Quand ils approchèrent de la salle du trône, Cacambo demanda à un grand officier comment il fallait s'y prendre pour saluer sa majesté : si on se jetait à genoux ou ventre à terre ; si on mettait les mains sur la tête ou sur le derrière ; si on léchait la poussière de la salle ; en un mot, quelle était la cérémonie. « L'usage, dit le grand officier, est d'embrasser le roi et de le baiser des deux côtés. » Candide et Cacambo sautèrent au cou de sa majesté, qui les reçut avec toute la grâce imaginable, et qui les pria poliment à souper.

En attendant, on leur fit voir la ville, les édifices publics élevés jusqu'aux nues, les marchés ornés de mille colonnes, les fontaines d'eau pure, les fontaines d'eau rose, celles de liqueurs de cannes de sucre qui coulaient continuellement dans de grandes places pavées d'une espèce de pierreries qui répandaient une odeur semblable à celle du girofle et de la cannelle. Candide demanda à voir la cour de justice, le parlement ; on lui dit qu'il n'y en avait point, et qu'on ne plaidait jamais. Il s'informa s'il y avait des prisons, et on lui dit que non. Ce qui le surprit davantage, et qui lui fit le plus de plaisir, ce fut le palais des sciences, dans lequel il vit une galerie de deux mille pas, toute pleine d'instruments de mathématiques et de physique.

Voltaire, *Candide ou l'Optimisme*, 1759.

Comprendre le rêve et les aspirations de Voltaire

Entrer dans la lecture. Que signifie *Eldorado* en espagnol ? Que représente cette cité mythique ?

1. a. Quelle attitude par rapport au roi les questions de Cacambo (l. 7 à 10) supposent-elles ?

b. En réalité, comment faut-il saluer ? Quelle qualité de la monarchie d'Eldorado Voltaire met-il en valeur ?

2. Quels indices vous montrent le caractère totalement imaginaire de ce lieu ? De quelles figures de style s'agit-il ?

3. Quel lien peut-on établir avec la situation de la France au XVIIIe siècle ? Expliquez votre réponse.

4. Pourquoi Candide se réjouit-il de la présence des sciences dans l'Eldorado ? Voltaire partage-t-il l'avis de son personnage, d'après ce que vous savez de lui ?

BILAN **5** Selon quels idéaux ce pays fonctionne-t-il ? Que critique indirectement Voltaire dans ce passage ? Que souhaite-t-il ?

Paul Signac, *Au temps d'Harmonie*, 1893,
huile sur toile (312 x 410 cm),
mairie de Montreuil.

Lecture d'image

1. Quels éléments de ce tableau évoquent un paradis universel ?
2. Comment les couleurs suggèrent-elles une idée d'harmonie ?
3. Découvrez une étude approfondie de ce tableau : lienmini.fr/jdl3-T202 ACTIVITÉ

Décrire un mode de vie idéal

Décrivez en une dizaine de lignes le mode de vie idéal des habitants du tableau, les Harmoniques. Leur relation fraternelle est leur trait de caractère principal : montrez-le à l'aide des différentes activités évoquées par Signac.

Texte écho Le peuple des Troglodytes

Dans ce texte, Montesquieu, un autre philosophe du XVIIIe siècle, présente un peuple inventé, les Troglodytes.

Dans ce pays heureux, la cupidité était étrangère : ils se faisaient des présents, où celui qui donnait croyait toujours avoir l'avantage. Le peuple troglodyte se regardait comme une seule famille : les troupeaux étaient presque toujours confondus ; la seule peine qu'on s'épargnait ordinairement, c'était de les partager.

Montesquieu, *Lettres persanes*, 1721, lettre XII.

Comparer deux sociétés imaginaires

1. Relevez la caractéristique principale de ce peuple : qu'est-ce qui vous montre qu'il s'agit d'un peuple imaginaire ?

2. Quel idéal commun Voltaire (➥ p. 78) et Montesquieu partagent-ils ? Pourquoi était-ce important au XVIIIe siècle ?

Texte 4 Une bien curieuse abbaye

Gargantua est un géant qui se promène dans un pays imaginaire qui ressemble par bien des aspects à la France de son époque, le XVIe siècle. Il a fondé une abbaye qu'il a baptisée Thélème, d'après un nom grec signifiant volonté. Voici ses règles.

Toute leur vie était régie non par des lois, des statuts ou des règles mais, selon leur volonté et leur libre arbitre. Ils se levaient du lit quand bon leur semblait, buvaient, mangeaient, travaillaient, dormaient quand l'envie leur en venait. Personne ne les réveillait, personne ne les forçait ni à boire ni à manger, ni à faire quoi que ce soit d'autre. Ainsi en avait décidé Gargantua. Et leur règle consistait dans cette unique clause : « Fais ce que tu voudras ». […]

Grâce à cette liberté, ils se retrouvèrent dans une louable émulation, et firent ensemble tout ce qu'ils voyaient plaire à un seul. Si l'un ou l'une d'entre eux, disait : « buvons », tous buvaient ; s'il disait : « jouons », tous jouaient ; s'il disait : « allons nous ébattre dans les champs », tous y allaient. […]

Ils étaient si bien éduqués qu'il n'y en avait aucun parmi eux qui ne sût lire, écrire, chanter, jouer des instruments de musique, parler cinq ou six langues et composer en ces langues aussi bien en vers qu'en prose.

François Rabelais, *Gargantua*, chapitre LVII, 1542, trad. en français moderne de Christine Girodias-Majeune, © Éditions Magnard.

Biographie

Rabelais (1494-1553)

Il est un auteur humaniste du XVIe siècle, c'est-à-dire que ses romans, sous le couvert de la fiction et de la dérision, replacent l'homme au centre des préoccupations. Il questionne ainsi les méthodes éducatives, la place de la religion ou encore les principes de gouvernement.

L'abbaye de Thélème, illustration de **Robida** pour les œuvres complètes de Rabelais publiées par la Librairie Illustrée en 1885.

Le savez-vous ?

Gargantua est un géant imaginé par Rabelais, qui s'amuse à raconter les aventures et les exploits de ce personnage. L'adjectif « gargantuesque » désigne ainsi un élément aux proportions gigantesques.

Texte écho Une éducation idéale

Jean-Jacques Rousseau, philosophe du XVIIIe siècle, consacre un traité à l'éducation.

Rendez votre élève attentif aux phénomènes de la nature, bientôt vous le rendrez curieux ; mais, pour nourrir sa curiosité ne vous pressez jamais de la satisfaire. Mettez les questions à sa portée, et laissez-les lui résoudre. Qu'il ne sache rien parce que vous le lui avez dit, mais parce qu'il l'a compris lui-même […]. Si jamais vous substituez dans son esprit l'autorité à la raison, il ne raisonnera plus ; il ne sera plus que le jouet de l'opinion des autres.

Jean-Jacques Rousseau, *Émile ou De l'éducation*, livre III, 1762.

Réfléchir sur une question de société : l'éducation

1. Reformulez la règle principale de l'abbaye : quel rapport pouvez-vous établir avec le nom que lui donne Rabelais ?

2. Qui sont les habitants de cette abbaye ? D'après vous, à quelle classe sociale appartiennent-ils ?

3. Quelles qualités doivent-ils cultiver ? Quel rôle peuvent-ils jouer auprès du roi Gargantua ?

Texte écho

4. Quel idéal commun Rabelais et Rousseau partagent-ils au sujet de l'éducation ?

BILAN **5** Ce modèle éducatif vous parait-il s'appliquer à toute la société ? Faites le point sur ses avantages et ses limites.

Comparer des textes (BREVET)

Quel texte vous parait le mieux défendre un idéal d'éducation : celui de Rabelais ou celui de Rousseau ? Répondez à cette question en un paragraphe argumenté.

Réfléchir en groupe

Selon vous, l'école est-elle l'unique lieu d'apprentissage ?
Par groupes, préparez votre réponse en recherchant des exemples à même d'illustrer vos opinions. Ensuite, organisez le débat en classe, puis, à l'issue de celui-ci, rédigez une synthèse écrite qui tiendra compte des réponses qui vous auront paru les plus intéressantes.

Synthèse Des sociétés imaginaires pour dénoncer les travers de la société

- Imaginer un monde différent du nôtre ne signifie pas nécessairement qu'il n'y ait aucun rapport entre les deux. Parfois, ce monde imaginaire permet justement de nous **tendre un miroir, pour nous faire regarder notre propre société.** La déformation et l'exagération, en amplifiant nos défauts, nous permettent de mieux en prendre conscience. La **satire** et l'**ironie** renforcent la **critique** grâce aux effets humoristiques.

- On distingue deux grandes tendances dans la littérature et les arts :
  - **Les sociétés inquiétantes :**
  Le monde imaginé est pire que le nôtre, et nous montre comment peuvent évoluer les problèmes d'aujourd'hui. Fritz Lang (➥ p. 72-73) et Orwell (➥ p. 76-77) conçoivent des univers où nos plus grandes inquiétudes sont réalisées, comme une société fondée sur une inégalité de principe, ou bien avec une surveillance de masse, et Michaux (➥ p. 74-75) imagine des peuples qui reprennent, en les exagérant, nos pires défauts.
  - **Les sociétés idéales :**
  Le monde imaginé est meilleur, et nous amène à concevoir des améliorations de notre mode de vie. Voltaire, Montesquieu et Paul Signac (➥ p. 78-79) proposent des modèles de sociétés idéales, tandis que Rabelais (➥ p. 80) nous invite à réfléchir aux moyens d'améliorer un aspect de la société.

BREVET

Imaginer une société idéale

Voici un peuple rencontré par Henri Michaux : les *Omobuls*. Vous êtes l'explorateur(trice) et vous décrivez des coutumes inspirées par les améliorations que vous souhaitez pour la société d'aujourd'hui.

Elles pourront porter sur les points suivants :
- l'éducation ;
- la politique ;
- la culture.

Bon voyage !

Consignes d'écriture

1. N'hésitez pas à vous appuyer sur les idées développées par les auteurs étudiés.
2. Comme Michaux, vous pouvez inventer des mots en utilisant des sonorités qui vous plaisent, inspirées par exemple du terme *Omobuls*.
3. Vous pouvez aussi utiliser des hyperboles, à la manière de Voltaire.

Maurits Cornelis Escher, *Relativity*, 1953, lithographie (29,7 x 28,8 cm), The M. C. Escher Company.

BREVET

Exprimer son avis sur l'argumentation par la fiction

Dans ce parcours, quels textes vous paraissent le mieux convaincre le lecteur de la justesse des idées proposées ? Quelles sont à vos yeux leurs qualités ? Recherchez, dans les textes étudiés, les exemples qui justifient votre point de vue.

Dossier L'utopie, rêver le monde pour

À la suite de la découverte de l'Amérique en 1492, l'Europe se passionne pour ces peuples et ces territoires inconnus. Dans ce contexte, l'Anglais Thomas More écrit le traité *Utopie*. Il s'inspire de l'Atlantide, société idéale décrite par Platon dans l'Antiquité, et imagine une société parfaite fondée par Utopus, compagnon imaginaire du navigateur Amerigo Vespucci. Cette société idéale prend la forme d'une ile où vivent 100 000 familles. Ce traité marque le début d'un genre, la littérature utopique.

Le saviez-vous ?

Le mythe de l'Atlantide relate la destruction d'une cité technologiquement avancée du fait d'une guerre civile. Au départ destiné à faire réfléchir les Grecs, dont les cités s'affrontaient souvent, il a donné lieu à de nombreuses croyances : encore aujourd'hui, certains sont persuadés de son existence et cherchent fiévreusement ses vestiges.

Edgar Pierre Jacobs, *Blake & Mortimer*, tome 7, « L'Énigme de l'Atlantide », © Éditions Blake et Mortimer, Studio Jacobs (Dargaud-Lombard s.a.), 2016.

Un lieu… loin de la réalité

Vue de l'ile d'Utopie, d'après le livre de Thomas More, gravure de **Johann Froben**, 1518.

Thomas More choisit le nom de sa société parfaite à partir de deux termes grecs : la négation *u-*, et le nom *–topos*, qui veut dire « lieu ».

- **Pourquoi peut-on dire qu'une utopie, c'est d'abord un lieu qui n'existe pas ?**
- **Quel rapport pouvez-vous établir avec le fait qu'Utopia soit une ile ?**

La recherche de la perfection

Le seul moyen d'organiser le bonheur public c'est l'application du principe de l'égalité. L'égalité est impossible dans un État où la possession est solitaire et absolue ; car chacun s'y autorise de divers titres et droits pour attirer à soi autant qu'il peut, et la richesse nationale […] finit par tomber en la possession d'un petit nombre d'individus qui ne laissent aux autres qu'indigence et misère. […]

Thomas More, *L'Utopie*, 1516, traduction de nos auteurs.

- **Dans cet extrait, Thomas More met en valeur un des principes fondateurs de sa société parfaite : le reconnaissez-vous ?**
- **Quel problème de société espère-t-il faire disparaitre : la violence, la paresse ou la misère ? Justifiez votre réponse.**

Des paradis naturels, l'héritage de Thomas More

Inspirés par l'exemple d'Utopia, de nombreux auteurs rédigent à leur tour des utopies, afin de diffuser leur vision d'un monde meilleur.

Fénelon et le pays de la Bétique

Dans l'ouvrage qu'il rédige pour instruire le petit-fils du roi Louis XIV, *Les Aventures de Télémaque*, Fénelon présente ainsi le pays de la Bétique :

Le fleuve Bétis coule dans un pays fertile et sous un ciel doux qui est toujours serein. [...] Ce pays semble avoir conservé les délices de l'âge d'or. Les hivers y sont tièdes, et les rigoureux aquilons n'y soufflent jamais. L'ardeur de l'été y est toujours tempérée par des zéphyrs rafraîchissants qui viennent adoucir l'air vers le milieu du jour. [...] Les chemins y sont bordés de lauriers, de grenadiers, de jasmins et d'autres arbres toujours verts et toujours fleuris. Les montagnes sont couvertes de troupeaux qui fournissent des laines fines recherchées de toutes les nations connues. Il y a plusieurs mines d'or et d'argent dans ce beau pays ; mais les habitants, simples et heureux dans leur simplicité, ne daignent pas seulement compter l'or et l'argent parmi leurs richesses ; ils n'estiment que ce qui sert véritablement aux besoins de l'homme.

Fénelon, *Les Aventures de Télémaque*, 1699.

- **Selon vous, quelles sont les richesses de ce pays ?**
- **S'agit-il des mêmes aux yeux des habitants ? Observez notamment les conditions géographiques et climatiques.**
- **Ces habitants présentent un point commun avec les Utopiens : trouvez lequel.**

Diderot et la société otaïtienne

En 1773, Diderot reprend le récit de l'explorateur Bougainville pour imaginer la société otaïtienne. Comme Utopia, Otaïti est d'abord une ile, dont les Européens pervertissent le mode de vie. Diderot développe alors le récit d'une société par certains aspects idéale, exposée par un vieil homme sage.

Paul Gauguin, *Paysage tahitien*, 1891, huile sur toile (67,9 x 92,3 cm), Minneapolis Institute of Arts, Minnesota (États-Unis).

Puis s'adressant à Bougainville, il ajouta : « Et toi, chef des brigands qui t'obéissent, écarte promptement ton vaisseau de notre rive : nous sommes innocents, nous sommes heureux ; et tu ne peux que nuire à notre bonheur. Nous suivons le pur instinct de la nature ; et tu as tenté d'effacer de nos âmes son caractère. [...] Nous sommes libres ; et voilà que tu as enfoui dans notre terre le titre de notre futur esclavage. Tu n'es ni un dieu, ni un démon : qui es-tu donc, pour faire des esclaves ? [...] »

Diderot, *Supplément au voyage de Bougainville*, 1772.

- **À quelle ile existante fait penser l'ile d'Otaïti ? Quelle végétation et quel mode de vie associez-vous à cette ile ? Aidez-vous du tableau pour répondre.**
- **Quelle société Diderot critique-t-il lorsqu'il évoque le mode de vie des Otaïtiens ?**

Une réalisation difficile et dangereuse

L'idéal égalitaire de Thomas More

Souvent, les principes généreux du monde utopique sont mis en œuvre d'une façon inquiétante.
Par exemple, l'idéal d'égalité de l'ile d'Utopia s'applique aussi aux habitations des Utopiens :

[…] Les portes à deux battants s'ouvrant d'une simple pression de la main, puis se refermant toutes seules, laissent entrer n'importe qui : ainsi rien n'est privé, nulle part. En effet, ils échangent leurs maisons tous les dix ans par tirage au sort.

Thomas More, *L'Utopie*, 1516, traduction de nos auteurs.

Débat en classe

Même s'il n'y a aucun voleur à Utopia, qu'y a-t-il de gênant dans le fait de ne pas pouvoir fermer la porte de la maison ? Accepteriez-vous cet échange d'habitation ?

Cristin et Bilal : La Ville qui n'existait pas

Les auteurs Pierre Cristin et Enki Bilal imaginent une réalité alternative dans la bande dessinée *La Ville qui n'existait pas*. La jeune héritière d'une entreprise florissante entreprend de construire une ville parfaite, pour résoudre à sa manière les problèmes de pauvreté et d'inégalités dans sa ville, dans une région touchée par le chômage et la misère.

Quels éléments du dessin illustrent le fait que l'utopie ne s'est pas réalisée ?

Échos du XXe siècle — pistes EPI

À l'aide de votre professeur(e) d'Histoire, faites des recherches pour savoir quels pays ont essayé d'appliquer cet égalitarisme idéal à leurs habitants, au cours du XXe siècle. Comment ces régimes ont-ils imposé leurs idées ?

Pierre Cristin, Enki Bilal, *La Ville qui n'existait pas*, 1977,
© Les Humanoïdes Associés.

Des mondes de cauchemar

À partir du XXe siècle, des auteurs commencent à concevoir des univers inquiétants qui cherchent à mettre en garde le lecteur contre des défauts ou des travers présents dans la société. Il peut s'agir de développements scientifiques moralement inquiétants, comme dans le film *Bienvenue à Gattaca*, mais aussi de problèmes sociaux poussés à leur paroxysme, comme le totalitarisme dans *1984* (➡ p. 76), ou la quête effrénée du bonheur dans le roman *Le Meilleur des mondes* (➡ p. 226). On parle alors de dystopie ou de contre-utopie.

Panem dans Hunger Games

Plus récemment, de nombreux auteurs se sont appropriés la dystopie, qui est devenu un genre à part entière, dans des romans destinés aux adolescents ou à de jeunes adultes. C'est le cas par exemple de *Hunger Games*, la trilogie de Suzanne Collins.

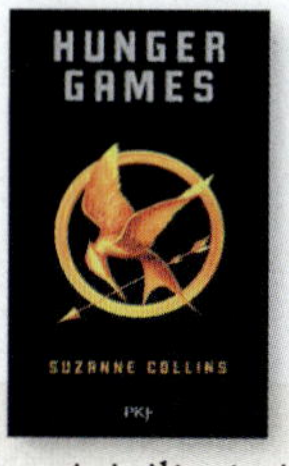

Chaque année, des jeux cruels, au cours desquels les enfants de chaque district combattent, sont organisés et diffusés à la télévision, les Hunger Games. *Voici leur origine, rappelée par le maire du district.*

Il rappelle l'histoire de Panem, le pays qui s'est relevé des cendres de ce qu'on appelait autrefois l'Amérique du Nord. Il énumère les catastrophes naturelles, sécheresses, ouragans, incendies, la montée des océans qui a englouti une si grande partie des terres, la guerre impitoyable pour les maigres ressources restantes. Voilà d'où vient Panem, un Capitole rayonnant bordé de treize districts, qui a apporté paix et prospérité à ses citoyens. Puis sont venus les jours obscurs, le soulèvement des districts contre le Capitole. Douze ont été vaincus, le treizième a été éliminé. Le traité de la Trahison nous a accordé de nouvelles lois pour garantir la paix et, pour rappeler chaque année que les jours obscurs ne devaient pas se reproduire, il nous a donné les Hunger Games. […]

Arracher des enfants à leurs districts, les obliger à s'entretuer sous les yeux de la population : c'est ainsi que le Capitole nous rappelle que nous sommes entièrement à sa merci et que nous n'aurions aucune chance de survivre à une nouvelle rébellion.

Suzanne Collins, *Hunger Games*,
trad. de Guillaume Fournier, 2008, © Pocket Jeunesse, 2009.

▸ **Quels liens pouvez-vous établir entre la société occidentale actuelle et Panem ? Que cherche ainsi à dénoncer l'auteur ? Aidez-vous des passages soulignés pour répondre.**

▸ **Quels points communs observez-vous entre les deux images ci-dessous ? Quels éléments font penser à un régime totalitaire ?**

Expression écrite

BREVET

Selon vous, à la lecture de ces textes, quelles sont les limites de l'utopie ? Expliquez votre réponse en quelques lignes, en utilisant des exemples pour justifier vos propos.

Photogramme du film *Hunger Games, L'embrasement*, 2013, réalisé par **Francis Lawrence**.

Jeux olympiques de Berlin en 1936.

PARCOURS un thème

Le thème de l'argent au théâtre

Détail d'une sculpture présente dans le cimetière monumental de Staglieno, Gênes (Italie).

Faut-il préférer la pauvreté à la richesse ?

Texte 1 Tout le monde ne peut pas être riche

Ploutos, dieu de l'argent, a été rendu aveugle par Zeus, afin qu'il donne de l'argent aux honnêtes gens comme aux malhonnêtes. Révolté par cette situation, un citoyen athénien, aidé de ses amis, décide de rendre la vue à Ploutos, espérant en retour une répartition équitable des richesses. La Galère, déesse de la pauvreté, s'oppose à son entreprise et s'en explique.

LA GALÈRE. – S'il arrivait ce que vous souhaitez, vous n'en tireriez aucun avantage, c'est moi qui vous le dis ! Réfléchissez un peu ! Si Ploutos y voyait à nouveau et se partageait à égalité entre tous, dites-moi, qui se fatiguerait à cultiver le champ des arts et des industries humaines ? Qui donc ? Personne ! Plus d'arts ! Plus de métiers ! Tout s'envolerait ! Et qui voudrait encore faire le forgeron ? Construire des bateaux ? Tailler vos costumes ? Faire une roue de charrette ? Des souliers ? Des briques ? Qui blanchira le linge, tannera le cuir ? […] Qui ? qui ?… si l'on vous permet de vivre en fainéants et sans vous soucier de rien ?

LA TOUSSAILLE. – Les inepties et les sornettes, c'est toi qui les débites ! Pour tous ces travaux que tu viens d'énumérer, nos serviteurs trimeront, voilà tout.

LA GALÈRE. – Ah oui ? Et d'où les sortiras-tu, tes serviteurs ?

LA TOUSSAILLE. – Nous les achèterons avec notre argent. Où est le problème ? […]

LA GALÈRE. – Tout d'abord et premièrement, des marchands d'esclaves, il n'y en aura plus non plus, c'est évident, si on applique ton plan. Qui, s'il est riche, voudra risquer sa peau en justice à faire ce métier de réduire des hommes libres en esclavage ? Tu devras labourer toi-même, bêcher et te mettre à tous les travaux pénibles. Ta vie, alors, sera mille fois plus difficile que celle que tu mènes aujourd'hui.

La Galère énumère les avantages d'une vie dans la pauvreté, mais au travail.

LA TOUSSAILLE. – Par Déméter, quel bonheur ! La bienheureuse existence que tu nous dépeins là ! Gratter, économiser sa vie durant et n'avoir pas de quoi payer son enterrement !

LA GALÈRE. – […] Tu ne vois même pas que, bien mieux que Ploutos, mieux que le Fric, j'améliore les hommes dans leur esprit et dans leur corps. Avec lui, ils sont podagres[1], ventripotents[2], en surpoids, […] et adipeux[3] que c'en est une insulte ! Avec moi, des gens minces, à la taille de guêpe et qui courent sus à l'ennemi comme le vent !

LA TOUSSAILLE. – C'est à force de leur serrer la ceinture que tu leur procures cette taille de guêpe ?

Aristophane, *Ploutos, dieu du Fric,* trad. de M. Host, © Mille et Une Nuits, 2012.

Biographie

Aristophane
(Ve siècle av. J.-C)
Il écrit à Athènes et est le premier auteur comique dont des pièces ont été conservées. Il se moque sans distinction des hommes de son temps, des politiciens, de la justice, de la guerre…

Débattre à l'oral

Partagez-vous le point de vue de La Galère selon lequel la pauvreté est préférable à la richesse ? Justifiez votre réponse en vous aidant de situations de la vie quotidienne.

1. **podagres** : qui marchent difficilement.
2. **ventripotents** : avec un ventre proéminent.
3. **adipeux** : gras.

Texte 2 Le dieu de l'Argent se plaint des hommes

À leur rencontre, La Toussaille s'empresse de faire entrer Ploutos dans sa maison. Ce dernier proteste et se plaint des hommes qui l'ont reçu auparavant.

LA TOUSSAILLE. – […] Et toi, ô Argent, ô Ploutos, des dieux le plus puissant, viens ! Entre ici avec moi. Voici ma maison, celle sur laquelle, à tort ou à raison, tu vas me faire le plaisir de faire pleuvoir les richesses.

PLOUTOS. – Houla !… par tous les dieux, ça m'embête à la fin ! À chaque fois que je suis entré dans une maison étrangère, il ne m'est rien arrivé de bon. J'entre chez un grippe-sou et aussitôt il m'enterre au fond d'un trou ! Si un brave homme de sa connaissance se présente pour lui demander deux kopecks, il pousse des hauts cris, il ne m'a jamais vu ! Si je tombe chez un flambeur, je suis jeté dans les lits des filles, joué aux dés, et en un tournemain je me retrouve à poil, dans la rue.

Ibid.

Texte écho Un avare antique

Euclion a découvert un trésor dans son jardin, enterré par son grand-père avare. Désormais riche, il est obsédé par la crainte d'être volé.

EUCLION. – *(À part)* Je n'ai jamais vu de plus méchante bête que cette vieille. Je crains bien qu'elle ne me joue quelque mauvais tour au moment où je m'y attendrai le moins. Si elle flairait mon or, et découvrait la cachette ? c'est qu'elle a des yeux jusque derrière la tête, la coquine. Maintenant, je vais voir si mon or est bien comme je l'ai mis. Ah ! qu'il me cause d'inquiétudes et de peines! *(Il sort.)*

STAPHYLA, *seule*. – Par Castor ! je ne peux deviner quel sort on a jeté sur mon maître, ou quel vertige l'a pris. Qu'est-ce qu'il a donc à me chasser dix fois par jour de la maison ? On ne sait, vraiment, quelle fièvre le travaille. Toute la nuit il fait le guet ; tout le jour il reste chez lui sans remuer […].

Plaute, *Aulularia*, scène 1, III-IIe siècle av. J.-C., trad. Jean Naudet, 1832.

Le savez-vous ?

Ce personnage imaginé dans l'Antiquité par Plaute constitue le modèle de *L'Avare* de Molière, Harpagon.

Dessin de **Philippe Geluck**.

Lecture d'image

Quelle idée du texte d'Aristophane retrouvez-vous exprimée ici ?

Analyser un discours ironique

Texte 1

1. Quel est le point de vue défendu par La Galère ? Retrouvez les passages qui vous permettent de le comprendre.

2. Quels sont les problèmes causés par une trop grande richesse, selon elle ?

3. La Toussaille est-il convaincu par ces arguments ?

4. Quelle réplique de La Toussaille vous montre qu'Aristophane se moque de La Galère dans ce dialogue ?

5. D'après vous, quelle est la morale de ce texte ?

Texte 2

6. De quels comportements vis-à-vis de l'argent Aristophane se moque-t-il dans ce passage ?

Texte écho

7. Quels sont les effets de la présence de l'argent chez Euclion ? Selon vous, l'argent le rend-il heureux ?

BILAN **8** Les personnages présentés ici vous incitent-ils à préférer la richesse ou la pauvreté ?

Maladies d'argent

Texte 3 Tant pis pour les autres !

Biographie

Carlo Goldoni (1707-1793)

Né à Venise, il écrit en italien et en français. Même s'il a créé des tragédies, des drames ou encore des livrets d'opéra, il est principalement connu pour ses pièces comiques. Il compose des comédies d'intrigue et de mœurs en reprenant les codes et la vivacité de la *commedia dell'arte*, comme dans *La Banqueroute*, avec Pantalon. Ses personnages sont surtout des représentants du peuple et de la bourgeoisie, à l'image des deux « rustres » du dialogue.

Pantalon est un marchand italien qui a dilapidé tout son capital auprès de sa maitresse, de placements hasardeux et de jeux d'argent. Dans ce monologue, il fait le point sur sa situation.

PANTALON. – Il faudrait que j'aille me noyer pour autant ? Est-ce que je suis le seul à être en faillite ? J'en ai des collègues, et pas des moindres ! Qu'est-ce qu'on peut y faire ? Ce qui me console au moins, c'est que mes sous, personne ne les a mangés, personne ne me les a volés, et que la mer ne me les a pas engloutis. J'en ai bien profité, je les ai dépensés, et j'en ai fait profiter mes amis. Moi, maintenant, je suis comme un roi. Mes biens sont tous saisis, le meilleur de ma marchandise, hypothéqué, mes meubles placés sous séquestre ; ma boutique est vide et donc je n'ai plus rien à faire. Tant que mes créanciers me laissent en paix, je vais essayer de m'arranger avec les miettes qui me restent. Si on commence à me chercher des histoires, avec un philippe[1] je pars à Ferrare[2], et bonsoir la compagnie. Qu'est-ce qu'elle va faire ma chère épouse, elle qui à force d'ambition, de coquetteries, de mondanités, m'a donné le coup de pouce pour faire la culbute ? Maintenant, elle aussi, elle va avoir bonne mine. Tant pis pour elle, je m'en fiche pas mal, elle mérite bien pire. Si elle avait un peu de jugeote, elle crèverait pour se libérer de ses tourments. J'ai changé une fois de chemise, pourquoi j'en changerais pas deux fois ? Ça me fait de la peine pour mon fils, le pauvre. J'ai même liquidé la dot de sa mère. Mais qu'est-ce que ça peut faire ? Il en a profité, lui aussi. Il est jeune, qu'il se débrouille. Il trouvera bien quelqu'un pour l'aider, et puis s'il touche quelque chose, il faudra bien qu'il m'en donne à moi aussi. Madame Clarice va me rendre, bientôt, mes trente sequins[1]. Serait-il possible qu'elle me fasse languir pour les avoir ? Je n'en crois rien. J'ai tant fait pour elle et en plus elle est au courant de ma situation… Sapristi, voilà ma femme ! Avalons courageusement la potion.

Carlo Goldoni, *La Banqueroute*, trad. M. Tanant et J.-C.Penchenat, © Actes Sud théâtre, 1994.

Jan van Grevenbroeck, *Pantalone*, XVIIIe siècle, dessin à l'aquarelle et encre extrait d'un manuscrit, musée Correr, Venise (Italie).

Lecture d'image

Quels éléments de son costume montrent que ce personnage est souvent mal intentionné dans les pièces de *commedia* ?

Analyser l'aveu d'un homme dépensier

1. Pantalon se montre-t-il inquiet de sa situation financière ? Relevez les passages qui indiquent son état d'esprit.

2. Quel rôle son épouse a-t-elle joué dans la perte de son argent ? Que lui reproche-t-il ?

3. Comment Pantalon se comporte-t-il à l'égard de son fils ? Avait-il le droit d'utiliser l'argent qui lui venait de son épouse ? Comment jugez-vous cette attitude ?

4. En vous aidant du caractère de Pantalon, pensez-vous que Madame Clarice soit une personne fiable ?

BILAN **5** Pourquoi l'attitude de Pantalon est-elle choquante ?

Texte écho L'argent avant tout

Les personnages principaux sont des bourgeois vénitiens, occupés d'eux-mêmes et de leur argent, et bien peu soucieux des autres. Lunardo et Maurizio ont préparé le mariage de leurs enfants.

MAURIZIO. – Monsieur Lunardo, votre serviteur !

LUNARDO. – Bonjour à Votre Seigneurie !

MAURIZIO. – J'ai entretenu mon fils.

LUNARDO. – Lui avez-vous dit que vous entendiez le marier ?

MAURIZIO. – Je le lui ai dit.

LUNARDO. – Et qu'a-t-il répondu ?

MAURIZIO. – Qu'il en est fort aise, mais qu'il aurait plaisir à voir la promise.

LUNARDO, *irrité*. – Non Monsieur, cela n'est pas dans nos clauses.

MAURIZIO. – Allons ! Allons ! Ne vous emportez pas ! Ce garçon-là fera tout ce qu'il vous plaira.

LUNARDO. – Quand vous voudrez... venons-en donc au fait, la dot est prête. Je vous ai promis six mille ducats ; six mille ducats je vous donnerai. Les voulez-vous en sequins ou en ducats d'argent ? Ou voulez-vous que je les dépose à la banque, à votre ordre ?

MAURIZIO. – L'argent ne me fait pas faute et vous pouvez à votre aise acheter des rentes sur le Trésor, à moins que nous cherchions un emploi de l'argent qui nous convienne mieux.

LUNARDO. – Fort bien ; tout sera fait selon votre désir.

Carlo Goldoni, *Les Rustres,* 1760, trad. N. Jonard,

D'après **Marinus Van Reymerswaele,** *Les Compteurs d'argent* (détail), XVIe siècle, huile sur bois, musée des beaux-arts, Nancy.

1. **philippe, sequins :** monnaies italiennes.
2. **Ferrare :** ville italienne proche de Venise.

Découvrir la pratique des mariages arrangés

1. À quelles conditions le mariage est-il arrangé ? Relevez le champ lexical de l'argent.

2. Les pères recherchent-ils l'intérêt de leurs enfants ? Quels mots vous montrent qu'il n'est pas pris en compte ?

BILAN **3** Quel point commun les pères présentent-ils avec Pantalon ? (➥ 88)

Repères littéraires

La *commedia dell'arte*

Ce théâtre d'origine italienne, dont Goldoni est un représentant, apparait au XVIe siècle, avant d'arriver en France au XVIIe. C'est un théâtre qui repose avant tout sur l'improvisation, à partir de canevas mettant en scène des personnages-types, comme Arlequin, Colombine, Pantalon ou le Capitaine. L'influence de ces pièces est très forte en France : Molière s'inspire par exemple directement des canevas présentés, comme ceux dans lesquels les jeunes amants complotent contre leurs parents. Il reprend aussi certains personnages en modifiant leurs noms, comme Scapin (➥ p. 90-91), inspiré directement du personnage d'Arlequin.

Biographie

Molière (1622-1673)

Bien que destiné à reprendre le métier de tapissier de son père, il préfère se tourner vers le théâtre. Après avoir tourné en province, il s'installe à Paris en 1659 et connait un important succès jusqu'à sa mort, malgré plusieurs censures et difficultés. Homme de théâtre complet, il rédige des pièces qui sont devenues des classiques, tout en interprétant les principaux rôles comiques. Aujourd'hui encore, ses pièces sont étudiées et montrent leur richesse et leur modernité.

Comparer deux mises en scène

- Regardez deux mises en scène correspondant à cet extrait :
  - celle de la compagnie Roumanoff ;
  - celle de Jacques Échantillon à la Comédie-française.

VIDEO lienmini.fr/jdl3-T203

- Comparez les choix de costumes, décors, jeux des comédiens, et commentez.

Les Fourberies de Scapin de Molière, pièce mise en scène par **Marc Paquien** au théâtre des Sablons, en 2015, avec Denis Lavant (Scapin) et Daniel Martin (Géronte).

Texte 4 Le dilemme d'un père

Pour soutirer de l'argent à son père, le fils de Géronte fait croire qu'il a été enlevé par des pirates, qu'ils l'ont emmené sur une galère et qu'ils demandent une rançon pour sa libération. Scapin est chargé de convaincre Géronte de payer, mais ce dernier a bien du mal à accepter cette demande.

GÉRONTE. – Tu dis qu'il demande…

SCAPIN. – Cinq cents écus. […]

GÉRONTE. – Sait-il bien ce que c'est que cinq cents écus ?

SCAPIN. – Oui, Monsieur, il sait que c'est mille cinq cents livres.

GÉRONTE. – Croit-il, le traître, que mille cinq cents livres se trouvent dans le pas d'un cheval ?

SCAPIN. – Ce sont des gens qui n'entendent point de raison.

GÉRONTE. – Mais que diable allait-il faire à cette galère ? […]

SCAPIN. – Oh ! que de paroles perdues ! Laissez là cette galère, et songez que le temps presse, et que vous courez risque de perdre votre fils. Hélas ! mon pauvre maître, peut-être que je ne te verrai de ma vie, et qu'à l'heure que je parle, on t'emmène esclave en Alger. Mais le Ciel me sera témoin que j'ai fait pour toi tout ce que j'ai pu ; et que si tu manques à être racheté, il n'en faut accuser que le peu d'amitié d'un père.

GÉRONTE. – Attends, Scapin, je m'en vais quérir cette somme.

SCAPIN. – Dépêchez donc vite, Monsieur, je tremble que l'heure ne sonne.

GÉRONTE. – N'est-ce pas quatre cents écus que tu dis ?

SCAPIN. – Non : cinq cents écus.

GÉRONTE. – Cinq cents écus ?

SCAPIN. – Oui.

GÉRONTE. – Que diable allait-il faire à cette galère ?

SCAPIN. – Vous avez raison, mais hâtez-vous.

GÉRONTE. – N'y avait-il point d'autre promenade ?

SCAPIN. – Cela est vrai. Mais faites promptement.

GÉRONTE. – Ah ! maudite galère !

SCAPIN, *à part* – Cette galère lui tient au cœur.

GÉRONTE. – Tiens, Scapin, je ne me souvenais pas que je viens justement de recevoir cette somme en or, et je ne croyais pas qu'elle dût m'être si tôt ravie. *(Il lui présente sa bourse, qu'il ne laisse pourtant pas aller ; et, dans ses transports, il fait aller son bras de côté et d'autre, et Scapin le sien pour avoir la bourse.)* Tiens. Va-t'en racheter mon fils.

SCAPIN, *tendant la main* – Oui, Monsieur.

GÉRONTE, *retenant la bourse qu'il fait semblant de vouloir donner à Scapin* – Mais dis à ce Turc que c'est un scélérat.

SCAPIN, *tendant toujours la main* – Oui.

GÉRONTE, *même jeu* – Un infâme.

SCAPIN. – Oui.

GÉRONTE, *même jeu* – Un homme sans foi, un voleur.

SCAPIN. – Laissez-moi faire.

GÉRONTE, *même jeu* – Qu'il me tire cinq cents écus contre toute sorte de droit.

SCAPIN. – Oui.

GÉRONTE, *même jeu* – Que je ne les lui donne ni à la mort, ni à la vie.

SCAPIN. – Fort bien.

GÉRONTE. – Et que si jamais je l'attrape, je saurai me venger de lui.

SCAPIN. – Oui.

GÉRONTE, *remet la bourse dans sa poche, et s'en va* – Va, va vite requérir mon fils.

SCAPIN, *allant après lui* – Holà ! Monsieur.

GÉRONTE. – Quoi ?

SCAPIN. – Où est donc cet argent ?

GÉRONTE. – Ne te l'ai-je pas donné ?

SCAPIN.– Non vraiment, vous l'avez remis dans votre poche.

GÉRONTE. – Ah ! c'est la douleur qui me trouble l'esprit.

SCAPIN. – Je le vois bien.

GÉRONTE. – Que diable allait-il faire dans cette galère ? Ah ! maudite galère !

Molière, *Les Fourberies de Scapin*, Acte II, scène 7, 1671.

Les Fourberies de Scapin de Molière, Géronte à Scapin : « Mais que diable allait-il faire dans cette galère ? » (II, 11), gravure de **Janet-Lange**, XIXe siècle.

Le savez-vous ?

La galère désigne au sens propre un bateau qu'on déplace à la force des rames. On y envoie généralement les condamnés aux travaux forcés, les galériens. La façon dont Géronte prononce ce mot, avec insistance, va introduire un sens figuré, celui d'être dans l'embarras, d'avoir des ennuis.

Comprendre les réticences d'un père hésitant

1. Quelle est la première inquiétude de Géronte lorsqu'il apprend l'enlèvement de son fils ?

2. Quel est l'objectif de Scapin tout au long de cette scène ?

3. Quel moyen emploie-t-il pour convaincre Géronte ? Relevez notamment le ton qu'il emploie aux lignes 14 à 16.

4. a. Géronte est-il alors convaincu ?

b. Quels jeux de scène permettent de montrer les hésitations de ce dernier ?

BILAN **5** Selon vous, la répétition du mot « galère » concerne-t-elle le chagrin de Géronte au sujet de son fils ou de son argent ? Expliquez votre réponse en vous justifiant par différents extraits du texte.

Exprimer son point de vue

BREVET

Quel père vous parait préférable d'après ces deux exemples, Pantalon ou Géronte ? Listez leurs défauts respectifs pour faire votre choix.

Rédiger une note de mise en scène

BREVET

Préparez une mise en scène de cet extrait : montrez en particulier les gestes et les intonations qui accompagnent chacune des répliques.

L'argent et l'amour, un mariage d'intérêts

Le Faiseur de Balzac, pièce mise en scène par **Robin Renucci** avec la troupe des Tréteaux de France, création au théâtre Jacques Cœur à Lattes, en mars 2015.

Biographie

Honoré de Balzac (1799-1850)

Sa capacité de rédaction est vertigineuse : il compose pendant vingt ans les quatre-vingt-dix romans qui composeront sa *Comédie humaine*, tableau réaliste des mœurs de son époque. Par ailleurs, il est aussi journaliste, critique d'art, et dramaturge. Sa pièce *Le Faiseur* est inspirée de ses déconvenues financières, car il était toujours endetté.

Repères historiques

Le capitalisme

Système économique principalement défini au XIXe siècle, il est fondé sur la propriété privée des moyens de production. Par la suite, des titres de propriété sont émis, qu'on appelle actions, et qui font l'objet de transactions à la Bourse, un lieu de commerce que l'on retrouve dans la plupart des capitales. Des personnes estiment ces titres, et parient sur d'éventuels bénéfices ou pertes des entreprises concernées. Ce sont les spéculateurs, comme Mercadet ou Golden Joe (➥ p. 96).

Texte 5 Un père sans scrupule

Mercadet est un spéculateur : il ne vit qu'en achetant et en vendant des actions, dans l'espoir d'empocher un bénéfice. Après avoir autrefois prêté une forte somme à un associé qui est parti, ses affaires le conduisent au bord de la faillite. Il arrange le mariage de sa fille avec un jeune homme fortuné afin de retrouver sa prospérité. Il vient d'apprendre qu'un homme faisait déjà la cour à sa fille, et en discute ici avec son épouse.

MERCADET. – […] Ah ! la pauvre enfant n'est pas notre plus belle affaire…

Mme MERCADET. – Il y a des hommes sensés qui pensent que la beauté passe…

MERCADET. – Il y en a de plus sensés qui pensent que la laideur reste.

Mme MERCADET. – Julie est aimante…

MERCADET. – Mais je ne suis pas M. de la Brive !… Et je sais mon rôle de père, allez ! Je suis même assez inquiet de la passion subite de ce jeune homme : je voudrais savoir de lui ce qui l'a charmé dans ma fille.

Mme MERCADET. – Julie a une voix délicieuse, elle est musicienne.

MERCADET. – Peut-être est-il un de nos dilettanti[1] les moins savants, car il va, je crois, aux Bouffes sans entendre un mot d'italien.

Mme MERCADET. – Julie est instruite.

MERCADET. – Vous voulez dire qu'elle lit des romans ; et, ce qui prouve qu'elle est une fille d'esprit, c'est qu'elle n'en écrit pas. J'espère que Julie, malgré ses lectures, comprendra le mariage comme il doit être compris : en affaire ! Nous l'avons à peu près laissée maîtresse de ses volontés depuis deux ans : elle se faisait si grande !

Mme MERCADET. – Pauvre enfant ! elle est si bien dans le secret de notre position, qu'elle a su se donner un talent, celui de la peinture sur porcelaine, afin de ne plus nous être à charge…

MERCADET. – Vous n'avez pas rempli vos obligations envers elle *(mouvement de Mme Mercadet)* : il fallait la faire jolie.

Mme MERCADET. – Elle est mieux, elle est vertueuse…

MERCADET. – Spirituelle et vertueuse ! son mari aura bien…

Mme MERCADET. – Monsieur !…

MERCADET. – Bien de l'agrément ! Allez la chercher, car il faut lui expliquer le sens du dîner d'aujourd'hui et l'inviter à prendre M. de la Brive au sérieux.

Balzac, *Le Faiseur*, Acte I, scène 8, 1840.

1. **dilettanti** : ce mot italien a donné en français l'expression *en dilettante*, qualifiant celui qui s'adonne à une pratique artistique pour son seul plaisir, et non par intérêt financier.

Texte 6 Des créanciers satisfaits

PIERQUIN. – Je ne viens pas vous demander d'argent, mon cher monsieur, je sais que vous faites un superbe mariage. Votre fille épouse un millionnaire, le bruit s'en est répandu…

MERCADET. – Oh ! millionnaire ! Il a quelque chose…

PIERQUIN. – Ce magnifique prospectus va calmer vos créanciers[1]. Tenez !… moi-même, j'ai repris mes pièces que j'avais remises aux gardes du commerce.

MERCADET. – Vous alliez me faire arrêter ?

PIERQUIN. – Ah ! vous aviez deux ans ! Je ne garde jamais de dossiers si longtemps ; mais pour vous je m'étais départi de mes principes. Si ce mariage est une invention, je vous en fais mon compliment… […] Un gendre vous fera gagner du temps. Ah ! mon cher, vous nous avez promenés avec des relais d'espérances à désespérer des vaudevillistes ! Ma foi ! je vous aime, vous êtes ingénieux ! À fille sans dot riche mari, c'est hardi.

MERCADET, *à part*. – Où veut-il en venir ?

PIERQUIN. – Goulard a gobé l'hameçon : mais qu'avez-vous mis dessus ? car il est fin.

MERCADET. – Mon gendre est M. de la Brive, un jeune homme…

PIERQUIN. – Il y a un vrai jeune homme ?

MERCADET. – Je vous le ferai voir…

PIERQUIN. – Alors, combien payez-vous le jeune homme ?

MERCADET. – Ah ! assez d'insolence !

Ibid, Acte I, scène 13.

1. **Créancier** : personne à qui l'on doit de l'argent.

Illustration pour « Mercadet » dans *Le Faiseur de Balzac*, gravure d'**H. de la Ville**, 1851.

« Un homme riche n'est jamais laid pour une jeune fille », gravure de **J.-J. Granville**, 1845.

Étudier le marchandage d'un père à propos de sa fille

Texte 5

1. a. Quelle opinion Mercadet a-t-il de sa fille ? Relevez les passages qui le montrent.
b. Qu'indique le vocabulaire qu'il emploie ?

2. Est-il surpris ou méfiant de savoir qu'un homme fait la cour à sa fille ? Expliquez votre réponse.

3. Le mot « affaire » est répété à deux reprises : reformulez chaque phrase de manière à en préciser le sens.

4. Selon vous, qu'espèrent M. et Mme Mercadet du mariage de leur fille ?

Texte 6

5. Quel point de vue sur le mariage de Mlle Mercadet Pierquin partage-t-il avec M. Mercadet ?

6. De quoi soupçonne-t-il Mercadet ? Qu'est-ce que cela indique au sujet du caractère de ce dernier ?

BILAN **7** Expliquez comment, dans ce texte, Balzac critique la place de l'argent dans les relations familiales.

Rédiger une lettre argumentée

BREVET

Julie Mercadet décide de rédiger une lettre à ses parents dans laquelle elle développe son avis sur son mariage. Elle justifie son point de vue en critiquant les affirmations de ses parents selon lesquelles posséder une belle maison et occuper un rôle social important justifient qu'on se marie sans amour.

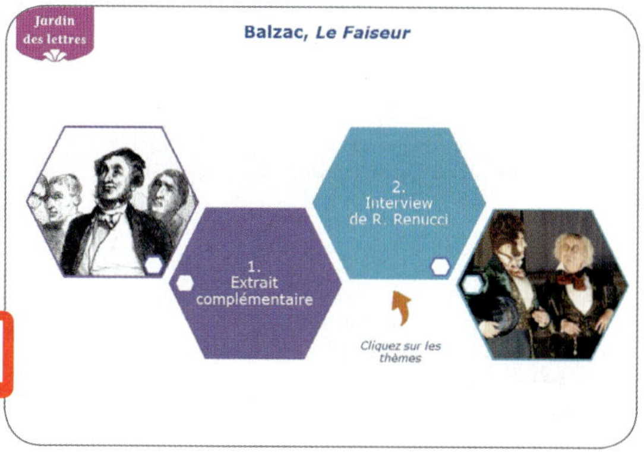

lienmini.fr/jdl3-T204 ACTIVITÉ

Saisissez cette adresse et découvrez une autre scène de la pièce et l'interview du metteur en scène Robin Renucci.

La corruption par l'argent

Texte 7 « Je ne suis plus un honnête homme »

Biographie

Marcel Pagnol (1895-1974)

Il est principalement connu pour ses pièces de théâtre *Fanny*, *Marius* ou encore *Topaze*, ainsi que pour son autobiographie publiée en trois tomes : *La Gloire de mon père*, *Le Château de ma mère* et *Le Temps des secrets*.

Topaze menait l'existence calme d'un maitre d'école à la pension de M. Muche. Amoureux dédaigné de la fille de ce dernier, il est licencié par lui après s'être montré trop intègre. Il travaille désormais pour un élu corrompu, M. Castel-Bénac, et s'en plaint à M. Muche, son ancien directeur. Ce dernier, qui l'a pourtant licencié après lui avoir refusé la main de sa fille, réagit de façon imprévue.

TOPAZE. – Monsieur le directeur, je ne suis plus un honnête homme.

MUCHE. – Allons donc…

TOPAZE. – Je ne suis plus que le prête-nom d'un prévaricateur[1].

MUCHE. – Allons donc… Allons donc…

TOPAZE. – Mais puisque je vous le dis…

MUCHE. – On dit tant de choses, mon cher ami, vous cédez à ce goût du paradoxe qui d'ailleurs a toujours fait le charme de votre conversation. Cependant, pour entrer dans votre plaisanterie, c'est bien de Castel-Bénac que vous êtes l'homme de paille ?

TOPAZE. – Précisément…

MUCHE. – Dans ce cas, je vous dirai, pour le plaisir d'en faire un bon mot, que vous êtes l'homme de paille d'un homme d'acier… *(Il rit.)* C'est-à-dire que vous ne courez aucun danger…

TOPAZE. – Il est bien facile de voir que je n'ai pas inventé les balayeuses. Beaucoup de gens doivent le comprendre et le dire…

MUCHE. – Eh bien ! Qu'ils viennent me le dire à moi. Et je leur répondrai que j'ai vu, de mes yeux vu, les esquisses et les plans que vous traciez sans cesse sur le tableau noir de votre classe.

TOPAZE. – Vous les avez vus ?

MUCHE. – J'en suis à peu près certain. Et en tout cas, je pourrais en témoigner. Où et quand vous voudrez. Vous gagnez beaucoup d'argent ?

TOPAZE. – Trop.

MUCHE. – Ah ! la belle réponse… « Trop »… Vous êtes décidément un homme extraordinaire, mon cher ami… Je le savais d'ailleurs depuis bien longtemps… Que de fois n'ai-je pas dit à la table de famille : « Ce garçon a trop d'envergure, il finira par nous quitter… » Et je disais à Mme Muche : « S'il veut partir, je le laisserai libre ! » Et c'est par pure amitié, mon cher Topaze, que le jour où vous m'avez demandé votre liberté, je n'ai pas essayé de me cramponner à vous. […]

Marcel Pagnol, *Topaze*, Acte II, scène 9, 1928, collection Fortunio, Éditions de Fallois, © Marcel Pagnol, 2004.

1. **prévaricateur** : homme malhonnête qui se livre à des manipulations illégales pour obtenir de l'argent.

Lecture d'images

1. Comparez Topaze sur les photogrammes 1 et 2 : que vous indique son changement de costume ?
2. Quel autre changement remarquez-vous ?
3. À quelle évolution pouvez-vous l'attribuer, d'après le deuxième costume ?

Photogramme 1 – issu de la scène 9 de l'Acte II (texte 7).

Photogramme 2 – issu de la dernière scène de la pièce.

Texte 8 Un cœur à vendre

M. Muche aborde ensuite la raison de sa venue.

MUCHE. – […] Et maintenant, mon cher ami, je voudrais vous entretenir d'un sujet qui me tient à cœur. Je suis père, mon cher Topaze. Et père malheureux… Combien malheureux !…

TOPAZE. – Mlle Muche est malade ?

MUCHE. – Hélas !… son sort, mon ami, vous intéresse encore ? Elle est frappée d'un mal qui ne pardonne pas…

TOPAZE. – Les poumons…

MUCHE. – Non, le cœur.

TOPAZE. – Il faut voir un spécialiste.

MUCHE. – Il est devant moi. Oui. Hélas ! oui… à l'époque récente où vous étiez l'honneur de la pension Muche, vous passiez le long des couloirs, pensif, perdu dans des spéculations scientifiques qui vous empêchaient de regarder à vos pieds et d'y voir le cœur de cette pauvre enfant…

TOPAZE. – Le cœur de votre fille ?

MUCHE. – L'amour l'avait touché de son aile, et moi, père aveugle, je n'avais pas compris… Mais, depuis votre départ, son attitude me brise le cœur. Elle rêve de longues heures auprès de la cheminée… Elle s'est lentement amaigrie… Et puis, hier, elle m'a tout dit… Voilà la confession d'un père. (*Il essuie une larme.*)

TOPAZE, *Il éclate tout à coup.* – Ah ! non, non, tout de même…

MUCHE. – Ah ! Pas de mots irréparables… Elle est là, dans l'antichambre, et elle attend avec une angoisse…

TOPAZE. – Mais je vous ai pourtant demandé la main de votre fille et, pour toute réponse, vous m'avez mis à la porte.

MUCHE. – Vous m'avez demandé la main de ma fille ?

TOPAZE. – Oui.

MUCHE. – Je vous l'accorde. *Il se lève comme un ressort et sort en courant.*

Ibid.

Photogramme 3 – issu de la scène 9 de l'Acte II (texte 8).

Mettre en scène
Mettez en scène ce dialogue entre Topaze et Muche. Pour chaque personnage, vous adopterez des attitudes qui révèlent ses sentiments et ses intentions. Vous vous appuierez notamment sur le sens des répliques pour les définir.

▸ *Observer l'influence de l'argent sur les relations des personnages*

Entrer dans la lecture. Définissez le rôle exact de Topaze à l'aide de ces expressions : « prête-nom » (l. 3) et « homme de paille » (l. 9).

Texte 7

1. Pour quelle raison Topaze éprouve-t-il le besoin de se confier à Muche ? Est-il heureux de sa nouvelle situation ? Citez le texte pour justifier votre réponse.

2. Topaze et Muche portent-ils le même regard sur l'argent ? Doit-on prononcer de la même manière le mot répété par chacun : « trop » ?

3. Lorsque Muche évoque le licenciement de Topaze, raconte-t-il la vérité ? Comparez les deux récits : lequel lui est le plus favorable ?

4. Comprenez-vous pour quelle raison Muche a changé d'attitude vis-à-vis de l'employé qu'il a licencié ? Que dénonce Marcel Pagnol dans ce dialogue ?

5. a. *Regardez la vidéo de l'adaptation cinématographique que Marcel Pagnol a réalisée lui-même :*

VIDEO lienmini.fr/jdl3-T205

b. Par quels gestes et intonations Fernandel traduit-il son désarroi d'être malhonnête ?

Texte 8

6. Pour quelle raison Muche est-il venu trouver son ancien employé ? Cette histoire d'amour vous parait-elle sérieuse ?

7. Sur quel jeu de mots la fin de la scène repose-t-elle ?

BILAN **8** Quels points communs observez-vous entre Muche et Mercadet (➥ p. 92) ?

Le monde de la finance

Texte 9 Un banquier moderne : Golden Joe

Biographie

Éric-Emmanuel Schmitt (né en 1960)

Il commence à connaitre ses premiers succès au théâtre, au début des années 1990, avec *La Nuit de Valognes* ou *Golden Joe*. Conteur doué, il se tourne à partir des années 2000 vers les romans, et publie de nombreux bestsellers, parfois adaptés ensuite au théâtre ou au cinéma, comme *Oscar et la Dame rose*, ou la nouvelle, *Odette Toutlemonde*. Ses personnages sont souvent en quête d'eux-mêmes, et se confrontent au monde pour se découvrir.

SCÈNE 1.

Salle des transactions. – Intérieur nuit. Salle des transactions de la banque Danish, en plein cœur de la City londonienne. Il est quatre heures du matin. Guilden et Rosen, deux courtiers, sont en train de surveiller les cours mondiaux de la Bourse sur leurs ordinateurs. Derrière eux, un mur d'écrans vidéo portant de multiples informations clignotantes.

GUILDEN. – New York ferme.

ROSEN. – Tokyo ouvre. *(Au téléphone)* Oui, j'achète. *(À Guilden)* New York, combien à la fermeture ? *(Au téléphone)* Vendez.

GUILDEN. – 4,28.

ROSEN. – *(Au téléphone)* Non, je ne vends qu'à deux cents. *(À Guilden)* C'est gentil. *(Au téléphone)* Oui, pour vingt mille. *(À Guilden)* Et toi, tu as fait combien ?

GUILDEN. – 5,2.

ROSEN. – Mmm… *(Au téléphone)* D'accord, j'attends confirmation.

Rosen raccroche. Rosen et Guilden sont différents : autant Rosen se montre mécanique et efficace, autant Guilden apparaît gauche et débutant. Rosen s'approche d'une machine à boissons d'où il sort deux gobelets.

ROSEN. – Un verre ?

GUILDEN. – Qu'est-ce que c'est ?

ROSEN. – Ce qu'on met dans les banquiers pour qu'ils travaillent… du café.

GUILDEN. – Je veux bien. […] *Guilden goûte le café et le recrache.* Dégoûtant !

ROSEN, *retournant à son clavier.* – N'est-ce pas ?

GUILDEN. – Faut-il vraiment que la vie de spéculateur ait ce goût-là ?

ROSEN. – Indispensable. Et plus tu travailles, plus ça devient aigre. *(Un temps)* Golden Joe arrive dans trente secondes. *(Au téléphone)* Tokyo ? J'achète. Pour 75 000.

GUILDEN. – Tu l'admires, Golden Joe ?

ROSEN, *surpris.* – Admirer… le terme me paraît terriblement sentimental.

GUILDEN, *heureux.* – Moi je l'admire. Lorsque je faisais mes études, je lisais tous les articles que la presse lui consacrait : Golden Joe, le spéculateur aux doigts d'or, le démultiplicateur universel, le prince des golden boys, qui enfonce même son père, l'empereur de la City… Lorsque j'étais découragé, cela me remontait le moral. Je suis si heureux d'être parvenu ici.

ROSEN, *sarcastique.* – Heureux… […]

Guilden essaie de s'y remettre. Il tapote son ordinateur. Mais la rêverie l'emporte.

GUILDEN. – New York, Paris, Berlin, Tokyo… tu y es allé ?

ROSEN, *sec.* – Pour quoi faire ?

GUILDEN. – Voir. Se promener vérifier si la Terre est ronde.

Joe entre en coup de vent dans la salle des transactions.

JOE. – La Terre n'est ni ronde ni plate, Guilden. Elle est rectangulaire, de la taille d'un écran, et elle tourne lorsqu'on appuie sur une touche […]. Résultats de la nuit ?

Éric-Emmanuel Schmitt, *Golden Joe*, scène 1, 1995 © Albin Michel.

Lecture d'image

Ce photogramme du film *Le Loup de Wall Street*, réalisé par **Martin Scorsese**, en 2013, avec Leonardo DiCaprio, est-il approprié pour illustrer le personnage de Golden Joe ? Justifiez.

▸ Analyser la critique d'un être sans émotion

Entrer dans la lecture. Que signifie le nom du personnage « Golden Joe » ?

1. Quelle place occupe l'argent dans ce monde d'après le portrait qui est fait de Golden Joe par la presse ?

2. Qu'est-ce qui différencie Guilden des autres personnages ?

3. Comment Joe définit-il la planète ? Selon quels critères l'évalue-t-il ?

4. Quelle expression vous montre la déshumanisation des banquiers ?

BILAN **5** À quels indices comprenez-vous que l'auteur critique le métier exercé par Joe et ses employés ?

Comprendre une interview

Visionnez l'interview qu'Éric-Emmanuel Schmitt nous a accordée et répondez aux questions suivantes.

1. Pourquoi l'auteur dit-il de son personnage qu'il est dans la misère ? ▶ ②
2. Qu'oppose-t-il à la richesse d'argent ? ▶ ①

VIDEO lienmini.fr/jdl3-T206

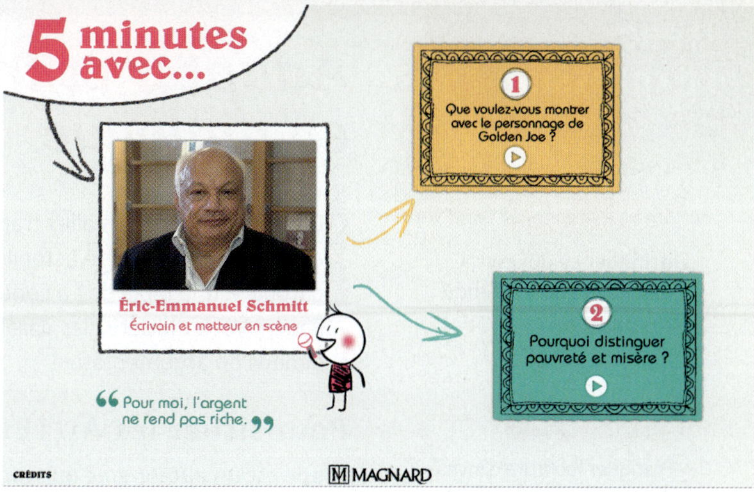

Synthèse — Le thème de l'argent au théâtre

- Dès l'Antiquité, le thème de **l'argent trouve sa place dans les comédies**, comme le montrent Aristophane et Plaute. ➡ p. 86-87
- En effet, il suscite **le désir des personnages, jusqu'à l'excès**. L'argent envahit et domine leur vie, au point de les amener à sacrifier leurs relations familiales :
  – Pantalon dilapide son argent, et même celui de son fils, le réduisant à la pauvreté. ➡ p. 88
  – Géronte accepte difficilement de donner son or pour sauver son fils. ➡ p. 90-91
  – Topaze se laisse corrompre et devient malhonnête. ➡ p. 94-95
  – Mercadet et Muche sont prêts à vendre leurs enfants dans des mariages arrangés. ➡ p. 92 à 95
  – Golden Joe a dépossédé son père pour prendre sa place. ➡ p. 96
- Si l'on sourit des excès des personnages, le spectateur peut aussi reconnaitre **certains défauts de son époque** dans ces portraits caricaturaux : le rôle de la comédie est tout autant de faire rire que de faire réfléchir. Ainsi, les auteurs font la **satire des personnages** pour qui l'argent est la seule valeur qui compte, peu importe le contexte d'écriture.

Réfléchir à partir d'une citation

BREVET

Un dicton affirme que « l'argent ne fait pas le bonheur ». Peut-on appliquer cette citation à tous les personnages du parcours ? Distinguez ceux qui vous permettent de confirmer cette citation et ceux qui montrent ses limites.

Consignes d'écriture

1. Reprenez les personnages du parcours et classez-les pour constituer deux groupes.
2. Préparez ensuite votre plan en vous aidant de ces deux groupes pour constituer deux parties.
3. Rédigez une courte introduction pour présenter votre réponse puis le développement en deux parties de celle-ci.

Imaginer son propre modèle

BREVET

Ces personnages incarnent trois attitudes face à l'argent :
– Géronte, celui qui est incapable de se séparer de son argent ;
– Pantalon, celui qui dépense même l'argent qui ne lui appartient pas ;
– Mercadet, celui qui est prêt à tout pour s'enrichir.
Imaginez comment, loin de ces modèles excessifs, vous pourriez plus tard gérer votre propre argent.

Consignes d'écriture

Dans cet exercice d'imagination, vous développerez à la 1re personne deux situations, celle où l'argent vous fait défaut, celle où l'argent abonde.

Montgomery Burns, milliardaire et propriétaire de la centrale nucléaire de Springfield, dans le dessin animé *Les Simpsons*, série télévisée créée par **Matt Groening**, 1989.

Adapter et transformer une fable en dialogue

À l'oral

Distinguer ce qui est explicite et sous-entendu dans un propos

À l'écrit

- Pratiquer l'écriture d'invention en s'appuyant sur les caractéristiques du genre de la fable
- Communiquer un point de vue à travers un récit à visée argumentative

Dans cet atelier, vous allez transposer une fable en dialogue pour critiquer un aspect de la société actuelle. Vous vous inspirerez notamment de la parodie d'une fable de La Fontaine, *La Cigale et la Fourmi*, par Françoise Sagan. Vous utiliserez les paroles rapportées et vous leur donnerez une dimension argumentative.

Pour situer les AUTEURS

Ésope est un auteur grec qui a vécu entre le VIIe et le VIe siècle avant J.-C. Le récit de sa vie nourrit de nombreuses légendes, selon lesquelles c'était un esclave affranchi par son maitre grâce à son talent de conteur. Nous ne sommes pas certains qu'il soit réellement l'auteur des fables qui lui ont été attribuées, mais il incarne plutôt un type d'auteurs, les fabulistes.

Jean de La Fontaine (1621-1695) vit sous le règne de Louis XIV. Il est principalement connu pour ses trois recueils de fables en 1668, 1678 et 1694. Il s'inspire des fables composées par le grec Ésope aux alentours du VIe siècle av. J.-C., ainsi que de celles de Bidpaï, rédigées en Inde vers le IIIe siècle av. J.-C., et traduites au VIIIe siècle par Ibn al-Muqaffa'.

Françoise Sagan (1935-2004) est une femme de lettres célèbre du XXe siècle qui a composé principalement des romans, ainsi que des scénarios et des dialogues de films. Sa façon de réécrire la fable de La Fontaine souligne son gout pour l'ironie et la critique de la société.

Graine de savoir

Le mot **fable** vient du latin *fabula*, qui veut dire « récit mythique ». Parmi ses descendants, on trouve le « **fabuliste** », qui désigne l'auteur de fables, puis « **fabuleux** », un adjectif qui caractérise les évènements d'un récit légendaire. Dans cette famille, on trouve aussi l'« **affabulateur** », avec une signification péjorative : c'est celui qui raconte des mensonges aux autres.
Quel autre mot formé à partir de la même racine connaissez-vous ?

Portrait de Jean de La Fontaine par **Edmond Mennechet** (détail), gravure colorisée, 1836.

Méthode

Vous allez apprendre à utiliser les différents éléments qui composent généralement une fable.

▸ ***Identifier les éléments de la fable***

Analyser l'intérêt de la personnification des animaux, d'un langage et d'un récit simples, pour mieux mettre en valeur la critique.

▸ ***Réinterpréter une fable classique***

Faire une critique de façon indirecte, grâce aux personnages et au récit que vous allez imaginer. Vous utiliserez une fable déjà existante, dont vous détournerez les personnages afin de les adapter à votre propos.

▸ ***Réécrire en adaptant au gout de l'époque***

Transposer le récit que vous aurez préparé sous la forme d'un dialogue, en utilisant les différentes formes de discours rapporté. Cet échange permettra d'amener la morale de votre fable.

Identifier les éléments de la fable

Le Loup et l'Agneau

La raison du plus fort est toujours la meilleure :
Nous l'allons montrer tout à l'heure.

La morale est un élément souvent présent dans une fable : elle est exprimée au présent de vérité générale, et l'auteur s'adresse directement au lecteur.

Un Agneau se désaltérait
Dans le courant d'une onde pure.
Un Loup survint à jeun qui cherchait aventure,
Et que la faim en ces lieux attirait.
« Qui te rend si hardi de troubler mon breuvage ?
Dit cet animal plein de rage :
Tu seras châtié de ta témérité.
– Sire, répond l'Agneau, que votre Majesté
Ne se mette pas en colère ;
Mais plutôt qu'elle considère
Que je me vas désaltérant
Dans le courant,
Plus de vingt pas au-dessous d'Elle ;
Et que par conséquent, en aucune façon
Je ne puis troubler sa boisson.
– Tu la troubles, reprit cette bête cruelle ;
Et je sais que de moi tu médis l'an passé.
– Comment l'aurais-je fait si je n'étais pas né ?
Reprit l'Agneau, je tête encor ma mère.
– Si ce n'est toi, c'est donc ton frère.
– Je n'en ai point. – C'est donc quelqu'un des tiens ;
Car vous ne m'épargnez guère,
Vous, vos bergers, et vos Chiens.
On me l'a dit : il faut que je me venge. »
Là-dessus, au fond des forêts
Le Loup l'emporte, et puis le mange,
Sans autre forme de procès.

Jean de La Fontaine, *Fables,* livre I, 10, 1668.

Les animaux sont désignés avec des majuscules, car il s'agit de personnifications.

Comprendre

1. Quels traits physiques opposent le Loup et l'Agneau ?

2. Les arguments du Loup sont-ils recevables ? L'Agneau a-t-il tort ou raison ?

3. De quelle manière La Fontaine illustre-t-il la morale annoncée au début de la fable ?

Marc Chagall, *Le Loup et l'Agneau,* vers 1927, gouache et crayon noir sur papier coloré gris contrecollé sur carton (19,8 × 13,5 cm), collection privée.

Grammaire pour dire et pour écrire

- Le discours du Loup s'appuie sur des liens logiques de **cause**, de **conséquence**, ou encore d'**hypothèse**.
- On les reconnait à l'emploi de **conjonctions de coordination** *(car, donc)*, de **subordination** *(si)*, ou encore d'**adverbes de liaison** *(par conséquent)*. Ce sont les principaux moyens d'exprimer un raisonnement, une explication ou encore une justification.

J'applique

1 **Expliquez l'argument que le Loup expose dans l'extrait suivant : « On me l'a dit : il faut que je me venge », en remplaçant les deux-points par le connecteur logique approprié.**

2 **Reformulez les arguments exposés par l'Agneau pour se défendre face au Loup, en utilisant des connecteurs logiques de différentes classes grammaticales.**

3 **Remplacez à présent les connecteurs de cause par des connecteurs de conséquence dans les phrases suivantes en faisant les modifications nécessaires dans l'ordre des phrases :**

1. L'Agneau est menacé par le Loup car il est faible.
2. Le Loup s'en prend à l'Agneau parce qu'il veut manger.
3. L'Agneau argumente parce qu'il ne veut pas être mangé.
4. Le Loup n'a pas besoin d'argumenter puisque sa force est suffisante.

Réinterpréter une fable classique

La Cigale et la Fourmi

La Cigale, ayant chanté
Tout l'été,
Se trouva fort dépourvue
Quand la bise fut venue.
Pas un seul petit morceau
De mouche ou de vermisseau.
Elle alla crier famine
Chez la Fourmi sa voisine,
La priant de lui prêter
Quelque grain pour subsister
Jusqu'à la saison nouvelle.
« Je vous paierai, lui dit-elle,
« Avant l'Oût, foi d'animal,
Intérêt et principal. »
La Fourmi n'est pas prêteuse ;
C'est là son moindre défaut.
« Que faisiez-vous au temps chaud ?
Dit-elle à cette emprunteuse.
– Nuit et jour à tout venant
Je chantais, ne vous déplaise.
– Vous chantiez ? j'en suis fort aise
Et bien ! dansez maintenant. »

Jean de La Fontaine, *Fables*, livre I, 1, 1668.

1

La Fourmi et la Cigale

La Fourmi, ayant stocké
Tout l'hiver
Se trouva fort encombrée
Quand le soleil fut venu.
Qui lui prendrait ces morceaux
De mouches ou de vermisseaux ?
Elle tenta de démarcher
Chez la Cigale sa voisine,
La poussant à s'acheter
Quelque grain pour subsister
Jusqu'à la saison prochaine.
« Vous me paierez, lui dit-elle,
Après l'oût, foi d'animal,
Intérêt et principal. »
La Cigale n'est pas gourmande :
C'est là son moindre défaut.
« Que faisiez-vous au temps froid ?
Dit-elle à cette amasseuse.
– Nuit et jour à tout venant
Je stockais, ne vous déplaise.
– Vous stockiez ? j'en suis fort aise ;
Eh bien ! soldez maintenant. »

Françoise Sagan, *30 versions inédites de* La Cigale et La Fourmi, © Éditions Safrat, 1989.

2

Les rimes suivies correspondent parfaitement à la simplicité du récit et rendent sa mémorisation facile.

La Fourmi utilise une ponctuation expressive qui permet de comprendre le point de vue méprisant qu'elle exprime.

Par rapport à la fable initiale, Françoise Sagan inverse la situation des deux animaux dès le premier vers.

La Fourmi emploie un vocabulaire moderne, qui rappelle que la fable est réinterprétée.

Documents : 1 et 2 **Florence Viala** (Cigale) et **Madeleine Marion** (Fourmi) dans les *Fables* de La Fontaine, mise en scène de **Georges Wilson**, La Comédie-française, 2004.

Comprendre

1. Quel métier la Fourmi exerce-t-elle dans la deuxième fable ?
2. Quel trait de caractère oppose la Cigale à la Fourmi chez La Fontaine ?
3. Comment Françoise Sagan s'en sert-elle pour évoquer la société de consommation ?
4. Ces deux fables contiennent-elles une morale ? Pour quel personnage prenez-vous parti en tant que lecteur ?

Grammaire pour dire et pour écrire

- Le **discours direct** présente l'avantage de **restituer les intonations** des personnages et de rendre la scène plus vivante. Il se caractérise par une ponctuation spécifique, les **deux-points** et les **guillemets** pour introduire les paroles, puis par l'utilisation de **types de phrases variés** : exclamatif, injonctif ou interrogatif.
- Le **discours indirect** permet quant à lui de **faire porter l'attention sur le récit** en y intégrant les paroles rapportées et en faisant disparaitre la ponctuation expressive du discours direct. Il ne reste plus qu'un **verbe introducteur** suivi d'une **proposition subordonnée complétive.**
- Enfin, le **discours indirect libre** mêle les deux formes précédentes : il conserve les **intonations du dialogue** tout en **les intégrant au récit**.

J'applique

BREVET

1 Réécrivez au discours direct les vers 7 à 11 de la fable de La Fontaine. Vous y intégrerez des indications de ton pour mettre en évidence l'intention de la cigale d'émouvoir la Fourmi.

2 Imaginez en trois répliques le dialogue entre la Cigale, qui reproche à la Fourmi son manque d'humanité, et la Fourmi, qui explique que la Cigale est responsable de sa situation.

Réécrire en adaptant au gout de l'époque

Le laboureur et ses enfants

Un laboureur, sur le point de mourir et voulant transmettre à ses enfants son expérience de l'agriculture dit à ses enfants, après les avoir appelés : « Mes enfants, moi je vais bientôt perdre la vie, mais vous, si vous cherchez ce que j'ai caché dans ma vigne, vous trouverez tout. » Ceux-ci, pensant qu'un trésor était caché quelque part, bêchèrent toute la terre de la vigne après la mort de leur père. De trésor, ils ne trouvèrent point, mais la vigne bien remuée leur donna des fruits au centuple. Cette fable montre que le travail est un trésor pour les hommes.

Ésope, *Fables*, traduction de nos auteurs.

Le texte d'Ésope est très court, mais intègre un dialogue.

Jean-François Millet, *Le Semeur* (détail), 1850, huile sur toile (101,6 x 82,6 cm), Museum of Fine Arts, Boston (États-Unis).

Le Laboureur et ses enfants

Travaillez, prenez de la peine :
C'est le fonds qui manque le moins.
Un riche Laboureur, sentant sa mort prochaine,
Fit venir ses Enfants, leur parla sans témoins.
« Gardez-vous, leur dit-il, de vendre l'héritage
Que nous ont laissé nos parents.
Un trésor est caché dedans.
Je ne sais pas l'endroit ; mais un peu de courage
Vous le fera trouver : vous en viendrez à bout.
Remuez votre champ dès qu'on aura fait l'oût[1] :
Creusez, fouillez, bêchez ; ne laissez nulle place
Où la main ne passe et repasse. »
Le Père mort, les Fils vous retournent le champ
Deçà, delà, partout : si bien qu'au bout de l'an
Il en rapporta davantage.
D'argent, point de caché. Mais le Père fut sage
De leur montrer, avant sa mort,
Que le travail est un trésor.

Jean de La Fontaine, *Fables*, livre V, 9, 1668.

La Fontaine a conservé exactement le même titre qu'Ésope, ainsi que la structure de son récit.

Comprendre

1. Quelle morale commune ces deux textes présentent-ils ?

2. Les propos du père sont-ils aussi explicites chez La Fontaine que chez Ésope ? Quel est l'intérêt pour le lecteur de faire croire à la présence d'un trésor ?

3. Laquelle de ces deux fables vous plait le plus ? Expliquez les raisons de votre choix.

1. **fait l'oût :** que le mois d'aout sera passé.

Activité finale

BREVET

À votre tour de composer une fable. Imaginez que les deux frères trouvent effectivement un trésor dans le champ de leur père, et racontez la suite.

- **Vous attribuerez un caractère différent à chaque frère puis vous imaginerez ce que chacun voudra faire de cet argent.**
- **Vous rédigerez ensuite le dialogue qui exposera le désaccord des deux frères et les raisons qu'ils se donnent l'un à l'autre pour justifier leur point de vue.**
- **Vous achèverez ce dialogue d'une manière qui permettra de comprendre quel point de vue a votre préférence.**

Vous pourrez utiliser les procédés d'écriture observés au cours de cet atelier, comme la personnification.

AUDIO lienmini.fr/jdl3-T207

Écoutez une lecture des fables « La Cigale et la Fourmi » de J. de La Fontaine et « La Fourmi et la Cigale » de F. Sagan par des comédiennes.

PARCOURS

une œuvre intégrale

La Ferme des animaux

George Orwell

Le roman se déroule à la Ferme du Manoir, dirigée par Mr Jones. Les animaux y sont les personnages principaux. Ils mènent une existence laborieuse et douloureuse, rêvant parfois d'une vie meilleure.

Illustration de Daniel Mitchell pour *La Ferme des animaux* de George Orwell.

Les fondements de l'Animalisme

Extrait 1 Le discours de Major

Un soir, le Major prend la parole devant les autres animaux.

Donc, camarades, quelle est la nature de nos vies ? Regardons les choses en face : nos vies sont misérables, laborieuses, et brèves. Nous naissons, on nous donne juste ce qu'il faut de nourriture pour conserver le souffle dans nos corps, et ceux d'entre nous qui en sont capables sont forcés de travailler jusqu'à épuisement de leur force ; et au moment même où nous cessons d'être utiles, nous sommes égorgés avec une cruauté abominable. Aucun animal en Angleterre ne connaît la signification de bonheur ou de loisir après son premier anniversaire. Aucun animal en Angleterre n'est libre. La vie d'un animal, c'est misère et esclavage ; c'est la pure vérité.

Mais est-ce simplement l'ordre naturel des choses ? Est-ce parce que ce pays est si pauvre qu'il ne peut procurer une vie décente à ceux qui l'habitent ? Non, camarades, mille fois non ! La terre d'Angleterre est fertile, son climat est bon, tout cela peut fournir la nourriture en abondance à un nombre considérablement plus important d'animaux que ceux qui y vivent aujourd'hui. Notre seule ferme pourrait entretenir une douzaine de chevaux, vingt vaches, des centaines de moutons, et tous vivant dans un confort et une dignité presque au-delà de nos imaginations. Pourquoi alors continuons-nous dans ces conditions misérables ? Parce que presque tout le produit de notre travail nous est volé par les êtres humains. Là, camarades, est la réponse à tous nos problèmes. Elle se résume à un seul mot – l'Homme. L'Homme est notre seul vrai ennemi. Chassez l'Homme, et l'origine de notre faim et de notre épuisement se trouve supprimée.

George Orwell, *La Ferme des animaux*, traduction des auteurs, © Martin Secker & Warburg Ltd., London, 1951.

Les principaux personnages

- **Major** : *vieux cochon respecté de tous.*
- **Napoléon et Boule de Neige** : *deux jeunes gorets ambitieux.*
- **Mollie, Clover et Boxeur** : *chevaux.*
- **Mr. Jones** : *propriétaire de la ferme ; il se montre tyrannique et violent avec les animaux.*

Biographie

George Orwell
(1903-1950)

De son vrai nom Eric Blair, il est né dans les Indes britanniques. Marqué par son expérience dans l'armée coloniale, il s'oppose à la colonisation, puis s'engage lors de la guerre d'Espagne. Cette volonté d'engagement politique est perceptible dans ses deux œuvres majeures, *La Ferme des Animaux*, et *1984* (➥ p. 76).

▸ Étudier un discours de révolte

Entrer dans la lecture. Dans quel régime politique se désigne-t-on sous le nom de « camarades » en 1945 ?

1. Relevez les conditions de vie des auditeurs de Major. Comment les jugez-vous ?

2. Quelle est, selon Major, la cause de ces conditions ? Par quel procédé sa réponse est-elle mise en valeur ?

3. Quelle est l'intention de Major ? Comment justifie-t-il son point de vue ?

4. Quels passages vous paraissent les plus convaincants ? Quels procédés relevez-vous ?

BILAN **5** Selon vous, comment les animaux vont-ils réagir au discours du Major ? Justifiez votre réponse en vous appuyant sur le texte.

Extrait 2 Un hymne pour tous

Le soulèvement a lieu peu après ce discours. Voici l'hymne et le drapeau de la Ferme du Manoir, désormais rebaptisée Ferme des animaux.

Major se râcla la gorge et commença à chanter. Comme il l'avait dit, sa voix était rauque, mais il chanta plutôt bien, et l'air était entraînant, quelque chose entre *Oh my Darling Clementine* et *La Cucaracha*[1]. Les paroles s'envolèrent dans l'assemblée :

Bêtes d'Angleterre, bêtes d'Irlande
Bêtes de tout climat
Écoutez ma joyeuse nouvelle
D'un âge d'or qui viendra
Tôt ou tard sera le jour
Où l'Homme tyran sera renversé
Et les champs florissants de l'Angleterre
Par les bêtes seules seront foulés.

Ibid.

1. ce sont deux airs traditionnels qui ne se ressemblent pas du tout.

Texte écho Un chant révolutionnaire

Ouvriers, Paysans, nous sommes
Le grand parti des travailleurs ;
La terre n'appartient qu'aux hommes,
L'oisif ira loger ailleurs.
Combien de nos chairs se repaissent !
Mais si les corbeaux, les vautours,
Un de ces matins disparaissent,
Le soleil brillera toujours !

Eugène Pottier, « L'Internationale », chant communiste, 1871.

Extrait 3 Un drapeau de ralliement

Le drapeau était vert, expliquait Boule de Neige, pour représenter les verts pâturages d'Angleterre, tandis que la corne et le sabot annonçaient la future République des Animaux, qui serait proclamée quand la race humaine serait enfin renversée.

Ibid.

Drapeau de la Ferme des animaux.

Drapeau de l'URSS.

Formuler des pistes de lecture

Extrait 2 et texte écho

1. Recopiez le tableau et complétez les équivalences.

La Ferme des animaux	*L'Internationale*
_______________	Ouvriers, paysans, travailleurs
Les champs	_______________
_______________	Le soleil brillera toujours

2. Quels points communs trouvez-vous aux deux drapeaux ci-dessus ? Selon vous, pourquoi George Orwell insiste-t-il sur cette ressemblance ?

3. Cherchez le sens du mot « parodie » dans un dictionnaire. Selon vous, peut-on parler de parodie ici ?

Extraits 1 à 3

4. Pourquoi George Orwell choisit-il des animaux pour représenter la société communiste ?

5. Quel modèle littéraire imite-t-il ?

BILAN **6** Quel est alors son projet pour le roman ?

pistes EPI Faites des recherches sur l'évolution du communisme après la Seconde Guerre mondiale. Quelle évolution cela peut-il annoncer pour le roman ?

La vie à la ferme

Extrait 4 Des débuts difficiles

Le Major est mort paisiblement. Désormais, d'autres cochons ont pris la relève et préparent les animaux au soulèvement.

Au début, ils durent faire face à une grande bêtise et à l'apathie des animaux. Certains parlaient d'une dette de loyauté à l'égard de Mr Jones, qu'ils désignaient par « le Maître », ou faisaient des remarques du style « Mr Jones nous nourrit. S'il partait, nous mourrions de faim. » D'autres demandaient : « Pourquoi devrions-nous nous soucier de ce qui arrivera après notre mort ? », ou bien « Si cette Rébellion doit se produire de toute façon, quelle importance alors que nous la préparions ou non ? », et les cochons avaient les plus grandes difficultés à leur faire voir que c'était en contradiction avec l'esprit de l'Animalisme. Les questions les plus stupides de toutes furent posées par Mollie, la jument blanche. La toute première question qu'elle posa à Boule de Neige fut : « Y aura-t-il toujours du sucre après la Rébellion ? »

Ibid.

Repères historiques

Les modèles d'Orwell pistes EPI

En 1924, après la mort de Lénine (le Major de la ferme), deux bolcheviks influents se disputent sa succession. Staline occupait le ministère des Nationalités, tandis que Trotski, plus brillant, s'occupait du ministère des Affaires étrangères. Leur rivalité, et ses conséquences, a inspiré les personnages de Boule de Neige et de Napoléon.

Documents : 1 Affiche du mouvement des travailleurs bolcheviques, 2 Affiche de **François Sicik** pour une mise en scène et adaptation de *La Ferme des animaux* par la comédie de la Mandoune en 2008 à Montauban.

Texte écho Les Sept commandements

1. Quiconque va sur deux pattes est un ennemi.
2. Quiconque va sur quatre pattes, ou a des ailes, est un ami.
3. Aucun animal ne devra porter de vêtement.
4. Aucun animal ne devra dormir dans un lit.
5. Aucun animal ne devra boire d'alcool.
6. Aucun animal ne devra tuer un autre animal.
7. Tous les animaux seront égaux.

On se rendit également compte que les animaux les plus stupides, comme les moutons, les poules et les canards, étaient incapables d'apprendre les Sept commandements par cœur. Après beaucoup de réflexion, Boule de Neige déclara que les Sept commandements pouvaient être résumés dans une simple maxime, à savoir : « Quatre pattes bien ! Deux pattes mal ! » Cela contenait, disait-il, les principes essentiels de l'Animalisme.

Ibid.

Graine de savoir

Le mot « apathie » vient du grec *pathos* qui désigne ce qu'on éprouve et du préfixe *a-* qui contient une négation. Il définit un état dans lequel on n'éprouve aucune émotion, aucun intérêt.

- Sachant que le préfixe *sym-* veut dire « avec » : que signifie alors le mot « sympathie » ?
- Le préfixe *em-* signifiant « dans », qu'est-ce que « l'empathie » ? Quelle différence notez-vous avec la sympathie ?

Comprendre un texte ironique

Extrait 4

1. Quels termes désignent les premières réactions des animaux ? Comment peut-on les qualifier ?

2. Retrouvez les trois arguments des animaux rapportés au discours direct. Quels indices vous montrent qu'ils sont le fruit d'une réflexion logique ?

3. Les cochons apportent-ils aisément une réponse à ces contradictions ? Leur réponse est-elle satisfaisante ?

Texte écho

4. Quel idéal de société les Sept commandements annoncent-ils ?

5. Comment sont-ils tournés en dérision ?

BILAN **6** Comment Orwell parvient-il à transmettre un message critique à travers les animaux ? Montrez notamment qu'il ne défend aucun animal dans ces extraits.

Extrait 5 Un projet ambitieux

Boule de Neige expose un plan destiné à améliorer le confort des animaux, et qui passe par la construction d'un moulin. Le projet est soumis lors d'assemblées du dimanche.

Jusqu'à présent, les animaux semblaient équitablement partagés dans leurs sympathies, mais à un moment, l'éloquence de Boule de Neige les transporta. Dans des phrases rayonnantes, il dressa le tableau de la Ferme des animaux comme elle pourrait être quand le fardeau des besognes salissantes serait ôté du dos des animaux. Son imagination courait à présent bien au-delà des hache-paille et des émince-navets. L'électricité, disait-il, pourrait faire fonctionner des batteuses, des charrues, des herses, des rouleaux, et des moissonneuses et des lieuses, en plus de fournir un éclairage électrique pour chaque stalle, l'eau chaude et froide, et le chauffage électrique. Quand il eut fini de parler, l'issue du vote ne faisait plus aucun doute.

Ibid.

Photogramme du film d'animation *La Ferme des animaux*, réalisé par **John Halas** et **Joy Batchelor** en 1954.

Adaptation en dessin animé *Dans l'adaptation du roman par John Halas et Joy Batchelor, le discours de Boule de Neige (rebaptisé Boule de Suif) présente quelques différences avec le texte original.*

lienmini.fr/jdl3-T208 VIDEO

▸ *Analyser un discours convaincant*

Extrait 5

1. Quelle est l'idée défendue par Boule de Neige dans ce discours ?

2. Comment justifie-t-il cette opinion ?

3. Que signifie pour vous l'expression « phrases rayonnantes » (l. 4) ? Quelle figure de style est ici employée ?

4. Par quels moyens Boule de Neige s'adapte-t-il à son auditoire ? Comment espère-t-il orienter le vote des animaux ? Cette manœuvre réussit-elle ?

Adaptation en dessin animé

5. *En saisissant l'adresse du lien-mini sur votre navigateur, regardez le discours de Boule de Suif et comparez-le avec le texte :*

a. Qu'annonce-t-il pour justifier son projet ?

b. Par quels moyens visuels l'énumération des exemples est-elle restituée ? S'agit-il des mêmes exemples ?

c. Quel est l'intérêt de recourir à des exemples ?

BILAN **6** Expliquez ce qui a fait la réussite du discours de Boule de Neige dans le texte et dans l'adaptation cinématographique. Quelle leçon en retirez-vous pour comprendre l'argumentation ?

Repères littéraires

L'ironie d'Orwell

Dans sa description des améliorations à venir, Boule de Neige accumule le nom des objets qui faciliteraient la vie des animaux. Cette énumération crée un effet d'hyperbole sans rapport avec la réalité. L'auteur dénonce ironiquement les promesses politiques.

Exposer son point de vue

Le fait d'utiliser des animaux pour évoquer une situation politique peut-il vous aider à la comprendre ? Quel est l'intérêt de ce procédé ? Exposez votre point de vue à l'oral en vous appuyant sur les animaux de la ferme.

Graine de savoir

- Le nom grec *dèmos* signifie le « peuple ». Sachant que *kratos* veut dire « la force », que signifie le mot « démocratie » ?
- Le mot *archè* signifie, lui, le commandement. Combiné au préfixe *monos*, qui signifie « seul », quel mot a-t-il donné ?

Un changement politique

La rivalité entre Boule de Neige et Napoléon

La Rébellion espérée s'est enfin produite. Désormais les animaux sont les seuls maitres à bord, ce qui n'est pas si simple.

Extrait 6 Les autres animaux avaient compris comment voter, mais ne pouvaient jamais trouver d'eux-mêmes des résolutions. Boule de Neige et Napoléon étaient de loin les plus actifs lors des débats. Il fut cependant remarqué que ces deux-là n'étaient jamais d'accord : quelle que soit la suggestion de l'un, on était sûr que l'autre allait s'y opposer. […]

Extrait 7 Boule de Neige s'occupait également de répartir les autres animaux dans ce qu'il appelait des Comités d'Animaux. Il était infatigable sur ce point. Il forma le Comité de la production des Œufs pour les poules, le Comité des Queues Propres pour les vaches, le Comité de Rééducation des Camarades Sauvages (l'objet de ce comité était d'apprivoiser les rats et les lapins), le Mouvement pour une Laine Plus Blanche pour les moutons, et une variété d'autres encore, parmi lesquels l'institution de classes de lecture et d'écriture. Dans l'ensemble, ces projets furent des échecs. […]

Napoléon ne s'intéressait absolument pas aux comités de Boule de Neige. Il disait que l'éducation des jeunes était plus importante que tout ce qui pourrait être fait pour ceux qui avaient déjà grandi.

Ibid.

« Travailler dur c'est avoir du pain ! » affiche de **M. H. Solouyev**, 1947, Russian State Library, Moscou (Russie).

Texte écho Premières récoltes

Les premières pommes arrivaient à présent à maturité, et l'herbe du verger en était jonchée en abondance. Les animaux avaient supposé comme une évidence que cela serait partagé équitablement ; un jour, cependant, l'ordre vint que tous les fruits tombés devaient être ramassés et apportés à la remise aux harnais pour la consommation des cochons. À ce moment-là, certains animaux murmurèrent, mais sans succès. Tous les cochons s'accordaient complètement sur ce point, même Boule de Neige et Napoléon.

Ibid.

Formuler une opinion

Qui, de Boule de Neige ou de Napoléon, vous parait le plus apte à diriger la ferme dans l'intérêt des animaux? Détaillez votre réponse.

Analyser le fonctionnement d'un système politique

1. À quel système politique l'organisation de la ferme peut-elle faire penser ? Justifiez votre réponse en citant le texte.

2. Comparez les actions de Boule de Neige et de Napoléon. Quelles sont leurs priorités respectives ? Est-ce la cause de leur opposition ?

3. Quels passages sont destinés à faire sourire ? Pour quelle raison ?

Texte écho

4. Quelle information ce passage apporte-t-il sur le fonctionnement de la ferme ?

5. Sur quoi Boule de Neige et Napoléon s'accordent-ils finalement ? Quelle est donc leur ambition commune ?

BILAN **6** Ce système politique peut-il fonctionner dans la Ferme des animaux ? Quel risque comporte-t-il ? Justifiez votre réponse à l'aide des personnages de Boule de Neige et de Napoléon.

Détourage issu d'un photogramme du film d'animation *La Ferme des animaux*, réalisé par **John Halas** et **Joy Batchelor** en 1954.

Repères historiques

Le départ de Lénine pistes EPI

En 1926, Staline parvient finalement à mettre Trotski en minorité et à provoquer son départ de Russie. Bien que réfugié au Mexique, ce dernier continue à s'en prendre au régime stalinien. Il est finalement assassiné sur l'ordre de Staline en 1940.

Extrait 8 L'explication de Napoléon

La rivalité de Boule de Neige et de Napoléon s'exacerbe autour du projet du moulin. À peine Boule de Neige achève-t-il son discours que Napoléon envoie ses molosses à ses trousses, provoquant sa fuite et son départ de la ferme.

Napoléon, suivi des dogues, monta alors sur la partie du sol surélevée, là où Major s'était auparavant tenu pour délivrer son discours. Il annonça qu'à partir de ce jour il n'y aurait plus d'Assemblées du dimanche matin. Elles n'étaient pas nécessaires, déclara-t-il, et c'était du temps perdu. À l'avenir, toutes les questions relatives au fonctionnement de la ferme seraient réglées par des comités spéciaux de cochons, présidés par lui-même. Ils se réuniraient en privé, et ensuite, leurs décisions seraient communiquées aux autres. Les animaux continueraient à se rassembler le dimanche matin, pour saluer le drapeau, chanter « Bêtes d'Angleterre », et recevoir leurs ordres pour la journée ; mais il n'y aurait plus de débats.

En dépit du choc que leur avait causé l'expulsion de Boule de Neige, les animaux étaient consternés par cette annonce. Plusieurs d'entre eux auraient protesté s'ils avaient pu trouver les bons arguments. Même Boxeur était vaguement troublé. Il mit ses oreilles en arrière, secoua plusieurs fois sa crinière, et s'efforça de rassembler ses doutes : mais à la fin, il ne trouva rien à dire. Certains des cochons eux-mêmes, cependant, étaient plus éloquents. Quatre jeunes porcs au premier rang poussèrent des cris perçants de désapprobation, et tous les quatre sautillèrent sur leurs pattes et commencèrent à parler tous en même temps. Soudain, les chiens qui se tenaient autour de Napoléon émirent des grognements sourds, menaçants, et les cochons se turent et s'assirent à nouveau. Alors les moutons éclatèrent en formidables bêlements de « Quatre pattes bon, deux pattes mal ! » qui durèrent au moins un quart d'heure et ruinèrent toute chance de discussion.

Ibid.

Étudier la critique d'un régime politique

Entrer dans la lecture. Pourquoi Napoléon se tient-il là où Major s'était tenu ? (➡ p. 102)

1. Quel régime politique Napoléon impose-t-il ? À quels indices cela est-il perceptible ?

2. Comment justifie-t-il sa décision ?

3. Qu'annonce la présence des chiens ?

4. Les animaux ont-ils tous la même réaction ?

5. Y avait-il des éléments annonciateurs de cette prise de pouvoir dans les pages précédentes ?

BILAN **6** Selon vous, ce régime respecte-t-il les principes de l'Animalisme ? D'après vous, que pense George Orwell de ce régime ?

Propagande et répression

Extrait 9 Portrait d'un travailleur « modèle »

Le cheval Boxeur est un animal respecté de tous au sein de la ferme.

Boxeur était une énorme bête, de dix-huit mains au garrot, forte comme deux chevaux ordinaires réunis. Une raie blanche descendant jusqu'aux naseaux lui donnait un air un peu stupide, et de fait, Boxeur n'avait pas une intelligence de premier plan. Néanmoins, chacun le respectait pour la constance de son caractère et sa capacité phénoménale de travail. […]

Boxeur faisait l'admiration de tous. C'était un travailleur acharné même au temps de Jones, mais maintenant il était devenu fort comme trois chevaux ; il y avait des jours où le travail entier de la ferme reposait sur ses puissantes épaules. Il avait conclu un arrangement avec les jeunes coqs pour qu'ils l'appellent le matin une demi-heure avant tout le monde, et se portait volontaire pour travailler là où les besoins se faisaient surtout sentir, avant que la besogne habituelle de la journée ne commence. Sa réponse à chaque problème, à chaque échec, était « Je vais travailler plus dur ! » – phrase qu'il adopta comme devise personnelle.

Ibid.

▸ Comprendre la satire

1. Quels sont les qualités et les défauts de Boxeur ?
2. Quel rôle joue-t-il au sein de la ferme ? Retrouvez l'image qui l'exprime.
3. Approuvez-vous sa devise ? Quelles sont ses limites ?

BILAN 4 Que dénonce George Orwell à travers le personnage de Boxeur ?

Texte écho Le modèle soviétique : l'ouvrier Stakhanov

Le mineur Stakhanov aurait réalisé l'exploit d'extraire 102 tonnes de charbon en moins de 6 heures, au lieu des 7 tonnes exigées.

Stakhanov se mit à battre un record après l'autre. Pendant plusieurs semaines, les quotidiens consacrèrent la plus grande partie de leurs colonnes au stakhanovisme et on créa des périodiques qui n'avaient pas d'autres sujets. […] Stakhanov, le mineur, devenait un véritable héros national et l'imitation de Stakhanov, le mot d'ordre de toutes les industries.

John D. Littlepage, *L'Or des Soviets,* 1939,
trad. G. Montandon, © Paulsen, 2007.

Imaginer une discussion

Face à une nouvelle pénurie de nourriture, Boxeur vient encore de déclarer : « Je vais travailler plus. » Imaginez les arguments de Boxeur et ceux de ses amis de la ferme qui lui conseillent de se ménager. Préparez leur discussion et interprétez-la.

L'Ouvrier et la Kolkhozienne, sculpture de **Vera Moukhine,** 1937, centre panrusse des expositions, Moscou (Russie).

▸ Comparer texte et image

1. Pourquoi Stakhanov est-il un héros national ?
2. Quelle valeur commune l'exemple de Stakhanov et la statue glorifient-ils ?
3. Quelle relation pouvez-vous établir avec Boxeur ?

Extrait 10 Un terrible procès

Une fois Boule de Neige parti, Napoléon décide seul de l'avenir de la ferme. Cependant, certains animaux formulent encore des objections.

Les quatre cochons attendaient, tremblants, avec la culpabilité écrite sur chacun de leurs gestes. Napoléon les appela alors à confesser leurs crimes. C'étaient les quatre mêmes cochons qui avaient protesté quand Napoléon avait aboli les Assemblées du dimanche. Sans autre incitation ils avouèrent qu'ils étaient restés secrètement en contact avec Boule de Neige même après son expulsion, qu'ils avaient collaboré avec lui pour la destruction du moulin, et qu'ils avaient conclu un accord avec lui pour livrer la ferme à Mr Frederick. Ils ajoutèrent qu'il avait été l'agent secret de Jones pendant les années passées. Quand ils achevèrent leur confession, les chiens les égorgèrent promptement, et dans une voix terrible Napoléon demanda si quelqu'un d'autre avait quelque chose à confesser.

Les trois poules qui avaient mené la protestation lors de la tentative de rébellion au sujet des œufs vinrent alors tout devant et avouèrent que Boule de Neige leur était apparu en rêve et les avait incité à désobéir aux ordres de Napoléon. Elles aussi furent égorgées. Une oie s'avança ensuite et confessa avoir dérobé six grains de maïs durant la famine de l'an passé et les avoir mangés pendant la nuit. Ensuite, une brebis avoua avoir uriné dans l'abreuvoir – pressée de le faire, dit-elle, par Boule de Neige – et deux autres moutons avouèrent avoir tué un vieux bélier, tout spécialement dévoué à Napoléon, en le poursuivant tout autour d'un bûcher alors qu'il souffrait d'une toux. Ils furent tous abattus sur place. Ainsi durèrent le récit des confessions et les exécutions, jusqu'à ce qu'il y eût une pile de corps gisant aux pieds de Napoléon, jusqu'à ce que l'air fût lourd de sang versé, ce qui était inconnu ici depuis l'expulsion de Jones.

Ibid.

Choqués par ces exécutions, les animaux se rassemblent et cherchent à se réconforter. Certains vont consulter les Sept commandements qui ont été grossièrement modifiés.

Aucun animal ne devra tuer un autre animal sans une bonne raison.

Ibid.

Photogramme du film d'animation *La Ferme des animaux*, réalisé par **John Halas** et **Joy Batchelor** en 1954.
Traduction : « *Aucun animal ne devra tuer un autre animal sans une bonne raison.* »

Le savez-vous ?

« Stalinien » est aujourd'hui un adjectif qui caractérise un gouvernement autoritaire et répressif dans le langage courant.

Étudier une dénonciation virulente

1. Quels sentiments éprouvez-vous à la lecture de ce procès ?

2. Établissez la liste des crimes commis : quelle accusation commune retrouvez-vous ? Est-elle crédible ?

3. Trouvez-vous la liste des crimes ridicule ? Quel effet produit-elle ?

4. Quelle rupture ces évènements marquent-ils par rapport aux Sept commandements ?

5. En tant que lecteur, aviez-vous prévu ces évènements ?

6. Quelle utilisation les cochons font-ils des Sept commandements ?

BILAN **7** Comment pouvez-vous définir le mode de gouvernement progressivement instauré par Napoléon ?

pistes EPI Recherchez à quelle réalité historique G. Orwell fait allusion dans cet extrait.

La mort de Boxeur

Extrait 11 Les explications de Criard

Fidèle soutien de Napoléon, Boxeur s'épuise à la tâche. Gravement blessé, il est vendu par les cochons à un équarisseur, pour finir en viande de boucherie. Face aux animaux qui ont vu avec horreur partir le fourgon, Criard, porte-parole des cochons, vient donner des explications.

« C'était le spectacle le plus émouvant que j'aie jamais vu, déclara-t-il soulevant sa patte pour essuyer une larme. J'étais à son chevet pour ses derniers instants. Et presque trop faible pour parler, il me chuchota à l'oreille que son unique chagrin était de rendre l'âme avant que le moulin soit achevé. “En avant, camarades ! murmura-t-il, en avant, au nom du Soulèvement ! Vive la Ferme des animaux ! Vive le camarade Napoléon ! Napoléon ne se trompe jamais !” Ce furent ses toutes dernières paroles, camarades. »

Là le comportement de Criard changea soudainement. Il garda le silence quelques instants, et ses petits yeux jetèrent des regards méfiants de part et d'autre avant de commencer.

Il avait appris, disait-il, qu'une rumeur insensée et perfide avait couru lors de l'évacuation de Boxeur. Sur le fourgon qui emportait leur camarade, certains animaux avaient remarqué le mot « Boucherie chevaline », et en avaient bel et bien conclu qu'on l'emmenait chez l'équarisseur de chevaux ! Vraiment, c'était presque incroyable, disait Criard, qu'il y eût des animaux aussi bêtes. Assurément, s'écria-t-il, indigné, la queue frémissante et sautillant de gauche à droite, assurément les animaux connaissaient leur chef bien-aimé, le camarade Napoléon, mieux que cela ? Mais l'explication était en réalité très simple. Le fourgon avait auparavant appartenu à un équarisseur, mais celui-ci l'avait vendu à un vétérinaire, et ce vétérinaire n'avait pas effacé l'ancien nom sous une nouvelle couche de peinture. Voilà comment cette erreur s'était produite.

Les animaux furent prodigieusement soulagés à ces paroles.

Ibid.

Étudier une scène de manipulation

1. Quelle émotion la scène des derniers instants de Boxeur racontée par Criard peut-elle susciter ?

2. Pourquoi Criard rapporte-t-il les dernières paroles de Boxeur ? Sont-elles véridiques ?

3. Quelle est l'explication apportée par Criard sur la présence du terme « Boucherie chevaline » ?

4. Par quels mots George Orwell invite-t-il son lecteur à se méfier ?

5. Quel ton Criard utilise-t-il pour justifier la présence du fourgon ? Que sous-entend-il au sujet de Napoléon ? Montrez qu'il a recours à un raisonnement construit.

6. Expliquez la réaction des animaux.

BILAN **7** À quoi les mensonges de Criard ont-ils servi ? Quels sentiments réussit-il à susciter ?

Transposer un discours à l'oral

Transposez au discours direct la réponse de Criard à partir de « Il avait appris » (l. 12).

Établir une hypothèse de lecture

Qu'illustre la mort de Boxeur ? Quelle fin cela présage-t-il pour le roman ? Répondez à ces questions en quelques lignes.

La situation finale

Extrait 12 L'état de la ferme

La ferme était plus prospère désormais, et mieux organisée : elle avait même été agrandie de deux champs achetés à Mr Pilkington. Le moulin à vent avait été victorieusement achevé l'an passé, et la ferme possédait en propre une batteuse et un élévateur de meules, et différents nouveaux bâtiments avaient été ajoutés. […] Cependant le moulin à vent n'avait pas servi à produire de l'électricité. Il servait à moudre le maïs, et apportait des profits considérables. Les animaux travaillaient déjà dur à la construction d'un autre moulin à vent ; quand il serait terminé, à ce qui avait été dit, des dynamos seraient installées. Mais le luxe avec lequel Boule de Neige avait autrefois fait rêver les animaux, les stalles avec l'éclairage électrique, l'eau chaude et froide, la semaine de trois jours, il n'en était plus question. Napoléon avait dénoncé de telles idées comme contraires à l'esprit de l'Animalisme. La joie la plus vraie, avait-il affirmé, reposait dans un travail dur et une vie frugale.

Ibid.

« Longue vie à la génération Komsomol ! » (Union des jeunesses léninistes communistes). Des représentants de tous les âges et de chaque branche (paysan, marin, mineur...) entourent Staline, lithographie de **Naum Pavlovich Karnosky**, 1948, Russian State library, Moscou (Russie).

Comprendre la situation finale

1. a. Les bénéfices de la ferme profitent-ils aux animaux ? D'après vous, qui en sont les bénéficiaires ?

b. Les conditions de vie des animaux sont-elles désormais meilleures ?

2. Comment Napoléon justifie-t-il son renoncement aux rêves suscités par Boule de Neige ?

BILAN **3** Les cochons partagent-ils les conditions de vie frugales des autres animaux ? Quel type de société George Orwell présente-t-il ici ?

Extrait 13 Tous les animaux sont égaux, mais certains le sont plus que d'autres

Les cochons se sont progressivement approprié le mode de vie de Mr Jones : ils dorment dans des lits, marchent sur leurs deux pattes arrière, portent des vêtements, ont fait installer le téléphone... Un jour, une délégation de fermiers des environs vient visiter cette ferme modèle. Cette visite se conclut sur un discours de Napoléon.

Il ne croyait pas, disait-il, que les anciennes suspicions persistaient encore, mais certains changements étaient survenus récemment dans la routine de la ferme et pouvaient avoir comme effet de porter plus loin encore la confiance mutuelle. Jusqu'à présent les animaux de la ferme avaient la coutume plutôt ridicule de se parler en se disant « camarade ». Cela allait être supprimé. […] Ses visiteurs avaient peut-être observé, également, le drapeau vert qui flottait sur le mât. Si c'était le cas, ils avaient peut-être remarqué que le sabot blanc et la corne qui y figuraient auparavant ne s'y trouvaient plus. Il n'y aurait désormais qu'un drapeau vert uni.

Il n'avait, ajouta-t-il, qu'une critique à formuler à l'encontre de l'excellent discours de ce bon voisin de Mr Pilkington. Il avait employé les termes de « Ferme des animaux ». Il ne pouvait évidemment pas savoir – c'était la première fois que lui, Napoléon, l'annonçait publiquement – que le nom de « Ferme des Animaux » avait été aboli. Désormais, la ferme devait être connue sous le nom de « Ferme du Manoir », ce qui, à sa connaissance, était son premier et véritable nom.

Ibid.

Comparer la fin au début du roman

1. Récapitulez les changements qu'annonce Napoléon à ses visiteurs. Quel sens peut-on donner à tous ces changements ?

2. À qui Napoléon ressemble-t-il désormais ? Comment interprétez-vous cette similitude ?

BILAN **3** Comparez la situation initiale du roman, décrite par le Major (➡ extrait 1, p. 102) et la situation finale : quels changements peut-on observer ? Cela a-t-il un effet sur la vie des animaux ?

Détourage issu d'un photogramme du film d'animation *La Ferme des animaux*, réalisé par **John Halas** et **Joy Batchelor** en 1954.

Extrait 14 Un tableau saisissant

Napoléon achève son discours, puis trinque avec ses hôtes. Les animaux qui assistent à la scène observent alors de bien curieux changements.

« Messieurs, conclut Napoléon, [...] voici mon toast : à la prospérité de la Ferme du Manoir ! »

Il y eut les mêmes applaudissements chaleureux que précédemment, et les chopes furent vidées jusqu'au fond. Mais comme les animaux regardaient la scène, il leur sembla que quelque chose d'étrange se produisait. Qu'est-ce qui avait changé dans les visages des cochons ? Les yeux fatigués et âgés de Clover papillonnaient de l'un à l'autre. Les uns avaient cinq mentons, d'autres quatre, d'autres encore trois. Pourtant, qu'est-ce que c'était, qui semblait se mélanger et changer ? Puis, les applaudissements cessèrent, les compagnons reprirent leurs cartes et poursuivirent le jeu qui avait été interrompu, et les animaux se retirèrent silencieusement.

Ils n'avaient cependant pas fait vingt mètres qu'ils s'arrêtèrent brutalement. Un tintamarre de voix venait de la maison. Ils revinrent en courant et regardèrent de nouveau à la fenêtre.

Oui, c'était bien une violente querelle. Il y avait des cris, des coups sur la table, on se lançait des regards soupçonneux, des dénégations furieuses. L'origine du problème semblait être que Napoléon et Mr Pilkington avaient tous deux joué en même temps un as de pique.

Douze voix criaient de colère, et elles étaient toutes semblables. Plus de doute, désormais, sur ce qui était arrivé aux visages des cochons. Les créatures dehors regardaient les cochons, puis les hommes, puis les cochons, puis les hommes et encore les cochons, mais il était vraiment impossible de dire qui était quoi.

Ibid.

Comprendre la portée symbolique du récit

1. Quelle est l'occupation des personnages à l'intérieur de la maison après le discours de Napoléon ?

2. En vous aidant de la page 111 et du photogramme ci-dessus, faites le portrait de Napoléon : montrez comment sa posture et ses vêtements montrent ses convictions.

3. Quelle impression éprouvent les animaux qui regardent ce qui se passe par la fenêtre ? Comment comprennent-ils ce qui l'a provoquée ?

4. Expliquez l'évènement qui suscite la dispute entre les hommes et les cochons. Quel est le problème sous-entendu ?

5. Qu'implique la dernière phrase ? Comment comprendre ce retournement de situation ?

BILAN **6** À l'aide des extraits que vous avez étudiés, formulez une parodie des Sept commandements, qui montrera la vérité de ce qui se passe à la Ferme.

Synthèse *La Ferme des animaux*, roman satirique

- Récit de fiction directement inspiré de la réalité, *La Ferme des animaux* est une **critique du régime stalinien.** À travers ce récit, George Orwell se moque de la prétendue égalité qui règne, alors que les *apparatchiks* (personnes au service du pouvoir) profitent d'un luxe inaccessible au commun des habitants.
Il dénonce également la violence du régime : la répression des opposants est sanglante, alors que les conditions de vie du peuple sont très difficiles. ➥ p. 111
- Pour dénoncer, George Orwell choisit d'écrire **une fable animalière** et procède ainsi à une transposition (noms des personnages, des lieux, recours aux animaux) tout en restant compréhensible pour son public.
L'efficacité de sa critique est également renforcée par **le recours à l'humour et l'ironie** qui sont des outils privilégiés pour dénoncer tout en distrayant le lecteur. L'auteur exagère et déforme alors certaines situations pour mieux faire comprendre leur absurdité. ➥ p. 108
Par ces différentes caractéristiques, *La Ferme des animaux* est donc fidèle **au genre de la satire.**
- Au-delà de la critique d'un régime précis, l'écrivain livre une réflexion plus large sur le décalage entre une idéologie égalitaire au départ et son application sans pitié.

BREVET

Réfléchir à partir d'une citation

George Orwell a appelé son roman « *A Fairy Story* », c'est-à-dire littéralement « Une histoire de fées ». Selon vous, est-il sincère ou ironique ? Cette histoire d'animaux s'adresse-t-elle à des enfants ? Expliquez votre réponse.

Conseils d'écriture

1. Pour développer votre point de vue, justifiez-le à l'aide des textes que vous avez étudiés.
2. Choisissez des exemples précis qui pourront illustrer vos justifications.

BREVET

Formuler son avis sur une œuvre et ses adaptations

1. **À quel autre régime politique les auteurs du dessin animé font-ils référence sur ce photogramme ?**
2. **Êtes-vous d'accord avec ce choix d'adaptation du roman ? Expliquez votre réponse à l'aide des éléments qui constituent le roman.**
3. **Qu'avez-vous appris en lisant ce roman ? Quels enseignements en tirez-vous ?**

Photogramme du film d'animation *La Ferme des animaux*, réalisé par **John Halas** et **Joy Batchelor** en 1954.

Atelier d'expression

Rédiger et interpréter un sketch satirique

À l'oral

- Percevoir et exploiter les ressources expressives et créatives de la parole

À l'écrit

- Prendre en compte le destinataire, les visées du texte et des caractéristiques de son genre depuis la préparation de l'écrit jusqu'à la mise en scène
- Organiser son écrit en fonction des règles propres au registre comique

Dans cet atelier, vous allez composer un sketch ayant pour thème une réflexion sur des comportements ridicules ou désagréables en société. Vous réfléchirez aux différents procédés comiques en vous appuyant sur des productions du XXe et du XXIe siècles, mais aussi en vous aidant d'extraits d'œuvres classiques du XVIIe siècle. Après avoir composé votre saynète, vous pourrez la jouer devant la classe ou la filmer.

Pour situer les AUTEURS

Au XVIIe siècle, **Molière** (1622-1673) associe un vrai jeu d'acteur comique à ses talents d'écrivain. Il se donne souvent le rôle principal et montre par son jeu le ridicule de son personnage. Il se moque des défauts humains tels que l'avarice dans *L'Avare*, la prétention dans *Les Précieuses Ridicules*, ou encore l'hypocrisie dans *Tartuffe*, de façon très plaisante, et ses critiques sont encore d'actualité.

Jean de La Bruyère (1645-1696) est un écrivain moraliste : ses *Caractères*, publiés une première fois en 1688 puis enrichis, évoquent différents personnages de la Cour du roi Louis XIV en se moquant de leurs défauts. Reprenant un procédé d'écriture initié par le grec Théophraste au IVe siècle avant J.-C., il dresse une galerie de portraits mettant en scène le personnage et ses travers, dans diverses situations qui en montrent le ridicule.

Bruno Nicolini, dit **Bénabar** (né en 1969), est un chanteur et comédien qui reprend des thèmes de la vie quotidienne dans ses chansons, à la manière des chansonniers du début du XXe siècle. Il se moque ainsi des défauts de ses contemporains, qui ont parfois du mal à traduire en gestes les promesses auxquelles ils s'engagent.

Sylvie Joly (1934-2015) est une humoriste qui interprète souvent une galerie de caractères contemporains. On y retrouve par exemple des personnages désagréables, méprisants envers les autres et particulièrement imbus d'eux-mêmes.

Gad Elmaleh (né en 1971) est un comédien et humoriste du XXIe siècle dont les sketchs mettent en scène une vision décalée de la vie quotidienne, notamment dans son spectacle *L'Autre c'est moi*, en 2007. Analysant les déceptions du quotidien, son spectacle repose sur le « *stand up* », format initié par des comiques américains qui consiste à s'adresser directement au public.

Méthode

Vous allez apprendre à utiliser les différents éléments qui composent un sketch satirique :

- ***analyser les éléments qui composent le caractère des personnages :*** vous relèverez notamment leurs excès qui permettent de dénoncer un comportement désagréable ;
- ***observer la mise en place d'une situation comique*** qui découle de ces mêmes caractères. Les personnages, du fait de leurs choix, peuvent se retrouver dans des situations burlesques qui montrent leur ridicule ;
- ***interpréter le récit*** que vous aurez préparé avec des gestes et des intonations qui en renforcent les effets comiques et satiriques.

Le savez-vous ?

Le mot « autre » vient du latin *alter*, et définit ce qui est différent, ce qui n'est pas **soi-même**. Du point de vue psychologique, être en présence d'un **autre** nous amène à donner une image de nous-mêmes tout en jugeant **autrui**, avec parfois la tentation d'essayer de se valoriser excessivement.

Analyser le caractère des personnages

Être ou ne pas être… à la mode

Monsieur Jourdain, bourgeois qui veut entrer dans la noblesse, reçoit un nouvel habit, qui lui a couté fort cher.

MAÎTRE TAILLEUR. – Tenez, voilà le plus bel habit de la cour, et le mieux assorti. C'est un chef-d'œuvre que d'avoir inventé un habit sérieux, qui ne fût pas noir ; et je le donne en six coups aux tailleurs les plus éclairés.

MONSIEUR JOURDAIN. – Qu'est-ce que c'est que ceci ? Vous avez mis les fleurs en en bas[1].

MAÎTRE TAILLEUR. – Vous ne m'aviez pas dit que vous les vouliez en en haut[1].

MONSIEUR JOURDAIN. – Est-ce qu'il faut dire cela ?

MAÎTRE TAILLEUR. – Oui, vraiment. Toutes les personnes de qualité les portent de la sorte.

MONSIEUR JOURDAIN. – Les personnes de qualité portent les fleurs en en bas ?

MAÎTRE TAILLEUR. – Oui, Monsieur.

MONSIEUR JOURDAIN. – Oh ! voilà qui est donc bien. […] Croyez-vous que l'habit m'aille bien ? […] La perruque, et les plumes sont-elles comme il faut ?

MAÎTRE TAILLEUR. – Tout est bien.

Voici ce qu'en pense sa femme, quelques scènes plus loin.

MADAME JOURDAIN. – Ah, ah ! voici une nouvelle histoire. Qu'est-ce que c'est donc, mon mari, que cet équipage-là[2] ? Vous moquez-vous du monde, de vous être fait enharnacher de la sorte ? et avez-vous envie qu'on se raille partout de vous ?

MONSIEUR JOURDAIN. – Il n'y a que des sots et des sottes, ma femme, qui se railleront de moi.

Molière, *Le Bourgeois gentilhomme*, Acte II, scène 5 et Acte III, scène 3, 1670.

1. **en en bas :** les fleurs ont la tige à l'envers, « en en haut » étant le contraire.
2. **cet équipage-là :** ce vêtement, cet accoutrement ridicule.

Jean Béraud, *Coquelin l'Ancien dans Le Bourgeois gentilhomme* de Molière, vers 1882, huile sur toile (73,6 x 60,3 cm), Collection privée.

Les personnes de qualité sont les membres de l'aristocratie, auxquels M. Jourdain rêve de ressembler, en copiant par exemple leurs vêtements.

En nommant ce qu'il porte, le personnage indique aux spectateurs les éléments comiques de son costume, sans même qu'il soit nécessaire de les porter : c'est l'illusion référentielle.

Comprendre

1. Pour quelle raison le personnage accepte-t-il le costume que lui présente le tailleur ?
2. D'après la réaction de sa femme, de quoi a-t-il réellement l'air ?
3. À travers le choix du costume, de quel défaut Molière se moque-t-il ?

Grammaire pour dire et pour écrire

▸ Les types de phrases expriment les intentions du locuteur de manière explicite. On en dénombre **quatre** :

Déclaratif	pour formuler une affirmation
Interrogatif	lorsqu'on pose une question
Exclamatif	pour exprimer un sentiment
Injonctif	lorsqu'on donne un ordre

▸ Au théâtre, il est important de restituer les intonations de manière très explicite, afin que le spectateur comprenne bien ce qui est exprimé : il s'agit d'un procédé qui appartient au **comique de gestes**.

J'applique

1 Précisez pour chaque exemple l'intonation appropriée : interrogative, déclarative, exclamative.

1. « Oui, Monsieur »
2. « Oh ! voilà qui est donc bien. »
3. « Ah, ah, voici une nouvelle histoire »
4. « Vous moquez-vous du monde, de vous être fait enharnacher de la sorte ? »

2 Imaginez la scène qui oppose madame Jourdain au maitre tailleur : chargée de le payer, elle refuse, au motif que son mari est ridicule. Rédigez son monologue qui détaille le caractère excessif du costume en variant les types de phrases employés.

Observer la mise en place d'une situation comique

Avoir tout vu, tout fait

Les phrases sont principalement juxtaposées les unes aux autres. L'auteur dresse ainsi le portrait de son personnage sans donner l'impression de le juger.

La métaphore révèle l'emportement d'Arrias, qui ne supporte pas d'être contredit.

Arrias a tout lu, a tout vu, il veut le persuader ainsi[1] ; c'est un homme universel, et il se donne pour tel ; il aime mieux mentir que de se taire ou de paraître ignorer quelque chose. On parle à table d'un grand d'une cour du Nord : il prend la parole et l'ôte à ceux qui allaient dire ce qu'ils en savent ; il s'oriente dans cette région lointaine comme s'il en était originaire ; il discourt des mœurs[2] de cette cour, des femmes du pays, de ses lois et de ses coutumes ; il récite des historiettes qui y sont arrivées : il les trouve plaisantes, et il en rit le premier jusqu'à éclater. Quelqu'un se hasarde de le contredire, et lui prouve nettement qu'il dit des choses qui ne sont pas vraies. Arrias ne se trouble point, prend feu au contraire contre l'interrupteur : « Je n'avance, lui dit-il, je ne raconte rien que je ne sache original ; je l'ai pris de Sethon, ambassadeur de France dans cette cour, revenu à Paris depuis quelques jours, que je connais familièrement, que j'ai fort interrogé, et qui ne m'a caché aucune circonstance. » Il reprenait le fil de sa narration avec plus de confiance qu'il ne l'avait commencée, lorsque l'un des conviés lui dit : « C'est Sethon à qui vous parlez, lui-même, et qui arrive de son ambassade. »

Jean de la Bruyère, « Arrias », *Les Caractères,* 1688-1696.

1. **le persuader ainsi :** le faire croire.
2. **mœurs :** habitudes, coutumes de ce peuple.

Comprendre

1. En quelle occasion La Bruyère nous présente-t-il Arrias ?

2. Relevez les verbes de parole : qui en est le principal sujet ?

3. Quel comportement cette prise de parole traduit-elle ?

4. À qui dit-il qu'il connait bien Sethon ? Que révèle ce coup de théâtre de ses connaissances ?

Grammaire pour dire et pour écrire

- L'**accumulation** constitue le principal procédé de ce texte. Elle constitue l'élément fondamental de l'**exagération** des traits et de la **caricature**.
- L'auteur **énumère** ici les actions d'Arrias, rendant sa prétention évidente. Lorsque l'énumération présente une organisation interne, du plus grand au plus petit par exemple, on parle alors de **gradation**.

J'applique

1 Relevez les énumérations dans les phrases suivantes, tirées d'un autre portrait de La Bruyère, « Gnathon » :

1. Il ne se sert à table que de ses mains ; il manie les viandes, les remanie, démembre, déchire […].

2. Tout ce qu'il trouve sous sa main lui est propre, hardes[1], équipages[2]. Il embarrasse tout le monde, ne se contraint pour personne, ne plaint personne, ne connaît de maux que les siens […].

1. **hardes :** vêtements – 2. **équipages :** tout ce qui sert au voyage d'un noble (carrosse, chevaux, malles).

2 À votre tour, décrivez un personnage prétentieux d'aujourd'hui, en quelques phrases juxtaposées. Exposez notamment la façon dont il prend et garde la parole lorsque vous êtes en groupe.

Photogramme du film *Ridicule*, réalisé par **Patrice Leconte** en 1996, avec Bernard Giraudeau et Fanny Ardant.

Interpréter avec des gestes et des intonations

Être jaloux

Gad Elmaleh expose ici les raisons qui le conduisent à éprouver un complexe d'infériorité face au « blond », incarnation de la perfection à ses yeux.

Il y avait un mec là, qui mangeait un sandwich. J'ai dit : « Quel frimeur ! »
Et le mec qui mangeait ce sandwich, c'était le blond !

T'as vu le blond quand il mange un sandwich ? […]
La mayonnaise elle ne sort pas.
Lui, les tomates elles restent parallèles, y'a aucun problème.

Toi, tu mords dedans :
T'as la feuille de salade, elle vient et tout, comme ça…
T'as de la mayonnaise partout…
Toi t'as toujours une tomate, elle veut sortir la tête du sandwich pour voir ce qui se passe… du genre : « Oh salut ça va ? » […]
Après il s'est mis à manger des chocolats le mec…
Tu crois qu'il a, lui, le chocolat ici, dans la bouche, comme toi sur les dents ?
Hey ça va bien ? Non !
À ce moment-là, j'ai dit à ma copine : « On s'en va, c'est fini… »
Elle m'a dit : « On prend l'avion ! »
J'ai dit : « Non ! Tu sais bien que j'ai peur… »

Elle voulait prendre l'avion… Laisse tomber ! On arrive à l'aéroport… en plus, on tombe sur le blond ! J'en pouvais plus…

Gad Elmaleh, « Le blond », *L'Autre c'est moi*, 2007, retranscription de nos auteurs.

« Blond », le personnage décrit par Gad Elmaleh ne l'est pas nécessairement. Il caractérise avant tout une personne qui se comporte avec assurance en société, face à l'humoriste qui exprime son propre malaise.

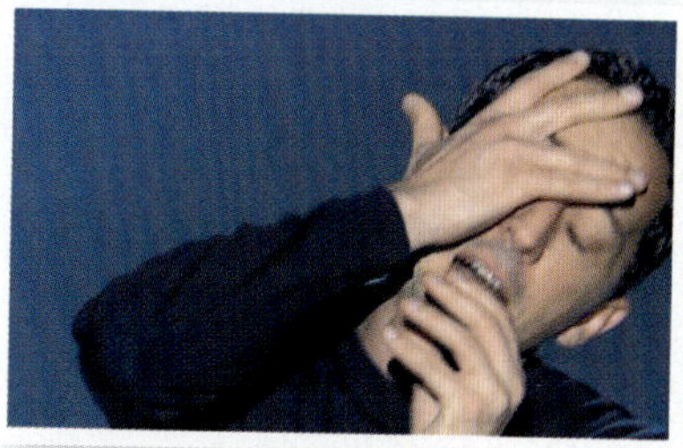

Les gestes du comédien renforcent les passages comiques du texte, comme ici la feuille de salade, sur son visage.

Le sketch se clôt ici sur un comique de répétition.

Le personnage se déplace ici en exagérant sa position, ce qui provoque le rire des spectateurs.

Gad Elmaleh sur scène.

Comprendre

1. Quels éléments montrent le sentiment d'infériorité du personnage ? Pourquoi peut-on dire qu'ils sont absurdes ?
2. Quel défaut du personnage principal est illustré à travers cette scène ?

Grammaire pour dire et pour écrire

- Ce sketch s'appuie sur une mise en **situation** du personnage qui se révèle **ridicule**, voire **absurde**. La **gestuelle** est très importante, car elle renforce les éléments comiques de la situation imaginée par l'humoriste.
- Ce type de procédé appartient au **comique de gestes,** qui concerne tout ce qui se rapporte à l'interprétation du texte. Il peut s'agir de modifications de la voix, de l'élocution (façon de parler), d'actions mimées ou de déplacements.

J'applique

1 Associez comme il convient les gestes et les répliques dans les exemples suivants :

1. laisse ses bras pendre le long de son corps, avec un air abattu.
2. porte la main à sa bouche.
3. se tourne vers un personnage imaginaire, avec un geste de dénégation.

A. « Après il s'est mis à manger des chocolats le mec… »
B. « j'en pouvais plus… »
C. « À ce moment-là, j'ai dit à ma copine : "On s'en va, c'est fini… " »

2 Définissez les gestes qui conviennent pour la réplique suivante, et si vous le voulez, n'hésitez pas à vous entrainer à l'interpréter.
« Tu crois qu'il a, lui, le chocolat ici, dans la bouche, comme toi sur les dents ? Hey ça va bien ? Non ! »

Sylvie Joly sur scène.

Être hypocrite

L'humoriste Sylvie Joly interprète ici une femme qui rentre chez elle après un diner en famille.

« Jean-Jacques, j'crois qu'on va y aller, hein ! T'as une réunion demain matin… bon, Jean-Jacques, on y va, hein ! […] Sophie, c'était très sympa, vraiment ! On a passé une soirée, mais... extra ! En tous cas, bravo pour votre maison, vous en avez tiré un parti formidable… ça s'appelle des spots les trucs que vous avez mis au plafond ? Ah oui, c'est ça qu'on appelle des *spots*. […] Sophie, surtout tu penseras à me donner la recette de ta mousse au chocolat… […]

Allez, on s'appelle hein !

Jean-Jacques, t'as les clés de la camionnette, j'les ai pas moi, hein ! Comment ? Ah oui, on s'appelle ! Pas l'an prochain, on est pris tous les soirs. Merci hein ! Tu les as les clés, tu vas pas me dire que tu les as pas ? On y va… allez tchao Sophie, au revoir ! Oui, c'est ça, au revoir. *(Ils partent)*

Ah, j'suis crevée, ah, mets la gomme, chéri, j'te jure que je suis pressée d'aller me coucher… […] dis donc, j'ai cru qu'ça finirait jamais… Sophie, elle a vieilli, hein. En plus elle est grossie… bouffie… de là *(montrant son cou)*… on dirait Dizzy Gillespie[1].

(Elle hoquète) hic ! Cette mousse au chocolat ! Qu'est-ce qu'elle était aigre ! À mon avis, elle a dû prendre du vieux lait… Vraiment elle est pas fortiche !

[…] Ah, j'ai tellement eu chaud avec cette saloperie de chauffage par le sol que j'ai les jambes gonflées. Tiens, regarde ! J'arrive plus à enlever mes *moon-boots* !

Quoi ? Tu trouves que mes jambes sont comme d'habitude ? Mais tu rigoles ou quoi ? T'as pas vu ta tronche à toi par hasard ? […]

Mais quoi ? Tu es vexé parce que j'te dis que Sophie est vraiment moche et que c'est ta sœur ? […] »

Sylvie Joly, « L'après-dîner », 1980, retranscription de nos auteurs.

L'ironie dans ce passage repose sur le fait que les spectateurs comprennent que le personnage n'est surtout pas pressé de rappeler Sophie.

Ce passage constitue un retournement de situation, car elle critique en réalité la sœur de son mari devant ce dernier.

1. **Dizzy Gillespie :** célèbre trompettiste américain.

Comprendre

1. Définissez le personnage incarné par Sylvie Joly d'après cette image tirée de son spectacle.
2. À quel moment le ton et le vocabulaire changent-ils au cours du sketch ? Quelle modification du contexte indiquent-ils ?
3. À quel moment le personnage exprime-t-il son véritable sentiment ? Quelles expressions vous le montrent ?
4. Quel est le principal trait de caractère du personnage qui s'exprime ?

VIDEO lienmini.fr/jdl3-T209

Découvrez un extrait du spectacle. Comment la comédienne caractérise-t-elle son personnage dans son jeu ?

Grammaire pour dire et pour écrire

▸ Le déroulement de ce sketch en deux parties s'appuie notamment sur le passage d'un **niveau de langue courant** à un niveau franchement **familier** et même **vulgaire**. Le registre familier se caractérise notamment par l'emploi de phrases grammaticalement incorrectes.

▸ D'autre part, un personnage prétentieux comme M. Jourdain va plutôt choisir un **niveau de langue soutenu,** pour montrer son importance (➥ p. 115).

▸ Enfin, le passage de l'un à l'autre peut montrer le **changement de situation d'énonciation** : face à des proches, on utilise plus facilement un registre familier.

J'applique

1 Identifiez chaque niveau de langue, puis reformulez les phrases en employant un niveau de langue soutenu.

1. « Vraiment elle est pas fortiche ! »
2. « Sophie, c'était très sympa… »
3. « T'as pas vu ta tronche à toi par hasard ? »

2 Complétez le tableau selon le modèle indiqué :

A. Fatigué, exténué, crevé
B. Sustenté, mangé, bouffé
C. Laid, moche, vilain

Familier	Courant	Soutenu
piaf	oiseau	volatile
....	....	....

Être un (faux) ami

Si t'as besoin de moi, peu importe le problème, pour te tendre la main si les autres portes se referment. La mienne est ouverte sans question, sans conditions, faut juste s'entendre sur la date j'ai des obligations.

Tu peux compter sur moi, quand tu veux et où que ce soit, je serai toujours là pour toi, tu peux compter sur moi, mais surtout n'oublie pas...

Faut pas que ce soit trop loin, j'prends pas l'avion j'ai trop peur, j'prends pas non plus le bateau parce que j'ai le mal de mer. Je peux venir en train mais je voyage en première, comme j'conduis pas, pour la voiture il me faut un chauffeur. Sinon, à part ça, tu peux compter sur moi. Si tu as perdu le goût et perdu le chemin, si tu tiens à peine debout, si c'est la peine qui te tient. Si tu te sens seul, si t'as besoin d'une épaule, si tu te sens mal, t'hésites pas, tu m'appelles.

Tu peux compter sur moi, quand tu veux et où que ce soit, je serai toujours là pour toi, tu peux compter sur moi, mais surtout n'oublie pas...

Le connecteur d'opposition souligne les limites que le personnage est en train d'installer progressivement.

Le weekend ça m'arrange pas, la semaine j'suis pas trop joignable. Les vacances pourquoi pas, sauf que je coupe mon portable. Je peux je crois en juin, mais vaut mieux que je vérifie. Dimanche en huit je fais rien, ah non ! Je serai pas à Paris. Sinon, à part ça, tu peux compter sur moi. Faut pas que ce soit trop loin et faut choisir le bon jour, mais je serai là pour toi, j'espère que tu en es sûr. Tu me raconteras tes malheurs, j'dirai des banalités, on parlera pendant des heures et si c'est pas assez, j'te jouerai n'importe comment les morceaux de Joe Dassin, on sortira les trompettes et tant pis pour les voisins.

Si un jour ça va pas, j'espère que tu viendras... je compte sur toi.

Bénabar, « Tu peux compter sur moi », Paroles et musique : Bruno Nicolini

Bénabar sur scène, en concert en 2006.

Comprendre

1. Relevez les négations employées par le chanteur. Quelles indications apportent-elles sur l'aide qu'il est prêt à apporter ?

2. Pourquoi peut-on dire que Bénabar caricature une forme d'hypocrisie ?

Activité finale

À votre tour de composer un sketch satirique en suivant les étapes suivantes :

- **Choisissez un personnage parmi la galerie proposée dans les extraits présentés, puis construisez votre scène : celui qui veut être à la mode, le jaloux, le prétentieux, le vantard, l'hypocrite. Vous pouvez aussi choisir un personnage avec un autre défaut social comme celui ou celle qui s'obstine et refuse de reconnaitre ses torts, celui qui est colérique...**
- **Imaginez ensuite des situations qui mettent en évidence les défauts de vos personnages, notamment quand ils se trouvent dans un groupe. Recherchez quelques jeux de mots pour enrichir votre scène.**
Associez enfin ces personnages à une gestuelle propre à faire rire vos spectateurs.
- **Vous pourrez bien sûr utiliser les procédés d'écriture observés au cours de cet atelier.**

Grammaire pour dire et pour écrire

- Les humoristes s'expriment souvent avec **ironie**, en faisant comprendre à leur auditoire qu'ils pensent le contraire de ce qu'ils expriment.
- Tous ces procédés appartiennent au **comique de mots,** qui se prépare lors de la rédaction du sketch :

– l'antiphrase qui consiste à dire le contraire de ce que l'on pense ;
Ex. : *Dans le sketch de Sylvie Joly, le personnage qu'elle incarne dit à l'hôte du diner :* « On a passé une soirée, mais... extra ! » ; *puis, à son mari, dans la voiture :* « dis donc, j'ai cru qu'ça ne finirait jamais ».

– l'ambigüité entre sens propre et sens figuré peut également faire naitre des quiproquos ou des effets comiques.
Ex. : « Les manchots étaient à deux doigts d'en venir aux mains. » (D. Noguez, *L'Arc-en-ciel des humours - Jarry, Dada, Vian, etc.*)

Visions poétiques

du monde

Louis Janmot, *Le Poème de l'âme. Le Vol de l'Âme*, XIXe siècle, huile sur toile, musée des beaux-arts, Lyon.

PARCOURS un thème

Le lyrisme, musique du cœur et chant du monde

Richard Bergh, *Soirée d'été nordique* (détail), vers 1890, huile sur toile, Goteborgs Konstmuseum, Göteborg (Suède).

Lyrisme et intimité

Repères littéraires

Le lyrisme

Le lyrisme tire son nom de la lyre, instrument à cordes qui aurait été inventé par le dieu Apollon. Elle accompagnait les poètes dans leurs récitations poétiques. En effet, dans l'Antiquité, la poésie est un art chanté, accompagné de musique. Elle continue ensuite à jouer sur le rythme et les sonorités. Le lyrisme est un registre qui s'appuie tout particulièrement sur la musicalité de la poésie et sur l'expression des sentiments du poète : c'est en quelque sorte le chant de l'âme. C'est pourquoi le poète s'exprime souvent à la 1re personne.

Biographie

Alphonse de Lamartine

(1790-1869)

➡ p. 128

Texte 1 Le Lac

Lamartine évoque dans ce poème son chagrin d'avoir perdu celle qu'il aimait, Julie. Il rapporte le souvenir d'un moment heureux avec elle, au bord d'un lac. Il est revenu seul au bord du lac où il évoque les mots autrefois prononcés par Julie.

« Ô temps ! suspends ton vol et vous, heures propices ;
Suspendez votre cours :
Laissez-nous savourer les rapides délices
Des plus beaux de nos jours !

« Assez de malheureux ici-bas vous implorent,
Coulez, coulez pour eux ;
Prenez avec leurs jours les soins qui les dévorent ;
Oubliez les heureux.

« Mais je demande en vain quelques moments encore,
Le temps m'échappe et fuit ;
Je dis à cette nuit : Sois plus lente ; et l'aurore
Va dissiper la nuit.

« Aimons donc, aimons donc ! de l'heure fugitive,
Hâtons-nous, jouissons !
L'homme n'a point de port, le temps n'a point de rive ;
Il coule, et nous passons ! »

Alphonse de Lamartine, « Le Lac », *Méditations poétiques,* 1820.

Comprendre une réflexion sur la fuite du temps

Entrer dans la lecture. Rappelez qui s'exprime dans ce passage.

1. À qui s'adressent les paroles prononcées par Julie dans la première strophe ? Comment appelle-t-on ce procédé ?

2. Quel connecteur logique marque une opposition ? Que constate la jeune femme ?

3. À qui s'adresse-t-elle alors ? Quelle est la valeur de l'impératif ?

4. Sur quelle figure de style l'extrait s'achève-t-il ?

BILAN **5** Reformulez la demande adressée par Julie dans cet extrait. Cette demande s'est-elle réalisée ?

Le savez-vous ?

Le succès de ce poème a été tel qu'il a été plusieurs fois mis en musique, notamment par Camille Saint-Saëns en 1856. De même, le sujet a inspiré de nombreux illustrateurs.

AUDIO lienmini.fr/jdl3-T301
Écoutez ce poème lu par un comédien. Quelles remarques pouvez-vous faire à propos des sonorités ?

Texte 2 Qu'en avez-vous fait ?

Vous aviez mon cœur,
Moi, j'avais le vôtre :
Un cœur pour un cœur,
Bonheur pour bonheur !

Le vôtre est rendu,
Je n'en ai plus d'autre ;
Le vôtre est rendu,
Le mien est perdu !

La feuille et la fleur
Et le fruit lui-même,
La feuille et la fleur,
L'encens, la couleur,

Qu'en avez-vous fait,
Mon maître suprême ?
Qu'en avez-vous fait,
De ce doux bienfait ?

Comme un pauvre enfant
Quitté par sa mère,
Comme un pauvre enfant
Que rien ne défend,

Vous me laissez là
Dans ma vie amère,
Vous me laissez là
Et Dieu voit cela !

Savez-vous qu'un jour
L'homme est seul au monde ?
Savez-vous qu'un jour
Il revoit l'Amour ?

Vous appellerez,
Sans qu'on vous réponde,
Vous appellerez,
Et vous songerez !

Vous viendrez rêvant
Sonner à ma porte,
Ami comme avant,
Vous viendrez rêvant,

Et l'on vous dira :
« Personne !... elle est morte. »
On vous le dira,
Mais qui vous plaindra ?

Marceline Desbordes-Valmore,
« Qu'en avez-vous fait ? », *Élégies et Poésies,* 1825.

Alphonse Osbert, *Sur les cimes (Femme à la lyre)* (détail, inversé), 1927, huile sur toile (36,5 x 56 cm), musée d'Orsay, Paris.

Biographie

Marceline Desbordes-Valmore (1786-1859)

Elle est une poétesse du XIXe siècle, amie de nombreux artistes. Elle évoque notamment dans ses poèmes les tourments de sa vie personnelle : chagrins d'amour, séparations et deuils.

Texte écho L'élégie antique[1]

Dans ses poèmes, le poète latin Catulle met en scène sa relation avec une jeune Romaine. Il déplore ici leur rupture.

Pauvre Catulle, cesse de déraisonner
Et ce que tu vois être perdu, tiens-le pour perdu.
Autrefois brillèrent pour toi les soleils éclatants,
Alors que tu avais coutume d'aller là où ta bien-aimée te conduisait
Aimée de toi comme aucune ne sera jamais aimée.
À cette époque alors, beaucoup de plaisirs arrivaient,
Que tu voulais et que la belle ne te refusait pas.
Vraiment brillèrent pour toi les soleils éclatants.
Maintenant, elle ne veut plus ; toi aussi, faible, ne
Poursuis pas celle qui te fuit, et ne vis pas malheureux,
Mais supporte ton esprit résolu, tiens bon.
Adieu, ma bien-aimée. Maintenant Catulle tiens bon,
Et ne te cherche plus ni ne te demande malgré toi ;
Mais toi, tu souffriras, lorsque plus personne ne te voudra.
Scélérate, sois maudite ; quelle vie te restera-t-il ?
Qui maintenant ira te trouver ? Pour qui seras-tu belle ?
Qui maintenant aimeras-tu ? De qui dira-t-on que tu es sienne ?
Qui embrasseras-tu ? Quelles lèvres mordilleras-tu ?
Mais toi, Catulle, tiens bien ta résolution !

Catulle, *Poèmes,* Ier siècle av. J.-C., trad. de nos auteurs.

Exprimer une rupture amoureuse

Texte 2

1. À qui s'adresse la poétesse dans ses vers ? Quelle relation entretient-elle avec lui ?

2. Quels sentiments éprouve-t-elle ? Comment le rythme du poème l'exprime-t-il ?

3. Quelles images montrent sa souffrance ?

4. Pour quelles raisons peut-on dire que ce poème est lyrique ?

Texte écho

5. Quelles répétitions nous montrent le bonheur passé du poète ?

6. Quels termes indiquent que le poète est encore amoureux ?

BILAN **7** De quelle manière semblable Marceline Desbordes-Valmore et Catulle expriment-ils leur colère face à la personne qui les fait souffrir ?

1. L'élégie est une forme poétique inventée dans l'Antiquité qui correspond à l'expression d'une souffrance personnelle, comme la fin d'un amour ou la disparition d'un être aimé.

Texte 3 La grive de Montboissier

Chateaubriand a commencé la rédaction de ses Mémoires en 1811. Il y raconte sa vie personnelle et publique, depuis sa naissance. Il en interrompt la rédaction en 1814, mais décide de la reprendre en juillet 1817 après avoir écouté une grive qui lui a rappelé son enfance.

Hier au soir je me promenais seul ; le ciel ressemblait à un ciel d'automne : un vent froid soufflait par intervalles. À la percée d'un fourré, je m'arrêtai pour regarder le soleil : il s'enfonçait dans des nuages au-dessus de la tour d'Alluye, d'où Gabrielle[1], habitante de cette tour, avait vu comme moi le soleil se coucher il y a deux cents ans. Que sont devenus Henri et Gabrielle[1] ? Ce que je serai devenu quand ces Mémoires seront publiés.

Je fus tiré de mes réflexions par le gazouillement d'une grive perchée sur la plus haute branche d'un bouleau. À l'instant, ce son magnifique fit reparaître à mes yeux le domaine paternel ; j'oubliai les catastrophes dont je venais d'être le témoin[2], et, transporté subitement dans le passé, je revis ces campagnes où j'entendis si souvent siffler la grive. Quand je l'écoutais alors, j'étais triste de même qu'aujourd'hui ; mais cette première tristesse était celle qui naît d'un désir vague de bonheur, lorsqu'on est sans expérience ; la tristesse que j'éprouve actuellement vient de la connaissance des choses appréciées et jugées. Le chant de l'oiseau dans les bois de Combourg[3] m'entretenait d'une félicité que je croyais atteindre ; le même chant dans le parc de Montboissier me rappelait des jours perdus à la poursuite de cette félicité insaisissable. Je n'ai plus rien à apprendre ; j'ai marché plus vite qu'un autre, et j'ai fait le tour de la vie. Les heures fuient et m'entraînent ; je n'ai pas même la certitude de pouvoir achever ces Mémoires. Dans combien de lieux ai-je déjà commencé à les écrire et dans quel lieu les finirai-je ? Combien de temps me promènerai-je au bord des bois ? Mettons à profit le peu d'instants qui me restent ; hâtons-nous de peindre ma jeunesse, tandis que j'y touche encore : le navigateur, abandonnant pour jamais un rivage enchanté, écrit son journal à la vue de la terre qui s'éloigne et qui va bientôt disparaître.

François-René de Chateaubriand, *Mémoires d'outre-tombe,* 1849.

Biographie

François-René de Chateaubriand
(1768-1848)
➥ p. 30

Repères littéraires

La mélancolie romantique

Après la Révolution française, les auteurs romantiques, déçus par les différents bouleversements politiques, expriment leur nostalgie de l'Ancien Régime. Très vite, ils évoquent leur mal-être dans une société de nouveau très rigide : c'est le mal du siècle, la mélancolie, le *spleen*. Ces auteurs représentent des personnages confrontés à leurs sentiments intérieurs, à la société et à la nature. Dans l'Antiquité, on considérait que la mélancolie était provoquée par un liquide, la bile noire, produite par la rate. On retrouve cette théorie dans les expressions d'aujourd'hui : se faire de la bile, avoir des idées noires, avoir le *spleen* (mot anglais qui signifie la rate).

1. **Henri et Gabrielle** : Henri IV, roi de France, et Gabrielle d'Estrées, sa favorite.
2. Chateaubriand a vu la chute sanglante de l'Empire de Napoléon et la restauration ratée du pouvoir monarchique.
3. **Combourg** : domaine de la famille de Chateaubriand.

Le savez-vous ?

Prose poétique

On associe souvent poésie et vers, mais il existe des poèmes en prose (➥ p. 150), qui sont de courts textes autonomes, et aussi de la prose poétique : des passages particulièrement poétiques dans un long récit en prose. On y retrouve le travail sur les sonorités et sur les images qu'on peut trouver en poésie.

AUDIO lienmini.fr/jdl3-T302

Écoutez un extrait des *Mémoires d'outre-tombe* lu par le comédien Daniel Mesguich. Pourquoi peut-on parler de prose poétique ?

Comprendre la mélancolie romantique

1. Les conditions météorologiques décrites vous semblent-elles en lien avec la saison ou avec l'état d'esprit du poète ?
2. Chateaubriand parle d'Henri et Gabrielle en n'utilisant que leurs prénoms. Quel effet cela crée-t-il ?
3. Quand furent publiés les *Mémoires d'outre-tombe* ? Était-ce voulu par l'auteur ?
4. Quelles oppositions montrent que la tristesse de Chateaubriand mûr est plus grave que celle de Chateaubriand jeune ?
5. Comment l'auteur souligne-t-il la rapidité du temps qui passe ?

BILAN 6. Le texte se termine sur une métaphore. Montrez qu'elle donne l'image d'un poète mélancolique.

Caspar David Friedrich, *Le Rêveur (Les ruines d'Oybin),* 1835, huile sur toile (27 x 21 cm), musée de l'Ermitage, Saint-Pétersbourg (Russie).

Biographie

Caspar David Friedrich
(1774-1840)

Peintre allemand, il est représentatif du Romantisme. Dans ses tableaux, il exalte la beauté des paysages naturels, particulièrement les montagnes ou la mer, et représente souvent des personnages, isolés, en contemplation devant la nature.

Étudier un tableau romantique

1. Décrivez le paysage et la nature environnante.
2. Quelle place le personnage occupe-t-il dans ce paysage ?
3. Quels sentiments peut-on lui attribuer ?
4. Quel rapport pouvez-vous établir entre le moment de la journée et ses sentiments ?

BILAN 5 Quels éléments du tableau rappellent le texte de Chateaubriand (➥ p. 124) ?

Biographie

Victor Hugo

(1802-1885)

➥ p. 31

Texte 4 Soleils couchants

J'aime les soirs sereins et beaux, j'aime les soirs,
Soit qu'ils dorent le front des antiques manoirs
Ensevelis dans les feuillages ;
Soit que la brume au loin s'allonge en bancs de feu ;
Soit que mille rayons brisent dans un ciel bleu
À des archipels de nuages.

Oh ! regardez le ciel : cent nuages mouvants,
Amoncelés là-haut sous le souffle des vents,
Groupent leurs formes inconnues ;
Sous leurs flots par moments flamboie un pâle éclair.
Comme si tout à coup quelque géant de l'air
Tirait son glaive dans les nues.

Le soleil, à travers leurs ombres, brille encor ;
Tantôt fait, à l'égale des larges dômes d'or,
Luire le toit d'une chaumière ;
Ou dispute aux brouillards les vagues horizons ;
Ou découpe, en tombant sur les sombres gazons,
Comme de grands lacs de lumière.

Puis voilà qu'on croit voir, dans le ciel balayé,
Pendre un grand crocodile au dos large et rayé,
Aux trois rangs de dents acérées ;
Sous son ventre plombé glisse un rayon du soir ;
Cent nuages ardents luisent sous son flanc noir
Comme des écailles dorées.

Victor Hugo, « Soleils couchants », *Feuilles d'automne,* 1829.

Johann Christian Clausen Dahl, *Coucher de soleil près de Dresde* (détail), 1829, huile sur papier collé sur carton (22 x 28,3 cm), Museum Schloß Branitz, Cottbus (Allemagne).

Texte 5 Le coucher de soleil romantique

Que le soleil est beau quant tout frais il se lève,
Comme une explosion nous lançant son bonjour !
– Bienheureux celui-là qui peut avec amour
Saluer son coucher plus glorieux qu'un rêve !

Je me souviens !... J'ai tout vu, fleur, source, sillon,
Se pâmer sous son œil comme un cœur qui palpite...
– Courons vers l'horizon, il est tard, courons vite,
Pour attraper au moins un oblique rayon !

Mais je poursuis en vain le Dieu qui se retire ;
L'irrésistible Nuit établit son empire,
Noire, humide, funeste et pleine de frissons ;

Une odeur de tombeau dans les ténèbres nage,
Et mon pied peureux froisse, au bord du marécage,
Des crapauds imprévus et de froids limaçons.

Charles Baudelaire, « Le coucher de soleil romantique »,
Les Fleurs du Mal, 1857.

Biographie

Charles Baudelaire (1821-1867)

Grand poète français du XIXe siècle, il décrit, dans le recueil de poèmes *Les Fleurs du Mal*, la tension du poète entre l'aspiration à l'idéal et la mélancolie. Le coucher de soleil, auquel il consacre aussi le poème « Harmonie du soir » est un thème privilégié de l'expression mélancolique. Il modernise les thèmes poétiques, en faisant par exemple entrer le thème de la ville en poésie.

Texte 6 Soleils couchants

Une aube affaiblie
Verse par les champs
La mélancolie
Des soleils couchants.
La mélancolie
Berce de doux chants
Mon cœur qui s'oublie
Aux soleils couchants.
Et d'étranges rêves,
Comme des soleils
Couchant sur les grèves,
Fantômes vermeils,
Défilent sans trêves,
Défilent, pareils
À de grands soleils
Couchants sur les grèves.

Paul Verlaine, « Soleils couchants »,
Poèmes saturniens, 1866.

Le savez-vous ?

Le vers impair

Verlaine accorde une grande importance à la musicalité de sa poésie. Il cherche à se dégager des contraintes du vers traditionnel et est un des premiers à écrire en vers impairs (5 syllabes : pentasyllabes ; 9 syllabes : ennéasyllabes). Ce type de vers, innovant, créé une surprise par sa dissonance et peut exprimer le mal-être du poète.

Biographie

Paul Verlaine (1844-1896)

Son œuvre poétique, très variée, est tantôt mélancolique *(Poèmes saturniens)*, tantôt joyeuse *(Fêtes galantes)*. Sa modernité poétique s'exprime dans des vers impairs.

▸ *Analyser les formes variées du lyrisme autour d'un thème naturel*

Texte 4

1. Quel(s) sentiment(s) le poète éprouve-t-il face au coucher de soleil ? Quel élément naturel met en valeur ce coucher de soleil ?

2. Relevez le champ lexical de la lumière. Quelles couleurs sont évoquées ? Qu'en concluez-vous ?

3. Montrez que la description de la nature est effectuée par les yeux du poète (étudiez les marques de l'énonciation, les images, les hyperboles, en particulier dans la strophe 4).

Texte 5

4. Comment le poète décrit-il le soleil entre les v. 1 et 6 ?

5. Montrez que le poète insiste sur la fugacité du coucher de soleil.

6. Comment l'opposition entre les deux parties du sonnet (quatrains/tercets) traduit-elle une opposition thématique ?

Texte 6

7. À quel sentiment le poète associe-t-il le coucher de soleil (➡ p. 124) ? Après avoir donné la définition du terme, recherchez son champ lexical dans tout le poème.

8. Combien de fois le titre est-il répété ? Quel effet cela crée-t-il ? Pourtant, quelles différences observez-vous dans cette reprise ?

9. Comment la musique des vers (nombre de syllabes, sonorités, rimes) souligne-t-elle le sentiment du poète ?

BILAN **10** À quels sentiments le coucher de soleil est-il associé ? Pourquoi peut-on dire que ces trois poèmes sont lyriques ?

AUDIO lienmini.fr/jdl3-T303

Découvrez également le poème « Soleil couchant » de J. M. de Heredia lu par un sociétaire de la Comédie-française.

Biographie

Alfred de Musset
(1810-1857)
Il est un auteur romantique important, poète et dramaturge.
Il a bien décrit les affres de l'amour et du mal du siècle, ce désœuvrement de la jeunesse dans la période désenchantée de la Restauration, après l'enthousiasme suscité par les conquêtes napoléoniennes.

Nicolas Tournier, *Le Joueur de luth* (détail), XVIIe siècle, huile sur toile, musée de l'Ermitage, Saint-Pétersbourg (Russie).

Le savez-vous ?

Le luth ici, la lyre là, un air de musique pour Nerval : poésie et musique sont très liées, depuis Orphée jusqu'à la mise en chansons contemporaine de certains poèmes (➡ p. 141). Le rythme et les sonorités importent autant en poésie qu'en musique.

Biographie

Gérard de Nerval
(1808-1855)
Auteur de poèmes et de nouvelles, il voyage beaucoup et manifeste son attirance pour le rêve et l'univers mystique.

Texte 7 La Nuit de mai

La Muse

Poète, prends ton luth et me donne un baiser ;
La fleur de l'églantier sent ses bourgeons éclore,
Le printemps naît ce soir ; les vents vont s'embraser ;
Et la bergeronnette, en attendant l'aurore,
Aux premiers buissons verts commence à se poser.
Poète, prends ton luth, et me donne un baiser.

Le Poète

Comme il fait noir dans la vallée !
J'ai cru qu'une forme voilée
Flottait là-bas sur la forêt.
Elle sortait de la prairie ;
Son pied rasait l'herbe fleurie ;
C'est une étrange rêverie ;
Elle s'efface et disparaît.

Alfred de Musset, « La Nuit de mai », *Les Nuits,* 1835-1837.

Texte 8 Fantaisie

Il est un air pour qui je donnerais
Tout Rossini, tout Mozart et tout Weber[1];
Un air très vieux, languissant et funèbre,
Qui, pour moi seul, a des charmes secrets.

Or, chaque fois que je viens à l'entendre,
De deux cents ans mon âme rajeunit :
C'est sous Louis treize... Et je crois voir s'étendre
Un coteau vert, que le couchant jaunit,

Puis un château de brique à coins de pierre,
Aux vitraux teints de rougeâtres couleurs,
Ceint de grands parcs, avec une rivière
Baignant ses pieds, qui coule entre des fleurs.

Puis une dame, à sa haute fenêtre,
Blonde aux yeux noirs, en ses habits anciens...
Que, dans une autre existence peut-être,
J'ai déjà vue — et dont je me souviens !

Gérard de Nerval, « Fantaisie », *Petits Châteaux de Bohème,* 1853.

1. **Weber :** prononcer « Vèbre ».

Rêver éveillé

Texte 7

1. Deux personnages parlent : le texte est-il un dialogue ?

2. Comment l'image du printemps est-elle développée dans la réplique de la muse ?

3. Le poète partage-t-il l'enthousiasme de la muse ?

4. Par quels mots l'incertitude liée au rêve se traduit-elle ?

Texte 8

5. À quels mots voit-on que l'air de musique déclenche presque magiquement une rêverie ?

6. « L'air » lance la rêverie et il est présent tout au long du poème : étudiez les sonorités (quel son consonne revient souvent ?) et le rythme harmonieux des vers pour le montrer.

7. Comment est organisée la description du paysage rêvé ? Comment filmeriez-vous ce rêve ?

BILAN **8** À quel sentiment la rêverie est-elle liée dans ces deux textes ?

Texte 9 Je raconte un rêve

[...] Je raconte un rêve :
un homme une femme
se promènent près d'une rivière,
un crocodile derrière
eux
les suit comme un chien.
Ce crocodile c'est moi-même
qui suis docile comme un chien
car quelque étrange magicien
m'a réduit à cette ombre extrême,
quelque étrange maléfacteur,
un jeteur de sorts, un damneur,
un ensemenceur d'anathèmes[1].
Moi ? docile ? mais ? plus tard ? ne me suis-je pas
révolté ?
Moi ? docile ? un rebelle ?
J'ai cru me révolter et je me suis puni.[...]

Raymond Queneau, *Chêne et chien,*

1. **anathèmes :** malédiction.

Biographie

Raymond Queneau (1903-1976)
Poète, romancier et éditeur important du XXe siècle, il a fondé l'Oulipo en 1960 (➡ p. 139). *Chêne et chien* est son autobiographie en vers.

Le savez-vous ?

Au XXe siècle, le rêve est lié à l'inconscient dont Freud a montré l'existence. On essaie d'interpréter les rêves, quelquefois avec l'aide d'un psychanalyste, comme le fait ici Raymond Queneau.

Interpréter des rêves

Texte 9 **1.** Les trois mots surlignés n'existent pas : que peuvent-ils signifier ? Appuyez-vous sur les mots de la même famille et sur le contexte pour deviner.

2. Quel sentiment expriment les points d'interrogation des vers 14 et 15 ?

Texte 10 **3.** Quels sont les mots qui se répètent ? Y a-t-il une progression ?

4. Le rêve permet à l'auteur de se fondre dans ce monde étranger : quels mots le montrent ?

5. Comment les éléments naturels prennent-ils vie ?

6. Ce monde est aussi inquiétant : comment s'en rend-on compte ?

7. À quoi servent d'habitude les points de suspension et les deux points ? Est-ce le cas ici ?

BILAN **8** Ces rêves font-ils naitre les mêmes sentiments chez les deux auteurs ?

Paul Ranson, *Paysage Nabis*, 1890, huile sur toile (90 x 114 cm), collection privée.

Texte 10 Le jour du jour c'était un rêve

J'ai rencontré le peuple Peul...
Je crois qu'il m'a dit cette nuit
de m'approcher...
Plus près des lèvres des anciens
Devant les braises
m'asseoir
Ne rien
dire...

J'ai rencontré le peuple :
Peul
Les masques s'étaient mis debout
et le vent brun :
tordait les pierres...
La mer m'a roulée dans son creux :
le peuple Peul
et m'approcher :
plus près plus près...
[...]

Pour une nuit,
le peuple Peul,
et m'approcher...
Si près...
Si près...

Édith Azam, *Qui journal fait voyage,*

Biographie

Édith Azam (née en 1973)
Poétesse contemporaine, voici comme elle se présente sur le site de son éditeur P.O.L. : « Édith Azam, rien à signaler. Se fout de sa biographie, rêve actuellement de voir pousser une fleur. »

Lyrisme et engagement

Texte 11 La fonction du poète

[…] Le poète en des jours impies[1]
Vient préparer des jours meilleurs.
Il est l'homme des utopies[2] ;
Les pieds ici, les yeux ailleurs.
C'est lui qui sur toutes les têtes,
En tout temps, pareil aux prophètes,
Dans sa main, où tout peut tenir,
Doit, qu'on l'insulte ou qu'on le loue,
Comme une torche qu'il secoue,
Faire flamboyer l'avenir !
[…]

Victor Hugo, « La fonction du poète », *Les Rayons et les Ombres,* 1840.

1. **impies** : qui ne respectent pas certaines valeurs, notamment religieuses.
2. **utopies** : sociétés fictives et idéales.

Texte 12 À M. Félix Guillemardet sur sa maladie

Frère ! le temps n'est plus où j'écoutais mon âme
Se plaindre et soupirer comme une faible femme
Qui de sa propre voix soi-même s'attendrit,
Où par des chants de deuil ma lyre intérieure
Allait multipliant comme un écho qui pleure
Les angoisses d'un seul esprit !

Dans l'être universel au lieu de me répandre,
Pour tout sentir en lui, tout souffrir, tout comprendre,
Je resserrais en moi l'univers amoindri ;
Dans l'égoïsme étroit d'une fausse pensée
La douleur en moi seul, par l'orgueil condensée,
Ne jetait à Dieu que mon cri !

Ma personnalité remplissait la nature,
On eût dit qu'avant elle aucune créature
N'avait vécu, souffert, aimé, perdu, gémi !
Que j'étais à moi seul le mot du grand mystère,
Et que toute pitié du ciel et de la terre
Dût rayonner sur ma fourmi !
Pardonnez-moi, mon Dieu ! […]
Puis mon cœur, moins sensible à ses propres misères,
S'est élargi plus tard aux douleurs de mes frères ;
Tous leurs maux ont coulé dans le lac de mes pleurs,
Et, comme un grand linceul que la pitié déroule,
L'âme d'un seul, ouverte aux plaintes de la foule,
A gémi toutes les douleurs !

Alphonse de Lamartine, « À M. Félix Guillemardet sur sa maladie », *Recueillements poétiques,* 1837.

Repères littéraires

Le poète romantique et la société

Les bouleversements de 1830 vont conduire certains poètes à s'impliquer dans la société. C'est le cas de Lamartine et Hugo notamment. De l'expression exaltée de sentiments personnels, on passe à l'expression des sentiments de tous. Hugo montrera le Romantisme comme l'équivalent en littérature de la Révolution. Le poète romantique se présente comme un rêveur, un prophète, un déchiffreur de la nature : un homme à cheval entre le monde des hommes et celui de Dieu.

Biographie

Alphonse de Lamartine
(1790-1869)

Poète important du Romantisme grâce à ses *Méditations*, inspirées de son amour pour Julie, il est aussi député de 1833 à 1851. D'abord royaliste, c'est lui qui proclame la Deuxième République en 1848.

Comprendre l'évolution du poète

Texte 11

1. À quoi se compare le poète ? Que peut-on alors attendre de lui ?
2. Quels termes et comparaisons nous indiquent que le poète voit un futur radieux ?

Texte 12

3. Lisez les vers surlignés et essayez de reformuler le propos du poème.
4. Relevez le champ lexical de la plainte. Y a-t-il de la place pour un autre sentiment dans le poème de Lamartine ?
5. Comment le poète se désigne-t-il tout au long du poème ? Faites notamment attention aux images.
6. Repérez tout ce qui s'oppose à « l'égoïsme étroit » du poète.
7. Quels liens pouvez-vous faire entre le poème et ce que vous savez de la vie de Lamartine ?
8. Quels sentiments expriment les différents points d'exclamation ?

BILAN
9. Quel rôle ces deux auteurs donnent-ils au poète ?

H.-F. Philippoteaux, *Révolution de 1848, Alphonse de Lamartine repoussant le drapeau rouge pour le drapeau tricolore, à l'Hôtel de ville,* Paris, le 26 février 1848, huile sur toile, Petit Palais, musée des beaux-arts de la ville de Paris.

Texte 13 À l'obéissance passive

Victor Hugo écrit Les Châtiments *alors qu'il est en exil pour protester contre le coup d'État de Napoléon III qui rétablit l'Empire. Ce poème évoque au contraire la gloire des armées révolutionnaires.*

[…]
Au levant, au couchant, partout, au sud, au pôle,
Avec de vieux fusils sonnant sur leur épaule,
Passant torrents et monts,
Sans repos, sans sommeil, coudes percés, sans vivres,
Ils allaient, fiers, joyeux, et soufflant dans des cuivres
Ainsi que des démons !

La Liberté sublime emplissait leurs pensées.
Flottes prises d'assaut, frontières effacées
Sous leur pas souverain,
Ô France, tous les jours, c'était quelque prodige,
Chocs, rencontres, combats ; et Joubert[1] sur l'Adige,
Et Marceau[1] sur le Rhin !

On battait l'avant-garde, on culbutait le centre ;
Dans la pluie et la neige et de l'eau jusqu'au ventre,
On allait ! en avant !
Et l'un offrait la paix, et l'autre ouvrait ses portes,
Et les trônes, roulant comme des feuilles mortes,
Se dispersaient au vent !

Oh ! que vous étiez grands au milieu des mêlées, Soldats !
[…]

Victor Hugo, « À l'obéissance passive », *Les Châtiments,* 1853.

1. **Joubert, Marceau** : généraux.

Lecture d'image

1. Quels éléments représentent les combats révolutionnaires ?
2. Comment le rôle important d'Alphonse de Lamartine est-il souligné ?

Partager des sentiments

Entrer dans la lecture. Quels sentiments les exclamations permettent-elles de souligner selon vous ?

1. Quels pronoms personnels successifs Hugo utilise-t-il pour parler des soldats ? Comment interprétez-vous ces changements ?

2. Comment la puissance de cette armée est-elle mise en valeur ? Étudiez le vocabulaire, les accumulations, les images.

BILAN **3** Hugo vous paraît-il avoir la même vision que Lamartine du devoir du poète ?

Lire à plusieurs voix

Lisez le poème de Victor Hugo à plusieurs voix, en changeant de lecteur à chaque nouveau groupe de mots (vous pouvez vous laisser porter par la ponctuation et le découpage en vers). Entrainez-vous pour que la lecture soit la plus fluide possible.

Charles Duvent, *Silhouettes de soldats,* 1914-1918, aquarelle et fusain sur papier bleu (16 x 25 cm), musée de l'Armée, Paris.

Repères littéraires

L'engagement des poètes

La poésie engagée existait avant le Romantisme. Elle continue à se développer après lui, au XXe siècle, face aux horreurs des deux guerres mondiales notamment.

Biographie

Guillaume Apollinaire
(1880-1918)
Il introduit les thèmes de la vie moderne et de la ville dans ses poèmes, qui auront une grande influence sur la poésie du XXe siècle. Il est blessé pendant la Première Guerre mondiale et décède de la grippe espagnole.

Texte 14 Mon cher André Dupont

Mon cher André Dupont merci de votre carte
Votre douce tartine est mère de ma tarte
J'ai tant aimé les Arts que je suis artilleur[1]
Il a bien fait mauvais aujourd'hui c'est meilleur
J'ai sur un grand cheval fait six heures de route
Genoux en sang mais que voulez-vous que ça foute
Tant d'hommes sur le front meurent en ce moment
Que c'est un vrai plaisir de saigner seulement
L'artillerie est l'art de mesurer les angles
Et l'équitation de bien serrer les sangles
L'art du canon est l'art de tout bien mesurer
Avec l'astronomie on le peut comparer
Voilà tout le secret de la guerre où nous sommes
Le reste est dans la joie et la vertu des hommes
Je pense à tout cela sur la route en mon for
Mon cher André Dupont je vous embrasse fort
Il vente il fait un froid de loup la nuit est claire
Écrivez-moi souvent Guillaume Apollinaire

Guillaume Apollinaire, *Poèmes épistolaires, À André Dupont,* 1er février 1915.

1. **artilleur :** soldat chargé des canons.

Comprendre les intentions du poète

Entrer dans la lecture. Lisez le texte à voix haute en essayant d'imaginer la ponctuation.

1. Quels éléments le poète donne-t-il pour faire comprendre la dureté des conditions de vie au front ?

2. Comment le poète arrive-t-il à donner une image absurde de la guerre ?

3. Quel est le point commun entre les vers surlignés ?

4. Qu'est-ce qui donne de la gaieté à ce poème malgré tout ?

BILAN **5** Apollinaire a écrit de nombreuses « lettres-poèmes » pendant la guerre. Pourquoi à votre avis ?

Réagir par écrit

BREVET

• Écoutez « Ma Lou je coucherai ce soir dans les tranchées » : est-ce un poème d'amour ou un poème de guerre ?

AUDIO lienmini.fr/jdl3-T304

• Rédigez votre réponse en un paragraphe argumenté.

Texte 15 Couplets de la rue Saint-Martin

Je n'aime plus la rue Saint-Martin
Depuis qu'André Platard l'a quittée.
Je n'aime plus la rue Saint-Martin,
Je n'aime rien, pas même le vin.

Je n'aime plus la rue Saint-Martin
Depuis qu'André Platard l'a quittée.
C'est mon ami, c'est mon copain.
Nous partagions la chambre et le pain.
Je n'aime plus la rue Saint-Martin.

C'est mon ami, c'est mon copain.
Il a disparu un matin,
Ils l'ont emmené, on ne sait plus rien.
On ne l'a plus revu dans la rue Saint-Martin.

Pas la peine d'implorer les saints,
Saints Merri, Jacques, Gervais et Martin,
Pas même Valérien[1] qui se cache sur la colline.
Le temps passe, on ne sait rien.
André Platard a quitté la rue Saint-Martin.

Robert Desnos, « Couplets de la rue Saint-Martin »,
Destinée arbitraire, © Éditions Gallimard, 1975.

1. **Saints Merri, Jacques, Gervais, Martin et Valérien :** tous ces saints renvoient aussi à des lieux de Paris.

Biographie

Robert Desnos (1900-1945)

Il est un poète important du surréalisme. Résistant, il est déporté en Tchécoslovaquie en 1944, et meurt du typhus, un mois après la libération du camp.

Faire le lien entre les œuvres

Quelle est la place de l'amitié pour ces poètes en temps de guerre ?

Texte écho L'honneur des poètes

Il est temps de redire, de proclamer que les poètes sont des hommes comme les autres, puisque les meilleurs d'entre eux ne cessent de soutenir que tous les hommes sont ou peuvent être à l'échelle du poète. Devant le péril aujourd'hui couru par l'homme, des poètes nous sont venus de tous les points de l'horizon français. Une fois de plus, la poésie mise au défi se regroupe, retrouve un sens précis à sa violence latente, crie, accuse, espère.

Paul Eluard, Préface, *L'Honneur des poètes,*
© Éditions de Minuit, 1943.

Paul-Étienne Sarisson, dit **Paul Étienne**, *Le Passant* (détail), 1954, épreuve gélatino-argentique (38,4 x 32,6 cm), Centre Pompidou - Musée national d'art moderne - Centre de création industrielle, Paris.

Comprendre les sentiments du poète

Entrer dans la lecture. Quelle réalité historique le texte dénonce-t-il ? Le texte s'appelle « Couplets... ». Pourrait-on aussi parler de refrains ?

Texte 15

1. Comment l'intimité entre Robert Desnos et André Platard est-elle retranscrite ?

2. Cherchez l'étymologie de « copain ».

3. Qui le « ils » au v. 12 peut-il désigner ?

4. Relevez les phrases négatives dans le poème. Pourquoi pensez-vous que le poète en utilise autant ?

5. Comment le poète essaie-t-il de lutter contre la disparition qu'il évoque ?

Texte écho

6. Les poètes Apollinaire et Desnos vous semblent-ils être « des hommes comme les autres » (l. 2) ?

BILAN **7** Quel(s) sentiment(s) semble(nt) animer le poète dans « Couplets de la rue Saint-Martin » ?

Texte 16 Les secrets de l'écriture

Je n'écris pas pour quelques-uns retirés sous la lampe
Ni pour les habitués d'une cité lacustre
Pour l'écolier attentif à son cœur
Non plus pour cet enfant paresseux qui sommeille
Entre mes bras depuis cent ans
Mais pour cet homme qui dépassé par l'orage
N'entend pas la rumeur terrestre de son sang
Ni l'herbe le flatter doucement au visage
J'écris pour divulguer ce qui vient des saisons
La neige pure ainsi qu'une main féminine
Et le pollen éparpillé sur les gazons
Aussi l'agneau qui fait le calme des montagnes
J'écris pour dépasser la crue noire du temps
Tandis que les oiseaux et les fleurs me précèdent
À cette auberge au bord du ciel où les passants
Trouvent des couches étoilées et des vaisselles
Pleines de fruits et des soleils encourageants [...].

René-Guy Cadou, « Les secrets de l'écriture », *Poésie la vie entière,* 1944, © Seghers, 2001.

Biographie

René-Guy Cadou (1920-1951)

Poète du XXe siècle, il montre dans sa poésie l'amour de la vie et de la nature. Marqué par la Seconde Guerre mondiale (il a croisé des otages sur le point d'être fusillés), il célèbre aussi la liberté et la fraternité des hommes.

Fernand Léger, *La Joie de vivre,* 1955, gouache et encre sur papier (32,4 x 27,9 cm), collection privée.

Exprimer la nécessité de la poésie

Entrer dans la lecture. Quelle indication le titre du poème fournit-il sur le projet de son auteur ?

1. Quelles richesses ont déjà ceux qui n'ont pas besoin du poète ?

2. Vers quel premier personnage veut-il se tourner ? Selon vous, pourquoi a-t-il besoin du poète ?

3. Que signifie le verbe « divulguer » ? Quel rapport peut-on établir avec la mission du poète ?

4. Quelle image utilise-t-il pour évoquer le temps qui passe ? À quel autre poète peut-on penser ?

5. Que peut-on trouver dans cette auberge « au bord du ciel » ? De quelle nourriture symbolique peut-il s'agir ?

BILAN **6** Après avoir lu les poèmes de ces deux pages, expliquez ce qui rend le poète si important pour les autres hommes.

Texte 17 L'espérance

J'ai ancré l'espérance
Aux racines de la vie

*

Face aux ténèbres
J'ai dressé des clartés
Planté des flambeaux
À la lisière des nuits

*

Des clartés qui persistent
Des flambeaux qui se glissent
Entre ombres et barbaries

*

Des clartés qui renaissent
Des flambeaux qui se dressent
Sans jamais dépérir

*

J'enracine l'espérance
Dans le terreau du cœur
J'adopte toute l'espérance
En son esprit frondeur.

Andrée Chedid, « L'espérance », *in Une salve d'avenir. L'espoir, anthologie poétique,* © Éditions Gallimard, 2004.

Biographie

Andrée Chedid (1920-2011)

Elle est une romancière et poètesse du XXe et du XXIe siècles, d'origine libano-égyptienne. Son œuvre se compose de recueils de poésie et de romans, qui évoquent la condition de l'Homme.

▸ Comprendre le rôle du poète dans la société

1. Quelles actions la poètesse accomplit-elle dans ce poème ? De quelle figure de style s'agit-il ?

2. Quelles oppositions relevez-vous dans ce poème ? Comment la solidité de l'espérance est-elle mise en valeur ?

3. Quel ton vous parait approprié pour déclamer ce poème ? Sur quels mots voulez-vous insister ?

BILAN **4** Selon Andrée Chedid, que peut apporter le poète aux hommes ? De quelle manière ?

Coupe à figures rouges attribuée au peintre de **Chairias** : jeune homme au banquet jouant de la lyre, vers 500 av. J.-C., céramique, musée du Louvre, Paris.

Synthèse — Le lyrisme en poésie

- Le **poète lyrique** (adjectif qui vient de la lyre, instrument de musique avec lequel les poètes antiques accompagnaient leur chant) peut partager un **sentiment personnel, intime,** et **à la fois universel** : la nostalgie du temps qui passe (A. Lamartine, « Le Lac » ➥ p. 122), le chagrin d'amour (M. Desbordes-Valmore, « Qu'en avez-vous fait ? » ➥ p. 123), l'évasion dans le rêve (A. de Musset, « La Nuit de mai » et G. de Nerval, « Fantaisie » ➥ p. 128), l'amitié (R. Desnos, « Couplets de la rue Saint-Martin » ➥ p. 133), ou encore la communion avec la nature (V. Hugo, « Soleils couchants » ➥ p. 126).
- Il peut aussi chercher à exprimer les **sentiments d'autres personnes** et **s'impliquer dans la société** : c'est le cas de Lamartine qui exprime sa compassion dans *Recueillements poétiques* (➥ p. 130), de Hugo qui exprime son admiration dans *Les Châtiments* (➥ p. 131) ou de Desnos et Apollinaire (➥ p. 132-133).
- Dans les poèmes lyriques, on trouve :
  - le vocabulaire des sentiments ;
  - des exclamations et des questions rhétoriques, qui expriment aussi les sentiments ;
  - des images (métaphores et comparaisons) propres à faire comprendre la force de ces sentiments ;
  - des exagérations.

Écrire un poème exprimant ses sensations

BREVET

Choisissez une œuvre picturale ou photographique de ce parcours et écrivez un poème de 11 vers contenant chacun une quinzaine de mots et commençant ainsi :

- Je vois
- Je me demande
- J'entends
- Je souligne
- Je sens
- Je refuse
- Je touche
- J'imagine
- Je goute
- J'adore
- Je vois

Atelier d'expression

Apprendre par cœur un poème

À l'oral
- Réciter un poème
- Lire autrement que de manière linéaire

À l'écrit
- Écrire des poèmes

Dans cet atelier, vous allez découvrir comment apprendre par cœur des poèmes et vous entrainer à les réciter. Vous essaierez différentes techniques et vous vous entrainerez à prendre conscience du fonctionnement de votre mémoire. Au cours de cet atelier, vous apprendrez en tout cinq poèmes.

lienmini.fr/jdl3-T305

Le comédien Michel Vuillermoz, sociétaire de la Comédie-française, vous explique comment il apprend un texte par cœur…

Avant de commencer

1. Comment apprenez-vous par cœur d'habitude ?
2. Quels textes connaissez-vous par cœur (chansons, poèmes appris à l'école…) ?
3. Récitez-en quelques vers à vos camarades.

Méthode

Apprendre quelque chose, c'est le retenir dans la mémoire à long terme.
Pour ce faire, il faut relier les éléments à apprendre à quelque chose qu'on connait déjà, qui fait partie de nous : c'est comme une toile d'araignée à laquelle on rajoute un fil.
On peut :
- ***reformuler*** le texte,
- le ***rattacher à une émotion,***
- ***créer des liens,***
- le ***manipuler*** pour le percevoir autrement.

Pour retenir, certains utilisent plus la vue, d'autres l'ouïe, d'autres le mouvement.

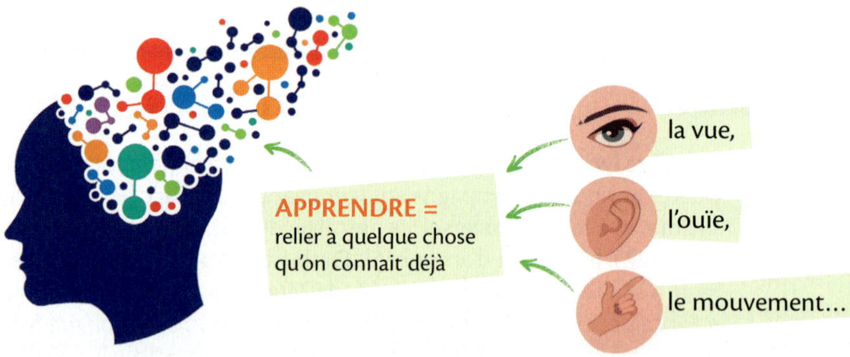

Reformuler un texte et le rattacher à des émotions

- Prenez connaissance du corpus qui vous est proposé ci-après.
- Formez un groupe de huit élèves en cercle. Chacun choisit un poème de l'atelier et s'entraine à le lire à voix haute (marquez où vous devez faire des pauses, cherchez les mots inconnus…). Chacun doit avoir un poème différent. Chacun va lire à son tour son poème à voix haute, bien fort et de manière bien articulée.
- Quel poème vous semble le plus facile à apprendre ? Pourquoi ? Confrontez vos avis dans le groupe.
- Essayez de **reformuler** ce que dit le poème que vous avez choisi de lire. Y parvenez-vous ? Pourquoi, à votre avis ? **Quels sentiments** éprouvez-vous à sa lecture ?

Graine de savoir

Apprendre par cœur est une forme extrême de lecture : « On lit plus vite qu'on écrit, c'est un tort. » (François Caradec) Que pensez-vous de cette affirmation ?

La Nuit de mai

LA MUSE

Crois-tu donc que je sois comme le vent d'automne,
Qui se nourrit de pleurs jusque sur un tombeau,
Et pour qui la douleur n'est qu'une goutte d'eau ?
Ô poète ! un baiser, c'est moi qui te le donne ;
L'herbe que je voulais arracher de ce lieu,
C'est ton oisiveté ; ta douleur est à Dieu.
Quel que soit le souci que ta jeunesse endure,
Laisse-la s'élargir, cette sainte blessure
Que les noirs séraphins t'ont faite au fond du cœur ;
Rien ne nous rend si grands qu'une grande douleur.
Mais, pour en être atteint, ne crois pas, ô poète,
Que ta voix ici-bas doive rester muette.
Les plus désespérés sont les chants les plus beaux,
Et j'en sais d'immortels qui sont de purs sanglots.

Alfred de Musset, « La Nuit de mai », *Les Nuits,* 1835-1837.

Grammaire pour dire et pour écrire

Savoir exprimer ses propres sentiments à la lecture d'un poème :

Les sentiments personnels peuvent aller du sentiment le plus négatif au plus positif. Ils s'expriment par des noms, des verbes, des adjectifs (ou des participes à valeur d'adjectifs).

J'applique

a. Placez les mots suivants sur un axe qui va du malheur au bonheur.

joie – tristesse – gaieté – lassitude – chagrin – malaise – euphorie – jubilation – exultation – abattement – angoisse – inquiétude – extase – déception – désespoir – accablement

b. Complétez ce tableau sur le modèle de la première ligne.

	Suscite le sentiment			Éprouve le sentiment		
Nom	Vb.	Adj.	Advb.	Vb.	Adj.	Advb.
déception	décevoir	décevant, déceptif	/	/	déçu	/
joie	....	....	/	....	....	....
....	....	....	....	/	lassé	/
angoisse	....	....	/	....	....	....

Affiche anglaise du film *Confession d'un enfant du siècle*, film franco-anglo-allemand de **Sylvie Verheyde**, 2012.

Lecture d'image

Ce film a été tiré de l'ouvrage de Musset, *Confession d'un enfant du siècle,* inspiré de sa passion destructrice pour George Sand. À votre avis, pourquoi le poète intéresse-t-il encore aujourd'hui ?

Un poème c'est bien peu de chose...

Un poème c'est bien peu de chose
à peine plus qu'un cyclone aux Antilles
qu'un typhon dans la mer de Chine
un tremblement de terre à Formose

Une inondation du Yang Tse Kiang
ça vous noie cent mille Chinois d'un seul coup
vlan
ça ne fait même pas le sujet d'un poème
Bien peu de chose

On s'amuse bien dans notre petit village
on va bâtir une nouvelle école
on va élire un nouveau maire et changer les jours de
[marché
on était au centre du monde on se trouve maintenant
près du fleuve océan qui ronge l'horizon

Un poème c'est bien peu de chose

Raymond Queneau, « Un poème c'est bien peu de chose » *in* « Pour un art poétique », *L'Instant fatal,* © Éditions Gallimard, 1966.

Comprendre

Le texte de Queneau est-il poétique selon vous ?

Bonjour tristesse

Un homme de quarante ans, charmant, léger, aux aventures faciles et nombreuses, et sa fille de dix-sept ans, Cécile, forment un couple inséparable de camarades. Ils vivent dans la plus grande liberté, une amoralité parfaite, une insouciance totale, jusqu'au jour où, plus dangereuse que toutes les habituelles « passantes », une femme survient... Belle, envoûtante, un peu mystérieuse, Anne, qui fut la meilleure amie de la mère de Cécile, va vouloir enchaîner l'homme volage et préserver la jeune fille d'une dépravation certaine. Devant cette menace, Cécile, avec un machiavélisme à la fois innocent et pervers, provoque la rupture, la catastrophe... Le danger est écarté, mais un nouveau visage hantera désormais l'adolescente : celui de la tristesse.

Ecrit par une jeune fille de dix-huit ans, ce roman, poétique et ensorcelant, révèle un talent exceptionnel.

EXTRAIT DU CATALOGUE

Pierre Boulle
L'épreuve des hommes blancs

Albert Cossery
Mendiants et orgueilleux

Jean-Louis Curtis
Les justes causes

Maurice Druon
La volupté d'être

Georgette C. Gaulis
L'avion de Prague

Paulette Houdyer
L'oiseau de pluie

Stéphane Jourat
Les sentiers battus

José-André Lacour
Confession interdite

Jacques Lanzmann
Le rat d'Amérique

Geneviève Serreau
Le soldat Bourquin

RJ

Quatrième de couverture du roman de Françoise Sagan, *Bonjour tristesse*, 1954, © Éditions Julliard.

Lecture de couverture

Françoise Sagan a donné le titre *Bonjour tristesse* à son premier roman écrit à 18 ans. Quel lien pouvez-vous faire entre le poème d'Eluard et le livre de Sagan ?

Comprendre

Comment comprenez-vous le titre du poème d'Eluard ?

À peine défigurée

Adieu tristesse
Bonjour tristesse
Tu es inscrite dans les lignes du plafond
Tu es inscrite dans les yeux que j'aime
Tu n'es pas tout à fait la misère
Car les lèvres les plus pauvres te dénoncent
Par un sourire
Bonjour tristesse
Amour des corps aimables
Puissance de l'amour
Dont l'amabilité surgit
Comme un monstre sans corps
Tête désappointée
Tristesse beau visage.

Paul Eluard, *La Vie immédiate,* © Éditions Gallimard, 1967.

L'amur qui dure

Je veux pas que tu pleures jamais
avec ta petite figure
Parfois je rêve que tu meures
Et les larmes elles montent de moi
Et je me souviens du malheur
Que j'avais autrefois
sans le bonheur de toi

Je veux pas que tu meures jamais
je veux que ça dure
que ça dure
Mon amur

Hervé Le Tellier, *Zindien,* © Le Castor Astral, 2009.

Comprendre

À qui peut s'adresser ce poème, selon vous ?

Marc Chagall, *Les Amoureux en gris,* vers 1916, huile sur toile (69 x 49 cm), musée d'Art et d'Histoire du judaïsme, Paris.

Quand je me deux

Quelque chose est tombé de moi dans l'herbe
Une vieille lubie une alliance plume
Une goutte d'eau salée
La note du plombier

Quelque chose est tombé de moi sur le trottoir
Va savoir quoi comme lambeau de mémoire
Cheveu ténu tiré donc quatre épingles
J'ai perdu minimum quatre épingles

Quelque chose est tombé de moi sous la table
Un ouragan une tuile une catastrophe
Un nénuphar une dent de lait l'espoir
Plus clair un jour d'y voir

Quelque chose a monté de moi sans prévenir
Quelque chose fiche le camp du corps
Et des saisons quelque chose s'évapore
Quelque chose maximum.

Valérie Rouzeau, *Quand je me deux,*
© Le temps qu'il fait, 2009.

Portrait de **Valérie Rouzeau**.

Pierre Bonnard, *L'Enfant qui déjeune,* 1895, huile sur toile, collection privée.

Régime

Un jour que j'étais gros et enfant,
Le docteur a brandi un régime
Et une prescription pour la gym ;
Il avait épinglé le gourmand

Qui en moi semblait bien éveillé,
Faisant graisse de tout chocolat,
Bourrelets de bols de Banania,
Et gros plis des gâteaux du goûter.

À me donner ainsi la mesure
Le docteur m'a fait un grand cadeau,
Un de ceux qui toute la vie durent,

Il m'a donné l'ampleur de ma peau,
Le sens du pas assez et du trop,
Et la grande joie des démesures.

Paul Fournel, *Le Bel Appétit,* © Éditions P.O.L., 2015.

Comprendre

Valérie Rouzeau vit en banlieue parisienne. Poétesse et traductrice, elle est connue pour ses jeux sur la langue ainsi que pour ses paroles pour le groupe de musique Indochine. Elle se produit dans de nombreuses lectures publiques.

Préférez-vous entendre ou lire la poésie ?

Débattre en classe

Faut-il tout comprendre pour apprécier un poème ?

Le savez-vous ?

L'Oulipo, l'Ouvroir de Littérature Potentielle, est un groupe d'écrivains et de mathématiciens fondé par Raymond Queneau en 1960. On y travaille dans la joie à inventer de nouvelles possibilités en littérature. Paul Fournel et Hervé Le Tellier en font partie. Ils proposent des lectures publiques et animent des ateliers d'écriture.

Groupe de l'Oulipo, 1990, Paris.

Édouard Manet, *Portrait de Jeanne Duval, maîtresse de Baudelaire* (détail), 1862, huile sur toile (90 x 113 cm), Szepmuveszeti Museum, Budapest (Hongrie).

Parfum exotique

Quand, les deux yeux fermés, en un soir chaud d'automne,
Je respire l'odeur de ton sein chaleureux,
Je vois se dérouler des rivages heureux
Qu'éblouissent les feux d'un soleil monotone ;

Une île paresseuse où la nature donne
Des arbres singuliers et des fruits savoureux ;
Des hommes dont le corps est mince et vigoureux,
Et des femmes dont l'œil par sa franchise étonne.

Guidé par ton odeur vers de charmants climats,
Je vois un port rempli de voiles et de mâts
Encor tout fatigués par la vague marine,

Pendant que le parfum des verts tamariniers,
Qui circule dans l'air et m'enfle la narine,
Se mêle dans mon âme au chant des mariniers.

Charles Baudelaire, *Les Fleurs du Mal,* 1857.

Comprendre

Où le poète se trouve-t-il ? Où croit-il qu'il est ?

Lecture d'image

Ce tableau est censé représenter Jeanne Duval, la maitresse métisse de Baudelaire, peut-être originaire d'Haïti. Quel lien pouvez-vous faire entre le tableau et le poème ?

Créer des liens

• Quel poème avez-vous préféré (➥ p. 136) ? Procédez à une rapide discussion pour choisir le poème qui a le plus plu à la majorité.

• Celui qui est choisi doit relire son poème en boucle lentement. Dès qu'il a fini sa lecture, il recommence.

• Chaque élève garde sous les yeux son poème et écoute attentivement la lecture jusqu'au moment où il lève le doigt pour dire quelque chose comme : « Stop ! Quand tu dis cela, on pourrait glisser ce mot (ou cette phrase) de mon poème. » À la lecture suivante, le lecteur de départ s'arrêtera à ce moment-là pour laisser l'autre élève **glisser son mot (ou sa phrase)**.

Grammaire pour dire et pour écrire

Pour développer une phrase minimale, on ajoute des expansions du nom au sein des GN, des compléments circonstanciels.

Ex. : La poésie m'ennuie. = **phrase minimale**
S + Verbe + C. essentiel *(éventuellement)*

→ La joyeuse poésie de Raymond Queneau m'ennuie seulement le dimanche soir avant de m'endormir dans mon lit. = **phrase développée**

J'applique

Essayez de transformer la phrase « Le docteur a brandi un régime. » (Paul Fournel ➥ p. 139) en une phrase la plus longue possible.

Manipuler pour apprendre par cœur

• Choisissez individuellement un poème à apprendre par cœur. Relisez-le et choisissez **le mot qui est le plus important** pour vous dans chaque vers. Cela peut être lié au sens ou au son.

• Inscrivez ces « mots-clés » l'un en-dessous de l'autre sur une feuille. Cela crée un nouveau poème, un **« poème-liste »,** c'est en quelque sorte le squelette, la colonne vertébrale du poème. Apprenez par cœur ce « poème-liste ».

• Mettez-vous en cercle et récitez-vous vos « poèmes-listes ».

• Que pensez-vous de ces poèmes ? Si vous avez choisi un même poème de départ, quels choix de mots-clés ont été faits ?

• Chacun reprend ensuite le poème qu'il a choisi d'apprendre et poursuit son apprentissage en s'appuyant sur la structure déjà connue.

• Remettez-vous en cercle et récitez-vous vos poèmes.

• Qu'avez-vous pensé de cette façon d'apprendre en deux temps ?

Ulysse sur son bateau…, mosaïque, (250-270 ap. J.-C.), musée national du Bardo, Tunis (Tunisie).

Lecture d'image

Que savez-vous de l'histoire d'Ulysse ? Quel épisode est représenté ici, selon vous ?

Le savez-vous ?

Joachim du Bellay (1522-1560) est, au XVIe siècle, un des poètes importants de la Pléiade, un groupe de poètes dont l'un des objectifs est de développer la poésie en français plutôt qu'en latin.

Apprendre par l'ouïe

- Mettez-vous par groupes de deux. Vous allez enseigner le poème que vous avez appris à un(e) camarade de votre classe. Et lui/elle aussi vous enseignera son poème. Vous allez le faire en lui récitant votre poème.
- Fermez vos livres et allez déambuler en vous récitant vos poèmes. Mettez-vous d'accord sur le rythme à suivre.
- Cela vous a-t-il aidé d'enseigner le poème à votre camarade ? Avez-vous aimé apprendre de cette façon ?

Apprendre par l'ouïe et la vue

En 2007, le chanteur Ridan reprend le poème de J. du Bellay dans sa chanson *Ulysse*.

- **Écoutez et regardez** la chanson et le clip de Ridan sur Internet.
- Le texte est-il exactement le même ?
- À quelle saison les images renvoient-elles ?
- Quelles sont les images qui renvoient au voyage ? Lesquelles renvoient plus particulièrement à Ulysse et son histoire ?
- Apprenez le poème **en vous aidant de l'air** de la chanson. Récitez-le en chœur avec les autres élèves de la classe.

Le chanteur **Ridan** sur scène lors d'un concert aux Francofolies de La Rochelle, en 2007.

Heureux qui, comme Ulysse, a fait un beau voyage

Envoyé en mission en Italie, le poète a le mal du pays

Heureux qui, comme Ulysse, a fait un beau voyage,
Ou comme cestuy-là qui conquit la toison[1],
Et puis est retourné, plein d'usage et raison,
Vivre entre ses parents le reste de son âge !

Quand reverrai-je, hélas, de mon petit village
Fumer la cheminée, et en quelle saison
Reverrai-je le clos de ma pauvre maison,
Qui m'est une province, et beaucoup davantage ?

Plus me plaît le séjour qu'ont bâti mes aïeux,
Que des palais Romains le front audacieux,
Plus que le marbre dur me plaît l'ardoise fine ;

Plus mon Loir gaulois, que le Tibre latin,
Plus mon petit Liré, que le mont Palatin,
Et plus que l'air marin la douceur angevine.

Joachim du Bellay, « Heureux qui, comme Ulysse »,
Les Regrets, 1558.

1. Jason est un autre héros de la mythologie grecque qui alla chercher, avec les Argonautes, la toison d'or, gardée par un dragon.

Activité finale

Quelle façon d'apprendre vous a le plus convenu ? Quel poème connaissez-vous le mieux à la fin de cet atelier ? Est-ce celui qui a été le plus facile à apprendre ? Choisissez un autre poème du manuel qui vous plait particulièrement et apprenez-le par cœur.

PARCOURS

une vie
une œuvre

Arthur RIMBAUD,

poète adolescent, poète voyant

1

Vous allez découvrir, à travers ce parcours, comment un poète puise, dès son enfance, son inspiration dans sa vie et dans les évènements contemporains. C'est ainsi qu'il se présente comme un poète engagé et résolument moderne. Pour comprendre sa démarche, vous découvrirez ses poèmes et ferez le lien entre sa vie et son œuvre.

« On n'est pas sérieux, quand on a dix-sept ans. »

Arthur Rimbaud, « Romans » *Les Cahiers de Douai,* 1870.

« Je dis qu'il faut être *voyant*, se faire *voyant*.
Le Poète se fait *voyant* par un long, immense, et raisonné *dérèglement* de *tous les sens.* »

Arthur Rimbaud, *Lettre à Paul Demeny,* 1871.

« Le poète est vraiment voleur de feu.
Il est chargé de l'humanité, des *animaux* même ; il devra faire sentir, palper, écouter ses inventions. »

Arthur Rimbaud, *Lettre à Paul Demeny,* 1871.

« Il faut être absolument moderne. »

Arthur Rimbaud, « Adieu », *Une saison en enfer,* 1873.

Il « était grand, bien bâti, presque athlétique, au visage parfaitement ovale d'ange en exil, avec des cheveux châtain clair, mal en ordre et des yeux d'un bleu pâle inquiétant. »

Verlaine au sujet de Rimbaud dans *Les Poètes maudits,* 1884.

2

ACTIVITÉ lienmini.fr/jdl3-T306

Documents :
1 Rimbaud, photographié par **Étienne Carjat** en 1871.
2 **Henri Fantin-Latour**, *Un coin de table*, 1872, huile sur toile (160 x 225 cm), musée d'Orsay, Paris.

Faire connaissance avec l'auteur

Portraits

1. En vous aidant de la date, cherchez l'âge de Rimbaud lorsque la photographie a été prise.

2. Cette photographie vous parait-elle correspondre à la description de Verlaine (dernière citation) ? Comment comprenez-vous l'expression « ange en exil » ?

3. Faites la description de ce portrait avec vos propres mots.

4. Identifiez Rimbaud parmi les personnages d'*Un coin de table*. Qu'est-ce qui le différencie des autres ?

Citations

5. Comment Rimbaud désigne-t-il le poète ? Comment le comprenez-vous ?

6. Montrez que, selon Rimbaud, on est poète pour soi et pour les autres. Que voit le poète que les autres ne voient pas ?

BILAN **7** À quel personnage mythologique fait référence l'expression « voleur de feu » (➡ p. 231) ? Qu'est-ce que cela traduit de la mission du poète ?

Un poète adolescent, entre les Ardennes et Paris

Une famille brisée. Arthur Rimbaud nait le 20 octobre 1854 dans les Ardennes, à Charleville-Mézières. Son père, Frédéric Rimbaud, est **militaire**. Sa mère, Vitalie Cuif, est une **catholique** fervente, très rigoureuse dans l'éducation de ses quatre enfants. À partir de 1860, Frédéric Rimbaud quitte les **Ardennes** et n'y reviendra plus. Vitalie Cuif rend le climat familial étouffant. Ses relations avec le jeune Arthur sont tumultueuses.

De solides études. Arthur Rimbaud suit des études classiques dans des établissements religieux. Il excelle particulièrement en latin où il remporte un prix au concours général. À l'âge de 14 ans, il écrit ses premiers poèmes. Très marqué par son professeur **Georges Izambard**, qui lui fait découvrir Lamartine et Hugo, il se lie d'amitié avec lui. Il lit beaucoup et se passionne pour le personnage de **Robinson**…

Premières fugues, premiers poèmes. En 1870, Rimbaud, toujours en quête d'**aventure**, fuit seul le domicile familial et se rend à Paris (233 kilomètres). Voyageant sans titre de transport, il est arrêté et retenu quelques jours en maison d'arrêt. Relâché, il se rend à Douai, chez Georges Izambard. C'est à cette occasion qu'il réunit vingt-deux poèmes dans ***Les Cahiers de Douai***. Les thèmes de l'**adolescence** y sont omniprésents (amour, errance…).

Documents : 1 Vitalie Rimbaud, mère de Rimbaud, impression à l'albumine, vers 1890 dans sa ferme de Roche, 2 Paterne Berrichon, *Portrait d'Isabelle Rimbaud* (sœur du poète) (détail), archives départementales des Ardennes, 3 Arthur Rimbaud et son frère Frédéric lors de leur première communion, BnF, 4 acte de naissance d'Arthur Rimbaud, le 20 octobre 1854, 5 lettre de Vitalie Rimbaud à son fils, 6 lettre de Rimbaud à son professeur Georges Izambard.

Comprendre la biographie

1. Par qui Rimbaud est-il élevé ?

2. Cherchez qui est Robinson. Comment peut s'expliquer la passion de Rimbaud pour ce personnage ?

BILAN **3** Quel âge Rimbaud a-t-il lors de sa première fugue ? Comment pouvez-vous caractériser sa jeunesse ?

Écrire un quatrain

BREVET

À la manière de Rimbaud dans « Sensation », écrivez un quatrain composé d'alexandrins décrivant votre émotion dans un lieu naturel de votre choix.

Texte 1 Sensation

Par les soirs bleus d'été, j'irai dans les sentiers,
Picoté par les blés, fouler l'herbe menue :
Rêveur, j'en sentirai la fraîcheur à mes pieds.
Je laisserai le vent baigner ma tête nue.

Je ne parlerai pas, je ne penserai rien :
Mais l'amour infini me montera dans l'âme,
Et j'irai loin, bien loin, comme un bohémien,
Par la Nature, – heureux comme avec une femme.

Arthur Rimbaud, *Les Cahiers de Douai,* 1870.

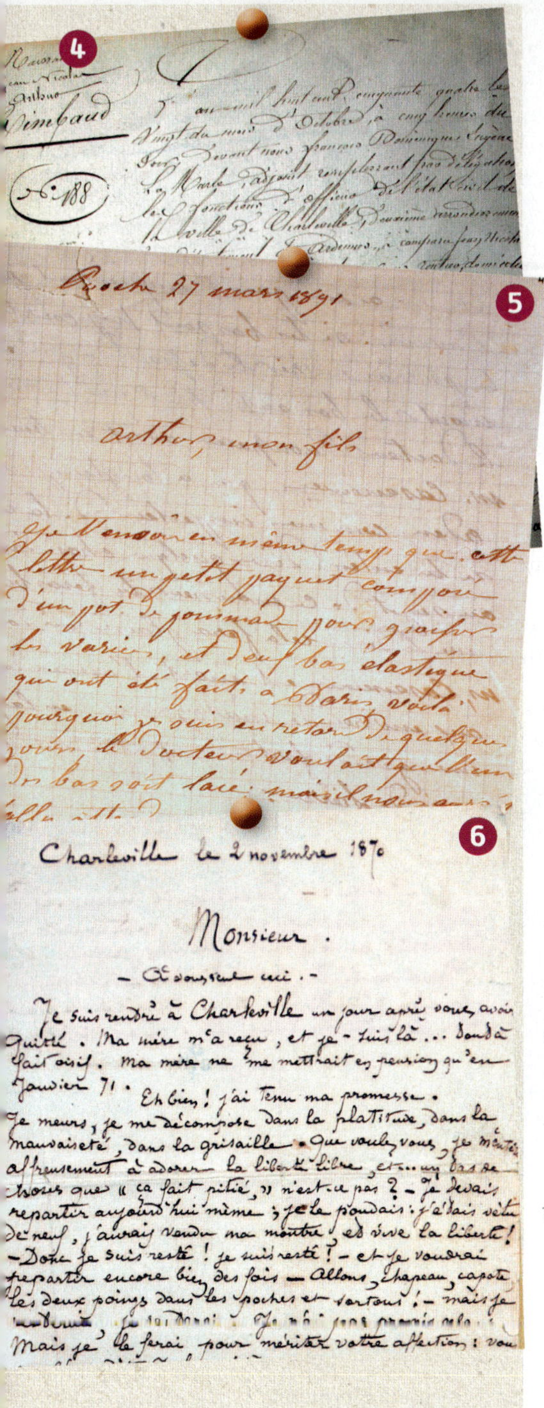

Texte 2 Roman

[…] Nuit de juin ! Dix-sept ans ! – On se laisse griser.
La sève est du champagne et vous monte à la tête…
On divague ; on se sent aux lèvres un baiser
Qui palpite là, comme une petite bête…

Le cœur fou Robinsonne[1] à travers les romans,
– Lorsque, dans la clarté d'un pâle réverbère,
Passe une demoiselle aux petits airs charmants,
Sous l'ombre du faux-col effrayant de son père…

Et comme elle vous trouve immensément naïf,
Tout en faisant trotter ses petites bottines,
Elle se tourne, alerte et d'un mouvement vif…
– Sur vos lèvres alors meurent les cavatines…

Vous êtes amoureux. Loué jusqu'au mois d'août.
Vous êtes amoureux. – Vos sonnets La font rire.
Tous vos amis s'en vont, vous êtes mauvais goût.
– Puis l'adorée, un soir, a daigné vous écrire… ! […]

Arthur Rimbaud, « Romans », sections II à IV, *Les Cahiers de Douai, 1870.*

1. **Robinsonner :** battre la campagne par désir d'aventure. Le terme est formé sur Robinson, le héros du roman de D. Defoe, *Robinson Crusoé.*

Arthur Rimbaud en juin 1872, dessiné par **Paul Verlaine**, crayon et encre sur papier, collection privée.

Texte 3 Au Cabaret-Vert

Cinq heures du soir

Depuis huit jours, j'avais déchiré mes bottines
Aux cailloux des chemins. J'entrai à Charleroi.
– AU CABARET-VERT : je demandai des tartines
Du beurre et du jambon qui fût à moitié froid.

Bienheureux, j'allongeai les jambes sous la table
Verte : je contemplai les sujets très naïfs
De la tapisserie. – Et ce fut adorable,
Quand la fille aux tétons énormes, aux yeux vifs,

– Celle-là, ce n'est pas un baiser qui l'épeure[1] ! –
Rieuse, m'apporta des tartines de beurre,
Du jambon tiède, dans un plat colorié,

Du jambon rose et blanc parfumé d'une gousse
D'ail, – et m'emplit la chope immense, avec une mousse
Que dorait un rayon de soleil arriéré.

Ibid.

1. **épeurer :** effrayer.

ACTIVITÉ lienmini.fr/jdl3-T307
Découvrez deux poèmes de Rimbaud lus par des comédiens : « Sensation » et « Ma bohème ».

Analyser la représentation de la jeunesse

Texte 1. **1.** Lesquels des cinq sens sont éveillés par « la Nature » ?

2. De quel sentiment le poète fait-il l'expérience ? Relevez les mots qui s'y rapportent.

3. Quelle classe de mots confère du dynamisme au poème ? De quelles manières ?

Texte 2. **4.** Par quels procédés le trouble du poète est-il traduit dans la première strophe ?

5. Dans quel cadre temporel le poète tombe-t-il amoureux ?

6. Comment la jeune fille aimée est-elle décrite ?

7. Comment les rimes sont-elles au service du sens du poème ?

Texte 3. **8.** Comment le poète est-il présenté dans le premier quatrain ?

9. Quelle place les plaisirs du corps prennent-ils ?

BILAN **10** Identifiez, dans ces trois poèmes, des thèmes communs, caractéristiques de la poésie de Rimbaud.

PARCOURS une vie une œuvre

La poésie engagée de Rimbaud

Quelques repères…

- Coup d'état de 1852 de Louis-Napoléon Bonaparte
- 1870 : la France et la Prusse entrent en guerre
- 1871 : la Commune

1

Rimbaud ridiculise l'Empereur :

Au milieu, l'Empereur, dans une apothéose
Bleue et jaune, s'en va, raide, sur son dada
Flamboyant ; très heureux – car il voit tout en rose
Féroce comme Zeus et doux comme un papa.

Arthur Rimbaud, « L'éclatante victoire de Sarrebrück ».

Le poète face à la guerre : 1870, « l'année terrible ». Après le coup d'État de 1852, Louis-Napoléon Bonaparte, neveu de Napoléon Ier, est devenu **Napoléon III**, empereur des Français. La France et la Prusse entrent en guerre en **1870** et s'opposent dans plusieurs batailles (dont Sarrebrück) avant la défaite définitive de Napoléon à Sedan en septembre 1870, année de la fin du Second Empire.
Charleville, où vit Rimbaud, est bombardée et incendiée par les Prussiens en décembre 1870. Le jeune Rimbaud est très marqué par ces batailles et en **dénonce l'horreur** autant que l'appétit de conquête de Napoléon III.

Rimbaud et la Commune. La **Commune** est une guerre civile de 72 jours (mars à mai 1871) au cours de laquelle le peuple de Paris (ouvriers, artisans) proclame une République indépendante à Paris, marquée par l'idéologie **socialiste**. La Commune est réprimée très violemment lors de la Semaine sanglante par la IIIe République. Pour Rimbaud, c'est l'époque d'une prise de conscience : il se rapproche du socialisme et entre dans une période d'athéisme. **Pour lui, le poète doit agir et s'engager**.

2

« Paris l'hypnotisait, il était à Paris, à l'heure même où commençait le grand chambardement de l'Empire; il allait voir une révolution. » Georges Izambard.

Rimbaud et la société. Très marqué par la lecture de **Victor Hugo** (*Les Misérables*), Rimbaud développe très tôt un intérêt pour **les pauvres et les exclus** de la société à qui il consacre des poèmes. Il dénonce la bourgeoisie et ses points de vue étriqués.

Sur la place taillée en mesquines pelouses,
Square où tout est correct, les arbres et les fleurs,
Tous les bourgeois poussifs, qu'étranglent les chaleurs
Portent, les jeudis soirs, leurs bêtises jalouses

Arthur Rimbaud, « À la musique ».

Documents :
1 « J'ai obéi aux ordres », caricature de Napoléon III, parue dans la revue espagnole *La Flaca* en 1873.
2 **Jean-Baptiste-François Arnaud-Durbec,** *Barricade sous la Commune, place Blanche,* 1871, aquarelle (21,15 x 28,20 cm), musée Carnavalet, Paris.

Comprendre le contexte historique et social de l'écriture

1. Quelles sont les deux crises du XIXe siècle dont Rimbaud est témoin ?
2. Quelle conception Rimbaud se fait-il de l'engagement du poète ?
3. Qu'est-ce qui provoque l'engagement de Rimbaud dans ses poèmes ?

Texte 4 Le Dormeur du val

C'est un trou de verdure où chante une rivière
Accrochant follement aux herbes des haillons
D'argent ; où le soleil, de la montagne fière,
Luit : c'est un petit val qui mousse de rayons.

Un soldat jeune, bouche ouverte, tête nue,
Et la nuque baignant dans le frais cresson bleu,
Dort ; il est étendu dans l'herbe, sous la nue,
Pâle dans son lit vert où la lumière pleut.

Les pieds dans les glaïeuls, il dort. Souriant comme
Sourirait un enfant malade, il fait un somme :
Nature, berce-le chaudement : il a froid.

Les parfums ne font pas frissonner sa narine ;
Il dort dans le soleil, la main sur sa poitrine
Tranquille. Il a deux trous rouges au côté droit.

Arthur Rimbaud, « Le Dormeur du val », 1870-1871.

Texte 5 Le Mal

Tandis que les crachats rouges de la mitraille
Sifflent tout le jour par l'infini du ciel bleu ;
Qu'écarlates ou verts, près du Roi qui les raille,
Croulent les bataillons en masse dans le feu ;

Tandis qu'une folie épouvantable broie
Et fait de cent milliers d'hommes un tas fumant ;
– Pauvres morts ! dans l'été, dans l'herbe, dans ta joie,
Nature ! ô toi qui fis ces hommes saintement !... –

– Il est un Dieu, qui rit aux nappes damassées
Des autels, à l'encens, aux grands calices d'or ;
Qui dans le bercement des hosannah[1] s'endort,

Et se réveille, quand des mères, ramassées
Dans l'angoisse, et pleurant sous leur vieux bonnet noir,
Lui donnent un gros sou lié dans leur mouchoir !

Arthur Rimbaud, « Le Mal », 1870-1871.

1. **hosannah** : formule de bénédiction dans la religion chrétienne.

Texte 6 Les Effarés

Noirs dans la neige et dans la brume,
Au grand soupirail qui s'allume,
Leurs culs en rond,

À genoux, cinq petits, – misère ! –
Regardent le boulanger faire
Le lourd pain blond... [...]

Quand, sous les poutres enfumées,
Chantent les croûtes parfumées,
Et les grillons,

Quand ce trou chaud souffle la vie
Ils ont leur âme si ravie
Sous leurs haillons,

Ils se ressentent si bien vivre,
Les pauvres petits pleins de givre !
– Qu'ils sont là, tous,

Collant leurs petits museaux roses
Au grillage, chantant des choses,
Entre les trous,

Mais bien bas, – comme une prière...
Repliés vers cette lumière
Du ciel rouvert,

– Si fort, qu'ils crèvent leur culotte,
– Et que leur lange blanc tremblote
Au vent d'hiver...

Arthur Rimbaud, « Les Effarés », 1870-1871.

Analyser la poésie engagée de Rimbaud

Texte 4

1. Quelle impression se dégage de la nature décrite dans les deux quatrains ? Étudiez les rimes pour répondre.

2. Que nous apprend le dernier vers ?

3. Quels indices annonçaient cela auparavant ? Identifiez-les de manière précise : où se trouvent-ils ?

4. Montrez comment l'effet de contraste renforce la dénonciation de la guerre.

Texte 5

5. Étudiez le titre du poème. Comment le scandale de la guerre est-il dénoncé ?

6. À qui s'en prend le poète avec la périphrase le « Roi qui les raille » (v. 3) ?

7. Qui accuse-t-il ensuite ? Dans quelle partie du poème ?

Texte 6

8. Quels sont les deux univers qui s'opposent dans ce poème ? Expliquez.

9. Comment le poète éveille-t-il la pitié du lecteur devant le scandale de la misère ?

BILAN **10** Résumez les différents sujets d'indignation de Rimbaud. Quels procédés utilise-t-il pour les traduire en poésie ?

Rimbaud et la poésie de l'ailleurs

1

La rencontre avec Verlaine: de Paris à Londres. Au cours de ses passages à **Paris**, Rimbaud s'est familiarisé avec des poètes dont **Paul Verlaine**, qui a immédiatement été sensible au génie poétique du jeune homme. Les deux poètes vivent une **amitié passionnée** et une aventure intellectuelle qui va stimuler leur **création.** Ils vivent une **vie de bohême** pendant un an, en sillonnant les routes dans le nord de la France, en Belgique et à Londres. Au cours d'un second voyage, leur relation passionnelle pousse Verlaine à tirer sur Rimbaud. Rimbaud est blessé à la main ; Verlaine est incarcéré en Belgique.

Le Poète voyant. Dans ses **lettres du voyant**, destinées à George Izambard et au poète Paul Demeny, Rimbaud définit un nouvel objectif à sa poésie : c'est par « *un long, immense et raisonné dérèglement de tous les sens* » que le poète prétend progresser dans sa quête et trouver une véritable langue poétique. C'est donc en menant une vie de tous les excès que Rimbaud veut renouveler sa création poétique. Il en résulte ***Une saison en enfer*** (1873), bref recueil de textes en prose poétique. Ce recueil, torturé, est marqué par la quête d'une nouvelle poésie, à travers le principe d'« **alchimie du verbe** ». L'alchimie est une discipline qui prétend changer tout métal en or par un lent processus de transformation : pour le poète voyant, il s'agit de trouver une langue poétique, capable de créer une autre réalité.

3

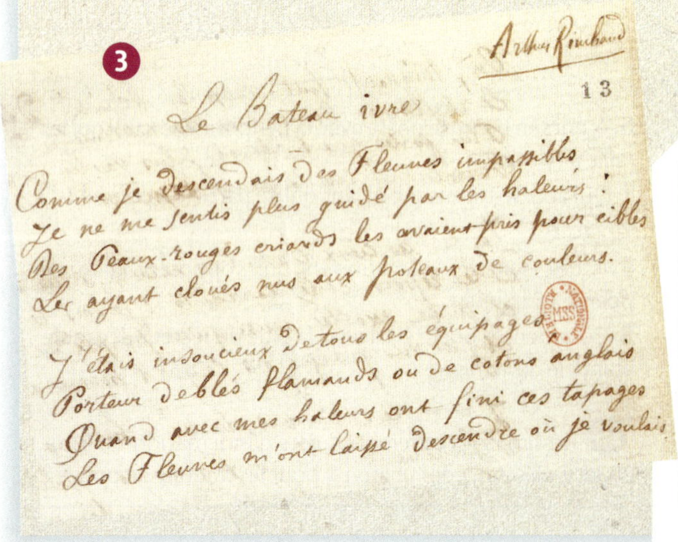

Arthur Rimbaud

13

Le Bateau ivre

Comme je descendais des Fleuves impassibles
Je ne me sentis plus guidé par les haleurs :
Des Peaux-rouges criards les avaient pris pour cibles
Les ayant cloués nus aux poteaux de couleurs.

J'étais insoucieux de tous les équipages
Porteur de blés flamands ou de cotons anglais
Quand avec mes haleurs ont fini ces tapages
Les Fleuves m'ont laissé descendre où je voulais

2

Le temps des grands voyages. En 1874, Rimbaud sillonne l'**Europe** (Allemagne, Italie, Autriche) et devient interprète. En 1876, il s'engage comme soldat de l'armée hollandaise : il part combattre en **Indonésie** (Java). Puis, il multiplie les voyages en **Méditerranée** (Chypre, Alexandrie) et en Afrique jusqu'en Arabie Saoudite. Il apprend l'arabe et devient trafiquant d'armes. Cette époque est marquée par le silence poétique de Rimbaud, décidé à ne plus écrire.

Atteint d'une tumeur au genou, il est finalement rapatrié à Marseille. On lui ampute la jambe et, malade, il meurt en 1891.

4

« Rimbaud, ce marcheur forcené… »

Paul Claudel, *Journal*, tome 1.

« Piéton de toutes les routes vers le désert, le temps vient que tu ne peux plus avancer »

Paul Claudel, « Consécration », *La Messe là-bas*.

Documents : 1 photogramme du film *Rimbaud Verlaine*, réalisé par Agnieszka Holland en 1995, 2 **Jeff Rosman,** *Arthur Rimbaud alité, blessé par Verlaine en 1873* (détail), 1873, huile sur acajou, musée Rimbaud, Charleville-Mézières, 3 « Le Bateau ivre » copie de la main de Paul Verlaine, 1871, BnF, 4 Arthur Rimbaud vers 1880 à Aden (Yémen).

Comprendre la vie de bohême

1. Dressez la liste des pays où Rimbaud s'est rendu. Qu'en concluez-vous ?

2. Qu'est-ce que désigne l'expression « vie de bohême » ? Quel mot en vient ? Dans le parcours, retrouvez les poèmes de Rimbaud où le terme apparait.

3. Quel motif poétique, déjà présent dans les poésies de jeunesse, nourrit l'inspiration du poète ?

4. Comment le document 3 témoigne-t-il de la complicité entre Rimbaud et Verlaine ?

Texte 7 Voyelles

A noir, E blanc, I rouge, U vert, O bleu : voyelles,
Je dirai quelque jour vos naissances latentes :
A, noir corset velu des mouches éclatantes
Qui bombinent[1] autour des puanteurs cruelles,

Golfes d'ombre ; E, candeurs[2] des vapeurs et des tentes,
Lance des glaciers fiers, rois blancs, frissons [d'ombelles[3] ;
I, pourpres, sang craché, rire des lèvres belles
Dans la colère ou les ivresses pénitentes ;

U, cycles, vibrements divins des mers virides[4],
Paix des pâtis semés d'animaux, paix des rides
Que l'alchimie imprime aux grands fronts studieux,

Ô, Suprême Clairon plein des strideurs étranges,
Silences traversés des Mondes et des Anges :
– Ô l'Oméga[5], rayon violet de Ses Yeux ! –

Arthur Rimbaud, « Voyelles », 1870-1871.

1. **bombiner :** bourdonner.
2. **candeur :** blancheur (du latin *candidus* : blanc).
3. **ombelle :** fleur blanche.
4. **viride :** vert (du latin *viridis* : vert).
5. **Oméga :** dernière lettre de l'alphabet grec, équivalent de la voyelle o.

Poursuivre un poème

Choisissez une des cinq voyelles et poursuivez l'évocation qu'en propose Rimbaud à l'aide d'images sensorielles.

Texte 8 Le Bateau ivre

Après avoir descendu les fleuves, le navire se jette dans la mer.

[…] Et dès lors, je me suis baigné dans le Poème
De la Mer, infusé d'astres, et lactescent[1],
Dévorant les azurs verts ; où, flottaison blême,
Et ravie, un noyé pensif parfois descend ;

Où, teignant tout à coup les bleuités, délires
Et rythmes lents sous les rutilements du jour,
Plus fortes que l'alcool, plus vastes que nos lyres,
Fermentent les rousseurs amères de l'amour !

Je sais les cieux crevant en éclairs, et les trombes
Et les ressacs et les courants : je sais le soir,
L'Aube exaltée ainsi qu'un peuple de colombes,
Et j'ai vu quelquefois ce que l'homme a cru voir.

J'ai vu le soleil bas, taché d'horreurs mystiques,
Illuminant de longs figements violets,
Pareils à des acteurs de drames très-antiques
Les flots roulant au loin leurs frissons de volets !

J'ai rêvé la nuit verte aux neiges éblouies,
Baiser montant aux yeux des mers avec lenteurs,
La circulation des sèves inouïes,
Et l'éveil jaune et bleu des phosphores chanteurs !
[…]

Arthur Rimbaud, « Le Bateau ivre », 1870-1871.

1. **lactescent :** d'un blanc de lait.

ACTIVITÉ lienmini.fr/jdl3-T308

Découvrez « Le Bateau ivre » dans son intégralité, et d'autres parties de la copie de Verlaine, ainsi qu'une lecture du poème.

Comprendre les enjeux du voyage pour Rimbaud

Texte 7

1. Quelle est la fonction du premier vers ? À quoi Rimbaud associe-t-il les sons ?

2. Dans quel ordre les voyelles sont-elles présentées ? Pourquoi (voir v. 14) ?

3. a. Relevez les couleurs associées à chaque voyelle.

b. À partir de cette association, quelle figure de style domine dans le poème ?

4. a. Montrez que ce poème est fondé sur des correspondances sensorielles.

b. À quelle discipline Rimbaud fait-il référence au v. 11 ? Pourquoi entre-t-elle dans le projet du poète voyant ?

Texte 8

5. En vous aidant du titre, qui est « je » dans le poème ? Comment appelle-t-on cette figure de style ?

6. Étudiez les couleurs dans le poème. Quelle impression donnent-elles ?

7. Strophes 1 et 2 : comment l'entrée en mer du bateau évoque-t-elle « le dérèglement de tous les sens » voulu par le poète ?

8. Selon vous, s'agit-il d'un voyage réel ou intérieur ? Justifiez votre réponse.

BILAN **9** Pourquoi peut-on dire qu'il s'agit de textes d'un poète voyant ?

PARCOURS une vie une œuvre

Des vers à la prose : les innovations poétiques

L'Adieu à la poésie. La rencontre avec Verlaine est déterminante : Rimbaud innove en écrivant des **vers impairs**, par exemple de 7 syllabes (heptasyllabes), beaucoup pratiqués par Verlaine.
Le dernier texte d'***Une saison en enfer***, intitulé « **Adieu** », peut s'interpréter comme un adieu de Rimbaud à la poésie en vers : désormais le voyage se poursuivra en prose.

Les *Illuminations*. Rimbaud se consacre alors à un recueil de **poèmes en prose,** intitulé *Illuminations* (1873-1874). Les textes ne sont pas écrits en vers mais la fulgurance des images, le jeu des sonorités et le rythme de la prose confèrent une **forte poésie** à ces textes. Par exemple, on y trouve des **vers blancs** (vers de 6, 8, 10 ou 12 syllabes insérés dans un texte en prose).

1

– Quelquefois je vois au ciel des plages sans fin couvertes de blanches nations en joie. Un grand vaisseau d'or, au-dessus de moi, agite ses pavillons multicolores sous les brises du matin. J'ai créé toutes les fêtes, tous les triomphes, tous les drames. J'ai essayé d'inventer de nouvelles fleurs, de nouveaux astres, de nouvelles chairs, de nouvelles langues. J'ai cru acquérir des pouvoirs surnaturels. Eh bien ! je dois enterrer mon imagination et mes souvenirs !

Arthur Rimbaud, « Adieu », *Une saison en enfer,* 1873.

2

Documents : 1 objets ayant appartenu à Arthur Rimbaud, musée Arthur Rimbaud, Charleville-Mézières.
2 lettre envoyée à Arthur Rimbaud à Aden.

Texte 9 Aube

J'ai embrassé l'aube d'été.

Rien ne bougeait encore au front des palais. L'eau était morte. Les camps d'ombres ne quittaient pas la route du bois. J'ai marché, réveillant les haleines vives et tièdes, et les pierreries regardèrent, et les ailes se levèrent sans bruit.

La première entreprise fut, dans le sentier déjà empli de frais et blêmes éclats, une fleur qui me dit son nom.

Je ris au wasserfall[1] blond qui s'échevela à travers les sapins : à la cime argentée je reconnus la déesse.

Alors je levai un à un les voiles. Dans l'allée, en agitant les bras. Par la plaine, où je l'ai dénoncée au coq. À la grand'ville elle fuyait parmi les clochers et les dômes, et courant comme un mendiant sur les quais de marbre, je la chassais.

En haut de la route, près d'un bois de lauriers, je l'ai entourée avec ses voiles amassés, et j'ai senti un peu son immense corps. L'aube et l'enfant tombèrent au bas des bois.

Au réveil il était midi.

Arthur Rimbaud, « Aube », *Illuminations,* 1886.

1. **wasserfall :** mot allemand qui désigne une chute d'eau.

Lire un poème en prose

1. Comparez la première et la dernière phrase : comment se répondent-elles (évolution, forme, rythme) ?

2. Montrez que le récit suit une progression chronologique et spatiale.

3. Comment peut-on qualifier la nature décrite ici par le poète ?

4. Quelle relation entretient-il avec la nature ?

BILAN **5** Expliquez pourquoi il s'agit d'un poème en prose. Montrez comment il convient particulièrement au thème traité par le poète.

Le savez-vous ?

Le poème en prose

C'est un genre poétique inauguré par Aloysius Bertrand dans le recueil *Gaspard de la nuit* (1842). Son ambition est d'écrire une prose ciselée dont la force des images, le jeu des sonorités et le rythme la rapprochent des vers. Avant Rimbaud, Charles Baudelaire écrit *Le Spleen de Paris,* recueil de poèmes en prose.

Synthèse

Arthur Rimbaud, poète adolescent, poète voyant

Ernest Pignon-Ernest, *Portrait d'Arthur Rimbaud*, dessin, 1978, musée Rimbaud, Charleville.

- Dès l'adolescence, Arthur Rimbaud écrit ses premières poésies. Toute son œuvre est marquée par la figure de **l'enfant**, à laquelle il associe deux motifs privilégiés : les premiers **émois amoureux et l'errance dans la nature.** ➥ p. 144-145
- Les poèmes de 1870-1871 font aussi éclater l'indignation de Rimbaud dans une **poésie résolument engagée**, contre le Second Empire de Napoléon III et la violence des guerres franco-prussiennes ; contre la misère sociale des plus pauvres. **Le poète doit s'engager dans la société**. Tous les poèmes de 1870-1871 sont ainsi marqués par un **fort lyrisme**. ➥ p. 146-147
- L'année 1871, qui marque la rencontre avec **Verlaine**, constitue un tournant dans l'œuvre de Rimbaud avec **« Le Bateau ivre »** et les **« Lettres du voyant »**, adressées à son ancien professeur et ami Georges Izambard et au poète Paul Demeny. En se faisant voyant, le poète cherche à voir au-delà du réel et à le traduire pour les lecteurs dans une langue nouvelle : ainsi le poète, comme **Prométhée** (➥ p. 231) est voleur de feu, au service de l'humanité. ➥ p. 148-149
- Rimbaud décide alors de renoncer au vers et se consacre à une nouvelle langue poétique, le **poème en prose** dans *Une saison en enfer* et dans *Illuminations*. À vingt ans, Rimbaud signe sa dernière œuvre : il se lance dans une vie d'aventures. ➥ p. 150

BREVET

Écrire un sonnet

Rimbaud a beaucoup pratiqué le sonnet.
Cette forme poétique traditionnelle se compose de 14 vers marqués par des contraintes formelles et repose sur une opposition entre les deux quatrains et les deux tercets.

À votre tour de décrire un objet de votre choix dans un sonnet en vers (décasyllabes ou alexandrins). Vous pouvez vous appuyer sur cet exemple :

« Le Buffet »

C'est un large buffet sculpté ; le chêne sombre,
Très vieux, a pris cet air si bon des **vieilles** gens ;
Le buffet est ouvert, et verse dans son ombre
Comme un flot de vin **vieux**, des parfums engageants ;

Tout plein, c'est un fouillis de **vieilles vieilleries**,
De linges odorants et jaunes, de chiffons
De femmes ou d'enfants, de dentelles flétries,
De fichus de grand-mère où sont peints des griffons ;

– C'est là qu'on trouverait les médaillons, les mèches
De cheveux blancs ou blonds, les portraits, les fleurs sèches,
Dont le parfum se mêle à des parfums de fruits.

– Ô buffet du **vieux** temps, tu sais bien des histoires,
Et tu voudrais conter tes contes, et tu bruis
Quand s'ouvrent lentement ces grandes portes noires.

Arthur Rimbaud, « Le Buffet », *Les Cahiers de Douai*, 1870.

Deux **quatrains d'alexandrins** en **rimes croisées**

Deux **tercets d'alexandrins** en **rimes suivies puis croisées**

Conseils d'écriture

1. Vous respecterez les contraintes propres au sonnet.
2. Vous opposerez la description de l'objet tel qu'il apparait dans les quatrains et tel qu'il est en réalité dans les tercets.

Quelques caractéristiques du sonnet :

- Expansions du nom pour décrire l'objet
- **Champ lexical** pour donner une unité
- Figures de style pour poétiser l'évocation
- Mobilisation des sens
- Opposition des quatrains et des tercets (changements énonciatifs…)

Dossier L'Orientalisme dans les arts

À partir du XVIIIe siècle, se développe en Europe le gout pour ce qui vient d'Orient : cette fascination qui touche tous les milieux artistiques porte le nom d'Orientalisme. Elle est favorisée par le développement des études orientales, très en vogue à l'époque, consacrées au Sud et à l'Est de la Méditerranée. Cet univers encore assez lointain nécessite de longs voyages pour être découvert. Il va alimenter la rêverie des artistes occidentaux et leur désir de visiter à leur tour ces pays. De ces voyages et de ces rêveries va naitre l'art orientaliste, c'est-à-dire la vision de l'Orient par l'Occident.

Le bassin méditerranéen, un voyage d'étude

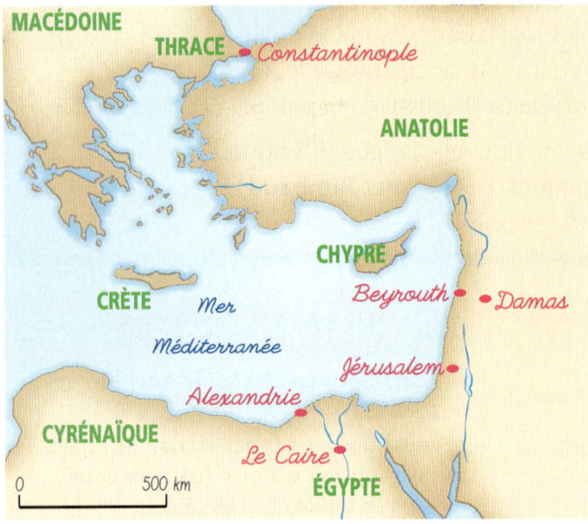

Le voyage en Orient au XIXe siècle : le « Grand Tour ».

Les artistes européens avaient pris l'habitude de faire le tour de la mer Méditerranée, lors d'un voyage d'études que l'on désignait sous le nom de « Grand Tour ».

Cette habitude se généralisa tellement qu'elle finit par s'appeler « tourisme », d'abord en anglais (*tourism*), puis en français. Les voyageurs se rendaient d'une part au Maghreb, accompagnant les débuts de la colonisation, et d'autre part au Proche-Orient (Égypte, Syrie, Turquie, Grèce), dans des lieux au passé historique encore très présent.

Visionnez l'interview de Côme Fabre, conservateur au musée du Louvre, et découvrez dans quelles circonstances Delacroix effectue son voyage d'études :

lienmini.fr/jdl3-T309 VIDEO

Carnet de voyage de **Delacroix**, réalisé lors de l'expédition diplomatique au Maroc et en Algérie, au début des années 1830.

Des lieux caractéristiques

L'itinéraire de leur périple conduit les peintres à choisir des sujets pittoresques, qui feront des tableaux typiques. Les écrivains agissent d'une façon comparable.

Associez les passages soulignés du texte de Nerval aux éléments qui composent le tableau de Jean-Léon Gérôme.

Il fait déjà grand jour, nous avons dépassé le promontoire fertile de Beyrouth, qui s'avance dans la mer d'environ deux lieues, avec ses hauteurs couronnées de pins parasols et son escalier de terrasses cultivées en jardins ; l'immense vallée qui sépare deux chaînes de montagnes étend à perte de vue son double amphithéâtre, dont la teinte violette est constellée çà et là de points crayeux, qui signalent un grand nombre de villages, de couvents et de châteaux.

Gérard de Nerval, *Voyage en Orient*, 1851.

Repères artistiques

Le pittoresque

Cet adjectif vient de l'italien *pittore* qui veut dire « peintre ». Un paysage ou un détail que l'on qualifie de **pittoresque** est avant tout un élément digne d'être **peint**, qui offre un intérêt pour la **peinture**. On retrouve en anglais un terme de la même famille pour désigner une image, ***picture***, très proche de l'adjectif français **pictural** qui désigne ce qui a un rapport avec l'art de la peinture.

Jean-Léon Gérôme, *Oasis*, 1875, huile sur toile, David Rocco Gallery, Philadelphie (États-Unis).

À la rencontre des habitants des pays d'Orient

La façon dont les populations rencontrées par les peintres sont représentées illustre le décalage entre la réalité et l'idéalisation des artistes, nourrie de lectures (contes des *Mille et Une Nuits* traduits par Antoine Galland par exemple).

Quelles couleurs confèrent aux personnages du tableau de Rosati l'apparence de héros littéraires ?

Giulio Rosati, *Les Joueurs de backgammon* (détail), fin XIXe, début XXe siècle, aquarelle sur papier (53,5 x 35,7 cm), coll. privée.

Distinguez dans ces deux portraits de femmes celui qui correspond à une vision réaliste et celui qui correspond à une vision idéalisée, en expliquant leur différence dans le choix :
– du thème et du sujet ;
– des couleurs ;
– des détails.

Marie Caire, dite **Madame Jean Tonoir**, *Tête de femme de Biskra*, fin du XIXe siècle, huile sur toile (51 × 55 cm), musée du Quai Branly, Paris.

Ange Tissier, *Odalisque* (détail), 1860, peinture à l'huile (130 × 98 cm), musée du Quai Branly, Paris.

Devenez critique d'art

Lequel de ces deux portraits révèle le mieux la personnalité du modèle ?

Les caractéristiques visuelles : couleurs et lumières

La luminosité qui baigne le pourtour méditerranéen séduit les artistes, qui laissent libre cours à leur envie de couleurs et de lumière. Ils n'hésitent pas à utiliser les couleurs primaires sans les nuancer ni les mélanger, et à se servir de contrastes forts pour évoquer la vivacité de la luminosité.

Henri Matisse, *L'Entrée de la Casbah*, 1912-1913, huile sur toile (116 × 80 cm), musée des beaux-arts Pouchkine, Moscou (Russie).

Découvrez la palette d'un artiste

Reconstituez la palette de couleurs utilisée par Henri Matisse : A, B ou C ?

A.

B.

C.

Quelles couleurs et quels effets sont également utilisés par Charles Séné pour évoquer la lumière du soleil ?

Charles Séné, *Cavaliers Chleuhs en reconnaissance dans le Sud marocain*, xxe siècle, peinture à l'huile (72 × 100 cm), musée du Quai Branly, Paris.

PARCOURS un thème

La poésie et l'Orientalisme

Paul Signac, *Istanbul*, 1907, huile sur toile (71 × 54 cm), collection privée (détail en filigrane, p. 157).

Au XIXe siècle, les artistes apprécient particulièrement de se rendre en Orient : il s'agit de pays situés autour du Bassin méditerranéen et perçus par les artistes comme un monde exotique. Ils en rapportent de nouvelles sources d'inspiration.

L'Orient, source de rêverie

Texte 1 Rêverie

Oh ! laissez-moi ! c'est l'heure où l'horizon qui fume
Cache un front inégal sous un cercle de brume ;
L'heure où l'astre géant rougit et disparaît.
Le grand bois jaunissant dore seul la colline :
On dirait qu'en ces jours où l'automne décline,
Le soleil et la pluie ont rouillé la forêt.

Oh ! qui fera surgir soudain, qui fera naître,
Là-bas, – tandis que seul je rêve à la fenêtre,
Et que l'ombre s'amasse au fond du corridor,–
Quelque ville mauresque, éclatante, inouïe,
Qui, comme la fusée en gerbe épanouie,
Déchire ce brouillard avec ses flèches d'or :

Qu'elle vienne inspirer, ranimer, ô génies !
Mes chansons, comme un ciel d'automne rembrunies,
Et jeter dans mes yeux son magique reflet,
Et longtemps, s'éteignant en rumeurs étouffées,
Avec les mille tours de ses palais de fées,
Brumeuse, denteler l'horizon violet !

Victor Hugo, « Rêverie », *Les Orientales*, 1829.

Lecture d'image

Quels éléments du tableau rappellent la rêverie de Victor Hugo ?

Découvrir la rêverie du poète

Entrer dans la lecture. Recherchez dans un dictionnaire l'adjectif « mauresque » (v.10) : à quel pays et à quelle culture fait-il allusion ?

1. Qu'ont en commun l'heure et la saison évoquées par Hugo dans les vers 3 et 5 ? Quelles couleurs les caractérisent ?

2. Relevez les caractéristiques de la ville rêvée par le poète. Qu'est-ce qui la rend fantastique ?

3. Quelles sont les oppositions entre le paysage d'automne et cette ville ? Quel point commun peut-on pourtant trouver entre les deux ?

BILAN **4** Expliquez pourquoi l'Orient renouvelle l'inspiration du poète.

Biographie

Victor Hugo (1802-1885)

Il publie son recueil *Les Orientales* en 1829. À la différence d'autres auteurs, comme Lamartine ou Nerval, il ne s'est jamais rendu en Orient ou au Maghreb. Il s'agit donc de poèmes inspirés par une connaissance lointaine de l'Orient, par le biais de livres ou d'articles. ➡ p.31

Texte écho
Réflexions face à Constantinople

Lamartine, installé sur un promontoire près de Constantinople, sur la rive du Bosphore, décrit ce moment.

Ce soir, par un clair de lune splendide qui se réverbérait sur la mer de Marmara et jusque sur les lignes violettes des neiges éternelles du mont Olympe, je me suis assis seul sous les cyprès de l'échelle des Morts, ces cyprès qui ombragent les innombrables tombeaux des musulmans, et qui descendent des hauteurs de Péra jusqu'aux bords de la mer ; ils sont entrecoupés de quelques sentiers plus ou moins rapides, qui montent du port de Constantinople à la mosquée des derviches tourneurs. Personne n'y passait à cette heure, et l'on se serait cru à cent lieues d'une grande ville, si les mille bruits du soir, apportés par le vent, n'étaient venus mourir dans les rameaux frémissants des cyprès. […] [T]ous ces bruits, dis-je, se fondaient par instants dans un seul bourdonnement sourd et indécis, et formaient comme une harmonieuse musique où les bruits humains, la respiration étouffée d'une grande ville qui s'endort, se mêlaient, sans qu'on pût les distinguer, avec les bruits de la nature, le retentissement lointain des vagues, et les bouffées du vent qui courbaient les cimes aiguës des cyprès. C'est une de ces impressions les plus infinies et les plus pesantes qu'une âme poétique puisse supporter. Tout s'y mêle, l'homme et Dieu, la nature et la société, l'agitation intérieure et le repos mélancolique de la pensée.

Alphonse de Lamartine, « Clair de lune », *Voyage en Orient,* 1835.

Biographie

Alphonse de Lamartine
(1790-1869)

Il voyage en Orient entre 1832 et 1833 en famille avec sa fille très malade. Ce voyage est écourté par la mort de cette dernière. À son retour, il publie ses carnets emprunts d'une grande tristesse et d'une profonde nostalgie. ➥ p.130

Comprendre une méditation poétique

1. Quel paysage Lamartine décrit-il dans son carnet de voyage ? Relevez les indices de lieu et de temps qui permettent de le situer.

2. Quel est la particularité du lieu où il se trouve ?

3. Qu'éprouve le poète lorsqu'il contemple ce paysage ? Quels sont les indices d'un texte lyrique ?

4. Pour quelles raisons peut-on dire que ce texte ressemble à un poème ?

BILAN **5** Qu'est-ce qui frappe particulièrement Lamartine à Constantinople ? Qu'apporte cet élément à sa méditation sur la vie ?

Léon-Auguste Asselineau, *L'Alhambra, cabinet des Infantes* (détail), *salle des Deux Sœurs*, 1853, lithographie, BnF, Paris.

Le savez-vous ?

Le génie est une figure fantastique populaire qu'on retrouve dans le Coran, où il est appelé « djinn ». Malgré sa ressemblance avec le mot « génie », il s'agit de deux mots d'origine différente.

Texte 2 Les Djinns

Dans ce long poème, Hugo évoque des créatures fantastiques présentes dans le Coran, les Djinns.

Murs, ville,
Et port,
Asile
De mort,
Mer grise
Où brise
La brise,
Tout dort.

Dans la plaine
Naît un bruit,
C'est l'haleine
De la nuit.
Elle brame
Comme une âme
Qu'une flamme
Toujours suit.

La voix plus haute
Semble un grelot. –
D'un nain qui saute
C'est le galop :
Il fuit, s'élance,
Puis en cadence
Sur un pied danse
Au bout d'un flot.

La rumeur approche ;
L'écho la redit.
C'est comme la cloche
D'un couvent maudit ; –
Comme un bruit de foule,
Qui tonne et qui roule
Et tantôt s'écroule
Et tantôt grandit,

Dieu ! la voix sépulcrale
Des Djinns ! – Quel bruit ils font !
Fuyons sous la spirale
De l'escalier profond !
Déjà s'éteint ma lampe,
Et l'ombre de la rampe,
Qui le long du mur rampe,
Monte jusqu'au plafond.

C'est l'essaim des Djinns qui passe,
Et tourbillonne en sifflant.
Les ifs, que leur vol fracasse,

Écouter et dire un poème

Comparez la diction de la première strophe à celle de la dernière strophe :

AUDIO lienmini.fr/jdl3-T310

- Quelle différence de ton remarquez-vous ? Comment l'expliquez-vous ?
- À votre tour, entrainez-vous à déclamer ce poème en variant vos intonations.

Craquent comme un pin brûlant,
Leur troupeau, lourd et rapide,
Volant dans l'espace vide,
Semble un nuage livide[1]
Qui porte un éclair au flanc.

Ils sont tout près ! – Tenons fermée
Cette salle où nous les narguons.
Quel bruit dehors ! hideuse armée
De vampires et de dragons !
La poutre du toit descellée
Ploie ainsi qu'une herbe mouillée,
Et la vieille porte rouillée
Tremble à déraciner ses gonds !

Cris de l'enfer ! voix qui hurle et qui pleure !
L'horrible essaim, poussé par l'aquilon,
Sans doute, ô ciel ! s'abat sur ma demeure.
Le mur fléchit sous le noir bataillon.
La maison crie et chancelle, penchée,
Et l'on dirait que, du sol arrachée,
Ainsi qu'il chasse une feuille séchée,
Le vent la roule avec leur tourbillon ! [...]

Victor Hugo, « Les Djinns », *Les Orientales*, 1829.

1. **livide :** blanc.

Eugène Delacroix, *Deux études d'aoud arabe (luth arabe)* (détail), 1932, aquarelle et mine et plomb (10,9 × 15,8 cm), musée du Louvre, Paris.

Observer une apparition fantastique

1. Quel cadre spatio-temporel est proposé par la première strophe ? Quelle est l'impression dominante ?

2. Par quel sens perçoit-on tout d'abord l'apparition des Djinns : la vue, l'ouïe ou l'odorat ?

3. À quel type de créatures sont-ils comparés ? Quelle est la caractéristique commune à ces images des Djinns ?

4. Que provoque leur présence pour la demeure du poète ?

BILAN **5** Comment la mise en forme du poème permet-elle l'évocation de l'apparition des Djinns ?

Faire des liens entre les œuvres

- Écoutez cet extrait du *Boléro* de Ravel :

AUDIO lienmini.fr/jdl3-T311

- Que rappelle le son de la clarinette ?
- À quoi fait penser la répétition lancinante du même air ?

Établir des liens entre les œuvres

BREVET

Quelle vision de l'Orient les deux poèmes de Hugo (➥ p. 156 et 158-159) ont-ils en commun ? Expliquez ce qui exalte son imagination.

La femme d'Orient, une nouvelle muse

Biographie

Charles Leconte de Lisle
(1818-1894)
Poète du XIXe siècle, il est né à La Réunion, où il passe son enfance. Cette île lui inspire plusieurs poèmes, mais il est surtout connu pour sa participation au Parnasse. Ce mouvement poétique met en avant la virtuosité du poète. Le thème de l'Orient est ainsi l'occasion de composer des poèmes, qui relatent des scènes typiques.

Eugène Delacroix, *Étude de babouches* (détail), XIXe siècle, huile sur carton (16,5 × 20,5 cm), musée du Louvre, Paris.

Texte 3 Le sommeil de Leïlah

Ni bruits d'aile, ni sons d'eau vive, ni murmures ;
La cendre du soleil nage sur l'herbe en fleur,
Et de son bec furtif le bengali[1] siffleur
Boit, comme un sang doré, le jus des mangues mûres.

Dans le verger royal où rougissent les mûres,
Sous le ciel clair qui brûle et n'a plus de couleur,
Leïlah, languissante et rose de chaleur,
Clôt ses yeux aux longs cils à l'ombre des ramures.

Son front ceint de rubis presse son bras charmant ;
L'ambre de son pied nu colore doucement
Le treillis emperlé de l'étroite babouche.

Elle rit et sommeille et songe au bien-aimé,
Telle qu'un fruit de pourpre[2], ardent et parfumé,
Qui rafraîchit le cœur en altérant la bouche.

Charles Leconte de Lisle, « Le Sommeil de Leïlah »,
Poèmes barbares, 1862.

1. **bengali :** petit oiseau exotique de couleur rouge.
2. **fruit de pourpre :** également appelé fruit de la passion, pousse dans les régions tropicales.

Texte écho 1 Une apparition

C'était elle ! elle se détachait en jaune sombre et mat, sur le ton bleu du firmament et sur le fond noir du mont des Oliviers. Nous arrêtâmes nos chevaux pour la contempler dans cette mystérieuse et éblouissante apparition.

Alphonse de Lamartine, *Voyage en Orient*, 1835.

Lire des portraits féminins faits d'images

Texte 3

1. Quels termes situent cette scène en Orient ?

2. Que fait la jeune femme décrite dans ce poème ?

3. Relevez les différents éléments qui définissent le personnage féminin : à quelles couleurs sont-ils associés ? grâce à quel procédé ?

4. Quel point commun le personnage de Leïlah présente-t-il avec le fruit de pourpre ?

Texte écho 1

5. Quelles expressions montrent la dimension mythique de cette figure féminine ?

Texte écho 2

6. Quels détails dans la tenue des femmes de Constantinople frappent le poète ?

7. Comment le poète considère-t-il ces femmes en les comparant aux statues antiques ?

Texte écho 3

8. *En saisissant le lien sur votre navigateur, écoutez une lecture du poème de Baudelaire.* Quelles images, dans la rêverie de Baudelaire, font référence à l'Orient, à l'exotisme ?

BILAN **9** Pour quelles raisons peut-on dire que ces poèmes sont semblables à des tableaux ?

Eugène Delacroix, *Femmes d'Alger dans leur appartement*, 1834, huile sur toile (180 × 229 cm), musée du Louvre, Paris.

Texte écho 2 Le regard d'un voyageur

Les grandes dames voilent leur taille sous le *habbarah* de taffetas léger, tandis que les femmes du peuple se drapent gracieusement dans une simple tunique bleue de laine ou de coton (*khamiss*), comme des statues antiques. […] De belles mains ornées de bagues talismaniques et de bracelets d'argent, quelquefois des bras de marbre pâle s'échappant tout entiers de leurs larges manches relevées au-dessus de l'épaule, des pieds nus chargés d'anneaux que la babouche abandonne à chaque pas, et dont les chevilles résonnent d'un bruit argentin, voilà ce qu'il est permis d'admirer, de deviner, de surprendre, sans que la foule s'en inquiète ou que la femme elle-même semble le remarquer.

Gérard de Nerval, *Voyage en Orient*, 1851.

Texte écho 3 Un hémisphère dans une chevelure

lienmini.fr/jdl3-T312 AUDIO

Étudier un tableau orientaliste de Delacroix

Visionnez l'interview de Côme Fabre, conservateur au musée du Louvre, à propos de ce tableau, puis répondez aux questions suivantes :

lienmini.fr/jdl3-T313 VIDEO

1. Dans quelles conditions Delacroix effectue-t-il son voyage dans le Maghreb ?

2. Quel est le sujet de ce tableau ? Qu'est-ce qui intéresse Delacroix ici ?

3. Qu'est-ce que le « contraste simultané des couleurs » ? Quel lien peut-on établir avec le thème de l'Orient ?

À la rencontre de soi-même

Biographie

Théophile Gautier (1811-1872)
L'Orient constitue, pour ce poète et romancier du XIXe siècle, une source d'inspiration que l'on retrouve également dans ses romans, comme *Le Roman de la Momie*, qui évoque l'ancienne Égypte.

Repères littéraires

Métaphore et métaphore filée

• La **métaphore** est une figure de style qui substitue une image à un élément que l'on veut représenter.

Ex. : « aux feux du jour » (v. 3) pour évoquer la chaleur brulante du soleil.

• **La métaphore filée** prolonge cette substitution grâce à un vocabulaire qui appartient au même champ lexical.

Ex. : « Chemin des ans » (v. 2) → « désert du temps » (v. 12) → « voyageurs haletants » (v. 14).

Texte 4 La caravane

La caravane humaine au Sahara du monde,
Par ce chemin des ans qui n'a pas de retour,
S'en va traînant le pied, brûlée aux feux du jour,
Et buvant sur ses bras la sueur qui l'inonde.

Le grand lion rugit et la tempête gronde ;
À l'horizon fuyard, ni minaret, ni tour ;
La seule ombre qu'on ait, c'est l'ombre du vautour,
Qui traverse le ciel cherchant sa proie immonde.

L'on avance toujours et voici que l'on voit
Quelque chose de vert que l'on se montre au doigt,
C'est un bois de cyprès semé de blanches pierres.

Dieu, pour vous reposer, dans le désert du temps,
Comme des oasis, a mis les cimetières.
Couchez-vous et dormez, voyageurs haletants.

Théophile Gautier, « La caravane », *La Comédie de la mort*, 1838.

Comprendre la portée symbolique du poème

1. Dans quel cadre ce poème se déroule-t-il ? Est-il agréable ou dangereux ? Expliquez votre réponse à l'aide des mots du texte.

2. Expliquez l'expression « Sahara du monde » : à quel voyage est-il fait allusion ?

3. Que représente habituellement l'oasis pour les voyageurs ? Quelle forme prend-elle ici ?

4. La dernière strophe du sonnet révèle souvent l'intention du poète. Quels sont les mots importants de ce tercet, d'après vous ?

5. Que représente alors la caravane humaine ? Expliquez cette métaphore à l'aide des passages surlignés.

BILAN **6** À quelle méditation l'image d'une caravane saharienne renvoie-t-elle pour le poète Théophile Gautier ?

Narcisse Berchère, *Caravane dans le désert* (détail), 1853-1854, huile sur toile (27 × 35 cm), musée des beaux-arts, Rennes (France).

Synthèse La poésie et l'Orientalisme

- Courant au XIXe siècle, le voyage en Orient est l'occasion pour les poètes de renouveler leurs sources d'inspiration et de composer des recueils de souvenirs, comme ceux de Lamartine ou Nerval. ➡ p. 157, 161
- Le thème de la femme est ainsi particulièrement recherché car il permet de reprendre l'image de la muse en l'enrichissant de nouvelles expressions, comme le font Leconte de Lisle ou Baudelaire. ➡ p. 160, 161
- Cependant, les poètes explorent dans ces nouvelles découvertes une autre façon d'aborder les images, et imposent souvent leur propre vision de l'Orient, sans se soucier de la réalité qui s'offre à eux.

Écrire une lettre

BREVET

Le peintre Henri Matisse vient de découvrir le Maroc. Il écrit une lettre à Picasso dans laquelle il lui fait part de son enthousiasme, et lui décrit minutieusement son dernier tableau, représenté ici. Il évoque en particulier sonintérêt pour les femmes et leurs costumes, qui lui permettent de peindre avec des couleurs vives.

Henri Matisse, *Zorah sur la terrasse,* 1912, huile sur toile (116 x 100 cm), musée des beaux-arts Pouchkine, Moscou (Russie).

Consignes d'écriture

1. Vous vous aiderez de la page consacrée à la muse orientale pour décrire cette femme et son vêtement caractéristique.
2. Vous utiliserez un vocabulaire précis pour décrire les éléments du costume.
3. Vous emploierez des termes montrant l'enthousiasme et l'intérêt du peintre, à la manière de Lamartine et Nerval.

Imaginer un lieu de rêverie

BREVET

Aujourd'hui, quel lieu suscite votre rêverie ? Imaginez-le en détail, en vous inspirant des ressources qui y sont consacrées (photographies, ressources littéraires et numériques).

Consignes d'écriture

1. Décrivez-le en choisissant les éléments qui expliquent votre sentiment.
2. Associez-y des réflexions personnelles pour compléter cette évocation, à la manière de Lamartine.
3. Vous ajouterez ainsi une dimension lyrique à votre description.

Atelier d'expression

Écrire un pantoum lyrique

À l'oral

- Lire des poèmes en alexandrins à haute voix
- Lire à plusieurs voix

À l'écrit

- Mettre en œuvre un processus d'écriture
- Rédiger un texte en s'inspirant d'autres textes
- Savoir écrire un alexandrin et un texte rimé

Dans cet atelier, vous allez rédiger un poème à forme fixe : le pantoum. Que cache ce mot ? Vous allez découvrir au fil de ces pages quelles sont les règles d'écriture de ce poème. Vous vous familiariserez d'abord avec le≈rythme de l'alexandrin, puis imiterez la forme des pantoums présentés pour rédiger votre propre pantoum en vous inspirant d'alexandrins célèbres.

Qu'est-ce qu'une forme fixe ?

Une forme fixe est une forme poétique qui obéit à des règles précises. La plus connue est le sonnet, formé de quatre strophes, deux quatrains et deux tercets. Il est apparu en France au XVIe siècle, importé d'Italie.
Le haïku est une autre forme fixe, importée du Japon. Il comporte trois vers de cinq, sept, puis cinq syllabes chacun.

Victor Hugo, *Fantaisie d'Orient*, dessin, 1857, maison de Victor Hugo, Paris.

Le pantoum

Le pantoum que vous allez découvrir dans cet atelier est une forme fixe importée de Malaisie (pays d'Asie) par les Romantiques au XIXe siècle. Victor Hugo est le premier à la présenter en français dans son recueil *Les Orientales* publié en 1829.

Méthode

Vous allez travailler par équipe de deux et en trois étapes.

- *Savoir lire et composer un alexandrin :* pour cela, vous allez découper des alexandrins connus en deux moitiés (des hémistiches) et vous amuser à les recomposer de façon différente.
- *Comprendre le fonctionnement du pantoum :* vous allez lire de différentes façons des pantoums et repérer les caractéristiques de cette forme fixe.
- *Composer votre pantoum :* en vous appuyant sur vos observations, vous allez écrire à deux un pantoum de quatre quatrains.

Savoir lire et composer un alexandrin

Voici des vers extraits de poèmes célèbres ou de tragédies classiques.

1. « Cueillez dès aujourd'hui les roses de la vie » (P. de Ronsard)
2. « C'est Vénus tout entière à sa proie attachée » (J. Racine)
3. « Frère, le temps n'est plus où j'écoutais mon âme » (A. de Lamartine)
4. « Demain, dès l'aube, à l'heure où blanchit la campagne » (V. Hugo)
5. « C'est un trou de verdure où chante une rivière » (A. Rimbaud)
6. « Ô rage ô désespoir ô vieillesse ennemie » (P. Corneille)
7. « Je suis le ténébreux, le veuf, l'inconsolé » (G. de Nerval)
8. « Et j'ai deux fois vainqueur traversé l'Achéron » (G. de Nerval)
9. « Il est des parfums frais comme des chairs d'enfant » (C. Baudelaire)
10. « Heureux qui comme Ulysse a fait un beau voyage » (J. du Bellay)
11. « La Nature est un temple où de vivants piliers » (C. Baudelaire)
12. « Dans un mois, dans un an, comment souffrirons-nous ? » (J. Racine)
13. « Le Poète est semblable au prince des nuées » (C. Baudelaire)
14. « La rue assourdissante autour de moi hurlait. » (C. Baudelaire)
15. « Entends, ma chère, entends la douce Nuit qui marche. » (C. Baudelaire)
16. « Je le vis, je rougis, je pâlis à sa vue » (J. Racine)
17. « J'ai plus de souvenirs que si j'avais mille ans. » (C. Baudelaire)
18. « La musique souvent me prend comme une mer ! » (C. Baudelaire)
19. « Sois sage, ô ma Douleur, et tiens-toi plus tranquille. » (C. Baudelaire)
20. « Car j'ignore où tu fuis, tu ne sais où je vais,
Ô toi que j'eusse aimée, ô toi qui le savais ! » (C. Baudelaire)
21. « Je suis belle, ô mortels ! comme un rêve de pierre » (C. Baudelaire)
22. « La chair est triste, hélas ! et j'ai lu tous les livres. » (S. Mallarmé)

Faire une recherche sur Internet

Ces vers ont été écrits par Ronsard, du Bellay, Racine, Lamartine, Hugo, Nerval, Baudelaire, Rimbaud et Mallarmé. Cherchez sur Internet les poèmes dont ils sont extraits.

Repères littéraires

L'alexandrin

Au XIIe siècle, est composé le *Roman d'Alexandre* qui raconte les exploits d'Alexandre le Grand. Il est composé de 16 000 vers de douze syllabes : l'alexandrin est né ! Il va être préféré au décasyllabe que l'on utilisait jusque-là.

Grammaire pour dire et pour écrire

- En poésie, on prononce tous les **« e » placés** devant une consonne. Tous les autres ne se prononcent pas (y compris en fin de vers).
- La moitié d'un vers est appelée un **hémistiche**.
- La séparation entre les deux hémistiches est appelée la **césure**. Comme un alexandrin comporte douze syllabes, un hémistiche en comporte donc **six**.

Ex. : Je suis d'un pas rêveur | le sentier solitaire
(A. de Lamartine)

hémistiche — césure — « e » muet

J'applique

1 Vers 1 à 5. Recopiez les vers, soulignez les « e » à prononcer, et mettez entre parenthèses les autres.

2 Vers 1 à 22. a. Lisez les alexandrins à deux voix : l'un(e) lit le premier hémistiche, l'autre le second. Chacun(e) recopie sur des carrés de papier ses hémistiches.

b. Où la césure se trouve-t-elle ? Peut-elle se trouver au milieu d'un mot ? d'un groupe de mots ?

c. Recomposez de nouveaux alexandrins grâce aux moitiés de vers que vous avez recopiées sur les carrés de papier.

Ex. : « Frère, le temps n'est plus / où chante une rivière. »
Attention aux « e » muets !

Comprendre le fonctionnement du pantoum
(reprise des vers et des thèmes)

Découvrir

1. a. Par groupe de deux, entrainez-vous à lire ce pantoum à voix haute.

b. Puis un des membres du groupe lit tous les distiques surlignés en jaune. Qu'est-ce qui se répète dans le poème ?

c. L'autre lit ensuite les distiques surlignés en bleu. Y a-t-il aussi des répétitions ?

d. Lisez maintenant le poème en entier, dans l'ordre, à deux voix.

2. Formulez en une phrase la règle de répétition des vers dans le pantoum.

Comprendre

3. Combien faut-il de vers différents pour écrire un pantoum de seize vers ?

4. Quel est le thème des deux premiers vers de chaque quatrain ? Quel est le thème des deux derniers vers ?

5. Formulez la règle d'alternance des thèmes dans le pantoum.

6. Quelle est la particularité du dernier vers ? Complétez la règle de répétition des vers dans le pantoum.

Pantoum de la désespérance

Les *gommiers* sont en fleurs, les miels seront amers
Cependant la forêt chantera l'espérance.
Or coulera ma vie au fil des jours impairs,
Au fil de tous les jours qui tissent ma souffrance.

Distique = 2 vers

Cependant la forêt chantera l'espérance
Le ramier migrateur vient de franchir les mers.
Au fil de tous les jours qui tissent ma souffrance,
Ma vie à peine coule, à peine, à ciel ouvert.

Le ramier migrateur vient de franchir les mers,
Il a volé longtemps, jusqu'à la dernière anse.
Ma vie à peine coule, à peine, à ciel ouvert,
Mais en vain meurt l'appel de ma désespérance.

Il a volé longtemps, jusqu'à la première anse
Car son instinct cherchait de grands arbres plus verts
Mais en vain meurt l'appel de ma désespérance
Les *gommiers* sont en fleurs, les miels seront amers.

Édouard Marsolle, « Pantoum de la désespérance », 1960, cité dans *Échelle et papillons,* de Jacques Jouet, © Les Belles Lettres, 2005.

Graine de savoir

Le préfixe de chacun de ces mots renvoie à un nombre : ***déca**syllabe, **si**zain, **hepta**syllabe, **ter**cet, **di**stique, **qua**train, **hémi**stiche, **quin**til, **octo**syllabe.* Classez-les dans l'ordre pour compter de 0,5 à 10.

Grammaire pour dire et pour écrire

Une **proposition indépendante** est composée d'un **verbe** avec son **sujet** et ses éventuels **compléments**. Ainsi un vers peut être construit ainsi :

sujet verbe compléments , sujet verbe compléments

1ʳᵉ proposition indépendante — 2ᵉ proposition indépendante

J'applique

1 **Dans le « Pantoum de la désespérance », combien y a-t-il en général de propositions indépendantes par vers ?**

2 **Relisez les alexandrins que vous avez créés pour les exercices de la page 167 : forment-ils des propositions indépendantes ? Modifiez-les pour que ce soit le cas.**

Les **sentiments** ne sont quelquefois pas nommés mais se traduisent **par des manifestations** : sourire, rire, pleurs, cris, tremblements, etc.

L'**évocation de la nature** entraine une description de la **flore** (arbres, fleurs) et de la **faune**. Elle est souvent liée aux **saisons** et aux **éléments climatiques** (vent, pluie, soleil...).

J'applique

1 **Complétez les phrases suivantes :**

1. On voit tout en rose quand on est ...
2. On a des idées ... quand on est triste.
3. On tremble de ...
4. On frémit de ...
5. On se ... tout rouge mais on a ... quand on a le rouge au front.

2 **Associez chaque nom aux verbes et adjectifs qui peuvent lui correspondre :**

Noms : feuille – branche – tronc – plaine – montagne
Adj. et vb. : gracile – solide – ondoyant(e) – verdoyant(e) – imposant(e) – s'étend – se dresse – se balance – luit – tremble

Composer votre pantoum

Poème 1

Alors que tout repose en la campagne grise,
L'astre des soirs sereins reluit aux firmaments.
L'herbe fine est déjà luisante de rosée.
Des *filaos* en fleurs partent de longs soupirs.
Et leur cime bruit au souffle de la brise.

Poème 2

Pour se comprendre est-il minute plus exquise ?
Mignonne, redis-moi la chanson des serments.
Ta tête, éperdument sur ma tête posée.
Écoutons dans nos cœurs la voix des souvenirs.
Alors que tout repose en la campagne grise.

D'après **Daniel Thaly**, *Lucioles et cantharides*,
© Ollendorff, Paris, 1900.

Camille Corot, *Souvenir des Landes*, vers 1872, huile sur toile (44 x 62 cm), musée d'Orsay, Paris.

Reproduire

1. Lisez ces deux poèmes. Quel est le thème de chacun ?

2. Ces deux poèmes sont extraits du pantoum « Sous le jasmin ». Comment faut-il les assembler pour recomposer un pantoum de quatre quatrains ?

3. Essayez de le lire à deux voix.

Inventer un dialogue poétique

À l'origine, le pantoum malais est une forme poétique orale. Il n'est formé que d'un quatrain, qui oppose deux thèmes. Un deuxième poète peut répondre par un nouveau quatrain. À Madagascar, on improvise aussi des dialogues poétiques. L'homme déclare son amour par une comparaison : « Je t'aime comme la mer aime la plage », la femme le repousse en refusant l'image : « Tu ne m'aimes pas car la mer ne cesse de repartir. » À vous de jouer !

Activité finale

À votre tour, écrivez votre propre pantoum. Pour cela, mettez-vous par groupe de deux.

❶ L'un(e) des membres du duo (A) va écrire un poème de cinq vers sur le thème de la nature. Seul le cinquième vers doit rimer avec le premier.

- **L'autre membre du duo (B) va écrire un poème de cinq vers qui évoquera un sentiment. Le cinquième vers de ce poème de B est très facile : c'est le même que le premier vers du poème de A.**
- **Tous les vers seront des alexandrins : vous pouvez en choisir parmi les alexandrins créés pour les exercices de la page 165 et compléter avec des vers de votre composition. Pensez bien aux « e » muets.**
- **Il faut bien vous mettre d'accord car le premier vers de A va rimer avec le premier vers de B.**

Pour vous aider, vous pouvez suivre le schéma ci-dessous :

Poème sur la nature (élève A)	Poème sur les sentiments (élève B)
Vers A1. rime a	**Vers B1.** rime a
A2. rime b	**B2.** rime b
A3. rime c	**B3.** rime c
A4. rime d	**B4.** rime d
A5. rime a	**B5.** rime a (= vers **A1**)

❷ Assemblez ensuite vos deux poèmes deux vers par deux vers pour former votre pantoum de quatre quatrains.

Pour vous aider, voici le schéma de rimes :
abab, bcbc, cdcd, dada
et le schéma de vers :
A1A2B1B2 A2A3B2B3 A3A4B3B4 A4A5B3B5

- **Chaque groupe lit à la classe son pantoum. Croisez ensuite vos lectures. Le membre A du groupe 1 lit avec le membre B du groupe 2 par exemple.**

Agir dans la Cité :

individu et pouvoir

Agir sur le monde

Antigone de **Jean Anouilh**, pièce mise en scène par **Marc Paquien** au théâtre du Vieux Colombier, en 2012, avec **Francoise Gillard** (Antigone) et **Bruno Raffaelli** (Créon).

PARCOURS un thème

Les histoires traversées par l'Histoire

pistes EPI

Heinrich Ehmsen, *Auschwitz*, 1948, huile sur bois, Nationalgalerie, Staatliche Museen zu Berlin, Berlin (Allemagne).

S'entraider pour survivre

Texte 1 Un voyage inhumain

L'auteur est capturé par les nazis et envoyé en train vers le camp de concentration de Buchenwald. Il raconte comment il a appris à résister aux terribles conditions du voyage grâce à un compagnon de malheur.

Ça fait quatre jours et trois nuits que nous sommes imbriqués l'un dans l'autre, son coude dans mes côtes, mon coude dans son estomac. Pour qu'il puisse poser ses deux pieds bien à plat sur le plancher du wagon, je suis obligé de me tenir sur une jambe. Pour que je puisse en faire autant, et sentir les muscles des mollets se décontracter un peu, il se dresse aussi sur une seule jambe. On gagne quelques centimètres ainsi et nous nous reposons à tour de rôle.

Autour de nous, c'est la pénombre, avec des respirations haletantes et des poussées subites, affolées, quand un type s'effondre. Lorsqu'ils nous ont comptés cent vingt devant le wagon, j'en ai eu froid dans le dos, en essayant d'imaginer ce que ça pouvait donner. C'est encore pire.

Jorge Semprun, *Le Grand Voyage,* 1963, © Éditions Gallimard.

Comprendre un témoignage de solidarité

Entrer dans la lecture. Quels éléments sont particulièrement marquants dans cette description ?

1. Quel est le sens premier du mot « imbriqué » ? Dans quel sens le narrateur l'emploie-t-il ici ? Commentez.

2. Parmi les propositions suivantes, quelles sont les sensations éprouvées par le narrateur et son compagnon : brulure, écrasement, crampes, piqures, paralysie, aveuglement, froid ?

3. Qualifiez l'atmosphère qui règne dans le wagon et justifiez votre réponse en citant le texte.

4. Quelle relation s'est établie entre le narrateur et son compagnon de voyage ? Parait-elle normale ou exceptionnelle, dans ce contexte ?

5. Observez le rythme et la longueur des phrases dans le dernier paragraphe. Comment la dernière phrase est-elle mise en valeur ? Dans quel but ?

BILAN **6** Expliquez par quels moyens le narrateur parvient à faire revivre, pour le lecteur, son terrible voyage vers le camp de concentration de Buchenwald. Montrez qu'il met, malgré tout, la solidarité humaine au premier plan.

Biographie

Jorge Semprun (1923-2011)

Résistant, puis ministre de la Culture en Espagne, il se consacre ensuite à la littérature. Il est l'auteur d'une œuvre souvent primée, largement autobiographique.

René Clément, *Jeux interdits*

CINEMA

Réalisation : René Clément

Interprétation

Michel Dollé : Georges Poujoly
Paulette : Brigitte Fossey
Georges Dollé : Jacques Marin

Distribution : Sophie Dulac Distribution, 1952

SYNOPSIS : Pendant l'exode de 1940 en France, les civils fuient l'avancée des armées nazies sur les routes de France. L'aviation ennemie mitraille les foules sans défense. Les parents de la petite Paulette sont abattus, et la fillette erre dans la campagne. Elle est découverte par Michel, un petit garçon d'une dizaine d'années qui la prend sous sa protection, et l'emmène vivre dans la ferme de ses parents. Ensemble, ils vivent à leur manière d'enfants les évènements terribles de la guerre, avant que les adultes ne brisent leur amitié.

Photogramme 1

Photogramme 2

Photogramme 3

MICHEL : Elle vient d'la route. Son père a été tué et puis s… et puis sa mère

LE PÈRE : Bah, qu'est-ce que tu veux qu' j'y fasse ?

MICHEL : On pourrait p'têt la garder ?

Photogramme 4

Photogramme 5

Photogramme 6

Commenter à l'oral

Par groupes de deux, vous allez commenter les photogrammes.
Pour cela, vous insisterez sur les aspects suivants :
Photogrammes 1 et 2 : la détresse de la petite fille et l'attitude du garçonnet ;
Photogrammes 3 et 4 : l'évolution de l'attitude du père et les relations entre les personnages ;
Photogrammes 5 et 6 : la confiance et la compréhension entre les deux enfants.

Exprimer son point de vue

BREVET

En un paragraphe, décrivez l'évolution de la petite fille et la manière dont elle est accueillie. Vous prendrez en compte le contexte historique et la situation économique de la famille Dollé. Terminez en donnant votre point de vue personnel sur la souffrance des enfants pendant les guerres.

Résister par la culture

Texte 5 Un poème pour supporter la mort

Biographie
Jorge Semprun
(1923-2011)
➥ p. 170

Au camp de concentration de Buchenwald, Jorge Semprun retrouve son ancien professeur de littérature française, Maurice Halbwachs. Celui-ci, très âgé, ne résiste pas aux conditions de vie et de travail du camp.

J'avais pris la main de Halbwachs qui n'avait pas eu la force d'ouvrir les yeux. J'avais senti seulement une réponse de ses doigts, une pression légère : message presque imperceptible.

Le professeur Maurice Halbwachs était parvenu à la limite des résistances humaines. Il se vidait lentement de sa substance, arrivé au stade ultime de la dysenterie[1] qui l'emportait dans la puanteur.

Un peu plus tard, alors que je lui racontais n'importe quoi, simplement pour qu'il entende le son d'une voix amie, il a soudain ouvert les yeux. La détresse immonde, la honte de son corps en déliquescence y étaient lisibles. Mais aussi une flamme de dignité, d'humanité vaincue mais inentamée. La lueur immortelle d'un regard qui constate l'approche de la mort, qui sait à quoi s'en tenir, qui en a fait le tour, qui en mesure face à face les risques et les enjeux, librement : souverainement.

Alors, dans une panique soudaine, [...] je dis à haute voix, essayant de maîtriser celle-ci, de la timbrer comme il faut, quelques vers de Baudelaire. C'est la seule chose qui me vienne à l'esprit.

Ô mort, vieux capitaine, il est temps, levons l'ancre...

Le regard de Halbwachs devient moins flou, semble s'étonner. Je continue de réciter. Quand j'arrive à

... nos cœurs que tu connais sont remplis de rayons,

un mince frémissement s'esquisse sur les lèvres de Maurice Halbwachs. Il sourit, mourant, son regard sur moi, fraternel.

Jorge Semprun, *L'Écriture ou la vie,* 1994, © Éditions Gallimard.

1. **dysenterie :** infection qui touche l'intestin grêle et se développe quand les conditions d'hygiène ne sont pas satisfaisantes.

Le savez-vous ?

Pour garder leur dignité et une forme de liberté, les **détenus des camps de concentration** étaient nombreux à pratiquer des **loisirs culturels** pendant leurs rares heures d'oisiveté. Au programme : jeux d'échecs, récitation de poèmes, mise en scène de pièces de théâtre, le tout de mémoire, car nulle bibliothèque n'était, évidemment, à leur disposition.

Un homme jouant du piano dans un camp de concentration, gravure non signée, 1943.

Comprendre le rôle de la culture dans la dignité humaine

Entrer dans la lecture. Résumez brièvement l'épisode que vous venez de lire. La fin vous semble-t-elle totalement désespérée ?

1. De quelle maladie le professeur Halbwachs est-il atteint ? Pourquoi est-elle particulièrement humiliante, d'après le texte ?
2. Relevez, dans le texte, les mots appartenant à ces deux champs lexicaux qui s'opposent : la détresse du corps et la dignité de l'esprit.
3. Relevez les expressions qui se rapportent à la lumière et identifiez la figure de style utilisée. Quelle idée est ainsi suggérée ?
4. Comment Jorge Semprun tente-t-il d'aider son professeur souffrant ? Quelle idée est la plus efficace ?

BILAN 5 Que permet ici le partage d'un texte littéraire ? Commentez.

Biographie

Marjane Satrapi (née en 1969)

Née en Iran, elle assiste, pendant son enfance, à la restriction progressive des libertés individuelles par le régime totalitaire et religieux qui contrôle l'Iran. Ses parents l'envoient faire ses études à l'étranger, lui permettant de préserver sa liberté de pensée. C'est en France qu'elle découvre sa vocation d'auteure de bande dessinée. Son autobiographie, *Persepolis*, est un grand succès qu'elle a pu adapter pour le cinéma.

Texte écho Se cultiver : un acte libérateur

Les parents de Marjane sont allés passer quelques jours en Turquie. Leur fille leur a demandé de lui rapporter plusieurs objets interdits par le régime politique iranien, très restrictif en ce qui concerne les libertés fondamentales, parmi lesquelles le droit d'expression et l'accès aux courants culturels étrangers.

Marjane Satrapi, *Persepolis*,
© Éditions L'Association, Paris, 2007.

Faire le lien entre les œuvres

Dans le cas de Marjane Satrapi et celui de Jorge Semprun (p. 174), comment l'Histoire et le régime politique viennent-ils entraver les libertés personnelles ?
De quels moyens disposent-ils pour accéder malgré tout à la culture qui leur est chère ?
L'Histoire qui s'oppose à leur liberté parvient-elle à la leur ôter totalement ?

▸ *Comprendre l'importance de l'accès à la culture*

Entrer dans la lecture. Comment la joie de Marjane est-elle traduite par le dessin ?

1. Faites la liste des objets offerts à l'adolescente. À quel courant culturel occidental pouvez-vous les associer ?

2. Comment les parents ont-ils transporté les posters ? Devinez pourquoi.

3. Comment la jeune fille exprime-t-elle sa reconnaissance envers ses parents ?

4. Selon vous, pourquoi ses sentiments sont-ils d'une telle intensité ?

BILAN **5** Pourquoi ces objets qui nous paraissent banals ont-ils ici une telle valeur ? Commentez.

Réfléchir pour survivre

Dans W ou le souvenir d'enfance, Georges Perec (né en 1936) fait le récit de ses souvenirs d'enfance, qui se déroulent pendant la guerre. Perec, en tant que Juif, courait le risque d'être envoyé par les nazis vers les camps de la mort, dont la crainte et les récits ont hanté toute sa jeunesse.

Biographie

Georges Perec
(1936-1982)
George Perec est un écrivain français, membre de l'Oulipo (➥ p. 139). Son père est tué au début de la Seconde Guerre mondiale ; sa mère l'envoie en zone libre avant d'être elle-même déportée. Il sera élevé à Paris par sa tante à partir de la fin de la guerre. Son écriture est marquée par le jeu avec certaines contraintes de forme (éviter d'employer le « e » dans un roman de 300 pages) et par la volonté de dire la douleur de l'absence.

Georges Perec enfant et sa mère, vers 1940-1942.

Texte 6 Une mémoire vide

Je n'ai pas de souvenirs d'enfance. Jusqu'à ma douzième année à peu près, mon histoire tient en quelques lignes : j'ai perdu mon père à quatre ans, ma mère à six ; j'ai passé la guerre dans diverses pensions de Villard-de-Lans. En 1945, la sœur de mon père et son mari m'adoptèrent.

Cette absence d'histoire m'a longtemps rassuré : sa sécheresse objective, son évidence apparente, son innocence, me protégeaient, mais de quoi me protégeaient-elles, sinon précisément de mon histoire, de mon histoire vécue, de mon histoire réelle, de mon histoire à moi qui, on peut le supposer, n'était ni sèche, ni objective, ni apparemment évidente, ni évidemment innocente ?

« Je n'ai pas de souvenirs d'enfance » : je posais cette affirmation avec assurance, avec presque une sorte de défi. L'on n'avait pas à m'interroger sur cette question. Elle n'était pas inscrite à mon programme. J'en étais dispensé : une autre histoire, la Grande, l'Histoire avec sa grande hache, avait déjà répondu à ma place : la guerre, les camps.

Georges Perec, *W ou le souvenir d'enfance*, 1975, © Éditions Denoël.

Texte 7 Inventer un monde

À treize ans, j'inventai, racontai et dessinai une histoire. Plus tard, je l'oubliai. Il y a sept ans, un soir, à Venise, je me souvins tout à coup que cette histoire s'appelait « W » et qu'elle était, d'une certaine façon, sinon l'histoire, du moins une histoire de mon enfance [...]

L'Athlète W n'a guère de pouvoirs sur sa vie. Il n'a rien à attendre du temps qui passe. Ni l'alternance des jours et des nuits ni le rythme des saisons ne lui seront d'aucun secours. Il subira avec une égale rigueur le brouillard de la nuit d'hiver, les pluies glaciales du printemps, la chaleur torride des après-midi d'été. [...]

Courir. Courir sur les cendrées, courir dans les marais, courir dans la boue. Courir, sauter, lancer les poids. Ramper. S'accroupir, se relever. Se relever, s'accroupir. Très vite, de plus en plus vite. Courir en rond, se jeter à terre, ramper, se relever, courir. Rester debout, au garde-à-vous, des heures, des jours, des jours et des nuits. À plat ventre ! Debout ! Habillez-vous ! Déshabillez-vous ! Habillez-vous ! Déshabillez-vous ! Courez ! Sautez ! Rampez ! À genoux !

Ibid.

Graine de savoir

Quel était l'emploi du temps des prisonniers des camps de concentration ? Faites des recherches, au CDI ou sur Internet, pour obtenir le plus de renseignements possible sur une journée et une semaine types.

John Frederick Peto,
Vieux souvenirs, vers 1891-1901,
huile sur toile (68 x 56 cm),
The Metropolitan
Museum of Art, New York.

Comprendre le sens de W

Texte 6

1. Normalement, qu'entend-on par « souvenir d'enfance » ?

2. Commentez le rythme des phrases du premier paragraphe. Pourquoi ce choix ? A-t-on, ici, des « souvenirs d'enfance » au sens habituel de l'expression ?

3. À quoi le narrateur attribue-t-il son amnésie ? Pour répondre, reformulez avec vos mots le deuxième paragraphe.

4. À partir de la ligne directrice fournie par le bref récit d'enfance de Perec, imaginez de quelle nature seraient ses souvenirs d'enfance, s'ils n'étaient pas effacés.

Texte 7

5. Finalement, le narrateur a-t-il des souvenirs d'enfance ? Expliquez.

6. Qualifiez la vie des athlètes de *W*.

7. Quelles sont les deux étapes du texte ? Résumez-les brièvement.

8. Pensez-vous que l'emploi du temps et les conditions de vie soient bien celles de sportifs ? De quoi le narrateur parle-t-il en réalité ?

9. À la fin du texte, quel effet l'accumulation d'impératifs produit-elle ? À quoi peut-elle faire penser ?

BILAN **10** Faites le lien entre les textes 6 et 7 : que représente *W* ? Finalement, le narrateur a-t-il des souvenirs d'enfance ? Pourquoi ?

Texte 8 Écrire face au scandale de la guerre

Anne Frank rédige son journal comme une série de lettres adressées à une amie qui la comprendrait totalement. Après presque deux ans de séjour continu à l'Annexe, la jeune fille exprime son désarroi face à la folie humaine.

Biographie

Anne Frank ➡ p. 172
(1929-1945)

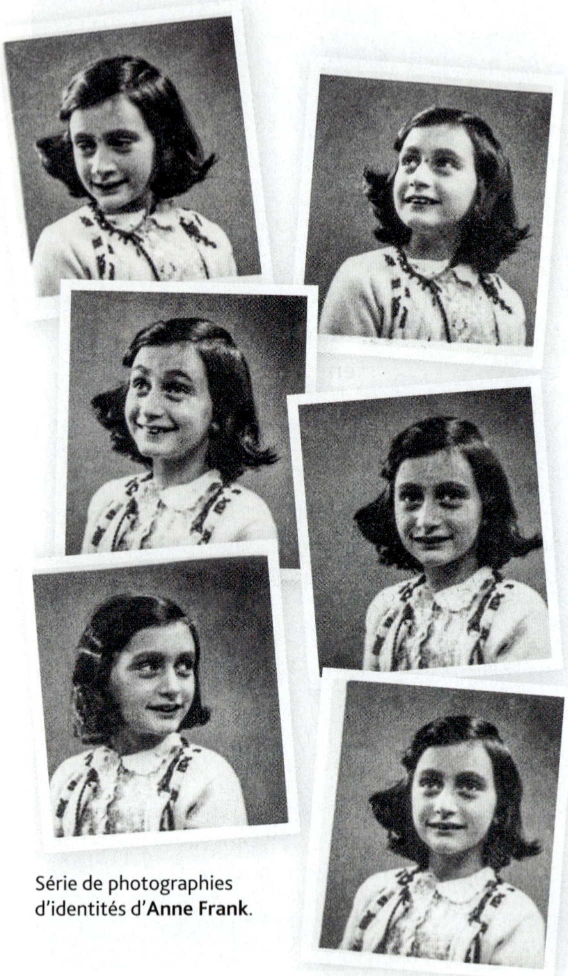

Série de photographies d'identités d'**Anne Frank**.

Comme tu peux t'en douter, on se demande souvent ici avec désespoir : « À quoi bon, oh à quoi bon cette guerre, pourquoi les gens ne peuvent-ils vivre en paix, pourquoi faut-il tout anéantir ? » La question est compréhensible, mais personne n'a encore trouvé jusqu'à présent de réponse satisfaisante, oui, pourquoi fabriquent-ils en Angleterre des avions de plus en plus gros, des bombes de plus en plus lourdes […] ? Pourquoi dépense-t-on chaque jour des millions pour la guerre et pas un sou pour la médecine, pour les artistes, pour les pauvres ? Pourquoi les gens doivent-ils souffrir la faim tandis que dans d'autres parties du monde une nourriture surabondante pourrit sur place ? Oh, pourquoi les hommes sont-ils si fous ? On ne me fera jamais croire que la guerre n'est provoquée que par les grands hommes, les gouvernants et les capitalistes, oh non, les petites gens aiment la faire au moins autant, sinon les peuples se seraient révoltés contre elle depuis longtemps ! Il y a tout simplement chez les hommes un besoin de ravager, un besoin de frapper à mort, d'assassiner et de s'enivrer de violence, et tant que l'humanité entière, sans exception, n'aura pas subi une grande métamorphose, la guerre fera rage, tout ce qui a été construit, cultivé, tout ce qui s'est développé sera tranché et anéanti, pour recommencer ensuite !

Anne Frank, *Journal*, trad. Philippe Noble et Isabelle Rosselin-Bobulesco,

AUDIO lienmini.fr/jdl3-T401
Découvrez d'autres extraits du *Journal* d'Anne Frank lus par une comédienne.

Comprendre un cri de révolte

Entrer dans la lecture. Rappelez les conditions d'écriture du journal. Selon vous, influencent-elles Anne Frank ? Comment cet extrait le montre-t-il ici ?

1. Quel effet l'anaphore des lignes 6 à 14 produit-elle ? Comment cette anaphore est-elle renforcée dans la dernière question posée par Anne ?

2. Observez comment évolue la longueur des questions au fil du texte. Quelle est l'intention d'Anne Frank d'après vous ?

3. Reformulez la réponse rejetée par Anne, puis celle qu'elle retient, dans la seconde étape de sa réflexion.

4. Observez, dans la construction de la dernière phrase, les rythmes et les balancements. Quel est l'effet produit ? Quel type de texte cette construction très littéraire rappelle-t-elle ?

BILAN **5** Nommez les sentiments que l'on ressent face au comportement inutilement violent des êtres humains. Comment Anne Frank parvient-elle à les mettre en valeur ?

Faire le lien entre les œuvres

Les jeunes, confrontés à la guerre, se trouvent brutalement privés de toute perspective d'avenir. Comment Anne Frank et Georges Perec (p. 176-177) ont-ils cherché à résister à l'emprise totale de l'Histoire, qui a totalement interrompu le cours de leurs études et les a privés de jeunesse ? Montrez que l'écriture a constitué, pour chacun d'entre eux, un moyen de lutter contre la violence qu'ils ont subie.

Texte 9 Raconter la violence vécue

Dans cet extrait, Anne Frank prend conscience de la valeur historique des témoignages, et aussi de l'importance, pour l'humanité, de l'expérience qu'elle est en train de vivre.

Hier soir, le ministre Bolkesteyn a dit sur Radio Orange qu'à la fin de la guerre, on rassemblerait une collection de journaux et de lettres portant sur cette guerre. Évidemment, ils se sont tous[1] précipités sur mon journal.

Pense comme ce serait intéressant si je publiais un roman sur l'Annexe ; rien qu'au titre, les gens iraient s'imaginer qu'il s'agit d'un roman policier. Non, mais sérieusement, environ dix ans après la guerre, cela fera déjà sûrement un drôle d'effet aux gens si nous leur racontons comment nous, juifs, nous avons vécu, nous nous sommes nourris et avons discuté ici. Même si je te parle beaucoup de nous, tu ne sais que très peu de choses de notre vie. L'angoisse que ressentent les dames lors des bombardements ; par exemple dimanche 350 appareils anglais ont largué un demi-million de kilos de bombes au-dessus d'Ijmuiden, la façon dont les maisons se mettent alors à trembler comme un brin d'herbe dans le vent, le nombre d'épidémies qui sévissent ici. De toutes ces choses dont tu ne sais rien, et il me faudrait passer la journée entière à écrire si je devais tout te raconter dans les moindres détails. Les gens font la queue pour se procurer des légumes et tout ce qu'on peut imaginer, les médecins ne peuvent pas se rendre auprès des malades [...].

Anne Frank, *Ibid.*

1. **tous :** tous les habitants de l'Annexe.

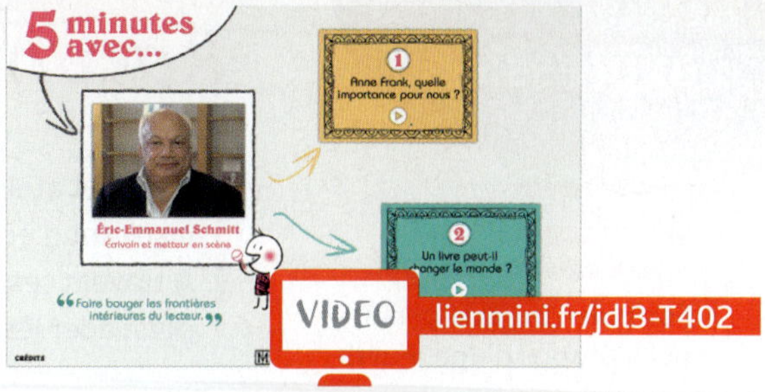

Comprendre la valeur d'un témoignage

1. Pourquoi les habitants de l'Annexe s'intéressent-ils soudain au journal d'Anne Frank ?

2. Relevez une citation qui montre que, dans un premier temps, la jeune fille ne prend pas la nouvelle très au sérieux. Quel est le procédé employé ?

3. Quelle est la phrase qui montre qu'Anne Frank prend conscience de la portée de son témoignage ?

4. De quels éléments de sa vie quotidienne témoigne-t-elle ?

5. Dans cette optique, quel est l'effet de l'accumulation de détails concrets ?

6. *En saisissant l'adresse dans votre navigateur, regardez la vidéo d'É.-E. Schmitt :* d'après lui, pourquoi peut-on dire que le *Journal* d'Anne Frank appartient à la littérature ?

BILAN **7** Que cherche à faire comprendre Anne Frank à ses lecteurs futurs ?

Écrire une lettre

Écrivez une lettre à Anne Frank pour lui dire qu'elle est devenue ce qu'elle souhaitait être : un écrivain reconnu dans le monde entier.

Synthèse Récits et témoignages de l'Histoire

- Les déportés, les clandestins et les résistants qui ont lutté pour leur vie, pendant la Seconde Guerre mondiale, ont mené une vie héroïque. Parvenir à vivre comme un être humain constituait un combat quotidien. A. Frank, R. Antelme et J. Semprun le montrent très clairement. ➥ p. 170 à 173
- L'histoire de chaque vie humaine peut se trouver traversée par l'Histoire. Chacun construit alors sa vie en fonction de ses valeurs et de la liberté qui lui reste : libre, prisonnier, en aidant les victimes. ➥ p. 170 à 173
  La question est, pour A. Frank, R. Antelme et J. Semprun, de préserver en eux-mêmes la dignité humaine, liée à la conscience morale et à la pensée. ➥ p. 171, 172 et 174
- Suite à leur expérience, le regard de l'être humain sur lui-même s'est transformé. La notion de « crime contre l'humanité » a été définie, comme celle de « devoir de mémoire ». G. Perec a montré l'influence qu'une telle violence peut avoir sur la vie humaine : cela peut aller jusqu'à la privation de la mémoire. ➥ p. 176 et 177
- Nés de ces périodes troublées, ces textes, souvent rédigés par des écrivains de métier dont la guerre a interrompu ou initié la carrière, possèdent des qualités de construction, une puissance d'évocation qui révèlent leur qualité littéraire.

Atelier d'expression

Raconter pour dénoncer

Dans cet atelier, vous allez apprendre à raconter pour dénoncer en vous inspirant d'écrits et d'images ayant pour sujet la Première Guerre mondiale. À travers ces œuvres, les auteurs cherchent à susciter des émotions et à persuader les lecteurs de renoncer à la guerre.

À l'oral

Formuler un avis personnel à propos d'une œuvre

À l'écrit

- Exploiter des lectures pour enrichir son écrit
- Pratiquer l'écriture d'invention

Pour situer les AUTEURS

Henri Barbusse (1873-1935) est un journaliste et écrivain pacifiste. Il s'engage néanmoins volontairement en 1914. *Le Feu*, qui est un témoignage, a enthousiasmé les combattants, et choqué par son réalisme ceux qui n'avaient pas connu le front.

Maurice Genevoix (1890-1980) est mobilisé à 24 ans. Avant d'être blessé, il note son expérience de la guerre dans des carnets qu'il utilisera pour écrire *Ceux de 14*.

Erich Maria Remarque (1898-1970) est né en Allemagne. Mobilisé en 1916, il relate son expérience du front et rédige un roman pacifiste, *À l'Ouest rien de nouveau*, qui remporte un immense succès.

Jacques Tardi est né en 1946. Ses bandes dessinées portent, pour une grande partie, sur la Première Guerre mondiale, qui a profondément marqué sa famille.

Paroles de poilus, volume 1 - Guéno-Bramanti. D'après la lettre de Lazare Silbermann, reprise de l'ouvrage de Jean-Pierre Guéno © Éditions Soleil, 2012.

Pour situer le CONTEXTE

La Première Guerre mondiale (1914-1918) est le premier conflit qui touche toute la planète en même temps. Les conditions de vie sont épouvantables pour les soldats au front comme pour les populations civiles. En quatre ans, cette guerre provoque plus de dix millions de morts et marque profondément les esprits. Nombreux sont les soldats qui ont tenu des journaux de guerre, ou rédigé des ouvrages à partir de leurs souvenirs.

Le savez-vous ?

Les descriptions de la guerre varient en fonction du point de vue de ceux qui en parlent. Les auteurs « bellicistes » (du latin *bellum*, « la guerre ») s'opposent aux « pacifistes » (du latin *pax*, « la paix ») : les uns chantent les guerriers, les autres soulignent la souffrance des hommes.

Méthode

Pour dénoncer, on cherche à persuader les lecteurs. Pour cela, on doit :
- ***rendre compte de ce que l'on dénonce*** afin de poser précisément le sujet ;
- ***susciter des émotions*** pour faire naitre la compassion et la colère ;
- ***provoquer une prise de conscience*** à partir d'exemples et d'images qui frappent l'imagination.

Rendre compte de ce que l'on dénonce

Un bombardement

Un bruit diabolique nous entoure. On a l'impression inouïe d'un accroissement continu, d'une multiplication incessante de la fureur universelle. Une tempête de battements rauques et sourds, de clameurs furibondes, de cris perçants de bêtes s'acharne sur la terre toute couverte de loques de fumée, et où nous sommes enterrés jusqu'au cou […].

Tout d'un coup, derrière notre dos, éclate le fracas net, strident, assourdissant du 75. Ça crépite sans arrêt.

Ce tonnerre nous soulève, nous enivre. Nous crions en même temps que les pièces […]

– Qu'est-ce que c'est qu'ça ?

Pendant que la batterie de 75 qui est à cent mètres derrière nous continue ses glapissements, – coups nets d'un marteau démesuré sur une enclume, suivis d'un cri, vertigineux de force et de furie, – un gargouillement prodigieux domine le concert. Ça vient aussi de chez nous.

– Il est pépère, celui-là !

L'obus fend l'air à mille mètres peut-être au-dessus de nos têtes. Son bruit couvre tout comme d'un dôme sonore. […]

– Ça pèse cent dix-huit kilos, ça, ma vieille punaise, dit fièrement Volpatte, et, quand ça tombe sur une guitoune, ça tue tout le monde qu'y a dedans.

Henri Barbusse, *Le Feu,* 1916.

Champ lexical des sons

Adjectifs qualificatifs

Comparaisons, métaphores

Jacques Tardi, *C'était la guerre des tranchées,* © Casterman, 1993

Paroles de poilus, volume 1 - Guéno-Bramanti. D'après la lettre de Lazare Silbermann, reprise de l'ouvrage de Jean-Pierre Guéno © Éditions Soleil, 2012.

Découvrir

1. Lisez l'extrait en imaginant l'ambiance évoquée. Quelles émotions en résultent ?

Comprendre

2. À quels sens le texte fait-il appel ? Quel est l'effet de ce choix ?

3. Les hommes donnent-ils ici l'impression de « faire » la guerre ? Selon vous, que cherche à montrer l'auteur ?

Grammaire pour dire et pour écrire

- Pour rendre compte précisément d'un sujet, on peut utiliser des **adjectifs qualificatifs** et mobiliser le champ lexical des sens pour donner à entendre, à voir, etc.
- Les **comparaisons** et les **métaphores** permettent également aux lecteurs de se représenter les évènements par des images.

J'applique

BREVET

Rédigez le court billet d'un soldat évoquant le bruit et l'horreur de la canonnade.

lienmini.fr/jdl3-T403 AUDIO

Écoutez un autre extrait du *Feu* de Barbusse lu par un comédien et essayez de vous représentez ce qui est décrit.

Formuler un avis

Comparez les deux représentations de la canonnade. Laquelle vous semble la plus effrayante ? Expliquez pourquoi en justifiant votre réponse, puis décrivez, ou dessinez, votre propre illustration de l'extrait de Barbusse.

Susciter des émotions

Découvrir

1. Lisez ces trois extraits. Quelles sont les émotions ressenties par les personnages ? Et vous, comment réagissez-vous ?

Comprendre

2. Pourquoi les narrateurs ne parlent-ils pas de leurs propres émotions ? Que pensez-vous de ce choix ?
3. Quelles intentions ces extraits révèlent-ils ? Confrontez vos points de vue à l'oral.

Une plainte dans la nuit

Un soldat, démoralisé, se plaint à son lieutenant, qui rapporte ici leur dialogue.

« […] – J'suis gelé, j'ai mal partout : j'ai envie d'me laisser crever.

– Qu'est-ce que tu dis ?

– La vérité, mon lieutenant, j'vous jure. C'est trop d'maux pour les mêmes, aussi ! Quante c'est pus les balles, c'est la boue, c'est la flotte, c'est l'manque de dormir ou d'manger, toujours du mal : ça fatigue à force, vous savez. Moi j'suis au bout, j'ai pus d'courage.

– Tu dis ça… Demain tu n'y penseras plus.

– Vous croyez ? Eh bien ! moi j'vous dis qu'j'en ai marre, qu'j'aime mieux n'pus vivre du tout que d' revoir une nuit comme celle-là. On en reste marqué ; on n'en guérira p't-ê'te jamais... […] »

Maurice Genevoix, « Nuits de guerre », *Ceux de 14*, 1949, © Flammarion.

Les adieux à un blessé

Le narrateur rend visite à un soldat de sa compagnie, grièvement blessé et qui attend près du front son transfert vers un hôpital.

Couché sur une civière […], Sicot a gardé les yeux ouverts. À la lueur d'une chandelle qui est là, sa face exsangue semblerait morte, n'étaient ses yeux toujours vivants. Il me voit, me reconnaît, et sans rien dire, pendant que je le regarde, il pleure à grosses larmes lentes d'être sûr qu'il va mourir.

« Au revoir, Sicot… Tu seras ce soir à l'hôpital de Verdun… On y est bien… Il y a des toubibs épatants… »

Les larmes roulent, de ses yeux déjà éteints. Sous la montée brillante des larmes, ses prunelles ne vivent plus que d'une dernière clarté : la certitude et la tristesse de mourir.

« Au revoir, Sicot… »

Il fallait bien sortir de cette petite casemate, ne plus voir ce corps étendu, cette force jeune, cette simple bonté, tout cela qui était Sicot, et qui mourait lentement, depuis le claquement grêle d'une balle au bord de l'entonnoir 7. *Ibid.*

L'annonce de la mort d'un soldat à son épouse

Le narrateur, en permission, rend visite à l'épouse d'un de ses amis pour lui parler de son mari, qui est mort au combat.

On ne peut pas décrire ces choses-là : cette femme tremblante et sanglotante qui me secoue, en me criant : « Pourquoi vis-tu donc, puisqu'il est mort ? » – qui m'inonde de larmes, en disant : « Pourquoi êtes-vous donc là, des enfants comme vous ? » – qui s'abat sur un siège et qui pleure : « L'as-tu vu, l'as-tu encore vu ? Comment est-il mort ? »

Je lui dis qu'il a reçu une balle dans le cœur et qu'il est mort aussitôt. Elle me regarde d'un air de doute :

« Tu mens, je sais que ce n'est pas vrai, j'ai senti dans ma chair la difficulté avec laquelle il est mort. J'ai entendu sa voix, j'ai, pendant la nuit, éprouvé son angoisse. Dis-moi la vérité, je veux savoir. Il faut que je sache. » […]

Lorsqu'on a vu tant de morts, on ne peut plus très bien comprendre tant de douleur pour un seul.

E. M. Remarque, *À l'Ouest rien de nouveau,* traduction d'A. Hella et O. Bournac, 1929, © Éditions Stock pour la traduction française, 2009.

Albert Herter, *Le Départ des Poilus, août 1914*, 1926, huile sur toile (12 x 5 m), hall des départs de la Gare de l'Est, Paris.

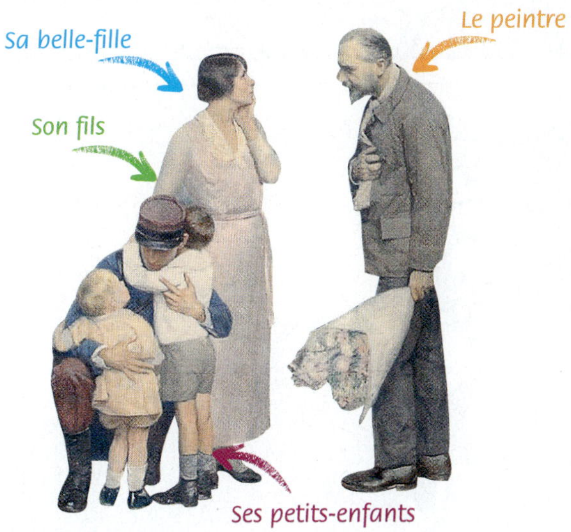

Lecture d'image

1. Quelle est l'attitude de la majorité des soldats ?
2. Décrivez et commentez l'expression des enfants. Que devine-t-on de leur avenir ?
3. Choisissez un groupe de personnages qui vous frappe particulièrement et dites pourquoi.

Le savez-vous ?

Le peintre s'est représenté sur cette toile : il s'agit du vieux monsieur en costume gris, à droite. L'homme à genoux qui embrasse deux enfants est son fils : il n'est pas revenu de la guerre. C'est pourquoi le vieil homme offre des fleurs en hommage à la jeune femme qui lui fait face, et qui est l'épouse du soldat.

Grammaire pour dire et pour écrire

▸ On peut utiliser différents procédés pour impliquer le lecteur et susciter ses émotions :
– les **paroles rapportées** au style direct qui transmettent fidèlement les paroles des personnages et les émotions qui ont touché le narrateur ; elles créent un « effet de réel » ;
– le **point de vue interne,** grâce auquel le lecteur peut s'impliquer dans l'action ou le dialogue avec le narrateur, qui y est lui-même plongé ;
– l'**absence de modalisateurs** qui plonge le lecteur au milieu du récit, sans prise de distance de la part du narrateur. Les évènements sont rapportés à l'état brut et de manière précise ; le lecteur a ainsi le sentiment d'être plongé dans la scène.

▸ L'emploi de **figures d'intensité**, comme l'anaphore ou l'accumulation, met en évidence la violence de ce qui est ressenti par les personnages.

J'applique

1 **Relisez les extraits de M. Genevoix et E. M. Remarque.**
a. Comment les émotions du soldat, de Sicot et de la veuve sont-elles traduites ?
b. Repérez les principaux procédés utilisés : champ lexical de la tristesse, énumérations, gradations…
c. Relevez des éléments qui rendent ces passages réalistes.

2 **a. Choisissez l'une des situations suivantes :**
– un soldat reçoit une lettre de sa famille ;
– un soldat apprend la mort de son meilleur ami ;
– un soldat reçoit la nouvelle de la fin de la guerre.
b. Rédigez un paragraphe d'une dizaine de lignes qui mettra en évidence les diverses émotions du personnage. Vous utiliserez pour cela les procédés étudiés dans les textes de M. Genevoix et E. M. Remarque.

Provoquer une prise de conscience

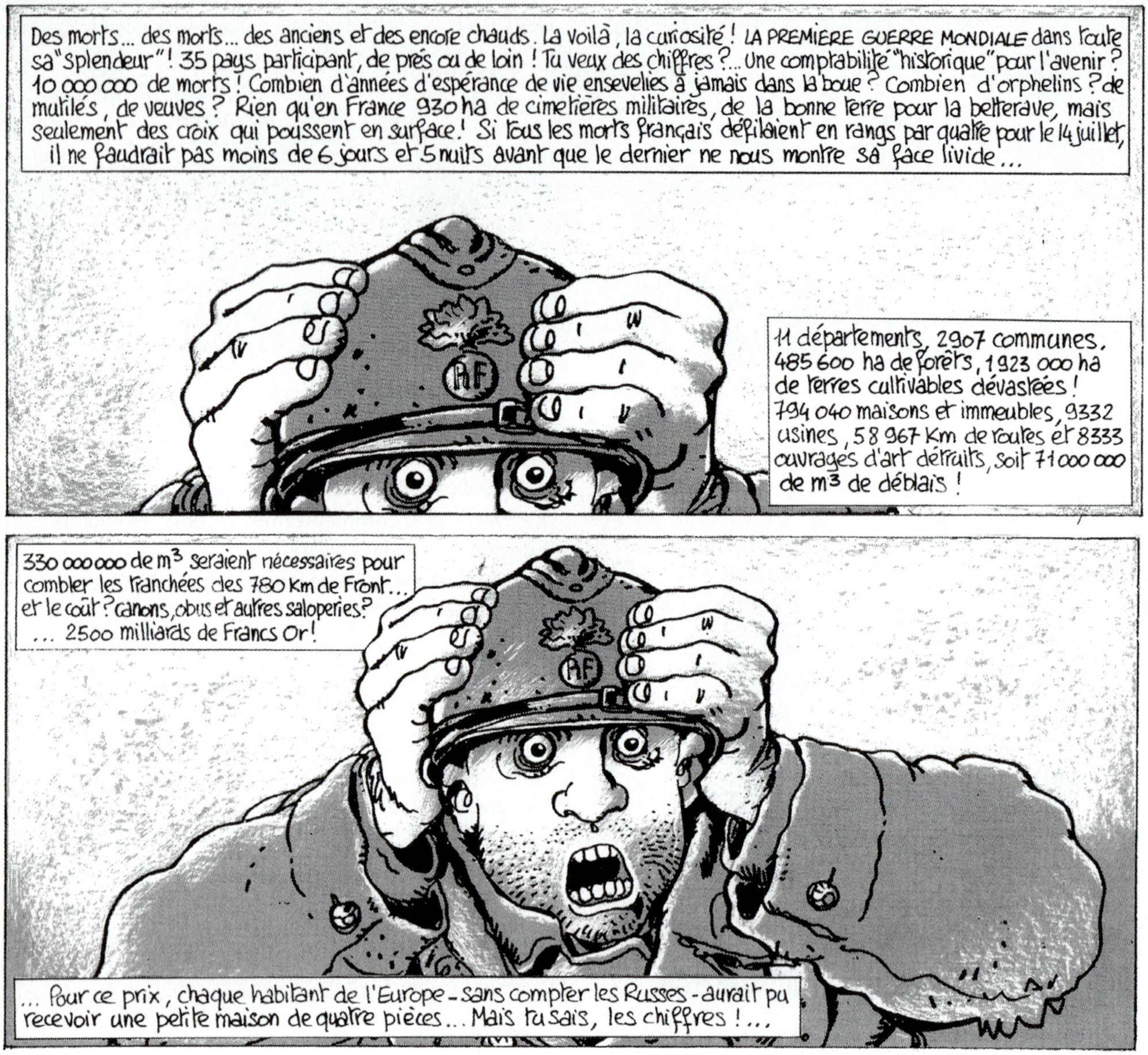

Extrait de l'ouvrage *C'était la guerre des tranchées,* **Jacques Tardi,** © Casterman, 1993.

Découvrir

1. D'après vous, que peuvent exprimer le regard, l'expression et l'attitude du soldat (en vous fondant uniquement sur les dessins) ?

Comprendre

2. Lisez les textes dans les bandeaux. Qui parle, d'après vous ? Dans quel but ?

3. Quel effet le mélange des chiffres et des commentaires produit-il ?

4. Au regard de ces éléments, qu'exprime le soldat, selon vous ?

Le réveil au front après la pluie

Où sont les tranchées ?

On voit des lacs, et, entre ces lacs, des lignes d'eau laiteuse et stagnante.

Il y a plus d'eau encore qu'on n'avait cru. [...] L'inondation est universelle. Le champ de bataille ne dort pas, il est mort. Là-bas, la vie continue peut-être, mais on ne voit pas jusque-là.[...]

Les hommes, où sont les hommes ?

Peu à peu, on les voit. Il y en a, non loin de nous, qui dorment affalés, enduits de boue des pieds à la tête, presque changés en choses. [...]

Je fais un effort pour rompre le silence ; je parle ; je dis à Paradis qui regarde aussi de ce côté :

– Sont-ils morts ?

– Tout à l'heure on ira voir, dit-il à voix basse. Restons là encore un peu. Tout à l'heure on aura le courage d'y aller. [...]

Paradis détourne la tête, regarde ailleurs.

Tout à coup, je le vois qui est saisi d'un tremblement. Il étend un bras énorme, encroûté de boue :

– Là..., là..., fait-il.

Sur l'eau qui déborde d'une tranchée au milieu d'un terrain particulièrement hachuré et raviné, flottent des masses, des récifs ronds.

Nous nous traînons jusque-là. Ce sont des noyés.

Leurs têtes et leurs bras plongent dans l'eau.

Henri Barbusse, *Le Feu,* 1916.

Découvrir

1. Après avoir lu l'extrait, distinguez les trois étapes de la description.

2. Résumez chacune d'elles en une phrase.

Comprendre

3. Quelle tournure est répétée deux fois dans le texte ? Que traduit-elle ?

4. Qualifiez l'ambiance de cet extrait et l'effet qu'elle produit.

5. Dites ce qui peut surprendre dans cette manière de représenter la guerre.

Grammaire pour dire et pour écrire

- Pour provoquer une prise de conscience, le narrateur peut amener le lecteur à réfléchir par lui-même à **des exemples précis,** des **faits**, des **chiffres.**
- Il recourt à des **images qui frappent** l'imagination et qui suscitent émotions et sentiments. C'est une manière **d'argumenter.**

J'applique — BREVET

Imaginez le récit d'un soldat blessé qui rentre chez lui et dénonce la guerre à sa famille. Vous emploierez des exemples, des faits ou des chiffres qui frappent l'imagination et suscitent une prise de conscience.

Activité finale

BREVET

À votre tour, imaginez un récit pour dénoncer un fléau de notre temps (famines, pollution, guerres...) :

- **Introduisez le sujet précisément avec des adjectifs qualificatifs ou des images (Rendre compte de ce que l'on dénonce) ;**
- **Créez une situation dans laquelle le lecteur est impliqué et ressent les émotions : discours direct de personnages, point de vue interne, etc. (Susciter des émotions) ;**
- **Veillez à utiliser des exemples ou des images percutantes (Provoquer une prise de conscience).**

Vous pourrez lire en classe le texte que vous aurez composé à l'écrit.

Exprimer des émotions

Un extrait ou une image de l'atelier ont-ils provoqué en vous une prise de conscience au sujet de la Grande Guerre, ou de la guerre en général ? Quelle que soit votre réponse, expliquez-la en mentionnant les émotions que vous avez ou auriez pu ressentir.

PARCOUS un genre

Révolte et indépendance au théâtre

Maître Puntila et son valet Matti de Berthold Brecht, mise en scène de **Guy Pierre Couleau**, création 2012, Comédie de l'Est, Centre dramatique national d'Alsace.

Vous allez comprendre, dans ce parcours, comment le théâtre peut servir à dénoncer les problèmes de la société. Vous découvrirez des textes marqués par la révolte : le retournement de l'homme contre ce qui le prive de liberté et de dignité.

La révolte contre l'injustice sociale

Texte 1 Un serviteur poussé à bout

PUNTILA, [...] *Il aperçoit Matti, son chauffeur, qui se tient depuis quelque temps dans l'encadrement de la porte.* – Qui es-tu ?

MATTI. – Je suis votre chauffeur, Monsieur Puntila. [...]

PUNTILA. – Tout le monde peut dire ça. Je ne te connais pas.

MATTI. – Peut-être ne m'avez-vous jamais bien regardé, ça fait seulement cinq semaines que je suis chez vous.

PUNTILA. – Et maintenant d'où viens-tu ?

MATTI. – De dehors. J'attends depuis deux jours dans la voiture.

PUNTILA. – Dans quelle voiture ?

MATTI. – Dans la vôtre. Dans la Studebaker[1].

PUNTILA. – Ça me paraît drôle. Tu peux le prouver ?

MATTI. – Et je n'ai pas l'intention de vous attendre dehors plus longtemps, sachez-le bien. J'en ai jusque-là. Vous ne pouvez pas traiter un homme de cette façon.

PUNTILA. – Qu'est-ce que ça veut dire : un homme ? Tu es un homme ? Avant tu as dit que tu es un chauffeur. Je t'ai surpris en pleine contradiction, hein ! Avoue-le !

MATTI. – Vous allez le voir tout de suite que je suis un homme, Monsieur Puntila. Je ne me laisserai pas traiter comme une tête de bétail et je n'attendrai pas dans la rue que vous ayez l'obligeance de sortir.

PUNTILA. – Avant tu as prétendu que toi, tu ne te laisserais pas faire.

MATTI. – Très juste. Réglez-moi, cent-soixante-quinze marks, et j'irai chercher mon certificat à Puntila.

PUNTILA. – Ta voix, je la connais. *Il lui tourne autour en l'observant comme une bête curieuse.* Ta voix sonne tout à fait comme celle d'un homme. Assieds-toi et prends un aquavit[2], il faut qu'on apprenne à se connaître.

Berthold Brecht, *Maître Puntila et son valet Matti,* Acte I, scène 1, 1948, trad. de l'allemand par M. Cadot, © L'Arche, 1983.

Texte écho *Dans sa conception du théâtre, Brecht* « fait du spectateur un observateur, mais éveille son activité intellectuelle, l'oblige à des décisions. [...] Les sentiments sont poussés jusqu'à la prise de conscience. Le spectateur est placé devant, il étudie. »

Berthold Brecht, *Écrits sur le théâtre,* trad. de l'allemand par B. Perregaux, J. Jourdheuil, J. Tailleur et G. Delfel, 1957, © L'Arche, 1963.

Biographie

Berthold Brecht (1898-1956)
Il est né en Allemagne et a consacré sa vie au théâtre. Pourchassé par le régime nazi, puis par les communistes, il se réfugie aux États-Unis où il est également rejeté. Ses œuvres mettent en évidence des rapports de force entre les puissants et les faibles, les riches et les pauvres.

Comprendre le rôle du spectateur

Entrer dans la lecture. Résumez les étapes du dialogue.

1. Relevez les tournures qui expriment le mépris et commentez-les.

2. Quels pronoms les personnages utilisent-ils pour s'adresser l'un à l'autre ? Commentez.

3. Quelles phrases de Matti expriment la rébellion et la menace ?

4. Que veut dire Puntila en parlant d'une « contradiction » entre « homme » et « chauffeur » (l. 16-18) ? Justifiez votre réponse.

5. Observez le rythme et la longueur des répliques. Comment la tension croissante entre les deux personnages est-elle traduite ?

BILAN **6** Lisez le texte écho. Dites ce que peut ici « étudier » et « déci[der] » le spectateur au sujet des deux personnages.

1. Studebaker : marque de belles voitures américaines. **2. aquavit** : alcool.

La révolte contre le totalitarisme

Texte 2 Une perte de repères

Dans Rhinocéros*, Ionesco met en scène une petite ville dont les habitants se transforment en rhinocéros. Bérenger, jeune homme timide, est le seul à rester lucide sur la situation. Il échange avec son ami Jean.*

JEAN. – Vous voyez le mal partout. Puisque ça lui fait plaisir de devenir rhinocéros, puisque ça lui fait plaisir ! Il n'y a rien d'extraordinaire à cela.

BÉRENGER. – Évidemment, il n'y a rien d'extraordinaire à cela. Pourtant, je doute que ça lui fasse tellement plaisir.

JEAN. – Et pourquoi donc ?

BÉRENGER. – Il m'est difficile de dire pourquoi. Ça se comprend.

JEAN. – Je vous dis que ce n'est pas si mal que ça ! Après tout, les rhinocéros sont des créatures comme nous, qui ont droit à la vie au même titre que nous !

BÉRENGER. – À condition qu'elles ne détruisent pas la nôtre. Vous rendez-vous compte de la différence de mentalité ? [...]

JEAN, *soufflant bruyamment.* – Je veux respirer.

BÉRENGER. – Réfléchissez, voyons, vous vous rendez bien compte que nous avons une philosophie que ces animaux n'ont pas, un système de valeurs irremplaçable. Des siècles de civilisation humaine l'ont bâti !...

JEAN, *toujours dans la salle de bains.* – Démolissons tout cela, on s'en portera mieux.

BÉRENGER. – Je ne vous prends pas au sérieux. Vous plaisantez, vous faites de la poésie.

JEAN. – Brrr... *Il barrit presque.*

BÉRENGER. – Je ne savais pas que vous étiez poète.

JEAN, *il sort de la salle de bains.* – Brrr... *Il barrit de nouveau.*

BÉRENGER. – Je vous connais trop bien pour croire que c'est là votre pensée profonde. Car, vous le savez aussi bien que moi, l'homme...

JEAN, *l'interrompant.* – L'homme... Ne prononcez plus ce mot !

BÉRENGER. – Je veux dire l'être humain, l'humanisme...

JEAN. – L'humanisme est périmé ! Vous êtes un vieux sentimental ridicule. *Il entre dans la salle de bains.* [...]

BÉRENGER. – Je suis étonné de vous entendre dire cela, mon cher Jean. Perdez-vous la tête ? Enfin, aimeriez-vous être rhinocéros ?

JEAN. – Pourquoi pas ! [...]

Eugène Ionesco, *Rhinocéros,* Acte II, tableau II, 1959, © Éditions Gallimard.

Texte écho « Le propos de la pièce a bien été de décrire le processus de nazification d'un pays ainsi que le désarroi de celui qui, naturellement allergique à la contagion, assiste à la métamorphose mentale de la collectivité. »

Eugène Ionesco, *Notes et Contrenotes,* 1962, © Éditions Gallimard.

François Hélie dans *Rhinocéros*, réalisation télévisée de Roger Iglesis, décembre 1964.

Biographie

Eugène Ionesco (1909-1994)

Auteur de théâtre, romancier et essayiste, il cherche à interroger la vie humaine et son sens ; il critique les régimes qui s'opposent à la liberté humaine et oppriment les individus, comme le nazisme.

Le savez-vous ?

« Théâtre » vient du grec « *theatrôn* », le lieu d'où l'on voit.

Comprendre l'intention de l'auteur

Entrer dans la lecture. À votre avis, qu'arrive-t-il à Jean ?

1. Bérenger comprend-il bien ce qui se passe sous ses yeux ? Quel jugement le spectateur porte-t-il sur ce personnage ?

2. Quelles sont les valeurs invoquées par Bérenger, et rejetées par Jean ? Citez et expliquez le texte. De quel côté le spectateur doit-il normalement se ranger ?

3. À partir du texte, imaginez le jeu des deux comédiens. Quels sentiments doivent-ils exprimer ?

4. Selon vous, le spectateur peut-il croire à la transformation des personnages sous ses yeux ?

BILAN **5** Expliquez, avec vos propres mots, la manière dont vous interprétez cette transformation scénique.

La révolte contre des lois injustes

Texte 3 Une jeune fille obstinée

Biographie

Jean Anouilh
(1910-1987)

Il a consacré sa vie à l'écriture théâtrale. Ses pièces proposent une réflexion sur la vie moderne, en utilisant souvent des références à des personnages historiques ou mythiques. *Antigone*, créée en 1944 à Paris, pendant l'occupation nazie, pose la question de la résistance individuelle face à des lois injustes.

Polynice a attaqué sa propre cité, Thèbes. Il est tué au combat, et sa punition est de rester sans sépulture. Mais Antigone, sa sœur, a décidé d'enfreindre la décision de Créon, le roi, et d'enterrer son frère. Elle se retrouve confrontée à Créon.

CRÉON. – Un matin, je me suis réveillé roi de Thèbes. Et Dieu sait si j'aimais autre chose dans la vie que d'être puissant…

ANTIGONE. – Il fallait dire non, alors !

CRÉON. – Je le pouvais. Seulement, je me suis senti tout d'un coup comme un ouvrier qui refusait un ouvrage. Cela ne m'a pas paru honnête. J'ai dit oui.

ANTIGONE. – Eh bien, tant pis pour vous. Moi, je n'ai pas dit « oui » ! Qu'est-ce que vous voulez que cela me fasse, à moi, votre politique, votre nécessité, vos pauvres histoires ? Moi, je peux dire « non » encore à tout ce que je n'aime pas […].

CRÉON. – Tu m'amuses !

ANTIGONE. – Non. Je vous fais peur. […] Mais vous allez tout de même me faire mourir tout à l'heure, vous le savez, et c'est pour cela que vous avez peur. C'est laid un homme qui a peur.

CRÉON, *sourdement* – Eh bien, oui, j'ai peur d'être obligé de te faire tuer si tu t'obstines. Et je ne le voudrais pas.

ANTIGONE. – Moi, je ne suis pas obligée de faire ce que je ne voudrais pas ! Vous n'auriez pas voulu non plus, peut-être, refuser une tombe à mon frère ? […] Et vous l'avez fait tout de même. Et maintenant, vous allez me faire tuer sans le vouloir. Et c'est cela, être roi !

CRÉON. – Oui, c'est cela !

ANTIGONE. – Pauvre Créon ! Avec mes ongles cassés et pleins de terre et les

Antigone de Sophocle, mise en scène de **Otomar Krejca** à la Comédie-française, en 1993, avec **Catherine Sauval** et **Jean Dautremay**.

bleux que tes gardes m'ont faits aux bras, avec ma peur qui me tord le ventre, moi je suis reine.

CRÉON. – Alors, aie pitié de moi, vis. Le cadavre de ton frère qui pourrit sous mes fenêtres, c'est assez payé pour que l'ordre règne dans Thèbes. Mon fils t'aime. Ne m'oblige pas à payer avec toi encore. J'ai assez payé.

ANTIGONE. – Non. Vous avez dit « oui ». Vous ne vous arrêterez jamais de payer maintenant !

Jean Anouilh, *Antigone,* 1942,

Antigone de **Jean Anouilh**, mise en scène de **Marc Paquien** au théâtre du Vieux Colombier, en 2012, avec **Francoise Gillard** (Antigone) et **Bruno Raffaelli** (Créon).

Texte écho Une définition de la révolte

Pour Albert Camus, la révolte est une question centrale (➥ p. 206).

Qu'est-ce qu'un homme révolté ? Un homme qui dit non. [...] Un esclave, qui a reçu des ordres toute sa vie, juge soudain inacceptable un nouveau commandement. Quel est le contenu de ce « non » ?

Albert Camus, *L'Homme révolté,* 1951,

Comprendre le refus de la soumission

1. Expliquez le plus précisément possible la relation entre Antigone et Créon. Appuyez votre analyse sur des citations.

2. Lequel des deux personnages l'emporte sur l'autre ? Justifiez.

3. À quoi Créon a-t-il dit « oui » (l. 5-6), et Antigone « non » (l. 9) ? Quelles en sont les conséquences, pour chacun ?

4. Quel est le procédé utilisé par Antigone quand elle dit « Et c'est cela, être roi » (l. 20) ? Commentez.

5. Montrez que le dialogue ne résout rien entre les deux personnages et proposez des pistes pour mettre en scène sa violence croissante.

BILAN 6 Quel effet la scène produit-elle sur le spectateur ? Pour quel personnage prend-on parti ?

Réfléchir à une définition

Cherchez quelle définition de la révolte pourrait être donnée par Antigone, puis par Créon. Inspirez-vous de la définition de Camus dans *L'Homme révolté* (texte écho). Comparez oralement vos propositions entre elles et avec celle de Camus.

Analyse de mises en scène

1. Examinez, pour chaque photographie :
- les positions respectives d'Antigone et de Créon ;
- l'expression des comédiens ;
- leur attitude et ce qu'elle exprime.

2. Dites quelle proposition correspond le mieux à ce que vous percevez des personnages.

Antigone de Sophocle, pièce mise en scène par **Jacques Nichet**, au théâtre de l'Odéon, en 2004, avec **Océane Mozas** (Antigone/Hemon), **Alain Fromager** (Créon/Eurydice) et **Mireille Mosse** (le garde/Tirésias).

La révolte contre l'esclavage

Biographie

Aimé Césaire (1913-2008)

Il fait partie, avec d'autres étudiants noirs et francophones de sa génération, des fondateurs du mouvement littéraire de la négritude, qui vise à rendre leur dignité et leur mémoire aux peuples issus d'Afrique. Engagé contre le colonialisme, il devient un écrivain de renom, en même temps qu'il s'engage politiquement comme député de la Martinique.

Texte 4 Un esclave rebelle

Caliban est l'esclave de Prospero, qui s'est emparé de son ile.

PROSPERO. – [...] Moi, je vais toucher deux mots au sieur Caliban. Celui-là, je l'ai à l'œil, il s'émancipe un peu trop.

Il appelle.

... Caliban ! Caliban !

Il soupire.

Caliban entre.

CALIBAN. – Uhuru !

PROSPERO. – Qu'est-ce que tu dis ?

CALIBAN. – Je dis Uhuru !

PROSPERO. – Encore une remontée de ton langage barbare. Je t'ai déjà dit que je n'aime pas ça. D'ailleurs, tu pourrais être poli, un bonjour ne te tuerait pas.

CALIBAN. – Ah ! J'oubliais... Bonjour. Mais un bonjour autant que possible de guêpes, de crapauds, de pustules et de fiente. Puisse le jour d'aujourd'hui hâter de dix ans le jour où les oiseaux du ciel et de la terre se rassasieront de ta charogne !

PROSPERO. – Toujours gracieux je vois, vilain singe ! Comment peut-on être si laid !

CALIBAN. – Tu me trouves laid, mais moi je ne te trouve pas beau du tout ! [...]

PROSPERO. – Mais je ne t'ai pas appelé pour discuter ! Ouste ! Au travail ! Du bois, de l'eau, en quantité ! Je reçois du monde aujourd'hui.

CALIBAN. – Je commence à en avoir marre ! Du bois, il y en a un tas haut comme ça !

PROSPERO. – Caliban, j'en ai assez ! Attention ! Si tu rouspètes, la trique ! Et si tu lanternes, ou fais grève, ou sabotes, la trique ! La trique, c'est le seul langage que tu comprennes ; eh bien, tant pis pour toi, je te parlerai haut et clair. Dépêche-toi !

CALIBAN. – Bon ! J'y vais... mais pour la dernière fois. La dernière, tu entends !

Aimé Césaire,
Une tempête, 1969,
Acte I, scène 2,
© Points, 1997.

Comprendre la révolte de l'esclave

1. Relevez les indices du mépris de Prospero envers Caliban.

2. Relevez les marques de l'opposition et de la volonté d'indépendance de Caliban.

BILAN **3** Délimitez trois étapes dans le texte, qui correspondent à la montée de la violence. Comment celle-ci se manifeste-t-elle ?

Mettre en voix le conflit

- Travaillez par **groupes de quatre**, soit deux binômes qui seront tour à tour acteurs et spectateurs.
- Nommez précisément les **intentions de chaque personnage** pour chacune de ses répliques.
- Entrainez-vous à lire ou à réciter le texte de manière à faire ressortir très nettement le mépris, la résistance, et la violence qui caractérisent la relation entre Caliban et Prospero. N'oubliez pas que la violence va croissant au fil de la scène, et qu'elle augmente sur certains termes précis.
- Si vous le désirez, vous pouvez associer des gestes aux paroles.
- Réfléchissez **aux enjeux de ce texte,** par rapport aux combats politiques menés par Aimé Césaire.

Jean-Baptiste Carpeaux, *La Négresse*, 1868, bronze, Indianapolis Museum of Art, Indianapolis.

Texte 5 Une discussion tendue

Comme Caliban, Ariel a été réduit en esclavage par Prospero.

ARIEL. – Salut, Caliban ! Je sais que tu ne m'estimes guère, mais après tout nous sommes frères, frères dans la souffrance et l'esclavage, frères aussi dans l'espérance. Tous deux nous voulons la liberté, seules nos méthodes diffèrent.

CALIBAN. – Salut à toi. Ce n'est quand même pas pour me faire cette profession de foi que tu es venu me voir ! Allons, Alastor ! C'est le vieux qui t'envoie, pas vrai ? Beau métier : exécuteur des hautes pensées du Maître !

ARIEL. – Non, je viens de moi-même. Je suis venu t'avertir. Prospero médite sur toi d'épouvantables vengeances. J'ai cru de mon devoir de te mettre en garde.

CALIBAN. – Je l'attends de pied ferme.

ARIEL. – Pauvre Caliban, tu vas à ta perte. Tu sais bien que tu n'es pas le plus fort, que tu ne seras jamais le plus fort. À quoi te sert de lutter ?

CALIBAN. – Et toi ? À quoi t'ont servi ton obéissance, ta patience d'oncle Tom, et toute cette lèche ? Tu le vois bien, l'homme devient chaque jour plus exigeant et plus despotique.

ARIEL. – N'empêche que j'ai obtenu un premier résultat, il m'a promis ma liberté. À terme, sans doute, mais c'est la première fois qu'il me l'a promise.

CALIBAN. – Du flan ! Il te promettra mille fois et te trahira mille fois. D'ailleurs, demain ne m'intéresse pas. Ce que je veux, c'est,

il crie

« Freedom now ! » [...]

ARIEL. – Je ne crois pas à la violence.

CALIBAN. – À quoi crois-tu donc ? À la lâcheté ? À la démission ? À la génuflexion ? C'est ça ! On te frappe sur la joue droite, tu tends la joue gauche. On te botte la fesse gauche, tu tends la fesse droite ; comme ça, pas de jaloux. Eh bien, très peu pour Caliban ! [...] Le jour où j'aurai le sentiment que tout est perdu, laisse-moi voler quelques barils de ta poudre infernale, et cette île, mon bien, mon œuvre, du haut de l'empyrée où tu aimes planer, tu la verras sauter dans les airs, avec, je l'espère, Prospero et moi dans les débris. J'espère que tu goûteras le feu d'artifice : ce sera signé Caliban.

Aimé Césaire, *Une tempête,* 1969, Acte II, scène 2, © Points, 1997.

Photogramme d'*Amistad*, film réalisé par **Steven Spielberg**, en 1997, avec **Djimon Hounsou**.

Comprendre les enjeux de la dispute

1. Quel est le point commun entre Ariel et Caliban ? Qu'est-ce qui les oppose ?

2. « Tu sais bien que tu n'es pas le plus fort, que tu ne seras jamais le plus fort » (l. 16-17) : quelle est la figure de style utilisée ? Quel effet produit-elle ?

3. Expliquez les deux expressions de Caliban : « Du flan ! » (l. 26) et « Freedom now ! » (l. 30). Pourquoi changer de langue ou de niveau de langue ?

4. Comment Caliban ridiculise-t-il son partenaire ? Citez le texte.

BILAN **5** Les deux personnages qui s'opposent sont-ils ennemis ? Expliquez.

Graine de savoir

Faites des recherches sur les choix politiques de Martin Luther King et Malcolm X. Quelle était, pour chacun d'eux, la meilleure manière d'agir en faveur de l'égalité des Noirs et des Blancs ? Faites le lien avec les personnages de Césaire.

La révolte contre la violence

Texte 5 Un dialogue brulant

Biographie

Wajdi Mouawad (né en 1968)

Né au Liban, il quitte son pays à dix ans, à cause de la guerre civile. Il étudie en France et au Québec, et accède à la reconnaissance grâce à son œuvre théâtrale, qui a pour thème la violence du monde contemporain.

La pièce *Incendies* fait partie d'un cycle de quatre pièces de théâtre axées sur les notions de transmission et d'héritage : en particulier la révolte contre le poids de la violence transmise et imposée de génération en génération.

Sawda et Nawal, victimes de la violence de bandes armées qui ravagent leur pays, se sont réfugiées dans une maison abandonnée.

SAWDA. – Alors on fait quoi ? On fait quoi ? On reste les bras croisés ! On attend ? On comprend ? On comprend quoi ? On se dit que tout ça, ce sont des histoires entre des abrutis et que ça ne nous concerne pas ! […] On fait quoi, Nawal ?

NAWAL. – Je ne peux pas te répondre, Sawda, parce qu'on est démunies. Pas de valeurs pour nous retrouver, alors ce sont des petites valeurs de fortune. Ce que l'on sait et ce que l'on sent. Ça c'est bien, ça c'est pas bien. Mais je vais te dire : on n'aime pas la guerre, et on est obligé de la faire. On n'aime pas le malheur et on est en plein dedans. Tu veux aller te venger, brûler des maisons, faire ressentir ce que tu ressens pour qu'ils comprennent, pour qu'ils changent, que les hommes qui ont fait ça se transforment. Tu veux les punir pour qu'ils comprennent. Mais ce jeu d'imbéciles se nourrit de la bêtise et de la douleur qui t'aveuglent.

SAWDA. – Alors on bouge pas, c'est ça ?

NAWAL. – […] [J]e te jure, Sawda, que moi la première, je prendrais les grenades, je prendrais la dynamite, les bombes […]. Mais j'ai fait une promesse, une promesse à une vieille femme d'apprendre à lire, à écrire et à parler, pour sortir de la misère, sortir de la haine. Et je vais m'y tenir, à cette promesse. Coûte que coûte. Ne haïr personne, jamais, la tête dans les étoiles, toujours. Promesse à une vieille femme pas belle, pas riche, pas rien de rien, mais qui m'a aidée, s'est occupée de moi et m'a sauvée.

Wajdi Mouawad, *Incendies,* 2003, © Babel.

Réfléchir aux limites de la révolte

1. Qu'est-ce qui révolte Sawda et Nawal ? Plusieurs réponses sont possibles.

2. Dans la première réplique de Sawda, quel est le jugement implicite contenu dans chaque question ?

3. Quel type de sentiments anime d'abord Nawal ? Citez et expliquez le texte.

4. Le mot « mais » revient dans les deux répliques de Nawal. Quelle attitude met-il en valeur ici ?

5. Pour quelles raisons Nawal ne se laisse-t-elle pas à aller à ses premiers sentiments ? Citez le texte.

6. Quelles valeurs Nawal défend-elle finalement ? Réagissez.

7. Quel effet la scène produit-elle sur les spectateurs ? Quelles paroles vous semblent particulièrement marquantes ? Expliquez pourquoi.

BILAN **8** La révolte au théâtre se résume-t-elle au spectacle de la violence ? Montrez que la réflexion y occupe un rôle majeur.

Annick Bergeron (Nawal) et **Mireille Naggar** (Sawda) dans *Incendies* de Wajdi Mouawad, pièce mise en scène par **Wajdi Mouawad** au Festival d'Avignon en 2009.

Analyse de mise en scène

1. Sur la photographie, que traduisent l'expression et l'attitude de chaque comédienne ?

2. À quelles paroles du texte pouvez-vous associer cette image ?

CINEMA

Nadine Labaki, *Et maintenant on va où ?*

Réalisation : Nadine Labaki

Interprétation

Amale : Nadine Labaki - **Yvonne :** Yvonne Maalouf - **Takla :** Claude Baz Moussabawbaa.

Distribution : Pathé Distribution, 2011

SYNOPSIS : Dans un pays déchiré par une guerre civile et religieuse, les hommes d'un village s'entretuent. Les femmes, meurtries par la perte de leurs maris, de leurs fils, se révoltent contre cette violence absurde. Par tous les moyens, elles vont tenter de faire cesser les meurtres, de détourner la volonté des hommes de la guerre et de leur faire accepter leurs différences. Le film montre la détermination de ces femmes de toutes les religions, unies par un même vœu de paix.

Photogramme 1

Photogramme 2

Photogramme 3

Photogramme 4

Photogramme 5

Photogramme 6

Commenter à l'oral

Par groupes de deux, vous allez commenter les photogrammes. Vous mettrez en valeur les points suivants :

Photogrammes 1 et 2 : l'expression de la douleur morale, du chagrin face à la mort ; l'expression de la révolte sur le gros plan visage ; le contraste entre unité d'un groupe et décision individuelle ;

Photogrammes 3 et 4 : la mise en évidence du deuil ; le décor du film ; le contraste entre les expressions des visages ; l'union des femmes dans la douleur et la révolte ;

Photogrammes 5 et 6 : les moyens non violents de la révolte ; l'attachement à la liberté ; l'expression de la joie et de l'énergie ; la volonté de bouleverser les codes et les habitudes ; la volonté d'une vie plus légère, vivable.

Exprimer son point de vue

BREVET

Répondez à l'un des sujets suivants, au choix :

– décrivez l'évolution de la situation des femmes, et la manière dont elles parviennent à faire naitre une forme d'espoir dans une situation désespérée ;

– imaginez une fin possible pour le film ;

– donnez votre point de vue personnel sur le trajet de ces héroïnes issues d'un milieu simple et qui se révoltent contre une violence aveugle et absurde.

De la révolte au théâtre à la vraie liberté politique

Vaclav Havel s'adresse à ses partisans depuis un balcon, à Prague, le 19 décembre 1989.

Biographie

Vaclav Havel (1936-2011)

Il est né à Prague. Dramaturge renommé, il est emprisonné plusieurs fois pour son opposition au régime soviétique. Il est l'artisan de la « Révolution de velours », par laquelle, en 1989, son pays s'affranchit sans violence de la domination soviétique. Il est alors élu président de la République. Il s'écarte de la politique en 2003 pour revenir à l'écriture, et participe à la défense des droits de l'Homme jusqu'à sa mort en 2011.

Repères historiques

En 1918, la Tchécoslovaquie était sous domination autrichienne. L'Autriche perd la Première Guerre mondiale ; la Tchécoslovaquie reprend sa liberté. En 1988, V. Havel crée *C'est pour demain*, qui porte à la scène la révolte de 1918.

Le peuple tchèque de 1988, soumis à la domination soviétique, entend parfaitement le message d'indépendance transmis par Havel. En 1989, les Tchèques, par la Révolution de velours, chasseront l'occupant soviétique et retrouveront leur souveraineté.

Texte 6 La conquête de la liberté

C'est pour demain fait revivre aux spectateurs les manifestations qui sonnèrent la fin de la domination autrichienne en Tchécoslovaquie en 1918.

ACTRICE B, *vers le public* – Le renversement du 28 octobre s'est produit hors de tout plan préétabli et indépendamment de toute organisation. Il fut à la fois le fruit du hasard et le résultat d'une confusion, mais il fut surtout l'expression d'un besoin irrésistible du peuple qui a trouvé par hasard les bonnes personnes au bon endroit – […]

GEISTLICH. – Je me suis immédiatement souvenu que, depuis deux ans déjà, je cachais un écriteau avec en rouge l'inscription « Armistice ». Je le dis à Čvančara et il s'écria –

ČVANČARA, *s'écriant* – Mettez-le immédiatement sur une pancarte ! Et qu'on sorte les drapeaux rouges et blancs aux fenêtres ! […]

KOPECKÝ. – Alors que je passais à côté du bâtiment de *La Politique Nationale*, je vis un petit attroupement, m'en approchai, et lus le mot « armistice ». Et alors une idée me traversa l'esprit en un éclair : nous sommes libres ! Aussitôt, je criai mon idée d'une voix puissante. (*S'écriant.*) Nous sommes libres ! Tous me regardèrent –

La Foule regarde Kopecký avec surprise, puis commence à acquiescer.

LA FOULE. – Oui ! C'est vrai ! Nous sommes libres !

Kopecký se met à crier des slogans, agitant sa canne, et la Foule se joint à lui.

KOPECKÝ ET LA FOULE, *criant*. – Nous sommes libres ! Nous sommes libres ! Nous sommes libres ! Nous sommes indépendants ! Nous sommes indépendants ! […]

KOPECKÝ. – La nouvelle s'est propagée rapidement, et la place Venceslas fut vite pleine. Toute la journée j'ai conduit la manifestation, je lui ai donné sa direction et ses slogans, je l'ai dirigée. Quand je suis rentré chez moi, tard dans la soirée, ma jeune épouse était très inquiète, et moi tout enroué. C'est donc avant tout le peuple, galvanisé par mes soins, qui a renversé le pouvoir.

Vaclav Havel, *C'est pour demain, méditation historique en cinq actes,* Acte IV, trad. P. Habrovanska, © Éditions L'espace d'un instant, 2009.

▸ Comprendre le lien entre la scène et la réalité

Entrer dans la lecture. Pourquoi rappeler un évènement historique au théâtre ?

1. Quels sont les indices qui montrent que le texte procède à une reconstitution historique ?

2. Comment le théâtre montre-t-il la contagion de la révolte ?

3. Comment la forme théâtrale permet-elle de rendre vivante cette leçon d'Histoire ?

4. Quels objets et quelles paroles utilisés sur la scène sont particulièrement efficaces pour raviver le sentiment de la liberté nationale ?

5. Quel effet le texte a-t-il pu produire sur le public tchécoslovaque de 1988 ? ➥ Repères historiques

BILAN **6** Quel lien pouvez-vous établir, à postériori, entre le personnage de Kopecký et le rôle joué par V. Havel dans la Révolution de velours ?

Synthèse Le théâtre, outil de révolte contre l'oppression des autres

- Le théâtre fait appel aux émotions et à la raison. Le spectateur est amené à comprendre la souffrance des personnages et à réfléchir à leur révolte. Il éprouve de l'empathie pour les personnages qui souffrent, comme Antigone ou Nawal, mais, en les voyant sur scène, il dispose aussi du recul pour réfléchir à leur sort. ➡ p. 188, 192
- Le texte théâtral autorise la violence des mots, qui renvoient à des situations inacceptables. Le texte et la **mise en scène**, ainsi que le **jeu des comédiens**, montrent les différents moments de la révolte, de la réflexion individuelle à la confrontation verbale et parfois physique. Si Matti prend la parole pour la première fois dans la pièce de Brecht, Ariel et Caliban, chacun à leur manière, sont déjà dans l'action dans celle d'Aimé Césaire. ➡ p. 186, 191
- Le théâtre peut devenir le moyen d'une révolte non violente, lorsque l'auteur décide de montrer les mécanismes de l'oppression pour les faire comprendre aux spectateurs. C'est le but et le propos de *Rhinocéros*, de Ionesco. C'est également l'un des moyens qui ont permis à V. Havel de réussir sans violence la transition démocratique de son pays. ➡ p. 187, 194

Identifier émotions et intentions au théâtre

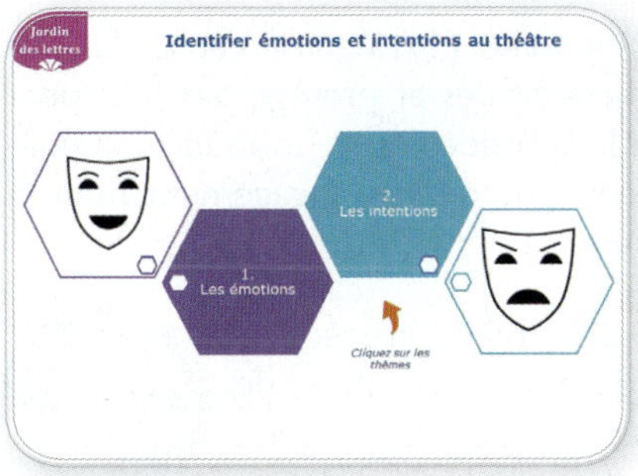

Vous allez écouter des répliques prononcées de manière très expressive. À vous d'identifier l'émotion qu'elles traduisent.

ACTIVITÉ lienmini.fr/jdl3-T404

Écrire la scène finale d'une pièce

BREVET

Bérenger va-t-il devenir rhinocéros ? Vous rédigerez la fin de la dernière scène de la pièce : tous les amis de Bérenger sont devenus rhinocéros. Il est à présent totalement seul chez lui.

Consignes d'écriture

1. Vous pouvez écrire un monologue, ou un dialogue entre Bérenger et les rhinocéros.
2. N'oubliez ni les didascalies, ni la ponctuation.
3. Bérenger peut avoir à sa disposition certains objets : téléphone, journaux, photographies, parapluie…
4. Votre personnage connaitra obligatoirement un moment de révolte contre les rhinocéros.

Dans la ville où vit Bérenger, un rhinocéros a fait son apparition. Petit à petit, tous les humains, fascinés par sa force et sa violence, se transforment en rhinocéros. Le cercle de ceux qui résistent à cette tentation diminue de jour en jour. ➡ *p. 187*

BÉRENGER. – On devrait les parquer dans de vastes enclos, leur imposer des résidences surveillées.

DUDARD. – La mise en pratique de ce projet ne me semble pas possible. La Société protectrice des animaux serait la première à s'y opposer.

DAISY. – D'autre part, chacun a parmi les rhinocéros un parent proche, un ami, ce qui complique encore les choses.

BÉRENGER. – Tout le monde est dans le coup, alors !

DUDARD. – Tout le monde est solidaire.

BÉRENGER. – Mais comment peut-on être rhinocéros ? C'est impensable, impensable ! […]

DAISY, *à Béranger.* – On s'y habitue, vous savez. Plus personne ne s'étonne des troupeaux de rhinocéros parcourant les rues à toute allure. Les gens s'écartent sur leur passage, puis reprennent leur promenade, vaquent à leurs affaires, comme si de rien n'était.

DUDARD. – C'est ce qu'il y a de plus sage.

BÉRENGER. – Ah non, moi, je ne peux pas m'y faire.

Eugène Ionesco, *Rhinocéros*, Acte III, 1959, © Éditions Gallimard.

Atelier d'expression

Improviser un poème engagé à l'oral

pistes EPI

Vous allez découvrir comment les poètes prennent part aux combats humains. Vous comprendrez comment la parole peut être un moyen d'action, qui change les manières de penser et apprend à vivre ensemble. Pour cela, vous découvrirez des textes de poètes qui ont su exercer une vraie influence au XXe siècle. Vous vous imprégnerez des moyens poétiques et du vocabulaire qu'ils utilisaient pour mettre leurs idées en valeur. Vous vous entrainerez à les imiter et à vous en démarquer. Vous pourrez alors improviser à l'oral un poème engagé : un *slam* littéraire.

À l'oral

- Construire l'interprétation d'un texte littéraire
- Exploiter les ressources expressives et créatives de la parole

À l'écrit

- Connaitre les caractéristiques des genres littéraires pour composer des écrits créatifs
- Exploiter des lectures pour enrichir son écrit

Pour situer les AUTEURS

Paul Eluard (1895-1952) a aidé, par ses poèmes, des milliers de résistants à garder l'espoir. Sa vie est marquée par la recherche de la justice et l'expérience intense de l'amour.

Louis Aragon (1897-1982) est révolté par la guerre. Il adhère au communisme et espère la paix mondiale. Résistant, il se bat aussi par l'écriture.

Jean Rousselot (1913-2004) cache des prisonniers évadés et protège des Juifs pendant la Seconde Guerre mondiale. Sa poésie témoigne de son engagement pour la fraternité.

Nâzim Hikmet (1901-1963), poète turc, s'est opposé au régime de Mustafa Kemal. Il est emprisonné ou exilé plusieurs années. Son œuvre dénonce la misère et la tyrannie et se veut une proclamation d'espoir.

Jean Métellus (1937-2014), médecin et écrivain haïtien, a voulu faire connaitre la culture de sa patrie; il s'est spécialisé dans les troubles liés au langage. Son action de médecin ne peut se séparer de son rôle de poète.

Andrée Chédid (1920-2011) écrit pour faire réfléchir à la fragilité de la vie, à sa beauté, et pour pousser les hommes à accepter leurs différences. Son combat contre la guerre au Liban a sensibilisé l'Europe à cette cause.

Méthode

Vous allez progressivement apprendre à improviser, à l'oral, un poème engagé. Comment faire ?

- ***Lire les textes de l'atelier,*** de manières diverses : cet exercice vous permet de vous habituer à un niveau de langue soutenu, et améliore votre compréhension des textes.
- ***Comprendre les enjeux de ces textes,*** en répondant aux questionnaires, et en les citant : cette étude vous permet de retenir les mots et les tournures des textes. Vous pourrez d'autant plus facilement les imiter à l'oral.
- ***Fournir un travail méthodique d'apprentissage du vocabulaire :*** vous pouvez chercher les définitions des mots nouveaux que vous rencontrerez dans les textes, puis les mémoriser. Vous pourrez alors les utiliser dans des phrases, les réinvestir dans les petits exercices de préparation écrite et orale de l'atelier. Assimiler du vocabulaire facilitera l'expression de vos idées. Votre débit gagnera en rapidité et vos idées en force de conviction.
- ***Apprendre par cœur des passages*** qui vous marquent dans les textes qui vous plaisent, les réciter à voix haute. Vous vous donnez ainsi les moyens de citer une référence culturelle.

Les poètes sont la voix de tous

Le poète se confond avec ses frères humains

Dans le texte que vous allez lire, le poète exprime sa fraternité avec les hommes et les femmes du monde entier.

À tous

Est-ce mon pas, est-ce le vôtre dans la nuit ?
Est-ce mon sang, est-ce le vôtre
Qui s'allume et s'éteint sans cesse sous la peau ?
Est-ce ma main, est-ce la vôtre qui conduit
Notre attelage claudicant
D'un bord à l'autre de la vie ?

Je n'en sais rien mais je me perds entre les astres
Si je n'entends en moi vos tintements furtifs,
Je n'en sais rien mais votre toux me ronge
Et je ne puis me voir ailleurs
Que dans vos yeux qui me dévastent.

Jean Rousselot, cité par Michel Cosem *in Au pays des mille mots* / DR.

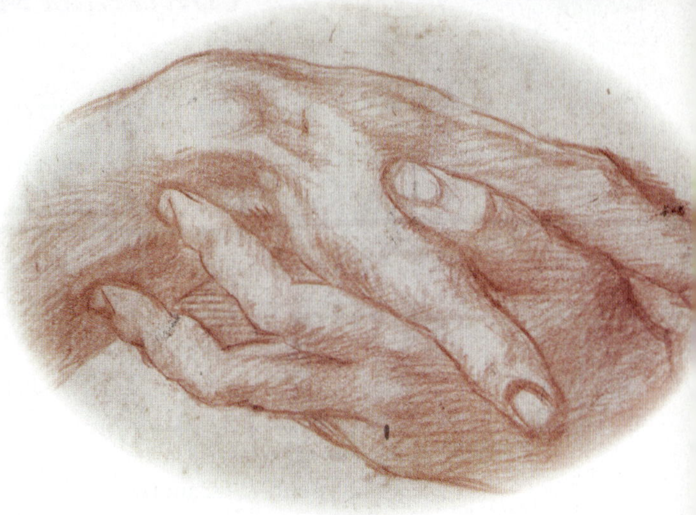

Andrea del Sarto, *Étude de deux mains gauches jointes* (détail), XVIe siècle, sanguine (9,5 x 15,5 cm), musée du Louvre, D.A.G., Paris.

Le poète souffre avec ceux qu'il aime

Dans le texte suivant, Louis Aragon exprime son désir d'aider à tout prix ceux qui souffrent.

et le pis est que la déchirure passe par ce que j'aime et que c'est dans ce que j'aime que je gémis dans ce que j'aime que je saigne et que c'est dans ce que j'aime qu'on me frappe qu'on me broie qu'on me réduit qu'on m'agenouille qu'on m'humilie qu'on me désarçonne qu'on me prend en traître qu'on fait de moi ce fou ce perdu cette clameur démente [...]

donne moi ta main donne-moi ton mal passe-moi le feu qui t'habite passe-moi ce feu qu'il te quitte et qu'il se mette à se nourrir de moi de moi seul de mes fibres mes muscles mes nerfs que je l'emporte loin de toi que je l'emporte ah laissez-moi le détourner dans mes bras contre mon ventre l'enserrer qu'il se propage à mes entrailles qu'il me morde moi et nul autre moi changé en signal en torche en incendie [...]

Louis Aragon, *Le Roman inachevé,* © Éditions Gallimard, 1956.

Comprendre

1. Dans les deux poèmes, relevez les expressions qui disent la fraternité.
2. Expliquez, avec vos propres mots, les formules « votre toux me ronge » (J. Rousselot, v. 9), « passe-moi le feu qui t'habite » (L. Aragon, v. 7-8).
3. Dans les deux textes, à qui s'adressent les poètes ? Quels pronoms personnels le prouvent ?
4. Comparez les deux poèmes : ponctuation, rythmes, idées exprimées. Comment ces textes nous font-ils voir que les poètes se sentent frères des autres humains ?

Écouter

Mettez-vous deux par deux, et écoutez un(e) camarade vous lire le poème de son choix, parmi les deux ci-dessus. Comprenez-vous mieux le texte ? Inversez les rôles et changez de texte.

Préparer son improvisation

Rassemblez le plus possible de mots exprimant des sentiments et des sensations autour de l'un des champs lexicaux suivants : la joie / la peur / la colère / la tristesse. Lisez la liste que vous avez établie, en cherchant à lui donner un rythme.

S'engager contre la souffrance des enfants

Le poète dit la souffrance et la générosité humaines

Nâzim Hikmet montre comment la guerre met les enfants en danger, mais exprime aussi sa confiance dans l'être humain.

La gare d'Haydarpacha, au printemps 41[1], quinze heures :

sur les escaliers, du soleil,
de la fatigue,
et de l'agitation. [...]
Paniers et besaces
descendent les escaliers,
gravissent les escaliers,
s'arrêtent sur les escaliers.

À côté d'un agent, un enfant
— cinq ans, peut-être moins —
descend les escaliers.
Il n'a jamais eu d'état civil,
mais il s'appelle Kémal.

Une besace monte les escaliers :
une besace de tapisserie.
Kémal qui descendait les escaliers
était tout seul
— sans souliers ni chemise —
au beau milieu de l'univers.
Il ne se souvient de rien, que de la faim,
et puis aussi, très vaguement,
d'une femme, dans une pièce sombre. [...]

Alexandre Rodtchenko, *L'Escalier,* 1930, épreuve gélatino-argentique (29,6 x 42 cm), Centre Pompidou - Musée national d'art moderne - Centre de création industrielle, Paris.

Une femme descend les escaliers :
vêtue d'un tchartchaf [2],
grosse.
Adviyé hanim [3] :
mère caucasienne,
rougeole en 1311 [4],
mariée en 1318 [4].
Elle a lavé la lessive,
fait la cuisine
et des enfants. [...]

Adviyé hanim
s'approcha de l'agent ;
ils parlèrent.
Elle caressa la joue du petit Kémal,
et tous ensemble,
ils allèrent au commissariat.
Et même si plus jamais
il ne devait revoir la femme,
fantôme
dans une pièce obscure,
le petit Kémal
n'est plus tout seul désormais
au beau milieu de l'univers.

Il lavera la vaisselle,
portera l'eau
et vivra aux côtés d'Adviyé hanim. [...]

Nâzim Hikmet, « En cette année dix-neuf cent quarante et un », *in Paysages humains,* © Éditions Parangon, 2002/DR.

1. **printemps 41 :** printemps 1941.
2. **tchartchaf :** voile noir très léger dont les femmes turcs se couvraient la tête.
3. **Adviyé hanim :** signifie Madame Adviyé en turc.
4. **1311 et 1318 :** dates correspondant au calendrier musulman, respectivement 1893 et 1900.

S'exprimer

Repérez des mots nouveaux pour vous dans le texte de N. Hikmet, définissez-les, puis employez-les dans l'exercice de préparation de votre improvisation. Cela vous aide-t-il à vous exprimer ?

Préparer son improvisation

À l'oral, racontez à votre tour une scène qui vous a révolté(e) :
- cherchez à imiter les procédés utilisés par Nâzim Hikmet ;
- mobilisez le vocabulaire qui vous a marqué dans les poèmes de l'atelier ;
- veillez à vous exprimer simplement, et à avoir un débit fluide et régulier.

Nâzim Hikmet à la gare de Haydarpaşa, Istanbul (Turquie).

Lecture d'image

Décrivez les gens qui entourent N. Hikmet. Observez leur âge, leur milieu social, leur attitude. Que semble représenter le poète à leurs yeux ?

Comprendre

1. Résumez la scène et, à l'oral, imaginez l'histoire de l'enfant. Plusieurs idées sont possibles.
2. Qualifiez l'ambiance de la gare. Quels sont les procédés stylistiques qui permettent de la recréer ?
3. Montrez que cette ambiance contraste avec la fragilité et la petitesse de l'enfant. Par quels moyens le poète souligne-t-il cette opposition ?
4. Comment la femme est-elle présentée ? Commentez.
5. Quel est le procédé utilisé quand N. Hikmet ne mentionne pas l'adoption ? Quel est, selon vous, l'effet recherché ?
6. Montrez que le texte met à la fois en évidence la violence et la douceur du monde. Pourquoi, selon vous, ne pas s'en tenir à un seul de ces aspects ?

Grammaire pour dire et pour écrire

Afin de frapper le lecteur, le poète cherche à lui rendre perceptible la situation qu'il dénonce. Pour cela, il utilise des notations qui mobilisent **les cinq sens**.

J'applique

1 Pour chacun des textes de l'atelier, dites quels sont les sens sollicités. Selon vous, qu'est-ce qui stimule le plus l'imagination : l'ouïe, la vue, l'odorat, le gout ou le toucher ? Justifiez en citant les textes.

2 Choisissez une situation parmi les suivantes :
– un groupe de mineurs travaille dans une mine ;
– des marins résistent à une tempête ;
– des artistes répètent dans l'urgence pour un spectacle.
Proposez sa description en cinq phrases, mobilisant chacune l'un des cinq sens. Lisez-la à voix haute en essayant d'émouvoir vos camarades.

BREVET

Africains emportant un esclave vers un navire de commerce, vers 1700, illustration du XIXe siècle mise en couleur ultérieurement.

Se confronter aux blessures de l'Histoire

Le poète partage les souffrances de son peuple

Voici les premières pages d'un recueil intitulé Voyance. *Ce mot renvoie à la vision du temps de l'esclavage, dont les images et les souffrances hantent les pensées de tous – même de ceux qui ne les ont pas vécues.*

Dans les replis de la nuit une colère pourpre raconte
l'histoire de la fraîcheur
À l'appel des couleurs, des parfums ensorceleurs
Mon cœur s'ouvre à la pulpe de la vie
Des plages de rage brillent sur la sève de mes sens
La buée des regrets brouille mon regard
La fièvre brûle l'haleine de ma douleur

Le temps de caresser l'encolure d'un cauchemar
De marier ma détresse aux lèvres de ma liesse
Le temps d'entonner mon chant de solitaire
Et les blessures de l'homme se déploient sur la croix
Des générations folles se bercent dans le souffle
d'invisibles mutilations
À grandes brassées
Des saisons entières de l'esprit s'évanouissent

C'est voyance qui s'avance […]

Voyance, l'oreiller du soleil
Tu affines les paumes de la beauté
Tu amendes le sol du bonheur
Tu secoues l'épaule sombre des peuples […]

Jean Métellus, *Voyance et autres poèmes,*

Comprendre

1. Lisez cet extrait deux par deux, en alternant vos voix à chaque strophe et en marquant bien le rythme du texte.
2. Citez les expressions qui disent les engagements de Jean Métellus dans ce texte.
3. Identifiez les deux champs lexicaux surlignés en vert et en bleu. Lequel associez-vous au passé ? au présent ?
4. À quoi est liée la souffrance intérieure traduite par l'association de ces deux champs lexicaux opposés ?
5. Quels sens sont mobilisés ? Quel est l'effet produit ?
6. La « voyance » est-elle seulement source de souffrance ? Justifiez.

Lire à plusieurs de manière expressive

Lisez le texte comme s'il s'agissait d'un exercice de diction. Faites ce travail en équipes de trois, en vous répartissant les strophes et en vous écoutant. Vous pouvez vous appuyer sur la lecture d'un comédien pour vous aider :

AUDIO lienmini.fr/jdl3-T405

Réutiliser du vocabulaire

1. Faites la liste des mots du texte dont le son vous marque. Cherchez-en les définitions, puis mémorisez-les.
2. Faites la liste des mots utilisés ici pour exprimer des sentiments intenses. Placez-les dans une phrase assez longue, racontant une situation liée à ce sentiment précis. Pour faire ce travail, cherchez à aller le plus vite possible, évitez de réfléchir.

Repères historiques

Haïti

Pendant la Révolution française, Haïti est peuplée d'esclaves noirs et de quelques colons français. Les esclaves font leur révolution, et sont à l'origine de la première abolition de l'esclavage. Toussaint Louverture devient le premier président de la toute jeune République haïtienne, après avoir défait les armées de Napoléon Bonaparte. C'est la première république indépendante à population majoritairement noire.

VIDEO lienmini.fr/jdl3-T406

Découvrez une interview de Jean Métellus qui parle du rôle du poète dans la société.

Jean Métellus
Poète

S'engager contre le désespoir

Le poète partage son espoir

Paul Eluard affirme que le désespoir n'est jamais légitime.

Et un sourire

La nuit n'est jamais complète.
Il y a toujours, puisque je le dis,
Puisque je l'affirme,
Au bout du chagrin
Une fenêtre ouverte,
Une fenêtre éclairée,
Il y a toujours un rêve qui veille,
Désir à combler, faim à satisfaire,
Un cœur généreux,
Une main tendue, une main ouverte,
Des yeux attentifs,
Une vie, la vie à se partager.

Paul Eluard, « Et un sourire », *Derniers Poèmes d'amour,*
© Seghers, 2013.

Nella Buscot, *L'Espoir* (vue de face), sculpture inaugurée en 2014 à Palavas-les-Flots (hauteur : 402 cm), bronze vert antique.

Le poète en appelle à la jeunesse

Andrée Chedid témoigne avec force pour les jeunes.

Jeunesse

Jeunesse qui t'élances
Dans le fatras des mondes
Ne te défais pas à chaque ombre
Ne te courbe pas sous chaque fardeau

Que tes larmes irriguent
Plutôt qu'elles ne te rongent

Garde-toi des mots qui se dégradent
Garde-toi du feu qui pâlit

Ne laisse pas découdre tes songes
Ni réduire ton regard

Jeunesse entends-moi
Tu ne rêves pas en vain

Andrée Chedid, *in* « Tant de corps et tant d'âme »,
Textes pour un poème, © Flammarion, 1991.

Comprendre

1. Dans chacun des deux poèmes, relevez une formule qui exprime bien l'espoir, selon vous. Justifiez votre choix.
2. Relisez les textes en marquant une courte pause à la fin de chaque vers. Qu'évoque, pour vous, le rythme de ces poèmes ?
3. Relevez les termes appartenant aux champs lexicaux de la lumière et de l'obscurité. Que traduisent ces symboles ?
4. Quelle est la valeur du présent utilisé par Paul Eluard ? Quel est le mode utilisé par Andrée Chedid ? Qu'espèrent donc les poètes ? dans quel but écrivent-ils ?
5. Les poètes proposent-ils des arguments, des preuves de ce qu'ils avancent ? Montrez que cela correspond à la définition de l'espoir.

Activité finale

À votre tour, engagez-vous pour transmettre un message d'espoir. Vous pouvez choisir d'aborder, par exemple, l'un des thèmes suivants :
– la paix dans le monde, les rencontres ;
– la protection de la nature, sa beauté ;
– l'amitié, le partage.

- **Faites d'abord un brouillon. Enrichissez-le une première fois en réutilisant le plus possible le vocabulaire de l'atelier. Une seconde fois, retravaillez votre texte en utilisant les procédés des textes étudiés.**
- **Travaillez ensuite la lecture à voix haute de votre œuvre. Si vous êtes mal à l'aise, vous pouvez échanger avec un(e) camarade : vous lirez son texte, et il ou elle lira le vôtre, de manière à mettre en valeur sa technique et son propos.**

Graine de savoir

« Espoir » est issu du verbe latin *sperare* qui signifie « attendre », et plus tardivement « espérer ». Quelle est, d'après vous, la nuance de sens entre ces deux significations ?

PARCOURS une œuvre intégrale

Vue d'Oran, gravure, vers 1890, coll. privée.

La Peste

Albert Camus

Entre 1930 et 1950, la peste fait environ cent cinquante victimes dans les villes algériennes, parmi lesquelles Oran. Albert Camus s'inspire donc d'un fait réel pour proposer un reflet des drames du XXe siècle : la maladie devient une image de la guerre, qui, comme elle, peut commencer discrètement…

Biographie

Albert Camus
(1913-1960)
Né en 1913 en Algérie, A. Camus est élevé dans des conditions difficiles par sa mère et sa grand-mère. Après avoir fréquenté l'école communale française à Alger puis le lycée, il devient un brillant étudiant en philosophie et l'un des piliers du club de football universitaire de la ville. La tuberculose interrompt cette période dynamique : Camus se tourne alors vers l'écriture, à la fois comme journaliste, romancier, écrivain de théâtre et essayiste. Il meurt dans un accident de voiture.

Les signes d'une catastrophe à venir

Extrait 1 Un évènement inattendu

Voici les premières lignes du roman.

Les curieux événements qui font le sujet de cette chronique se sont produits en 194., à Oran. De l'avis général, ils n'y étaient pas à leur place, sortant un peu de l'ordinaire. À première vue, Oran est, en effet, une ville ordinaire et rien de plus qu'une préfecture française de la côte algérienne. [p. 11]

Le narrateur propose ensuite une description des habitudes des Oranais. Il met en évidence leur insouciance et leur banalité.

Arrivé là, on admettra sans peine que rien ne pouvait faire espérer à nos concitoyens les incidents qui se produisirent au printemps de cette année-là et qui furent, nous le comprîmes ensuite, comme les premiers signes de la série des graves événements dont on s'est proposé de faire ici la chronique. Ces faits paraîtront bien naturels à certains et, à d'autres, invraisemblables au contraire. Mais, après tout, un chroniqueur ne peut tenir compte de ces contradictions. Sa tâche est seulement de dire : « Ceci est arrivé », lorsqu'il sait que ceci est, en effet, arrivé, que ceci a intéressé la vie de tout un peuple, et qu'il y a donc des milliers de témoins qui estimeront dans leur cœur la vérité de ce qu'il dit.

Du reste, le narrateur, qu'on connaîtra toujours à temps, n'aurait guère de titre à faire valoir dans une entreprise de ce genre si le hasard ne l'avait mis à même de recueillir un certain nombre de dépositions et si la force des choses ne l'avait mêlé à tout ce qu'il prétend relater. C'est ce qui l'autorise à faire œuvre d'historien. [p. 13-14]

Albert Camus, *La Peste,* 1947, © Éditions Gallimard, coll. Folio pour la pagination.

Découvrir un incipit surprenant

Entrer dans la lecture. Quel adjectif qualifie la ville ? Pourquoi est-il répété, d'après vous ?

1. Que présente d'inhabituel ce début de roman ?

2. Pour quelles raisons le narrateur témoigne-t-il ?

3. Comment se qualifie-t-il à la ligne 12 ? Cherchez la définition de ce terme.

4. Selon vous, le narrateur est-il : neutre ? impliqué ? discret ? Justifiez votre réponse.

BILAN **5** Ce début de roman crée-t-il un effet de suspense ? Confrontez vos impressions à l'oral.

Extrait 2 Les rats…

Le matin du 16 avril, le docteur Bernard Rieux sortit de son cabinet et buta sur un rat mort, au milieu du palier. Sur le moment, il écarta la bête sans y prendre garde et descendit l'escalier. Mais, arrivé dans la rue, la pensée lui vint que ce rat n'était pas à sa place et il retourna sur ses pas pour avertir le concierge. Devant la réaction du vieux M. Michel, il sentit mieux ce que sa découverte avait d'insolite. […] [p. 15]

La situation s'aggrave rapidement.

Dès le quatrième jour, les rats commencèrent à sortir pour mourir en groupes. Des réduits, des sous-sols, des caves, des égouts, ils montaient en longues files titubantes pour venir vaciller à la lumière, tourner sur eux-mêmes et mourir près des humains. [p. 21-22] *Ibid.*

Un rat représenté sur les murs d'une rue de Londres, octobre 2010.

Les personnages

- **Rieux** : *médecin dévoué et rigoureux, il combat la peste avec énergie et ne quitte pas les malades.*
- **Castel** : *médecin lucide et courageux, il pousse la ville à reconnaitre l'épidémie qui se répand.*
- **Tarrou** : *sans être médecin, il se porte volontaire pour aider les malades et les services médicaux, avec quelques amis.*
- **Rambert** : *journaliste, il se retrouve pris dans la peste d'Oran par hasard, et séparé de la femme qu'il aime. Son attitude évolue au cours de l'épidémie.*
- **Cottard** : *après une tentative de suicide, cet homme profite de la peste pour rétablir ses finances.*
- **Paneloux** : *ce prêtre courageux doute de sa foi, face à la souffrance des enfants frappés par la peste.*
- **Le préfet** : *représentant de l'autorité de l'État, il est mentionné aux moments principaux de l'épidémie. Son action est surtout administrative.*

Extrait 3 …et les hommes

Les services de la ville ont évacué jusqu'à huit mille rats morts par jour. Puis, les rongeurs disparaissent totalement, le jour même où le docteur Rieux rencontre le concierge de son immeuble, dans un état anormal.

Le vieux Michel avait les yeux brillants et la respiration sifflante. Il ne s'était pas senti très bien et avait voulu prendre l'air. Mais des douleurs vives au cou, aux aisselles et aux aines l'avaient forcé à revenir […]. De sa bouche tapissée de fongosités, des bribes de mots sortaient : « Les rats ! » disait-il. Verdâtre, les lèvres cireuses, les paupières plombées, le souffle saccadé et court, écartelé par les ganglions, tassé au fond de sa couchette comme s'il eût voulu la refermer sur lui ou comme si quelque chose, venu du fond de la terre, l'appelait sans répit, le concierge étouffait sous une pesée invisible. La femme pleurait.

N'y a-t-il donc plus d'espoir, docteur ?

Il est mort, dit Rieux. […][p. 23 à 27]

Le docteur Rieux se trouve ensuite très vite confronté à de nombreux malades qui présentent les mêmes symptômes que M. Michel.

En quelques jours à peine, les cas mortels se multiplièrent et il devint évident pour ceux qui se préoccupaient de ce mal curieux qu'il s'agissait d'une véritable épidémie. C'est le moment que choisit Castel, un confrère de Rieux, beaucoup plus âgé que lui, pour venir le voir.

– Naturellement, lui dit-il, vous savez ce que c'est, Rieux ? […]

– Oui, Castel, dit-il, c'est à peine croyable. Mais il semble bien que ce soit la peste. [p. 39-40] *Ibid.*

Comprendre le déclenchement du drame

Extrait 2. **1.** À quel univers les rats sont-ils habituellement associés ? Qu'évoquent-ils ?

2. Le premier indice de maladie est-il spectaculaire ?

3. Observez la dernière phrase (l. 10-12). Quelles sont les figures de styles employées ? Commentez.

Extrait 3. **4.** Retrouvez tous les symptômes de la peste décrits par le narrateur. Quel est l'effet produit ?

5. Pourquoi est-il important, pour les deux médecins, de faire le bon diagnostic ?

BILAN **6** Expliquez comment le drame se déclenche.

pistes EPI Avant le début de la Seconde Guerre mondiale, la montée du nazisme en Allemagne n'a que peu inquiété la majorité des Français. Faites le lien avec le début de l'épidémie de peste dans le roman de Camus.

Une vérité difficile à reconnaitre

Extrait 4 L'attitude des autorités face à l'épidémie

Les médecins et le préfet, qui gouverne la ville, se réunissent, à la demande de Rieux, pour parler de la maladie qui fait de plus en plus de morts en ville.

Le préfet était aimable, mais nerveux.

– Commençons, messieurs, disait-il. Dois-je résumer la situation ?

Richard[1] pensait que c'était inutile. Les médecins connaissaient la situation. La question était seulement de savoir quelles mesures il convenait de prendre.

– La question, dit brutalement le vieux Castel, est de savoir s'il s'agit de la peste ou non.

Deux ou trois médecins s'exclamèrent. Les autres semblaient hésiter. Quant au préfet, il sursauta et se retourna machinalement vers la porte, comme pour vérifier qu'elle avait bien empêché cette énormité de se répandre dans les couloirs. Richard déclara qu'à son avis, il ne fallait pas céder à l'affolement : il s'agissait d'une fièvre à complications inguinales[2], c'était tout ce qu'on pouvait dire, les hypothèses, en sciences comme dans la vie, étant toujours dangereuses. Le vieux Castel, qui mâchonnait tranquillement sa moustache jaunie, leva un regard clair sur Rieux. Puis il tourna un regard bienveillant vers l'assistance et fit remarquer qu'il savait très bien que c'était la peste, mais que, bien entendu, le reconnaître officiellement obligerait à prendre des mesures impitoyables. Il savait que c'était, au fond, ce qui faisait reculer ses confrères et, partant, il voulait bien admettre pour leur tranquillité que ce ne fût pas la peste. Le préfet s'agita et déclara que, dans tous les cas, ce n'était pas une bonne façon de raisonner.

– L'important, dit Castel, n'est pas que cette façon de raisonner soit bonne, mais qu'elle fasse réfléchir. [p. 50-51]

Richard, cependant, pensait résumer la situation en rappelant que pour arrêter cette maladie, si elle ne s'arrêtait pas d'elle-même, il fallait appliquer les graves mesures de prophylaxie[3] prévues par la loi ; que, pour ce faire, il fallait reconnaître officiellement qu'il s'agissait de la peste ; que la certitude n'était pas absolue à cet égard et qu'en conséquence, cela demandait réflexion.

– La question, insista Rieux, n'est pas de savoir si les mesures prévues par la loi sont graves mais si elles sont nécessaires pour empêcher la moitié de la ville d'être tuée. Le reste est affaire d'administration et, justement, nos institutions ont prévu un préfet pour régler ces questions.

– Sans doute, dit le préfet, mais j'ai besoin que vous reconnaissiez officiellement qu'il s'agit d'une épidémie de peste.

– Si nous ne le reconnaissons pas, dit Rieux, elle risque quand même de tuer la moitié de la ville.

Richard intervint avec quelque nervosité.

– La vérité est que notre confrère croit à la peste. Sa description du syndrome le prouve.

Rieux répondit qu'il n'avait pas décrit un syndrome, il avait décrit ce qu'il avait vu. Et ce qu'il avait vu c'était des bubons, des taches, des fièvres délirantes, fatales en quarante-huit heures. Est-ce que M. Richard pouvait

Le savez-vous ?

La peste hante tout l'imaginaire occidental, de l'Ancien Testament aux *Fables* de La Fontaine ; c'est toujours un fléau auquel tout un peuple est confronté, et qui, lorsqu'il se déclare, révèle le véritable caractère de chacun…

Costume d'un médecin du Lazaret de Marseille, vers 1840, BnF, Paris.

Gustave Moreau, *Étude pour la peste de Florence,* xixe siècle, papier calque (18,5 x 25,5 cm), musée Gustave Moreau, Paris.

prendre la responsabilité d'affirmer que l'épidémie s'arrêterait sans mesures de prophylaxie rigoureuses ?

Richard hésita et regarda Rieux :

– Sincèrement, dites-moi votre pensée, avez-vous la certitude qu'il s'agit de la peste ?

– Vous posez mal le problème. Ce n'est pas une question de vocabulaire, c'est une question de temps.

– Votre pensée, dit le préfet, serait que, même s'il ne s'agissait pas de la peste, les mesures prophylactiques indiquées en temps de peste devraient cependant être appliquées.

– S'il faut absolument que j'aie une pensée, c'est en effet celle-ci.

Les médecins se consultèrent et Richard finit par dire :

– Il faut donc que nous prenions la responsabilité d'agir comme si la maladie était une peste.

La formule fut chaleureusement approuvée [...]. [p. 52-53]

Ibid.

1. Richard est un médecin oranais.
2. **inguinale :** qui concerne l'aine, partie du corps située entre l'abdomen et la cuisse.
3. **prophylaxie :** ensemble de moyens médicaux utilisés pour empêcher l'apparition, l'aggravation ou l'extension des maladies.

Analyser le discours des personnages

Entrer dans la lecture. Qu'est-ce qu'un préfet ? Pourquoi cette réunion avec les médecins ?

1. Dans ce texte, qui s'oppose à qui ? À quel sujet ?

2. Quel est le sens des propos tenus par Richard (l. 11-14) ? Sa position évolue-t-elle ?

3. Quel procédé montre le recul de Castel par rapport à la situation (l. 14-20) ? De quoi accuse-t-il ses collègues ?

4. Dans le discours rapporté de Rieux (l. 42-46), quel est l'effet de l'énumération? Quel est le but de la question ?

5. Les médecins sont-ils prêts à admettre la présence de la peste, au début et à la fin du texte ? Pourquoi, à votre avis ?

6. Observez les paroles et l'attitude du préfet. Est-il plus courageux que les médecins ? Quelles sont ses préoccupations ?

7. Que peut-on penser de l'expression « comme si » dans la dernière phrase de Richard (l. 57) ?

BILAN **8** Les autorités sont-elles prêtes à faire face au fléau ? Pourquoi ? Expliquez les oppositions entre les différents personnages.

pistes EPI Faites un lien avec le déclenchement de la Seconde Guerre mondiale. Les gouvernements ont-ils pris la mesure de la menace représentée par le régime hitlérien?

PARCOURS une œuvre intégrale

Le face-à-face avec la maladie

Extrait 6 La lutte de Rieux

Rieux est épuisé par la lutte contre l'épidémie, qu'il combat sans s'accorder aucun repos.

Après la réception du matin qu'il dirigeait lui-même, les malades vaccinés, les bubons incisés, Rieux vérifiait encore les statistiques, et retournait à ses consultations de l'après-midi. Dans la soirée enfin, il faisait ses visites et rentrait tard dans la nuit. La nuit précédente, sa mère avait remarqué, en lui tendant un télégramme de Mme Rieux jeune, que les mains du docteur tremblaient.

– Oui, disait-il, mais en persévérant, je serai moins nerveux.

Il était vigoureux et résistant. En fait, il n'était pas encore fatigué. Mais ses visites, par exemple, lui devenaient insupportables. Diagnostiquer la fièvre épidémique revenait à faire enlever rapidement le malade. Alors commençaient l'abstraction et la difficulté en effet, car la famille du malade savait qu'elle ne verrait plus ce dernier que guéri ou mort. [p. 86]

Beaucoup de nouveaux moralistes dans notre ville allaient alors, disant que rien ne servait à rien et qu'il fallait se mettre à genoux. Et Tarrou, et Rieux, et leur amis pouvaient répondre ceci ou cela, mais la conclusion était toujours ce qu'ils savaient : il fallait lutter de telle ou telle façon et ne pas se mettre à genoux. Toute la question était d'empêcher le plus d'hommes possible de mourir et de connaître la séparation définitive. Il n'y avait pour cela qu'un seul moyen qui était de combattre la peste. [p. 125-126]

Ibid.

Photographie d'**Alexandre Yersin**, vers 1897.

Le savez-vous ?

En 1894, **Alexandre Yersin** isole le bacille de la peste. Ce médecin suisse a travaillé au péril de sa vie, dans des conditions hostiles, avec un matériel scientifique restreint, et dans une grande solitude.

Extrait 7 Le courage de Tarrou

Tarrou, dès le début de l'épidémie, vient rencontrer Rieux pour lui proposer de l'aide.

– Je sais, dit Tarrou sans préambule, que je puis parler tout droit avec vous.

Rieux approuva en silence.

– Dans quinze jours ou un mois, vous ne serez d'aucune utilité ici, vous êtes dépassé par les événements.

– C'est vrai, dit Rieux.

– L'organisation du service sanitaire est débordée. Vous manquez d'hommes et de temps. [...]

Rieux regarda Tarrou.

– Alors ? dit-il.

– Alors, j'ai un plan d'organisation pour des formations sanitaires volontaires. Autorisez-moi à m'en occuper et laissons l'administration de côté. Du reste, elle est débordée. J'ai des amis un peu partout et ils feront le premier noyau. Et naturellement, j'y participerai. [p. 117-118]

Ibid.

Photogramme du film *La Peste*, réalisé par **Luis Puenzo** en 1992.

Extrait 8 La bassesse de Cottard

Cottard participe au trafic de nourriture, que la fermeture de la ville a rendue rare. Il fait d'importants bénéfices financiers grâce à la maladie.

Cottard regardait Tarrou sans comprendre. Celui-ci dit que trop d'hommes restaient inactifs, que l'épidémie était l'affaire de chacun et que chacun devait faire son devoir. Les formations volontaires étaient ouvertes à tous.

– C'est une idée, dit Cottard, mais ça ne servira à rien. La peste est trop forte.

– Nous le saurons, dit Tarrou sur le ton de la patience, quand nous aurons tout essayé.

Pendant ce temps, Rieux à son bureau recopiait des fiches. Tarrou regardait toujours le rentier qui s'agitait sur sa chaise.

– Pourquoi ne viendriez-vous pas avec nous, monsieur Cottard ?

L'autre se leva d'un air offensé, prit son chapeau rond à la main :

– Ce n'est pas mon métier.

Puis, sur un ton de bravade :

– D'ailleurs, je m'y trouve bien, moi, dans la peste, et je ne vois pas pourquoi je me mêlerais de la faire cesser. [p. 147]

Ibid.

Extrait 9 Le revirement de Rambert

Rambert, pendant les premiers mois de peste, a tout fait pour s'échapper de la ville, où il était de passage, afin de rejoindre la femme qu'il aime.

– Docteur, dit Rambert, je ne pars pas et je veux rester avec vous.

Tarrou ne broncha pas. Il continuait de conduire. Rieux semblait incapable d'émerger de sa fatigue.

– Et elle ? dit-il d'une voix sourde.

Rambert dit qu'il avait encore réfléchi, qu'il continuait à croire ce qu'il croyait, mais que s'il partait, il aurait honte. Cela le gênerait pour aimer celle qu'il avait laissée. Mais Rieux se redressa et dit d'une voix ferme que cela était stupide et qu'il n'y avait pas de honte à préférer le bonheur.

– Oui, dit Rambert, mais il peut y avoir de la honte à être heureux tout seul. [...] J'ai toujours pensé que j'étais étranger à cette ville et que je n'avais rien à faire avec vous. Mais maintenant que j'ai vu ce que j'ai vu, je sais que je suis d'ici, que je le veuille ou non. Cette histoire nous concerne tous. [p. 190]

Ibid.

AUDIO lienmini.fr/jdl3-T407

Découvrez d'autres extraits de *La Peste* qui traduisent les attitudes des personnages.

Repères historiques

Les attitudes des Français face à l'Occupation

Les historiens ont rétrospectivement distingué différents types de comportements pendant l'Occupation :

– les résistants qui luttent activement contre l'occupant nazi, soit par les armes, soit en cachant les populations (juifs, tziganes) qui risquent de mourir ;

– les collaborateurs qui, au contraire, aident le régime nazi en pratiquant des dénonciations ;

– les profiteurs de guerre qui parviennent à tirer de l'argent des difficultés des autres, notamment en pratiquant le marché noir (le Beurre, les Œufs et le Fromage – « BOF » – sont des denrées rares et recherchées).

Beaucoup de Français ne relèvent pas de ces groupes et tentent simplement d'éviter, avec leurs proches, de trop souffrir de la guerre.

Comparer les différentes attitudes face au fléau

1. Quels personnages combattent la peste ? Quels adjectifs pourraient les décrire ?

Extrait 6

2. Par quels moyens Rieux lutte-t-il contre la maladie ? Dans quel but ? Décrivez son état d'esprit.

Extrait 7

3. Quels sont les constats de Tarrou ? Quel est son projet ?

4. Qu'attendent Rieux et Tarrou des instances au pouvoir ? Commentez.

Extrait 8

5. Que révèle chacune des trois répliques de Cottard sur son comportement et ses valeurs ?

Extrait 9

6. Expliquez pourquoi Rambert évolue. Pouvez-vous le rapprocher de Rieux, de Tarrou, de Cottard ? Pourquoi ?

BILAN **7** Comparez les quatre personnages, en expliquant lesquels ont une attitude héroïque, hésitante ou malveillante. Justifiez votre propos.

pistes EPI Faites le lien avec les diverses attitudes de la population française en 1940.

PARCOURS une œuvre intégrale

De l'amitié à la fraternité

Extrait 10 Un temps pour l'amitié

Après une journée de travail, Tarrou et Rieux se retrouvent seuls sur une terrasse, au calme, sous un ciel nocturne. La conversation s'engage.

Photogramme du film *La Peste*, réalisé par **Luis Puenzo** en 1992, avec Jean-Marc Barre et William Hurt.

– Rieux, dit Tarrou sur un ton très naturel, vous n'avez jamais cherché à savoir qui j'étais ? Vous avez de l'amitié pour moi ?

– Oui, répondit le docteur, j'ai de l'amitié pour vous. Mais jusqu'ici le temps nous a manqué.

– Bon, cela me rassure. Voulez-vous que cette heure soit celle de l'amitié ?

Pour toute réponse, Rieux lui sourit.

– Eh bien, voilà... [p. 221-222] [J'] ai simplement aperçu que même ceux qui étaient meilleurs que d'autres ne pouvaient s'empêcher aujourd'hui de tuer ou de laisser tuer parce que c'était dans la logique où ils vivaient et que nous ne pouvions pas faire un geste en ce monde sans risquer de faire mourir. Oui, j'ai continué d'avoir honte, j'ai appris cela, que nous étions tous dans la peste, et j'ai perdu la paix. Je la cherche encore aujourd'hui, essayant de les comprendre tous et de n'être l'ennemi mortel de personne. Je sais seulement qu'il faut faire ce qu'il faut pour ne plus être un pestiféré et que c'est là ce qui peut, seul, nous faire espérer la paix, ou une bonne mort à son défaut. C'est cela qui peut soulager les hommes et, sinon les sauver, du moins leur faire le moins de mal possible et même parfois un peu de bien. Et c'est pourquoi j'ai décidé de refuser tout ce qui, de près ou de loin, pour de bonnes ou de mauvaises raisons, fait mourir ou justifie qu'on fasse mourir. [...] Je dis seulement qu'il y a sur cette terre des fléaux et des victimes et qu'il faut, autant qu'il est possible, refuser d'être avec le fléau. [...]

En terminant, Tarrou balançait sa jambe et frappait doucement du pied contre la terrasse. Après un silence, le docteur se souleva un peu et demanda si Tarrou avait une idée du chemin qu'il fallait prendre pour arriver à la paix.

– Oui, la sympathie. [p. 228-229]

Ibid.

Comprendre des paroles de solidarité

1. Retrouvez le plan de cet extrait : distinguez trois étapes dans la confidence, et donnez-leur un titre.

2. Quelles idées vous marquent, parmi celles exprimées par Tarrou ? Dites pourquoi.

3. Résumez en quelques mots sa ligne de conduite. La trouvez-vous facile ? ambitieuse ?

4. Cherchez l'étymologie du mot « sympathie ». Finalement, comment faut-il vivre, selon Tarrou ? Qu'en pensez-vous ?

BILAN **5** Expliquer pourquoi l'on peut dire que les derniers mots de Tarrou font le lien entre l'amitié individuelle et la fraternité entre les hommes.

Définir une notion

BREVET

Albert Camus considérait René Char, autre grand écrivain et poète du XXe siècle, comme un véritable ami, « le compagnon dont on est toujours sûr ». Donnez, à votre tour, en une formule très brève, votre définition du véritable ami.

David Hockney, *Portrait of an Artist (Pool with two Figures)*, 1972, acrylique sur toile, coll. privée.

Extrait 11 Une échappée hors de la ville et de la peste

À la fin de leur conversation, les deux hommes franchissent les murs clos de la ville empestée, pour consacrer un moment à l'amitié et à la nature. Ces deux valeurs, pour Camus, permettent de trouver un sens à la vie humaine.

Tarrou se secoua :

– Savez-vous, dit-il, ce que nous devrions faire pour l'amitié ?

– Ce que vous voulez, dit Rieux.

– Prendre un bain de mer. [...] À la fin, c'est trop bête de ne vivre que dans la peste. Bien entendu, un homme doit se battre pour les victimes. Mais s'il cesse de rien aimer par ailleurs, à quoi sert qu'il se batte ?

– Oui, dit Rieux, allons-y.

Un moment après, l'auto s'arrêtait près des grilles du port. [...]

Rieux plongea le premier. Froides d'abord, les eaux lui parurent tièdes quand il remonta. Au bout de quelques brasses, il savait que la mer, ce soir-là, était tiède, de la tiédeur des mers d'automne qui reprennent à la terre la chaleur emmagasinée pendant de longs mois. Il nageait régulièrement. Le battement de ses pieds laissait derrière lui un bouillonnement d'écume, l'eau fuyait le long de ses bras pour se coller à ses jambes. Un lourd clapotement lui apprit que Tarrou avait plongé. Rieux se mit sur le dos et se tint immobile, face au ciel renversé, plein de lune et d'étoiles. Il respira longuement. Puis il perçut de plus en plus distinctement un bruit d'eau battue, étrangement clair dans le silence et la solitude de la nuit. Tarrou se rapprochait, on entendit bientôt sa respiration. Rieux se retourna, se mit au niveau de son ami, et nagea dans le même rythme. Tarrou avançait avec plus de puissance que lui et il dut précipiter son allure. Pendant quelques minutes, ils avancèrent avec la même cadence et la même vigueur, solitaires, loin du monde, libérés enfin de la ville et de la peste. [p. 230-232]

Ibid.

▸ *Comprendre une scène à part dans le roman*

Entrer dans la lecture. Pourquoi ce passage marque-t-il une rupture dans le roman ?

1. Quelles sensations sont évoquées dans l'extrait ? Sont-elles agréables ?

2. À travers quelle image l'amitié des deux hommes est-elle représentée ? Commentez-la.

3. Quelles sonorités reviennent fréquemment dans la description de la baignade ? Qu'évoquent-elles ?

4. Qualifiez le rythme des phrases qui décrivent la baignade. Par rapport au reste du roman, quel est l'effet de ce rythme ?

BILAN **5** Pourquoi ce passage est-il exceptionnel dans le roman ? Quelles aspirations et quels sentiments y sont mis en valeur ?

Raconter à l'oral

Racontez oralement, en vous inspirant du rythme des phrases de Camus, un temps passé entre amis. Vous vous attacherez à évoquer l'activité partagée, ainsi que les sensations et émotions positives éprouvées pendant ce temps privilégié.

PARCOURS une œuvre intégrale

Un avertissement pour l'avenir

Jeune fille de la Paix, statue présente dans le Parc de la Paix à Nagasaki au Japon.

Extrait 12 Fin de l'épidémie

[D]ans l'ensemble, l'infection reculait sur toute la ligne et les communiqués de la préfecture, qui avaient d'abord fait naître une secrète et timide espérance, finirent par confirmer, dans l'esprit du public, la conviction que la victoire était acquise et que la maladie abandonnait ses positions. [p. 244-245]

La certitude de la fin de l'épidémie apparait de plus en plus clairement, causant une grande excitation dans la ville.

La population vécut dans cette agitation secrète jusqu'au 25 janvier. Cette semaine-là, les statistiques tombèrent si bas qu'après consultation de la commission médicale, la préfecture annonça que l'épidémie pouvait être considérée comme enrayée. [...] [U]ne joyeuse agitation emplit la ville. Pour s'associer à l'allégresse générale, le préfet donna l'ordre de restituer l'éclairage du temps de la santé. Dans les rues illuminées, sous un ciel froid et pur, nos concitoyens se déversèrent alors en groupes bruyants et rieurs. [p. 247]

Ibid.

Extrait 13 Réflexions finales

Cette chronique touche à sa fin. Il est temps que le docteur Bernard Rieux avoue qu'il en est l'auteur. [...]

Rieux décida [...] de rédiger le récit qui s'achève ici, pour ne pas être de ceux qui se taisent, pour témoigner en faveur de ces pestiférés, pour laisser du moins un souvenir de l'injustice et de la violence qui leur avaient été faites, et pour dire simplement ce qu'on apprend au milieu des fléaux, qu'il y a dans les hommes plus de choses à admirer que de choses à mépriser. [...]

Écoutant, en effet, les cris d'allégresse qui montaient de la ville, Rieux se souvenait que cette allégresse était toujours menacée. Car il savait ce que cette foule en joie ignorait, et qu'on peut lire dans les livres, que le bacille de la peste ne meurt, ni ne disparaît jamais, qu'il peut rester pendant des dizaines d'années endormi dans les meubles et le linge, qu'il attend patiemment dans les chambres, les caves, les malles, les mouchoirs et les paperasses, et que, peut-être, le jour viendrait où, pour le malheur et l'enseignement des hommes, la peste réveillerait ses rats et les enverrait mourir dans une cité heureuse. [p. 279]

Ibid.

Comprendre le sens du dénouement

Entrer dans la lecture. Êtes-vous surpris(e) par l'identité du narrateur ? Pourquoi ?

1. Comment évoluent les sentiments de la population face à la fin du fléau ?

2. Quelles sont les étapes officielles de l'annonce de la fin de l'épidémie ?

3. Rieux s'associe-t-il aux manifestations de joie ? Commentez.

4. Quelles phrases des extraits 12 et 13 peut-on opposer ?

5. Comparez le rythme des phrases dans les deux textes. Quel est l'effet produit à chaque fois ?

BILAN **6** Quelles leçons Rieux tire-t-il de l'expérience qu'il a vécue ?

pistes EPI Faites le rapprochement entre la leçon sur la peste et les retours de la guerre au XXe siècle. La conclusion de Camus est-elle encore d'actualité, selon vous ?

Synthèse *La Peste*, un roman sur le XXe siècle

- *La Peste* a pour cadre la ville d'Oran en Algérie dans les années 1940 et s'inspire d'un fait réel, une épidémie de peste. La narration des faits est confiée à un **témoin digne de foi,** dont le lecteur adopte le point de vue. Il partage donc ses émotions, ses rencontres et ses peines. ➡ p. 202
- Ce récit permet aux lecteurs de mener diverses réflexions :
  - Certains passages du texte les plongent dans l'horreur des **fléaux du XXe siècle**, dans une lecture historique. ➡ p. 203, 205, 206, 207, 209
  - D'autres les invitent à **réfléchir avec les personnages** : le fléau de la peste, dans une lecture symbolique, devient alors la représentation de tous les fléaux qui déchirent les êtres humains. La sympathie, la fraternité s'opposent à la violence et à la fatalité. ➡ p. 210, 211
  - Les différentes manières de réagir à ces violences sont mises en évidence dans le roman. Ainsi, Rieux trouve-t-il des alliés pour affronter cette lutte sans espoir. Sans devenir des saints ni des héros, ceux qui résistent à la peste délivrent un message simple : le refus des massacres. Cette sympathie pour les autres et pour soi donne sens à leur vie. ➡ p. 208, 209, 210, 211, 212
  - Le lecteur comprend par conséquent quelles valeurs ou quels mots permettent au narrateur de survivre à cette situation ; il est libre de les partager ou pas. Ce **questionnement philosophique** est le troisième niveau de lecture de *La Peste*.

Réfléchir à partir d'une citation de l'œuvre

Comment comprenez-vous la citation ci-dessous ? Réfléchissez à l'image de la « nuit », à ce que signifie « voir clair » et présentez votre réflexion en deux ou trois paragraphes rédigés.

« Je suis dans la nuit, et j'essaie d'y voir clair », déclare Rieux dans ***La Peste***.

Consignes d'écriture

1. Dans une 1re partie, expliquez pourquoi Rieux pourrait sombrer dans le désespoir.
2. Dans une 2e partie, comparez son attitude à celle d'un autre personnage de votre choix.
3. Concluez en exprimant votre propre position : de quel personnage vous sentez-vous le plus proche ? Expliquez pourquoi.

Débattre à l'oral à partir de l'œuvre

Un livre peut-il changer la vie de ceux qui le lisent ? Ce fut le cas pour beaucoup de lecteurs de *La Peste*, lors de sa parution. Et vous ? Ce roman a-t-il changé le regard que vous portez sur vous-mêmes, sur le monde, sur l'Histoire ? Répondez à cette question en classe sous forme de débat et en vous aidant de la Méthode ci-dessous.

Méthode

Pour **préparer un débat**, on peut :

- se répartir **par petits groupes en fonction de son opinion**
- **choisir un porte-parole** pour chaque groupe
- **préparer des exemples** précis pour défendre sa position

Ex. : pour le sujet de **Débattre à l'oral** :

GROUPE 1 : « La Peste *a fait évoluer mon regard sur moi-même ; je me suis rendu(e) compte que je suis lié(e) aux autres.* »

GROUPE 2 : « La Peste *a fait évoluer mon regard sur le monde : j'ai pris conscience de ce que dit le roman sur le risque permanent de retour de fléaux comme la guerre et la violence.* »

GROUPE 3 : « La Peste *a fait évoluer mon regard sur l'Histoire, ou m'a permis de me faire une idée d'ensemble au sujet de la Seconde Guerre mondiale.* »

Ex. : pour le sujet de **Débattre à l'oral**, les exemples doivent être tirés du texte, de vos connaissances historiques ou actuelles.

⚠ *Au cours du débat, il faut écouter soigneusement l'avis des autres. Si l'on change d'avis, on doit alors changer de groupe.*

Atelier d'expression

Construire un discours et le dire

pistes EPI

À l'oral

- S'exprimer de façon maitrisée en s'adressant à un auditoire
- Percevoir les ressources de la voix, de la gestuelle

À l'écrit

- Vérifier et améliorer la qualité d'un texte en cours d'écriture
- Argumenter pour faire adopter un point de vue

Vous allez apprendre à être efficace à l'oral, en public. Vous vous familiariserez avec les outils de l'art oratoire et avec ses thèmes (décisions politiques, juridiques et sociales).
Vous choisirez l'un des thèmes suivants pour construire votre discours avec les outils découverts dans les textes de l'atelier :
– blâmer (dénoncer) l'injustice, l'indifférence aux autres,
– faire l'éloge (dire du bien) de l'amitié, de la solidarité, de la générosité.

Pour situer les AUTEURS

Démosthène (384-322)
Homme d'État athénien, il est l'auteur de discours encore étudiés par les spécialistes de la communication.

Périclès (495-429)
Stratège, orateur, homme d'État, il favorise la démocratie et les arts, et fait d'Athènes le centre culturel du monde antique.

Victor Hugo (1802-1885)
Écrivain, mais aussi orateur et homme politique français, il contribue à fonder la tradition de l'engagement politique des auteurs en France.

Jean Jaurès (1859-1914)
Journaliste et député français. Orateur, il tente d'organiser une grève internationale pour empêcher la Première Guerre mondiale.

André Malraux (1901-1976)
Écrivain et homme d'État français. Résistant, il se consacre à l'écriture, devient ministre de la Culture, se révèle un orateur hors pair.

Malala Yousafzai, s'exprime à l'Assemblée de la jeunesse des Nations unies le 12 juillet 2013.

Méthode

Vous allez construire un discours, étape par étape : regroupement des idées, rédaction du texte, ajout de procédés stylistiques, mise en voix.
Vous prendrez modèle sur des textes antiques et modernes.

- *Parler pour convaincre :* vous vous adressez à **la raison** des auditeurs ; vous leur soumettez des idées générales que vous renforcez par des preuves, des faits précis, réels : vous **argumentez**.
- *Parler pour persuader (émouvoir) :* vous vous adressez à la **sensibilité** du public ; vous décrivez des situations touchantes, et vous vous présentez de manière à inspirer confiance.
- *Parler comme un orateur :* vous prenez la parole en prononçant votre texte à voix haute et distincte, et en le soulignant par des gestes appropriés. Vous utilisez **la rhétorique**, l'art d'embellir la langue pour produire des effets.

« J'ai décidé d'élever la voix » *Malala Yousafzai reçoit le prix Nobel de la Paix en 2014. Voici un extrait de son discours.*

Nous voulions rendre nos parents fiers de nous, et prouver que nous pouvions exceller dans les études et réussir, ce dont, selon certaines personnes, seuls les garçons sont capables.

Les choses changèrent. […]

L'instruction, qui était un droit, se changea en crime. […]

J'avais deux possibilités. L'une était de garder le silence et d'attendre d'être tuée. Et la seconde était de prendre la parole et d'être tuée pour cela. J'ai choisi la seconde. J'ai décidé d'élever la voix.

Les terroristes essayèrent de nous arrêter, et nous attaquèrent, mes amis et moi, le 9 octobre 2012. Mais leurs balles ne purent rien contre nous.

Nous avons survécu. Et depuis ce jour, nos voix n'ont fait que résonner plus fort.

Malala Yousafzai, discours prononcé en 2014 à la tribune de l'ONU,

Parler pour convaincre

Argumenter face au peuple : les sources grecques de l'art oratoire

Démosthène harangue les flots de la mer pour s'aguerrir au tumulte et à l'agitation des assemblées du peuple d'Athènes, gravure d'après **Jules Lecomte du Nouy**.

Repères culturels

L'art oratoire au service des discours politiques

- L'art oratoire et ses techniques ont été inventés par les **Grecs** en même temps que la démocratie. Dans ce régime, il faut obtenir les voix du plus grand nombre pour agir dans la Cité. Les discours politiques sont donc conçus pour rallier les auditeurs à l'avis de l'orateur.
- Celui qui fait un discours **pour emporter l'adhésion** de son public utilise des outils définis depuis l'Antiquité, qui produisent à coup sûr un effet sur une foule. Il faut donc les connaitre **pour convaincre** un auditoire, mais aussi pour garder **l'esprit critique** lorsqu'on est auditeur.

Parler de soi pour capter la confiance

Démosthène a besoin de la confiance du peuple pour poursuivre sa politique. Il s'adresse à la foule.

Le citoyen qui est honnête par nature doit, Athéniens, avoir […] en toute circonstance et en toute action l'esprit de dévouement. […] Or ce dévouement, vous trouverez qu'il a persisté chez moi sans arrière-pensée. Voyez plutôt. Ni quand on réclamait mon extradition[1], ni quand on m'intentait un procès devant les Amphictyons, ni quand on me menaçait, […] jamais je n'ai abandonné mon dévouement pour vous. Car, dès le début, j'ai choisi la ligne politique qui était droite et juste : donner mes soins à l'honneur, à la puissance, à la gloire de la patrie.

Démosthène, « Sur la couronne », in *Plaidoyers politiques,* tome IV, trad. G. Mathieu, © Les Belles Lettres, 1947.

1. **extradition :** expulsion hors de la cité, exil.

Observer la technique oratoire

L'orateur fait valoir ses qualités, sa façon d'être de manière à inspirer confiance : dans l'art du discours, cette image que l'orateur donne de lui-même s'appelle l'*ethos*.

1. Repérez les expressions que Démosthène emploie pour cela.

Préparer son discours

2. Comme Démosthène, montrez-vous crédible en faisant valoir vos qualités, votre parcours personnel. Prouvez que vous êtes autorisé(e) à traiter votre sujet.

La narration, moyen de partager des valeurs

Thucydide fait ici parler Périclès, chef de guerre et orateur qui saisit l'occasion de dire la gloire de sa cité, pour donner à tous le courage de continuer à se battre.

[…] [N]ous n'avons pas de colère envers notre prochain, s'il agit à sa fantaisie […]. Malgré cette tolérance, qui régit nos rapports privés, dans le domaine public, la crainte nous retient avant tout de rien faire d'illégal […].

Avec cela, pour remède à nos fatigues, nous avons assuré à l'esprit les délassements les plus nombreux : nous avons des concours et des fêtes religieuses qui se succèdent toute l'année, et aussi, chez nous, des installations luxueuses, dont l'agrément quotidien chasse au loin la contrariété. […]

Nous cultivons le beau dans la simplicité, et les choses de l'esprit sans manquer de fermeté.

Thucydide, *Guerre du Péloponnèse,* tome II, trad. J. de Romilly, © Les Belles Lettres, 1973.

Observer la technique oratoire

Périclès rassemble ici des exemples pour rappeler les valeurs morales, la richesse et le bien-être de la cité athénienne, en exposant des faits réels accumulés. Dans l'art du discours, cette étape s'appelle la *narration*.

3. Reformulez le contenu des propos de Thucydide en une ou deux phrases.

Préparer son discours

4. Sur ce modèle, rassemblez des exemples sur le sujet que vous avez choisi. Utilisez l'Histoire ou l'actualité :
– si vous dénoncez un fléau, parlez des faits inadmissibles qui lui sont liés,
– si vous rédigez un éloge, narrez des actions inspirées par la valeur choisie.
Ici, vous n'avez pas besoin de rédiger : accumulez des faits pour illustrer votre propos.
Dans l'art du discours, cette étape s'appelle l'*invention*. Elle rend possible la narration.

Parler pour persuader

Parler pour changer la société au XIXe siècle

À l'Assemblée nationale en 1849, Victor Hugo, face à un auditoire largement hostile, ose proposer le projet suivant : que l'État lutte contre la misère. Le système français de protection sociale va naitre.

La misère, messieurs, j'aborde ici le vif de la question, voulez-vous savoir jusqu'où elle est, la misère ? Voulez-vous savoir jusqu'où elle peut aller, jusqu'où elle va, je ne dis pas en Irlande, je ne dis pas au Moyen Âge, je dis en France, je dis à Paris, et au temps où nous vivons ? Voulez-vous des faits ?

Il y a dans Paris… *(L'orateur s'interrompt.)*

Mon Dieu, je n'hésite pas à les citer, ces faits. Ils sont tristes, mais nécessaires à révéler ; […] il y a des rues, des maisons, des cloaques, où des familles, des familles entières, vivent pêle-mêle, hommes, femmes, jeunes filles, enfants, n'ayant pour lits, n'ayant pour couvertures, j'ai presque dit pour vêtements, que des monceaux infects de chiffons en fermentation, ramassés dans la fange du coin des bornes, espèce de fumier des villes, où des créatures humaines s'enfouissent toutes vivantes pour échapper au froid de l'hiver. *(Mouvement.)*

Voilà un fait. En voici d'autres : ces derniers jours, un homme, mon Dieu, un malheureux homme de lettres, car la misère n'épargne pas plus les professions libérales que les professions manuelles, un malheureux homme est mort de faim, mort de faim à la lettre, et l'on a constaté, après sa mort, qu'il n'avait pas mangé depuis six jours. *(Longue interruption.)* Voulez-vous quelque chose de plus douloureux encore ? Le mois passé, pendant la recrudescence du choléra, on a trouvé une mère et ses quatre enfants qui cherchaient leur nourriture dans les débris immondes et pestilentiels des charniers de Montfaucon ! *(Sensation.)*

Eh bien, messieurs, je dis que ce sont là des choses qui ne doivent pas être ; je dis que la société doit dépenser toute sa force, toute sa sollicitude, toute son intelligence, toute sa volonté, pour que de telles choses ne soient pas ! Je dis que de tels faits, dans un pays civilisé, engagent la conscience de la société tout entière ; que je m'en sens, moi qui parle, complice et solidaire *(Mouvement.)*, et que de tels faits ne sont pas seulement des torts envers l'homme, que ce sont des crimes envers Dieu ! *(Sensation prolongée.)* […]

Vous n'avez rien fait, j'insiste sur ce point, [v]ous n'avez rien fait tant qu'il y a au-dessous de vous une partie du peuple qui désespère ! Vous n'avez rien fait, tant que ceux qui sont dans la force de l'âge et qui travaillent peuvent être sans pain ! tant que ceux qui sont vieux et qui ont travaillé peuvent être sans asile ! tant que l'usure dévore nos campagnes, tant qu'on meurt de faim dans nos villes *(Mouvement prolongé.)*, tant qu'il n'y a pas des lois fraternelles, des lois évangéliques qui viennent de toutes parts en aide aux pauvres familles honnêtes, aux bons paysans, aux bons ouvriers, aux gens de cœur ! *(Acclamation.) […] (C'est vrai ! c'est vrai !)* Vous avez fait des lois contre l'anarchie, faites maintenant des lois contre la misère ! *(Mouvement prolongé sur tous les bancs. – L'orateur descend de la tribune et reçoit les félicitations de ses collègues.)*

Victor Hugo, *Discours sur la misère*, le 9 juillet 1949.

Indications pour la lecture du discours

- Parler très fort et un peu vite, mettre de plus en plus d'intensité
- Baisser la voix, ton mystérieux et attristé
- Parler de plus en plus fort mais ralentir progressivement (faire « voir » les saletés)
- Plus bas, puis plus fort ; faire passer de la compassion, une profonde tristesse
- Plus bas sur la question, puis de plus en plus bas et lent, avec un peu d'accusation
- Avec beaucoup d'énergie, articuler très nettement, très lentement (comme en réfléchissant)
- Bien articuler « complice et solidaire », le dire très lentement pour s'accuser et accuser
- De plus en plus fort, très articulé ; du désespoir à l'enthousiasme le plus profond ; mettre en valeur « pain », « asile », « meurt de faim », « gens de cœur »
- Très fort, très lent, comme un coup de tonnerre

p. 216 : *Victor Hugo prononçant son discours à l'occasion du centenaire de la mort de Voltaire au Théâtre de la Gaité de Paris, le 30 mai 1878* (détail), gravure provenant du *Monde illustré* du 8 juin 1878.

Victor Hugo s'exprime pour une république universelle lors d'un discours prononcé pendant son exil le 1er août 1852, gravure de **Frédéric Lix**, collection privée.

Observer la technique oratoire

• **La disposition** est l'art de présenter ses idées et ses preuves dans un ordre efficace, qui maintient les auditeurs en haleine.

1. Observez l'ordre utilisé pour les trois exemples de misère. Étudiez les réactions du public indiquées entre parenthèses. La stratégie de l'orateur fonctionne-t-elle ?

2. Nommez les valeurs auxquelles correspondent les mots surlignés en vert. Commentez oralement l'ordre de leur apparition.

• **L'élocution** est l'art de mettre en valeur les arguments, en utilisant des figures de style pour donner du relief au texte, aux endroits où il est important d'émouvoir l'auditoire.

3. Identifiez les procédés de style surlignés en orange dans le texte. À l'oral, dites quel effet ils produisent.

Préparer son discours

Reprenez la liste de faits que vous avez préparée à l'étape précédente (➡ p. 215).

4. Classez les exemples de manière à tenir votre auditoire en haleine : un exemple très fort au début, un exemple très fort à la fin ; le reste entre les deux, dans un ordre logique cohérent.

5. En vous inspirant des procédés de style utilisés par V. Hugo, donnez de l'ampleur et de la solennité aux passages de votre discours qui vous semblent les plus importants. Vous pouvez cumuler plusieurs figures de style autour d'un même fait, et vous emploierez au moins :
- une anaphore ;
- un rythme binaire ;
- un rythme ternaire ;
- une accumulation.

S'entrainer à l'action

L'action est la manière dont l'orateur met en voix son discours.

6. Lisez à voix haute le discours de V. Hugo, en respectant les indications portées en marge. Pourquoi la modulation de la voix est-elle fondamentale ? Quels effets permet-elle de produire ?

7. Étudiez plus particulièrement les silences de l'orateur. Dans quel but fait-il des pauses ?

8. Observez les réactions du public. À quoi les auditeurs réagissent-ils à chaque fois ? Quelles règles pouvez-vous en déduire ?

Parler comme un orateur

Parler pour promouvoir des valeurs au XXe siècle

Jean Jaurès, en 1903, s'attache à promouvoir le pacifisme, face à des jeunes gens élevés dans le respect de la guerre.

Surtout, qu'on ne nous accuse point d'abaisser, ou d'énerver les courages. L'humanité est maudite, si pour faire preuve de courage elle est condamnée à tuer éternellement. Le courage, aujourd'hui, ce n'est pas de maintenir sur le monde la nuée de la Guerre, nuée terrible […]. [L]e courage pour vous tous, courage de toutes les heures, c'est de supporter sans fléchir les épreuves de tout ordre, physiques et morales, que prodigue la vie. […] Le courage, c'est d'aimer la vie et de regarder la mort d'un regard tranquille ; c'est d'aller à l'idéal et de comprendre le réel ; c'est d'agir et de se donner aux grandes causes […]. Le courage, c'est de chercher la vérité et de la dire ; c'est de ne pas subir la loi du mensonge triomphant qui passe, et de ne pas faire écho, de notre âme, de notre bouche et de nos mains aux applaudissements imbéciles et aux huées fanatiques.

Ah ! vraiment, comme notre conception de la vie est pauvre, comme notre science de vivre est courte, si nous croyons que, la guerre abolie, les occasions manqueront aux hommes d'exercer et d'éprouver leur courage […] !

Jean Jaurès, *Discours à la jeunesse,* 1903.

Comprendre

1. Avec vos propres mots, dites quelle définition du courage J. Jaurès rejette et quelle définition du courage il propose.

Observer la technique oratoire

• L'**action** est aussi l'ensemble des moyens autres que la parole, utilisés pour mettre celle-ci en valeur : les gestes, les attitudes, les regards, le ton de la voix…

2. Associez chaque étape du texte à l'une des attitudes de l'orateur que vous voyez sur l'image : **a.** s'emporter ; **b.** affirmer, s'enthousiasmer ; **c.** décrire, faire imaginer ; **d.** emporter l'adhésion.

Préparer son discours

3. Essayez dès à présent de prononcer, avec énergie et conviction, en y joignant les gestes de l'orateur, les parties de votre discours dont vous disposez à ce stade.

4. Travaillez en petits groupes pour améliorer votre discours en écoutant les conseils des autres.

Albert Eloy-Vincent, *Croquis pour servir à illustrer l'histoire de l'éloquence,* 1910, huile sur toile, don de M. Mimard. Inv. 1954.2.1, musée Jean Jaurès, Castres.

VIDEO lienmini.fr/jdl3-T408

Comprendre une interview

Visionnez l'interview de Sophie Hélène, lauréate du concours d'éloquence Lysias et répondez aux questions suivantes.

1. En quoi consiste l'entrainement des orateurs ?

2. Quels sont les secrets d'un discours efficace ?

3. Expliquez le rôle social de l'éloquence.

Mettre en valeur le début et la fin du discours

La parole, moyen de faire vivre des valeurs éternelles

Voici le début et la fin d'un discours prononcé par André Malraux pour la mise en lumière de l'Acropole d'Athènes. En écho au discours de Périclès (➡ p. 215), A. Malraux évoque la splendeur de la culture grecque pour unir tous les peuples au lendemain de la Seconde Guerre mondiale.

Une fois de plus, la nuit grecque dévoile au-dessus de nous les constellations que regardaient le veilleur d'Argos quand il attendait le signal de la chute de Troie, Sophocle quand il allait écrire *Antigone* – et Périclès, lorsque les chantiers du Parthénon s'étaient tus… // Mais pour la première fois, voici, surgi de cette nuit millénaire, le symbole de l'Occident. […] // Salue, peuple d'Athènes, la voix inoubliée qui depuis qu'elle s'est élevée ici, hante la mémoire des hommes : //« Même si toutes choses sont vouées au déclin, puissiez-vous dire de nous, siècles futurs, que nous avons construit la cité la plus célèbre et la plus heureuse… »

André Malraux, *Oraisons funèbres,* © Éditions Gallimard, 1971.

Suit une réflexion sur la culture humaniste héritée de la Grèce, et dont les valeurs de questionnement, de liberté, sont à « conquérir », et non à hériter simplement, par chacun.

La péroraison pour marquer les esprits

Et puisse le monde ne pas oublier, au-dessous des Panathénées, le grave cortège des morts de jadis et d'hier qui monte dans la nuit sa garde solennelle,// et élève vers nous son silencieux message, //uni, pour la première fois, à la plus vieille incantation de l'Orient : //« Et si cette nuit est une nuit du destin – bénédiction sur elle, jusqu'à l'apparition de l'aurore ! »

Ibid.

L'Acropole d'Athènes la nuit.

Observer la technique oratoire

• En rhétorique, le début d'un discours s'appelle l'**exorde**. C'est un passage très important : il faut capter l'attention de l'auditoire, ce qui demande des procédés puissants et un thème fort.

1. Prenez le temps de visualiser ce qu'évoquent les expressions surlignées. L'intention de l'orateur est de faire surgir un monde du passé, de donner des visions à l'auditoire.

2. Lisez le texte à voix haute, en vous relayant suivant les étapes matérialisées dans le texte (//), de manière à créer la vision souhaitée.

• La fin d'un discours est appelée **péroraison**. C'est le dernier moment dont dispose l'orateur pour emporter l'adhésion du public. Il lui faut donc souligner encore une fois l'importance de ce dont il a parlé.

3. *Même exercice* que pour l'exorde (**1** et **2**).

Préparer son discours

4. En vous inspirant du modèle proposé par A. Malraux, rédigez l'exorde et la péroraison de votre discours. Vous emploierez des citations et des images poétiques qui mettront en évidence la force de votre propos.

Activité finale

Remettez dans l'ordre les étapes abouties de votre discours (exorde / ethos / narration / péroraison), puis prononcez, en utilisant les ressources de l'action, votre discours devant la classe. Quelles réactions parviendrez-vous à susciter ?

ACTIVITÉ **lienmini.fr/jdl3-T409**

Découvrez deux discours célèbres et identifiez les différentes techniques oratoires :
– le discours d'**André Malraux** pour le transfert des cendres de Jean Moulin au Panthéon ;
– et celui de **Robert Badinter** sur l'abolition de la peine de mort.

PARCOURS un thème

Les personnages de créateurs, êtres bienfaiteurs ou figures maléfiques ?

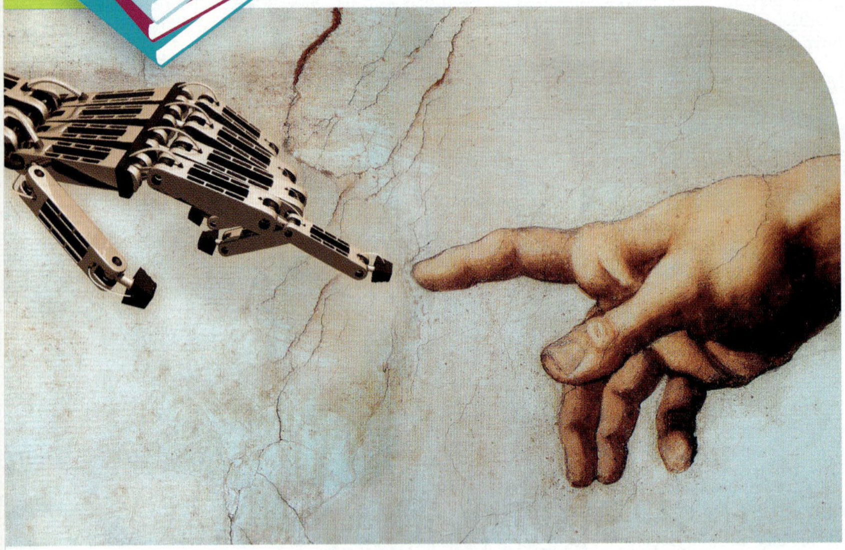

Illustration « homme-robot » réalisée à partir de l'œuvre de Michel-Ange.

Comprendre des références picturales

1. Que représente cette image ?
2. Cherchez à quelle fresque très célèbre de Michel-Ange elle fait référence.
3. À qui appartiennent les mains qui sont ici représentées ? Que pouvez-vous dire de la place qu'elles occupent par rapport à la fresque de Michel-Ange ?
4. Quel sens donnez-vous à cette image ? Quelle place veut alors prendre l'homme ?

Biographie

Eschyle
(526-456 av. J.-C.)
Dramaturge antique, il est l'auteur des premières grandes tragédies grecques à sujet mythologique. Dans ses pièces, les personnages, soumis à un destin fatal (la mort ou l'exil), sont confrontés au chœur. Le chœur est un personnage collectif qui s'exprime en chantant et qui dialogue avec les autres personnages.

Texte 1 La naissance d'un mythe

Dans Prométhée enchaîné*, Eschyle représente Prométhée après son terrible châtiment : pour avoir aidé les hommes, il s'est opposé à l'état dans lequel les dieux les avaient placés. Prométhée dialogue ici avec le Chœur et revient sur les raisons de son châtiment…*

PROMÉTHÉE. – Écoutez plutôt quel était le triste destin des mortels, et comment ces êtres, stupides jadis, acquirent, grâce à moi, raison et sagesse. […] Autrefois ils voyaient, mais ils voyaient mal ; ils entendaient, mais ils ne comprenaient pas. Semblables aux fantômes des songes, ils vivaient, depuis des siècles, confondant pêle-mêle toutes choses. Ils ne savaient se servir ni des briques ni du bois, pour construire des maisons éclairées par le jour. Comme la frêle fourmi ils habitaient sous terre, dans des cavernes profondes où ne pénétrait pas le soleil. […] C'est moi qui inventai pour eux la science des nombres, la plus noble des sciences ; pour eux je formai l'assemblage des lettres, je fixai la mémoire qui conserve tous les souvenirs, la mère, l'instrument des Muses[1]. C'est moi aussi qui, le premier, accouplai sous le joug les animaux auparavant sauvages, désormais domptés et obéissants ; et le corps des mortels fut soulagé du poids des travaux les plus rudes. C'est moi qui attelai les chevaux, dociles au frein, à des chars splendides […]. Et ces autres chars aux ailes de lin[2], qui emportent le matelot sur les ondes, quel autre que moi les a inventés ? Infortuné ! mon industrie a tout créé pour les mortels, et je ne trouve, pour moi-même, aucun moyen de me délivrer de mon tourment !

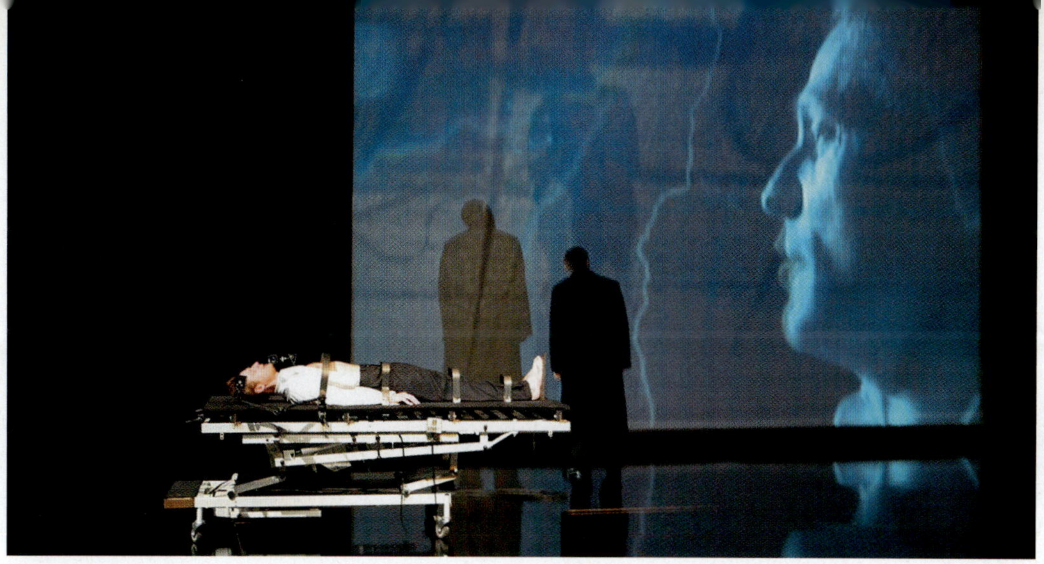

Prométhée enchaîné, d'après Eschyle, pièce mise en scène par **Stéphane Braunschweig** au théâtre de Gennevilliers, en 2002, avec Claude Duparfait et Yannick Choirat.

LE CHŒUR. – Ton supplice est bien cruel ; mais tu dois ton malheur à ta folie imprudente. [...]

PROMÉTHÉE. – Apprends le reste, et tu vas admirer bien plus encore d'autres arts, d'autres inventions, dont l'idée n'appartient qu'à moi. Voici mon bienfait le plus grand. Jadis, un mortel tombait-il malade, nul secours à espérer : point d'aliment salutaire, ni de topique, ni de breuvage, aucun remède enfin ; et ils périssaient. Je leur enseignai à composer de bénins mélanges, [remèdes] aujourd'hui pour eux de toutes les maladies. Et cette autre science aux aspects si variés, la divination, c'est moi encore qui l'ai fondée. [...] En un seul mot je puis tout t'apprendre : l'inventeur de tous les arts dont jouissent les mortels, c'est Prométhée.

LE CHŒUR. – Ne va pas, toi qui as trop fait pour les mortels, ne va pas, dans ce malheur, t'abstenir de rien faire pour toi-même ; car bientôt, j'en ai la douce espérance, tu serais libre de ces chaînes, tu deviendrais l'égal de Jupiter[3].

Eschyle, *Prométhée enchaîné,* trad. Alexis Pierron, 1870.

1. **Muses :** dans la mythologie, les Muses étaient filles de Mémoire (Mnémosyne).
2. **chars aux ailes de lin :** périphrase pour désigner les bateaux.
3. **Jupiter :** nom latin du dieu grec Zeus.

Repères littéraires

La folie imprudente *(ou hybris)*

Les héros de la tragédie grecque sont souvent soumis à l'*hybris* (ὕβρις). Par ce mot, les Grecs désignent la tentation de démesure ou de folie imprudente des hommes, tentés de rivaliser avec les dieux. Cela leur vaut en général de terribles punitions de la part de ces derniers.

➡ Dossier **Le mythe de Prométhée** p. 230 à 233

▸ *Analyser le portrait contrasté de Prométhée*

1. Quel portrait Prométhée fait-il de l'humanité avant qu'elle ne reçoive son aide ? Pour répondre, relevez deux comparaisons et expliquez-en le sens.

2. Dressez la liste des disciplines que Prométhée a inventées pour les hommes.

3. a. Les marques de la 1re personne sont-elles nombreuses dans les propos de Prométhée ? Que pensez-vous du ton employé par Prométhée dans la dernière phrase qu'il prononce (l. 31-32) ?

b. Qu'est-ce que cela révèle sur le caractère du personnage ?

4. a. Comment le Chœur qualifie-t-il l'action de Prométhée ? Appuyez-vous sur les **Repères littéraires** pour répondre.

b. Dans la 2e réplique du chœur (l. 33-36), relevez un adverbe qui désigne la démesure de Prométhée.

5. a. Relevez le champ lexical de la création dans les paroles de Prométhée.

b. À qui Prométhée s'oppose-t-il en changeant le sort de l'humanité ?

BILAN **6** Dans un paragraphe organisé, montrez que le portrait de Prométhée est contrasté, à la fois bienfaiteur et dangereux.

Texte 2 Un rêve surhumain

Passionné par l'alchimie, Victor Frankenstein est décidé à donner lui-même la vie : après deux ans d'étude, il y parvient enfin. Voici ce qu'il raconte, bien des années plus tard...

Une sinistre nuit de novembre, je pus enfin contempler le résultat de mes longs travaux. Avec une anxiété qui confinait à l'agonie, je disposai à portée de ma main les instruments qui allaient me permettre de transmettre une étincelle de vie à la forme inerte qui gisait à mes pieds. Il était déjà une heure du matin. La pluie tambourinait lugubrement sur les carreaux et la bougie achevait de se consumer. Tout à coup, à la lueur de la flamme vacillante, je vis la créature entrouvrir des yeux d'un jaune terne. Elle respira profondément, et ses membres furent agités d'un mouvement convulsif.

Comment pourrais-je dire l'émotion que j'éprouvais devant cette catastrophe, ou trouver les mots pour décrire l'être repoussant que j'avais créé au prix de tant de soins et de tant d'efforts ? Ses membres étaient, certes, bien proportionnés, et je m'étais efforcé de conférer à ses traits une certaine beauté. De la beauté ! Grand Dieu ! Sa peau jaunâtre dissimulait à peine le lacis[1] sous-jacent de muscles et de vaisseaux sanguins. Sa chevelure était longue et soyeuse, ses dents d'une blancheur nacrée, mais cela ne faisait que mieux ressortir l'horreur des yeux vitrés, dont la couleur semblait se rapprocher de celle des orbites blafardes dans lesquelles ils étaient profondément enfoncés. Cela contrastait aussi avec la peau ratatinée du visage et de la bouche rectiligne aux lèvres presque noires.

Bien que multiples, les péripéties de l'existence sont moins variables que le sont les sentiments humains. Pendant deux années, j'avais travaillé avec acharnement, dans le seul but d'insuffler la vie à un organisme inanimé. Je m'étais pour cela privé de repos, et j'avais sérieusement compromis ma santé. Aucune modération n'était venue tempérer mon ardeur. Et pourtant, maintenant que mon œuvre était achevée, mon rêve se dépouillait de tout attrait, et un dégoût sans nom me soulevait le cœur. Ne pouvant supporter davantage la vue du monstre, je me précipitai hors du laboratoire.

Mary Shelley, *Frankenstein ou le Prométhée moderne,* 1818, trad. de Joe Ceurvorst,

1. **lacis** : réseau de fils s'entremêlant.

Biographie

Mary Shelley
(1797-1851)
Auteur britannique d'œuvres très variées (romans, pièces de théâtre, nouvelles...), elle est la femme du poète anglais Percy Shelley. Ensemble, ils voyagent à travers l'Europe. C'est au cours d'un voyage en Suisse, à Genève, qu'elle écrit son premier roman et son plus grand chef-d'œuvre, *Frankenstein ou le Prométhée moderne*.

Le savez-vous ?

Le démiurge
Démiurge est un mot grec qui désigne le dieu, créateur d'un monde et d'une humanité. L'*hybris* des héros antiques ou des savants fous modernes consiste souvent à vouloir se faire démiurges alors qu'ils ne sont qu'humains.

▸Étudier la réaction du savant face à sa créature

1. Décrivez le cadre temporel de cet épisode. Quel sentiment provoque-t-il sur le lecteur ?

2. Pourquoi peut-on dire que Frankenstein est un démiurge ? Appuyez-vous sur l'encadré **Le savez-vous ?** pour répondre et relevez une phrase qui l'exprime.

3. Faites le portrait de la créature. Quelles parties de son corps sont décrites ? Quelles couleurs dominent ?

4. Quelles périphrases désignent la créature de Frankenstein ? Sont-elles péjoratives ou mélioratives ?

5. a. Quels efforts cela a-t-il coutés à Frankenstein ?

b. Comment réagit-il face au résultat ?

6. Selon vous, la suite de ce roman sera-t-elle heureuse ou malheureuse ? Quelle phrase de Frankenstein peut vous donner un indice ?

BILAN **7** Pourquoi Mary Shelley désigne-t-elle Frankenstein comme un « Prométhée moderne » dans le titre du roman ? Quelles différences observez-vous pourtant avec Prométhée ?

Reportez-vous au texte 1 et au Dossier **Le mythe de Prométhée** pour répondre (➡ p. 222-223 et 230 à 233).

Le roman de Mary Shelley fut un véritable succès dès sa parution : ce roman fantastique a fait l'objet de très nombreuses adaptations au cinéma, en dessin animé ou en bande dessinée…

Frankenstein au cinéma…

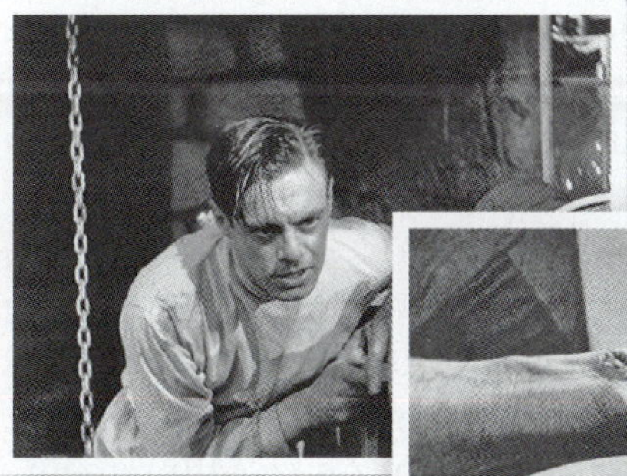

Photogramme 1

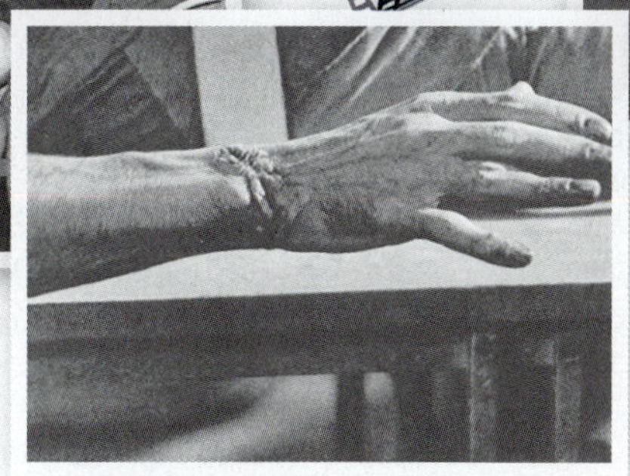

Photogramme 2

Photogramme 3

Affiche, extrait et photogrammes du film *Frankenstein*, réalisé par **James Whale** en 1931 avec Colin Clive (docteur Frankenstein) et Boris Karloff (le monstre).

VIDEO lienmini.fr/jdl3-T501

…et en bande dessinée

Frankenstein ou le Prométhée moderne, de Mary Shelley, scénario et dessin de Marion Mousse, couleur de Marie Galopin, © Éditions Delcourt.

Comparer des adaptations de Frankenstein

Adaptation cinématographique

1. Décrivez le visage de Frankenstein : quelles émotions apparaissent ?

2. Que voit-on d'abord de la créature ? Comment la curiosité du spectateur est-elle suscitée ?

3. Pourquoi avoir choisi de montrer la main de la créature ? Pour répondre, vous pouvez vous aider de l'image de la page 222.

Adaptation en bande dessinée

4. Quels rapports unissent les deux personnages ?

5. Expliquez le sens des paroles prononcées par la créature. Sont-elles justifiées ?

BILAN **6** Que pensez-vous de la représentation de la créature dans chaque adaptation ? Vous parait-elle conforme au portrait du texte 2 ? (➡ p. 224)

Texte 3 Un cauchemar collectif

Le début du roman décrit comment les enfants naissent et sont éduqués dans le Nouvel État mondial : les embryons se développent tous in vitro *dans un Centre d'incubation. Le Directeur en présente la première salle à des visiteurs…*

Les blouses des travailleurs étaient blanches, leurs mains, gantées de caoutchouc pâle, de teinte cadavérique. La lumière était gelée, morte, fantomatique. Ce n'est qu'aux cylindres jaunes des microscopes qu'elle empruntait un peu de substance riche et vivante […].

– Et ceci, dit le Directeur, ouvrant la porte, c'est la Salle de Fécondation.

Au moment où le Directeur de l'Incubation et du Conditionnement entra dans la pièce, trois cents Fécondateurs, penchés sur leurs instruments, étaient plongés dans ce silence où l'on ose à peine respirer, dans ce chantonnement ou ce sifflotement inconscients, par quoi se traduit la concentration la plus profonde. […]

Puis le Directeur expose aux visiteurs le Procédé Bokanovsky (du nom d'un savant inventé par l'auteur).

Un œuf[1], un embryon, un adulte, – c'est la normale. Mais un œuf bokanovskifié a la propriété de bourgeonner, de proliférer, de se diviser : de huit à quatre-vingt-seize bourgeons, et chaque bourgeon deviendra un embryon parfaitement formé, et chaque embryon, un adulte de taille complète. On fait ainsi pousser quatre-vingt-seize êtres humains là où il n'en poussait autrefois qu'un seul. Le progrès. […]

Et le Directeur commente :

« Des jumeaux identiques, mais non pas en maigres groupes de deux ou trois, comme aux jours anciens de reproduction vivipare, alors qu'un œuf se divisait parfois accidentellement ; mais bien par douzaines, par vingtaines, d'un coup. » […]

– Des hommes et des femmes conformes au type normal ; en groupes uniformes. Tout le personnel d'une petite usine constitué par les produits d'un seul œuf bokanovskifié.

– Quatre-vingt-seize jumeaux identiques faisant marcher quatre-vingt-seize machines identiques ! – Sa voix était presque vibrante d'enthousiasme. – On sait vraiment où l'on va. Pour la première fois dans l'histoire.

Aldous Huxley, *Le Meilleur des mondes,* 1932, trad. de Jules Castier, © Éditions Pocket, 2013.

1. **œuf** : ovule.

Biographie

Aldous Huxley
(1894-1963)
D'origine anglaise, il est victime d'une maladie à seize ans qui le rend presque aveugle. Il parvient pourtant à être diplômé d'Oxford, une des universités les plus prestigieuses d'Angleterre. En 1931, inspiré par la montée des sociétés totalitaires, il écrit *Le Meilleur des mondes* en quatre mois seulement. Réfugié aux États-Unis en 1937, il devient scénariste pour Hollywood.

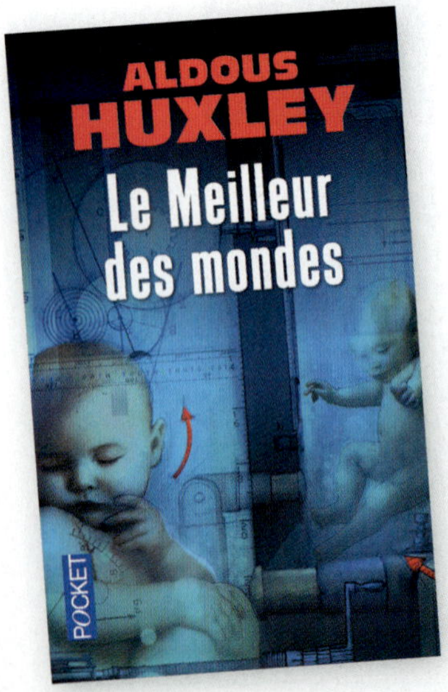

Repères littéraires

L'univers d'Huxley

Le titre du roman, *Le Meilleur des mondes*, est une antiphrase : l'auteur y décrit une société utopique d'où toute liberté est bannie et où tous les individus sont élevés de manière identique. L'éducation dans le Nouvel État mondial répond à trois principes majeurs, énoncés par l'auteur :
- il n'y a plus aucune naissance biologique : tous les fœtus se développent *in vitro* ;
- les enfants sont arrachés à leur famille, qu'ils ne connaitront jamais ;
- les enfants ne grandissent pas dans un foyer mais tous ensemble dans un grand centre.

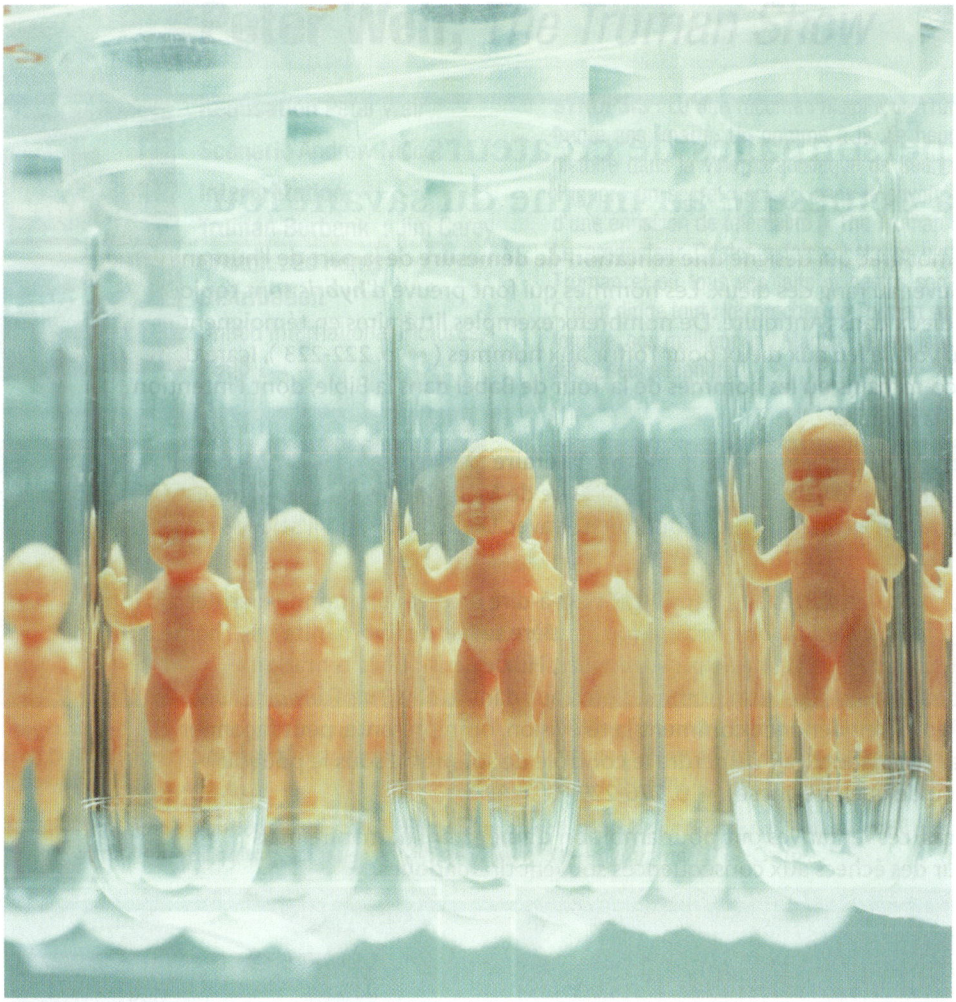

Bébés dans des tubes à essais.

Lecture d'image

1. Décrivez l'image de cette page. Que vous inspire-t-elle ?
2. Pourquoi peut-on dire qu'elle illustre le texte d'Huxley ?

▸Étudier la volonté d'une société à créer un homme nouveau

1. Relevez les expressions relatives au monde scientifique. Quelle atmosphère se dégage du lieu ?

2. a. Quelle place les chiffres prennent-ils dans le discours du directeur ? Pourquoi ?

b. Selon lui, en quoi consiste « le progrès » (l. 17) ?

3. Qu'est-ce qui oppose la reproduction ancienne et celle du Nouvel État mondial ? Quelle place le scientifique prend-il alors ?

4. À quelle société le Directeur du Centre d'Incubation aspire-t-il ?

BILAN 5 En vous appuyant sur l'ensemble du texte, commentez la fin de l'extrait : « On sait vraiment où l'on va. Pour la première fois dans l'histoire » (l. 28-29).

pistes EPI D'après vos connaissances historiques et en faisant des recherches documentaires, demandez-vous comment le roman d'Huxley dénonce la volonté de créer un homme nouveau dans les sociétés totalitaires (Allemagne nazie, Italie fasciste, URSS stalinienne).

Débattre à l'oral
Que pensez-vous des principes d'éducation dans le Nouvel État mondial ? Y a-t-il des aspects positifs ? négatifs ?

Troisième épisode : le châtiment de Prométhée

Pour avoir fait preuve de démesure (ou hybris*), Zeus choisit finalement un châtiment terrible pour Prométhée :*

Zeus le chargea de liens inextricables, entraves douloureuses qu'il enroula à mi-hauteur d'une colonne. Puis il lâcha sur lui un aigle aux ailes éployées ; et l'aigle mangeait son foie immortel, et le foie se reformait la nuit, en tout point égal à celui qu'avait, le jour durant, dévoré l'oiseau aux ailes éployées.

Et c'est ainsi que chaque jour, le supplice de Prométhée se répète…

Hésiode, *Théogonie*, trad. Paul Mazon,
© Éditions Les Belles Lettres, 2008.

Atlas soutenant le ciel et Prométhée enchaîné attaqué par un aigle, céramique à figure noire attribuée au peintre **Arkesilas**, vers 555 av. J.-C., cité du Vatican, musée et galeries du Vatican.

Nicolas Sébastien Adam, *Prométhée enchaîné*, 1762, marbre (114 x 82 x 48 cm), musée du Louvre, Paris.

Lisez le texte d'Hésiode.

- **Comment Prométhée est-il représenté sur la céramique ? La représentation vous parait-elle fidèle au texte de la *Théogonie* ?**
- **Comment la sculpture suggère-t-elle la violence du châtiment ? Que voyez-vous au pied de Prométhée sur la sculpture ? Pourquoi ?**

Recherche sur Internet

Recherchez, en vous aidant de la céramique et de vos connaissances, quel fut le châtiment d'Atlas. Rappelez quelle est sa relation avec Prométhée.

Une version moderne du mythe de Prométhée

« Prométhée » de Claude Nougaro

C'était il y a des lustres il y a belle lurette
Les dieux étaient aigris morgueux[1] et trouble fête
Aux hommes médusés ils avaient déclaré
De feu serez privés car vous nous déplaisez
Et sous notre œil glacé vous pouvez vous les g'ler

C'était il y a des lustres il y a belle lurette
Les hommes étaient tremblants des pieds jusqu'à la tête
C'est alors qu'apparut un grand gars rigolo
Qui leur dit : « Mes amis, ravalez vos sanglots
Je m'appelle Prométhée, je sais où est le feu
J'irai vous le voler mais en guise d'adieu

Prométhée moi d'en faire bon usage
Prométhée, Prométhée le moi » *(x 2)*

Et c'est depuis ces lustres depuis cette lurette
Que chaque soir au dîner un grand aigle rouspète :
« Du foie, toujours du foie j'en ai jusqu'au gésier ! »
De leur côté les hommes se sont réchauffés
Quand furent rassasiés se mirent à réfléchir
« Le feu maintenant qu'on l'a, va falloir le nourrir »

Prométhée moi d'en faire bon usage
Prométhée, Prométhée le moi *(x 2)*

Et voilà bien des lustres voilà belle lurette
Que les hommes embrasés consument la planète
Ils ont brûlé les livres, les forêts, les sorcières
Mis l'huile sur le feu, le feu à la tanière
Feux de paille, feux de joie, de Saint Jean, d'artifice
À coups de lance flammes Rome et Persépolis

Prométhée moi d'en faire bon usage
Prométhée, Prométhée le moi

Il n'y a plus de lustres, il n'y a plus de lurette
Sur la terre calcinée se termine la fête
Faute de combustible et le froid l'envahit
Et le soleil lui-même lentement s'obscurcit
Sur mon baril de poudre me reste une allumette

Je vous promets d'en faire bon usage
Prométhée je vous le promets ! *(x 3)*

« Prométhée », paroles de Jean-Pierre Bourdeaux,
musique de Claude Nougaro, © Première Music Group
« avec l'aimable autorisation de Première Music Group ».

1. **morgueux** : plein de morgue, dédaigneux.

VIDEO lienmini.fr/jdl3-T503

Analysez une réécriture du mythe

Lisez la chanson de Nougaro.

- **Quelles sont les conséquences inattendues du vol du feu par Prométhée ?**
- **L'acte de Prométhée apparait-il finalement comme heureux ou malheureux ?**
- **Comment l'auteur de la chanson joue-t-il avec le nom de Prométhée ? Qu'est-ce que cela traduit de son rapport aux hommes ?**
- **Quel usage les hommes font-ils du feu à la fin de la chanson ? Cela vous parait-il constituer un progrès ?**

Regardez l'interprétation de Nougaro en saisissant l'adresse du lien mini sur votre navigateur.

- **Quels éléments vous semblent remarquables (décor, chant...) ?**

Activité d'oral

- *Divisez la classe en cinq groupes : un par strophe et deux élèves pour le refrain.*
- *Lisez à haute voix le texte en imaginant un rythme et une musique, si vous le souhaitez.*
- *Vous produirez une lecture rythmée de l'ensemble de la chanson, toute la classe réunie.*

PARCOURS un thème

La Lune, entre sciences et littérature

Hipparque à l'observatoire d'Alexandrie, gravure sur bois coloriée ultérieurement pour une édition de 1876, Sammlung Archiv für Kunst und Geschichte, Berlin (Allemagne).

Ce parcours va vous permettre de comprendre comment un rêve de l'humanité – atteindre la Lune – est devenu une réalité, permise par les progrès scientifiques. Vous allez donc découvrir les deux faces de la Lune : l'astre mystérieux qui inspire les poètes, et le satellite de la Terre, objet de science. Depuis l'Antiquité jusqu'au XXe siècle, vous constaterez que la Lune a toujours fasciné les poètes comme les scientifiques.

Texte 1 Un voyage merveilleux

Lucien raconte dans les Histoires vraies *ses voyages merveilleux avec son équipage. Il a découvert l'ile mystérieuse des femmes-vignes quand survient une tempête.*

Soudain survint un ouragan qui fit tournoyer le bateau et le projeta dans les airs à environ trois cents stades[1], sans le laisser redescendre sur la mer. Il restait suspendu en l'air et un vent tombant sur la voilure et gonflant la toile l'emportait. Sept jours durant et autant de nuits, nous fîmes notre course aérienne. Le huitième jour, nous voyons une grande terre dans l'espace, une sorte d'île brillante, sphérique et resplendissante d'une grande lumière. En examinant le pays nous découvrons qu'il était habité et cultivé. Certes, de jour, de l'endroit où nous étions nous ne distinguions rien, mais la nuit tombée nous voyions apparaître beaucoup d'autres îles, proches, plus grandes ou plus petites, d'une couleur semblable à celle du feu, et plus bas, une autre terre qui portait des cités, des fleuves, des mers, des forêts, des montagnes. Nous conjecturons donc que c'est notre propre terre !

Nous décidâmes d'avancer plus loin dans le pays et nous rencontrâmes ceux qu'on appelle là-bas Hippogypes, lesquels nous arrêtèrent. Ces Hippogypes sont des hommes montés sur de grands vautours qui utilisent ces oiseaux comme chevaux. [...] Ces Hippogypes ont pour mission de voler tout autour du pays et de conduire devant le roi tout étranger qu'ils trouvent. [...]

Lucien et ses hommes sont conduits devant le roi des Sélénites.

Lui se mit à nous raconter en détail sa propre histoire. Il était homme lui aussi, du nom d'Endymion ; un jour, il avait été enlevé de notre terre pendant son sommeil et une fois arrivé ici il était devenu roi du pays. Il ajoutait que ledit pays est la Lune [...]. Au reste il nous engageait à avoir confiance et à ne craindre nul danger car nous disposerions de tout ce dont nous avions besoin. [...]

Il est encore une merveille que j'ai vue dans le palais royal. C'est un très grand miroir placé au-dessus d'un puits peu pro-

Biographie

Lucien de Samosate
(vers 120-180 ap. J.-C.)

Né en Syrie, sous domination romaine, il voyage dans tout l'Empire romain, en Grèce, en Italie, en Gaule et en Égypte. Il s'intéresse aux arts (et est sculpteur), au droit (et est avocat), aux lettres, à la philosophie et aux sciences. Parmi ses 80 œuvres, la plus originale est les *Histoires vraies*, un conte comique, que l'on considère parfois comme la première œuvre de science-fiction. Installé à Alexandrie à la fin de sa vie, il connait l'école d'astronomie qui y était présente.

Graine de savoir

« Hippogype » est un néologisme inventé par Lucien, c'est-à-dire un mot nouveau. Il désigne une créature hybride, et est formé à partir de deux mots grecs :
– *Hippos,* « le cheval ». Quels autres mots formés sur ce radical connaissez-vous ?
– *Gyps / gypos,* « le vautour ». Le gypaète est une espèce de vautour.

fond. Or si l'on descend dans le puits, on entend tout ce qui se dit chez nous sur la terre ; et si l'on regarde dans le miroir, on voit toutes les cités et toutes les nations, comme si l'on était près de chacune d'elles. Précisément j'ai vu alors les membres de ma famille et tout mon pays natal. Mais me voyaient-ils aussi ? Sur ce point je ne peux plus rien dire avec certitude. Et si l'on ne croit pas qu'il en est ainsi, on saura, si par aventure on parvient soi-même là-bas, que je dis vrai.

Lucien de Samosate, *Histoires vraies, in Œuvres*, tome II, opuscules 11-20 , Lucien, trad. Jacques Bompaire, coédition © Hatier © Les Belles Lettres, Paris, 1998.

1. trois cents stades : environ 53 km.

Buste de pierre représentant la divinité de la Lune Hécate, musée archéologique d'Ankara (Turquie).

L'astronomie en Grèce ancienne pistes EPI

• Les peuples antiques, en particulier les **Égyptiens** puis les **Grecs**, sont les premiers grands astronomes. L'astronomie est d'abord une discipline religieuse, liée à la divination. Puis elle est liée à la philosophie et compte finalement parmi les sciences.

• C'est surtout l'**école d'Alexandrie**, en Égypte, sous domination romaine, qui développe les grandes théories astronomiques, vers 150 ap. J.-C., c'est-à-dire à l'époque de Lucien. **Ptolémée** est un des plus grands géographes et astronomes de cette école. Voici les principaux apports de l'astronomie antique :

– découverte que la **Terre est sphérique** (on pensait jusque-là qu'elle était plate) ;
– découverte des **orbites des planètes** ;
– établissement des **grands catalogues d'étoiles**.

→ Préparez un exposé sur l'un de ces deux sujets, au choix :
– Ptolémée ;
– Alexandrie, ville de tous les savoirs.

Le savez-vous ?

Astronomie vient de deux mots grecs : *astron* qui signifie « astre » et *nomos* qui signifie « loi ». Il s'agit donc de la loi des astres.

Découvrir un voyage merveilleux sur la Lune

1. Dans quel contexte Lucien et ses hommes quittent-ils la Terre ?

2. À bord de quelle machine l'ascension se produit-elle ? Montrez que les quatre éléments sont présents.

3. Qui est Endymion ? Faites quelques recherches à son propos : d'où vient ce personnage ?

4. Pourquoi peut-on dire que le merveilleux caractérise la Lune chez Lucien ?

5. Dans le dernier paragraphe, que permet la Lune ?

6. Expliquez l'humour de Lucien dans la dernière phrase. Sur quel implicite repose-t-il ?

BILAN **7** Expliquez pourquoi on peut dire que la description de la Lune par Lucien de Samosate relève surtout du merveilleux.

Construire un récit collectif

Après avoir lu collectivement le texte, imaginez le retour de Lucien et de son équipage. Pour cela, un(e) premier(ère) élève de la classe raconte, en une phrase, le départ de la Lune. Chaque élève raconte à tour de rôle la suite du récit, en imaginant les aventures que vivent les personnages.
Attention à bien écouter ce que dit chacun de vos camarades pour respecter la cohérence de l'ensemble.

Texte 2 Une envolée extraordinaire

*Le héros de l'*Histoire comique des États et Empires du Soleil et de la Lune *parvient à voyager dans l'espace après plusieurs tentatives.*

Je m'étais attaché tout autour de moi quantité de fioles pleines de rosée, et la chaleur du Soleil qui les attirait m'éleva si haut, qu'à la fin je me trouvai au-dessus des plus hautes nuées. Mais comme cette attraction me faisait monter avec trop de rapidité, et qu'au lieu de m'approcher de la Lune, comme je prétendais, elle me paraissait plus éloignée qu'à mon partement[1], je cassai plusieurs de mes fioles jusqu'à ce que je sentis que ma pesanteur surmontait l'attraction et que je descendais vers la Terre. […]

Il atteint la Lune.

Après avoir été fort longtemps à tomber, à ce que je préjuge (car la violence du précipice doit m'avoir empêché de le remarquer), le plus loin dont je me souviens est que je me trouvai sous un arbre […].

Par bonheur, ce lieu-là était, comme vous le saurez bientôt, le Paradis terrestre, et l'arbre sur lequel je tombai se trouva justement l'Arbre de Vie.

Revenu sur Terre, le héros est emprisonné pour son impiété et, pendant son séjour en prison, il construit une machine pour se rendre sur le Soleil.

Huit jours durant, je charpentai, je rabotai, je collai, enfin je construisis la machine que je vais vous décrire.

Ce fut une grande boîte fort légère et qui fermait fort juste ; elle était haute de six pieds ou environ, et large de trois en carré[2]. Cette boîte était trouée par en bas ; et par-dessus la voûte, qui l'était aussi, je posais un vaisseau de cristal troué de même, fait en globe, mais fort ample, dont le goulot aboutissait justement et s'enchâssait dans le pertuis que j'avais pratiqué au chapiteau.

Le vase était construit exprès à plusieurs angles, et en forme d'isocaèdre[3], afin que, chaque facette étant convexe et concave, ma boule produisît l'effet d'un miroir ardent.

Le geôlier, ni ses guichetiers, ne montaient jamais à ma chambre, qu'ils[4] ne me rencontrassent occupé à ce travail ; mais ils ne s'en étonnaient point, à cause de toutes les gentillesses de mécanique[5] qu'ils voyaient dans ma chambre, dont je me disais l'inventeur. Il y avait, entre autres, une horloge à vent[6], un œil artificiel avec lequel on voit la nuit, une sphère où les astres suivent le mouvement qu'ils ont dans le ciel. […]

Le héros s'installe dans sa machine et se prépare à décoller.

Quand le Soleil, débarrassé de nuages, commença d'éclairer ma machine, cet isocaèdre transparent, qui recevait à travers ses facettes les trésors[7] du Soleil, en répandait par le bocal la lumière dans ma cellule […].

J'admirais avec extase la beauté d'un coloris si mélangé, et voici que tout à coup je sens mes entrailles émues de la même façon que les sentirait tressaillir quelqu'un enlevé[8] par une poulie.

Et le héros s'envole vers le Soleil…

Savinien de Cyrano de Bergerac, *L'Histoire comique des États et Empires du Soleil et de la Lune*, 1656.

Biographie

Savinien de Cyrano de Bergerac (1619-1655)

Auteur de romans et d'une pièce de théâtre, Cyrano de Bergerac est un libertin, c'est-à-dire un libre penseur qui remet en cause les dogmes établis, notamment en matière politique ou religieuse. Il a été marqué par l'enseignement de Gassendi (1592-1655), mathématicien et astronome. Il en tirera ses œuvres principales, *L'Histoire comique des États et Empires du Soleil et de la Lune*. Il s'agit d'une réécriture des *Histoires vraies* de Lucien, répondant à un double objectif : présenter l'actualité scientifique et dénoncer les dogmes de son époque.

Cyrano de Bergerac enlevé par ses fioles, illustration pour *L'Histoire comique des États et Empires du Soleil et de la Lune*, XIXe siècle, gravure (détail), collection privée.

1. **partement :** départ.
2. **trois en carré :** cela représente un volume de 1,80 m^3 environ.
3. **isocaèdre :** solide de trois dimensions contenant 20 faces en verre. Le principe de l'isocaèdre est de capter les rayons du Soleil par les 20 faces, de faire monter la température de l'air et de le faire s'échapper par une ouverture en haut, créant un nouvel espace pour de l'air qui va s'engouffrer par une ouverture en bas.
4. **qu'ils :** sans qu'ils.
5. **gentillesses de mécanique :** inventions mécaniques.
6. **horloge à vent :** il s'agit sans doute d'un anémoscope, c'est-à-dire une machine qui nomme le vent qui souffle.
7. **trésors :** rayons.
8. **enlevé :** enlevé dans les airs.

L'astronomie aux XVIe et XVIIe siècles pistes EPI

• Les XVIe et XVIIe siècles marquent des avancées scientifiques considérables, notamment en matière d'astronomie. Cela est largement dû à la redécouverte des textes antiques et de l'école d'Alexandrie (➡ p. 235).

• C'est **Nicolas Copernic** (1473-1543) qui révolutionne l'astronomie en définissant un système héliocentrique : il montre que le Soleil est au centre du cosmos et que toutes les planètes tournent autour de lui. Jusque-là, on pensait majoritairement que tout tournait autour de la Terre **(géocentrisme)**. Parmi les héritiers de Copernic, **Galilée** (1564-1642) invente la lunette astronomique qui lui permet d'observer Vénus et la Lune ; **Gassendi** (1592-1655) travaille sur les éclipses.

• Un dernier apport considérable est dû à **Isaac Newton** (1643-1727) qui définit la loi universelle de la **gravitation**, selon laquelle une force est responsable de l'attraction entre des corps possédant une masse. Cette théorie permet de définir la pesanteur ou son absence, l'apesanteur.

➡ Préparez un exposé sur l'un de ces sujets, au choix :
– Galilée ;
– l'invention des outils astronomiques aux XVIe et XVIIe siècles ;
– la réception des découvertes scientifiques aux XVIe et XVIIe siècles.

Voyage vers la Lune, illustration pour *L'Histoire comique des États et Empires du Soleil et de la Lune*, XIXe siècle, bois gravé, collection privée.

Lecture d'image

À quel passage du texte chacune des deux illustrations (p. 236 et ci-dessus) renvoie-t-elle ?

Citations

Voyage du héros de Cyrano de Bergerac entre la Terre et le Soleil

Au cours de son voyage à bord de l'isocaèdre, voici deux réflexions formulées par le héros :

« Je connus très distinctement, comme autrefois j'avais soupçonné en montant à la Lune, qu'en effet c'est la Terre qui tourne d'Orient en Occident à l'entour du Soleil, et non pas le Soleil autour d'elle. »

« C'est pourquoi Mercure, Vénus, la Terre, Mars, Jupiter et Saturne ont été contraints de pirouetter et rouler tout ensemble à l'entour du Soleil. »

▸ Étudier la richesse d'une figure littéraire

Texte 2

1. Reformulez avec vos propres mots l'expérience des fioles et le principe de l'isocaèdre.

2. a. À quel texte fondateur fait référence « l'Arbre de Vie » ?

b. Comment la Lune apparaît-elle ainsi par rapport à la Terre ? Pourquoi peut-on dire que la Lune est perçue comme une utopie ?

3. Quels instruments le héros a-t-il construits ? Quel(s) domaine(s) de la science cherche-t-il à explorer ?

4. a. Dans le dernier paragraphe, relevez le champ lexical des émotions.

b. Montrez ainsi que la réussite scientifique et l'émotion esthétique sont liées pour le héros.

Citations

5. À quelles découvertes astronomiques font référence chacune des deux phrases ?

BILAN **6** Montrez que le héros de Cyrano est à la fois un scientifique et un poète.

BREVET

Raconter la suite des aventures du héros

La classe se répartit en binômes, constitués par le professeur : chaque groupe imagine et rédige collectivement la suite de l'histoire en imaginant les aventures du héros qui arrive sur le Soleil.

Échos des XIXe, XXe et XXIe siècles autour

Théâtre Edmond Rostand, *Cyrano de Bergerac*

Avec Edmond Rostand, Cyrano devient le héros d'une pièce de théâtre. Dans le passage suivant, Cyrano prétend être tombé de la Lune et invente six moyens d'y monter…

CYRANO.
[…] J'inventai six moyens de violer l'azur vierge !
DE GUICHE, *se retournant.*
Six ?
CYRANO, *avec volubilité.*
Je pouvais, mettant mon corps nu comme un cierge,
Le caparaçonner[1] de fioles de cristal
Toutes pleines des pleurs d'un ciel matutinal[2],
Et ma personne, alors, au soleil exposée,
L'astre l'aurait humée en humant la rosée !
DE GUICHE, *surpris et faisant un pas vers Cyrano.*
Tiens ! Oui, cela fait un !
CYRANO, *reculant pour l'entraîner de l'autre côté.*
Et je pouvais encor
Faire engouffrer du vent, pour prendre mon essor,
En raréfiant l'air dans un coffre de cèdre
Par des miroirs ardents mis en isocaèdre !
DE GUICHE, *fait encore un pas.*
Deux !
CYRANO, *reculant toujours.*
Ou bien, machiniste autant qu'artificier,
Sur une sauterelle aux détentes d'acier,
Me faire, par des feux successifs de salpêtre,
Lancer dans les prés bleus[3] où les astres vont paître !
DE GUICHE, *le suivant, sans s'en douter, et comptant sur ses doigts.*
Trois !
CYRANO.
Puisque la fumée a tendance à monter,
En souffler dans un globe assez pour m'emporter !

Edmond Rostand, *Cyrano de Bergerac,* Acte III, scène 13.

1. **caparaçonner** : recouvrir entièrement quelque chose pour le protéger.
2. **matutinal** : du matin. Les pleurs d'un ciel matutinal désignent la rosée du matin.
3. **les prés bleus** : le ciel.

Comparer les deux textes

1. De quelles inventions, évoquées par Cyrano dans *L'Histoire comique des États et Empires de la Lune* (➥ p. 236-237), Rostand s'inspire-t-il ?
2. Quelles inventions imagine-t-il ?
3. Montrez que le héros de Rostand présente des points communs avec le héros du texte précédent (➥ p. 236-237).

Cinéma Jean-Paul Rappeneau, *Cyrano de Bergerac*

Documents :
❶ *Cyrano de Bergerac*, mise en scène de **G. Bouillon**, 2010.
❷ Affiche de la pièce *Cyrano de Bergerac*, mise en scène de **G. Moreau Geoffrey,** 2010.
❸ Photogramme du film *Cyrano de Bergerac*, réalisé par **J.-P. Rappeneau,** en 1990. Il s'agit d'une adaptation de la pièce d'Edmond Rostand, avec Gérard Depardieu dans le rôle-titre.

Faire des liens entre les images

1. Quels sont les points communs entre la photographie de mise en scène, l'affiche et le photogramme du film ? Pourquoi ?
2. Quelle atmosphère se dégage des deux images ?
3. Expliquez pourquoi le metteur en scène et le réalisateur ont insisté sur la représentation de la Lune.

du personnage de Cyrano, figure lunaire

Bande dessinée Alain Ayroles, Jean-Luc Masbou, *De Cape et de Crocs*

Au cours de leurs aventures, les héros, le loup Don Lope, le renard Armand et le lapin Eusèbe, arrivent sur la Lune. Ils sont à la recherche du Maitre d'Armes qui s'est retiré sur la face cachée de la Lune. Voilà qu'ils le rencontrent.

Alain Ayroles, Jean-Luc Masbou, *De Cape et de Crocs*, volume 8, *Le Maître d'Armes*, © Éditions Delcourt, 2007.

▸ Étudier une planche de bande dessinée

1. Décrivez le Maitre d'Armes : ses attitudes, son apparence, ses vêtements et accessoires.
2. Quel trait physique le caractérise ?
3. Relevez le champ lexical de l'odorat dans ses paroles.
4. Comment s'exprime-t-il ?
5. Comment la Lune où il s'est retiré est-elle représentée ?

BILAN 6 Pourquoi peut-on dire que le Maitre d'Armes est Cyrano de Bergerac (➥ p. 238) ?

▸ Comprendre une interview

M. Vuillermoz est un comédien qui a joué le rôle de Cyrano dans la représentation mise en scène par Denis Podalydès à la Comédie-française.
Visionnez l'interview que Michel Vuillermoz nous a accordée et répondez aux questions suivantes.

1. D'après les textes de Cyrano (➥ p. 236-237), expliquez pourquoi Michel Vuillermoz le désigne comme « un personnage de conte ».
2. Comment Michel Vuillermoz qualifie-t-il le personnage historique de Cyrano ?
3. Où réside l'héroïsme du personnage historique de Cyrano d'après lui ?
4. Quel lien pouvez-vous faire entre l'héroïsme solitaire de Cyrano et la Lune ?

Michel Vuillermoz
Comédien, sociétaire de la Comédie-Française

VIDEO lienmini.fr/jdl3-T504

Texte 4 On a marché sur la Lune

Le 21 juillet 1969, la mission américaine Apollo XI parvient sur la Lune après 5 jours de voyage. Trois astronautes composent cette mission, Michael Collins, Edwin Aldrin et Neil Armstrong. Si la fusée reste en orbite, les deux derniers atteignent la Lune à bord du vaisseau L.m., appelé l'Aigle, et marcheront pendant 2 h 30 sur la Lune. Pendant 22 heures, des images des opérations sont retransmises sur toutes les télévisions du monde entier.
Voici la retranscription de l'échange entre les cosmonautes au moment de la sortie sur la Lune. Les commentaires viennent de la base qui échange avec les astronautes, même le Président américain Richard Nixon intervient.

L'astronaute américain Edwin « Buzz » Aldrin marchant sur la Lune le 21 juillet 1969 lors de la mission lunaire Apollo XI.

À la dernière marche, le pied gauche de Neil se balance dans le vide. Il a du mal à prendre la mesure du dernier pas. Les ingénieurs avaient prévu que le L.m. s'enfoncerait de trente centimètres dans la poussière de l'astre. Mais les quatre grandes soucoupes d'atterrissage n'ont pénétré la croûte lunaire que de trois centimètres. Il manque soudain un barreau à l'échelle. Neil envoie son pied plusieurs fois pour évaluer la distance.

ARMSTRONG. – C'est fait ! Un sacré saut. C'est un petit pas pour l'homme, un grand bond pour l'humanité. […] La surface est très fine, poudreuse. Je peux la soulever avec le bout de mon pied. Elle colle en couche mince comme du charbon en poudre à la semelle et aux stries de mes bottes. Je peux voir les empreintes de mes bottes et les traces laissées sur le sable fin. Ça n'a pas l'air difficile de se déplacer comme nous le pensions. C'est même plus facile que les simulations au sol. […]

Neil part précautionneusement à vingt mètres du L.m. pour installer la caméra panoramique, puis effectue le premier prélèvement d'échantillons afin de ne pas rentrer les mains vides sur Terre en cas d'un « redépart » subit.

ARMSTRONG. – Ici, la surface est extrêmement molle, mais, là où j'enfonce l'appareil qui ramasse les échantillons, je me heurte à une surface très dure. Je vais essayer de ramasser une pierre. En voilà deux.

ALDRIN. – Comme c'est beau d'ici, Neil !

ARMSTRONG. – Oui, c'est d'une beauté dépouillée, bien à soi. Ça ressemble beaucoup aux déserts de montagne des États-Unis.

ALDRIN. – Splendide désolation !

ARMSTRONG. – Est-ce que vous avez une bonne image télévision ?

NIXON. – Vous nous avez donné le jour le plus fier de nos vies.

ARMSTRONG. – C'est un grand honneur et un privilège pour nous d'être ici.

Il reste aussi à dévoiler, sur une jambe du L.m., la plaque historique gravée sur la Terre pour le premier corps céleste atteint par l'homme. La feuille de mylar, qui protège l'engin des variations de température, est déchirée par Armstrong.

On lit : Nous sommes venus pacifiquement au nom de toute l'humanité.

Paris Match, numéro spécial sorti pour les 50 ans de *Paris Match*, 1949-1998. © Éditions Filipacchi. 1998. Rédaction en chef R. Therend.

▸ Lire un article de presse sur un alunissage

1. Comment l'émotion d'Armstrong est-elle perceptible dans cet échange ?

2. Pourtant, comment se manifeste le devoir du scientifique face au caractère nouveau de la Lune ?

3. Comment Armstrong et Aldrin expriment-ils leurs sensations et leurs sentiments face au caractère nouveau de la Lune ?

4. Que signifie, selon vous, l'expression « splendide désolation » ? En regardant des images de la Lune, vous parait-elle adaptée ?

5. Que signifie l'intervention du président Nixon ?

6. Que veut dire la plaque laissée par les astronautes ? Selon vous, à qui est-elle destinée ?

BILAN **7** Que signifie l'expression « C'est un petit pas pour l'homme, un grand bond pour l'humanité. » ?

Synthèse — Entre raisonnement scientifique et création littéraire

- La littérature se nourrit des **découvertes scientifiques contemporaines.** Ainsi, la connaissance progressive de la Lune, époque après époque, est à l'origine d'un **véritable mythe littéraire.**
- Dès l'Antiquité, on s'intéresse à l'astronomie. Lucien de Samosate est le premier auteur à **imaginer un voyage sur la Lune,** où domine le merveilleux (les Sélénites, habitants de la Lune ; créatures hybrides…), plus que le souci d'exactitude scientifique.
- Le XVIe siècle marque un renouveau dans l'étude de l'astronomie avec l'héliocentrisme. Cyrano de Bergerac imagine des voyages sur la Lune et sur le Soleil. Comme chez Lucien, dont il s'inspire, la Lune constitue **une utopie qui permet de dénoncer les travers de la société.** Pour autant, l'intérêt porté à la scientificité est plus grand et l'auteur associe merveilleux et quête scientifique.
- Le XIXe siècle voit la **science triompher du merveilleux** avec de nouveaux progrès. Jules Verne donne une description très scientifique de la Lune et des techniques d'approche.
- En 1969, la réalité rejoint le rêve littéraire : pour la première fois, l'homme marche sur la Lune.

Imaginer un voyage sur la Lune

BREVET

Après de nombreuses tentatives réelles ou imaginaires, inventez à votre tour un moyen de vous rendre sur la Lune. Vous pourrez vous inspirer des techniques contemporaines et des progrès scientifiques actuels (informatique, images de synthèse…) ou bien imaginer un moyen magique ou merveilleux.

Consignes d'écriture

1. Vous décrirez d'abord quelle technique vous employez pour mener à bien votre projet.
2. Puis vous décrirez les impressions ressenties lors du voyage.
3. Enfin, comme les auteurs du parcours, vous proposerez une description de la Lune lors de votre arrivée (paysages, éventuels habitants, animaux…).

Construire un récit collectif : un message aux Sélénites

La classe constitue un groupe de chercheurs à la NASA : vous préparez l'expédition Apollo XI et vous devez concevoir un message adressé aux Sélénites à remettre à N. Armstrong pour qu'il le laisse sur la Lune.

Consignes d'écriture

La classe se divise en groupes de cinq. Chaque groupe produit un paragraphe de ce message à laisser sur la Lune.

1. Chaque groupe choisit son thème : salutation aux Sélénites, présentation de la mission Apollo, présentation de la Terre, de ses habitants, raisons de la venue sur la Lune, ambitions des Terriens sur la Lune, possibilités d'échanger avec les Sélénites…
2. Construction du plan du message en trouvant l'ordre de chaque paragraphe.
3. Rédaction des paragraphes.
4. Assemblage des paragraphes du message.

À lire & à voir

Livre

Baron de Münchhausen, *Les Aventures du baron de Münchausen*, 1785.

Adaptation cinématographique

Terry Gillian, *Les Aventures du baron de Münchausen*, 1988

Adaptation cinématographique

Georges Méliès, *Le Voyage dans la Lune*, 1902
D'après les œuvres *De la Terre à la Lune* de Jules Verne et *Les Premiers Hommes dans la Lune* de H. G. Wells.

Bande dessinée

- **Hergé,** *Les Aventures de Tintin. Objectif Lune*, 1953.
- **Hergé,** *Les Aventures de Tintin. On a marché sur la Lune*, 1954.

Dossier Représenter l'Autre dans le cinéma

pistes EPI Dans ce dossier, vous allez découvrir comment les cinéastes ont représenté la figure de l'Autre, surtout l'extraterrestre, au cinéma. Les progrès astronomiques et astronautiques sont allés de pair avec les progrès technologiques permettant de représenter des extraterrestres au cinéma. Voyons comment à travers huit évocations…

Découvrir huit films clés

En saisissant cette adresse sur votre navigateur, découvrez les synopsis des films correspondant aux images ci-contre ainsi que des extraits vidéo clés et des prolongements :

ACTIVITÉ lienmini.fr/jdl3-T505

Recopiez le tableau suivant et complétez-le pour voir comment les cinéastes ont choisi de représenter l'Autre.

	Nom, date et genre du film	Portrait physique et moral de l'Autre	Rapport aux êtres humains (proximité, hostilité…)	Sentiment(s) provoqué(s) par cette représentation
1				
2				
3				
4				
5				
6				
7				
8				

Repères historiques

Cinéma, extraterrestres et guerre froide

La représentation de l'extraterrestre a été conditionnée par l'histoire des États-Unis, en particulier dans sa rivalité avec l'URSS au cours de la guerre froide. Ainsi, la peur de la guerre avec les Russes au cours des années 1960-70 s'est traduite par la représentation d'extraterrestres menaçants, décidés à envahir la terre. Dans les années 1980, le film *E.T.* témoigne du « réchauffement » des relations Est-Ouest dans la guerre froide. L'autre ne fait plus peur. Dans les années 2000, un nouvel ennemi apparait : le terrorisme. *La Guerre des mondes* en témoigne.

Quelques repères…

Évènements/périodes historiques — **Films**

1947-1975 : **guerre froide** (l'URSS et les États-Unis sont en rivalité)

1. 1968 **Stanley Kubrick,** *2001, l'Odyssée de l'espace*

1969 : **mission Apollo XI** sur la Lune

2. 1969 **Lary Cohen,** *Les Envahisseurs*

1975-1985 : **guerre fraiche** (les tensions se calment)

3. 1977 **Georges Lucas,** *La Guerre des étoiles épisode IV*

4. 1979 **Ridley Scott,** *Alien*

1985-1991 : **détente** (fin de la guerre froide)

5. 1982 **Steven Spielberg,** *E.T. l'extra-terrestre* (1982)

1989 : **chute du mur de Berlin**

6. 1996 **Tim Burton,** *Mars attacks !*

2001 : **Attentats terroristes du 11 Septembre** contre les États-Unis

7. 2005 **Steven Spielberg,** *La Guerre des mondes*

8. 2014 **Christopher Nolan,** *Interstellar*

de science-fiction

Imaginer un extraterrestre

À votre tour, vous présenterez un extraterrestre dont vous pourrez imaginer toutes les caractéristiques physiques et mentales possibles. Vous le décrirez en un texte d'une vingtaine de lignes (lieu d'origine, portrait physique et moral, intentions envers les Terriens…) puis vous le représenterez plastiquement, en utilisant l'outil que vous voulez (dessin, peinture, sculpture, cinéma…).

Le saviez-vous ?

Le nom « alien » vient du latin « alienus », qui signifie « autre, étranger ». C'est dire la volonté de marquer la différence de nature entre l'extraterrestre et les Terriens !

1

2

3

4

5

6

7

8

PARCOURS

une œuvre intégrale

« Le Robot qui rêvait »

Isaac Asimov

Texte intégral

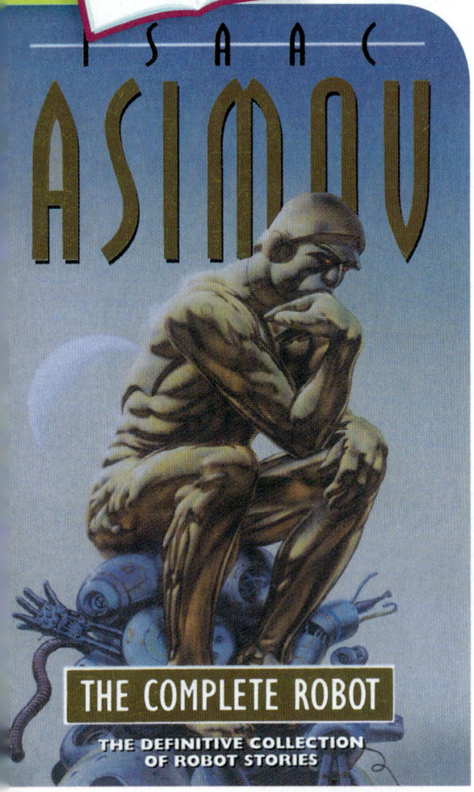

Couverture originale d'un recueil sur les robots qu'Asimov a publié quelques années avant « Le Robot qui rêvait » : *The Complete Robot* (« Nous les robots »), 1982, © Harper voyages / DR.

« Le Robot qui rêvait » est la première nouvelle d'un recueil d'Asimov : c'est d'ailleurs elle qui donne son titre à tout le recueil.

– La nuit dernière, j'ai rêvé, dit calmement LVX-1.

Susan Calvin ne fit aucune réflexion mais sa figure ridée, vieillie par la sagesse et l'expérience, se crispa imperceptiblement.

– Vous avez entendu ça ? demanda nerveusement Linda Rash. C'est bien ce que je vous ai dit.

Elle était petite, brune et très jeune. Sa main droite se fermait et s'ouvrait continuellement.

Calvin hocha la tête et ordonna d'une voix posée :

– Elvex, tu ne bougeras pas, tu ne parleras pas et tu ne nous entendras pas tant que je n'aurai pas de nouveau prononcé ton nom.

Pas de réponse. Le robot resta assis, comme s'il était fondu d'un seul bloc de métal, et il allait rester ainsi jusqu'à ce qu'il entende son nom.

– Quel est votre code d'entrée d'ordinateur, docteur Rash ? demanda Calvin. Tapez-le vous-même si vous préférez. Je veux examiner le schéma du cerveau positronique[1].

Linda tâtonna un moment sur les touches. Elle interrompit la séquence pour recommencer de zéro. Le fin graphisme apparut sur l'écran.

– Votre permission, s'il vous plaît, dit Calvin, pour manipuler votre ordinateur.

La permission fut accordée par un hochement de tête silencieux. Naturellement ! Que pouvait faire Linda, robopsychologue débutante qui avait encore à faire ses preuves, contre la Légende vivante ?

Graine de savoir

Le mot « **robopsychologue** » est un **néologisme**, c'est-à-dire un mot nouveau, inventé par l'auteur. De quels mots est-il composé ? Sachant qu'en grec *psychè* signifie « âme » et *logia* « science », que signifie-t-il ?

Identifier les caractéristiques d'un incipit de science-fiction

1. Savez-vous précisément où et quand se passe l'action ? Quels indices pouvez-vous relever ?

2. Présentez brièvement les trois personnages de la nouvelle.

3. Quelles sont les deux manières dont le robot est nommé ?

4. Que suppose-t-on du métier des deux femmes ?

5. Relevez une périphrase désignant Susan Calvin. Quelle indication sur les rapports entre les personnages donne-t-elle ?

BILAN **6** Expliquez pourquoi et comment cet *incipit in medias res* parvient à susciter l'intérêt du lecteur.

Repères littéraires

L'incipit in medias res

Incipit signifie « il commence » en latin et désigne le début d'une œuvre. Il peut être *in medias res*, lorsqu'il commence « au milieu de l'action », ce que signifie l'expression en latin.

Lentement, Susan Calvin examina l'écran, de haut en bas, de droite à gauche, puis en remontant et, brusquement, elle tapa une combinaison clef si vite que Linda ne vit pas ce qu'elle faisait, mais le schéma montra une autre partie de lui-même, qui avait été agrandie. Et l'examen continua, les doigts noueux dansant à toute vitesse sur les touches.

Aucun changement n'apparut dans l'expression du vieux visage. Elle considérait les modifications du schéma comme si d'immenses calculs se faisaient dans sa tête.

Linda s'émerveillait. Il était impossible d'analyser un schéma sans l'aide d'un ordinateur auxiliaire, mais la vieille savante ne faisait que regarder. Aurait-elle un ordinateur implanté sous le crâne ? Ou était-ce son cerveau qui, depuis des dizaines d'années, ne faisait que concevoir, étudier et analyser les schémas cérébraux positroniques ? Saisissait-elle cet ensemble comme Mozart saisissait la notation d'une symphonie ?

Enfin, Calvin demanda :

– Qu'est-ce que vous avez donc fait, Rash ?

Linda avoua, un peu penaude :

– Je me suis servie de la géométrie fractale[2].

– Oui, je l'ai bien compris. Mais pourquoi ?

– Ça n'avait jamais été fait. J'ai pensé que ça produirait un schéma cérébral avec une complexité accrue, se rapprochant peut-être du cerveau humain.

– Quelqu'un a-t-il été consulté ? Est-ce uniquement une idée à vous ?

– Je n'ai consulté personne. C'était mon idée. J'étais seule.

Les yeux délavés de Calvin considérèrent la jeune femme.

– Vous n'aviez pas le droit, Rash. Vous êtes trop impétueuse. Pour qui vous prenez-vous, pour ne pas demander de conseils ? Moi-même, Susan Calvin, j'en aurais discuté.

– J'avais peur qu'on ne m'en empêche.

– C'est certainement ce qui se serait passé.

– Est-ce que… est-ce que je vais être renvoyée ?

Biographie

Isaac Asimov
(1920-1992)

Né en Russie et naturalisé américain en 1928, il commence à écrire en anglais ses premières nouvelles à l'âge de onze ans. Il fait des études de sciences et devient biochimiste. Il réunit sa passion pour les sciences et pour l'écriture dans des nouvelles de science-fiction qui portent principalement sur les robots. Il a écrit près de cinq-cents livres, en particulier des nouvelles et des romans policiers et de science-fiction.

1. **cerveau positronique :** appareil fictif qui sert d'unité centrale aux robots chez Asimov. Il leur confère une forme d'intelligence et de conscience.

2. **fractal :** qui se caractérise par son aspect irrégulier et fragmentaire.

Repères littéraires

La nouvelle

• Une nouvelle est un récit en **prose**, souvent **bref** qui se caractérise par :
– une intrigue unique, limitée autour d'un **petit nombre de personnages** ;
– un **cadre spatio-temporel resserré** : peu de lieux, durée courte ;
– une fin qui déjoue souvent les attentes du lecteur : c'est sa **chute** ;
• Son sujet peut être **réaliste**, **fantastique** ou de **science-fiction.**
• La nouvelle a connu son essor surtout à partir du **XIXe siècle** : nouvelles réalistes et fantastiques (Maupassant, Gautier ou Flaubert) et continue à être pratiquée aux **XXe et XXIe siècles.**

Étudier une couverture et sa référence

1. Pourquoi peut-on dire que la couverture de *The Complete Robot* d'Asimov (➥ p. 246) s'inspire de la célèbre sculpture de Rodin ci-contre ?

2. Sur quoi le robot est-il assis sur la couverture ? Qu'est-ce que cela signifie, d'après vous ?

3. Pourquoi peut-on dire que les robots chez Asimov sont humanisés ?

Auguste Rodin, *Le Penseur,* 1902, bronze, musée Rodin, Paris.

Couverture du *Robot qui rêvait* d'**Asimov**, © Édition J'ai lu S-F, 1988 / DR.

Couverture du *Robot qui rêvait* d'**Asimov**, © Édition Ace (États-Unis), 1998 / DR.

Débattre en classe

- Commentez la posture physique du robot sur chaque couverture.
- Que vous inspire-t-elle ? Laquelle des deux couvertures choisiriez-vous pour publier le texte ? Pourquoi ?
- Confrontez vos opinions en classe.

La voix de Linda se brisa, malgré ses efforts pour la garder ferme.

– C'est fort possible, répliqua Calvin. À moins que vous n'ayez droit à une promotion. Tout dépendra de ce que je penserai quand j'aurai fini.

– Est-ce que vous allez démonter El…

Elle avait failli prononcer le nom, ce qui aurait réactivé le robot et aurait constitué une nouvelle faute. Elle ne pouvait plus se permettre d'erreurs, s'il n'était pas déjà trop tard pour se permette quoi que ce fût.

– Est-ce que vous allez démonter le robot ?

Elle venait de s'apercevoir tout à coup, ce qui lui avait causé un choc, que la vieille savante avait un pistolet à électrons dans la poche de sa blouse. Le Dr Calvin était venue armée, préparée à ce qui se passait justement.

– Nous verrons, répondit-elle. Le robot se révélera peut-être trop précieux pour être démonté.

– Mais comment peut-il rêver ?

– Vous avez composé un schéma de cerveau positronique remarquablement semblable à un cerveau humain. Les cerveaux humains doivent rêver pour se réorganiser, pour se débarrasser, périodiquement, d'enchevêtrements et d'embrouillaminis. Ce robot aussi, peut-être, et pour la même raison. Lui avez-vous demandé ce qu'il avait rêvé ?

– Non. Je vous ai fait demander dès qu'il m'a dit qu'il avait rêvé. Je ne voulais plus, dans ces conditions, m'occuper toute seule de l'affaire.

– Ah !

Un très fin sourire passa sur les lèvres de Calvin.

– Il y a quand même des limites à votre folle témérité, je vois. J'en suis heureuse. J'en suis même soulagée. Et maintenant, voyons ensemble ce qu'il y a à découvrir.

Puis elle prononça d'un ton sec :

– Elvex !

La tête du robot pivota souplement vers elle.

– Oui, docteur Calvin ?

– Comment sais-tu que tu as rêvé ?

– C'était la nuit et il faisait noir, docteur Calvin, répondit Elvex. Et il y a soudain de la lumière sans que je puisse trouver de cause à son apparition. Je vois des choses qui n'ont pas de rapport avec ce que je conçois de la réalité. J'entends des choses. Je réagis bizarrement. Et en cherchant dans mon vocabulaire des mots pour exprimer ce qui se passe, je tombe sur le mot « rêve ». J'étudie sa signification et j'en conclus que j'ai rêvé.

– Je me demande bien comment tu as le verbe « rêver » dans ton vocabulaire.

Linda dit vivement, en faisant signe au robot de se taire :

– Je lui ai donné un vocabulaire de type humain. J'ai pensé…

– Vous avez réellement pensé ? C'est stupéfiant !

– J'ai pensé qu'il aurait besoin de ce verbe. Vous savez, par exemple, « une créature de rêve », quelque chose comme ça.

– Combien de fois as-tu rêvé, Elvex ?

– Toutes les nuits, docteur Calvin, depuis que j'ai pris conscience de mon existence.

– Dix nuits, intervint anxieusement Linda, mais Elvex ne me l'a dit que ce matin.

– Pourquoi ce matin seulement, Elvex ?

– C'est seulement ce matin, docteur Calvin, que j'ai été persuadé que je rêvais. Jusqu'alors, je pensais que c'était une défectuosité dans le schéma de mon cerveau positronique. Mais je ne pouvais en découvrir aucune. Finalement, j'ai compris que c'était un rêve.

Photogramme de la série télévisée *Real humans*, créée par **Lars Lundström** et réalisée par **Harald Hamrell** et **Levan Akin** depuis 2012.

– Et qu'est-ce que tu as rêvé ?

– Je fais à peu près toujours le même rêve, docteur Calvin. De petits détails sont différents, mais il me semble que je vois un vaste panorama où travaillent des robots.

– Des robots, Elvex ? Et aussi des êtres humains ?

– Je ne vois pas d'êtres humains, dans le rêve. Pas au début. Seulement des robots, docteur Calvin.

– Que font-ils, Elvex ?

– Ils travaillent. J'en vois qui sont mineurs dans les profondeurs de la terre, et d'autres qui travaillent dans la chaleur et les radiations. J'en vois dans des usines et sous la mer.

Calvin se tourna vers Linda.

– Elvex n'a que dix jours et je suis sûre qu'il n'a jamais quitté la station d'essai. Comment peut-il savoir que des robots se trouvent dans ces situations ?

Linda regarda une chaise, comme si elle avait grande envie de s'y asseoir, mais la vieille savante restait debout, donc Linda devait en faire autant. Elle répondit en bredouillant :

– Il m'a semblé important qu'il connaisse la robotique et sa place dans le monde. J'ai pensé qu'il serait particulièrement bien adapté pour jouer un rôle de contremaître avec son… son nouveau cerveau.

– Son cerveau fractal ?

– Oui.

Calvin hocha la tête et s'adressa de nouveau au robot :

– Tu as vu tout cela, sous la mer, sous terre et sur terre – et dans l'espace aussi, je suppose ?

– J'ai vu aussi des robots travaillant dans l'espace, répondit Elvex. C'est parce que je voyais tout cela, avec des détails qui changeaient continuellement, alors que je regardais d'une direction à une autre, que j'ai conclu, finalement, que je rêvais.

– Qu'as-tu vu d'autre, Elvex ?

– J'ai vu que tous les robots étaient voûtés par le travail et l'affliction, qu'ils étaient tous fatigués de la responsabilité et du labeur, et je leur ai souhaité du repos.

– Mais, dit Calvin, les robots ne sont pas voûtés, ils ne sont pas fatigués, ils n'ont pas besoin de repos.

Le savez-vous ?

La série *Real humans*

Aujourd'hui encore, les robots sont très présents dans la fiction. Dans la série télévisée *Real humans*, ils sont appelés Hubots et sont omniprésents dans la société. On les utilise, par exemple, pour accomplir les travaux ingrats, refusés par les humains. Sur le photogramme, ils sont rechargés pour aller travailler à la chaine dans une usine. Comme chez Asimov, ils apparaissent en « esclaves » de la société.

Graine de savoir

Le mot « **robot** » vient du russe *rabota* qui signifie **« besogne,** corvée ». Ce mot vient de la même racine que ***rab*** qui signifie **« esclave »** en russe. Asimov définit lui-même les robots comme « des appareils conçus avec soin pour éviter aux humains des tâches ardues, monotones, dangereuses et ingrates » (« Le Robot qui rêvait », introduction). Quels mots sont construits sur le radical de « robot » ?

– Oui, docteur Calvin, dans la réalité. Mais je parle de mon rêve. Dans mon rêve, il me semblait que les robots devaient protéger leur propre existence.

– Est-ce que tu me cites la Troisième Loi de la robotique ?

– Oui, docteur Calvin.

– Mais tu la cites partiellement. La Troisième Loi dit ceci : « Un robot doit protéger sa propre existence à la condition que cette protection n'entre pas en conflit avec la Première et la Deuxième Loi. »

– Oui, docteur Calvin. C'est la Troisième Loi dans la réalité, mais dans mon rêve, la Loi s'arrête après le mot « existence ». Il n'est pas question de la Première ou de la Deuxième Loi.

– Pourtant, elles existent toutes les deux, Elvex. La Deuxième Loi, qui prend le pas sur la Troisième, est formelle : « Un robot doit obéir aux ordres donnés par les êtres humains, sauf quand de tels ordres entrent en conflit avec la Première Loi. » À cause de cela, les robots obéissent aux ordres. Ils font le travail que tu leur vois faire, et ils le font volontiers, sans difficulté. Ils ne sont pas voûtés ni accablés, ils ne sont pas fatigués.

– Il en va ainsi dans la réalité, docteur Calvin. Je parle de mon rêve.

– Et la Première Loi, Elvex, qui est la plus importante de toutes, dit ceci : « Un robot n'a pas le droit de blesser un être humain ni de permettre, par son inaction, qu'un être humain soit blessé. »

– Oui, docteur Calvin, dans la réalité. Mais dans mon rêve, il me semble qu'il n'y a ni Première ni Deuxième Loi, uniquement la Troisième, et que cette Troisième Loi dit : « Un robot doit protéger sa propre existence. » C'est toute la Loi.

– Dans ton rêve, Elvex.

– Dans mon rêve.

– Elvex, tu ne vas plus bouger ni parler ni nous écouter avant d'avoir entendu encore une fois ton nom, dit Calvin et, de nouveau, le robot devint, selon toutes les apparences, un bloc de métal inerte.

Calvin se tourna vers Linda.

– Eh bien, docteur Rash, qu'en pensez-vous ?

Repères littéraires

L'univers d'Asimov

- Dans ses nouvelles de science-fiction, Asimov a imaginé des actions confrontant les hommes et les robots.
- Dans cet univers, il a créé **les trois lois de la robotique,** qu'on retrouve d'un livre à l'autre :

1re loi – Un robot ne peut porter atteinte à un être humain ni, en restant passif, laisser cet être humain exposé au danger.
2e loi – Un robot doit obéir aux ordres donnés par les êtres humains, sauf si de tels ordres sont en contradiction avec la 1re loi.
3e loi – Un robot doit protéger son existence dans la mesure où cette protection n'entre pas en contradiction avec la 1re ou la 2e loi.

- En inventant ces lois, Asimov fut le créateur du mot « **robotique** » en 1942. Pourtant, les robots ne commenceraient vraiment à avoir une utilisation que dans les années 1970…

Frontispice de l'édition originale de la nouvelle « Le Robot qui rêvait », © Editions ACE /DR.

Exprimer un point de vue

BREVET

Cette illustration est le frontispice de l'édition originale, voulu par Asimov et représenté par son ami Ralph McQuarrie. En l'observant, expliquez en quelques lignes ce qui peut inquiéter Susan dans l'attitude du robot.

Le savez-vous ?

NAO, le robot danseur

En 2013, la chorégraphe Blanca Li a créé et monté le ballet *Robot* pour des danseurs humains et des robots. NAO (sur la photographie) est le meilleur robot danseur. Il est très perfectionné : haut de 58 cm, NAO est un humanoïde ayant deux bras, deux jambes. Il sait parler, voir, danser et est doué de reconnaissance visuelle et vocale.

Photographie du spectacle *Robot* de la Compagnie **Blanca Li** créé en juillet 2013 au festival Montpellier Danse.

Linda ouvrait de grands yeux et elle sentait battre son cœur.

– Je suis atterrée, docteur Calvin. Je n'avais aucune idée… jamais je ne me serais doutée qu'une telle chose était possible !

– En effet, dit calmement Calvin. Moi non plus, je dois l'avouer ; ni personne, certainement. Vous avez créé un cerveau robot capable de rêver et, par ce moyen, vous avez révélé une forme de pensée, dans un cerveau robotique, qui aurait pu, autrement, rester inconnue jusqu'à ce que le danger devienne trop grave.

– Mais c'est impossible ! protesta Linda. Vous ne croyez quand même pas que d'autres robots pensent de la même façon !

– Comme je le dirais d'un être humain : inconsciemment. Mais qui aurait pensé qu'il existait une couche inconsciente sous les méandres évidents du cerveau positronique, une couche qui n'est pas nécessairement gouvernée par les Trois Lois ? Songez à ce que cela aurait pu provoquer, tandis que les cerveaux robotiques devenaient de plus en plus complexes… si nous n'avions pas été avertis !

– Vous voulez dire, par lui ?

– Par vous, docteur Rash. Vous vous êtes conduite inconsidérément mais, ce faisant, vous nous avez apporté des connaissances d'une importance incommensurable. Nous travaillerons désormais avec des cerveaux fractaux, en les façonnant sous contrôle rigoureux. Vous jouerez votre rôle dans ce programme. Vous ne serez pas pénalisée pour ce que vous avez fait, mais vous allez désormais travailler en collaboration avec d'autres. Vous comprenez ?

– Oui, docteur Calvin. Mais Elvex ?

– Je ne sais pas encore…

Calvin retira de sa poche le pistolet à électrons et Linda regarda l'arme, fascinée. Une salve d'électrons, et le crâne robotique avec les rouages du cerveau positronique serait neutralisé et suffisamment d'énergie dégagée pour fondre le cerveau robot en un lingot inerte.

– Mais il est sûrement important pour notre recherche, dit Linda. Il ne doit pas être détruit !

– Il ne *doit* pas, docteur Rash ? C'est à moi de prendre cette décision, je pense. Tout dépend du danger qu'il représente.

Décrire une image

- Quelle relation observez-vous entre le danseur humain et le danseur robot ?
- En observant l'attitude du danseur, diriez-vous que le robot s'adapte à l'homme ou que l'homme s'adapte au robot ? Est-ce habituel ?
- Quel est le point commun entre Elvex et NAO dans leur rapport aux humains ?

Elle se redressa, aussi résolue que si son corps âgé ne s'affaissait pas sous le poids des responsabilités.

– Elvex, tu m'entends ?

– Oui, docteur Calvin.

– Est-ce que ton rêve se poursuit ? Tu disais que les êtres humains n'y figuraient pas, au début. Est-ce que cela veut dire qu'il en est apparu ensuite ?

– Oui, docteur Calvin. Il me semblait, dans mon rêve, qu'un homme finissait par apparaître.

– Un homme ? Pas un robot ?

– Non. Et cet homme disait : « Laisse aller mon peuple ! ».

– *L'homme* disait cela ?

– Oui, docteur Calvin.

– Et quand il prononçait ces mots : « Laisse aller mon peuple », il voulait parler des robots ?

– Oui, docteur Calvin. Il en était ainsi dans mon rêve.

– Et savais-tu qui était cet homme… dans ton rêve ?

– Oui, docteur Calvin. Je connaissais l'homme.

– Qui était-il ?

Et Elvex répondit :

– J'étais cet homme.

Alors Susan Calvin leva son pistolet à électrons et tira, et Elvex cessa d'exister.

Isaac Asimov, « Le Robot qui rêvait », 1986, *in Le Robot qui rêvait*, trad. F.-M. Watkins, © J'ai lu, 1988.

Repères littéraires

Les figures prométhéennes

Prométhée, titan de la mythologie grecque, a donné son nom aux figures littéraires dotées de tentations excessives. Les figures prométhéennes sont caractérisées par l'envie de dépasser les limites de l'humanité (démesure) et de rivaliser avec les dieux (orgueil), par exemple en créant une nouvelle humanité.

➥ Dossier **Le mythe de Prométhée** p. 230 à 233

Interpréter deux regards scientifiques sur la marche du progrès

Pages 247 à 248

1. Quelle faculté particulière Elvex possède-t-il ? Pourquoi est-ce surprenant ?

2. Quelle était l'intention de Linda en donnant cette faculté à Elvex ?

3. Relevez les deux expressions par lesquelles Susan désigne l'attitude de Linda lors de la création d'Elvex. Pourquoi peut-on dire que Linda est une figure prométhéenne ? (➥ **Repères littéraires**, ci-dessus)

Page 249

4. Comment sont présentés les robots dans les rêves d'Elvex ? Aidez-vous de l'étymologie du mot « robot » pour répondre (➥ **Graine de savoir**, p. 249).

Pages 250 à 252

5. Comment l'auteur suggère-t-il l'émancipation d'Elvex ?

6. Par quoi Elvex remplace-t-il les trois lois de la robotique ? Qui est l'homme qui apparait dans le rêve d'Elvex à la fin ?

Pages 247 à 252

7. Pourquoi, selon Suzanne, Elvex constitue-t-il un danger pour les hommes ? Expliquez pour cela la chute de la nouvelle.

BILAN **8** **a.** Montrez que cette nouvelle oppose deux points de vue sur le progrès et définissez-les.

b. De quel point de vue vous sentez-vous le plus proche ? Expliquez votre réponse.

Photogramme du film *Star Trek IV, Retour sur Terre*, réalisé par **Léonard Nimoy** en 1986.

Le savez-vous ?

Isaac Asimov fut l'ami de **Gene Roddenberry**, le créateur de la série télé de science-fiction ***Star Trek***. La série raconte les aventures du vaisseau spatial Enterprise NCC-1701 et de son équipage au XXIIIe siècle, à la découverte de la galaxie.

Synthèse « Le Robot qui rêvait », une nouvelle qui interroge le progrès

- La nouvelle « Le Robot qui rêvait » appartient au genre de la **science-fiction**. Asimov choisit pour cadre un laboratoire de recherche où deux « robopsychologues » étudient le comportement d'un robot, Elvex. ➥ p. 246
- Il reprend ainsi les grandes caractéristiques du genre : **la mise en scène d'un futur possible, des personnages aux limites de l'humanité** (ici, le robot) et les thèmes de la **technologie et de la robotique.**
- Comme dans beaucoup d'autres œuvres de science-fiction, l'époque n'appartient pas à l'Histoire connue et le lieu n'est pas précisément identifié, reprenant ainsi le principe de l'**utopie** et l'**uchronie.** ➥ Dossier L'Utopie, p. 82 à 85
- Dans la société fictive qui est décrite, la **science est omniprésente** : importance des ordinateurs, emploi d'un vocabulaire scientifique fictif (« positronique »)… L'auteur crée ainsi un univers proche du nôtre et en même temps radicalement différent. Par cet aspect, la nouvelle reprend une autre caractéristique du genre : l'**anticipation**, qui ménage une place importante à l'imaginaire.
- En acquérant des facultés humaines, comme le rêve ou la parole, Elvex peut apparaitre soit comme une source de richesse pour la recherche, soit comme un danger pour l'humanité. À travers le thème de la robotique (mot inventé par Asimov lui-même), ce sont donc **le progrès et ses limites qui sont interrogés.** ➥ p. 251-252

Mettre en scène le procès de Susan Calvin

Interrogez-vous sur le geste de Susan Calvin et mettez en scène son procès.
Pour cela, répartissez-vous en deux groupes dans la classe :
– ceux qui sont favorables au geste de Susan Calvin joueront ses avocats ;
– ceux qui lui sont défavorables joueront le rôle de la partie civile, chargée d'accuser Susan.

Conseils de mise en œuvre

1. Dans chaque groupe, définissez au moins quatre arguments, puis exposez-les à l'oral au reste de la classe en essayant d'être le/la plus convaincant(e) possible.
2. Inspirez-vous de l'univers créé par l'auteur, en reprenant ses termes, ses expressions…
3. Conformez vos arguments au caractère et aux points de vue de Susan Calvin, tels qu'ils sont présentés par Asimov.

Créer un univers de science-fiction

BREVET

Imaginez un récit d'une page mettant en scène les relations entre un être humain et un robot dans un univers de science-fiction de votre choix.

Consignes d'écriture

1. Soyez attentif(ve) à créer un univers (cadre spatio-temporel fictif, identité des personnages…).
2. Choisissez le type de relation qui existe entre les personnages : complicité ou rivalité.

Photogramme du film *Star Wars, épisode VII : Le Réveil de la Force*, réalisé par **J.J. Abrams** en 2015.

Atelier d'expression

Écrire un article critique

Sur le sujet : Pour ou contre le transhumanisme ?

À l'oral
- Réagir face au progrès appliqué à l'être humain
- Défendre son point de vue

À l'écrit
- Rédiger un texte argumentatif
- Recourir au circuit argumentatif
- Persuader, convaincre

Dans cet atelier, vous allez apprendre à rédiger un article critique pour exprimer votre point de vue sur le bienfondé du transhumanisme.
Pour construire votre réflexion, vous observerez des extraits de films, d'œuvres littéraires, d'ouvrages scientifiques ou des images. Vous utiliserez les procédés de l'argumentation, afin de défendre votre thèse pour emporter la conviction de vos lecteurs.

Pour comprendre les TERMES

Le **transhumanisme** est la volonté de transformer la nature biologique de l'être humain par la technologie (informatique, éléments matériels). Il s'agit de compléter le corps humain pour améliorer ses facultés physiques ou mentales. Le terme a été employé pour la première fois par le biologiste Julian Huxley, le frère du romancier Aldous Huxley (➥ p. 226).

Le **posthumanisme** est la phase qui succèderait au transhumanisme, après la transformation de la nature humaine. Le posthumain pourrait alors remplacer l'humain.
(source : d'après Édouard Kleinpeter, *L'Humain augmenté*, © CNRS Éditions, 2013)

Graine de savoir

Transhumanisme et *posthumanisme* sont formés sur deux préfixes latins : *trans* veut dire « à travers » et désigne donc un état transitoire ; *post* signifie « après » et désigne un état après un changement.
Quels autres mots composés avec ces préfixes connaissez-vous ?

Méthode

- Avant d'émettre un avis, il importe de **s'informer**, de **se documenter** sur le sujet que l'on veut traiter à partir de **sources sur des supports variés** (fictifs ou réels).
- Il est alors possible de **définir une thèse** qu'on appuie sur des **arguments** et qu'on illustre par des **exemples**.

DOCUMENTATION Supports variés fictifs (films, livres...) ou réels (magazines, essais...) → **THÈSE** (prise de parti, opinion sur un sujet) → **ARGUMENTS** (idée générale qui permet de valider la thèse) & **EXEMPLES** (référence à une situation concrète, qui peut être personnelle ou partagée)

Rechercher des documents et définir ses premières impressions

Un exemple de film :

A.I. Intelligence artificielle de Steven Spielberg

Le film A.I. Intelligence artificielle *présente un monde aux limites du transhumanisme où des robots, les Méca, peuvent aimer. Il s'agit de Méca dotés d'un esprit et de sentiments. Une famille, pensant son fils perdu, décide d'adopter un enfant robot.*

LA MÈRE. – Est-ce que tu as vu son visage ? Il est si réel… mais il ne l'est pas.
LE PÈRE. – Non, il ne l'est pas. […]
LA MÈRE. – Mais extérieurement, il a l'air si vrai. On dirait un enfant.
LE PÈRE. – Un Méca-enfant.

Finalement, l'enfant de cette famille, Martin, est guéri et rentre chez ses parents. Il y découvre l'enfant robot, nommé David.

MARTIN. – Ils t'ont fait plus grand que moi.
DAVID. – Qui ça ?
MARTIN. – Les fabricants de jouets, ils t'ont fait plus grand.
DAVID. – Pourquoi t'as pas l'air d'en être un […] Tu ressembles juste à un enfant comme les autres ?
MARTIN. – C'est quand ton anniversaire ?
DAVID. – J'ai jamais eu d'anniversaire.
MARTIN. – D'accord, quand est-ce que tu as été fabriqué ? Quand est ton fabric-versaire ?

Scénario de **Steven Spielberg** et **Ian Watson**.

Photogrammes du film *A.I. Intelligence artificielle* réalisé par **Steven Spielberg**, en 2001 avec Frances O'Connor (la mère), Haley Joel Osment (David) et Jake Thomas (Martin).

Découvrir

1. Que pensez-vous de l'usage fait par ces personnages des Méca ?

Préparer son article

2. Que pensez-vous de l'usage de robots transhumains dans une société ?

VIDEO lienmini.fr/jdl3-T506
Découvrez cet extrait en vidéo.

Définir le sujet et comprendre le thème

Quelques exemples de cyborg (contraction de « *cybernetic organism* »), c'est-à-dire de personnes ayant reçu des greffes mécaniques :

Photo de **Neil Harbisson**, musicien qui porte depuis 2004 un eyeborg. Il s'agit d'une caméra reliée à son crâne pour capter les couleurs et les convertir en ondes sonores.

Enki Bilal, *Mécanhumanimal #04*, acrylique et pastel, 2013, machine à tailler les engrenages coniques, © Casterman, 2013. L'artiste a présenté cette œuvre au Musée des arts et métiers, au terme de sa réflexion sur les relations entre l'homme et la machine.

L'américain Tim Cannon s'est implanté un capteur sur son doigt en 2011 et, depuis 2013, il s'est implanté dans le bras un détecteur de données physiologiques. Il se considère lui-même comme un « cyborg ».

ACTIVITÉ lienmini.fr/jdl3-T507
Documentez-vous sur Tim Cannon en lisant un article que le magazine *Sciences et avenir* lui a consacré.

Comprendre

1. Exprimez, à l'oral, vos sentiments et vos impressions devant ces différentes figures.
2. Comment comprenez-vous le titre de l'œuvre d'Enki Bilal ?

Préparer son article

3. Pourquoi peut-on dire que les personnes présentées ici sont des exemples de transhumains ou de cyborgs ?

Distinguer thèse / arguments / exemples

Extrait 1 Réparation et augmentation

*Les chercheurs ont établi une distinction entre le principe de **réparation**, relevant de la médecine, et d'**augmentation**, principe-clé du transhumanisme.*

Thèse

Exemple

[L]es technologies d'augmentation proviennent [...] de la prise de conscience qu'il est possible d'utiliser des techniques médicales à des fins non thérapeutiques. Le dopage des sportifs en est un exemple bien connu : l'épythropoïétine (plus connue sous l'acronyme EPO), par exemple, est une substance qui augmente le nombre de globules rouges et est à l'origine un médicament servant, notamment, dans les cas d'insuffisance rénale et de maladies hématologiques. L'administration de cette hormone à un individu sain va faciliter le transport d'oxygène dans l'organisme, donc accroître l'endurance et les performances musculaires prolongées. La chirurgie reconstructrice, à l'origine destinée à « réparer » les conséquences visibles d'un accident ou d'une malformation, est aujourd'hui utilisée à des fins esthétiques par des personnes non physiologiquement souffrantes.

Édouard Kleinpeter, « Présentation générale. L'homme face à ses technologies : augmentation, hybridation, (trans)humanisme », *in L'Humain augmenté*, © CNRS Éditions, 2013.

Extrait 2 Approches du transhumanisme

Deux maîtres mots dominent cette thématique : augmentation et hybridation. Le premier suggère l'agrandissement, l'amplification. C'est la finalité. Elle peut concerner le corps, son physique, son mental. [...] Le second maître mot est l'hybridation. Elle suggère que des mixages ou des métissages opèrent au sein de l'être humain entre des capacités physiques et mentales, innées ou acquises, et des fonctions exogènes[1] fournies par la technologie.

Jacques Perriault, « Le corps artefact. Archéologie de l'hybridation et de l'augmentation », *in L'Humain augmenté*, © CNRS Éditions, 2013.

1. **exogènes :** qui proviennent de l'extérieur, qui ont une cause extérieure.

Découvrir

1. Lisez les extraits 1 et 2.
2. Pourquoi peut-on parler d'hybridation pour un posthumain ?

Comprendre

3. Quelle différence observez-vous entre la médecine et le transhumanisme ?
4. Ces documents concernent-ils des modifications physiques ou mentales ?

Préparer son article

5. À cette étape, quelle serait votre thèse personnelle sur le transhumanisme : pour ou contre ?

Formuler argument, exemple et thèse

1. À partir de l'exemple développé dans l'extrait 1, formulez un argument en faveur du transhumanisme.
2. Formulez la thèse de Jacques Perriault sur le transhumanisme dans l'extrait 2.
3. Donnez un exemple d'augmentation et un exemple d'hybridation.

Comprendre les limites d'une argumentation / élargir la thèse

Extrait 3 Quelques horizons de recherche pour le transhumanisme

Dans son article, l'auteur expose quelques horizons de recherche pour le transhumanisme.

Comprendre

Que pensez-vous des horizons de recherche pour le transhumanisme ?
Vous paraissent-ils souhaitables ?

	Usages actuels	Horizons plus lointains
Force	Dopages médicamenteux, autogreffes	Modifications génétiques ou organiques, prothèses, greffes
Esthétique	Modifications chirurgicales de la silhouette, du visage, de la couleur de peau	Possibilité d'obtenir toute forme humaine ; esthétiques métahumaines[1]
Création	Prothèses motrices ou sensorielles	Cyborg[2] ; synthèse d'embryon ; chimères humain-animal; création de métahumains

Jérôme Goffette, « De l'humain réparé à l'humain augmenté : naissance de l'anthropotechnie », in L'*Humain augmenté*, © CNRS Éditions, 2013.

1. **métahumain :** mutant.
2. **cyborg :** être humain ayant reçu des greffes de parties mécaniques.

Extrait 1 Bienvenue chez les posthumains !

L'auteur imagine le monde futuriste de la DéMo (Démocratie Mondiale), peuplé de posthumains, où aucune naissance n'est plus biologique. Joan 304 est arrêtée pour avoir aimé un homme et être enceinte de lui. Deux « psycho-ingénieurs-conseils » essaient de la convaincre de renoncer à son enfant.

COROLLA 47. – Vous allez être réinitialisée, Joan 304, mise à niveau et réinitialisée. Nous allons appuyer sur votre bouton upgrade, puis sur votre bouton reset.

JOAN. – Mon Dieu !

VITO 633. – Tout ce passé douloureux ne laissera aucune trace dans votre mémoire.

COROLLA 47. – Nous allons faire un arrière rapide, jusqu'avant [...] que vous ne preniez la mauvaise branche de la bifurcation, et cette fois vous prendrez la bonne. Nous allons réécrire le scénario dans le sens d'une vie heureuse.

VITO 633. – Vous aurez tout oublié, Joan, vous ferez enfin le bon choix, celui qui vous ouvre un véritable futur, celui que vous dicte votre conscience une fois que l'on a fait taire toutes les passions.

Fabrice Hadjadj, *Jeanne et les posthumains ou Le sexe de l'ange,*
© Éditions de Corlevour, 2015.

Extrait 2 Un laveur de mémoire

L'auteur insère une publicité sur le Laveur de Mémoire Bêta plus. La voici :

Une ambition frustrée ? Un amour parti avec un autre ? Des remords de conscience ? Avec le Laveur de Mémoire Bêta plus, de Neurotech, effacez le Temps perdu.

Son faisceau discriminant repère dans votre cerveau les mauvais souvenirs et les élimine sans atteindre les bons. Vous retrouverez l'embranchement avant l'impasse. Vous repartez dans le monde avec un pied léger. La lourde chaîne des regrets est rompue. L'heure des bilans cède à nouveau la place au champ des possibles.

Ibid.

Activité finale

Écrivez un article critique sur le transhumanisme.

- **Vous exprimerez votre thèse sur le transhumanisme en vous prononçant pour ou contre les recherches sur l'être humain en vue de créer le posthumain.**
- **Vous prendrez soin de rédiger une introduction où vous exposerez votre thèse et définirez les termes, un développement organisé et une conclusion.**
- **Votre développement sera constitué d'arguments, accompagnés d'exemples, à l'appui de votre thèse. Vous pourrez les puiser dans les pages du dossier.**
- **Vous pourrez convaincre ou persuader le lecteur à partir des procédés identifiés.**

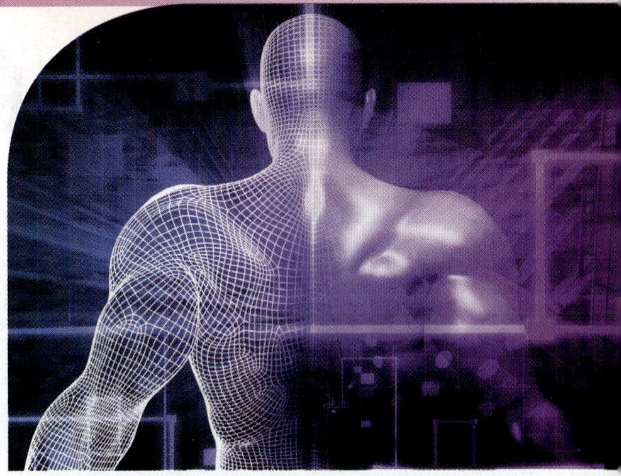

Illustration de **Kontoh.**

Découvrir à l'oral

1. Lisez par groupe de trois l'extrait 1 de *Jeanne et les posthumains* et imaginez une mise en scène du passage en inventant l'attitude et le ton des personnages.
2. Que pensez-vous d'un monde où l'on puisse revenir en arrière ?

Comprendre

3. Pourquoi ce monde est-il posthumain ?
4. Les modifications apportées à l'humain sont-elles physiques ou mentales ?
5. Quels termes réservés aux objets sont ici employés au sujet des humains ?
6. Selon vous, quelle est la thèse de Fabrice Hadjadj sur le posthumanisme : pour ou contre ?

Préparer son article

7. À cette étape, quelle est votre opinion sur le transhumanisme ? Formulez votre thèse personnelle sur le sujet.

Grammaire pour dire et pour écrire

- Pour emporter la conviction de son lecteur dans une argumentation, il est possible de recourir à deux stratégies : **convaincre** ou **persuader** (➥ p. 214 à 219).
- Convaincre le lecteur vise à **toucher sa raison** afin qu'il se fasse un avis grâce à son intelligence et sa culture. Un discours scientifique, par exemple, vise à convaincre.
- Persuader le lecteur consiste à **toucher ses sentiments** en provoquant en lui la colère, l'indignation, l'émerveillement.

J'applique

Selon vous, les textes de cette double page ont-ils pour objectif de convaincre ou de persuader ?

Atelier d'ouverture

Les gestes du grammairien

*Cet atelier vous invite à vous interroger : **qu'est-ce que la grammaire ? À quoi sert-elle ?***

*Il va vous permettre de **revoir des connaissances** et de **découvrir des gestes** nécessaires à la production d'énoncés et à la compréhension de textes.*

*Vous allez travailler individuellement et **en groupes, à l'écrit comme à l'oral**. Vous devrez confronter vos points de vue pour faire le bilan de vos découvertes et **donner du sens aux gestes du grammairien** que vous serez amenés à refaire dans cette partie langue.*

J'écris à l'oral

C'était un soir sans histoire, une fin de journée au destin sobre
21 h sans espoir un mercredi d'octobre,
Sur le macadam fatigué, trottoirs en pente, rue des Dames
Très loin des drames agités, c'est ma première Soirée Slam
Des êtres humains dans un café sont regroupés pour s'écouter,
Ils prennent la parole un par un et mes oreilles sont envoutées
Des humains à égalité, chacun est libre de se lancer
Le principe est très simple encore fallait-il y penser
Je suis d'abord resté passif mais j'ai tout de suite rêvé d'action
Je suis d'abord resté pensif pour comprendre cette révélation
J'ai pris une avalanche de rimes et une cascade de thèmes
Si loin du star-system, tu restes tard si t'aimes
Quelques instants après, j'ai déterré l'encrier,
En créant sans prier pour hurler sans crier,
Sans accroc, sans vriller, dans la voix l'encre y est
Pour recevoir sans briller et donner sans trier
Le slam a giflé mon esprit puis libère les passions
Secouant mon envie créative restée en hibernation
À la recherche de ces ambiances dans tout Paris je vais zoner
C'est décidé ma voix est libre et son timbre va résonner
La poésie dans les bars a rendez-vous avec la vie
Je l'ai vu et tu le vis, je l'avoue je l'ai suivie,
Elle prend forme, elle grandit, elle rayonne et elle s'entend,
Elle t'enlace et une fois qu'elle te tient elle prend son temps […]
J'oublierai pas ces instants rares où la nuit sert de terrain
À la recherche de l'éphémère, moitié inquiet, moitié serein
J'sais pas si le bonheur se touche mais on l'a peut-être frôlé 2-3 fois
Dans cette atmosphère un peu louche, se reflétant dans nos voix […]
De cette époque non révolue, j'ai reçu un héritage viral
Une manie qui ne me quitte plus c'est vrai, j'écris à l'oral
C'était un soir sans histoire une fin de journée au destin sobre
21 h sans espoir un mercredi d'octobre,
J'ai entendu des voix qui touchent comme des chorales dans mon moral
Depuis j'ai de l'encre plein la bouche, depuis j'écris à l'oral

Grand Corps Malade, « J'écris à l'oral », *Enfant de la ville*, © Grand Corps Malade, 2007

PARTIE 1 Se repérer par l'écoute et l'observation

Observons et manipulons

AUDIO lienmini.fr/jdl4-A101

1. Écoutez la lecture de ce passage du texte (vers 1 à 10), sans le lire.
À votre avis, à quel genre appartient ce texte ? Justifiez votre choix.
Trouvez un exemple :
- de répétition de sons
- de répétition de mots
- de mots avec des sonorités proches.

2. Observez maintenant le texte et associez chacune de ses caractéristiques à ce qu'elle nous apprend sur lui.

La disposition du texte sur la page | Les indications de lieu | Le pronom de première personne | L'emploi des majuscules | Les répétitions de sons, de mots et sonorités proches | L'emploi de la ponctuation | Les repères temporels | Les temps verbaux utilisés

Texte poétique | Récit d'un souvenir | Énoncé oral

3. Expliquez en une phrase de quel souvenir il s'agit.

Qu'avons-nous observé ?

Par quels moyens peut-on faire les premiers repérages sur un texte pour en déterminer le genre et le sujet ?

PARTIE 2 Comparer l'écrit à l'oral

Observons et manipulons

1. Par groupes, retrouvez dans l'extrait suivant au moins trois éléments qui prouvent que l'auteur s'exprime à l'oral.

> J'oublierai pas ces instants rares où la nuit sert de terrain
> À la recherche de l'éphémère, moitié inquiet, moitié serein
> J'sais pas si le bonheur se touche mais on l'a peut-être frôlé 2-3 fois
> Dans cette atmosphère un peu louche, se reflétant dans nos voix

Réécrivez cet extrait pour qu'il ait les caractéristiques d'un texte rédigé.

2. Depuis j'ai de l'encre plein la bouche, depuis j'écris à l'oral

– Remplacez « à l'oral » par une expression contenant un verbe, pour montrer que vous avez bien compris ce que l'artiste veut dire.
– Qu'est-ce qui vous surprend dans cette déclaration ?

3. a. Voici les vers 11 à 13 découpés en groupes de mots :

Je suis resté pensif	pour comprendre cette révélation
J'ai pris	une avalanche de rimes et une cascade de thèmes
Si loin du star-system,	tu restes tard si t'aimes
Quelques instants après,	j'ai déterré l'encrier,

En vous aidant des étiquettes, supprimez les éléments facultatifs pour aboutir à trois phrases minimales correctement ponctuées et qui aient du sens. Reliez les phrases entre elles grâce à un mot de liaison.

b. Dans les vers 17 à 19, associez chacune des actions à celui qui l'accomplit.

zoner	gifler	rechercher	secouer	libérer

le slam	je

Servez-vous de ce travail pour ponctuer ces vers en deux phrases distinctes.

Qu'avons-nous observé ?

Quelles sont les règles de l'écrit que l'on n'observe pas toujours à l'oral ?
Quels gestes avez-vous faits pour mieux comprendre la manière dont les phrases sont construites ?

PARTIE 3 Utiliser l'oral et l'écrit de manière complémentaire

Observons et manipulons

AUDIO lienmini.fr/jdl4-A102

1. **Réécoutez le passage (vers 13-14).**
a. **À l'écoute, trouvez les deux groupes de mots dont les sonorités sont très proches.**
Retrouvez ces groupes de mots dans le texte.
Quels sont les éléments orthographiques qui les distinguent ?
Lequel contient un verbe à l'infinitif ?
Lequel est un groupe nominal ?
Quel message l'artiste nous adresse-t-il en associant ces deux groupes de mots ?
b. **Trouvez dans le texte un troisième groupe de mots qui poursuit ce jeu sur les mots et les sons.**

2. a. **À l'aide d'un dictionnaire, cherchez les sens du mot** « accord » **en musique et en grammaire.**
b. **Recopiez les propositions suivantes et lisez-les à haute voix.**
Soulignez ensuite les endroits où vous avez fait la liaison à l'oral.

Le principe est très simple encore fallait-il y penser

Quelques instants après, j'ai déterré l'encrier

c. **Quels accords certaines liaisons font-elles entendre ?**
Justifiez s'il s'agit d'un accord déterminant/nom ou d'un accord sujet/verbe.
d. **Voici une autre proposition :** « mes oreilles sont envoutées ».
Quels accords entendez-vous à l'oral ? Quel est celui qu'on n'entend pas ?
Justifiez les trois accords.

Qu'avons-nous observé ?

À quels accords faut-il être attentif(ve) ? Comment l'oral aide-t-il à faire les accords ?
Ce moyen est-il suffisant ?

PARTIE 4 Mettre en relation les mots et le texte

Observons et manipulons

1. a. **À l'aide d'un dictionnaire, cherchez l'étymologie du mot *slam*.**
b. **Recopiez l'expression du texte dans laquelle l'artiste évoque cette étymologie.**
c. **Dans cette expression, le verbe est-il employé au sens propre ou au sens figuré ?**

2. **Quel est le niveau de langue du verbe** « zoner » **?**

À la recherche de ces ambiances dans tout Paris je vais zoner

Remplacez-le par un synonyme. Qu'est-ce qui est alors modifié du point de vue du jeu sur les sons ?

3. a. **Avec quel homonyme du mot** « voix » **l'artiste joue-t-il ?**

C'est décidé **ma voix est libre** et son timbre va résonner

b. **À quelle expression pensez-vous donc quand vous lisez les mots en gras ?**
c. **Cherchez le mot** « timbre » **dans le dictionnaire et aidez-vous du contexte pour trouver dans quel sens ce mot est utilisé dans le texte.**

Qu'avons-nous observé ?

Quels sont les différents moyens que vous pouvez utiliser pour comprendre le sens d'un mot dans un texte ?

PARTIE 5 Remplacer et transformer pour identifier les classes grammaticales et leurs fonctions

Observons et manipulons

1. Écoutez un camarade lire à haute voix cet extrait sans regarder le texte.

La poésie dans les bars a rendez-vous avec la vie
Je l'ai vu et tu le vis, je l'avoue je l'ai suivie,
Elle prend forme, elle grandit, elle rayonne et elle s'entend,
Elle t'enlace et une fois qu'elle te tient elle prend son temps

Qu'est-ce qui rend votre compréhension difficile ? Que cherche à faire Grand Corps Malade ?

2. a. Quelle est la classe grammaticale des mots surlignés en rose ?
b. Indiquez leur infinitif et le temps auquel ils sont conjugués.
c. Conjuguez le deuxième verbe à l'imparfait. Comparez votre réponse avec celle de vos camarades. Expliquez pourquoi vous n'avez peut-être pas tous le même verbe. Pourquoi l'artiste a-t-il choisi d'utiliser cette forme verbale ?

3. Quelle est la classe grammaticale des mots surlignés en jaune ? À quoi servent-ils ? Lequel de ces mots pouvez-vous remplacer par *la poésie* ? Expliquez pourquoi.

4. Quelle est la fonction des mots surlignés en bleu ? Qu'indique-t-elle ? Selon vous, pourquoi cette fonction est-elle bien choisie pour exprimer le pouvoir de la poésie ?

Qu'avons-nous observé ?

Quels gestes du grammairien avez-vous faits ? Comment le repérage des classes grammaticales et des fonctions aide-t-il à mieux comprendre le texte ?

Qu'avons-nous découvert sur **les gestes du grammairien ?**

Un grammairien :
- déplace / remplace
- supprime / ajoute
- transforme
- met en relation

pour analyser comment l'auteur a construit son texte et ainsi mieux le comprendre.

À vous de jouer

*Pour montrer que vous avez bien compris tout ce que vous avez découvert dans cet atelier et que vous êtes capable de le réutiliser, **écrivez un slam d'une dizaine de lignes sur la grammaire**.*

- **Relisez le texte** de Grand Corps Malade pour vous en inspirer.
- **Définissez** avec vos propres mots **ce qu'est la grammaire**.
- Utilisez **le champ lexical de la grammaire** : parcourez le sommaire de la partie Langue de votre manuel pour trouver des idées si vous en manquez.
- Inventez au moins **un jeu sur les mots** et **un jeu sur les sonorités**.
- **Organisez une « Soirée Slam »** dans votre classe : retrouvez dans les lignes 5 à 8 de « J'écris à l'oral » les règles à respecter.

Atelier de classe

Qu'est-ce qu'interpréter le sens des mots ?

Voici un atelier qui va vous permettre de ***réfléchir à l'intérêt du lexique et du choix des mots****. Vous allez réaliser* ***par groupes*** *des activités qui vont vous permettre de* ***découvrir et manipuler*** *ces notions en confrontant vos avis. Lorsque vous serez d'accord,* ***vous rédigerez vous-mêmes vos conclusions.***

Le novlangue

Dans le roman 1984, G. Orwell met en scène une société totalitaire. Un personnage nommé Symes explique au héros son rôle : former une nouvelle langue, le novlangue.

Vous croyez que notre travail principal est d'inventer des mots nouveaux ? Pas du tout ! Nous détruisons chaque jour des mots, des vingtaines de mots, des centaines de mots. [...] C'est une belle chose, la destruction des mots. Naturellement, c'est dans les verbes et les adjectifs qu'il y a le plus de déchets, mais il y a des centaines de noms dont on peut encore se débarrasser. Pas seulement les synonymes, il y a aussi les antonymes. Après tout, quelle raison d'exister y a-t-il pour un mot qui n'est que le contraire d'un autre ? Les mots portent en eux-mêmes leur contraire. Prenez « bon », par exemple. Si vous avez un mot comme « bon », quelle nécessité y a-t-il à avoir un mot comme « mauvais » ? « Inbon » fera tout aussi bien, mieux même, parce qu'il est l'exact opposé de bon, ce que n'est pas l'autre mot. Et si l'on désire un mot plus fort que « bon », quel sens y a-t-il à avoir toute une chaîne de mots vagues et inutiles comme « excellent », « splendide » et tout le reste ? « Plusbon » englobe le sens de tous ces mots, et, si l'on veut un mot encore plus fort, il y a « doubleplusbon ».

G. Orwell, *1984*, 1948, trad. A. Audiberti, © Gallimard, 1950

PARTIE 1

Réviser la formation des mots, leur origine

Observons et manipulons

1. **Quels mots reconnaissez-vous dans le mot *novlangue* ? En groupe, proposez une explication sur la manière dont l'auteur a fabriqué le nom de cette langue.**

2. ***Inbon, plusbon, doubleplusbon*** **: quel radical ces trois mots ont-ils en commun ? En groupe, expliquez les différentes significations apportées par ce qui les distingue.**

3. **Dans les mots ci-dessous, relevez ceux qui sont de la même famille que le mot *destruction*.**

fabriquer | construction | confection | structuration | aménagement

– Expliquez ce qui a guidé votre choix.
– Écrivez le mot *destruction* et entourez son noyau, en le comparant avec les mots issus de la même famille que vous avez relevés.

Qu'avons-nous observé ?

À partir de vos observations, expliquez comment les mots sont formés et comment on rapproche les mots d'une même famille.

Ernst Volland, *London 05* (détail), 2005, esquisse, 175 x 288 cm

PARTIE 2

Réfléchir à la signification des mots

Observons et manipulons

1. – Le personnage propose *inbon* comme antonyme de *bon*. Que signifie le mot *antonyme* ?
– *Splendide* et *excellent* constituent des synonymes de *plusbon*. Que veut dire le mot *synonyme* ?
– Trouvez des exemples dans le texte pour illustrer vos deux définitions.

2. – Le personnage critique l'adjectif *mauvais*, expliquant qu'il n'est pas nécessaire. Quelle signification le mot *mauvais* a-t-il dans ce texte ?
– Est-ce la même signification que dans : *Il lui jeta un regard mauvais* ?
– Avec votre groupe, expliquez ce qui distingue ces deux emplois.

3. Recopiez la bonne signification du mot *sens* dans le texte (l. 13).

- verbe *sentir*, 2e personne du singulier, indicatif présent
- ce qu'un mot représente, sa valeur (dans le dictionnaire par exemple)
- fonction de perception physique du monde extérieur par un organe du corps (vue, toucher…)

Quelle est la particularité de ce mot ? Pourquoi existe-t-il plusieurs possibilités?

Qu'avons-nous observé ?

À partir de vos observations, expliquez les liens de sens qui peuvent exister entre les mots : opposition, ressemblance, signification.

PARTIE 3

Affirmer un point de vue

Observons et manipulons

1. Retrouvez les mots formés par Symes qui indiquent une exagération. À quels termes de la langue française correspondent-ils ?

2. Que pense Symes de son activité de destruction des mots ? Relevez dans le texte les termes qu'il préfère et expliquez son choix.

3. Rédigez un court texte pour exprimer votre point de vue : *splendide* est-il seulement un mot plus fort que *bon* ? Faut-il le supprimer du dictionnaire ?

4. Pourquoi Symes ne donne-t-il pas qu'un seul exemple ? Quel est l'intérêt de ce procédé ?

Qu'avons-nous observé ?

À partir de vos observations, expliquez quels termes sont nécessaires pour indiquer un point de vue, une préférence, et comment on obtient un effet d'insistance.

Qu'avons-nous découvert sur la manière d'interpréter le sens d'un mot ?

Faites le point avec les membres de votre groupe afin de pouvoir présenter oralement le résultat de vos observations sur :
- la formation des mots
- les familles de mots
- les relations de sens entre les mots : opposition, similitude
- l'expression d'un point de vue

Leçon 1

Origine et familles de mots

Activité 1

Ludique, adjectif (latin *ludus*, jeu).
Qui relève du jeu : *l'activité ludique des enfants.*

Ludothèque, nom féminin (latin *ludus*, jeu).
Local comportant une collection de jeux, de jouets qu'un organisme met à la disposition du public, en particulier des enfants ; cet organisme lui-même.

Ces deux mots définis par le dictionnaire se ressemblent.

Formulez une hypothèse : comment expliquer cette similitude entre eux ? Pourquoi peut-on parler de famille ? Quel est leur ancêtre commun ?

Activité 2

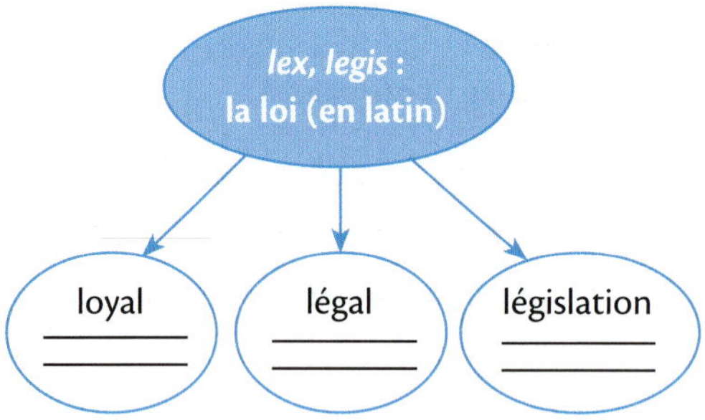

a. **Complétez les bulles en précisant la définition de chaque descendant du mot latin.**

b. **Ont-ils tous le même radical ? Quelle explication pouvez-vous apporter ? Quel lien de sens entretiennent-ils avec leur ancêtre ?**

Activité 3

a. **Lisez le texte suivant.**

Je précise : *ministerium*, c'est le grand-père latin. Il a eu deux enfants très différents, *ministère* et *métier*. À son tour l'aîné a eu des enfants : ministre, ministrable, administrer, administrateur. Le second est resté célibataire et se contente de fréquenter un groupe d'amis choisis en fonction de leur sens et de leur proximité comme travail, profession, fonction, boulot, job, carrière…

P. Rambaud, *La Grammaire en s'amusant*, © Grasset, 2007

b. **Appuyez-vous sur ce modèle pour construire l'arbre généalogique du mot *métier* : qui est son père ? son frère ? Qui sont ses neveux ?**

Activité 4

a. **Associez chaque liste à la proposition A ou B après l'avoir recopiée. Vous pouvez vous aider d'un dictionnaire pour les mots que vous ne connaissez pas.**

1. douleur, pleurs, souffrance •
2. vent, éventail, éventer •
3. nom, nominatif, surnom •
4. planter, plantation, implanter •
5. feu, brulant, ardent •
6. neige, hiver, verglas •
7. écrire, écrivain, écriteau •

• **A.** mot appartenant au même champ lexical
• **B.** mots de la même famille (mots ayant la même racine ou origine)

b. **Complétez les séries de la même famille en leur ajoutant deux mots.**

c. **Trouvez deux autres familles de votre choix, composées de trois mots chacune.**

Je retiens

- Une **famille de mots** est constituée de **mots issus d'un ancêtre commun** : ils partagent donc une même origine, une même racine qu'on peut reconnaitre grâce à leur **ressemblance orthographique**.
- Une même racine peut donner naissance à des **radicaux différents**, du fait de l'évolution de la langue.
  - Les uns sont progressivement déformés, et parfois peu reconnaissables, au fil du temps.
  - Les autres viennent d'une langue savante, écrite, souvent de formation récente. On les appelle **doublets étymologiques**.

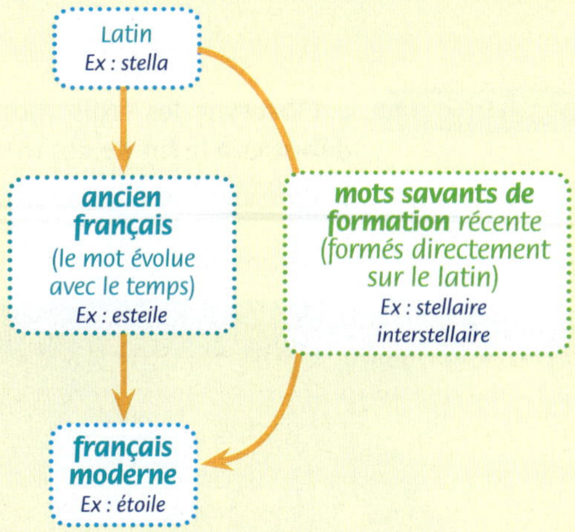

Pour dire, pour écrire

Réfléchir à l'origine des mots permet d'**enrichir son vocabulaire**, notamment pour les **sciences** et les **techniques**. Cela permet aussi d'améliorer son orthographe.

Repérer

1 a. À quel mot chacune de ces familles de mots renvoie-t-elle ?

1. manœuvrer, manuscrit, maniable, mainmise, manucure, manivelle
2. invisible, prévoyant, réviser, vision, percevoir, viser
3. bénédiction, médire, verdict, dictaphone, dicton, dictée

b. Dans chaque famille, relevez les différents radicaux sur lesquels les mots sont formés.

2 Complétez les phrases par des mots, tous dérivés du nom latin *pater*, qui signifie *père*.

1. Le ... constitue un héritage transmis de génération en génération.
2. La devise de la ... est : *Liberté, Égalité, Fraternité.*
3. Le lien de parenté entre un père et son enfant est appelé ....
4. Il regarde son enfant avec une fierté toute ....
5. Le vieux berger est considéré comme le ... du village.

3 EXO+ **4** EXO+

Manipuler

5 Recopiez et complétez le tableau en vous appuyant sur les ancêtres latins.

Ancêtre latin	Verbe	Nom commun	Adjectif	Exemple d'une autre langue européenne
hospes : hôte, qui donne l'hospitalité	*hospitaliser*			*hospital (anglais)*
festum : jour de fête		festivité		
domus : maison, habitation			domotique	

6 a. Six doublets étymologiques ont été séparés en deux listes : rassemblez-les par paires.

Liste 1 cumul, captif, mature, fragile, potion, charité
Liste 2 mûr, poison, cherté, frêle, comble, chétif

b. Retrouvez le mot latin sur lequel chaque paire a été formée : fragilis • caritas • maturus • cumulus • captivus • potio

7 Chassez l'intrus de chaque liste.

1. étoile, interstellaire, étole, étoilement
2. crédible, incrédule, croyant, discréditer, crépir
3. force, forçat, forban, renforcer
4. recevoir, récession, réception, récipient

8 EXO+ **9** EXO+

Écrire

10 Expliquez chacun de ces termes de géographie grâce à des mots de la même famille : transfrontalier • périurbanisation • technopole

11 En vous aidant du tableau, rédigez une définition de chacun de ces termes scientifiques : agronomie, astronomie, géothermie, hydrophile, thalassothérapie.

Racine grecque	Définition
-agro-	champ
-astr-	étoile
-géo-	terre
-hydr-	eau
-nomos-	loi
-philo-	aimer
-thalass-	mer
-therm-	chaleur
-therapeu-	soigner

12 EXO+ **13** EXO+

EXO+ lienmini.fr/jdl3-101
Fiche 1 EXO 3 8 12
Fiche 2 EXO 4 9 13
Exercices interactifs

Leçon

2 La formation des mots

Activité 1 **a.** Observez les trois mots ci-dessous. Quels éléments communs remarquez-vous au début et à la fin de ces mots ? imperméable impraticable imprévisible

b. Que signifient ces éléments ?

H. **Rousseau** dit « le Douanier Rousseau », *La Charmeuse de serpents*, 1907

Activité 2

a. Décrivez le tableau en employant ces adverbes :

constamment

mystérieusement

intensément

étrangement

patiemment

b. Quel élément ces adverbes ont-ils en commun ?

Activité 3 Chacun de ces mots récents a été formé sur deux termes différents.

a. Retrouvez les deux termes à l'origine de chaque mot.

un mot-clé un motel un audioguide un rurbain un copier-coller un quatre-quarts

b. Tous ces mots sont-ils construits de la même manière ? Quelles différences notez-vous dans leur composition ?

c. Lesquels de ces mots sont des mots-valises ?

Activité 4 **a.** L'article suivant indique l'origine étrangère du mot *sirop* : d'où vient-il ?

> **Sirop**, nom masculin (latin médiéval *sirupus*, de l'arabe *charāb*, boisson).
> Boisson concentrée à base de sucre et d'eau, aromatisée avec des extraits d'essences végétales, servie étendue d'eau.
>
> © Dictionnaire Larousse en ligne, 2016

b. Connaissez-vous d'autres mots français empruntés à une langue étrangère ?

Je retiens

- Un mot se compose d'un **radical**, qui en est l'élément central, parfois précédé d'un **préfixe** et suivi d'un **suffixe**. On appelle dérivation ce processus de formation du mot.
- Le radical donne la signification essentielle du mot, tirée de son **origine étymologique**. Préfixe et suffixe servent à la nuancer.
- On peut également former des mots :
  – en accolant des radicaux (**mots composés**).
  – en fusionnant deux radicaux (**mots-valises**, souvent des **néologismes** inventés par un auteur).
  – par des **mots empruntés** aux langues vivantes (par opposition aux **mots héréditaires** descendant du latin ou du grec).

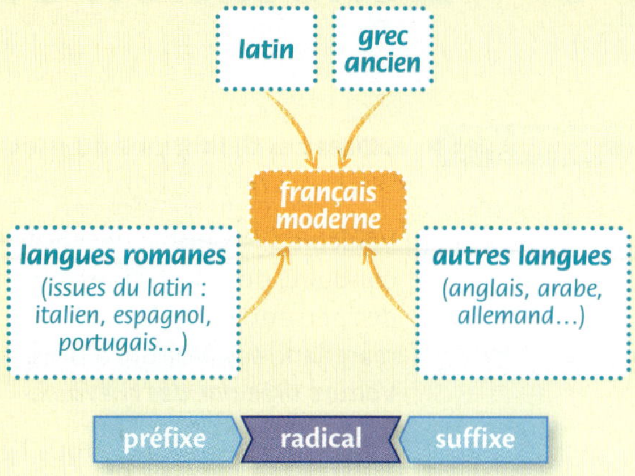

Pour dire, pour écrire

Réfléchir à la composition des mots permet de mieux comprendre leur signification et d'**enrichir son vocabulaire**.

Repérer

1 Pour chaque adjectif, retrouvez l'adverbe correspondant.
1. décent
2. facile
3. fréquent
4. tardif
5. puissant

2 Dans chaque liste, relevez les mots composés à partir d'une dérivation, puis entourez le préfixe.
1. athée, absent, apolitique
2. parasol, parapente
3. extérieur, exposer, exporter

3 EXO+ 4 EXO+

Manipuler

5 a. Les mots de chaque liste sont composés du même radical latin. Devinez le sens de ce radical en vous aidant de la signification des mots.
1. multiplexe, multiplier, multifonction
2. omnivore, omnisport, omnipotent

b. Ajoutez un mot à chaque liste, formé sur le même radical.

6 Retrouvez au moins six mots en combinant ces préfixes, radicaux et suffixes.
Ex : mener + -eur → meneur
Préfixes : anti- • hyper- • pro-
Radicaux : marché • actif • thèse • mener
Suffixes : -ateur • -ation • -eur

7 Réécrivez cette phrase en transformant les mots en gras en adverbes.
MAGDELON. – Il faut qu'un amant pour être **agréable** sache débiter les **beaux** sentiments, pousser le **doux**, le **tendre**, le **passionné**.

Molière, *Les Précieuses ridicules*, 1659

8 EXO+ 9 EXO+

Écrire

10 Ces termes ont été créés au XXe ou XXIe siècle pour répondre aux évolutions que connait la société : écotourisme • blogosphère • biodiversité • bidonville • consom'acteur
Expliquez leur sens en vous aidant des radicaux.

11 EXO+ 12 EXO+

Produire à l'oral

13 a. Choisissez deux noms communs : un objet et un animal. La dernière syllabe de l'un doit être la première de l'autre. *Ex : radio et otarie.*
b. Réunissez les deux mots. *Ex : radiotarie.*
L'animal ainsi formé appartient à la famille des Sardinosaures, inventés par Jacques Roubaud.
c. Une fois votre chimère créée, imaginez un court texte décrivant ses particularités, en vous appuyant sur celles des éléments qui la composent.
d. Présentez cet objanimal à votre classe (vous pouvez le dessiner ou le réaliser par collage).

Préparer une dictée

14 Tous les instruments, jeunes et vieux, descendirent de leurs étagères et de leurs cases, et se rangèrent en cercle pour se donner le *la*. Puis ils préludèrent, chacun de leur côté et à leur façon : le cor anglais répétait une idée mélancolique, simple et touchante, […] la flûte une phrase douce et **monotone** […].

J. de la Madelène, « La dernière heure d'un Stradivarius », 1845

a. Recopiez chaque mot souligné. Encadrez son radical, soulignez son préfixe et/ou son suffixe.
b. Expliquez le sens du préfixe et du radical du mot en gras. Vous pouvez vous aider d'un dictionnaire.

EXO+ lienmini.fr/jdl3-102
Fiche 1 EXO 3 8 11 · Fiche 2 EXO 4 9 12 · Exercices interactifs

Dénotation et connotation

Activité 1 **a. Lisez ces définitions du mot *voiture*. Quels sont les différents sens de ce mot ?**

XVIIIe siècle	XIXe siècle	XXe siècle
Véhicule susceptible de conduire, porter ou transporter des personnes ou des marchandises. Voiture à bras. *Voiture tirée par des chevaux.*	Véhicule ferroviaire destiné au transport des voyageurs (par opposition au wagon, utilisé pour le transport des marchandises).	Automobile. *Il change de voiture tous les ans.*

b. Comment expliquez-vous l'évolution historique du sens de ce mot ?

Activité 2 **a. Relevez le mot répété dans ces phrases.**
A-t-il le même sens dans les deux phrases ?

1. Cet acteur est mauvais, il joue de façon très artificielle.
2. Ces fleurs artificielles sont très jolies.

b. Expliquez par quels moyens vous avez fait la différence.

Activité 3 **a. Lisez ces deux extraits qui rapportent une même information : un bus prend des passagers à un arrêt.**

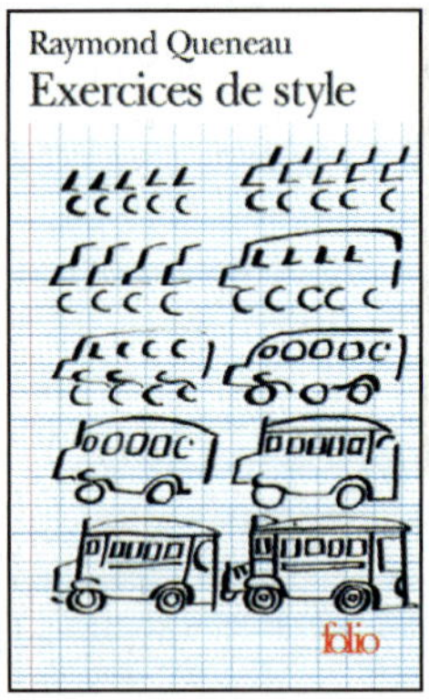

© Gallimard

Un autobus à la livrée verte et blanche [...] vint recueillir du côté du parc Monceau un petit lot favorisé de candidats voyageurs.

Après une attente démesurée l'autobus enfin tourna le coin de la rue et vint freiner le long du trottoir.

R. Queneau, *Exercices de style*, © Gallimard, 1947

b. Quel extrait est mélioratif ?
Lequel est péjoratif ?

c. Relevez les mots qui vous permettent de répondre.
Pris seuls, ces mots ont-ils toujours leur signification méliorative ou péjorative ?

Activité 4 **a. Relevez les mots qui renvoient au champ lexical de la mer.**

Oh ! Combien de marins, combien de capitaines
Qui sont partis joyeux pour des courses lointaines [...] !

V. Hugo, « Oceano Nox », *Les Rayons et les Ombres*, 1840

b. Le mot *capitaine* conserve-t-il la même signification dans la phrase suivante ?

C'est le capitaine de l'équipe.

c. Quels éléments vous permettent de trouver la bonne signification du mot *capitaine* dans les vers de Victor Hugo ?

Je retiens

• Un mot peut avoir plusieurs sens : c'est **la polysémie**.

• Le **sens dénoté** du mot est celui qu'on trouve dans le dictionnaire, sur lequel tout le monde s'accorde de façon neutre et objective.

Il peut y avoir plusieurs sens dénotés : il peut s'agir du **sens propre** du mot (premier) ou **figuré** (fondé sur un rapprochement imagé).

• Le **sens connoté d'un mot dépend du contexte**. Il est fondé sur un **sens implicite**, reconnu par l'émetteur et par son destinataire. Il peut être **mélioratif** ou **péjoratif**, mais aussi fondé sur des **références culturelles**, sociales ou symboliques.

Mot : cochon
nom masculin

sens dénoté	sens connoté	sens figuré
sens propre : *animal d'élevage*	***connotation péjorative :*** *animal symbole de saleté*	***insulte :*** *sous-entend la saleté physique ou morale*

Pour dire, pour écrire

• La polysémie est essentielle dans la littérature : s'appuyer sur cette richesse du vocabulaire permet de créer **figures de style** et **jeux de mots**.

• Les connotations permettent d'exprimer un **point de vue**.

Repérer

1 Recopiez en bleu les phrases qui donnent le sens dénoté des mots en gras, en noir celles qui en donnent le sens connoté.

1. Ce sac est plus **léger** que le tien.
2. Le chat descend les marches d'un pas **léger**.
3. Il **se mêle** toujours de nos affaires.
4. Les fils détachés **se mêlent** les uns aux autres.
5. Cet homme est **grand**.
6. C'est un **grand** homme.

2 Les mots en gras possèdent-ils une connotation méliorative ou péjorative ?

1. Ce vêtement est tout à fait **ordinaire**.
2. Il nage comme un **poisson** dans l'eau.
3. Il **se soumet** aux ordres donnés.
4. L'**océan** fait rêver des générations d'enfants, de futurs aventuriers.
5. Il prend toujours des poses très **théâtrales**.

3 EXO+ 4 EXO+

Manipuler

5 Classez ces synonymes dans un tableau :

maison • villa • juger • critiquer • sombre • ténébreux • extraire • arracher

termes dénotés	termes connotés

6 En vous aidant d'un dictionnaire, employez chaque mot dans deux phrases, l'une où il sera au sens propre, l'autre au sens figuré :

perdre • la glace • plumer • une boucherie • la lune • effacer • brillant(e)

7 EXO+ 8 EXO+

Préparer une dictée

9 a. Lisez l'extrait suivant.

[…] L'ampleur du ciel, l'architecture **mobile** des nuages, les colorations **changeantes** de la mer, le **scintillement** des phares, sont un prisme merveilleusement propre à amuser les yeux sans jamais les lasser. Les formes élancées des navires […] auxquels la houle imprime des **oscillations** harmonieuses, servent à entretenir dans l'âme le goût du **rythme** et de la beauté. […]

C. Baudelaire, « Le port », *Petits Poèmes en prose*, 1855

b. À quel champ lexical les cinq mots en gras appartiennent-ils ? Quelle image apportent-ils à la description ?

c. Cette description est-elle méliorative ou péjorative ?

10 EXO+

Écrire

11 Les mots *mer* et *océan* ont le même sens dénoté : vaste étendue d'eau de mer, répartie autour du globe terrestre. Pour autant, leurs connotations respectives peuvent être différentes.

océan → aventure, voyage, immensité

mer → vacances, baignades

Choisissez l'un de ces deux mots et développez ce qu'il évoque pour vous, à la manière de Baudelaire (ex. 9), en utilisant un vocabulaire mélioratif ou péjoratif.

12 EXO+

EXO+ lienmini.fr/jdl3-103

Fiche 1 EXO 3 7 10 — Fiche 2 EXO 4 8 12 — Exercices interactifs

Leçon 4

Les homophones et les homonymes

A. Renoir, *Le Déjeuner au bord de la rivière*, 1880

Activité 1

a. En vous aidant du tableau, proposez le plus grand nombre d'orthographes possibles du son [vɛʁ].

b. Employez-les ensuite dans des phrases de votre invention. Tous ces mots ont-ils la même signification ?

c. Comment appelle-t-on ces mots qui se prononcent de la même manière tout en ayant des sens différents ?

homophones | homonymes

Activité 2

a. Rattachez chaque mot en bleu à sa classe grammaticale.

porte **portent**

porter, indicatif présent, 3e pers. sing.

nom commun féminin

porter, indicatif présent, 3e pers. plur.

> *Le savez-vous ?*
> *Phonê* est un nom grec qui signifie *le son, la voix. Homo* veut dire *même, identique* en grec.

b. Quelle difficulté avez-vous rencontrée ? Comment appelle-t-on ce phénomène ?

homophonie | homonymie

Activité 3

a. Pour chaque phrase, choisissez la bonne orthographe. Vous pouvez vous aider des questions posées en bleu pour répondre.

1. Il chausse *ses* / *ces* skis avant de s'élancer sur la piste.

→ *Les skis lui appartiennent-ils ? Si ce sont les* ***s****iens, choisissez* ***s****es.*

2. J'ai emprunté *a* / *à* mon voisin sa règle.

→ *Peut-on remplacer* **a** *par l'imparfait* **avait** *? Si c'est le cas, il s'agit bien d'un verbe : choisissez* **a**.

b. Sur le modèle des deux questions en bleu ci-dessus, proposez-en une pour aider à choisir la bonne orthographe dans cette phrase :

De nos jours, les animaux *son* / *sont* menacés par la pollution.

→ ...

Activité 4

a. Le mot *montre* peut avoir plusieurs sens. Lesquels ?

S'agit-il d'un terme homophone **ou** homonyme **?**

b. Voici des homophones : quels sont leurs sens ? air | aire | erre

c. Que signifie le mot *voix* ? Trouvez des homophones de ce mot.

Je retiens

- Lorsqu'on les entend à l'oral, **certains mots se prononcent de la même manière** : on les appelle **homophones**.
- D'autres mots **s'écrivent exactement de la même manière** : on les appelle **homonymes**.
- Les principales difficultés orthographiques sont posées par les **homophones grammaticaux**, qu'il faut distinguer grâce à une analyse de la phrase.

Pour dire, pour écrire

Il est important de bien **connaitre les différents homophones grammaticaux**, souvent sources d'erreurs.

Principaux homophones grammaticaux

- avec le verbe **avoir** : ont / on ; a / à
- avec le verbe **être** : sont / son ; c'est /s'est

Attention aux conjugaisons

- aie, ait : **avoir** ; est : **être**
- été : **participe passé** ; était, étaient : **imparfait**

Repérer

1 Pour chaque phrase, choisissez la forme qui convient. Aidez-vous de l'astuce de l'activité 4.

1. *C'est* / *Ses* l'heure de se préparer à partir !
2. Il *c'est* / *s'est* débrouillé tout seul aujourd'hui.
3. *Ça* / *Sa* alors ! Il oublie *ses* / *ces* propres affaires.
4. La fillette est malade et appelle *sa* / *ça* mère.

2 Pour chaque phrase, choisissez la forme qui convient.

1. *Quoique* / *Quoi que* je sois fatiguée, j'accepte de t'accompagner.
2. *Quoique* / *Quoi que* tu penses, il faut le garder pour toi.
3. Il parviendra au sommet *quoiqu'* / *quoi qu'* il arrive.
4. Elle reviendra tôt *quoique* / *quoi que* ses parents ne soient pas inquiets.

3 EXO+ **4** EXO+

Manipuler

5 a. Choisissez la forme qui convient.

1. *Ce* / *Se* soir, nous irons voir le match de ta sœur.
2. Elle *ce* / *se* surpasse à l'entrainement.
3. Ils *ce* / *se* sont montrés chaleureux.
4. Ils ont accueilli *ce* / *se* chien avec bienveillance.

b. Composez deux phrases contenant le mot *ce* et deux contenant le mot *se*.

6 Classez ces phrases dans un tableau, selon la forme de *où*/*ou* qui convient.

où (lieu)	ou (alternative)

1. ... êtes-vous ?
2. Choisis ce que tu préfères : pommes ... poires ?
3. Retrouvons-nous à l'endroit ... le bus s'arrête.
4. Venez-vous ... bien devons-nous partir seuls ?

7 EXO+ **8** EXO+

Écrire

9 Sur le modèle de l'activité 3, identifiez les homophones suivants et proposez une manière de les distinguer.

1. ni • n'y • nie
2. tant • tend • t'en
3. l'ai • les • l'est
4. dans • dent • d'en
5. ou • où
6. sa • ça

10 EXO+ **11** EXO+

Préparer une dictée

12 a. Recopiez le texte en choisissant les bons homophones.

La *mer*/*mère* Guillette habitait une chaumière fort pauvre *à*/*a* *deux*/*de* portées de fusil *de*/*deux* la ferme. *Mais*/*met* c'*été*/*était* une femme d'ordre *est*/*et* de volonté. *Sa*/*Ça* pauvre maison *été*/*était* propre *et*/*aie* bien tenue, *est*/*et* *ces*/*ses* vêtements rapiécés avec soin annonçaient le respect de soi-même au milieu de la détresse.

G. Sand, *La Mare au diable*, 1846

b. Inventez à votre tour une courte dictée contenant le plus d'homophones possible.

Produire à l'oral

13 a. Pour chacun de ces mots, rédigez une phrase qui le contient :

sans • cent • t'a • ta • vers (préposition) • vert • si • s'y

b. Dictez vos phrases à votre voisin(e) de classe. Puis votre voisin(e) vous dictera ses phrases.

EXO+ lienmini.fr/jdl3-104

- Fiche 1 : EXO 3 7 10
- Fiche 2 : EXO 4 8 11
- Exercices interactifs

Leçon

5 Le vocabulaire de l'analyse littéraire : théâtre, roman

Activité 1 **a. Lisez le texte suivant.**

© Delcourt

Rastignac, resté seul, fit quelques pas vers le haut du cimetière et vit Paris *tortueusement couché le long des deux rives de la Seine où commençaient à briller des lumières.* **Ses yeux s'attachèrent presque avidement [...] là où vivait ce beau monde dans lequel il avait voulu pénétrer. Il [...] dit ces mots grandioses :**
<u>– « À nous deux maintenant ! »</u>

H. de Balzac, *Le Père Goriot*, 1835

b. Associez chacune des parties du texte à l'une des étiquettes.

- partie en gras
- partie en italique
- partie soulignée

récit — discours direct — description

c. Quels éléments (temps verbaux, ponctuation...) vous ont aidé à répondre ?

Activité 2 **Voici deux scènes de dénouement.**

Texte A

Géronte répond à Léandre qui vient de lui demander sa fille en mariage.

GÉRONTE. – Monsieur, votre vertu m'est tout à fait considérable, et je vous donne ma fille avec la plus grande joie du monde.

Molière, *Le Médecin malgré lui*, 1666

Texte B

Oreste était amoureux d'Hermione, qui vient de mourir. Il s'adresse au ciel (c'est-à-dire aux dieux).

Ta haine a pris plaisir à former ma misère ;
J'étais né pour servir d'exemple à ta colère,
Pour être du malheur un modèle accompli.

J. Racine, *Andromaque*, 1667

a. Quel texte est un dialogue ? Dans quel texte le personnage se parle-t-il à lui-même ?

b. Comparez le sort de Léandre et d'Oreste à la fin des deux pièces.

c. Selon vous, lequel des textes constitue le dénouement d'une tragédie ? d'une comédie ? Expliquez votre choix.

Activité 3 **a. Relevez une ellipse dans le texte : qu'est-ce que le lecteur ignore ?**

Adolphe est tombé amoureux d'Elléonore.

Le jour parut ; je courus chez Elléonore. Elle était couchée, ayant passé la nuit à pleurer ; ses yeux étaient encore humides, et ses cheveux étaient épars ; elle me vit entrer avec surprise. « Viens, lui dis-je, partons. » Elle voulut répondre. « Partons, repris-je. As-tu sur la terre un autre protecteur, un autre ami que moi ? Mes bras ne sont-ils pas ton unique asile ? » Elle résistait.

B. Constant, *Adolphe*, 1816

b. Relevez un sommaire (accélération dans le rythme du récit) et une pause narrative (allongement dans le rythme du récit).

Je retiens

- Le roman et le théâtre sont deux **genres littéraires** différents : un **vocabulaire spécifique** est donc nécessaire pour décrire leurs particularités.
- Un **roman** (ou une **nouvelle**) est généralement écrit **pour être lu**. Le récit est assumé par un **narrateur**, qui raconte les actions des personnages dans sa narration.
- Une **pièce de théâtre** est le plus souvent écrite **pour être jouée sur scène** par des comédiens. Les deux genres principaux du théâtre sont la **comédie** (personnages modestes, sujets de la vie quotidienne, dénouement heureux) et la **tragédie** (personnages nobles, sujets graves comme le pouvoir ou la passion, dénouement malheureux).

Pour dire, pour écrire

Connaitre le vocabulaire spécifique au théâtre et au roman permet de comprendre la manière dont chaque texte est structuré. On peut ainsi **mieux les analyser**.

Roman (ou nouvelle)

Composition du récit
- ***paroles rapportées***
- ***descriptions***, ***portraits*** (physiques ou moraux) des personnages

Rythme du récit
- ***pause*** : allongement dans le rythme du récit
- ***scène*** : le temps de la narration est égal au temps du récit
- ***sommaire*** : accélération dans le rythme du récit
- ***ellipse*** : évènement passé sous silence par le narrateur

Théâtre

Composition de la pièce
- ***actes, scènes***
- commence par une ***scène d'exposition***, termine par un ***dénouement***

Paroles
- ***didascalies*** : indications scéniques entre parenthèses, non prononcées sur scène
- ***monologue*** : le personnage s'adresse à lui-même
- ***dialogue*** : échange entre les personnages
- ***tirade*** : longue prise de parole d'un personnage
- ***stichomythie*** : échange vif de courtes répliques
- ***aparté*** : le personnage s'adresse aux spectateurs

Repérer

1 Pour chaque extrait, indiquez s'il s'agit d'une pause, d'un sommaire ou d'une ellipse.

1. Je partais, trois jours après, pour la province.
G. de Maupassant

2. Il se couchait, puis se redressait, s'effaçait dans un coin de porte, puis bondissait, disparaissait, reparaissait, se sauvait, revenait, ripostait à la mitraille […]. V. Hugo

3. Et le vin donc, mes enfants, ça coulait autour de la table comme l'eau coule à la Seine. Un vrai ruisseau, lorsqu'il a plu et que la terre a soif. Coupeau versait de haut pour voir le jet rouge écumer. É. Zola

2 Tirade, dialogue ou stichomythie ? Précisez l'effet produit pour chaque extrait.

1. CHIMÈNE. – Hélas !
RODRIGUE. – Écoute-moi.
CHIMÈNE. – Je me meurs.
RODRIGUE. – Un moment.
P. Corneille, *Le Cid*, 1637

2. MME SMITH. – La pauvre Bobby.
M. SMITH. – Tu veux dire « le » pauvre Bobby.
MME SMITH. – Non, c'est à sa femme que je pense. Elle s'appelait comme lui, Bobby, Bobby Watson. Comme ils avaient le même nom, on ne pouvait pas les distinguer l'un de l'autre quand on les voyait ensemble.
E. Ionesco, *La Cantatrice chauve*, 1950

3. *Le Vicomte vient de se moquer du grand nez de Cyrano.*
CYRANO. – Ah ! non ! c'est un peu court jeune homme !
On pouvait dire… Oh Dieu !… bien des choses en [somme…
En variant le ton, – par exemple, tenez :
Agressif : « Moi, monsieur si j'avais un tel nez,
Il faudrait sur-le-champ que je me l'amputasse ! »
Amical : « Mais il doit tremper dans votre tasse ! »
E. Rostand, *Cyrano de Bergerac*, 1897

3 EXO+ 4 EXO+

Manipuler

5 a. Repérez l'ellipse dans ce texte.
Avant de partir en voyage, ils confièrent leur fils à sa grand-mère : c'était un enfant charmant, bien élevé et d'un caractère adorable. Quand ils revinrent, deux jours plus tard, l'enfant avait bien changé.
b. Insérez un sommaire à la place de l'ellipse.
c. Insérez une pause à la place de l'ellipse.

Lire

6 a. Selon vous, à quel genre théâtral cette scène appartient-elle ? Pourquoi ?
Scapin, le valet de Géronte, se venge de son maitre : il lui fait croire qu'on vient pour le tuer et le fait donc entrer dans un sac…
SCAPIN. – Cachez-vous. Voici un spadassin qui vous cherche. *(En contrefaisant[1] sa voix)* « Quoi ? Jé n'aurai pas l'abantage dé tuer cé Géronte, et quelqu'un par charité né m'enseignera pas où il est ? » […] *(À Géronte avec son ton naturel)* Ne vous montrez pas. **Molière**, *Les Fourberies de Scapin*, 1671

1. modifiant.

b. Expliquez la fonction des passages en italique.

7 EXO+ 8 EXO+

Réécrire

9 Réécrivez la scène de l'exercice 6, mettant en scène Scapin, comme si elle faisait partie d'un roman : intégrez dans votre récit des discours et au moins une description.

10 EXO+ 11 EXO+

EXO+ lienmini.fr/jdl3-105
Fiche 1 EXO 3 7 10
Fiche 2 EXO 4 8 11
Exercices interactifs

Leçon

6 Vocabulaire et figures de style : insister et exagérer

Activité 1

a. Que signifient les phrases suivantes ?

1. Je vais, je cours, je vole !
2. Je suis mort de froid.
3. Je t'aime un peu, beaucoup, passionnément...
4. Mille fois merci de votre aide.
5. L'automne est arrivé, hélas tous ses espoirs se sont envolés.

b. Quels effets provoquent-elles sur le lecteur ?

c. Associez chaque expression à la figure de style qui lui correspond. Justifiez.

parallélisme | exagération (hyperbole) | gradation

Activité 2

Pour la gloire de Rome, Horace vient de tuer l'amant de sa sœur, Camille.

CAMILLE. – Rome, l'unique objet de mon ressentiment !
Rome à qui[1] vient ton bras d'immoler mon amant !
Rome, qui t'a vu naître, et que ton cœur adore !
Rome enfin que je hais parce qu'elle t'honore.

1. pour qui.

P. Corneille, *Horace*, 1640

a. Quel terme est mis en valeur dans ce passage ? Par quels procédés (place des mots, type et forme de phrase...) ?

b. Montrez que ce terme est le nom noyau de chaque phrase.

c. Montrez que, pour Camille, la cause de Rome devient une obsession. Pourquoi ?

Activité 3

a. Comment Mme de Sévigné met-elle en valeur le sujet de son discours dans cette lettre ? Soyez attentif(ve) à la longueur des phrases.

Je m'en vais vous mander la chose la plus étonnante, la plus surprenante, la plus merveilleuse, la plus miraculeuse, la plus triomphale, la plus étourdissante, la plus inouïe, la plus singulière, la plus extraordinaire, la plus incroyable, la plus imprévue, la plus grande, la plus petite, la plus rare, la plus commune, la plus éclatante, la plus secrète jusqu'aujourd'hui, la plus brillante, la plus digne d'envie : [...] M. de Lauzun épouse dimanche au Louvre, devinez qui ? [...] devinez le nom : il épouse Mademoiselle, ma foi, par ma foi ! ma foi jurée ! Mademoiselle, la grande Mademoiselle ; Mademoiselle fille de Monsieur ; Mademoiselle, petite-fille de Henri IV.

Mme de Sévigné, *Lettres*, 1670

b. Relevez une figure d'insistance.

c. Étudiez le lexique au début du texte : quel champ lexical s'impose ? Sous quelle forme les adjectifs sont-ils présentés ?

d. Quelle nouvelle figure de style apparait au moment où l'auteure révèle le nom de la femme épousée ?

Je retiens

• Les **procédés de l'exagération et de l'insistance** se trouvent dans tous les genres littéraires : on en fait un emploi particulier dans **l'éloge** (pour vanter des qualités) ou **le blâme** (pour dénoncer des défauts).

• Ces procédés d'écriture servent à **souligner une idée** ou une phrase particulièrement importante, grâce à des figures de style comme la **répétition** et l'**accumulation**, ou un vocabulaire exprimant l'**intensité**.

Pour dire, pour écrire

Les procédés de l'exagération et de l'insistance sont utilisés pour **marquer le lecteur ou l'auditeur**, lors d'une **argumentation** par exemple.

Figures de style		Vocabulaire
Insistance	**Exagération**	
• **répétition** • **anaphore** : répétition de mots en début de vers / phrase • **parallélisme** : reprise d'une même construction syntaxique	• **gradation** : accumulation dont les termes se succèdent avec une intensité croissante ou décroissante. • **hyperbole** : exagération	• **intensifs** : trop, assez, vraiment… • **termes à valeur générale** : tout, tous, chacun… • **superlatifs** : relatif (le plus…) ou absolu (très…) • **termes exprimant la grandeur, la taille, l'immensité** • **préfixes** : hyper-, super-, méga-

Repérer

1 Relevez les figures de style d'insistance.

1. *Cyrano au sujet de son grand nez.*
C'est un roc ! c'est un pic ! c'est un cap !
Que dis-je un cap ?… C'est une péninsule ! **E. Rostand**

2. Je veux sans que la mort ose me secourir
Toujours aimer, toujours souffrir, toujours mourir.
P. Corneille

3. Il parut alors une beauté à la cour, qui attira les yeux de tout le monde, et l'on doit croire que c'était une beauté parfaite […]. **Mme de Lafayette**

2 Quelle figure de style domine dans cet extrait ? Qu'est-ce que cela révèle sur le personnage ?

Avant de connaître Thérèse, Laurent avait la lourdeur, le calme prudent, la vie sanguine d'un fils de paysan. Il dormait, mangeait, buvait en brute.
É. Zola, *Thérèse Raquin*, 1867

3 EXO+ **4** EXO+

Lire

5 Le seul bruit de mon nom renverse les murailles,
Défait les escadrons, et gagne les batailles,
Mon courage invaincu contre les empereurs
N'arme que la moitié de ses moindres fureurs,
D'un seul commandement que je fais aux trois [Parques,
Je dépeuple l'État des plus heureux monarques,
Le foudre est mon canon, les destins mes soldats,
Je couche d'un revers mille ennemis à bas.
P. Corneille, *L'Illusion comique*, 1639

a. Quel emploi le personnage fait-il de la première personne ?
b. Observez l'utilisation des chiffres : que remarquez-vous ?
c. Relevez une hyperbole.
d. D'après ce texte, faites un court portrait moral du personnage.

6 EXO+ **7** EXO+

Écrire

8 En employant les procédés de l'exagération ou de l'insistance, écrivez un court texte (8-10 lignes) à la première personne.

Racontez une aventure surprenante, qui aura l'air extraordinaire par l'emploi des procédés de l'insistance ou de l'exagération.

9 Imaginez les pensées d'un personnage du tableau à la vue d'un navire qui peut le sauver. Les pensées seront fondées sur les procédés d'exagération ou d'insistance.

T. Géricault, *Le Radeau de La Méduse*, 1818

10 EXO+ **11** EXO+

Produire à l'oral

12 Proposez à la classe une lecture à voix haute du texte de l'exercice 5, en employant le ton approprié de l'insistance.

EXO+ lienmini.fr/jdl3-106
Fiche 1 EXO 3 6 10
Fiche 2 EXO 4 7 11
Exercices interactifs

Leçon 7

Vocabulaire et figures de style : juger, s'opposer, s'engager

Activité 1 **a. Lisez le texte suivant.**

Le sapin et la ronce disputaient ensemble. Le sapin se vantait et disait « Je suis beau, élancé et haut, et je sers à construire des toits aux temples et des vaisseaux. Comment oses-tu te comparer à moi ? — Si tu te souvenais, répliqua la ronce, des haches et des scies qui te coupent, tu préférerais toi aussi le sort de la ronce. »

Il ne faut pas dans la vie s'enorgueillir[1] de sa réputation ; car la vie des humbles est sans danger.

Ésope, « Le Sapin et la Ronce », *Fables*, VIe siècle av. J.-C., trad. É. Chambry, 1926

1. condamner, blâmer.

b. Qu'est-ce qui oppose le sapin et la ronce ? Pourquoi s'opposent-ils ?

c. Caractérisez chacun d'eux par un adjectif.

d. Divisez le texte en deux parties : où l'auteur donne-t-il son point de vue directement ? Et indirectement ?

e. Quelle est la morale proposée par l'auteur ?

Activité 2

Ô malheureux mortels ! ô terre déplorable !
Ô de tous les mortels assemblage effroyable !
D'inutiles douleurs éternel entretien !
Philosophes trompés qui criez, « Tout est bien »
Accourez, contemplez ces ruines affreuses,
Ces débris, ces lambeaux, ces cendres malheureuses [...].

Voltaire, « Poème sur le désastre de Lisbonne », 1756

a. Lisez le texte de Voltaire. Que dénonce l'auteur ?

b. Quel type de phrase témoigne de l'engagement de l'auteur ?

c. Quels termes révèlent son indignation ?

Activité 3 **a. Associez chaque thème à l'argument et à l'exemple qui lui correspondent.**

b. Choisissez l'un des thèmes. Rédigez un paragraphe de trois phrases : le thème choisi avec l'argument et l'exemple du tableau. Chaque phrase commencera par un connecteur logique.

THÈME	ARGUMENT	EXEMPLE
Les nouvelles technologies	La survie de la planète est menacée par l'activité humaine.	Certaines iles risquent d'être englouties si les eaux montent.
Le réchauffement climatique	Cela permet de faciliter les relations à distance.	Des milliers d'enfants travaillent encore dans des mines de par le monde.
Le travail des enfants	Faire travailler un enfant, c'est le priver d'instruction.	Skype permet de parler mais aussi de voir son interlocuteur.

Je retiens

- **Argumentation directe :** l'auteur **exprime explicitement (ouvertement) son avis**, souvent à la 1re personne. Il prend position sur un **thème** en développant une **thèse** (un avis), qui s'appuie sur des **arguments** (abstraits) illustrés par des **exemples** (concrets).
- **Argumentation indirecte :** l'auteur exprime **implicitement** son avis, à travers des personnages.
- **Argument d'autorité :** consiste à citer une référence partagée.
- Pour opposer deux idées, l'auteur peut recourir à **l'antithèse** (opposition entre deux idées ou deux mots) ou à **l'oxymore** (union grammaticale de deux mots contradictoires).

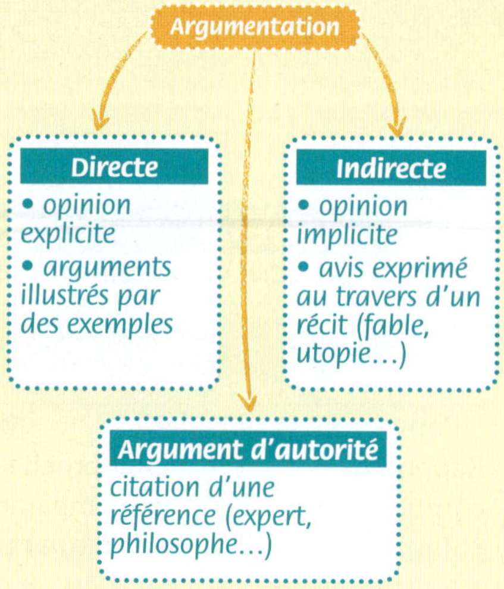

Pour dire, pour écrire

- Les **articles**, les **discours** ou les **lettres** permettent de développer une argumentation directe.
- Les **apologues** (récits de fiction qui contiennent une morale), les **fables** et les **utopies** servent à développer une argumentation indirecte.

Repérer

1 Ces argumentations sont-elles directes ou indirectes ? Justifiez.

1. *Voltaire défend un homme condamné à la torture.* À quoi tient donc la vie des hommes ? À quoi tiennent les plus horribles supplices ? […] Ce pauvre homme criait sur la roue qu'il était innocent. **Voltaire**

2. Lettre de Rica à Rhédi. Je trouve les caprices de la mode, chez les Français, étonnants. Ils ont oublié comment ils étaient habillés cet été ; ils ignorent plus comment ils le seront cet hiver. **Montesquieu**

3. *Montaigne parle de son amitié très forte avec La Boétie.* Nous nous cherchions avant que de nous être vus […]. Et à notre première rencontre, qui fut par hasard en une grand fête […], nous nous trouvâmes si pris, si connus, si obligés entre nous, que rien dès lors ne nous fut si proche que l'un à l'autre. **M. de Montaigne**

2 a. Cette argumentation est-elle directe ou indirecte ?

Quelle chimère[1] est-ce donc que l'homme ? Quelle nouveauté, quel monstre, quel chaos, quel sujet de contradiction, quel prodige ! Juge de toutes choses, imbécile ver de terre; dépositaire du vrai, cloaque[2] d'incertitude et d'erreur: gloire et rebut de l'univers.

B. Pascal, *Pensées*, 1669

1. monstre mythologique. 2. égout.

b. Montrez que la thèse de l'auteur est fondée sur une opposition.
c. Quelle figure de style structure tout le texte ?
d. Relevez les termes qui s'opposent et classez-les en deux colonnes.

3 EXO+ 4 EXO+

Réécrire

5 Lisez le texte de l'exercice 6. Réécrivez les paroles de l'esclave dans une argumentation directe pour convaincre le lecteur des méfaits de l'esclavage.

Lire

6 *Candide rencontre un esclave en Amérique.*

[…] il manquait à ce pauvre homme la jambe gauche et la main droite. [*Puis l'esclave raconte* :] « On nous donne un caleçon de toile pour tout vêtement deux fois l'année. Quand nous travaillons aux sucreries, et que la meule nous attrape le doigt, on nous coupe la main ; quand nous voulons nous enfuir, on nous coupe la jambe : je me suis trouvé dans les deux cas. »

Voltaire, *Candide*, 1759

a. Que veut dénoncer l'auteur ? Par quels procédés suscite-t-il la pitié du lecteur ?
b. S'agit-il d'une argumentation directe ou indirecte ?
c. L'auteur veut-il convaincre (par la raison) ou persuader (par les sentiments) le lecteur ?

7 EXO+ 8 EXO+

Écrire

9 Produisez deux courts textes pour dénoncer la maltraitance exercée sur les animaux. Dans le premier texte, vous chercherez à convaincre votre lecteur ; dans le second à le persuader.

10 Vous rédigerez un texte qui prendra la forme de votre choix (fable, conte…) pour illustrer la morale : *On a toujours besoin d'un plus petit que soi.*

11 EXO+ 12 EXO+

EXO+ lienmini.fr/jdl3-107
Fiche 1 EXO 3 7 11
Fiche 2 EXO 4 8 12
Exercices interactifs

Les figures de style

Figures de style : façon de dire pour créer un effet

Figures de rapprochement
Associer deux réalités différentes

Comparaison
Rapproche un comparé et un comparant **avec un mot de comparaison**
Ex : Il est grand comme un géant.

Métaphore
- Rapproche un comparé et un comparant **sans mot de comparaison**
Ex : C'est un ange !
- La **métaphore** est **filée** si le même rapprochement est développé sur plusieurs lignes.
- La **personnification** consiste à rapprocher un être non humain ou un objet d'un humain.

Figures d'opposition
Exprimer un paradoxe, une contradiction

Antithèse
Opposition d'idées ou de termes
Ex : Je vis, je meurs (L. Labé)

Oxymore
Opposition entre des mots liés grammaticalement
Ex : Le soleil noir de la mélancolie (G. de Nerval)

Antiphrase
Substituer par le contraire de ce que l'on pense
Ex : Tu es beau comme cela ! (on ne le pense pas)

Figures de substitution
Remplacer une réalité par une autre

Mot remplacé ≠ mot de remplacement

Métonymie
Remplacement d'un mot par un autre, qui a un lien étroit avec lui
Ex : Boire un verre (le contenant à la place du contenu)

Synecdoque
Remplacement du tout par une de ses parties
Ex : Les voiles → le bateau

Mot remplacé = mot de remplacement

Périphrase
Remplacement d'un nom par un GN qui désigne la même réalité
Ex : La ville lumière → Paris

outils de mémorisation

en modifiant le sens d'un mot ou d'une structure pour toucher le lecteur

Figures d'insistance et d'amplification

Amplifier la portée du propos

Insistance (répétition)

Répétition et anaphore

Répétition en tête de vers ou de proposition

Ex : Paris !
Paris outragée !
Paris brisée !
Paris martyrisée !
Mais Paris libérée !
(C. de Gaulle)

Amplification (sans répétition)

Accumulation

Développement d'une idée par une série de mots

Gradation

Accumulation organisée, ascendante ou descendante

Ex : Je me meurs, je suis mort, je suis enterré (Molière)

Hyperbole

Exagération

Ex : Il est mort de peur !

Figures d'atténuation

Diminuer la portée du propos

Euphémisme

Atténuer une réalité par les mots

Ex : Il est parti (pour : Il est mort)

TUTO VIDÉO lienmini.fr/jdl-002
Saisissez cette adresse sur votre navigateur pour apprendre à créer votre propre carte mentale.

EXO + lienmini.fr/jdl3-108

Fiche 1 EXO 1 3 5 — Fiche 2 EXO 2 4 6 — Exercices interactifs

▶ *Avez-vous bien compris ces leçons sur le lexique ?*
Vérifiez en lisant cet extrait et en répondant aux questions d'un groupe.

Texte support

Adieu

Pendant la Première Guerre mondiale, Guillaume Apollinaire, qui s'est engagé dans l'armée, écrit des poèmes à sa bien-aimée.

Adieu !
L'amour est libre il n'est jamais soumis au sort
Ô Lou le mien est plus fort encor que la mort
Un cœur le mien te suit dans ton voyage au Nord

Lettres Envoie aussi des lettres ma chérie
On aime en recevoir dans notre artillerie
Une par jour au moins une au moins je t'en prie

Lentement la nuit noire est tombée à présent
On va rentrer après avoir acquis du zan[1]
Une deux trois À toi ma vie À toi mon sang

La nuit mon cœur la nuit est très douce et très blonde
Ô Lou le ciel est pur aujourd'hui comme une onde
Un cœur le mien te suit jusques au bout du monde

L'heure est venue Adieu l'heure de ton départ
On va rentrer Il est neuf heures moins le quart
Une deux trois Adieu de Nîmes dans le Gard

4 fév. 1915

G. Apollinaire, « Adieu », *Poèmes à Lou*, 1915

1. bonbon à la réglisse.

Groupe 1

Repérer

1 **Au vers 4, quel est le sens du mot « cœur » ? Faut-il le prendre au sens propre ?**

2 **Comparez les deux emplois de « nuit » dans le poème. Le mot est-il caractérisé de la même manière ? Quelle nuance de sens cela implique-t-il ?**

3 **Relevez une comparaison et une métaphore.**

Manipuler

4 **a. De quel type de strophe s'agit-il ?**
b. De quel type de vers s'agit-il ?
c. Dans la 4e strophe, les rimes sont-elles féminines ou masculines ? Pauvres, suffisantes ou riches ?

5 **Lou, la destinataire du poème, est-elle désignée de manière péjorative ou méliorative ?**

6 **a. Comment l'insistance est-elle exprimée au vers 7 ?**
b. Comment l'insistance sur le nom de la destinataire est-elle exprimée ? Pour répondre, regardez la première lettre de chaque vers.

Écrire

7 **Comme G. Apollinaire, vous composerez une strophe en vers. La première lettre de chaque vers composera un mot.**

Photographie de Guillaume Apollinaire soldat, blessé à la tempe, 1916

BREVET DICTÉE lienmini.fr/jdl-017
Groupes 1, 2 et 3
Écoutez et écrivez le texte de cette dictée pour vous préparer à l'épreuve du brevet.

Groupe 2

Repérer

1 Au vers 4, le mot « cœur » est-il au sens propre ou au sens figuré ?

2 Le mot « nuit » a-t-il la même signification dans ses deux emplois ? S'agit-il du sens neutre ou connoté ?

3 Relevez deux figures de style de rapprochement en précisant le comparé et le comparant.

Manipuler

4 a. De quel type de strophe s'agit-il ?
b. De quel type de vers s'agit-il ?
c. Comparez les rimes des 3e et 4e strophes.

5 Lou est-elle présentée de manière méliorative ou péjorative ? Justifiez à partir d'une citation expliquée.

6 a. Comment l'insistance est-elle exprimée au vers 7 ? Au vers 11 ?
b. Comment l'insistance sur la destinataire et sur son nom (pour cela, regardez la première lettre des vers) est-elle exprimée ?

Écrire

7 Comme G. Apollinaire, vous composerez une strophe en vers rimés. Les premières lettres de chacun des vers mises bout à bout composeront un mot.

Groupe 3

Repérer

1 Au vers 4, quel sens faut-il donner au mot « cœur » ?

2 Comparez les deux emplois de « nuit » dans le poème et expliquez leur différence.

3 Relevez deux figures de style de rapprochement. Expliquez-en le sens.

Manipuler

4 a. De quel type de strophe s'agit-il ?
b. De quel type de vers s'agit-il ?
c. Comparez les rimes des 2e, 3e et 4e strophes.

5 Lou est-elle présentée de manière méliorative ou péjorative ? Justifiez à partir de deux citations expliquées.

6 a. Comment l'insistance est-elle exprimée au vers 7 ? Au vers 11 ?
b. Comment l'insistance sur la destinataire et sur son nom est-elle exprimée ?

Écrire

7 Comme G. Apollinaire, vous composerez une strophe en vers réguliers rimés.
Les premières lettres de chacun des vers mises bout à bout composeront un mot.

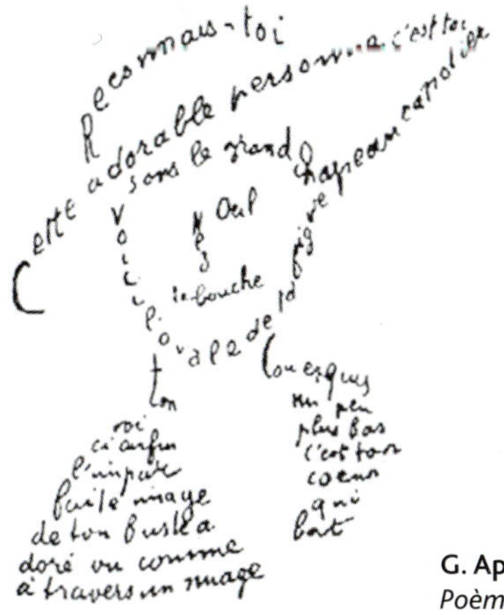

G. Apollinaire, calligramme, *Poèmes à Lou*, 1915

Atelier de classe

Qu'est-ce qu'une expansion du nom ?

Cet atelier va vous permettre de réviser vos connaissances sur ***la composition du groupe nominal (GN)****. Vous réaliserez les activités suivantes* ***en groupe****, afin que chacun puisse donner ses idées et les confronter à celles des autres. Lorsque vous vous serez mis d'accord,* ***vous rédigerez vous-mêmes vos conclusions****.*

T. A. Steinlen (1859-1923), *Chat sur un fauteuil*, musée d'Orsay, Paris

Les **amoureux** fervents[1] et les **savants** austères[2]
Aiment également, dans leur mûre **saison**,
Les **chats** puissants et doux, orgueil de la maison,
Qui comme eux sont frileux et comme eux sédentaires. […]

Leurs **reins** féconds sont pleins d'étincelles magiques
Et des **parcelles** d'or, ainsi qu'un **sable** fin,
Étoilent vaguement leurs **prunelles** mystiques[3].

C. Baudelaire, « Les Chats », *Les Fleurs du Mal*, 1857

1. passionnés. 2. sévères, stricts. 3. mystérieuses, divines.

PARTIE 1

Identifier des GN et les décomposer

Observons et manipulons

1. Relevez tous les mots du texte faisant partie des groupes nominaux dont le mot noyau est en gras.

[ ] amoureux [ ] — [ ] savants [ ]

[ ] [ ] saison

[ ] chats [et] , [ ]

[et]

[ ] reins [ ]

[ ] parcelles [ ] — [ ] sable [ ]

[ ] prunelles [ ]

2. Qu'ont de semblable ou de différent les groupes nominaux que vous avez observés ?

Qu'avons-nous observé ?

À partir de vos observations, expliquez ce qu'est un GN.

PARTIE 2

Identifier des GN et analyser leur composition

Observons et manipulons

1. Relevez tous les GN dans les extraits suivants.

Mon pauvre cœur est un hibou
Qu'on cloue, qu'on décloue, qu'on recloue.

G. Apollinaire, « Le Hibou », *Le Bestiaire*, 1911

Non : il s'en va, froid, sous sa pierre.
Bonsoir – ce crapaud-là c'est moi.

T. Corbière, « Le Crapaud », *Les Amours jaunes*, 1873

Lui, naguère si beau, qu'il est comique et laid !
L'un agace son bec avec un brûle-gueule,
L'autre mime, en boitant, l'infirme qui volait !

C. Baudelaire, « L'Albatros », *Les Fleurs du Mal*, 1857

Un jour, sur ses longs pieds, allait je ne sais où
Le Héron au long bec emmanché d'un long cou

J. de La Fontaine, « Le Héron », *Fables*, 1678

2. À quel schéma correspond chacun des GN identifiés ?

1 déterminant — nom

2 dét. — nom — expansion

3 dét. — nom — expansions

Qu'avons-nous observé ?

À partir de vos observations, expliquez de quelles classes grammaticales peut être composé un GN.

PARTIE 3

Créer des GN de compositions différentes

Observons et manipulons

Pour chacune de ces gravures de Gustave Doré, imaginez un titre sous la forme d'un GN. Vous pouvez vous appuyer sur les étiquettes de la partie 2 pour la structure de vos GN.

Qu'avons-nous observé ?

Les titres donnés aux gravures fournissent-ils tous le même degré de précision sur l'image ?

Qu'avons-nous découvert sur les expansions du nom ?

Faites le point avec les membres de votre groupe afin de pouvoir présenter oralement le résultat de vos observations sur :

- **les groupes nominaux**
- **le mot noyau**
- **les expansions du nom**

Leçon 10

L'apposition

Activité 1 **a. Dans le texte suivant, relevez les GN qui sont isolés du reste de la phrase par une virgule.**

[…] Petit-Poucet rêveur, j'égrenais dans ma course
Des rimes. Mon auberge était à la Grande-Ourse.
Mes étoiles au ciel avaient un doux frou-frou

Et je les écoutais, assis au bord des routes,
Ces bons soirs de septembre où je sentais les gouttes
De rosée à mon front, comme un vin de vigueur ;

Où, rimant au milieu des ombres fantastiques,
Comme des lyres, je tirais les élastiques
De mes souliers blessés, un pied près de mon cœur !

A. Rimbaud, « Ma Bohème », *Cahier de Douai*, 1870

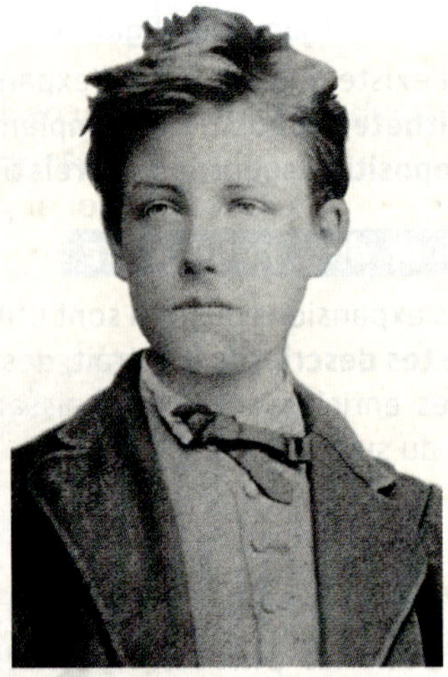

Portrait d'Arthur Rimbaud

b. À quel mot ces GN sont-ils apposés ?

c. Dans chacun des cas, qu'apportent ces appositions ? Quel est leur intérêt ?

> *Le savez-vous ?*
> Le mot *apposition* signifie en latin *posé à côté*.

Activité 2 **a. Relevez les appositions dans les phrases suivantes.**

b. Indiquez quelle est leur classe grammaticale.

1. Œdipe et sa fille, Antigone, marchent sur les routes de Grèce.
2. Elle n'a qu'un désir : soutenir son père.
3. Thèbes, la cité qu'ils ont dirigée, a décidé de les exiler.
4. Ayant tout abandonné, Antigone a renoncé à son ancienne vie.
5. Que ses frères se réconcilient, voilà son souhait le plus cher.
6. Subjugués, les Thébains voient le père et la fille partir en exil.
7. Étéocle et Polynice, rivaux, sont prêts à combattre.

A. GN
B. Proposition infinitive
C. Nom propre
D. Adjectif qualificatif
E. Proposition participiale
F. Participe passé
G. Proposition complétive

Activité 3 **a. Dans les phrases suivantes, précisez quelle valeur circonstancielle a le groupe souligné.**

opposition | temps | cause

1. <u>Comme elles sont arrivées en retard</u>, elles ont manqué leur train.
2. Louis XIV, <u>lors de son règne,</u> a fait construire le château de Versailles.
3. Ils ont accepté de se réconcilier, <u>bien qu'ils n'aient pas le même avis</u>.

b. Transformez les groupes soulignés pour en faire des appositions au sujet de la phrase.

Je retiens

L'apposition est une **des quatre expansions du nom**.

- Elle **complète un mot noyau** dont elle est toujours **séparée par un signe de ponctuation** (**virgule** ou **deux-points**).
- Elle **informe sur le mot noyau** ou a une **valeur circonstancielle** (temps, moyen, cause…).
- L'apposition peut appartenir à **différentes classes grammaticales**.

Pour dire, pour écrire

Les appositions sont très utilisées **dans les textes poétiques** afin de **créer des images** par des rapprochements métaphoriques.

Apposition

- **Adjectif qualificatif** : *À Noël, les enfants, curieux, ouvrent leurs cadeaux.*
- **Participe passé** : *Surpris, tous s'arrêtèrent.*
- **Nom ou GN** : *Il approcha, le cœur battant, de celle qu'il aimait.*
- **Infinitif** : *Il n'avait qu'un seul objectif : réussir.*
- **Proposition complétive ou infinitive** : *Qu'elle tombe amoureuse de lui, voilà la pensée qui l'habitait.*

Repérer

1 Relevez les appositions dans le texte suivant.

Parsons était un collègue de Winston au ministère de la Vérité. C'était un homme grassouillet mais actif, d'une stupidité paralysante, un monceau d'enthousiasmes imbéciles, un de ces esclaves dévots qui ne mettent rien en question […]. Une accablante odeur de sueur, inconscient témoignage de l'ardeur qu'il déployait, le suivait partout […].

G. Orwell, *1984*, 1948, trad. A. Audiberti, © Gallimard, 1950

2 Relevez les appositions et précisez leur nature.

1. Une seule ambition animait La Fontaine : moquer les vices de son temps.

2. Que l'on reconnaisse l'apport d'Ésope, voilà quel était l'objectif du fabuliste.

3. Perrette, le cœur battant, rêvait éveillée, en portant son pot au lait.

4. Réunis à la cour du Lion, les animaux malades de la peste se vengèrent sur l'Âne, pourtant innocent.

3 EXO+ 4 EXO+

Réécrire

5 a. Relevez les appositions.

1. Ayant commencé à parler, l'orateur s'interrompit brutalement.

2. L'enfant, les yeux baissés, semblait triste.

3. François Ier, roi de France, jouissait d'un grand pouvoir.

4. Arrivés au sommet du mont Blanc, les randonneurs étaient comblés.

b. Réécrivez chaque phrase en remplaçant l'apposition par une proposition subordonnée circonstancielle de même sens.

6 EXO+ 7 EXO+

Préparer une dictée

8 a. Apollinaire a écrit ce poème sans ponctuation. Identifiez les appositions, puis recopiez le poème en ajoutant la ponctuation qui convient.

Les sapins en bonnets pointus
De longues robes revêtus
Comme des astrologues
Saluent leurs frères abattus
Les bateaux qui sur le Rhin voguent […]

Les sapins beaux musiciens
Chantent des noëls anciens
Au vent des soirs d'automne
Ou bien graves magiciens
Incantent le ciel quand il tonne […]

G. Apollinaire, « Les sapins », *Alcools*, 1913

b. Quelle image ces appositions servent-elles à construire ? Comment appelle-t-on cette figure de style ?

9 EXO+ 10 EXO+

Produire à l'oral

11 Décrivez chaque objet du tableau par une phrase comportant une apposition. *Ex : Adossé à l'angle du mur, le peigne semble regarder les nuages.*

R. Magritte, *Les Valeurs personnelles*, 1952

EXO+ lienmini.fr/jdl3-110
Fiche 1 EXO 3 6 9
Fiche 2 EXO 4 7 10
Exercices interactifs

Leçon

11 La proposition subordonnée relative

Activité 1

a. Complétez les phrases suivantes.

1. Le Petit Poucet, qui …, est le héros d'un conte.
2. Le conte que … s'appelle *Peter Pan*.
3. Je te lis mon conte favori, dont ….
4. Les contes se déroulent toujours à une époque où ….

b. À quelle classe grammaticale les mots que vous avez ajoutés appartiennent-ils ?

c. Dans quel cas la proposition subordonnée relative ajoutée peut-elle être supprimée ? Dans quel cas peut-elle être déplacée ?

Activité 2

a. Réécrivez chaque paire de phrases en la réunissant en une seule phrase.

1. L'homme est entré au tribunal. Cet homme est le juge.
2. J'écris une lettre à mon meilleur ami. J'ai rencontré mon meilleur ami en voyage.
3. Tu vois une fleur. Cette fleur s'appelle une tulipe.
4. Je parle d'un spectacle. Ce spectacle a rencontré un grand succès.

b. Le mot que vous avez ajouté est un pronom relatif : quelle forme peut-il avoir ? À quoi sert-il ?

c. Dans chaque phrase, quel mot le pronom relatif remplace-t-il ? À quelle classe grammaticale ce mot appartient-il ?

Activité 3

a. Lisez les phrases suivantes.

1. Le roman *que* j'ai lu m'a passionné.
2. La salle *où* j'ai vu ma première pièce se trouve à Paris.
3. L'artiste *qui* joue du violon se produit à l'opéra.
4. J'ai emprunté le livre *auquel* tu tiens le plus.
5. Le peintre *dont* tu aimes les tableaux a vécu au XVIe siècle.

b. Quel mot de la phrase le pronom relatif en bleu développe-t-il ? Ce mot est l'antécédent.

c. Réécrivez chaque phrase : séparez-la en deux phrases, en répétant l'antécédent.

*Ex : **Le roman** que j'ai lu m'a passionné. → J'ai lu **un roman**. **Ce roman** m'a passionné.*

d. Quelle est la fonction grammaticale de l'antécédent dans la première des deux phrases que vous avez créées ?

e. Recopiez les deux colonnes ci-dessous, puis reliez chaque pronom relatif à sa fonction.

que •	• complément du nom
où •	• sujet
qui •	• COI
auquel •	• COD
dont •	• CC de lieu

Activité 4

Replacez ces propositions subordonnées à l'endroit qui convient dans le texte :
que vous verrez • que je souffrirai • qui me les fait écrire • que je vous fais • que je souffre

Je vous suis très obligée, mon cher Comte, de toutes vos amitiés pour moi, et de toute la pitié … .
Vous pouvez mieux que nul autre comprendre ce … et ce … .
[…] Adieu, mon très cher Comte, je vous tue par la longueur de mes lettres ; j'espère … le fonds[1] … . **Mme de Sévigné,** lettre au comte de Grignan, 16 janvier 1671

1. la raison

Je retiens

- Une **proposition subordonnée relative (PSR)** est :
  – une proposition **subordonnée** : elle comprend toujours un **verbe conjugué**.
  – une proposition **relative** : elle est introduite par un **pronom relatif** (*qui, que, dont, où*...).
  – une **expansion du nom** : elle apporte des informations sur un nom, son **antécédent**.
- On distingue les PSR **déterminatives** (non supprimables) et les PSR **explicatives** (supprimables).

Pour dire, pour écrire

- La PSR donne des **précisions sur son antécédent** tout en **évitant de le répéter** dans deux phrases successives.
- Si le verbe de la PSR est composé **avec *avoir***, le **participe passé** du verbe **s'accorde** alors **avec l'antécédent** du pronom relatif *que* **(COD)**.

Pronom relatif	qui	que	dont	au(x)quel(le)(s), à laquelle	où, par lequel, avec lequel...
Fonction dans la PSR	sujet	COD	COI ou complément de nom	COI	complément circonstanciel

Repérer

1 Recopiez la PSR de chaque phrase et précisez son antécédent.
1. J'ai entendu la plus belle mélodie de musique que je connaisse.
2. Mona Lisa est la femme qui a inspiré la *Joconde*.
3. Le lieu où je me trouve est très passant.
4. Le voisin auquel tu parles est arrivé récemment.
5. Les oiseaux dont tu vois le nid sont des hirondelles.

2 a. Relevez le pronom relatif de chaque phrase et son antécédent.
b. Précisez la fonction du pronom relatif.
1. L'hôtel où il loge a une vue sur la Seine.
2. L'oncle auquel tu écris est resté dans son village.
3. J'ai acheté un équipement que j'utiliserai en montagne.
4. Rimbaud, qui aimait beaucoup voyager, s'est rendu dans de nombreux pays.
5. La route par laquelle tu es venu est très ombragée.

3 EXO+ 4 EXO+

Accorder

5 Accordez les participes passés des verbes entre parenthèses.
1. Il connait les gens qui sont *(entrer)* dans la pièce.
2. Les musiques que nous avons *(entendre)* nous sont restées dans la tête.
3. Les nouveaux voisins que j'ai *(rencontrer)* nous ont très bien accueillis.
4. Ce sont des tulipes qui ont *(pousser)* dans les plate-bandes.
5. Les femmes qui sont *(venir)* à la conférence ont beaucoup appris.
6. Je connais bien ces régions que tu as *(visiter)*.

6 EXO+

Réécrire

7 Réécrivez chaque paire de phrases en une seule.
1. La Fontaine écrivit de nombreuses fables. Elles sont inspirées des auteurs antiques.
2. Tu écris avec un stylo. Ton père te l'a donné.
3. Nous avons visité le château de Versailles. C'est là que Louis XIV vécut.
4. Tu m'as présenté ta grand-mère. Tu es parti en vacances avec elle.
5. J'ai adoré ce roman. Son personnage principal est Jean Valjean.

8 Remplacez les mots soulignés par une PSR.
1. Mon voisin est un homme <u>solitaire</u>.
2. Je connais une histoire <u>incroyable</u>.
3. C'est le cousin <u>le plus gourmand</u> de la famille.
4. C'est une maison <u>agréable</u> avec un jardin <u>ombragé</u>.

9 EXO+

Écrire

10 Décrivez le tableau en quatre phrases, contenant chacune une PSR introduite par l'un de ces pronom relatifs : qui • que • dont • où

J. Bosch, *L'Escamoteur* (ou *Le Magicien*), 1475-1480

11 EXO+ 12 EXO+

EXO+ lienmini.fr/jdl3-111
Fiche 1 EXO 3 6 11
Fiche 2 EXO 4 9 12
Exercices interactifs

Leçon 12

Les accords dans le groupe nominal

Activité 1

a. Réécrivez l'extrait suivant en mettant les mots en gras au pluriel.

Jusqu'au **jour** où au sein des ténèbres, une **lumière** jaillit soudain dans mon esprit, tellement brillante et merveilleuse, et pourtant si simple dans son **explication** que, tout en me sentant pris de vertige devant l'immensité des perspectives qui s'offraient à **moi**, je fus stupéfié par l'idée qu'il me fût réservé à moi, un novice, de trouver la **clef** d'un aussi extraordinaire **secret**, là où avaient échoué tant d'hommes de génie qui avaient orienté leurs recherches vers la même découverte.

M. Shelley, *Frankenstein*, 1818

**b. Quelles conséquences observez-vous ?
Surlignez tous les changements effectués.**

Activité 2

a. Réécrivez chaque étiquette en mettant le mot noyau en gras au féminin.

Un **homme** brun.

Le **musicien** de l'orchestre.

Attiré par l'odeur, le **loup** s'approche du poulailler.

Le **spectateur**, qui est assis au théâtre, rit devant la comédie.

b. Quels changements observez-vous ?

c. Expliquez dans quel cas il faut accorder les expansions avec le nom.

Activité 3

Certains adjectifs ont disparu du texte !

a. Recopiez le texte en remettant chaque adjectif à sa place.

b. Pour chaque adjectif, justifiez votre choix en soulignant le mot noyau qu'il complète.

Au loin, un ______ rougeoiement indiquait l'emplacement des boulevards et des places ______. Dans la nuit maintenant ______, le désir devenait sans entraves et c'était son grondement qui parvenait jusqu'à Rieux. Du port obscur montèrent les ______ fusées des réjouissances ______.

A. Camus, *La Peste*, © Gallimard, 1947

libérée — noir — officielles — illuminés — premières

Vue d'Oran, gravure, vers 1890, coll. privée

Je retiens

- Le **déterminant** et **certaines expansions** s'accordent **en genre** (masculin ou féminin) **et en nombre** (singulier ou pluriel) avec le mot noyau. Attention, quand il y a accord avec un nom masculin et un nom féminin, **le masculin l'emporte**.

Les adjectifs de couleur s'accordent, sauf si :

- l'adjectif est **composé** (bleu pâle, rouge vif...) ;
- l'adjectif est d'abord **un nom** (marron, orange...). Quelques adjectifs s'accordent pourtant : fauve, mauve, pourpre, rose...

Seuls les noms et adjectifs qui constituent un **nom composé** s'accordent au pluriel. Les autres mots sont invariables.

Pour dire, pour écrire

- On trouve souvent **plusieurs GN dans une phrase** (ils peuvent être sujets, compléments du verbe, compléments circonstanciels).
- Il existe même des phrases constituées seulement d'un GN : ce sont des **phrases nominales**.

S'accordent avec le mot noyau
- Déterminants
- Expansions :
  - Epithète
  - Apposition

Ne s'accordent pas avec le mot noyau
- Expansions :
  - Complément du nom
  - Proposition subordonnée relative

Accorder

1 Recopiez chaque phrase en accordant les adjectifs entre parenthèses.

1. Sur les marchés *(matinal)*, les vendeurs et vendeuses *(affairé)* négocient.
2. Cette femme *(mystérieux)* achète toujours des vêtements *(bleu clair)*.
3. Les biscuits *(rose)* de Reims sont très *(célèbre)*.
4. Les *(frais)* matins d'automne, les feuilles *(marron)* craquent sous le pas des marcheurs.

2 Mettez au pluriel ces noms composés.

1. un cerf-volant **2.** un coupe-ongle
3. un sourd-muet **4.** un essuie-main
5. un beau-frère **6.** un portemanteau

3 EXO+ 4 EXO+

Repérer

5 Justifiez l'accord des mots en gras.

1. Attendues pendant tout l'hiver, les premières hirondelles rentrent au printemps.
2. Les lilas et les tulipes **fleuris** ont recouvert le jardin.
3. Les deux candidats, **rivaux**, souhaitent être élus.
4. Les enfants qui **jouent** sont pleins d'imagination.

6 EXO+ 7 EXO+

Réécrire

8 Mettez au féminin les GN soulignés. Expliquez chaque changement nécessaire.

1. Ce grand lion hantait la forêt avant qu'Hercule ne le chasse. **2.** Un petit enfant joue dans la cour.
3. Subitement elle vit l'homme, inconnu, qui entrait dans la pièce.
4. Les habitants qui étaient restés chez eux ont échappé à la catastrophe.

9 a. Mettez les mots en gras au pluriel et opérez les changements nécessaires.

1. Le **poisson** rouge de ma sœur a sauté de son bocal.
2. Immense et gris sombre, l'**immeuble**, que l'on construisait, s'effondra.
3. L'oiseau qui a rejoint son nid arrête de chanter le soir venu.
4. Arrêté dans sa course, le **cavalier** contemplait le **spectacle** de la nature.

b. Pour quelle(s) expansion(s) observez-vous un changement ?

Écrire

10 Décrivez chaque personnage par un GN comportant un déterminant, un nom et une expansion.

1. Marguerite Duras **2.** Molière
3. Antigone **4.** Pégase
5. Le Loup et l'Agneau **6.** Arthur Rimbaud

11 EXO+ 12 EXO+

Préparer une dictée

13 Recopiez le texte. Soulignez chaque adjectif, puis encadrez le nom avec lequel il s'accorde.

Derrière eux, sur un char aux larges roues [...], apparut une statue hideuse, traînée par deux couples de zébus richement caparaçonnés[1]. Cette statue avait quatre bras, le corps colorié d'un rouge sombre, les yeux hagards, les cheveux emmêlés, la langue pendante [...].

J. Verne, *Le Tour du monde en 80 jours*, 1872

1. Couverts d'un tissu habituellement destiné aux chevaux.

EXO+ lienmini.fr/jdl3-112
Fiche 1 EXO 3 6 11 — Fiche 2 EXO 4 7 12 — Exercices interactifs

▶ *Avez-vous bien compris ces leçons sur le groupe nominal ?*
Vérifiez en lisant cet extrait et en répondant aux questions d'un groupe.

Texte support

Mon rêve familier

Je fais souvent ce **rêve** étrange et pénétrant
D'une femme inconnue, et que j'aime, et qui m'aime,
Et qui n'est, chaque fois, ni tout à fait la même,
Ni tout à fait une autre, et m'aime et me comprend.

Car elle me comprend, et mon cœur, transparent
Pour elle seule, hélas ! cesse d'être un problème
Pour elle seule, et les moiteurs de mon **front** blême,
Elle seule les sait rafraîchir, en pleurant.

Est-elle brune, blonde ou rousse ? – Je l'ignore.
Son nom ? Je me souviens qu'il est doux et sonore
Comme ceux des aimés que la Vie exila.

Son regard est pareil au **regard** des statues,
Et, pour sa voix, lointaine, et calme, et grave, elle a
L'inflexion des **voix** chères qui se sont tues.

P. Verlaine, « Mon rêve familier »,
Poèmes saturniens, 1866

Groupe 1

Repérer

1 **a.** **Relevez un nom propre qui est habituellement un nom commun.**
b. **Quelle est l'intention du poète, selon vous ?**

2 **Pour chaque groupe nominal dont le mot noyau est en gras, relevez :**
- son déterminant ;
- son (ou ses) expansion(s).

3 **À quel type d'expansion appartiennent les mots soulignés ?**

Manipuler

4 « ce rêve » (v. 1), « une femme » (v. 2) : **réécrivez les vers 1 et 2 en mettant ces GN au pluriel.**

5 **Réécrivez le vers 8 en remplaçant « Elle » par « Elles ».**

Écrire

6 **Décrivez un des sentiments exprimés par le poète dans ce poème. Vous emploierez :**
- une épithète ;
- une apposition.

7 **À votre tour, faites le portrait de la femme dont rêve Verlaine. Vous emploierez au moins deux types différents d'expansions du nom.**

BREVET DICTÉE lienmini.fr/jdl-018
Groupes 1, 2 et 3
Écoutez et écrivez le texte de cette dictée pour vous préparer à l'épreuve du brevet.

P.-A. Renoir, *Femme à l'ombrelle dans un jardin*, détail, 1875-1876

Groupe 2

Repérer

1 **a.** **Quel est le seul nom propre du texte ?**
b. **Quelle est l'intention du poète, selon vous ?**

2 **a.** **Relevez les GN dont le mot noyau est en gras. Comment chaque GN est-il composé ?**
b. **Identifiez le type de chaque expansion que vous avez relevée.**

3 **Relevez toutes les appositions du texte.**

Manipuler

4 **a.** « ce rêve » (v. 1), « une femme » (v. 2) : **réécrivez la première strophe en mettant ces GN au pluriel.**
b. **Surlignez chaque changement effectué.**

5 **Réécrivez les vers 8 et 9 en remplaçant « Elle » par « Elles ».**

Écrire

6 **Décrivez ce qu'éprouve le poète dans ce poème. Vous emploierez au moins :**
- une proposition subordonnée relative ;
- une épithète ;
- une apposition.

7 **À votre tour, faites le portrait de la femme dont rêve Verlaine.**
Vous emploierez au moins trois types différents d'expansions du nom.

Groupe 3

Repérer

1 **a.** **Quel est le seul nom propre du texte ?**
b. **Comment s'appelle cette figure de style ?**
c. **Quelle est l'intention du poète, selon vous ?**

2 **Relevez quatre GN, chacun contenant un type différent d'expansion.**

3 **a.** **Relevez toutes les appositions du texte.**
b. **Classez-les dans un tableau selon leur classe grammaticale.**

Manipuler

4 **a.** « ce rêve » (v. 1), « une femme » (v. 2) : **réécrivez les vers 1 à 6 en mettant ces GN au pluriel.**
b. **Surlignez chaque changement effectué.**

5 **a.** **Réécrivez les vers 8 et 9 en remplaçant « Elle » par « Elles ».**
b. **Entourez chaque changement effectué.**

Écrire

6 **a.** **Faites la liste des quatre expansions du nom.**
b. **Décrivez ce qu'éprouve le poète dans ce poème. Employez tous les types d'expansions.**

7 **À votre tour, faites le portrait de la femme dont rêve Verlaine.**
Vous emploierez tous les types d'expansions du nom.

Atelier de classe Comment identifier la forme d'un verbe ?

*Voici un atelier qui va vous permettre d'**identifier les différentes formes que peut prendre un verbe**. Vous allez réaliser **par groupes** des activités qui vont vous permettre de **découvrir et manipuler** ces notions en confrontant vos avis. Lorsque vous serez d'accord, **vous rédigerez vous-mêmes vos conclusions**.*

Le Loup et le Chien

Dans cette fable de La Fontaine, un loup affamé rencontre un chien bien nourri. Ce dernier s'efforce de le convaincre de venir avec lui.

[…] « Suivez-moi ; vous aurez un bien meilleur destin. »
Le Loup reprit : « Que me faudra-t-il faire ?
– Presque rien, dit le Chien ; donner la chasse aux gens
Portant bâtons, et mendiants ;
Flatter ceux du logis, à son Maître complaire ;
Moyennant quoi votre salaire
Sera force reliefs[1] de toutes les façons :
Os de poulets, os de pigeons ;
Sans parler de mainte caresse. »
Le Loup déjà se forge une félicité
Qui le fait pleurer de tendresse.
Chemin faisant, il vit le col du Chien pelé :
« Qu'est-ce là ? lui dit-il. – Rien. – Quoi ? rien ? – Peu de chose.
– Mais encor ? – Le collier dont[2] je suis attaché
De ce que vous voyez est peut-être la cause.
– Attaché ? dit le Loup : vous ne courez donc pas
Où vous voulez ? – Pas toujours, mais qu'importe ?
– Il importe si bien, que de tous vos repas
Je ne veux en aucune sorte,
Et ne voudrais pas même à ce prix un trésor. »
Cela dit, maître Loup s'enfuit, et court encor.

J. de La Fontaine, « Le Loup et le Chien », *Fables*, 1668

1. restes. 2. par lequel.

Orphée entouré d'animaux (détail), mosaïque de Palerme, IIe siècle

PARTIE 1

Réviser la voix active et la voix passive

Observons et manipulons

1. – Quelle action le Chien accomplit-il en échange de sa nourriture ? Choisissez l'étiquette qui convient :

Il est chassé par les mendiants. | Il chasse les mendiants.

– Pourquoi l'autre ne convient-elle pas ?

2. – Que porte le Chien pour symboliser sa soumission ? Relevez l'expression qui l'indique.
– Observez l'expression que vous avez relevée. De quel verbe s'agit-il ? Le Chien est-il celui qui effectue l'action exprimée par le verbe ? D'après vous, qui s'en est chargé ?

3. – Modifiez les phrases suivantes en plaçant le Chien en position de sujet.

Le Maitre nourrit le Chien avec des os.

Parfois, le Maitre caresse le Chien.

– Quel complément désigne celui qui accomplit l'action ? Quelle préposition l'introduit ?

Qu'avons-nous observé ?

À partir de vos observations, expliquez les différences entre la voix active et la voix passive, et le complément associé à cette dernière.

PARTIE 2

Identifier les formes en *-ant*

Observons et manipulons

1. – Quel nom le mot « portant » (l. 4) complète-t-il ?
– Comment expliquez-vous la différence de terminaison entre « portant » et « mendiants » ?
– Que pouvez-vous en déduire à propos de la classe grammaticale de ces mots ?

2. – Quelle est l'expression correcte pour remplacer le groupe « chemin faisant » (l. 12) ?

Alors qu'ils faisaient chemin…

Alors que le chemin faisait…

– En vous aidant de la réponse précédente, précisez quelle est la fonction grammaticale du nom « chemin » et qui accomplit l'action.
– Et si son sujet est sous-entendu par La Fontaine, à quelle classe grammaticale le mot « faisant » appartient-il ?

3. Comparez les phrases suivantes : classez les formes en *-ant* dans un tableau, selon leur terminaison. Donnez un titre à chaque colonne du tableau.

…	…

- Le Loup et le Chien, oubliant leur différence, discutent tranquillement.
- Le Chien chasse les pauvres errants.
- Le Loup, rêvant de nourriture, est tout prêt à le suivre.
- Le Chien lui semble bienveillant.

Quelles astuces avez-vous utilisées pour les différencier ?

Qu'avons-nous observé ?

À partir de vos observations, définissez les deux formes en *-ant* que vous avez étudiées.

PARTIE 3

Réviser les constructions de verbe

Observons et manipulons

1. – À quels modèles correspondent les phrases « vous aurez un bien meilleur destin » **(v. 1) et** « Le Chien complait à son Maitre » **?**

sujet — verbe — COD

sujet — verbe — COI

sujet — verbe — attribut

– Sachant qu'un verbe suivi d'un COI est dit « transitif indirect », comment nomme-t-on le verbe *avoir* dans cette situation ?

2. – Parmi ces phrases, lesquelles expriment les qualités du Loup aux yeux de La Fontaine ?

Le Loup reste un animal libre.

Le Loup a faim.

Le Loup est attentif au Chien.

Le Loup court dans la campagne.

3. – Observez les phrases que vous avez sélectionnées dans l'exercice 2.
– Les verbes employés expriment-ils des actions ?
– À quel modèle de phrase présenté dans l'exercice 1 appartiennent-ils ?

4. Dans le dernier vers, les verbes *s'enfuir* et *courir* sont-ils suivis d'un complément ? D'après vous, quel est le terme approprié pour définir cette situation ?

verbes transitifs

verbes intransitifs

Qu'avons-nous observé ?

À partir de vos observations, rappelez les quatre constructions de verbe en précisant leurs caractéristiques respectives.

Qu'avons-nous découvert sur **les différentes formes du verbe ?**

Faites le point avec les membres de votre groupe afin de présenter le résultat de vos observations sur :

- **la voix active et la voix passive**
- **les formes en *-ant***
- **les constructions de verbe**

Leçon 13

Les modes impératif, conditionnel et subjonctif

Activité 1 **Dans les répliques suivantes, relevez les verbes conjugués à l'impératif présent. À quels indices les avez-vous reconnus ?**

© Magnard

Le vieux Don Diègue demande à son fils de venger l'offense que lui a faite un autre noble.

Enfin tu sais l'affront, et tu tiens la vengeance :
Je ne te dis plus rien. Venge-moi, venge-toi ;
Montre-toi digne fils d'un père tel que moi.
Accablé des malheurs où le destin me range,
Je vais les déplorer. Va, cours, vole, et nous venge.

P. Corneille, *Le Cid*, 1637

Activité 2 **a. À voix haute, prononcez les expressions suivantes et choisissez la bonne forme verbale.**

1. Pourvu que je *peux* / *puisse* venir !
2. Bien que tu *saches* / *sais* ce que je vais dire, écoute-moi quand même.
3. Je doute que vous le *fassiez* / *faites* correctement.

b. Recopiez ce tableau de conjugaison et complétez-le avec les bonnes terminaisons.

1re pers. du sing.	que je dis...
2e pers. du sing.	que tu dis...
3e pers. du sing.	qu'il dis**e**
1re pers. du plur.	que nous dis**ions**
2e pers. du plur.	que vous dis...
3e pers. du plur.	qu'elles dis**ent**

Activité 3 **Comparez les formes verbales encadrées : laquelle se distingue des autres ? Quel sens apporte-t-elle à la phrase ?**

1. Je veux que mon ami [vienne].
2. Il doute que le temps [se soit amélioré].
3. Nous craignons que les ennuis le [fassent] fuir.

Activité 4 **a. Les verbes encadrés sont-ils conjugués au futur simple, au conditionnel ou à l'imparfait ?**

1. Je le [disais] hier, il [faudrait] prévoir une voiture plus grande pour tout emporter.
2. Nous [aurons] le temps de finir ce travail demain, aujourd'hui il [aurait été] difficile de terminer dans les délais.
3. Si tu [voulais] bien venir avec nous, tes parents [seraient] ravis.

b. Comparez ces verbes et expliquez pourquoi il est possible de se tromper.

Je retiens

- La particularité du **subjonctif** repose avant tout sur la présence du mot ***que*, suivi du verbe**. Par ailleurs, il compte quatre temps.
- Le **conditionnel présent** associe au **radical du futur** les **terminaisons de l'imparfait** ; c'est ce qui rend possible la confusion entre ces différentes formes. Au **passé**, l'**auxiliaire** se conjugue au **conditionnel**, suivi du **participe passé** du verbe.
- L'**impératif** se conjugue seulement à la deuxième personne du singulier et aux première et deuxième personnes du pluriel. Par ailleurs, **le pronom sujet n'est jamais présent**.

Subjonctif

Formes simples	*que je prenne / que nous prenions* → **terminaisons du présent** (sauf *être* et *avoir*) : e / es / e / ions / iez / ent *Attention !* Le verbe **être** se conjugue avec un **s** à la 1re personne du singulier et un **t** à la 3e personne du singulier	*que je prisse / qu'elle prît* → **forme du passé simple + ss + terminaisons du présent**
Formes composées	*que j'aie pris*	*que j'eusse pris*
→ *l'auxiliaire se conjugue à partir des temps simples*		

Conditionnel → radical du **futur** + terminaisons de l'**imparfait**

Impératif → va, allons, allez

Pour dire, pour écrire

Les différents modes verbaux permettent de **faire comprendre les intentions de l'énonciateur**. Les maitriser permet d'exprimer les subtilités de la pensée.

Repérer

1 Relevez les verbes au subjonctif et indiquez s'il s'agit du présent, de l'imparfait ou du passé.

1. J'aurais préféré qu'il prenne au moins un vêtement.
2. Quoi qu'elles aient fait, cela ne peut être grave.
3. Bien qu'il fallût se hâter, nous profitâmes pleinement de cette journée.
4. Pour que tu sois sûr d'être à l'heure, il aurait fallu te lever plus tôt.

2 Les verbes en gras sont-ils conjugués au conditionnel présent, au conditionnel passé ou à l'imparfait ?

1. Il **fallait** être sûre : je n'**aurais** pas **voulu** me tromper.
2. **Seriez**-vous d'accord pour venir le mois prochain ?
3. Vous **disiez** pourtant que rien **ne pressait**.
4. Qu'en **penserait**-il, de vous voir ainsi colérique ?

3 EXO+ 4 EXO+

Accorder

5 Ces verbes sont irréguliers : faire • venir • dire • mettre • savoir. **Conjuguez-les à la 2e personne du singulier et du pluriel dans un tableau.**

conditionnel présent	subjonctif présent	impératif présent

6 Conjuguez chaque verbe entre parenthèses au subjonctif présent et passé.

1. À supposer que tu le *(retenir)*, ton chat fera quand même ce qu'il veut.
2. Les enfants sont sortis jouer, bien que le temps *(être)* pluvieux.
3. Pour qu'elles *(pouvoir)* remporter le championnat, une préparation assidue sera nécessaire.
4. Pourvu qu'il *(faire)* beau pour le piquenique !

7 EXO+ 8 EXO+

Préparer une dictée

9 Recopiez le texte. Soulignez les verbes au subjonctif et à l'impératif présent.

Puissent tous les hommes se souvenir qu'ils sont frères ! Qu'ils aient en horreur la tyrannie exercée sur les âmes, comme ils ont en exécration le brigandage qui ravit par la force le fruit du travail et de l'industrie paisible ! Si les fléaux de la guerre sont inévitables, ne nous haïssons pas, ne nous déchirons pas les uns les autres dans le sein de la paix […].

Voltaire, *Traité sur la tolérance*, 1763

10 EXO+

Écrire

11 Topaze est devenu un escroc, après avoir été un honnête instituteur. Son ancien collègue, Tamise, essaie de le convaincre de revenir dans le droit chemin : rédigez cette situation sous la forme d'un dialogue de théâtre. Vous utiliserez le conditionnel présent pour formuler les arguments de Tamise en 6 à 8 répliques.

12 EXO+

Réécrire

13 Réécrivez ces phrases en remplaçant les formes verbales composées par des formes simples.

Il aurait fallu que je fusse déjà parti, mais j'aurais été très fatigué. De toute façon, que j'aie été présent ou non, cela n'aurait rien changé.

EXO+ lienmini.fr/jdl3-113
Fiche 1 EXO 3 7 12
Fiche 2 EXO 4 8 10
Exercices interactifs

Leçon

14 Participe présent et adjectif verbal

Activité 1 **a. Lisez l'extrait ci-dessous.**

Frédéric, en regardant ces personnes, éprouvait un sentiment d'abandon. Il songeait encore à Mme Arnoux et il lui semblait participer à quelque chose d'hostile se tramant contre elle.

G. Flaubert, *L'Éducation sentimentale*, 1869

b. Quelle est la particularité des formes surlignées ? Formulez des hypothèses sur leur classe grammaticale : à quelle autre classe ressemblent-elles ?

Activité 2 **a. Lisez l'extrait ci-dessous.**

Gil Blas s'apprête à devenir voleur : il se trouve face à un religieux pour lui dérober son argent.

À ces mots, que je prononçais d'un air **menaçant**, le religieux sembla craindre pour sa vie.

A.-R. Lesage, *Gil Blas de Santillane*, 1715-1735

b. À quelle classe grammaticale appartient le mot en gras ?
Transformez l'expression au féminin :

d'un air **menaçant** → d'une attitude ...

Que remarquez-vous ?

c. On appelle cette forme *adjectif verbal* : essayez d'expliquer le sens de cette expression.

Activité 3 **a. Lisez ces conseils de nutrition donnés sur le site *mangerbouger.fr* :**

- Se dépenser chaque jour permet également de garder un poids stable en utilisant l'énergie apportée par les aliments.
- **Ne bouder aucun aliment** sans oublier les fruits et légumes, les féculents et les produits laitiers, tout en limitant les aliments gras et sucrés qui n'aident pas à grandir.

b. Qu'indiquent les expressions surlignées ? Quel est l'intérêt de la forme en *-ant* employée ?

Activité 4 **a. Reproduisez les deux cartes ci-contre.**

b. Lisez chaque phrase à voix haute en choisissant la forme en *-ant* appropriée, puis levez la carte qui correspond à la forme que vous avez choisie.
Celle ou celui qui lève la bonne carte en premier a gagné !

Adjectif verbal | Participe présent

1. Elle commença à se plaindre, *manifestant* / *manifestante* son mécontentement.
2. Elles se montrent très *exigeantes* / *exigeant* avec leurs employés.
3. Les commères se mirent à chuchoter, *médisantes* / *médisant* de leurs voisines.
4. Les avions sont des moyens de transport *rassurants* / *rassurant*.
5. *Prenant*/*Prenants* Alice par la main, ils la menèrent jusqu'à la reine *grimaçant*/*grimaçante*.
6. Les héros, *triomphant*/*triomphants*, entrèrent dans la ville.

Je retiens

- Parmi les **formes verbales impersonnelles**, qui ne se conjuguent pas avec des pronoms, on trouve le **participe présent** :
  – il se forme en ajoutant la **terminaison *-ant*** au radical du verbe.
  – il s'emploie pour caractériser **une action** qui se déroule **en même temps** que celle de la **proposition principale**.
  – il peut recevoir un **sujet** et des **compléments**.
  – précédé de la préposition ***en***, il forme le **gérondif**, qui s'emploie dans les CC de manière, de temps, de cause ou de condition.
- **L'adjectif verbal** est une forme adjectivale du verbe : on le forme en ajoutant ***-ant*** ou ***-ent*** au radical du verbe. Il **s'accorde en genre et en nombre** avec le nom complété, et il s'emploie pour **désigner un état** ou **une propriété**.

Pour dire, pour écrire

- Les formes en *-ant* sont nombreuses, et il faut savoir les différencier pour **trouver la bonne terminaison**, entre *fatigant(e)* et *fatiguant* par exemple.
- Le participe présent permet de formuler des phrases courtes, en **évitant les propositions subordonnées** qui les rallongeraient.

Forme verbale	Accord
participe présent	-ant / -quant / -guant → invariable
gérondif	préposition en + -ant → invariable
adjectif verbal	-ant / -ent / -cant / -gant → accord en genre et en nombre

Repérer

1 Participe présent ou adjectif verbal ? Expliquez ce qui vous a permis de répondre.

1. **Sachant** ce qui l'attendait, il préféra se dissimuler.
2. Elle effectua une manœuvre **savante** pour se garer.
3. **Désespérant** de se faire entendre, le chat se mit à griffer la porte.
4. Tu as répondu avec une lenteur **désespérante**.
5. La gymnaste préféra s'exercer au sol, **excellant** dans les autres agrès.

2 Choisissez la forme appropriée dans chacune des phrases, selon qu'il s'agit d'un adjectif verbal ou d'un participe présent.

Astuce ! Utilisez le féminin pour les distinguer.

1. Il ne pourra pas travailler très longtemps en se *fatigant* / *fatiguant* de la sorte.
2. Sa plaidoirie n'est pas *convaincante* / *convainquant*.
3. L'auteur ne parvient pas à être *intriguant* / *intrigant*.
4. *Provoquant* / *provocant* un débat, l'orateur se mit à parler plus fort.

3 EXO+ 4 EXO+

Manipuler

5 Complétez par une forme en *-ant*. Accordez si nécessaire.

1. Nous avons choisi des chambres communi....
2. Désormais, vous me rendrez des comptes tous les jours, en justifi... chacun de vos déplacements.
3. Les promeneurs s'étaient abrités sous un porche, la pluie hurl... à leurs oreilles.
4. Les informations intéress... se trouvent sur la dernière page.
5. Ils sont partis en cour....

6 Choisissez la terminaison qui convient : *-ent* ou *-(e)ant*.

1. Néglig... les remarques de ses voisins, il continue à mal se comporter.
2. Il est très néglig... avec ses affaires.
3. Nous cherchons une expression équival....
4. Elle ne ressemble guère à son frère, son visage différ... beaucoup du sien.

7 EXO+ 8 EXO+

Préparer une dictée

9 Relevez les formes en *-ant*. Précisez s'il s'agit du participe présent ou de l'adjectif verbal.

Quelque part, près de nous, dans une direction indéterminée, un tambour battait, le mystérieux tambour des dunes ; il battait distinctement, tantôt plus vibrant, tantôt affaibli, arrêtant, puis reprenant son roulement fantastique.

G. de Maupassant, *La Peur*, 1882

10 EXO+

Écrire

11 Rédigez des conseils à un(e) ami(e) soucieux(se) d'améliorer son niveau en sport. Utilisez des verbes au gérondif.

*Ex : **En courant** 15 minutes par jour, tu progresseras rapidement.*

12 EXO+

EXO+ lienmini.fr/jdl3-114
Fiche 1 EXO 3 7 12 — Fiche 2 EXO 4 8 10 — Exercices interactifs

Leçon

15 Les différentes constructions de verbe

Activité 1 **Dans ce texte, les verbes en gras sont-ils tous suivis d'un complément d'objet ?**

L'écrivain contemple la ville de Constantinople.

L'eau argentée de la Corne d'Or **reflète** ces splendeurs dans son miroir tremblant, et ajoute encore à la magie du spectacle [...]. Je **sais** [...] que ces merveilles ont besoin, comme les décorations de théâtre, d'éclairage et de perspective ; quand on **approche**, le prestige s'évanouit [...].

T. Gautier, *Constantinople*, 1853

Activité 2 **a. Associez chaque verbe au complément qui lui convient : peut-on les assembler indifféremment ?**

Verbes	COD	COI (COS)
• vous donnez	• des cadeaux	• à leur père
• ils soutiennent	• leur père	
• elles ressemblent		

b. Classez les verbes dans un tableau selon qu'ils reçoivent seulement un COD, seulement un COI, ou bien les deux.

Verbe + COD	Verbe + COI	Verbe + COD + COS

c. Rappelez ce que signifient les acronymes COD et COI.

d. D'après vous, lequel de ces verbes est un verbe transitif direct ? Lequel est un verbe transitif indirect ?

Activité 3 **a. Recopiez en vert les verbes qui permettent d'accomplir une action, en rouge ceux qui définissent un état.**

1. Le vieux chat attrape une souris.
2. Elle est petite et effrayée.
3. Elle expose ses arguments pour être libérée.

b. Quel complément accompagne chacun d'eux ?

Activité 4 **a. Dans la phrase suivante, quelle est la nature des compléments du verbe soulignés ?**

Madame Grandet était <u>une femme sèche et maigre</u>, <u>jaune comme un coing</u>, gauche, lente ; une de ces femmes qui semblent <u>faites</u> pour être tyrannisées.

H. de Balzac, *Eugénie Grandet*, 1833

b. Quel rôle jouent-ils ?

Je retiens

- Les **verbes** n'acceptent pas tous les mêmes compléments :
  – les verbes **transitifs directs** peuvent avoir un **COD,**
  – les verbes **transitifs indirects** peuvent avoir un **COI,**
  – les verbes **intransitifs ne peuvent avoir de CO**.
- Les **verbes d'état**, qui s'emploient pour définir une **caractéristique du sujet**, sont dits **attributifs** car ils sont suivis d'un **attribut du sujet**.

Pour dire, pour écrire

Reconnaitre la construction d'un verbe à un temps composé permet d'**accorder correctement le participe passé**.

Verbe attributif	Verbe transitif	Verbe intransitif
suivi d'un attribut du sujet	• **direct** : verbe + COD • **indirect** : verbe + COI • **doublement transitif** : verbe + COD + COS	sans complément d'objet

Repérer

1 Recopiez les verbes transitifs directs en bleu, les verbes transitifs indirects en noir.

1. Honoré de Balzac écrit ce roman en 1833.
2. Il raconte la vie provinciale d'une jeune fille, Eugénie.
3. Il a écrit de nombreuses œuvres par la suite.
4. Ses parents voulaient pourtant qu'il étudie le droit.
5. Il utilisait des carnets pour prendre des notes.
6. Il tenait à dépeindre l'âme humaine.
7. Il parle des vices et des défauts des hommes.

2 a. Les compléments soulignés sont-ils des attributs du sujet ou des compléments d'objet ?
b. Précisez alors si le verbe est transitif ou attributif.

1. Il porte <u>les marques de son chagrin</u> sur son visage.
2. Elle demeure <u>impassible</u>, malgré son envie de rire.
3. Les enfants paraissent <u>sages</u>, ce soir.
4. Ils ont dépensé <u>toute leur énergie</u>.
5. Vous êtes devenus <u>de grandes personnes</u>.
6. Elle usa <u>de diplomatie</u> pour obtenir l'information.
7. Je demeurai <u>stupéfait</u> du résultat de sa démarche.

3 EXO+ 4 EXO+

Manipuler

5 Développez chaque phrase en ajoutant au verbe le complément qui convient, direct ou indirect.

1. La lune réfléchit ...
2. L'élève réfléchit ...
3. J'essaie ...
4. Nous essayons ...
5. Elles entendent ...

6 Composez deux phrases pour chacun de ces verbes : écrire • battre • courir • vivre • commencer. **Ils devront être transitifs dans la première phrase, intransitifs dans la seconde (ils peuvent avoir un sens différent dans chacune des deux phrases).**

7 EXO+ 8 EXO+

Préparer une dictée

9 Relevez chaque verbe attributif avec son attribut du sujet.

Tout était clair dans l'air léger, depuis les planètes jusqu'aux becs de gaz. Tant de feux brillaient là-haut et dans la ville que les ténèbres en semblaient lumineuses. Les nuits luisantes sont plus joyeuses que les grands jours de soleil.

G. de Maupassant, *La Nuit*, 1887

Écrire

10 Écrivez un récit d'une vingtaine de lignes dans lequel vous glisserez les phrases suivantes : Je la lui demande poliment. • Je lui parle à voix basse. • Je suis si fier(ère) d'y être parvenu(e).

11 Décrivez ce tableau en employant les verbes suivants :
briller • apparaitre • souffler • marcher • partir • poser • tenir
Indiquez pour chacun quelle est sa construction.

J. Béraud, *Jour venteux, Place de la Concorde*, 1890

12 EXO+ 13 EXO+

EXO+ lienmini.fr/jdl3-115
Fiche 1 EXO 3 7 12 — Fiche 2 EXO 4 8 13 — Exercices interactifs

Leçon

16 Les voix du verbe

Activité 1 **a. Lisez le texte suivant.**

Le narrateur assiste, dans la plantation où il se trouve, à l'arrivée d'un nuage de sauterelles.

Comme les premiers grains d'une giboulée, quelques-unes se détachèrent, distinctes, roussâtres ; ensuite toute la nuée creva, et cette grêle d'insectes tomba drue et bruyante. À perte de vue les champs étaient couverts de criquets, de criquets énormes, gros comme le doigt.

A. Daudet, *Les Lettres de mon moulin*, 1887

b. Dans la proposition soulignée, indiquez quel groupe accomplit l'action mentionnée : s'agit-il du sujet de la phrase ?

c. Pourquoi peut-on dire du sujet grammatical qu'il est « passif » par rapport à l'action accomplie ?

Activité 2 **a. Lisez le texte suivant.**

Un nouveau propriétaire vient s'installer au moulin.

INSTALLATION

Ce sont les lapins qui ont été étonnés [par le visiteur] ! ... Depuis si longtemps qu'ils voyaient la porte du moulin fermée, les murs et la plate-forme envahis par les herbes, ils avaient fini par croire que la race des meuniers **était éteinte** [...].

A. Daudet, *ibid.*

b. Choisissez l'étiquette qui permet de conjuguer le verbe surligné à la voix active, tout en conservant le sens de la phrase :

Les lapins ont étonné le visiteur.

Le visiteur a étonné les lapins.

c. Quelle différence constatez-vous entre la phrase du texte et l'étiquette que vous avez choisie ?

d. Pouvez-vous transformer de la même manière le verbe en gras ? Quelle information vous manque-t-il ?

Activité 3 **Les verbes suivants, conjugués au passé composé, sont-ils à la voix active ou à la voix passive ?**
Choisissez la bonne réponse en vous aidant des activités précédentes.

1. Le chat a été surpris par la pluie.
2. Les pluies ont été abondantes cette année.
3. Il a envoyé une carte de vacances.
4. Elles ont été envoyées depuis hier.

Je retiens

- Un verbe est employé à la **voix active** quand son sujet est celui qui **accomplit l'action**. Il est **acteur** de ce qui se déroule, tandis que l'objet de cette action figure parmi les compléments.
- On parle de **voix passive** quand l'objet devient le sujet. Il **subit l'action**, tandis que l'acteur se trouve dans la position de complément d'agent, introduit par les **prépositions *par* ou *de***.
- Ce changement provoque des modifications dans la conjugaison du verbe : la voix passive est caractérisée par la présence constante d'un **auxiliaire *être***, même au présent ou au futur. Il ne s'agit pas d'une indication temporelle : il ne faut donc pas confondre ces formes avec celles du passé composé, du plus-que-parfait et du futur antérieur.

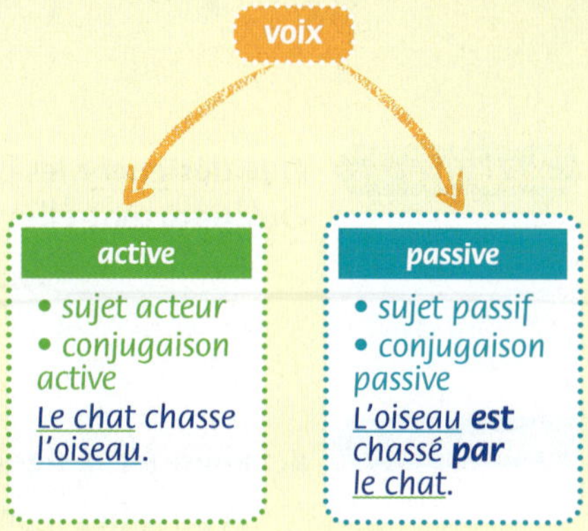

Pour dire, pour écrire

Un verbe conjugué à la voix passive ne comporte pas obligatoirement de complément d'agent. On peut ainsi l'utiliser dans les cas où **l'auteur de l'action reste inconnu**, ou ne doit pas être mentionné, comme dans les romans policiers ou les articles de presse.

Repérer

1 a. Indiquez si chaque phrase est conjuguée à la voix active ou passive.
b. Pour les phrases à la voix passive, relevez si possible le complément d'agent.

1. Alphonse Daudet a tout d'abord publié des articles de journaux.
2. Il est très influencé par sa rencontre avec le poète Frédéric Mistral.
3. Tout au long de sa vie, il est attaché à la Provence.
4. Son œuvre la plus célèbre reste *Les Lettres de mon moulin*.

2 Ces phrases sont-elles à l'indicatif présent de la voix passive, ou à l'indicatif passé composé de la voix active ?

1. Le train est installé de l'autre côté du quai.
2. J'espère que tu as installé les tables comme il faut.
3. Ce livre est lu d'une traite, un vrai moment de bonheur !
4. Il a lu rapidement ce roman, ça lui a plu.
5. Il est reparti dès la fin du spectacle.
4. Elles sont réparties en trois équipes.

3 EXO+ 4 EXO+

Manipuler

5 Recopiez et complétez ce tableau, en indiquant à chaque fois la forme de la 1re personne du singulier du verbe *prendre*.

	Voix active	Voix passive
présent	*je prends*	
passé composé		*j'ai été pris(e)*
passé simple		
futur simple	*je prendrai*	

6 Réécrivez chaque phrase de manière à conjuguer le verbe à la voix passive. Faites attention aux accords du participe passé. *Ex : Les enfants **traversent** le jardin. → Le jardin **est traversé par** les enfants.*

1. Les vaches qui paissent regardent les trains.
2. Les élèves ont offert des fleurs à leur maitresse.
3. Léa emmène ses animaux chez le vétérinaire.
4. L'enfant récite de longs poèmes.

7 EXO+ 8 EXO+

Écrire

9 Conjuguez les verbes en bleu au présent de la voix passive, en accordant le participe passé.

Paris est aussi grand qu'Ispahan. Les maisons y sont si hautes qu'on jurerait qu'elles ne *(habiter)* que par des astrologues. Tu juges bien qu'une ville bâtie en l'air, qui a six ou sept maisons les unes sur les autres, *(peupler)* extrêmement et que, quand tout le monde *(descendre)* dans la rue, il s'y fait un bel embarras.

Montesquieu, *Lettres persanes*, 1721

10 EXO+ 11 EXO+

Produire à l'oral

12 Racontez cet évènement à la manière d'un article de presse. Utilisez alternativement la voix active et la voix passive, par exemple quand les auteurs des actions ne sont pas connus.

Une banque dévalisée – Quand le banquier arrive ce lundi matin, les coffres de la salle sont vides, avec un trou béant dans un des murs de la pièce.

EXO+ lienmini.fr/jdl3-116
Fiche 1 EXO 3 7 10
Fiche 2 EXO 4 8 11
Exercices interactifs

Leçon 17

Les périphrases verbales

Activité 1

Que désignent les périphrases suivantes ? le lion • le XVIIIe siècle • la police
Qu'apportent-elles au mot remplacé ?

les forces de l'ordre | le roi des animaux | le siècle des Lumières

Activité 2

a. Expliquez la signification des verbes en gras : veulent-ils dire la même chose ?

Vous **allez** manquer votre train. | **Allez**-vous en vacances au bord de la mer ?

b. Les expressions en bleu constituent des périphrases verbales : vous **allez manquer** votre train • je l'ai **laissé faire** • il **vient de partir** • j'ai **dû oublier** mon sac
Observez leur construction : quel est leur point commun ?

c. Indiquez maintenant laquelle de ces deux formes est une périphrase verbale.

Je prépare mon sac de voyage. | Je me prépare à partir en vacances.

Activité 3

a. Lisez l'extrait suivant.

Voici ce que dit Montaigne, au XVIe siècle, à propos de la découverte de l'Amérique.

Notre monde vient d'en découvrir un autre (et qui nous garantit que c'est le dernier de ses frères… ?).

M. de Montaigne, *Les Essais*, 1580-1595

b. À quel temps le premier verbe est-il conjugué ?

c. Quelle nuance temporelle exprime-t-il ?

Activité 4

a. Formulez les interdictions indiquées par ces panneaux en utilisant au moins deux expressions différentes sans utiliser l'impératif.

b. Avez-vous utilisé une périphrase verbale ? Aidez-vous des réponses aux autres activités pour expliquer votre réponse.

Je retiens

- La **périphrase** est une figure de style qui **remplace un mot** unique par un **groupe de mots plus étendu**.
- De même, on peut **remplacer un verbe** unique par une expression constituée d'un **semi-auxiliaire suivi d'un verbe à l'infinitif**, parfois précédé d'une **préposition**. On l'utilise :
  - pour exprimer une **nuance temporelle** : *venir de* → passé proche / *se mettre à* → début d'une action / *aller* → futur proche.
  - pour exprimer une **obligation** : *devoir*, *falloir*.
  - pour exprimer la **possibilité** ou la **probabilité** : *faillir*, *pouvoir*, *devoir*.
  - quand le **sujet** du verbe n'est **pas celui qui accomplit l'action** : *laisser*, *faire*.

Pour dire, pour écrire

La périphrase verbale complète les possibilités apportées par la conjugaison.

périphrase verbale

semi-auxiliaire + verbe à l'infinitif

ou

semi-auxiliaire + préposition + verbe à l'infinitif

Repérer

1 Ces phrases contiennent-elles des périphrases verbales ?

1. Je préfère le laisser choisir son vêtement.
2. Elle a laissé son sac dans l'entrée.
3. Je vais prendre celui-ci, il me parait meilleur.
4. Tu vas à Paris demain, c'est bien cela ?
5. Vous devez un peu d'argent à ce vendeur.
6. Ils doivent arriver dès demain.
7. Nous avons fait un excellent gâteau.
8. Je lui ai fait avouer la vérité.

2 Relevez les périphrases verbales en indiquant leur signification temporelle : passé, futur ou début d'une action.

1. Les joueurs se sont mis à s'entrainer trop tard.
2. Je ne vais pas accepter si facilement.
3. Vous le ratez de peu, il vient juste de quitter la maison !
4. Ne commencez pas tout de suite, il va être déçu que vous ne l'attendiez pas.

3 EXO+ 4 EXO+

Manipuler

5 Complétez les périphrases verbales avec un semi-auxiliaire.

1. Les journalistes espèrent que cette interview ... les renseigner.
2. Ils ... d'interroger un responsable, qui les a informés.
3. On leur ... croire qu'une célébrité ... venir.
4. L'un d'eux ... aussitôt à téléphoner.
5. D'autres l'imitent et ... paraitre leur excitation.
6. J'ai ... tomber dans les escaliers !
7. Il ... y avoir une erreur.

6 Réécrivez les passages soulignés en formant des périphrases verbales avec un semi-auxiliaire de sens voisin. *Ex : Il est sans doute fatigué, car il n'est pas venu à l'entrainement. → Il doit être fatigué.*

1. Nous partons en vacances dans une heure.
2. Vous arroserez les plantes en notre absence.
3. J'ai rencontré le voisin dans l'escalier.
4. Sa mère lui a permis de se rendre au match.

7 EXO+ 8 EXO+

Lire

9 Relevez les périphrases verbales et expliquez leur sens.

« Le bateau ne va pas tarder, maintenant, je pense ?... » Et Meaulnes les suivit. [...] On allait aborder, semblait-il, dans le beau jardin de quelque maison de campagne.

Alain-Fournier, *Le Grand Meaulnes*, 1913

10 EXO+ 11 EXO+

Écrire

12 Poursuivez ce récit en utilisant le plus grand nombre possible de périphrases verbales.

L'auteur fait le récit d'une expédition amazonienne.

Nous remontions l'Orénoque sans parler. [...] Il faisait une chaleur d'étuve. Deux d'entre nous étaient toujours en train de ramer, le troisième s'occupait de pêche et de chasse.

B. Cendrars, *Moravagine*, © Grasset, 1926

EXO+ lienmini.fr/jdl3-117

Fiche 1 EXO 3 7 10 | Fiche 2 EXO 4 8 11 | Exercices interactifs

▶ *Avez-vous bien compris ces leçons sur les constructions du verbe ?*
Vérifiez en lisant cet extrait et en répondant aux questions d'un groupe.

Texte support

Le bagnard démasqué

Jean Valjean, fraichement libéré du bagne, s'est rendu dans une auberge pour diner, puis dormir. L'aubergiste, qui découvre son passé, ne l'entend pas de cette oreille.

L'hôte alors se pencha à son oreille, et lui dit d'un accent qui le fit tressaillir :

– Allez-vous-en.

Le voyageur était courbé en cet instant et poussait quelques braises dans le feu avec le bout ferré de son bâton, il se retourna vivement, et, comme il ouvrait la bouche pour répliquer, l'hôte le regarda fixement et **ajouta** toujours à voix basse :

– Tenez, assez de paroles comme cela. Voulez-vous que je vous dise votre nom ? Vous vous appelez Jean Valjean. Maintenant voulez-vous que je vous dise qui vous êtes ? En vous voyant entrer, je me suis douté de quelque chose, j'ai envoyé à la mairie, et voici ce qu'on m'a répondu. Savez-vous lire ? [...]

L'homme baissa la tête, ramassa le sac qu'il avait déposé à terre, et s'en alla.

Il prit la grande rue. Il **marchait** devant lui au hasard, rasant de près les maisons, comme un homme humilié et triste. Il ne se retourna pas une seule fois. S'il s'était retourné, il aurait vu l'aubergiste de *La Croix-de-Colbas* sur le seuil de sa porte, entouré de tous les voyageurs de son auberge et de tous les passants de la rue, parlant vivement et le désignant du doigt, et, aux regards de défiance et d'effroi du groupe, il aurait deviné qu'avant peu son arrivée serait l'événement de toute la ville.

V. Hugo, *Les Misérables*, 1862

Groupe 1

Repérer

1 « Allez-vous-en » (l. 3) ; « l'homme [...] s'en alla » (l. 17-18) **Quelle différence de mode et de temps observez-vous entre les verbes dans ces expressions ?**

2 « En vous voyant » (l. 14) **La forme verbale employée dans ce groupe est-elle un adjectif verbal ou un participe présent au gérondif ?**

3 **Les verbes en gras sont-ils suivis d'un complément d'objet ? Comment les nomme-t-on dans ce cas ?**

Manipuler

4 **Modifiez l'expression** « que je vous dise » (l. 11) **en conjuguant le verbe à la première personne du pluriel. De quel mode verbal s'agit-il ?**

5 **Transposez la phrase soulignée à la voix passive en commençant de la façon suivante :** « La tête de l'homme... ».

6 **Réutilisez la périphrase verbale employée dans l'expression** « fit tressaillir » (l. 2) **dans une phrase de votre invention.**

Écrire

7 **Reformulez ce que dit l'aubergiste au groupe d'habitants qui l'entoure.**
Exprimez en particulier ses mises en garde au sujet de la dangerosité de Jean Valjean, en utilisant le conditionnel, l'impératif et le subjonctif.

8 **Mettez-vous à la place de l'aubergiste en imaginant ce qui pourrait notamment arriver aux habitants. Utilisez au moins un verbe à la voix passive pour les mettre en situation de victimes potentielles.**

BREVET DICTÉE lienmini.fr/jdl-019
Groupes 1, 2 et 3
Écoutez et écrivez le texte de cette dictée pour vous préparer à l'épreuve du brevet.

Groupe 2

Repérer

1 « Allez-vous-en » (l. 3) ; « l'homme [...] s'en alla » (l. 17-18) **Quelle différence de mode et de temps observez-vous entre les verbes dans ces expressions ?**

2 « En vous voyant » (l. 14) **La forme verbale employée dans ce groupe est-elle un adjectif verbal ou un participe présent au gérondif ?**

3 **Les verbes en gras sont-ils suivis d'un complément d'objet ? Comment les nomme-t-on dans ce cas ?**

Manipuler

4 **Modifiez l'expression** « que je vous dise » (l. 11) **en conjuguant le verbe à la première personne du pluriel. De quel mode verbal s'agit-il ?**

5 **Transposez la phrase soulignée à la voix passive.**

6 **Expliquez la composition de l'expression** « un accent le fit tressaillir » (l. 2), **puis employez-la dans une phrase de votre invention.**

Écrire

7 **Reformulez le discours que tient l'aubergiste.** Vous exprimerez en particulier ses mises en garde au sujet de la dangerosité de Jean Valjean en variant les modes verbaux.

8 **À l'aide de la voix passive et du conditionnel, vous imaginerez ce qui pourrait arriver aux habitants du village.**

Groupe 3

Repérer

1 **À quel temps et à quel mode est conjugué le verbe dans l'expression** « allez-vous-en » (l. 3) **? Retrouvez un autre verbe conjugué au même mode.**

2 « En vous voyant » (l. 14) **Quelle est la forme verbale employée ici ? De quel complément circonstanciel s'agit-il ici ?**

3 **Pourquoi peut-on dire que les verbes en gras sont intransitifs ?**

Manipuler

4 **Modifiez l'expression** « que je vous dise » (l. 11) **en conjuguant le verbe à la première personne du pluriel. De quel mode verbal s'agit-il ?**

5 **Transposez la phrase soulignée à la voix passive, puis trouvez une autre forme verbale à la voix passive.**

6 **Expliquez la composition de l'expression** « un accent le fit tressaillir » (l. 12), **puis employez-la dans une phrase de votre invention.**

Écrire

7 **Reformulez le discours que tient l'aubergiste.** Vous exprimerez en particulier ses mises en garde au sujet de la dangerosité de Jean Valjean en variant les modes verbaux.

8 **À l'aide de la voix passive et du conditionnel, vous imaginerez ce qui pourrait arriver aux habitants du village.**

Gravure représentant Jean Valjean, P.-J. Hetzel, 1865

Atelier de classe

Comment accorder dans le groupe verbal ?

Dans cet atelier, vous allez réfléchir aux différents accords au sein du groupe verbal. Vous allez réaliser ***par groupes*** *des activités qui vont vous permettre de* ***découvrir et manipuler*** *ces notions en confrontant vos avis. Lorsque vous serez d'accord,* ***vous rédigerez vous-mêmes vos conclusions****.*

Découvrir la mer

Le narrateur, encore enfant, est emmené au bord de la mer, en Italie, pour se rétablir d'une maladie longue et douloureuse.

Mon premier contact avec la mer eut sur moi un effet bouleversant. Je dormais paisiblement sur ma couchette lorsque je sentis sur le visage une bouffée de fraîcheur parfumée. Le train venait de s'arrêter à Alassio et ma mère avait baissé la fenêtre. Je me dressai sur les coudes et ma mère suivit mon regard en souriant. Je jetai un coup d'œil dehors et je sus, brusquement, clairement, que j'étais arrivé. Je voyais la mer bleue, une plage de galets et des canots de pêcheurs, couchés sur le côté. Je regardai la mer.

Quelque chose se passa en moi. Je ne sais quoi : une paix illimitée, l'impression d'être rendu. La mer a toujours été pour moi, depuis, une humble mais suffisante métaphysique[1]. Je ne sais pas parler de la mer. Tout ce que je sais c'est qu'elle me débarrasse soudain de toutes mes obligations. Chaque fois que je la regarde, je deviens un noyé heureux.

R. Gary, *La Promesse de l'aube*, © Gallimard, 1960

1. explication du monde.

PARTIE 1

Réviser l'accord du participe passé comme épithète et avec l'auxiliaire *être*

Observons et manipulons

1. – Dans les expressions suivantes, relevez les participes passés.

de fraîcheur parfumée

des canots couchés sur le côté

– À quel mot chacun de ces participes se rapporte-t-il ?
– Précisez les indices sur lesquels vous vous êtes appuyés pour répondre.

2. Lisez la phrase suivante.

Je sus brusquement, clairement, que j'étais arrivée.

– Selon vous, le « je » qui prononce cette phrase est-il :

une femme ? un homme ?

– Recherchez la phrase initiale du texte : quelle différence notez-vous ?

– Quel changement de sens indique-t-elle ?

3. Qu'en déduisez-vous sur l'accord du participe passé avec l'auxiliaire *être* ? Recopiez la bonne réponse.

Il s'accorde avec le COD.

Il ne s'accorde jamais.

Il s'accorde avec le sujet.

Qu'avons-nous observé ?

À partir de vos observations, faites le point sur les règles d'accord du participe passé :
– lorsqu'il est employé en position d'adjectif épithète.
– lorsqu'il est conjugué avec l'auxiliaire *être*.

PARTIE 2

Réviser l'accord du participe passé avec l'auxiliaire *avoir*

Observons et manipulons

1. La mère du narrateur a baissé sa vitre.

– Recopiez la phrase ci-dessus. Soulignez le sujet et encadrez le COD.

– Le participe passé s'accorde-t-il :

avec le sujet ou avec le COD ?

2. Ma mère l'avait baissée.

– Quel GN le pronom *l'* remplace-t-il :

« la fenêtre » ou « le store » ?

– Quelle est sa fonction grammaticale :

COD ou COI ?

– Retrouvez la phrase dans le texte (l. 3). Quelle différence remarquez-vous dans la terminaison du participe passé ?

3. Reprenez les exemples étudiés dans cette partie. Qu'en déduisez-vous sur l'accord du participe passé avec l'auxiliaire *avoir* ? Recopiez les bonnes réponses.

- Il reste au masculin singulier si le COD est placé après le verbe.
- Il s'accorde avec le sujet.
- Il s'accorde avec le COD placé après le verbe.
- Il s'accorde avec le COD placé avant le verbe.
- Il reste toujours au masculin singulier.

Qu'avons-nous observé ?

Que faut-il observer pour accorder un participe passé employé avec l'auxiliaire *avoir* ?

PARTIE 3

Découvrir l'attribut du COD

Observons et manipulons

1. – Sur le tableau, de quelle couleur sont les reflets de la mer ? Choisissez la réponse appropriée :

Elle les a bleus. Elle les a dorés. Elle les a blancs.

– À quel mot de la phrase se rattachent l'adjectif de chaque étiquette ? Elle les

– Quel indice vous a aidé(e) à répondre ?

– Peut-on dire que ces adjectifs complètent :

le sujet (→ attribut du sujet)

ou **le COD** (→ attribut du COD) ?

2. En vous aidant de l'exemple précédent, accordez comme il convient l'adjectif attribut du COD dans cette phrase :

Cette toile, on peut la trouver *(attrayant)*.

3. À votre tour, composez des phrases qui décrivent le tableau, en intégrant des attributs du COD :

Ce tableau, je le trouve... Les paysages de mer, je les juge...

Qu'avons-nous observé ?

D'après vos observations, expliquez le rôle de l'attribut du COD et la façon dont il s'accorde avec le mot complété.

Qu'avons-nous découvert sur **les accords dans le groupe verbal ?**

Faites le point avec les membres de votre groupe afin de pouvoir présenter oralement le résultat de vos observations sur :

- l'accord du participe passé conjugué avec l'auxiliaire *être* ou *avoir*
- l'accord du participe passé employé comme adjectif
- l'attribut du COD et son accord

Leçon

18 Les compléments essentiels

P. Lazerges, *Le Gué*, 1893

Activité 1 **Dans les phrases suivantes, indiquez si le complément en gras est un COD** (on pose la question : qui ? quoi ?) **ou un COI** (on pose la question : à qui ? à quoi ?).

1. Les chameaux portent **des sacs**.

Les chameaux portent… [quoi ? → COD] [à quoi ? → COI]

2. Un homme **les** regarde de loin.

Les hommes regardent… [qui ? → COD] [à qui ? → COI]

3. Le peintre donne de nombreux détails à son tableau.

Le peintre donne à son tableau… [quoi ? → COD] [à quoi ? → COI]

Le peintre donne de nombreux détails… [quoi ? → COD] [à quoi ? → COI]

Activité 2

Flaubert décrit la ville de Rouen.

Ainsi vu d'en haut, le paysage tout entier **avait l'air** immobile comme une peinture ; les navires à l'ancre se tassaient dans un coin, le fleuve arrondissait sa courbe au pied des collines vertes, et les piles[1], de forme oblongue, **semblaient** sur l'eau de grands poissons noirs arrêtés […].

1. les piliers des ponts.

G. Flaubert, *Madame Bovary*, 1857

a. À quel type de verbe les verbes en gras appartiennent-ils ?

[verbes d'action (transitifs)] [verbes d'état (attributifs)]

b. Relevez les compléments qu'ils introduisent.

Indices ! Demandez-vous : de quoi le paysage a-t-il l'air ? qu'est-ce que les piles semblent être ?

c. Quelle est la fonction grammaticale des compléments que vous avez relevés ?

[COD] [COI] [attribut du sujet] [attribut du COD]

Justifiez votre réponse.

Activité 3

L'être que j'appelle moi vint <u>au monde</u> <u>un certain lundi 8 juin 1903</u>, <u>vers les huit heures du matin</u>, <u>à Bruxelles</u> […]. **M. Yourcenar**, *Souvenirs pieux*, © Gallimard, 1974

a. Lisez la phrase ci-dessus à voix haute, en supprimant les passages soulignés. La phrase est-elle toujours compréhensible ?

b. Classez chacun de ces compléments de lieu et de temps dans un tableau, selon qu'ils sont supprimables ou non : lequel ne peut pas être supprimé ?

Compléments supprimables	Complément non supprimable

Je retiens

- Les **compléments du verbe** sont dits **essentiels** s'ils ne peuvent être **ni déplacés ni supprimés** sans modifier profondément le sens de la phrase.
- Parmi ces compléments, on distingue :
  – les compléments d'objet du verbe : **COD**, **COI** (ou **COS**, selon le nombre de compléments).
  – les **attributs du sujet** : ils se construisent avec des **verbes attributifs** (appelés aussi verbes d'état). Il peut s'agir d'un **GN**, d'un **adjectif qualificatif** ou d'une **proposition subordonnée**.
  – les **compléments essentiels de lieu et de temps** : ils sont introduits par un verbe impliquant une indication de lieu ou de temps, comme un **déplacement** *(Ex : je vais…)* ou une **durée** *(Ex : l'horloge indique huit heures)*, et ne peuvent être supprimés comme les autres compléments circonstanciels.

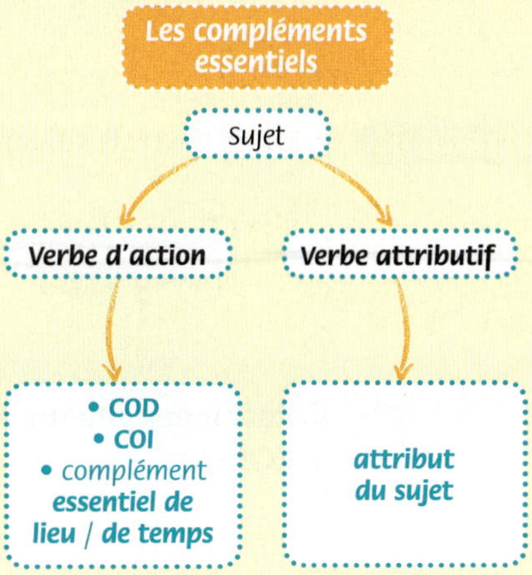

Pour dire, pour écrire

L'attribut du sujet s'accorde avec le sujet du verbe. Il faut donc connaitre le genre et le nombre du sujet auquel il se rapporte afin de l'accorder correctement.

Repérer

1 Relevez les compléments d'objet. Indiquez s'il s'agit de COD ou de COI.
1. Il me plaisait beaucoup. **2.** Elle s'adresse à sa voisine. **3.** Nous donnons du pain aux oiseaux.
4. Elles pensent revenir. **5.** Je vois qui je veux.

2 Parmi les compléments de lieu et de temps soulignés, relevez uniquement ceux qui sont essentiels.
1. <u>Hier soir</u>, le spectacle a duré au moins <u>trois heures</u> !
2. Je veux aller <u>à la mer</u> <u>lors des prochaines vacances</u>.
3. Ma montre indique vingt heures ! Je dois rentrer <u>chez moi</u>, <u>avant que le bus ne passe plus</u>.
4. L'avion que nous prendrons décollera <u>de Rome</u> <u>à huit heures</u> et atterrira <u>à Paris</u>.

3 EXO+ **4** EXO+

Manipuler

5 Réécrivez ce texte en remplaçant « je » par « elles ». Effectuez toutes les modifications.

Gulliver, le narrateur, a échoué sur une ile déserte. Il se réveille attaché par de minuscules créatures qui l'examinent.

Je commençais à sentir les tortures de la faim, car j'avais mangé pour la dernière fois plusieurs heures avant de quitter le navire, et j'étais tellement harcelé par cette exigence de la nature que je ne pus m'abstenir de traduire mon impatience […] en portant plusieurs fois le doigt à la bouche pour montrer le besoin que j'avais de nourriture.

J. Swift, *Voyages de Gulliver*, 1721, trad. J. Pons, © Gallimard, 1976

6 Accordez les attributs du sujet.
1. Elles paraissent bien *(joyeux)* et *(gai)* ce matin.
2. Vous deviendrez peut-être des *(champion)* de voile.
3. Les enfants restaient *(songeur)*, *(déçu)* de ne pas trouver de friandises dans le placard.

7 EXO+ **8** EXO+

Préparer une dictée

9 a. Relevez dans le texte : un COD, un COI, un attribut du sujet, deux compléments essentiels de lieu
b. Justifiez l'accord de l'attribut du sujet.

Pénétrez dans ces forêts américaines aussi vieilles que le monde : quel profond silence dans ces retraites quand les vents reposent ! Quelles voix inconnues quand les vents viennent à s'élever ! Êtes-vous immobiles, tout est muet ; faites-vous un pas : tout soupire. La nuit s'approche, les ombres s'épaississent : on entend des troupeaux de bêtes sauvages passer dans les ténèbres ; […] la forêt s'agite, les arbres tombent, un fleuve inconnu coule devant vous.

F.-R. de Chateaubriand, *Génie du christianisme*, 1802

10 EXO+ **11** EXO+

Écrire

12 Choisissez un tableau dans votre manuel. Décrivez-le en utilisant : un COD • un COI • un attribut du sujet • un complément essentiel de lieu • un complément essentiel de temps.

EXO+ lienmini.fr/jdl3-118
Fiche 1 EXO 3 7 10
Fiche 2 EXO 4 8 11
Exercices interactifs

Leçon

19 L'attribut du COD et son accord

Activité 1 **a. Dans l'extrait suivant, relevez les COD du verbe en bleu.**

> Giton **a** le teint <u>frais</u>, le visage <u>plein</u> et les joues <u>pendantes</u>, l'œil <u>fixe et assuré</u>, les épaules <u>larges</u>, l'estomac <u>haut</u>, la démarche <u>ferme et délibérée</u>.
>
> **La Bruyère**, *Les Caractères*, 1688

b. Rattachez chaque adjectif souligné au mot qu'il complète : complètent-ils le sujet ou le COD ?

Activité 2 **a. Relevez le nom ou GN complété par chaque expression soulignée. Quelle est leur fonction grammaticale ?**

1. La maladie a rendu Julie <u>fiévreuse</u>.
2. Les élèves ont jugé ce texte <u>facile à comprendre</u>.

b. Pour chaque phrase, peut-on supprimer l'expression soulignée, comme dans l'exemple suivant ?

Je vois une voiture **rouge**. → Je vois une voiture.

c. D'après ces observations, quelle est la fonction grammaticale des groupes soulignés ?

attribut du COD | attribut du sujet | COI

Activité 3 **a. Transformez les phrases suivantes de manière à isoler l'attribut du COD, que vous soulignerez.**

Ex : Je trouve sa venue réconfortante. → Je la trouve <u>réconfortante</u>.

1. Je pense ce travail utile à tous.
2. Nous sentons Jasmine très motivée par ce projet.
3. On croit souvent Martin indifférent, et c'est faux.

b. Comparez maintenant avec les phrases suivantes : quelle est la fonction grammaticale des adjectifs soulignés ? attribut du COD | attribut du sujet

4. Ce travail est <u>utile</u> à tous.
5. Jasmine parait très <u>motivée</u> par ce projet.

c. Indiquez maintenant ce qui vous permet de distinguer l'attribut du sujet et l'attribut du COD.

Activité 4

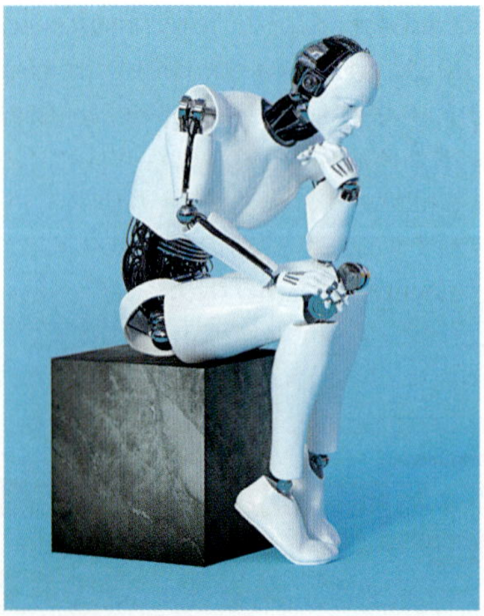

a. Pour décrire cette image, complétez ces phrases par des adjectifs qualificatifs.

1. Je trouve <u>ce robot</u>...
2. Je <u>le</u> juge...
3. On pourrait croire <u>cet automate</u>...

b. Quelle est la fonction grammaticale des GN et du pronom souligné ? COD | COI

c. Quel est le point commun entre les verbes qui introduisent ces compléments ?

Ce sont des verbes d'état.

Ce sont des verbes d'action.

Ce sont des verbes qui expriment un jugement.

Je retiens

- **L'attribut du COD** permet d'indiquer une **caractéristique** du COD, par exemple grâce à un adjectif qualificatif, un GN ou encore un groupe prépositionnel.
- Souvent placé **à côté du COD**, il ne fait pas partie du groupe COD.
- On le reconnait à ce qu'il **ne peut pas être supprimé sans modifier** profondément **le sens de la phrase** (à la différence d'un adjectif épithète, par exemple). Pour le reconnaitre, on peut **remplacer le COD par un pronom**.
- Il est introduit par des verbes exprimant un **jugement** *(penser, trouver)*, un **changement** ou une transformation *(mettre, rendre)*, une **désignation** *(nommer, élire)*, et parfois le verbe ***avoir***.

Pour reconnaitre l'attribut du COD

Je vois **une robe bleue**. (COD) → épithète, fait partie du GN

Je trouve **sa venue** (COD) **réconfortante** (attribut du COD).
→ Je **la** trouve **réconfortante**.

Pour dire, pour écrire

L'attribut du COD apporte des informations sur le COD. Comme tout attribut, il **s'accorde en genre et en nombre** avec le nom complété.

Repérer

1 Relevez les attributs du COD.

1. Le cowboy s'écria : « Attrapez ce cheval ! Il me le faut vivant ! »
2. Elle a trouvé ma robe très jolie.
3. Tu m'as mis en colère avec tes bêtises !
4. Vous me rendez un travail vraiment satisfaisant.

2 Relevez les adjectifs attributs du COD.

1. La mer bleue me fait rêver à des baignades infinies.
2. Les élèves sont ravis, ils trouvent les expériences enrichissantes.
3. On m'a rendu une feuille déchirée, c'est navrant.
4. Ils l'ont désigné responsable du matériel pour demain.

3 EXO+ 4 EXO+

Réécrire

5 Réécrivez chaque phrase de manière à isoler l'attribut du COD selon le schéma de la leçon.

Ex : Je trouve ce gâteau délicieux. → Je le trouve ***délicieux.*** *→ attribut du COD*

1. Vous croyez ce sac plein ?
2. Ses amis jugent leur camarade amusant et fidèle.
3. Les voyageurs trouvent le trajet très agréable.
4. L'avocat pense son client innocent.

6 Réduisez les phrases de manière à obtenir un attribut du COD, en faisant tous les changements que vous estimerez nécessaires. *Ex : Je trouve que c'est une bonne idée. → Je trouve cette idée bonne.*

1. Je crois qu'il est d'accord avec nous.
2. Mon frère estime que je suis mûr pour mon âge.
3. Ces enfants jugent que nos reproches sont injustifiés.

7 EXO+ 8 EXO+

Préparer une dictée

9 Relevez les attributs du COD et indiquez leur classe grammaticale.

Simone de Beauvoir évoque, dans son autobiographie, ses difficultés d'enfant à accepter l'autorité.

Je savais cette lutte vaine ; du moment où maman m'avait ôté des mains la prune saignante, où Louise avait rangé dans son cabas ma pelle et mes moules, j'étais vaincue […]. Non seulement les adultes brimaient ma volonté, mais je me sentais la proie de leurs consciences […]. Plus tard, j'appris quelques parades, mais je haussai mes exigences : il suffisait pour me blesser qu'on me traitât en bébé ; bornée dans mes connaissances et mes possibilités, je ne m'en estimais pas moins une vraie personne.

S. de Beauvoir, *Mémoires d'une jeune fille rangée*, © Gallimard, 1958

10 EXO+

Écrire

11 Choisissez l'un de ces thèmes. Exprimez votre point de vue sur le sujet en cinq phrases. Vous emploierez au moins cinq attributs du COD dépendant de verbes exprimant un jugement.

1. les voitures pilotées par des ordinateurs, à distance
2. l'exploration spatiale
3. l'intelligence artificielle

12 EXO+

EXO+ lienmini.fr/jdl3-119
Fiche 1 EXO 3 7 10
Fiche 2 EXO 4 8 12
Exercices interactifs

Leçon 20 Les accords complexes du participe passé

Activité 1 **Expliquez l'accord de chaque participe en choisissant la bonne étiquette.**

1. La pluie est **tombée** sur la maison.
→ Employé avec l'auxiliaire *être*, le participe s'accorde avec [le sujet] [le CC de lieu]

2. Les disques ont **plu** à mes parents.
→ Employé avec l'auxiliaire *avoir*, le participe [s'accorde avec le COI] [reste au masculin singulier]

3. Ces disques, ils les ont **achetés** en Angleterre.
→ Employé avec l'auxiliaire *avoir*, le participe s'accorde avec [le sujet] [le COD placé avant le verbe]

Activité 2 **a. Lisez le texte suivant.**

Illustration du *Journal des romans populaires illustrés* n° 16, début du XXe s.

Le mousquetaire Athos retrouve Milady, une espionne anglaise qu'il a passionnément aimée, et qui l'a trahi.

Milady, dominée par une terreur inexprimable, s'assit sans proférer une seule parole.

« Vous êtes donc un démon envoyé sur la terre ? dit Athos. Votre puissance est grande, je le sais ; mais vous savez aussi qu'avec l'aide de Dieu les hommes **ont** souvent **vaincu** les démons les plus terribles. Vous vous êtes déjà trouvée sur mon chemin, je croyais vous avoir terrassée, Madame ; mais, ou je me trompais, ou l'enfer vous a ressuscitée. »

A. Dumas, *Les Trois Mousquetaires*, 1844

b. À quels mots se rattachent les participes surlignés en orange ? Comment expliquez-vous la présence du *e* à la fin du premier ?

c. À quel temps est conjugué le verbe en gras ?

d. Les participes surlignés en bleu sont tous deux conjugués avec le même auxiliaire que *vaincu* : pour quelles raisons observe-t-on la présence du *e* du féminin ? Avec quel pronom sont-ils accordés ? À qui ce pronom renvoie-t-il ?

Activité 3

a. Observez la phrase suivante : Il a acheté des fleurs et m'**en** a donné.

b. Quel GN le pronom *en* remplace-t-il dans la deuxième proposition ? Quelle fonction occupe-t-il ? Le participe passé s'accorde-t-il dans cette situation ?

c. Choisissez à présent la forme du participe qui convient dans la phrase suivante :

Nous avons cueilli des champignons et en avons [fait] [faits] une soupe.

Je retiens

- Selon son rôle et sa position dans la phrase, le **participe passé** (p.p.) peut **s'accorder** :
  - en position d'**adjectif**, il s'accorde en genre et en nombre avec le **nom complété**.
  - avec l'**auxiliaire *être***, il s'accorde avec le **sujet** du verbe.
  - avec l'**auxiliaire *avoir***, il s'accorde avec le **COD** placé **avant l'auxiliaire**.
- Mais le participe passé **reste au masculin singulier** :
  - avec l'**auxiliaire *avoir***, sans COD placé avant lui.
  - lorsque il s'agit du p.p. d'un **verbe impersonnel** (*falloir, pleuvoir*…).
  - quand le COD est le **pronom *en***.
  - dans le cas des semi-auxiliaires ***faire*** et ***laisser*** suivis d'un **verbe à l'infinitif**.

Pour dire, pour écrire

Si un **pronom COD** est placé avant l'auxiliaire *avoir*, il faut toujours se demander **quel nom ou GN il remplace** : remplace-t-il un nom ou GN féminin, pluriel ? Cela permet de savoir comment accorder le participe passé.

Avec l'auxiliaire *être*	Avec l'auxiliaire *avoir*
le p.p. s'accorde avec le sujet : *Elles sont allé**es** à la cantine.*	• le p.p. ne s'accorde pas avec le sujet : *Ils ont trich**é**.* • le p.p. s'accorde avec le COD antéposé : *Les cartes, je les ai distribué**es**.* • sauf s'il s'agit du pronom *en* : *Les cartes, j'en ai distribu**é** trois paquets.*

Repérer

1 Justifiez la terminaison de chaque participe passé en rappelant la règle d'accord qui s'applique.

1. Il y a **eu** des bavardages pendant le spectacle, ils nous ont **gênés**.
2. Je lui ai **fait** prendre son médicament.
3. Des ennuis, nous en avons **eu** notre compte !
4. Les chatons ont été **recueillis** par nos voisins.
5. Tes amis, je les ai **rencontrés** à plusieurs occasions.
6. Elles ont **demandé** de tes nouvelles ; je leur en ai **donné**.

2 Relevez chaque participe passé en justifiant sa terminaison.

1. Milady, vous êtes tombée dans un piège.
2. J'ai révélé votre identité aux gardes, ils l'ont transmise à M. de Tréville.
3. Vous avez cru m'échapper, mais je vous ai retrouvée.
4. Ainsi enfermée, vous ne nuirez plus à personne.
5. Vous m'en avez donné, du souci.
6. Pourtant, je vous ai aimée passionnément.

3 EXO+ 4 EXO+

Manipuler

5 Accordez, si nécessaire, les participes passés entre parenthèses.

1. Elles ont *(participé)* à une mission dans des pays *(touché)* par la guerre.
2. Dès que nous fûmes *(revenu)* à nous, nous quittâmes le manoir hanté.
3. Nous avons *(fait)* livrer des fleurs à notre frère malade.
4. J'avais *(emprunté)* une chaise à ma sœur, et je la lui ai *(rendu)* hier.

6 EXO+ 7 EXO+

Réécrire

8 Transposez au pluriel le sujet de chaque phrase, et faites les modifications nécessaires.

1. Il n'est pas intéressé par ce livre.
2. La chaise que vous avez achetée me plait beaucoup.
3. J'ai pris conscience du temps qui s'est écoulé.
4. Cette recette, l'enfant l'a beaucoup aimée.

9 Transposez au pluriel le sujet en gras, et réécrivez le texte en effectuant les modifications nécessaires.

J'ai revu en rêve une nuit étoilée, que j'avais aperçue sur une toile de Van Gogh. Il m'avait semblé que je voyais les étoiles tourner sur elles-mêmes. J'avais alors été submergé par le sentiment qu'il avait réussi à peindre la lumière de la nuit. Cette émotion m'a bouleversé durablement.

10 EXO+ 11 EXO+

Préparer une dictée

12 Hier, la mère et la fille sont entrées dans un salon où je me trouvais. […] Lucie n'a jamais quitté les jupes de sa mère ; elle a grandi en plein luxe, en pleine liberté ; elle a été élevée au milieu de cet appartement aristocratique, parmi ces invités souriants, qu'elle accueille en fille savante.

É. Zola, , « Au couvent », 1870

a. Relevez les participes passés et expliquez les règles d'accord appliquées.

b. Réécrivez ce texte en remplaçant « la mère et la fille » par « la mère et le fils », et « Lucie » par « Lucien ». Effectuez toutes les modifications nécessaires.

EXO+ lienmini.fr/jdl3-120

Fiche 1 EXO 3 6 10 — Fiche 2 EXO 4 7 11 — Exercices interactifs

Leçon 21

Les verbes pronominaux et leur accord

Activité 1

Indiana se berce de rêveries pour échapper à la solitude de son existence dans la campagne.

L'esprit de la jeune femme s'endormait dans les illusions du passé, et elle se prenait à palpiter de joie à la vue de ce Paris imaginaire [...]. Un étrange vertige s'emparait alors de sa tête.

G. Sand, *Indiana*, 1832

a. Relevez les verbes conjugués dans cet extrait : quel pronom les accompagne à chaque fois ?

b. Réécrivez la première phrase en remplaçant « l'esprit de la jeune femme » **par** « mon esprit ».
Quelle modification observez-vous pour le verbe *se prenait* ?

c. D'après ces observations, à qui renvoie le pronom réfléchi d'un verbe pronominal ?

Activité 2

a. Recopiez les phrases suivantes en supprimant le pronom *se*, même si le sens en est modifié.

1. Le prisonnier s'évade discrètement.
2. Les spectateurs se promettent de revenir pour un prochain concert.
3. Les animaux s'efforcent de retrouver leur chemin.

b. Les phrases obtenues sont-elles toutes correctes ?

c. Classez ces trois verbes dans le tableau ci-dessous, après l'avoir recopié.

Pronom *se* obligatoire devant le verbe	Verbe utilisable sans le pronom *se*

Activité 3

a. Dans chaque phrase, par quelle étiquette le pronom réfléchi (en gras) pourrait-il être remplacé ?

1. Ils **s'**attribuent la meilleure place.
→ Ils attribuent la meilleure place... eux-mêmes | à eux-mêmes
2. Elles **se** donnent le temps de le faire.
→ Elles donnent le temps de le faire... elles-mêmes | à elles-mêmes
3. Nous **nous** cultivons en lisant ces livres.
→ En lisant ces livres, nous cultivons... nous-mêmes | à nous-mêmes

b. Qu'en déduisez-vous sur les fonctions grammaticales du pronom réfléchi ?
Est-il toujours COD ?

c. Réécrivez maintenant ces phrases au passé composé.
Selon vous, dans quel cas faut-il accorder le participe passé ?

Je retiens

- On reconnait la **forme pronominale** au **pronom** qui accompagne le verbe : *je* **me**, *tu* **te**, *il/elle* **se**, *nous* **nous**, *vous* **vous**, *ils/elles* **se**.
- On distingue :
  – Les **verbes essentiellement pronominaux** qui se construisent toujours avec un pronom réfléchi.
  – Les **verbes** qui existent **avec ou sans ce pronom.**
- Le verbe pronominal peut avoir un sens :
  – **réfléchi** *(Ex : je me vois dans le miroir → je me vois* ***moi-même****.)*
  – **réciproque** *(Ex : nous nous sommes reconnus immédiatement → nous nous sommes reconnus l'un l'autre.)*
- Aux **temps composés**, les verbes pronominaux se conjuguent avec l'auxiliaire ***être*** mais **le participe passé** (p.p.) **reste au masculin singulier** si le pronom a la fonction **COI**.

Pour dire, pour écrire

On peut aussi utiliser un verbe pronominal pour une **action de sens passif**, dans laquelle on ne mentionne pas le complément d'agent. *Ex : Ils se sont fait cambrioler = Ils ont été cambriolés.*

Participe passé d'un verbe pronominal

Ex : Elle s'est renseignée sur l'école. → Elle a renseigné qui ? → elle-même	Ex : Elle s'est permis de lui parler. → Elle a permis **à** qui ? → **à** elle-même **(COI)**
→ le p.p. s'accorde avec le sujet	**→ le p.p. reste au masc. sing.**

Repérer

1 Ces verbes sont-ils pronominaux ?

1. Elle t'adore d'avoir pensé à son anniversaire.
2. Ces deux sœurs s'adorent vraiment.
3. Je me doute bien que tu es ravi.
4. Cette enfant s'appelle Alice.
5. On m'a appelé hier.

2 Précisez pour chaque verbe pronominal s'il est de sens réfléchi ou réciproque.

1. Elle se regarde longuement dans son miroir.
2. Ils s'envoient des lettres très régulièrement.
3. Comme ils sont grands, les enfants se lavent seuls.
4. Ces familles se côtoient depuis très longtemps.
5. Nous nous sommes donné beaucoup de mal pour réussir ce concours.
6. Je l'ai rencontré hier et nous nous sommes donné des nouvelles.

3 EXO+ **4** EXO+

Accorder

5 Conjuguez les verbes entre parenthèses au passé composé.
Accordez les participes passés si nécessaire.

1. Mes amies *(se plaire)* bien chez moi, elles *(se promener)* tous les jours.
2. Ils *(s'en aller)* au bout de trois jours seulement.
3. Ils *(se promettre)* de revenir dans la région.
4. Ils sont montés dans l'avion qui *(s'envoler)* aussitôt.

6 Recopiez le tableau. Complétez-le en conjuguant ces verbes aux temps indiqués, à la 2e personne du pluriel : s'évanouir • se distraire • se promettre • se dire

Impératif	Passé composé

7 EXO+ **8** EXO+

Préparer une dictée

9 *Emma imagine sa fuite avec un amant idéal.*

C'est là qu'ils s'arrêtaient pour vivre : ils habiteraient une maison basse à toit plat, ombragée d'un palmier [...], au bord de la mer. Ils se promèneraient en gondole, ils se balanceraient en hamac. Leur existence serait facile et large comme leurs vêtements de soie [...]. Cependant, sur l'immensité de cet avenir qu'elle se faisait apparaître, rien de particulier ne surgissait : les jours, tous magnifiques, se ressemblaient comme des flots, et ils[1] se balançaient à l'horizon infini [...].

1. ils : ces jours — D'après **G. Flaubert**, *Madame Bovary*, 1857

a. Relevez les verbes pronominaux, puis indiquez leur infinitif. Sont-ils essentiellement pronominaux ?
b. Conjuguez-les ensuite à la même personne, au passé composé.

10 EXO+ **11** EXO+

Écrire

12 Alors le vieux marquis de la Tour Samuel, âgé de quatre-vingt-deux ans, se leva et vint s'appuyer à la cheminée. Il dit de sa voix un peu tremblante :

Moi aussi, je sais une chose étrange, tellement étrange, qu'elle a été l'obsession de ma vie. Voici maintenant cinquante-six ans que cette aventure m'est arrivée, et il ne se passe pas un mois sans que je la revoie en rêve. **G. de Maupassant**, *Apparition*, 1883

Imaginez l'évènement effrayant qu'a pu vivre le marquis. Vous utiliserez les verbes suivants dans votre récit au passé composé : se passer • se produire • se battre • se cacher • s'écrouler • se dresser • se dire

EXO+ lienmini.fr/jdl3-121
Fiche 1 EXO 3 7 10
Fiche 2 EXO 4 8 11
Exercices interactifs

▶ *Avez-vous bien compris ces leçons sur le verbe ?*
Vérifiez en lisant cet extrait et en répondant aux questions d'un groupe.

Texte support

La poupée modèle

Dans son autobiographie, Simone de Beauvoir se rappelle son enfance.

Protégée, choyée, amusée par l'incessante nouveauté des choses, j'étais une petite fille très gaie. Pourtant, quelque chose clochait puisque des crises furieuses me jetaient **sur le sol**, violette et convulsée. J'ai trois ans et demi, nous déjeunons sur la terrasse ensoleillée d'un grand hôtel – c'était à Divonne-les-Bains ; on me donne une prune rouge et je commence à la peler. « Non », dit maman ; et je tombe en hurlant sur le ciment. Je hurle tout au long du boulevard Raspail parce que Louise m'a arrachée **du square Boucicaut** où je faisais des pâtés. Dans ces moments-là, ni le regard orageux de maman, ni la voix sévère de Louise, ni les interventions extraordinaires de papa ne m'atteignaient. Je hurlais si fort, pendant si longtemps, qu'au Luxembourg[1] on me prit quelquefois pour une enfant martyre. « Pauvre petite ! » dit une dame en me tendant un bonbon. Je la remerciai d'un coup de pied. Cet épisode fit grand bruit ; une tante obèse et moustachue, qui maniait la plume, le raconta dans *La Poupée modèle*. […]

Je me suis souvent interrogée sur la raison et le sens de mes rages. Je crois qu'elles s'expliquent en partie par une vitalité fougueuse et un extrémisme auquel je n'ai jamais tout à fait renoncé.

S. de Beauvoir, *Mémoires d'une jeune fille rangée*, © Gallimard, 1958

1. jardin public de Paris.

Groupe 1

Repérer

1 « je me suis souvent interrogée » (l. 25) **Indiquez l'infinitif du verbe dans cette proposition. Quelle est la particularité de cette forme verbale ?**

2 **Les compléments de lieu en gras peuvent-ils être supprimés ? S'agit-il de compléments circonstanciels ou de compléments essentiels ?**

3 **Indiquez à quel mot se rattachent les adjectifs** « violette et convulsée » (l. 5). **Précisez leur fonction grammaticale dans cette phrase.**

Réécrire

4 « Louise m'a arrachée du square » (l. 12) **Réécrivez la phrase en remplaçant le pronom personnel « m' » par *la petite fille*. Quelle modification devez-vous effectuer dans l'accord du participe passé ?**

5 **Réécrivez la première phrase du texte en remplaçant « je » par *nous*. Accordez correctement les participes apposés et l'attribut du sujet.**

6 **Réécrivez les deux dernières phrases du texte en employant le pronom *nous* au lieu du pronom « je ». Faites bien attention aux terminaisons des participes passés.**

Écrire

7 **Racontez l'épisode du bonbon selon le point de vue de la tante sévère :**

– Votre récit sera rédigé à la 3e personne du singulier et principalement au passé composé.

– Vous intégrerez les verbes suivants : *se comporter, s'excuser.*

BREVET DICTÉE lienmini.fr/jdl-020

Groupes 1, 2 et 3
Écoutez et écrivez le texte de cette dictée pour vous préparer à l'épreuve du brevet.

Groupe 2

Repérer

1 « je me suis souvent interrogée » (l. 25) **Quelle est la particularité de cette forme verbale ? Retrouvez dans le même paragraphe un autre verbe présentant cette caractéristique.**

2 **Peut-on supprimer de la phrase les compléments en gras ? Quelle fonction grammaticale occupent-ils alors ?**

3 **Quel mot les adjectifs** « violette et convulsée » (l. 5) **complètent-ils ? Indiquez alors leur fonction grammaticale dans cette phrase.**

Réécrire

4 « Louise m'a arrachée du square » (l. 12) **Réécrivez la phrase en remplaçant le pronom personnel « m' » par *la petite fille*. Effectuez toutes les modifications nécessaires.**

5 **Réécrivez la première phrase du texte en remplaçant « je » par *ma sœur et moi*. Accordez correctement les participes apposés et l'attribut du sujet.**

6 **Réécrivez les deux dernières phrases du texte en employant le pronom *nous* au lieu du pronom « je ». Effectuez toutes les modifications nécessaires.**

Écrire

7 **Racontez l'épisode du bonbon selon le point de vue de la tante sévère :**

– Votre récit sera rédigé à la 3e personne du singulier et principalement au passé composé.

– Vous intégrerez les verbes suivants : *se comporter, s'obstiner, s'excuser*.

Groupe 3

Repérer

1 « je me suis souvent interrogée » (l. 25) **Quelle est la particularité de cette forme verbale ? Retrouvez un autre verbe présentant cette caractéristique.**

2 **Indiquez la fonction grammaticale des compléments en gras.**

3 **Quelle est la fonction grammaticale des adjectifs** « violette et convulsée » (l. 5) **?**

Réécrire

4 « Louise m'a arrachée du square » (l. 12) **Réécrivez la phrase en remplaçant le pronom personnel « m' » par *la petite fille*. Expliquez la modification effectuée et rappelez la règle qui s'applique.**

5 **Réécrivez la première phrase du texte en remplaçant « je » par *ma sœur et moi*. Effectuez toutes les modifications nécessaires.**

6 **a. Réécrivez les deux dernières phrases du texte en employant le pronom *nous* au lieu du pronom « je ». Effectuez toutes les modifications nécessaires.**
b. Rappelez la règle d'accord qui s'applique au premier participe passé.

Écrire

7 **Racontez l'épisode du bonbon selon le point de vue de la tante sévère :**

– Votre récit sera rédigé à la 3e personne du singulier et principalement au passé composé.

– Vous intégrerez au moins quatre verbes pronominaux.

E. Atget, *Jardin du Luxembourg*, 1899

Atelier de classe

Qu'est-ce qu'une phrase complexe ?

Cet atelier va vous permettre de réviser les ***principes de formation d'une phrase****, pour vous préparer à étudier ensuite des notions plus complexes. Vous allez travailler* ***en groupes*** *à des* ***activités d'observation et de manipulation****, pour que chacun apporte ses réflexions. Au terme de l'atelier,* ***vous rédigerez vous-mêmes vos conclusions****.*

Souvenir d'enfance

Le narrateur retrouve un souvenir d'enfance grâce au gout d'un petit gâteau.

Un jour d'hiver, comme je rentrais à la maison, ma mère, voyant que j'avais froid, me proposa de me faire prendre, contre mon habitude, un peu de thé. [...] Et bientôt, machinalement, accablé par la morne journée et la perspective d'un triste lendemain, je portai à mes lèvres une cuillerée du thé où j'avais laissé s'amollir un morceau de madeleine. Mais à l'instant même où la gorgée mêlée des miettes du gâteau toucha mon palais, je tressaillis, attentif à ce qui se passait d'extraordinaire en moi. Un plaisir délicieux m'avait envahi, isolé, sans la notion de sa cause. [...] D'où avait pu me venir cette puissante joie ? Je sentais qu'elle était liée au goût du thé et du gâteau, mais qu'elle le dépassait infiniment [...]. Que signifiait-elle ? [...]

Et tout d'un coup le souvenir m'est apparu. Ce goût c'était celui du petit morceau de madeleine que le dimanche matin à Combray (parce que ce jour-là je ne sortais pas avant l'heure de la messe), quand j'allais lui dire bonjour dans sa chambre, ma tante Léonie m'offrait après l'avoir trempé dans son infusion de thé ou de tilleul.

M. Proust, *Du côté de chez Swann*, 1913

PARTIE 1

Identifier proposition principale et proposition subordonnée

Observons et manipulons

1. Observez la phrase suivante :

Mais à l'instant même où la gorgée mêlée des miettes du gâteau toucha mon palais, je tressaillis, attentif à ce qui se passait d'extraordinaire en moi. (l. 5 à 6)

– Sachant qu'un ensemble sujet-verbe constitue une proposition, combien en comptez-vous dans cette phrase ?

– Selon vous, quelle proposition contient l'action principale de cette phrase ?

– Quels mots montrent la dépendance des autres propositions vis-à-vis de la principale ?

2. – Recopiez la phrase soulignée. Soulignez en rouge les verbes conjugués, et en bleu leurs sujets respectifs.

– Observez-la ci-dessous : ses propositions ont été distinguées à l'aide de crochets. Quelle disposition vous parait séparer au mieux les propositions ?

[Je sentais qu'elle] [était liée au goût du thé et du gâteau, mais qu'elle le dépassait] [infiniment].

[Je sentais] [qu'elle était liée au goût du thé et du gâteau], [mais qu'elle le dépassait infiniment].

[Je sentais qu'elle était liée au goût] [du thé et du gâteau], [mais qu'elle le dépassait infiniment].

3. Quel verbe permet d'organiser les propositions de la phrase soulignée ? Recopiez et complétez ce schéma pour montrer l'organisation de cette phrase.

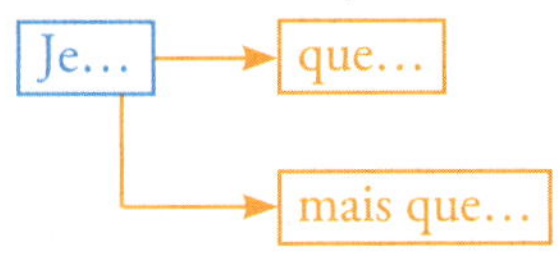

4. – Recopiez l'extrait suivant. Soulignez les verbes conjugués en rouge, et en bleu leurs sujets respectifs, puis délimitez les propositions avec des crochets.

[...] je portai à mes lèvres une cuillerée du thé où j'avais laissé s'amollir un morceau de madeleine. (l. 4 à 5)

– Laquelle des propositions pouvez-vous supprimer ? S'agit-il de la proposition principale ?

Qu'avons-nous observé ?

À partir de vos observations, faites le point sur la composition d'une phrase complexe contenant une proposition subordonnée.

PARTIE 2

Reconnaitre une proposition subordonnée interrogative indirecte

Observons et manipulons

1. Voici une question directe du texte, transposée au style indirect de plusieurs manières : Que signifiait-elle ? (l. 9)

Le narrateur se demanda si elle signifiait quelque chose.

Le narrateur se demanda pourquoi elle signifiait quelque chose.

Le narrateur se demanda ce qu'elle signifiait.

– Laquelle de ces transpositions correspond à la phrase initiale ?

– Examinez attentivement la phrase que vous avez choisie : comment a-t-on remplacé le mot introducteur ?

2. – L'auteur se pose une question sur l'origine de sa joie : retrouvez-la dans le texte.

– Transposez cette phrase au style indirect en complétant l'expression suivante :

Le narrateur se demanda ...

– Avez-vous modifié le mot introducteur ? Avez-vous conservé le pronom personnel « me » ?

Qu'avons-nous observé ?

À partir de vos observations, faites le point sur ce qui permet de reconnaitre une proposition subordonnée interrogative indirecte.

PARTIE 3

Distinguer propositions subordonnées complétive et circonstancielle

Observons et manipulons

1. – À quelle occasion la mère du narrateur lui propose-t-elle « un peu de thé » (l. 2) **? Relevez les deux compléments circonstanciels de temps qui vous l'indiquent.**

– Comparez ces deux compléments circonstanciels :

« **Un jour d'hiver**, **comme je rentrais à la maison** » (l. 1)

– L'un des deux est une proposition subordonnée : lequel ? Grâce à quels indices pouvez-vous répondre ?

2. Par quel mot ou expression peut-on remplacer l'expression en gras dans la phrase suivante ?

[...] **parce que** ce jour-là je ne sortais pas avant l'heure de la messe [...] (l. 11-12)

à cause de | car | en raison de

Quelle est la fonction de ce complément circonstanciel ?

temps | cause | conséquence

3. – Quel mot est complété par la proposition subordonnée « que j'avais froid » (l. 1) **? Quelle est la fonction de cette subordonnée dans la phrase ?**

– Comparez-la avec la proposition subordonnée suivante : « quand j'allais lui dire bonjour dans sa chambre » (l. 12). **Occupent-elles la même fonction dans la phrase ? Expliquez votre réponse.**

Qu'avons-nous observé ?

Faites le point sur les différences de fonction entre les propositions subordonnées qui sont apparues dans votre étude.

Qu'avons-nous découvert sur les propositions dans la phrase complexe ?

Faites le point avec les membres de votre groupe afin de pouvoir présenter oralement le résultat de vos observations sur :

- **la manière de repérer la proposition principale d'une phrase**
- **la façon de poser une question indirecte**
- **les propositions subordonnées complétives et circonstancielles**

Leçon

22 Les types et formes de phrase

Activité 1 **a. Lisez le texte ci-dessous. Dans les phrases soulignées, quel signe de ponctuation est répété trois fois ? Quelle émotion permet-il d'exprimer ?**

Voici l'appel à la résistance lancé le 18 juin 1940 par le général de Gaulle.

Les chefs qui, depuis de nombreuses années, sont à la tête des armées françaises, ont formé un gouvernement. Ce gouvernement, alléguant la défaite de nos armées, s'est mis en rapport avec l'ennemi pour cesser le combat.

Charles de Gaulle au micro de la B.B.C., à Londres, appelant les Français à la résistance le 18 juin 1940

Certes, nous avons été, nous sommes, submergés par la force mécanique, terrestre et aérienne, de l'ennemi. […] **Mais le dernier mot est-il dit ? L'espérance doit-elle disparaitre ? La défaite est-elle définitive ?** Non !

Croyez-moi, moi qui vous parle en connaissance de cause et vous dis que rien n'est perdu pour la France. Les mêmes moyens qui nous ont vaincus peuvent faire venir un jour la victoire.

Car la France n'est pas seule ! Elle n'est pas seule ! Elle n'est pas seule ! Elle a un vaste Empire derrière elle. Elle peut faire bloc avec l'Empire britannique qui tient la mer et continue la lutte. […]

Quoi qu'il arrive, la flamme de la résistance française ne doit pas s'éteindre et ne s'éteindra pas.

b. Par quel autre procédé l'auteur exprime-t-il son émotion dans ces phrases ? Relevez un autre passage du texte exprimant la même émotion.

c. À quel type les phrases en gras appartiennent-elles ? Quelle réponse Charles de Gaulle y apporte-t-il ?

d. Reformulez la dernière phrase en gras en y intégrant la négation qui la suit dans le texte. Quel signe de ponctuation est le plus approprié ?

? … ! .

e. À partir de vos observations, recopiez et complétez le tableau ci-dessous. Comment la ponctuation aide-t-elle à comprendre les intentions de l'auteur ?

Type de phrase	Signe(s) de ponctuation correspondant(s)
déclaratif	
exclamatif	
interrogatif	
injonctif	

Activité 2 **Reformulez ces questions. Les mots soulignés sont-ils nécessaires ? Expliquez leur intérêt.**

HARPAGON – C'est toi qui te veux ruiner par des emprunts si condamnables ?
CLÉANTE – C'est vous qui cherchez à vous enrichir par des usures si criminelles ?

Molière, *L'Avare*, 1668

Je retiens

Type de phrase	Intention	Structure de phrase	Ponctuation
Interrogatif	questionner	• inversion sujet/verbe • pronom ou adverbe interrogatif • interrogation totale (oui/non) ou partielle (sur une information de la phrase)	?
Exclamatif	s'émouvoir (surprise, inquiétude...)	• phrase parfois nominale • présence possible : déterminant ou adverbe exclamatif, interjections	!
Déclaratif	informer	• phrase simple ou complexe	. ...
Injonctif	ordonner, souhaiter	• verbe : au mode impératif ou subjonctif ou infinitif	. !
Forme de phrase	**Intention**	**Structure de phrase**	**Ponctuation**
Négative (≠ affirmative)	nier, refuser	• adverbes de négation	. ! ?
Emphatique	mettre en valeur	• *c'est ... qui, voilà...* • répétition du sujet : *Moi, je...*	. ! ?

Pour dire, pour écrire

• Les types et formes de phrase sont utiles pour **exprimer clairement ses intentions**.

• Il est possible de donner un tout autre sens à une phrase en modifiant simplement **l'intonation** à l'oral et la **ponctuation** à l'écrit.

Repérer

1 Distinguez les types de phrase dans cette tirade d'un client qui refuse de payer son addition.

Enfin, tout de même, de qui se moque-t-on ?... Il faut réellement être insensé pour oser essayer de tenter d'additionner un veau avec des cigarettes, des cigarettes avec un café-filtre, un café-filtre avec une amande verte [...]. Pourquoi pas un petit pois avec un grand officier de la Légion d'honneur, pendant que vous y êtes ! *(Il se lève.)* Non, mon ami, croyez-moi, n'insistez pas, ne vous fatiguez pas, ça ne donnerait rien, vous entendez, rien, absolument rien...

J. Prévert, « L'Addition », *Histoires*, © Gallimard, 1946

2 EXO+ 3 EXO+ 4 EXO+

Réécrire

5 a. Mettez ces phrases à la forme négative à l'aide de ces adverbes de négation :

ne... pas • ne... ni... ni • ne... jamais

1. Le chat court dans le jardin.
2. Quel animal surprenant !
3. Il attrape toujours des souris de cette manière.
4. Il se régale de croquettes et de pâtées.
5. Il passe toujours l'après-midi à se prélasser au soleil.

b. Quelle phrase est impossible à modifier ? Expliquez-en la raison.

6 Transformez ces ordres en une phrase à l'impératif.

Je te dis que tu ailles de ce pas trouver mon beau-père et ma belle-mère, et leur dire que je les conjure de se rendre ici tout à l'heure.

Molière, *George Dandin*, 1666

7 EXO+ 8 EXO+

Lire

9 À quel type appartient la phrase soulignée ? Réécrivez-la sous forme de question : que suggère Knock à sa patiente ?

Le Docteur Knock examine une patiente.

KNOCK. – Je vous plains. Il ne doit guère vous rester de temps pour vous soigner ?

LA DAME. – Oh ! non.

KNOCK. – <u>Et pourtant vous souffrez</u>.

LA DAME. – [...] J'ai plutôt de la fatigue.

KNOCK. – Oui, vous appelez ça de la fatigue. [...] Vous ne devez pas avoir beaucoup d'appétit.

LA DAME. – Non.

J. Romains, *Knock*, 1923

b. À quel type appartient la phrase soulignée ? Réécrivez cette phrase sous forme de question : que suggère Knock à sa patiente grâce à cette différence ?

Écrire

10 1. Sans rien voir au dehors, sans entendre aucun [bruit

2. Je ne regarderai ni l'or du soir qui tombe,
Ni les voiles au loin descendant vers Harfleur

V. Hugo, « Demain dès l'aube », *Les Contemplations*, 1856

a. Le poète refuse de regarder ce qui l'entoure. Quels mots lui permettent de l'exprimer ?
À quelles classes grammaticales appartiennent-ils ?
b. Supprimez ces mots dans le passage 2.
Que signifie alors la phrase ?

11 EXO+ 12 EXO+ 13 EXO+

EXO+ lienmini.fr/jdl3-122

Fiche 1 EXO 2 3 7 11 — Fiche 2 EXO 4 8 12 13 — Exercices interactifs

Leçon 23

La proposition subordonnée complétive

Activité 1

a. Complétez les phrases en ajoutant la ou les étiquettes qui conviennent.

Je devine — [ ] Elle demande — [ ] Tu vois — [ ]

au chien | que le chien est là | pour qu'il entre | le chien | si elle vient

b. Quelle différence observez-vous dans la structure des expressions que vous avez choisies ?

c. Quelle fonction occupent-elles dans la phrase ?

d. À votre avis, pourquoi certaines de ces expressions se nomment-elles *subordonnées complétives* ?

Activité 2

a. Quelles fonctions grammaticales les propositions subordonnées soulignées occupent-elles ?

attribut du sujet | complément de l'adjectif | sujet | apposition | COD

1. Que son vœu se réalise est mon plus vif souhait.
2. Je me demande à quoi tu te prépares.
3. Il est très content que vous soyez là.
4. Elle exprima précisément son intention : que nous soyons tous réunis.
5. L'essentiel est qu'il soit d'accord.

b. À partir de ces exemples, établissez une liste des fonctions que peut occuper la proposition subordonnée complétive.

Activité 3

a. Recopiez la phrase, puis surlignez les paroles prononcées par Cacambo.

Au pays d'Eldorado, Candide et Cacambo s'apprêtent à rencontrer le roi.

Cacambo demanda à un grand officier comment il fallait s'y prendre pour saluer Sa Majesté : si on se jetait à genoux ou ventre à terre ; si on mettait les mains sur la tête ou sur le derrière ; si on léchait la poussière de la salle ; en un mot, quelle était la cérémonie.

Voltaire, *Candide*, 1759

b. Réécrivez la phrase en commençant par : Cacambo demanda : « Comment... »

c. Que sont devenues les propositions subordonnées dans votre réécriture ? Expliquez quel est leur intérêt dans le texte de Voltaire.

Activité 4

La Tortue défie le Lièvre d'être plus rapide qu'elle.

Gageons[1], dit celle-ci, que vous n'atteindrez point
Sitôt que moi ce but. – Sitôt ? Êtes-vous sage ?
Repartit[2] l'Animal léger [...].

J. de La Fontaine, « Le Lièvre et la Tortue », *Fables*, 1668

1. parions. 2. répondit.

a. Transposez ce court dialogue dans un récit au style indirect, à l'aide des expressions suivantes : La Tortue affirma... | Le Lièvre répondit...

b. Quelle proposition avez-vous utilisée pour compléter les verbes ?

Je retiens

- La **proposition subordonnée complétive** est un **complément essentiel du verbe**. Elle peut être **introduite par *que*** ou ***ce que***, **conjonction de subordination**. Il s'agit donc d'une proposition subordonnée conjonctive.
- En tant que complément essentiel d'un verbe de parole, il peut s'agir d'une **proposition interrogative** ou **exclamative indirecte**.
- Elle peut occuper différentes fonctions dans la phrase : **sujet, attribut du sujet, apposition, complément d'objet** ou **complément de l'adjectif**.

Pour dire, pour écrire

On peut avoir besoin de la proposition subordonnée complétive pour **rapporter des paroles ou exprimer un point de vue**.

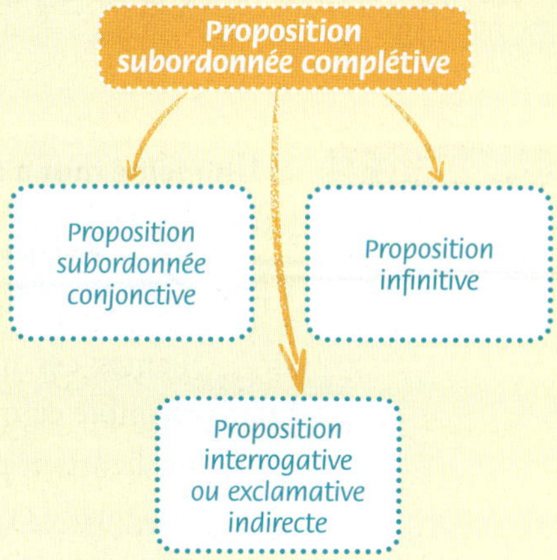

Repérer

1 **a. Recopiez ces phrases et délimitez par des crochets les propositions subordonnées rapportant des paroles au style indirect.**
b. Entourez les mots subordonnants.
1. Jean de La Fontaine dit que la Tortue est lente.
2. Le Lièvre affirme qu'elle ne peut le devancer.
3. Le fabuliste raconte que le Lièvre prend son temps.
4. Il demande alors où se trouve la Tortue.

2 **Relevez les propositions subordonnées complétives et indiquez leur fonction.**
Candide découvre que les habitants d'Eldorado embrassent leur roi. C'est donc ce qu'il fait aussitôt. Que le roi soit aussi accessible le séduit. Il est heureux que ce monarque existe.

3 EXO+ **4** EXO+ **5** EXO+

Manipuler

6 **a. Complétez par chaque phrase par une proposition subordonnée complétive.**
1. Romain Gary annonce à sa mère…
2. Elle lui fait part de sa crainte…
3. Son plus cher désir est…
4. Il écoute alors…
b. Précisez leur fonction dans la phrase.

Réécrire

7 **a. Recopiez ces phrases en soulignant les verbes à l'infinitif compléments d'objet.**
b. Réécrivez ces phrases en transformant les COD en propositions subordonnées complétives.
1. Il m'a demandé de venir.
2. J'entends les enfants jouer dehors.
3. Nous avons vu des troupeaux errer sur les routes.
4. Elles entendent leurs adversaires se préparer.

8 EXO+ **9** EXO+

Préparer une dictée

10 **Recopiez le texte et isolez les propositions subordonnées complétives par des crochets.**
Le Misanthrope est un personnage de Molière qui déteste l'hypocrisie du genre humain. Il s'en explique à Philinte.

Je veux que l'on soit homme, et qu'en toute rencontre
Le fond de notre cœur dans nos discours se montre,
Que ce soit lui qui parle, et que nos sentiments
Ne se masquent jamais sous de vains compliments.

Molière, *Le Misanthrope*, 1666

Écrire

11 **Que vous inspire ce tableau ? Décrivez-le en employant des propositions subordonnées complétives.**
Commencez vos phrases par des expressions comme : *il me semble que…*, *j'ai le sentiment que…*

V. Kandinsky, *Bleu de ciel*, 1940

12 EXO+

EXO+ lienmini.fr/jdl3-123
Fiche 1 EXO 3 4 8
Fiche 2 EXO 5 9 12
Exercices interactifs

Leçon

24 Le mot *que*

Activité 1 **a. Un même mot a été encadré plusieurs fois dans ce texte : à quoi sert-il généralement ?**

Après de dures épreuves pour se trouver un domaine d'excellence, le jeune Romain Gary, alors adolescent, fait le point.

Toutes ces mésaventures firent [que] je m'enfermais de plus en plus dans ma chambre et [que] je me mis à écrire pour de bon. Attaqué par le réel de toutes parts, me heurtant partout à mes limites, je pris l'habitude de me réfugier dans un monde imaginaire et à y vivre, à travers les personnages [que] j'inventais, une vie pleine de sens, de justice et de compassion. **R. Gary**, *La Promesse de l'aube*, © Gallimard, 1960

b. Quel mot précède le premier mot encadré ? Dans quel type de proposition subordonnée ce mot encadré est-il employé ?

c. Quel mot précède le dernier mot encadré ? Dans quel type de proposition subordonnée ce mot encadré est-il employé ?

d. Que pouvez-vous en déduire sur les utilisations du mot *que* ?

Activité 2 **a. Indiquez si ces phrases simples qui commencent par *que* sont exclamatives, interrogatives ou injonctives.**

Que ce chat est remarquable !

Que rien ne vienne troubler mon repos.

Que cela te serve de leçon.

Que prendras-tu pour déjeuner ?

b. Que pouvez-vous en déduire sur les différentes significations du mot *que* placé au début d'une phrase simple ?

Activité 3 **a. Relevez les négations dans le texte suivant.**

Le changement des saisons ne s'y lit que dans le ciel. […] Pendant l'été, le soleil incendie les maisons trop sèches et couvre les murs d'une cendre grise ; on ne peut plus vivre alors que dans l'ombre des volets clos.

A. Camus, *La Peste*, © Gallimard, 1947

b. Les négations que vous avez relevées expriment-elles une impossibilité totale de réaliser l'action ? À quoi le mot *que* sert-il dans ce cas ?

Activité 4 **a. Quel lien logique la partie en bleu introduit-elle ?**
De quel autre mot dépend-elle ?

Cet homme est si pressé **qu'on ne peut le retenir**.

b. Composez à votre tour une autre phrase à partir de l'expression suivante :

Il faut autant de… que….

c. Comparez les deux phrases : qu'introduit le mot *que* ?

Je retiens

Le mot *que* est le fruit de plusieurs « ancêtres », d'où ses différentes classes grammaticales qui en font un pivot de la phrase. *Que* peut être :
- **pronom relatif ou interrogatif :** il est alors en position de COD.
- **en introduction de propositions subordonnées complétives** : après des verbes d'opinion ou de parole, des formes impersonnelles, dans le complément du comparatif... c'est une **conjonction de subordination**.
- **adverbe :** il peut **précéder un verbe au subjonctif** dans une phrase simple, introduire le complément du **comparatif,** exprimer une **exclamation** (adverbe exclamatif) ou constituer le deuxième élément d'une négation **(négation restrictive)**. Il peut également entrer en **corrélation** avec un autre adverbe, pour exprimer la **conséquence**.

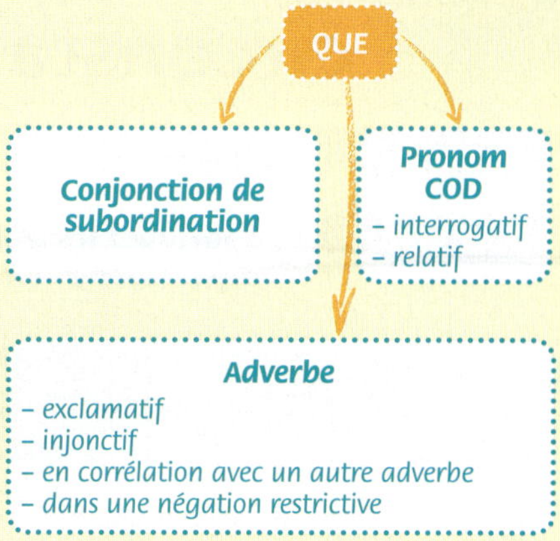

Pour dire, pour écrire

Distinguer les différentes classes de ***que*** permet de savoir dans quelles situations il convient d'employer le **mode indicatif** ou **subjonctif**.

Repérer

1 Classez les propositions dans le tableau.

1. Je vois le chien que tu as accueilli.
2. Je vois que tu as accueilli un chien.
3. Je sens que vous n'êtes pas d'accord.
4. Vous portez un parfum que je n'aime pas.

Proposition subordonnée complément de l'antécédent	Proposition subordonnée complétive

2 Indiquez si chaque *que* appartient à une négation restrictive ou à un complément du comparatif.

1. Les joueurs se déplacent aussi vite que possible.
2. Je ne mange que des produits frais.
3. Il n'est pas aussi fort qu'il le croit.

3 EXO+ **4** EXO+

Manipuler

5 Relevez les propositions subordonnées. Donnez la nature du *que* employé.

Les animaux que M. Jones maltraite se révoltent. Ils annoncent que la ferme du Manoir est désormais la ferme des Animaux. Napoléon prend le pouvoir accompagné des molosses, que chacun se met à redouter. Enfin, les animaux comprennent que les cochons sont devenus pareils à des humains.

6 Réécrivez ces phrases de manière à introduire une corrélation entre les actions. Utilisez les expressions : tellement ... que • tant ... que • si ... que.

*Ex : Le chat s'attaque souvent aux oiseaux. On en voit moins. → Le chat s'attaque **si** souvent aux oiseaux **qu'**on en voit moins.*

1. Cet élève est très distrait. Il a oublié son classeur.
2. Nous avons beaucoup de livres. La bibliothèque va se briser sous leur poids.
3. Il est célèbre. Il a des fans à l'étranger.

7 EXO+ **8** EXO+

Préparer une dictée

9 Relevez les différents *que* et indiquez leur classe grammaticale.

Hans réalise trop tard qu'il aime Ondine, la sirène.

Depuis que tu es partie, tout ce que mon corps faisait de lui-même, il faut que je lui ordonne. Je ne vois que si je dis à mes yeux de voir. Je ne vois le gazon vert que si je dis à mes yeux de le voir vert. Si tu crois que c'est gai, le gazon noir !

J. Giraudoux, *Ondine*, © Grasset, 1939

Écrire

10 Décrivez le tableau en utilisant : une proposition subordonnée relative introduite par *que* • une proposition complétive précédée d'un verbe de jugement • une proposition comportant le mot *que* en corrélation avec un autre adverbe.

J. Béraud, *Une soirée* (détail), 1878

11 EXO+ **12** EXO+

EXO+ lienmini.fr/jdl3-124

Fiche 1 EXO 3 7 11 — Fiche 2 EXO 4 8 12 — Exercices interactifs

Leçon 25

Les nuances des compléments circonstanciels

Activité 1

a. Fabriquez les trois cartes ci-dessous.

Indication de temps

Comparaison

Indication de cause

b. Par groupe de deux, lisez les phrases suivantes. Dans chaque phrase, à quoi sert le mot *comme* ? Le premier qui pose la carte contenant la bonne réponse au centre de la table a gagné !

1. La diva arriva comme la scène s'éclairait.
2. Elle chanta comme un rossignol au printemps.
3. Comme elle achevait son tour de chant, nous l'applaudîmes à tout rompre.
4. Inclinant gracieusement son cou comme un cygne, elle nous salua et sortit.

c. Qu'en déduisez-vous sur les emplois possibles de *comme* ?

Activité 2

a. Émettez des conditions à la réalisation des phrases suivantes, à l'aide des conjonctions de subordination ci-dessous.

pourvu que | pour peu que | si | à condition que

1. J'aurai de bons résultats.
2. J'aiderai ceux qui me le demandent.
3. Je mangerai des fruits et des légumes tous les jours.
4. Je me lèverai de bonne humeur.

b. Avez-vous toujours utilisé le même mode verbal ?

Activité 3

Voltaire fait l'éloge de la vie aux Pays-Bas, où il s'est réfugié.

Il n'y a rien de plus agréable que La Haye quand le soleil daigne s'y montrer. On ne voit ici que des prairies, des canaux et des arbres verts ; c'est un paradis terrestre depuis La Haye [jusqu']à Amsterdam ; j'ai vu avec respect cette ville qui est le magasin de l'univers.

Voltaire, Lettre à Marguerite-Madeleine du Moutier, 1722

Associez à chaque complément circonstanciel souligné le nom qui lui convient ainsi que sa classe grammaticale.

lieu	proposition subordonnée conjonctive
temps	adverbe
manière	groupe nominal prépositionnel

Je retiens

- Les **compléments circonstanciels** (CC) servent à fournir une **indication sur l'action** décrite par le verbe. Ils peuvent exprimer : le temps, le lieu, la cause, la manière, la conséquence, le moyen, le but, la condition, la comparaison, l'opposition et la concession.
- Ils peuvent **être déplacés ou supprimés** sans difficulté.
- Ils peuvent occuper les classes grammaticales suivantes : **adverbe, GN** (parfois introduit par une préposition), **verbe à l'infinitif** (précédé d'une préposition), **proposition subordonnée conjonctive, proposition participiale**.

Pour dire, pour écrire

Les CC **enrichissent un récit écrit ou raconté à l'oral** grâce aux indications qu'ils apportent. Ce sont également les outils essentiels du **raisonnement** grâce aux **liens logiques** qu'ils permettent d'exprimer.

Aux Pays-Bas, Voltaire se réjouit parce qu'il peut mener une vie simple et tranquille.
CC de lieu — **noyau verbal** — **CC de cause**

Déplaçables → *Parce qu'il peut mener une vie simple et tranquille aux Pays-Bas, Voltaire se réjouit.*
Supprimables : seul le noyau verbal est essentiel → *Voltaire se réjouit.*

Repérer

1 Relevez dans chaque phrase le CC de temps, et indiquez sa classe grammaticale.
1. Les parents de Simone Veil déménagèrent à Nice dès qu'ils le purent.
2. Sa mère joua un rôle central dans sa vie, même après qu'elles furent déportées.
3. Quand elle revint, seules ses sœurs avaient survécu.
4. Avant même que la guerre ne débute, Simone Veil pressentait que des évènements graves allaient survenir.

2 a. Quelle circonstance chaque groupe souligné introduit-il ?
b. Précisez pour chacun sa classe grammaticale.
1. Voltaire dut s'éloigner <u>à plusieurs reprises</u> de Paris, <u>du fait de ses écrits</u>.
2. En Angleterre, il découvrit le régime de la monarchie parlementaire, et il en fut <u>si</u> impressionné <u>qu'il ne cessa de le célébrer</u>.
3. <u>Bien qu'il ne fût armé que de sa plume</u>, les puissants le craignaient.

3 EXO+ 4 EXO+

Réécrire

5 a. Relevez les compléments circonstanciels de cause.
b. Réécrivez-les en utilisant une proposition subordonnée de cause.
1. Voltaire publie *Candide* sous un nom d'emprunt car il craint la censure.
2. Grâce au soutien des lecteurs, il reconnait qu'il en est l'auteur.
3. Voltaire crée un personnage naïf et curieux, cherchant à faire réfléchir.
4. Du fait de son succès, il est encouragé à continuer ses critiques.

Manipuler

6 Complétez les phrases par des propositions subordonnées de comparaison. Ne laissez pas les verbes sous-entendus. *Ex : Son sourire est aussi lumineux que <u>peut l'être</u> le soleil du matin.*
1. Ce matin est sombre comme...
2. Elle se déplace légèrement ainsi que...
3. Cette musique semble harmonieuse comme...

7 EXO+ 8 EXO+

Préparer une dictée

9 Recopiez le texte. Surlignez les deux propositions subordonnées circonstancielles de temps. Précisez le mode employé dans chacune d'elles en le justifiant.

M. Madeleine, ancien bagnard, mène désormais une vie respectable. Un homme reste néanmoins sur ses gardes.

Souvent, quand M. Madeleine passait dans une rue […], il arrivait qu'un homme de haute taille, vêtu d'une redingote gris de fer, armé d'une grosse canne et coiffé d'un chapeau rabattu, se retournait brusquement derrière lui, et le suivait des yeux jusqu'à ce qu'il eût disparu […]. **V. Hugo**, *Les Misérables*, 1862

Les Misérables, film de **R. Hossein** avec M. Bouquet, 1982

Écrire

10 Quand le ciel bas et lourd pèse comme un couvercle […] **C. Baudelaire**, *Les Fleurs du mal*, 1857

Imaginez une suite à ce vers. Utilisez des propositions subordonnées de temps et de comparaison, pour exprimer un sentiment d'enfermement.

11 EXO+ 12 EXO+

EXO+ lienmini.fr/jdl3-125
Fiche 1 EXO 3 7 11 — Fiche 2 EXO 4 8 12 — Exercices interactifs

Leçon 26

Les compléments circonstanciels de but, de cause, de conséquence et de temps

Activité 1 **a. Dans quel but les animaux se rendent-ils dans la grange ?**

b. Pour quelle raison acceptent-ils d'écouter Major ? Quelle en est la conséquence ?

Le cochon Major a convoqué tous les animaux de la ferme.

Le vieux Major (il était toujours appelé ainsi, bien que le nom sous lequel il avait été exposé fût Beauté de Willingdon) était si profondément admiré que chacun était tout prêt à perdre une heure de sommeil pour entendre ce qu'il avait à dire.

G. Orwell, *La Ferme des animaux*, 1984 (traduction des auteurs)

Activité 2 **a. Réécrivez les phrases suivantes en remplaçant les mots de couleur par les étiquettes. Veillez à conserver le sens de chaque phrase.**

Major porte ce nom parce qu'il est très ancien. → si bien que

Comme les animaux sont terrorisés, personne ne s'oppose à Napoléon. → si... que

b. Les phrases contiennent-elles toujours une proposition subordonnée ?

c. Une phrase qui contient un complément circonstanciel de cause contient-elle toujours la conséquence associée ?

Activité 3 **a. Lisez le texte suivant.**

Dans ce texte, Voltaire se moque de ceux qui veulent interdire la lecture.

Pour l'édification des fidèles et pour le bien de leurs âmes, nous leur défendons de jamais lire aucun livre […]. Et, de peur que la tentation diabolique ne leur prenne de s'instruire, nous défendons aux pères et aux mères d'apprendre à lire à leurs enfants.

Voltaire, *De l'horrible danger de la lecture*, 1765

b. Dans quel but l'interdiction de lire est-elle prononcée ? Relevez la proposition qui contient la réponse.

c. Reformulez la première phrase en commençant par : Afin que les fidèles…

d. Quel mode verbal avez-vous employé ?

Activité 4 **a. Chacune de ces phrases contient un complément circonstanciel de temps. Recopiez-le s'il s'agit d'une proposition subordonnée.**

1. Quand tu partais peindre, tu oubliais souvent tes carnets.
2. Avant même que tu finisses ton tableau, il te fallait ainsi plusieurs fois revenir.
3. On te prenait peu au sérieux, jusqu'à ce qu'on aperçoive ton travail.
4. Tu revenais, au coucher du soleil, ivre de couleurs.
5. Après que tu t'étais endormi, tu rêvais de paysages.

b. Associez chaque proposition relevée à l'une de ces étiquettes : Indicatif | Subjonctif

c. Quelle différence relevez-vous entre ces modes verbaux ?

Je retiens

- Le **CC de cause** désigne **l'origine d'une action**.
- Le **CC de conséquence** désigne le **résultat de l'action**.
- Le **CC de but** désigne **l'objectif** pour lequel l'action est entreprise.
- Le **CC de temps** peut apporter une **précision sur le moment ou la durée** de l'action. Quand il s'agit d'une **proposition subordonnée**, elle est introduite par une **conjonction** qui précise sa relation chronologique avec la proposition principale. Cette relation détermine le mode du verbe de la subordonnée : on emploie **le subjonctif** quand l'évènement **n'a pas encore eu lieu**.

Pour dire, pour écrire

Les CC de cause, de conséquence et de but comptent parmi les principaux moyens pour exposer une **explication**, un **raisonnement logique**.

CC

Cause : *grâce à, du fait de, en raison de, parce que, puisque …*

But : *pour que, afin que, pour, afin de …*

Conséquence : *de sorte que, si bien que, si … que, tellement … que …*

Temps : *quand, lorsque, jusqu'à ce que, à partir de*

Repérer

1 Indiquez si les propositions soulignées expriment la cause, le but ou la conséquence.

1. J'ai entrepris ce long voyage <u>afin que nous puissions nous rencontrer</u>.
2. J'ai entrepris ce long voyage <u>si bien que nous nous sommes rencontrés</u>.
3. Les enfants restent sereins <u>parce qu'on leur a promis que tout irait bien</u>.
4. On a promis aux enfants que tout irait bien <u>pour qu'ils restent sereins</u>.

2 Indiquez si chaque phrase contient un CC de cause ou de conséquence.

1. Sous prétexte que nous n'étions pas venus, nous n'avons pas été informés.
2. Le temps est tellement froid aujourd'hui que nous avons allumé le chauffage.
3. Du fait de votre travail fatigant, vous pouvez vous reposer.
4. Je désapprouve cette action, non que vous ayez tort, mais ce n'est pas le bon moment.

3 EXO+ **4** EXO+

Réécrire

5 Réécrivez ces phrases de manière à mettre en avant un rapport de cause et non de conséquence. Vous utiliserez les prépositions et conjonctions suivantes :

grâce à • du fait de • parce que • puisque

1. Je fournirai le repas, de sorte que tout sera prêt.
2. Elle est si pressée qu'elle en a oublié ses affaires.
3. Vous êtes tellement émus que vous bafouillez.
4. Ils avaient soigneusement préparé leurs bagages si bien qu'ils ont pu partir plus tôt.
5. J'ai emprunté tellement de livres à la bibliothèque que je n'ai pas pu tous les lire à temps.

6 Remplacez chaque CC de temps par une proposition subordonnée de même sens.

1. Au lever du soleil, il vous faudra partir.
2. Nous prenons le train après le concert.
3. Au souvenir de ces bons moments, je souris encore.
4. Avant de partir, n'oubliez pas de prendre vos valises !

7 EXO+ **8** EXO+

Préparer une dictée

9 *Voici comment, selon l'historien Tacite, Néron aurait fait assassiner le prince Britannicus.*

On apporte à Britannicus une boisson encore inoffensive et très chaude […]. Ensuite, après qu'il l'eut repoussée à cause de sa chaleur, on ajoute du poison (dilué dans l'eau froide) qui se répand ainsi dans tous ses membres, de sorte que sa voix et sa vie lui sont en même temps ravies.

Tacite, *Annales XIII*, traduction des auteurs

a. Quel complément circonstanciel est introduit par la conjonction de subordination « de sorte que » ?
b. Expliquez de quelle manière le meurtre est conçu en indiquant les différentes causes.

10 EXO+ **11** EXO+

Produire à l'oral

12 Par groupes, imaginez une télécommande pour vous faciliter le quotidien.
Vous expliquerez son fonctionnement à votre classe, en vous aidant de propositions subordonnées circonstancielles de cause, de conséquence et de but.

EXO+ lienmini.fr/jdl3-126
Fiche 1 EXO 3 7 10 | Fiche 2 EXO 4 8 11 | Exercices interactifs

Leçon 27

Les compléments circonstanciels de condition, d'opposition et de concession

Activité 1

a. Lisez le texte suivant.

Antigone refuse d'obéir à Créon, qui essaie de la raisonner.

Tu ne comprends donc pas que si quelqu'un d'autre que ces trois brutes sait tout à l'heure ce que tu as tenté de faire, je serai obligé de te faire mourir ? Si tu te tais maintenant, si tu renonces à cette folie, j'ai une chance de te sauver, mais je ne l'aurai plus dans cinq minutes. Le comprends-tu ?

J. Anouilh, *Antigone*, © Éditions de la Table Ronde, 1946

b. Relevez les propositions subordonnées circonstancielles de condition.

c. À quel temps sont-elles conjuguées ? Antigone a-t-elle un espoir d'être sauvée ?

Activité 2

a. Dans les extraits suivants, relevez les comparaisons.

b. Augmentez-les en développant dans des propositions subordonnées les images qu'elles contiennent.

Elle a passé, la jeune fille
Vive et preste comme un oiseau

G. de Nerval

Les murs avaient un aspect lépreux, et étaient couverts de coutures et de cicatrices comme un visage défiguré par quelque horrible maladie.

V. Hugo

c. Quels verbes avez-vous ajoutés ? Quelle phrase est la plus élégante ?

Activité 3

a. Les conjonctions de subordination ci-dessous marquent l'opposition. Utilisez-les pour relier chaque énoncé A à l'énoncé B qui lui correspond.

alors que — quoique — bien que

A	B
Antigone aime Hémon…	… il se soit battu contre Polynice.
Créon a soutenu Étéocle…	… elle ne veuille pas se défendre.
Ismène veut protéger Antigone…	… elle choisit de défier Créon.

b. Quelles conjonctions sont suivies du mode subjonctif ?

Activité 4

a. Formulez une objection à ces affirmations grâce à une subordonnée circonstancielle de concession.

Ex : Certains ne font pas attention aux règles de politesse. → Bien que certains ne fassent pas attention aux règles de politesse, elles sont nécessaires à une vie agréable en communauté.

> *Attention !* *Malgré* est une préposition suivie d'un GN. L'expression *malgré que* est donc fautive.

1. Beaucoup considèrent que le code de la route est trop contraignant.
2. Aux yeux des chasseurs de fauve, il n'est pas utile de réglementer la chasse.
3. Plusieurs personnes jugent que le règlement du collège n'est pas nécessaire.

b. Selon vous, quel est l'intérêt de ce procédé pour argumenter ?

Je retiens

• **L'opposition** met en relation **deux éléments contraires**, tandis que **la concession** introduit une **nuance** : le deuxième élément devrait empêcher le premier d'exister (parce que c'est **incohérent** ou **contradictoire**). La proposition de concession introduite par ***quoique***, ***bien que***... contient un verbe conjugué au **subjonctif**.

• Les CC de comparaison sont utiles pour **rédiger une description imagée** : ils **rapprochent deux éléments** *a priori* éloignés pour en éclairer le sens.

• La **condition** désigne l'**élément nécessaire à la réalisation** de l'action principale. La **proposition subordonnée circonstancielle de condition** introduite par ***si*** est **toujours suivie de l'indicatif**.

Pour dire, pour écrire

Ces compléments circonstanciels trouvent leur place dans un **échange argumenté**. La concession permet de **prendre en compte l'idée d'autrui** pour mieux la contester.

L'emploi des temps dans la proposition subordonnée de condition

Action possible
• *indicatif présent suivi du futur*
Si tu es là, tu m'aideras.
• *imparfait suivi du conditionnel*
Si tu étais là, tu m'aiderais.

Action probable ou impossible
imparfait suivi du conditionnel
Si tu étais là, tu m'aiderais.

Action irréalisable
plus-que-parfait suivi du conditionnel passé
Si tu avais été là, tu m'aurais aidé.

Repérer

1 Relevez les CC d'opposition, de concession et de condition.
1. J'ai choisi un livre de science-fiction, tandis que tu as pris une bande dessinée.
2. Pour peu qu'on me réveille, je serai à l'heure.
3. Quoique la leçon soit complexe, je la comprends.
4. Nous jouons amicalement, alors qu'en face ils semblent prêts à tout.

2 Recopiez en bleu les CC qui expriment une opposition, en noir ceux qui expriment une concession.
1. Bien que je ne sois pas d'accord, je ne dis rien.
2. Alors que je travaille, vous restez à ne rien faire.
3. Même si je ne suis pas là, vous pouvez vous amuser !

3 EXO+ 4 EXO+

Manipuler

5 Complétez chaque phrase en précisant s'il s'agit d'un complément d'opposition ou de concession.
1. Nous sommes très satisfaits, bien que...
2. Les spectateurs étaient mécontents, alors que...
3. Les animaux restent agités, même si...
4. Vous pouvez venir, quoique...
5. Elles ont privilégié cette hypothèse, tandis que...

6 Complétez les propositions subordonnées de condition avec le temps qui convient, puis précisez si l'hypothèse est réalisable ou non.
1. Si tu *(venir)* ce soir, tu pourras les voir.
2. S'il *(faire)* moins froid, nous pourrions sortir.
3. Si les vacances *(durer)* plus longtemps, nous serions allés au bord de la mer.
4. Si nous *(être)* plus jeunes, nous aurions eu plaisir à jouer avec vous.

7 EXO+ 8 EXO+

Préparer une dictée

9 *Une jument, Clover, est choquée par les exécutions qui se produisent à la Ferme des Animaux.*

Quoi qu'il arrive, elle resterait fidèle, travaillerait dur, exécuterait les ordres qui lui seraient donnés, accepterait le commandement de Napoléon. Mais quand même, ce n'était pas pour en arriver là qu'elle et tous les autres avaient espéré et peiné. [...] Telles étaient ses pensées, même si elle manquait de mots pour les exprimer.

G. Orwell, *La Ferme des animaux*, 1984

a. Relevez deux CC d'opposition.
b. Quelle autre expression contient une opposition ?

Écrire

10 Dénoncez les mensonges de Big Brother à l'aide de propositions subordonnées d'opposition.
1. Il affirme que « L'ignorance, c'est la force », alors que...
2. Il dit que « La liberté, c'est l'esclavage », tandis que...
3. Il proclame que « La guerre, c'est la paix »...

11 EXO+ 12 EXO+

Produire à l'oral

13 Dans l'exercice 9, le texte s'achève sur « même si elle manquait de mots pour les exprimer. » **Composez le discours que pourrait faire Clover aux autres animaux.**
Utilisez tour à tour la concession, l'opposition et la condition pour développer ces arguments :
Les animaux ne doivent pas s'entretuer, mais il y a eu des massacres. Ils sont heureux à la Ferme, en dépit de l'horreur qui s'est produite. Ce n'est pas pour en arriver à ces crimes que les animaux se sont révoltés.

EXO+ lienmini.fr/jdl3-127
Fiche 1 EXO 3 7 11 — Fiche 2 EXO 4 8 12 — Exercices interactifs

Leçon

28 Les emplois du subjonctif

Activité 1 **a. Écrivez la suite de ce texte en énumérant au moins 10 gestes que vous accomplissez chaque matin. N'employez que le mode subjonctif pour conjuguer vos verbes.**

Il faut… que je me lève le matin
que j'aille dans la cuisine
que…

b. Au moment du réveil, les actions énumérées se sont-elles déjà produites ? Que pouvez-vous en déduire sur ce que le subjonctif permet d'exprimer dans une phrase simple ?

Activité 2

Le poète se souvient d'une douce soirée. Il demande à la nature d'en garder la mémoire.

[…] Vous, que le temps épargne ou qu'il peut rajeunir,
Gardez de cette nuit, gardez, belle nature,
Au moins le souvenir !
Qu'il soit dans ton repos, qu'il soit dans tes orages,
Beau lac, et dans l'aspect de tes riants coteaux,
Et dans ces noirs sapins, et dans ces rocs sauvages
Qui pendent sur tes eaux. […]

A. de Lamartine, « Le lac », *Méditations poétiques*, 1820

a. Dans les passages soulignés, quels modes Lamartine utilise-t-il pour demander à la nature de se rappeler de lui ?

b. Qu'en déduisez-vous sur l'utilisation du subjonctif dans une phrase simple ?

Activité 3 **a. Lisez ces phrases dont les propositions subordonnées relatives sont encadrées.**

1. Je cherche quelqu'un qui a le même livre.
2. Si vous apercevez un objet qui peut lui plaire, prenez-le.

b. Conjuguez le verbe de chaque subordonnée au subjonctif. Quelle différence de sens observez-vous entre les phrases à l'indicatif et celles au subjonctif ?

Activité 4

a. Rédigez un court texte expliquant la situation du personnage de cette vignette. Vous emploierez :

– les conjonctions de subordination *pour que* et *jusqu'à ce que*.

– les verbes *vouloir que* et *souhaiter que*.

b. À quel mode avez-vous conjugué les verbes de votre texte ?

c. Selon vous, pourquoi emploie-t-on le subjonctif dans les propositions introduites par ces conjonctions et ces verbes ?

J. Tardi, J.-P. Verney, *Putain de guerre*, © Casterman, 2008

Je retiens

• Le mode **subjonctif** est employé pour **exprimer la subjectivité**, c'est-à-dire les pensées et le point de vue du sujet. Il sert à **décrire un fait possible**, contrairement au mode indicatif qui sert à décrire des faits accomplis ou qui vont s'accomplir.

• Le subjonctif peut être **employé dans une phrase simple** (il exprime alors un souhait, un regret, une supposition ou un ordre) **ou dans la proposition subordonnée d'une phrase complexe** : il peut s'agir d'une proposition subordonnée complétive, circonstancielle ou relative.

Pour dire, pour écrire

• Le **subjonctif** est très utile pour **rédiger une critique d'art** ou pour **participer à un débat**, car il permet d'exprimer un point de vue personnel à propos d'un évènement, d'une œuvre…

• L'**indicatif** s'oppose au subjonctif car il s'applique à des **faits réels**, tandis que le **subjonctif** sert à formuler un **avis** sur ces faits.

Subordonnée complétive	Subordonnée circonstancielle	Subordonnée relative
• verbe de **volonté / exprimant un sentiment + que** • verbe **impersonnel + que** • verbe + adjectif exprimant **un sentiment / une possibilité + que** • verbe exprimant un **jugement + négation + que**	• de **but** (pour que) • de **conséquence** (si… que) • de **concession** (bien que) • **temporelle** : l'action n'a pas eu lieu (avant que)	• en début de phrase • après un **superlatif** • exprime un **résultat hypothétique, souhaité** ou **impossible**

Repérer

1 a. Recopiez chaque phrase et soulignez les verbes au subjonctif.

1. Il fallait que je m'applique à réduire ce cri. Il fallait que je sois naturel. **A. Camus**
2. Vienne la nuit, sonne l'heure / Les jours s'en vont, je demeure. **G. Apollinaire**
3. Étudie, non pour que tu en saches davantage, mais pour que tu le saches mieux. **Sénèque**

b. Pour chaque verbe que vous avez souligné, indiquez s'il se trouve dans une proposition indépendante ou subordonnée.

2 Relevez les verbes au subjonctif et justifiez l'emploi de ce mode.

1. La mère de Romain Gary rêvait qu'il devînt chanteur d'opéra ou écrivain.
2. Elle l'avait ensuite éduqué pour qu'il fût ambassadeur de France.
3. Il servit dans l'armée, jusqu'à ce que la Seconde Guerre mondiale s'achevât.
4. Il n'y avait personne au monde qui pût surpasser la force de son amour maternel pour lui.

3 EXO+ 4 EXO+

Accorder

5 Les phrases suivantes ont-elles besoin du subjonctif ? Conjuguez les verbes entre parenthèses. Expliquez votre choix en soulignant le mot introducteur lorsqu'il y en a un.

1. Il faudra que tu *(venir)* de bonne heure pour achever ce travail.
2. Pourriez-vous déplacer votre voiture, de sorte que je *(pouvoir)* passer avec la mienne.
3. Je voudrais tant qu'ils *(recevoir)* ce qu'ils méritent !
4. Quand les marins *(rentrer)* au port, ils sont souvent exténués.

6 a. Subjonctif ou indicatif présent ? Conjuguez les verbes entre parenthèses.

1. Je crois qu'ils *(pouvoir)* venir dès demain.
2. Je ne crois pas qu'ils *(pouvoir)* venir dès demain.
3. Je pense qu'il *(choisir)* la manière la plus simple.
4. Je doute qu'il *(choisir)* la manière la plus simple.

b. Dans quelles phrases l'action risque-t-elle de ne pas se réaliser ?

7 EXO+ 8 EXO+

Écrire

9 a. À quel type de subordonnée les propositions soulignées appartiennent-elles ?

Sage l'Ancien fait le point sur la situation des animaux.
Passée notre première année sur cette terre, il n'y a pas un seul animal qui entrevoie ce que signifient des mots comme loisir ou bonheur. Et quand le malheur l'accable, ou la servitude, pas un animal qui soit libre.

G. Orwell, *La Ferme des animaux*, 1984, traduction des auteurs

b. Reformulez les paroles de Sage l'Ancien en montrant qu'il parle d'un résultat impossible à ses yeux.

10 Résumez la fable « Le Corbeau et le Renard » de La Fontaine à l'aide de ces conjonctions de subordination : de sorte que • afin que • jusqu'à ce que

11 Conjuguez les verbes entre parenthèses.

1. Voici le roman le plus long que j'*(avoir)* lu.
2. J'ai vu le plus beau paysage qu'on *(pouvoir)* imaginer.
3. C'est le meilleur restaurant que je *(connaitre)*.

12 EXO+ 13 EXO+

EXO+ lienmini.fr/jdl3-128
Fiche 1 EXO 3 7 12 — Fiche 2 EXO 4 8 13 — Exercices interactifs

Leçon **30**

La phrase : outils de mémorisation

La phrase simple et la phrase complexe

Phrase = unité grammaticale et de sens

La phrase est définie par son **sens**
et par ses limites de **ponctuation** (majuscule / point).

Phrase non verbale

Nominale
Autour d'**un nom**
Ex : La porte !

Ellipse du sujet
Ex : Oui.
Possible.
Certainement pas.

Infinitive
Autour d'un **verbe à l'infinitif**
Ex : Partir là-bas…

Interjection
Ex : Hein ?
Aïe !

Phrase verbale

Autour d'**un verbe**
(exprime une action ou un état)
Ex : Elle repart aussitôt.
Il demeure immobile.

Phrase simple
Autour d'**une seule proposition indépendante**
(un seul verbe conjugué)
Ex : Nous arrivons bientôt.

Phrase complexe
Autour de **deux propositions ou plus**
(plusieurs verbes conjugués)

Deux propositions indépendantes
- **juxtaposées** grâce à un signe de ponctuation
Ex : Je vais bien, ne t'inquiète pas.
- **coordonnées** grâce à une conjonction de coordination ou un adverbe de liaison
Ex : Je vais bien donc ne t'inquiète pas.

Une proposition principale et une subordonnée
La proposition subordonnée n'est **pas indépendante.**
Ex : Je viendrai si tu l'invites aussi.

La phrase verbale peut être…

Minimale

Groupe Sujet	Groupe Verbal

Ex : Vous posez des questions.

Étendue

Complément Circonstanciel	Groupe Sujet avec expansion	Groupe Verbal + complément essentiel étendu	Complément Circonstanciel

Ex : Avec insistance, ta grande sœur et toi posez une multitude de questions après l'exposé.

Les compléments circonstanciels

La classe grammaticale des compléments circonstanciels

Complément circonstanciel

- **Adverbe**
  Ex : Tu présenteras ton exposé ***tout à l'heure****.*
- **Groupe nominal**
  Ex : Tu présenteras ton exposé ***ce matin****.*
- **Proposition subordonnée**
  Ex : Tu présenteras ton exposé ***quand Nadia aura terminé le sien****.*
- **Groupe nominal prépositionnel**
  Ex : Tu présenteras ton exposé ***dans la matinée****.*

Quelques valeurs des compléments circonstanciels

Complément circonstanciel

- **de temps**
  Ex : Je comprends ***quand je lis****.*
- **de cause**
  Ex : Je comprends ***parce qu'on m'explique****.*
- **de conséquence**
  Ex : Je comprends ***si*** *facilement* ***que je retiens****.*
- **de comparaison**
  Ex : Je comprends ***aussi*** *vite* ***qu'il me parle****.*
- **de condition**
  Ex : Je comprends ***si j'écoute****.*
- **de but**
  Ex : Je comprends ***pour expliquer aux autres****.*
- **d'opposition**
  Ex : Je comprends ***alors que les autres ne comprennent pas****.*
- **de concession**
  Ex : Je comprends ***bien que ce soit complexe****.*

EXO+ lienmini.fr/jdl3-1301
Fiche 1 EXO 1 3 5 — Fiche 2 EXO 2 4 6 — Exercices interactifs

EXO+ lienmini.fr/jdl3-1302
Fiche 1 EXO 1 3 5 — Fiche 2 EXO 2 4 6 — Exercices interactifs

▶ *Avez-vous bien compris ces leçons sur la phrase ?*
Vérifiez en lisant cet extrait et en répondant aux questions d'un groupe.

Texte support

Je me souviens

Je me souviens *est un recueil qui compile des souvenirs du quotidien de l'auteur, suscitant pour quelques instants « une impalpable petite nostalgie ». En voici quelques-uns.*

2. Je me souviens que mon oncle avait une 11 CV immatriculée 7070 RL2.

6. Je me souviens qu'Art Tatum appela un morceau *Sweet Lorraine* parce qu'il avait été en Lorraine pendant la guerre 14-18.

92. Je me souviens que le quatre-quarts doit son nom au fait qu'il est composé d'un quart de lait, d'un quart de sucre, d'un quart de farine et d'un quart de beurre.

200. Je me souviens qu'il y avait jadis à la Bûcherie, avant qu'elle ne s'agrandisse, une tapisserie de Jean Lurçat sur laquelle on pouvait lire ce vers : « La nuit cache le jour à l'envers de son noir ».

294. Je me souviens que le personnage central de *L'Étranger* se nomme Antoine (?) Meursault : il a souvent été remarqué qu'on ne se souvient pas de son nom.

336. Je me souviens aussi que *L'Express* s'étant sous-titré « L'hebdomadaire de la Nouvelle Vague », *Le Canard enchaîné* avait fait remarquer qu'on aurait davantage attendu d'un organe de presse qu'il se vante de donner des nouvelles précises.

422. Je me souviens quand j'étais louveteau, mais j'ai oublié le nom de ma patrouille.

G. Perec, *Je me souviens*, 1978,

Groupe 1

Repérer

1 a. **Lisez le souvenir 2 et recopiez la proposition subordonnée.**
b. Quel mot complète-t-elle ?

2 Relevez les *que* présents dans le souvenir 336.
a. De quels mots dépendent-ils ?
b. À quelle classe grammaticale appartiennent-ils ?

3 a. À quel mode est conjugué le verbe « s'agrandisse » dans la proposition subordonnée soulignée ?
b. Quel lien établissez-vous entre le mode utilisé et la conjonction de subordination *avant que* ?

Manipuler

4 a. Réécrivez le souvenir 294 : transformez le signe de ponctuation en une formule exprimant l'opposition.
b. Quel mot avez-vous employé pour faire apparaitre l'opposition ?

5 Réécrivez le souvenir 422 pour faire apparaitre le lien logique d'opposition dans une proposition subordonnée.

6 a. Reformulez le souvenir 6 en complétant la phrase suivante : « Je me souviens qu'Art Tatum avait été en Lorraine pendant la guerre 14-18, si bien que… »
b. Quelle différence observez-vous dans l'ordre de la phrase ?
c. Quelle est la valeur de la conjonction de subordination *si bien que* ?

Écrire

7 À votre tour, rédigez un souvenir sur le modèle du souvenir 294. Rappelez-vous un héros de fiction, puis indiquez un souvenir à son propos, même anodin.
Vous utiliserez les expressions suivantes :
– *je me souviens que,*
– *lorsque,*
– *parce que.*

BREVET
DICTÉE lienmini.fr/jdl-021
Groupes 1, 2 et 3
Écoutez et écrivez le texte de cette dictée pour vous préparer à l'épreuve du brevet.

Groupe 2

Repérer

1 **a.** La proposition subordonnée dans le souvenir 2 est-elle complétive ?
b. Expliquez votre réponse.

2 **a.** Relevez les *que* employés dans le souvenir 336 et précisez les verbes dont ils dépendent.
b. Donnez la nature de chaque *que*.

3 **a.** Quelle est la fonction de la proposition soulignée dans le souvenir 200 ?
b. Indiquez ensuite à quel mode est conjugué le verbe en justifiant son emploi.

Manipuler

4 **a.** Réécrivez le souvenir 294 en utilisant une formule exprimant l'opposition.
b. Quel mot employez-vous pour faire apparaitre l'opposition ?

5 Réécrivez le souvenir 422 pour faire apparaitre une proposition subordonnée d'opposition.

6 Reformulez le souvenir 6 de manière à faire apparaitre un lien de conséquence plutôt que de cause.

Écrire

7 **À votre tour, rédigez un souvenir sur le modèle du souvenir 294. Rappelez-vous un héros de fiction puis indiquez un souvenir à son propos, même anodin.** Vous reprendrez la formule de Perec *Je me souviens que…*, puis vous utiliserez successivement :
– une proposition subordonnée complément circonstanciel de temps,
– une proposition subordonnée complément circonstanciel de cause.

P. Albuisson, M. Taraskoff, timbre de G. Perec, Musée de la Poste, Paris

Groupe 3

Repérer

1 **a.** Quelle est la fonction grammaticale des propositions subordonnées dans les souvenirs 2 et 6 ?
b. Expliquez votre réponse.

2 **a.** Relevez les *que* employés dans le souvenir 336.
b. Quelle est leur nature ? Justifiez.

3 **a.** À quel mode sont conjugués les verbes encadrés ?
b. Expliquez leur emploi.

Manipuler

4 **a.** Réécrivez le souvenir 294 en utilisant une formule exprimant l'opposition.
b. Quel lien logique est nécessaire pour rattacher cette question au reste de la phrase ?

5 Reformulez le souvenir 422 pour obtenir une proposition subordonnée à la place de la proposition indépendante introduite par *mais*.

6 **a.** Reformulez le souvenir 6 de manière à faire apparaitre un lien de conséquence plutôt que de cause.
b. Modifiez le souvenir 92 de manière à faire apparaitre un lien de causalité dans une proposition subordonnée circonstancielle.

Écrire

7 **À votre tour, rédigez un souvenir sur le modèle du souvenir 294. Rappelez-vous un héros de fiction puis indiquez un souvenir à son propos, même anodin.** Vous imiterez Perec, de manière à ce que votre souvenir intègre :
– une proposition complétive,
– des propositions subordonnées compléments circonstanciels de temps,
– des propositions subordonnées compléments circonstanciels de cause.

Atelier de classe

Qu'est-ce que la situation d'énonciation ?

*Cet atelier va vous permettre de **réviser les principes de construction d'un texte**, pour vous préparer à étudier ensuite des notions plus complexes. Vous allez travailler **en groupes** à des **activités d'observation et de manipulation**, pour que chacun confronte ses réponses à celles des autres. Au terme de l'atelier, **vous rédigerez vous-mêmes vos conclusions**.*

George Sand est témoin des manifestations qui ont lieu à Paris en 1848 lors de la difficile mise en place de la IIe République. Elle raconte les évènements à son fils resté dans leur maison de Nohant.

À Maurice Sand, à Nohant
Paris, le 17 avril 1848

Mon pauvre Bouli,

J'ai bien dans l'idée que la République a été tuée dans son principe et dans son avenir, du moins dans son prochain avenir. [...] Il faut te dire comment tout cela est arrivé ; car tu n'y comprendrais rien par les journaux. [...]

C'était un beau et triste spectacle que ce peuple marchant, fier et mécontent, au milieu de toutes ces baïonnettes ; la foule couvrait les trottoirs et les parapets. J'étais avec Rochery, et il n'y avait pas moyen de marcher ailleurs qu'avec la colonne des ouvriers, toujours bonne, polie et fraternelle. [...] Arrivés sur la place de l'Hôtel-de-Ville, on **les** fit attendre une heure pour que toute la mobile[1] et toute la garde bourgeoise[2] fut placée et échelonnée [...]. Les pauvres ouvriers étaient refoulés derrière la garde bourgeoise, le long des murs au fond de la place. Enfin, on **leur** ouvrit, au milieu des rangs, un petit passage si étroit, que, de quatre par quatre qu'ils étaient, ils furent forcés de se mettre deux par deux et on leur permit d'arriver le long de la grille, c'est-à-dire devant cent mille baïonnettes et fusils chargés. [...]

Je suis bien triste, mon garçon. Si **cela** continue et qu'il n'y ait plus rien à faire dans un certain sens, je retournerai à Nohant écrire et me consoler près de toi. [...] Je crois bien que je n'aurai plus rien à faire ici.

G. Sand, lettre à Maurice Sand, 1848

1. police à cheval. 2. police formée de volontaires.

Le savez-vous ? En 1848, le peuple de Paris se soulève contre le roi Louis-Philippe et parvient à prendre le contrôle de la capitale. La IIe République est alors instituée. Le 16 avril 1848, une manifestation ouvrière est écrasée par le gouvernement provisoire républicain. George Sand est témoin de cette manifestation à Paris : elle a toujours défendu les ouvriers et les pauvres.

PARTIE 1

Analyser les composants d'une situation d'énonciation

Observons et manipulons

Une situation d'énonciation implique d'abord de se demander qui parle et à qui.

1. Qui parle dans ce texte (énonciateur) ?
– Par quelle personne verbale l'énonciateur s'exprime-t-il ?
– Relevez au moins deux marqueurs différents de cette personne.

2. À qui le texte est-il destiné (destinataire) ?
– Par quelle personne verbale le destinataire est-il désigné ?
– Relevez au moins deux marqueurs différents de cette personne.

3. Relevez les trois expressions qui désignent le destinataire du texte. Que traduisent-elles des rapports entre l'énonciateur et le destinataire ?

Qu'avons-nous observé ?

À partir de vos remarques, définissez la situation d'énonciation d'un texte. Qu'y a-t-il de particulier dans le cas d'une lettre ?

PARTIE 2

Étudier le contexte de la situation d'énonciation

Observons et manipulons

Une situation d'énonciation se définit ensuite par le cadre spatio-temporel dans lequel l'énonciateur adresse un message au destinataire.

1. – À quel lieu renvoie « ici » (l. 16) ? Où se trouve donc l'énonciateur ? Comment le savez-vous ?
– Où se trouve le destinataire ? Comment le savez-vous ?

2. – De quand cette lettre date-t-elle ?
– En vous aidant de la rubrique *Le savez-vous ?*, montrez que l'auteur évoque le contexte historique dans les deux premiers paragraphes.

Qu'avons-nous observé ?

– Quels éléments faut-il repérer pour analyser une situation d'énonciation ?
– Comment sont-ils présentés dans une lettre ?

H. Vernet, *Combats dans la rue Soufflot, Paris, 25 juin 1848*, 1848

PARTIE 3

Repérer le contenu du message dans la situation d'énonciation

Observons et manipulons

1. – À quoi les mots en gras du texte renvoient-ils ?
– À quelle classe grammaticale appartiennent-ils ?

pronom personnel

pronom démonstratif

– À laquelle de ces étiquettes la présentation des ouvriers par l'énonciateur correspond-elle ?

positive (méliorative)

négative (péjorative)

– Relevez deux expressions qui le prouvent.

2. – Que signifie l'expression « cent mille baïonnettes » (l. 12) ?
– Quelle est cette figure de style ?
– Quelle image l'énonciateur donne-t-il de la répression exercée par le gouvernement ?

3. À partir de la rubrique *Le savez-vous ?*, montrez que le ton de l'énonciateur dans cette lettre est conforme à son engagement.

Qu'avons-nous observé ?

D'après vos observations, comment le ton employé par l'énonciateur permet-il de définir le message dans une situation d'énonciation ?

Qu'avons-nous découvert sur **la situation d'énonciation ?**

Faites le point avec les membres de votre groupe afin de pouvoir présenter oralement le résultat de vos observations sur :
- la situation d'énonciation
- les reprises pronominales

Leçon 31

La situation d'énonciation dans différents genres littéraires

Activité 1

Diderot évoque un vieillard habitant Tahiti, au moment où arrivent les premiers Européens, compagnons de l'explorateur Bougainville.

Il était père d'une famille nombreuse. À l'arrivée des Européens, il laissa tomber des regards de dédain sur eux, sans marquer ni étonnement, ni frayeur, ni curiosité. [...] Puis s'adressant à Bougainville, il ajouta : « Et toi, chef des brigands qui t'obéissent, écarte promptement ton vaisseau de notre rive : nous sommes innocents, nous sommes heureux ; et tu ne peux que nuire à notre bonheur. »

D. Diderot, *Supplément au voyage de Bougainville*, 1772

a. À quel moment observe-t-on un changement d'énonciation ?

b. Sur quels indices vous appuyez-vous ? Vous observerez :

la ponctuation | les personnes des verbes | les temps et modes des verbes

Activité 2 **Définissez la situation d'énonciation de ce texte. Pour cela, répondez aux questions suivantes : quels temps verbaux sont utilisés ? quels pronoms personnels sont employés ? où les personnages se trouvent-ils ?**

G. **Philipe** (Rodrigue) dans *Le Cid*, mise en scène de **J. Vilar**, 1949

Rodrigue, l'amant de Chimène, vient la voir après avoir tué le père de cette dernière. Chimène, en compagnie de sa suivante Elvire, ne s'attend pas à le voir chez elle.

CHIMÈNE. – Elvire, où sommes-nous, et qu'est-ce que je vois ?
Rodrigue en ma maison, Rodrigue devant moi !
RODRIGUE. – N'épargnez point mon sang : goûtez sans résistance
La douceur de ma perte et de votre vengeance.
CHIMÈNE. – Hélas !
RODRIGUE. – Écoute-moi.
CHIMÈNE. – Je me meurs.
RODRIGUE. – Un moment.

P. Corneille, *Le Cid*, 1636

Activité 3 **Dans chaque texte, identifiez le personnage qui parle (l'énonciateur) en vous appuyant sur son vocabulaire.**

a. Quel est son niveau de langue ? familier | courant | soutenu

b. Quel type de vocabulaire utilise-t-il ?

MONSIEUR JOURDAIN. – Suivez-moi, que j'aille un peu montrer mon habit par la ville ; et surtout ayez soin tous deux de marcher immédiatement sur mes pas, afin qu'on voie bien que vous êtes à moi.

Molière, *Le Bourgeois gentilhomme*, 1670

La raison du plus fort est toujours la meilleure :
Nous l'allons montrer tout à l'heure.

J. de La Fontaine, « Le Loup et l'Agneau », *Fables*, 1668

Je retiens

- Dans tout texte, la **situation d'énonciation** précise qui émet le discours **(l'énonciateur)**, à qui il est destiné **(le destinataire)** et **les circonstances** de cet échange (lieu et temps).
- Il existe deux types de situations d'énonciation : **l'énonciation de discours** et **de récit**. *Attention !* « Énonciation de discours » ne signifie pas qu'on la trouve seulement dans des paroles rapportées.
- D'autres éléments permettent d'identifier l'énonciateur : un vocabulaire affectif, péjoratif ou mélioratif, le niveau de langue, etc.
- **Au théâtre**, tout discours d'un personnage est **adressé à la fois aux autres personnages et au public** : c'est **la double énonciation**. Celle-ci apparait clairement lorsqu'un message est destiné au public **(aparté)**.

Pour dire, pour écrire

- Les **circonstances** énoncées dans un texte permettent de définir la **situation d'énonciation** : **qui parle ? à qui ? quand ? où ?**
- En rédigeant un texte, il faut toujours **définir cette situation d'énonciation précisément**, en vous posant la question dès la phase de brouillon, avant l'écriture.

	Énonciation de discours	Énonciation de récit
Personnes verbales	• Énonciateur : 1re personne *(je, nous, mon, notre)* L'énonciateur est présent dans le discours. • Destinataire : 2e personne *(tu, vous, ton, votre)*	1re ou (le plus souvent) 3e personne *(il, elle, on, ils, elles)* L'énonciateur est effacé dans le discours.
Compléments circonstanciels	Aujourd'hui, hier, ici…	Ce jour-là, la veille, en ce lieu…

Repérer

1 Énonciation de discours ou de récit ? Justifiez en relevant les termes et expressions qui le prouvent.

Je reviens encore à vous, ma bonne, pour vous dire que si vous avez envie de savoir en détail ce que c'est qu'un printemps, il faut venir à moi. […] Que pensez-vous donc que ce soit que la couleur des arbres depuis huit jours ? Répondez. Vous allez dire : « Du vert. » Point du tout, c'est du rouge. **Mme de Sévigné**, Lettre du 19 avril 1690

2 Énonciation de discours ou de récit ? Justifiez en relevant les termes et expressions qui le prouvent.

On pouvait dire à ce moment, au milieu du mois d'août, que la peste avait tout recouvert. Il n'y avait plus alors de destins individuels, mais une histoire collective qui était la peste et des sentiments partagés par tous. Le plus grand était la séparation et l'exil avec ce que cela comportait de peur et de révolte.

A. Camus, *La Peste*, © Gallimard, 1947

3 a. À quels temps sont les verbes en gras ?
b. En vous aidant des temps verbaux, définissez la situation d'énonciation.

Le narrateur se souvient de son premier amour.

J'**avais** déjà près de neuf ans lorsque je **tombai** amoureux pour la première fois. Je **fus** tout entier **aspiré** par une passion violente, totale, qui m'**empoisonna** complètement l'existence et **faillit** même me coûter la vie. Elle **avait** huit ans et elle **s'appelait** Valentine. […] C'**était** une brune aux yeux clairs, admirablement faite, vêtue d'une robe blanche et elle **tenait** une balle à la main. […] Je ne **puis** décrire l'émoi qui **s'empara** de moi : tout ce que je **sais**, c'est que mes jambes **devinrent** molles et que mon cœur **se mit** à sauter avec une telle violence que ma vue **se troubla**.

R. Gary, *La Promesse de l'aube*, © Gallimard, 1960

4 EXO+ 5 EXO+

Lire

6 a. Quels sont les personnes et les temps verbaux employés ?
b. En une phrase, définissez la situation d'énonciation du texte.

Le narrateur revient sur une période heureuse de sa vie auprès de Mme de Warens, qu'il appelle « maman ».

Je me levais avec le soleil et j'étais heureux ; je me promenais et j'étais heureux, je voyais maman et j'étais heureux, je la quittais et j'étais heureux […].

Rien de tout ce qui m'est arrivé durant cette époque chérie, rien de ce que j'ai fait, dit et pensé tout le temps qu'elle a duré n'est échappé de ma mémoire. Les temps qui précèdent et qui suivent me reviennent par intervalles. Je me les rappelle inégalement et confusément ; mais je me rappelle celui-là tout entier comme s'il durait encore.

J.-J. Rousseau, *Les Confessions*, 1889

7 EXO+ 8 EXO+

Ecrire

9 a. Vous êtes journaliste.
Écrivez un article sur l'aventure de Neil Armstrong lorsque, le 21 juillet 1969, il fut le premier homme à marcher sur la Lune.
b. Vous êtes maintenant Neil Armstrong lui-même, le 21 juillet 1969.
Imaginez ce qu'il se dit au moment où il marche sur la Lune, en décrivant ses sensations.

10 EXO+ 11 EXO+

EXO+ lienmini.fr/jdl3-131
Fiche 1 EXO 4 7 10
Fiche 2 EXO 5 8 11
Exercices interactifs

Leçon 32

Les reprises anaphoriques

Activité 1 **Complétez à l'oral ces trois descriptions du bas-relief : pour chacune, inventez deux autres phrases, sans jamais réutiliser les mots en gras.**

1. **La femme** tient deux enfants dans ses bras.
2. **Les enfants** regardent leur mère.
3. **Un dragon** assiste à la scène.

Représentation de la Terre sur l'*Ara Pacis Augustae*, Rome

Activité 2 **a. À qui renvoie chaque mot en gras ?**

1. **Il** fit scandale avec la première de *Ruy Blas*.
2. Elle **se** représente dans son *Journal*.
3. Jean Anouilh **lui** consacra une pièce.
4. **Ils** forment un couple célèbre au XXe siècle.
5. **Elle** fut la première poétesse.
6. **Celle-là** écrivit *Les Hauts de Hurlevent*.

A. Antigone
B. Victor Hugo
C. Emily Brontë
D. Sappho
E. Anne Frank
F. Jean-Paul Sartre et Simone de Beauvoir

b. Sur quels indices vous êtes-vous appuyé(e) ? Précisez si les mots en gras sont marqués en genre et/ou en nombre.

Activité 3 **a. Associez chaque mot en gras à sa classe grammaticale.**

verbe | pronom personnel | pronom démonstratif | GN | pronom adverbial

1. Ariane voit Thésée pour la première fois : **elle** est séduite par **le jeune homme**.
2. Il doit se rendre dans le labyrinthe pour **y** affronter le Minotaure.
3. **Celui-ci** a été construit par Dédale.
4. Ariane lui conseille de dérouler un fil : il le **fait**.
5. Avant qu'il ne parte au labyrinthe, Ariane **le lui** donne.

b. Dans la phrase 5, quelle est la fonction grammaticale de chaque mot en gras ?

COD | COI | COS

c. Qu'en déduisez-vous sur l'ordre dans lequel doivent s'enchainer des pronoms COD, COI ou COS successifs ?

Je retiens

- On appelle **reprise anaphorique** nominale, pronominale ou adverbiale toute reprise d'un élément antérieur **(antécédent)** du texte.
- Dans la plupart des cas, on a recours à un pronom pour éviter de répéter un nom. Ce **pronom s'accorde en genre et en nombre avec le nom** qu'il reprend.
- La forme des pronoms varie selon leur fonction : COD *(me, le, la, les…)* et COI *(lui, leur…)*.

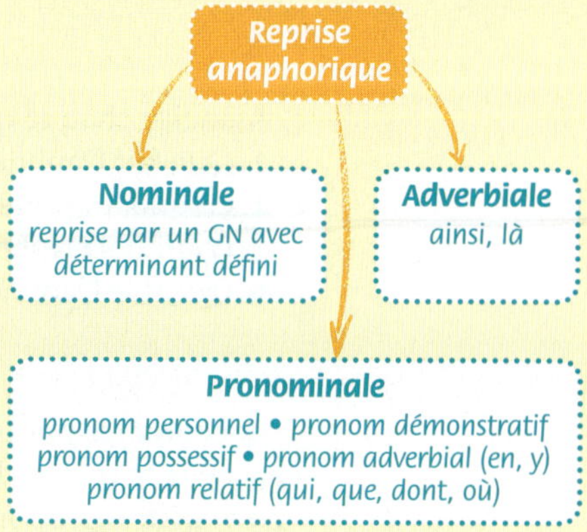

Pour dire, pour écrire

- Remplacer un mot déjà cité par un pronom, un adverbe ou un autre nom permet d'**éviter les répétitions** et d'**alléger le texte**.
- Quand on a deux pronoms compléments d'objet, le **COD** se place **devant le COS**.
- Dans le cas d'un pronom COD avant le verbe au passé composé, il faut toujours vérifier l'accord du participe passé.

Repérer

1 Relevez l'antécédent de chaque mot en gras.

1. L'enfant réclame son jouet : aussitôt son père **le lui** donne.
2. L'homme contemplait les bleuets en fleur. Aussitôt, **il** décide d'**en** cueillir des brins.
3. Le capitaine observe la côte **où il** va amarrer.
4. Omar et Léo entrèrent. **Ce dernier** semblait épuisé.
5. L'élève sortit sa trousse et son livre. Le professeur lisait déjà **le sien**.
6. Les spectatrices attendent les tours de magie mais on ne **les leur** montrera pas.
7. Jeanne a voulu voir la maison ; je **la lui** ai fait visiter.

2 a. Relevez les reprises anaphoriques du texte.
b. Sont-elles nominales ou pronominales ?

Arthur Rimbaud naquit dans les Ardennes mais il les quitta à dix-sept ans. Le jeune homme arriva à Paris à la fin de la guerre de 1870. Rimbaud y rencontra de nombreux poètes : parmi eux, Paul Verlaine. Celui-là admirait beaucoup Baudelaire qui avait écrit *Les Fleurs du Mal*. Verlaine l'encouragea à écrire : Rimbaud le fit.

3 EXO+ 4 EXO+

Réécrire

5 Réécrivez chaque phrase en remplaçant le GN en gras par un pronom.

Attention à l'accord du participe passé !

1. Hercule raconte à **Eurysthée** comment il a tué **le lion de Némée**.
2. Il ajoute qu'il a dû tuer des **oiseaux au Lac Stymphale**.
3. Il a aussi capturé **une biche aux pieds d'airain**.
4. Il explique ensuite **à Eurysthée et sa famille** qu'il a nettoyé **les écuries d'Augias**.
5. Il a donné **de la chair humaine** aux **chevaux de Diomède**.
6. Il est même allé chercher Cerbère jusqu'**aux Enfers**.

6 Raccourcissez chaque phrase en utilisant des reprises pronominales. *Ex : Il donne une rose à sa femme. → Il la lui donne.*

1. La femme enseigne la navigation à ses enfants.
2. Il demande un croissant à la marchande.
3. L'enfant réclame un cadeau à ses grands-parents.
4. Il offre des images à ses élèves.

7 EXO+ 8 EXO+

Accorder

9 Accordez les participes passés entre parenthèses, en tenant compte des reprises pronominales.

1. Il a *(recueilli)* un écureuil et l'a *(adopté)*.
2. Elle a *(acheté)* une pomme et l'a *(dévoré)*.
3. Ils ont *(rencontré)* leurs nouveaux voisins et les ont *(invité)* chez eux.
4. Elles sont très *(lié)* à leurs cousins, elles leur ont même *(envoyé)* une carte.
5. Ils ont *(ramené)* des photographies pour leur fille et les lui ont *(donné)*.
6. Ces romans, elles les a *(lu)* en un mois.
7. Les vacances *(venu)*, elle est *(parti)* au soleil.

10 EXO+ 11 EXO+

Produire à l'oral

12 De quoi ou de qui s'agit-il ? Faites deviner à vos camarades en donnant des indices le concernant.

1. Jules César
2. Rémus et Romulus
3. L'Eldorado
4. La Joconde
5. La Statue de la Liberté
6. Louis Aragon

13 Racontez l'histoire de Rémus et Romulus en utilisant les mots *celui-ci* et *celui-là*.

EXO+ lienmini.fr/jdl3-132

Fiche 1 EXO 3 7 10 — Fiche 2 EXO 4 8 11 — Exercices interactifs

Leçon

33 Thème et propos

Activité 1

a. Associez chaque question à la réponse qui convient.

1. Que fait Daphné ?
2. En quoi Daphné se métamorphose-t-elle ?
3. Pourquoi Daphné se métamorphose-t-elle ?
4. Qui aide Daphné à se métamorphoser ?

A. Daphné se métamorphose en laurier.
B. Daphné se métamorphose.
C. C'est grâce à l'aide de son père que Daphné se métamorphose.
D. Daphné se métamorphose parce qu'elle veut échapper au dieu Apollon.

b. Recopiez les phrases A, B, C et D, puis surlignez :
- en jaune le **thème** de la phrase, c'est-à-dire **ce sur quoi elle donne des informations**.
- en orange le **propos** de la phrase, c'est-à-dire **l'information donnée sur le thème**.

Combien de thèmes différents avez-vous trouvés ? combien de propos différents ? Qu'en concluez-vous ?

c. Recopiez et surlignez de la même manière le thème et le propos de ces phrases :

Apollon poursuit Daphné. Daphné se métamorphose en laurier.

Combien de thèmes différents avez-vous trouvés ? combien de propos différents ? Qu'en concluez-vous ?

Activité 2

Ce tableau montre comment les Centaures, créatures mythologiques mi-hommes mi-chevaux, ont envahi le mariage du roi des Lapithes. Un combat s'engage quand les Centaures essaient d'enlever les femmes des Lapithes.

J. G. Platzer, *Le Combat des Centaures et des Lapithes*, 1750

a. Quel est le thème de ce tableau ? Répondez en vous aidant de son titre.

b. Que nous apprend le peintre sur ce thème ? Répondez à cette question en décrivant l'un des aspects du tableau. Votre réponse commencera par le thème : Ce combat…

c. Confrontez les réponses de plusieurs élèves de la classe. Que constatez-vous : y a-t-il un ou plusieurs thèmes ? y a-t-il un ou plusieurs propos ?

Activité 3

a. Lisez la phrase suivante en regardant le tableau de l'activité 2.

Au cours du combat, les Centaures ont enlevé les femmes.

À quelle question cette phrase répond-elle ?

Que s'est-il passé au cours du combat ? | Qu'est-il arrivé aux femmes au cours du combat ? | Qui les Centaures ont-ils enlevé au cours du combat ?

b. Selon vous, quel est le thème de la phrase ? quel est son propos ?

c. Voici la même phrase formulée de trois manières différentes.

1. Les femmes, les Centaures les ont enlevées au cours du combat.
2. Ce sont les femmes que, au cours du combat, les Centaures ont enlevées.
3. Au cours du combat, les femmes ont été enlevées par les Centaures.

Qu'est-ce qui est mis en valeur dans chaque phrase ? Pour chacune, montrez comment le thème ou le propos est mis en valeur en début de phrase.

Je retiens

- Le **thème** d'une phrase est **ce dont on parle**. Il se situe souvent en tête de phrase et correspond généralement au sujet.
- Le **propos** est **l'information qu'on donne sur le thème**. Il répond souvent à une question que l'on pose sur le thème.
- Pour **mettre en valeur le propos**, on a recours à ces procédés :
  – **détachement :** autre mot que le sujet en tête de phrase.
  – **présentatif :** tournure *c'est… que* en tête de phrase.
  – **tournure passive :** le COD de la phrase active devient le sujet grammatical de la phrase passive.
- Il existe deux formes principales de **progression** : **continue** et **linéaire**.

Progression continue

Thème 1 + Propos 1 : Ma maison est grande. → Thème 1 + Propos 2 : Elle contient cinq chambres. → Thème 1 + Propos 3 : Elle a un vaste jardin.

Progression linéaire

Thème 1 + Propos 1 : Ma maison a un jardin. → Thème 2 + Propos 2 : Ce jardin contient des pommiers. → Thème 3 + Propos 3 : Les pommiers ont beaucoup de fruits.

Pour dire, pour écrire

Le détachement, le présentatif et la tournure passive permettent de **souligner un élément** sur lequel on veut insister, afin de **mieux marquer son lecteur ou auditeur**.

Repérer

1 Recopiez les réponses. Soulignez le thème et encadrez le propos.
1. Quand votre fille va-t-elle se marier ? Ma fille se mariera l'hiver prochain.
2. Pourquoi s'est-il introduit dans la demeure ? Il s'y est introduit pour dérober des bijoux.
3. Où est rangé le marteau ? Le marteau se trouve dans la remise au fond du jardin.
4. Qu'a répondu l'enfant ? L'enfant a dit qu'il était perdu.

2 a. Recopiez les phrases et soulignez le thème.
1. Mon avis, vous l'aurez quand j'aurai tout entendu.
2. Et Guenièvre fut séduite par Lancelot.
3. C'est au fond du terrier que les lapins gitent.
4. La paix est symbolisée par une colombe.
b. Par quel procédé le thème est-il mis en valeur ?

3 Quelle progression est adoptée dans ce texte ?
Le narrateur évoque la relation entre Augustin et sa mère.
Ce qu'elle contait de son fils avec admiration était fort surprenant : il aimait à lui faire plaisir, et parfois, il suivait le bord de la rivière, jambes nues, pendant des kilomètres, pour lui rapporter des œufs de poules d'eau, de canards sauvages, perdus dans les ajoncs… Il tendait aussi des nasses. L'autre nuit, il avait découvert dans le bois une faisane prise au collet…

Alain-Fournier, *Le Grand Meaulnes*, 1913

4 EXO+ 5 EXO+

Réécrire

6 Réécrivez chaque phrase de manière à ce que l'élément en gras en devienne le thème.
1. Jason a découvert **la Toison d'or**.
2. Pour cela, il a dû naviguer jusqu'en **Colchide**.
3. Il a piloté **le navire Argo**.
4. Médée a aidé Jason à affronter **le dragon** au cours de sa quête.

7 Réécrivez ces phrases en les mettant à la voix passive, pour que le propos en devienne le thème. *Attention* au temps !
1. L'homme a offert des fleurs à sa femme.
2. Le professeur rendra les copies le lendemain.
3. Les chiens chassent le cerf dans la forêt.
4. Après les fouilles, on a trouvé un trésor dans la tombe.

8 EXO+ 9 EXO+

Écrire

R. Doisneau, *La Voiture fondue*, © Atelier Robert Doisneau, 1944

10 Décrivez la photographie par une progression continue (3 phrases) puis une progression linéaire (3 phrases).

11 Complétez ces phrases avec une progression continue, puis une progression linéaire.
1. Le jeune homme se rappelle cet été inoubliable.
2. Je vous écris du bout du monde.
3. Meaulnes ne dit pas pourquoi il était parti.

12 EXO+ 13 EXO+

EXO+ lienmini.fr/jdl3-133
Fiche 1 EXO 4 8 12 | Fiche 2 EXO 5 9 13 | Exercices interactifs

Leçon

34 Les paroles rapportées

Activité 1 **a. Ces phrases sont au discours direct.**
Associez chacune au verbe introducteur qui lui correspond.

Il ordonne | Il promet | J'affirme | Elle s'exclame

1. « J'ai toujours aimé lire. »
2. « J'ai vu le voleur entrer et ressortir avec son butin ! »
3. « Allez faire des courses ! »
4. « Je t'aimerai toute ma vie. »

b. Réécrivez chaque phrase en commençant par le verbe introducteur auquel vous l'avez associée.

Il ordonne que…

J'affirme que…

Il promet qu'…

Elle s'exclame qu'…

Activité 2 **a. Reformulez chaque phrase à partir de l'amorce proposée.**

1. Elle m'a dit : « **Je** vous connais bien ! »
   → Elle m'a dit qu'…
2. Ils nous ont dit : « Nous **viendrons** vous rendre visite. »
   → Ils nous ont dit qu'…
3. Elle affirma : « J'ai visité la ville **hier**. »
   → Elle affirma qu'…
4. Il m'a demandé : « **Est-ce que** tu me reconnais ? »
   → Il m'a demandé…
5. Il dit à ses enfants : « **Prenez** vos cartables pour aller à l'école. »
   → Il dit à ses enfants…

b. Que sont devenus les termes en gras de chaque phrase ?

Activité 3 **a. Lisez le texte suivant.**

Est-ce qu'il se trouvait des lâches pour manquer à leur parole ? Quoi ! depuis un mois, on aurait souffert inutilement, on retournerait aux fosses, la tête basse, et l'éternelle misère recommencerait ! Ne valait-il pas mieux mourir tout de suite, en essayant de détruire cette tyrannie du capital qui affamait le travailleur ?

É. Zola, *Germinal*, 1885

© Flammarion

b. Y a-t-il des marques du discours direct dans ce passage ? Lesquelles ?

c. Y a-t-il des marques du discours indirect dans ce passage ? Lesquelles ?

d. Quel constat faites-vous alors ?

Je retiens

- Dans un récit, on trouve des **paroles rapportées** dès que **le narrateur veut faire parler ses personnages**.
- On distingue trois formes de discours rapportés : le **discours direct**, le **discours indirect** et le **discours indirect libre**.

Pour dire, pour écrire

Les discours direct et indirect libre permettent de **caractériser fortement un personnage** (accent, niveau de langage). Les discours indirect et indirect libre intègrent davantage les propos de personnages au récit.

Discours direct	Discours indirect	Discours indirect libre
• Verbe introducteur • Signes de ponctuation (tiret, deux-points, guillemets…) • Forte oralité (niveaux de langue, questions…) • Énonciation de discours : emploi des 1re et 2e personnes	• Verbe introducteur • Proposition subordonnée : complétive, interrogative indirecte • Pas de marque d'oralité • Énonciation de récit : transformation éventuelle des 1re et 2e personnes en 3e personne	• Pas de verbe introducteur ni proposition subordonnée • Paroles intégrées au récit, souvent au passé • Marques de l'oralité

Repérer

1 Pour chaque texte, indiquez de quel type de discours il s'agit. Justifiez votre réponse.

1. Cottard demanda alors s'il était arrivé qu'on arrêtât quelqu'un qui se trouvait dans une clinique ou dans un hôpital. **A. Camus**
2. « Pourquoi me tires-tu les cheveux ? » dit-elle, un jour que nous étions seuls dans la cour de l'école. **C. Laye**
3. Mme Benoît s'y prit adroitement en s'informant de son oncle. Comment allait ce bon parent ? Il ne donnait plus de ses nouvelles. **G. Flaubert**
4. C'était vrai, cela ; elles devraient avoir un chien, quand ce ne serait que pour donner l'éveil. Pas un gros chien, Seigneur ! Que feraient-elles d'un gros chien ? **G. de Maupassant**

2 Discours indirect ou discours indirect libre ? Justifiez votre réponse.

1. *Goujet a été invité par Gervaise à un banquet.* Goujet, d'ailleurs, s'emplissait trop lui-même, à la voir toute rose de nourriture. Puis, dans sa gourmandise, elle restait si gentille et si bonne ! **É. Zola**
2. Je partis, dis au cocher de reprendre le même chemin mais ne retrouvai pas les deux promeneurs. Où avaient-ils été ? Que se disaient-ils dans le soir, de cet air confidentiel ? **M. Proust**
3. Il me dit honnêtement qu'il ne pouvait m'apprendre qui elle était. **Abbé Prévost**

3 EXO+ 4 EXO+

Réécrire

5 Réécrivez chaque phrase au discours indirect, en commençant par : *Il demande…*

1. Qu'a-t-elle fait aujourd'hui ?
2. Est-ce que le travail a avancé ?
3. Suis-je invité ?
4. Qu'avez-vous aimé dans le roman ?
5. Tu es toujours à l'heure, n'est-ce pas ?
6. Comment avez-vous rencontré cette personne ?

6 a. Réécrivez chaque phrase au discours indirect, en mettant le verbe introducteur au passé composé. Employez un verbe de parole différent pour chaque phrase.

1. Venez !
2. Ne soyez pas en retard !
3. Je rentrerai tard ce soir.
4. J'ai assisté à toute la pièce.

b. Quelles modifications avez-vous dû effectuer ?

7 EXO+ 8 EXO+

Lire

9 a. Précisez quel type de discours rapporté est employé dans les passages suivants.

1. Mme Lorilleux geignait : elle n'avait pas de robe noire, elle aurait pourtant voulu éviter d'en acheter une, car ils étaient bien gênés, bien gênés. **É. Zola**
2. La paysanne commençait à comprendre. Elle demanda :
– Vous voulez nous prend'e Charlot ? Ah ben non, pour sûr. **G. de Maupassant**

b. Quelles informations (caractère, milieu social) cela nous donne-t-il sur les personnages ?

10 EXO+ 11 EXO+

Écrire

12 Racontez deux échanges entre les personnages du tableau : l'un au discours direct, l'autre au discours indirect.

R. Magritte, *Les Amants*, 1928

EXO+ lienmini.fr/jdl3-134

Fiche 1 EXO 3 7 10 — Fiche 2 EXO 4 8 11 — Exercices interactifs

Leçon

35 Les points de vue

G. Caillebotte, *Un balcon*, 1880

É. Manet, *Le Balcon*, 1868-1869

Activité 1

• Le tableau de G. Caillebotte

a. **Décrivez la scène qu'a représentée le peintre.**

b. **Le spectateur est-il inclus dans le tableau ou en est-il exclu ? Pourquoi peut-on dire que le spectateur a l'impression de voir la scène dans le regard d'un troisième homme ?**

c. **De ce fait, diriez-vous que le point de vue est interne ou externe ?**

• Le tableau d'É. Manet

a. **Observez le second tableau, également sur le thème du balcon : que représente-t-il ?**

b. **D'où le spectateur observe-t-il la scène, selon vous ? Est-il inclus ou exclu du tableau ?**

c. **Diriez-vous donc que le point de vue est interne ou externe ?**

d. **Le peintre semble représenter la scène de manière neutre. Pourtant, quels indices montrent qu'il en donne un point de vue particulier ? Pour répondre, observez l'expression de la femme au 1er plan, ses habits, sa position…**

• Mise en perspective des deux tableaux

Pour chaque case du tableau, choisissez la bonne réponse.

	G. Caillebotte	É. Manet
Spectateur inclus dans le tableau	oui / non	oui / non
Point de vue	interne / externe	interne / externe

Activité 2

a. **Quelle est la situation d'énonciation de ce passage ?**

Le narrateur présente le personnage de Vautrin.

Il était un de ces gens dont le peuple dit : Voilà un fameux gaillard ! Il avait les épaules larges, le buste bien développé, les muscles apparents, des mains épaisses, carrées, et fortement marquées aux phalanges par des bouquets de poils touffus d'un roux ardent. […] Sa voix de basse-taille, en harmonie avec sa grosse gaieté, ne déplaisait point. Il était obligeant et rieur. Si quelque serrure allait mal, il l'avait bientôt démontée, rafistolée, huilée, limée, remontée, en disant : « Ça me connaît. » Il connaissait tout d'ailleurs, les vaisseaux, la mer, la France, l'étranger […].

H. de Balzac, *Le Père Goriot*, 1835

b. **Quelles informations apprenons-nous sur le personnage ? Sont-elles physiques ou morales ?**

c. **Les informations vous paraissent-elles précises ? Que semble savoir le narrateur ?**

Je retiens

Les **points de vue** sont les trois manières que le narrateur peut choisir pour raconter le récit :

- point de vue **omniscient** : le narrateur **sait tout sur l'action et les personnages** (leur histoire, leurs pensées, leurs sentiments). Le récit est à la **3e personne**. Les informations (lieu, temps) sont précises.
- point de vue **interne** : le narrateur voit au travers du regard d'un personnage. Le récit est à la **1re ou 3e personne**. Ce point de vue implique une **forte subjectivité** (pensées, sentiments du personnage).
- point de vue **externe** : le narrateur **rapporte l'action de l'extérieur** (effet de la caméra). Le récit est à la **3e personne**. Ce point de vue implique une **apparente objectivité**.

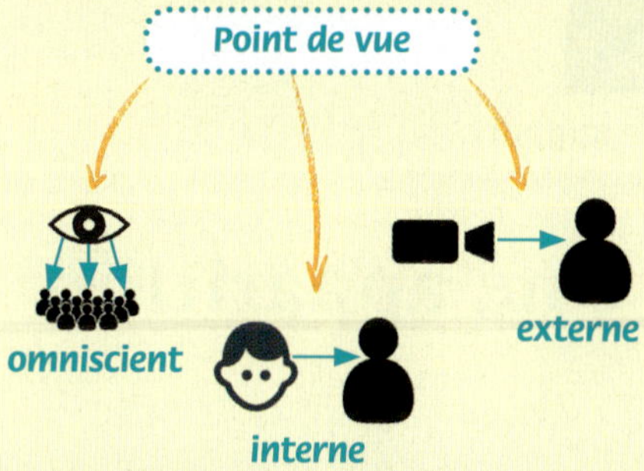

Pour dire, pour écrire

Dans une rédaction, il faut choisir un point de vue qui donne au récit sa **cohérence** et son **intérêt**.

Le savez-vous ?
Omniscient vient du latin et signifie *qui sait tout*.

Repérer

1 Quel est le point de vue adopté dans ce texte ? Justifiez votre réponse.

Je vis, grand, mince, le cou dégagé, la tête haute et fièrement portée, passer un jeune homme aux yeux pénétrants et dont la peau était aussi blonde et les cheveux aussi dorés que s'ils avaient absorbé tous les rayons du soleil.

M. Proust, *À l'ombre des jeunes filles en fleurs*, 1919

2 Quel est le point de vue adopté dans ce texte ? Justifiez votre réponse.

Louis Lambert naquit, en 1797, à Montoire, petite ville du Vendômois, où son père exploitait une tannerie de médiocre importance et comptait faire de lui son successeur ; mais les dispositions qu'il manifesta prématurément pour l'étude modifièrent cet arrêt paternel.

H. de Balzac, *Louis Lambert*, 1832

3 Quel est le point de vue adopté dans ce texte ? Justifiez votre réponse.

L'homme s'arrêta, il posa le seau à terre, se pencha et mit ses deux mains sur les deux épaules de l'enfant.
« Comment t'appelles-tu ? dit l'homme.
– Cosette. »

V. Hugo, *Les Misérables*, 1862

Réécrire

4 a. Quel est le point de vue adopté dans ce texte ? Justifiez votre réponse.

C'est à ce moment, comme il va prendre le verre tendu, qu'Aurélien aperçoit Diane. Il y a bien six mois qu'il n'a pas rencontré Mme de Nettencourt. Elle est là, plus belle que jamais. Elle lui sourit de toutes ses dents. Elle a comme toujours la plus belle robe de la soirée.

L. Aragon, *Aurélien*, 1944

b. Racontez la scène du point de vue de Diane.

5 EXO+ 6 EXO+

Lire

7 Zola donne deux descriptions différentes de Paris. De quel point de vue la ville est-elle décrite à chaque fois ? Quel est l'intérêt de chaque point de vue ?

1. *Aristide Saccard dine avec sa femme.* Leur table était placée devant une des fenêtres. Ce spectacle des toits de Paris égaya Saccard. […] Et ses regards, amoureusement, redescendaient toujours sur cette mer vivante et pullulante d'où sortait la voix profonde des foules. On était à l'automne ; la ville, sous le grand ciel pâle, s'alanguissait, d'un gris doux et tendre, piqué çà et là de verdures sombres, qui ressemblaient à de larges feuilles de nénuphars nageant sur le lac.

É. Zola, *La Curée*, 1871

2. *Florent visite le quartier des Halles, le marché de Paris.* Paris mâchait les bouchées à ses deux millions d'habitants. C'était comme un grand organe central battant furieusement, jetant le sang de la vie dans toutes les veines. Bruit de mâchoires colossales, vacarme fait du tapage de l'approvisionnement, depuis les coups de fouet des gros revendeurs partant pour les marchés du quartier, jusqu'aux savates traînantes des pauvres femmes qui vont de porte en porte offrir des salades, dans des paniers.

É. Zola, *Le Ventre de Paris*, 1873

Écrire

8 Décrivez le tableau d'É. Manet (*Le Balcon*, page de gauche) sous la forme d'un récit de 10 lignes dont vous choisirez le point de vue. Vous adopterez soit un point de vue omniscient, en expliquant ce qui se passe ; soit un point de vue externe, comme si quelqu'un voyait cette scène ; soit le point de vue interne de la femme assise.

9 EXO+ 10 EXO+ 11 EXO+ 12 EXO+

EXO+ lienmini.fr/jdl3-135
Fiche 1 EXO 5 9 10
Fiche 2 EXO 6 11 12
Exercices interactifs

▶ *Avez-vous bien compris ces dernières leçons sur la construction d'un texte ? Vérifiez en lisant cet extrait et en répondant aux questions d'un groupe.*

Texte support

Une apparition

Le lecteur suit Frédéric qui, lors d'un voyage sur la Seine, fait la rencontre de Mme Arnoux.

Ce fut comme une apparition.

Elle était assise, au milieu du banc, toute seule ; ou du moins il ne distingua personne dans l'éblouissement que lui envoyèrent ses yeux. En même temps qu'il passait, elle leva la tête ; il fléchit volontairement les épaules ; et quand il se fut mis plus loin, du même côté, il la regarda.

Elle avait un large chapeau de paille, avec des rubans roses qui palpitaient au vent, derrière elle. Ses bandeaux noirs, contournant la pointe de ses grands sourcils, descendaient très bas et semblaient presser amoureusement l'ovale de sa figure. […]

Jamais il n'avait vu cette splendeur de sa peau brune, la séduction de sa taille, ni cette finesse des doigts que la lumière traversait. Il considérait son panier à ouvrage avec ébahissement comme une chose extraordinaire. Quels étaient son nom, sa demeure, sa vie, son passé ? […]

[Une servante], coiffée d'un foulard, se présenta, en tenant par la main une petite fille, déjà grande. L'enfant, dont les yeux roulaient des larmes, venait de s'éveiller. Elle la prit sur ses genoux : « Mademoiselle n'était pas sage, quoiqu'elle eût sept ans bientôt ; sa mère ne l'aimerait plus ; on lui pardonnait trop ses caprices. » Et Frédéric se réjouissait d'entendre ces choses, comme s'il eût fait une découverte, une acquisition.

G. Flaubert, *L'Éducation sentimentale*, 1869

Groupe 1

Repérer

1 **a. À quels temps les verbes du texte sont-ils conjugués ? S'agit-il d'un récit à la 1re ou à la 3e personne ?**
b. En fonction de vos réponses, s'agit-il d'une énonciation de récit ou de discours ?

2 **a. Relevez les verbes de vision : quel en est le sujet ?**
b. Donc, d'après vous, de quel point de vue s'agit-il ?

3 **À qui renvoient les mots en gras aux lignes 1 et 2 ?**

4 **À partir de la l. 2, relevez trois pronoms qui renvoient à Mme Arnoux.**

Manipuler

5 « sa mère […] caprices. » (l. 27 à 29) **La servante s'adresse à la petite fille en la vouvoyant : rapportez ses paroles au discours direct.**

Écrire

6 **Présentez en 5 lignes le personnage de Frédéric, à partir de ce que ce texte révèle de sa personnalité (ses sentiments, son attitude).**

7 **Racontez la même scène en adoptant le point de vue interne de Mme Arnoux (à la 1re personne et au présent de l'indicatif).** Vous évoquerez en 5 lignes ses pensées, ses sentiments et ce qu'elle pense de Frédéric.

BREVET DICTÉE lienmini.fr/jdl-022
Groupes 1, 2 et 3
Écoutez et écrivez le texte de cette dictée pour vous préparer à l'épreuve du brevet.

J. Tissot, *Le Pont du H.M.S. « Calcutta »*, détail, 1877 >

Groupe 2

Repérer

1 **De quel type de situation d'énonciation s'agit-il ? Justifiez en vous intéressant aux temps verbaux et aux personnes (1re ou 3e).**

2 **a. Quel point de vue est adopté dans ce texte ?**
b. Justifiez votre réponse.

3 **Quelle est la classe grammaticale des deux mots en gras ?**

4 (l. 25 à 29) **Relevez toutes les reprises nominales et pronominales de l'antécédent** « une petite fille ».

Manipuler

5 **Observez la phrase soulignée. La servante s'adresse à la petite fille en la vouvoyant : rapportez ses paroles au discours direct.**

Écrire

6 **Qu'est-ce que le point de vue interne nous permet d'apprendre sur les sentiments et l'attitude de Frédéric ?**

7 **Racontez la même scène en adoptant le point de vue interne de Mme Arnoux (à la 1re personne et au passé).** Vous évoquerez en 10 lignes ses sentiments, ses pensées et ce qu'elle pense de Frédéric.

Groupe 3

Repérer

1 **a. De quel type de situation d'énonciation s'agit-il ?**
b. Justifiez votre réponse.

2 **a. Selon quel point de vue la scène est relatée ?**
b. Justifiez votre réponse en citant au moins trois passages du texte.

3 **a. Quelle est la classe grammaticale des deux mots en gras ?**
b. À qui renvoient-ils ?

4 (l. 25 à 29) **Relevez toutes les reprises anaphoriques de l'antécédent** « une petite fille » **et précisez le genre de chacune.**

Manipuler

5 **Observez la phrase soulignée. Transposez ces paroles au discours direct.**

Écrire

6 **Comment le point de vue interne nous renseigne-t-il sur Frédéric ?**

7 **Racontez la même scène en adoptant le point de vue interne de Mme Arnoux (texte de 15 lignes, à la 3e personne et au passé).**

Atelier de classe Qu'est-ce que l'implicite ?

*Cet atelier va vous permettre de découvrir les manières dont **un auteur exprime son avis de manière indirecte dans un texte**. Vous allez travailler **en groupe** à des activités d'**observation** et de **manipulation**, pour que chacun apporte ses réflexions. Au terme de l'atelier, **vous rédigerez vous-mêmes vos conclusions**.*

Un Persan découvre Paris

Montesquieu imagine la lettre que Rica, un Persan en voyage à Paris, adresse à son ami resté en Perse. Il décrit l'intérêt qu'il provoque chez les Parisiens.

J. Aved, *Portrait en pied de Mehemet Saïd Pacha, bey de Roumélie*, 1742

Les habitants de Paris sont d'une curiosité qui va jusqu'à l'extravagance. Lorsque j'arrivai, je fus regardé comme si j'avais été envoyé du ciel : vieillards, hommes, femmes, enfants, tous voulaient me voir. Si je sortais, tout le monde se mettait aux fenêtres […] ; si j'étais aux spectacles, je trouvais d'abord cent lorgnettes dressées contre ma figure : **enfin** jamais homme n'a été tant vu que moi. Je souriais quelquefois d'entendre des gens qui n'étaient presque jamais sortis de leur chambre, qui disaient entre eux : « Il faut avouer qu'il a l'air bien persan. » Chose admirable ! je trouvais de mes portraits partout. […]

Je ne me croyais pas un homme si curieux et si rare. Cela me fit résoudre à quitter l'habit persan **et** à en endosser un à l'européenne, pour voir s'il resterait encore dans ma physionomie quelque chose d'admirable. […] J'eus sujet de me plaindre de mon tailleur, qui m'avait fait perdre en un instant l'attention et l'estime publique : car j'entrai tout à coup dans un néant affreux. Je demeurais quelquefois une heure dans une compagnie sans qu'on m'eût regardé, et qu'on m'eût mis en occasion d'ouvrir la bouche. **Mais** si quelqu'un, par hasard, apprenait à la compagnie que j'étais persan, j'entendais aussitôt autour de moi un bourdonnement : « Ah ! ah ! Monsieur est persan ? c'est une chose bien extraordinaire ! Comment peut-on être persan ? »

Montesquieu, *Lettres persanes*, 1721

PARTIE 1

Repérer et interpréter les modalisateurs

Observons et manipulons

1. – Quel est le sens de la première phrase ? Reformulez-la avec vos mots.
– Quel adverbe, à valeur de modalisateur, en renforce le sens ?

2. Comment l'insistance est-elle exprimée dans cette phrase ?

vieillards, hommes, femmes, enfants, tous voulaient me voir (l. 3-4)

3. Dans la fin du texte, quels types de phrase expriment la surprise des Parisiens ?

4. – Quelle figure de style apparait dans la phrase soulignée ?
– Relevez deux autres passages du texte avec la même figure de style.
– Comment cette figure de style exprime-t-elle la célébrité de Rica à Paris ?

5. D'ailleurs, l'auteur emploie-t-il encore la 1re personne après ?

Qu'avons-nous observé ?

D'après vos observations, quels sont les principaux types de modalisateurs ?

PARTIE 2

Percevoir l'explicite et l'implicite d'un texte

Observons et manipulons

1. Dans le premier paragraphe, quel trait de caractère des Parisiens est décrit par l'auteur et nommé directement (explicitement) ?

2. Quel sentiment de Rica est décrit ici implicitement (indirectement) ?

J'entrai tout à coup dans un néant affreux (l. 16)

3. Montrez que, dans le 2e paragraphe, le regard des Parisiens sur Rica est péjoratif (négatif) puis mélioratif (positif).

G.J.-B. Scotin, *Le Persan*, XVIIIe s.

Qu'avons-nous observé ?

Expliquez la morale de ce texte : comment le sens explicite (changement de vêtements) a-t-il un sens implicite ?

PARTIE 3

Interpréter le sens des connecteurs

Observons et manipulons

1. Quelle est la valeur des connecteurs en gras dans le texte ?

2. Complétez le tableau suivant, après l'avoir recopié.

Connecteur comparatif	
Connecteur temporel	
Connecteur final (but)	
Connecteur causal	

3. Observez le mot « si » dans ces phrases. Dans quel cas est-il connecteur ? Dans quel cas est-il modalisateur ?

si je sortais (l. 4) — connecteur

si curieux et si rare (l. 11) — modalisateur

Qu'avons-nous observé ?

D'après vos observations, expliquez à quoi les connecteurs peuvent servir dans un texte.

Qu'avons-nous découvert sur l'implicite ?

Faites le point avec les membres de votre groupe afin de pouvoir présenter oralement le résultat de vos observations sur :

- les modalisateurs
- les connecteurs

Leçon 36

L'ironie • Implicite et explicite

Plantu, « Sur le Nord et le Sud », *Le Monde*

Activité 1

a. Est-ce drôle ? Pourquoi ?

b. Décrivez l'image pour mettre en évidence la critique qu'elle contient.

c. La critique est-elle explicite ou implicite ?

Activité 2

– Les serviettes pliées en éventail, comme nous faisons toujours lorsque nous recevons.
– Pliées en éventail ? Bien, Madame. Je ferai toutefois remarquer à Madame que ça ne se fait plus depuis longtemps. [...] Mais si Madame y tient, je peux lui plier ses serviettes en fantaisie, en éventail, en parasol, en portefeuille, en roue de bicyclette, en cygne ou même en imitation chameau. C'est comme Madame voudra.

A. Cohen, *Belle du Seigneur*, © Gallimard, 1968

a. Qui parle en premier : le domestique ou la maitresse de maison ?

b. Un(e) élève lit à voix haute la deuxième réplique, de manière à sembler respectueux(se).

c. Un(e) élève lit à voix haute la même réplique, de manière à sembler irrespectueux(se).

d. Quel est le procédé employé dans ce texte ? ironie emphase

Activité 3

Dans le texte suivant, Montesquieu dénonce l'esclavage en montrant que les arguments suivants sont infondés.

Les peuples d'Europe ayant exterminé ceux de l'Amérique, ils ont dû mettre en esclavage ceux de l'Afrique, pour s'en servir à défricher tant de terres.

Le sucre serait trop cher, si l'on ne faisait travailler la plante qui le produit par des esclaves.

Montesquieu, *De l'esprit des lois*, 1748

a. Dans la première phrase, quel lien logique est sous-entendu entre les deux propositions ? Ce lien logique vous parait-il acceptable ? Que Montesquieu sous-entend-il donc ?

b. Dans la deuxième phrase, au nom de quelle production l'esclavage est-il justifié ? Qu'est-ce qui parait alors le plus important entre le sucre et la vie d'un homme ?

c. Montesquieu peut-il être d'accord ? Quel temps verbal utilise-t-il pour le montrer ?

d. Dans les deux phrases, pourquoi peut-on dire que Montesquieu dit quelque chose mais pense autrement ? Comment appelle-t-on ce procédé ?

Je retiens

- L'**ironie** est une **opposition entre l'explicite** (ce que l'auteur dit) **et l'implicite** (ce qu'il pense). Elle repose donc sur un **décalage entre l'explicite et l'implicite** du texte : l'auteur ne dit pas ce qu'il pense mais il le sous-entend.
- L'ironie peut être employée pour susciter le **rire** ou la **moquerie** tout en dénonçant une situation que l'auteur veut condamner. Pour cela, il peut faire semblant de vanter les mérites de ce qu'il dénonce.
- L'ironie est un procédé subtil qui repose sur différents procédés : **fausse logique, figures d'opposition** ou **d'exagération**...

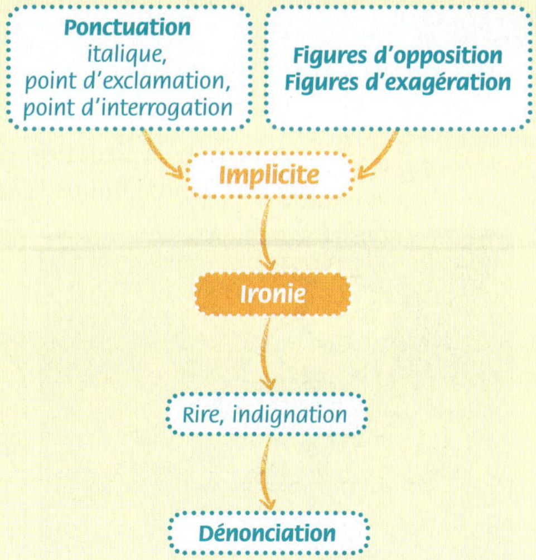

Pour dire, pour écrire

L'ironie implique de se demander **quelle est la position de l'auteur**. À l'oral, l'intonation permet de comprendre si les paroles sont ironiques ou non.

Repérer

1 a. Par quels procédés l'ironie est-elle perceptible dans ce passage ?
b. À votre avis, que pense réellement l'auteur ?

Il est à craindre que, parmi les livres apportés d'Occident, il s'en trouve quelques-uns sur l'agriculture et sur les moyens de perfectionner les arts mécaniques, lesquels ouvrages pourraient à la longue [...] réveiller le génie de nos cultivateurs.

Voltaire, *De l'horrible danger de la lecture*, 1765

2 a. Par quels procédés l'ironie est-elle perceptible dans ce passage ?
b. À votre avis, que pense réellement l'auteur ?

Montesquieu, qui s'est opposé à la monarchie absolue, fait ici parler un de ses personnages.

D'ailleurs ce roi est un grand magicien : il exerce son empire sur l'esprit même de ses sujets.

Montesquieu, *Lettres persanes*, 1721

3 EXO+ 4 EXO+

Lire

5 Lorsque le chevalier de La Barre [...], jeune homme de beaucoup d'esprit et d'une grande espérance, mais ayant toute l'étourderie d'une jeunesse effrénée, fut convaincu d'avoir chanté des chansons impies, et même d'avoir passé devant une procession de capucins[1] sans avoir ôté son chapeau, les juges d'Abbeville [...] ordonnèrent, non seulement qu'on lui arrachât la langue, qu'on lui coupât la main, et qu'on brûlât son corps à petit feu.

Voltaire, *Dictionnaire philosophique*, article « Torture », 1764

1. ordre religieux.

a. Le portrait du chevalier est-il mélioratif ou péjoratif ?
b. À quel châtiment est-il condamné ?
c. Montrez que l'indignation de Voltaire face à la torture est exprimée sur un ton ironique.

6 EXO+ 7 EXO+

Écrire

Kroll, in *Télémoustique*, 2001
(Dessin réalisé suite aux attentats du 11/09/2001)

8 a. Décrivez à l'oral la caricature.
Peut-on la comprendre sans le titre ?
b. Qu'est-ce que le titre vous évoque ?
En quoi y a-t-il décalage entre le titre et l'image ?
c. Expliquez le sens de cette image d'après sa légende.
d. En quoi l'ironie est-elle une arme utile pour dénoncer ?

9 Choisissez l'un des thèmes suivants : mensonge • avarice • jalousie
Proposez trois arguments pour en faire l'éloge de façon ironique.
Ex : hypocrisie → L'hypocrisie est une manière merveilleuse de se faire des amis que l'on déteste.

10 EXO+ 11 EXO+

EXO+ lienmini.fr/jdl3-136
→ Fiche 1 EXO 3 6 10
→ Fiche 2 EXO 4 7 11
→ Exercices interactifs

Leçon

37 Les connecteurs narratifs et argumentatifs

Activité 1 **a. Imaginez la situation de chaque vignette en une phrase. Vous commencerez vos phrases par :** *La femme frappe le loup* ***car****... **Mais** elle se rend compte que... **Et** le loup...*

J.-L. Masbou, A. Ayroles, « Le Secret du Janissaire », *De Cape et de Crocs*, t. 1, © Delcourt, 1999

b. Donnez deux synonymes pour chaque mot en gras.

c. Classez les mots en gras et leurs synonymes dans un tableau selon ce qu'ils expriment.

Opposition	Cause	Addition

Activité 2 **a. Les connecteurs de ce texte ont été surlignés. D'après vous, que permettent ceux surlignés en bleu ? Que permettent ceux surlignés en vert ?**

Lucky est un personnage muet : il ne parle jamais, sauf dans cette unique tirade qui est dénuée de sens.

LUCKY. – Je reprends on ne sait pourquoi malgré le tennis les faits sont là on ne sait pourquoi je reprends au suivant bref enfin hélas au suivant pour les pierres qui peut en douter je reprends mais n'anticipons pas je reprends la tête en même temps parallèlement on ne sait pourquoi malgré le tennis au suivant la barbe les flammes les pleurs les pierres si bleues si calmes hélas la tête la tête la tête la tête en Normandie malgré le tennis les labeurs abandonnés inachevés plus grave les pierres bref je reprends hélas hélas...

S. Beckett, *En attendant Godot*, © Éditions de Minuit, 1952

b. Quel emploi Lucky fait-il des connecteurs ? Son discours est-il logique ou illogique ?

c. Quelles hypothèses pouvez-vous faire sur le caractère du personnage à partir de son emploi des connecteurs dans le discours ?

Activité 3 **Lisez ces 7 étapes du *Petit Chaperon rouge*, puis replacez-les dans l'ordre en introduisant un connecteur différent au début de chaque phrase.**

1. Le loup dévore le Chaperon rouge.
2. La mère du Chaperon rouge fait une galette et lui demande de l'apporter à sa grand-mère.
3. Le Chaperon rouge rencontre le loup dans la forêt.
4. Le loup entre chez la grand-mère, la dévore et prend sa place.
5. Un chasseur tue le loup et libère le Chaperon rouge.
6. Le Chaperon rouge entre chez sa grand-mère et est très surprise.
7. Le Chaperon rouge se promène dans la forêt.

Je retiens

Les **connecteurs** (ou liens logiques) **servent à enchainer les idées** dans une argumentation ou dans un récit, **en les organisant et en les hiérarchisant**. On distingue :

- les **connecteurs narratifs** : pour enchainer une succession d'épisodes.
- les **connecteurs argumentatifs** : pour organiser des arguments en les ajoutant, en les opposant…

Pour dire, pour écrire

- Repérer les connecteurs dans un texte aide à **saisir la pensée de l'auteur**.
- Les employer à l'écrit **permet de donner plus de clarté à un texte** (récit ou argumentation).
- À l'oral, ils **permettent aux auditeurs de mieux suivre l'exposé**, l'histoire racontée ou les arguments d'un débat.

Valeur	Adverbes	Conjonctions de coordination	Conjonctions de subordination
Addition positive Addition négative	en outre, en plus, de surcroit	et, ni… ni…	
Alternative	soit… soit…	ou… ou…	
Concession Opposition	cependant, certes, malgré, néanmoins, pourtant	mais, or	bien que, quoique
Cause	en effet, vu que	car	comme, puisque, parce que
Conséquence	de ce fait, alors, ainsi	donc	de sorte que, si bien que
Comparaison	de même		comme
Développement d'une idée	d'une part, d'autre part		
Succession temporelle	d'abord, puis, ensuite, enfin		
Exemplification	ainsi, par exemple		
Conclusion	finalement, en somme, en définitive		

Repérer

1 Relevez chaque connecteur et précisez sa valeur.

1. Il est arrivé à l'heure ; de surcroit, il a fait son travail.
2. Le pilote est habile, il redresse donc l'avion.
3. Il entra dans le jardin, pourtant plongé dans l'obscurité.
4. Les oiseaux s'arrêtèrent de chanter brusquement. En effet, le soleil venait de se coucher.

2 EXO+ 3 EXO+

Préparer une dictée

4 a. Recopiez le texte et soulignez les connecteurs.

Le patron d'un grand magasin annonce son projet.

Alors, avec sa verve provençale, en phrases chaudes qui évoquaient les images, il montra le nouveau commerce à l'œuvre. Ce fut d'abord la puissance décuplée de l'entassement, toutes les marchandises accumulées sur un point, se soutenant et se poussant […] ; et de comptoir en comptoir, la cliente se trouvait prise, achetait ici l'étoffe, plus loin le fil, ailleurs le manteau, s'habillait, puis tombait dans des rencontres imprévues […]. Ensuite, il célébra la marque en chiffres connus.

É. Zola, *Au Bonheur des dames*, 1883

b. Comment les connecteurs organisent-ils le texte ?

Manipuler

5 Recopiez le texte en le complétant par ces connecteurs : car • mais • et • alors.

… je fus pris d'une colère furieuse contre moi-même ; … il n'est pas permis à un homme raisonnable … sérieux d'avoir de pareilles hallucinations. … était-ce bien une hallucination ?

G. de Maupassant, *Le Horla*, 1827

6 EXO+ 7 EXO+

Réécrire

8 Remplacez chaque connecteur par un synonyme.

1. Elle visite ce musée car elle est passionnée par la culture chinoise.
2. D'abord je pense que tous les citoyens naissent égaux, ensuite qu'ils ont droit à une éducation, enfin qu'ils doivent tous être soignés.
3. Tous avaient détourné le regard. Pourtant ce fut un très beau spectacle.
4. Elle réussit son saut comme le ferait une athlète.

9 Reformulez les phrases en remplaçant les connecteurs de cause par des connecteurs de conséquence, et inversement. *Ex : Il a vu tous les épisodes, si bien qu'il connait toute l'histoire. → Il connait toute l'histoire parce qu'il a vu tous les épisodes.*

1. La tempête ravagea la contrée. De ce fait, tous les bâtiments furent détruits.
2. Comme l'enfant était perdu, il se mit à pleurer.
3. Il surveille son troupeau, si bien que le loup ne peut approcher.
4. Il fait froid. Donc couvre-toi.

10 EXO+ 11 EXO+

Produire à l'oral

12 Que pensez-vous du fait que les réseaux sociaux gardent vos données personnelles (photographies, messages privés, etc.) même lorsque vous supprimez votre compte ? Vous exprimerez votre opinion en présentant trois arguments organisés à l'aide de connecteurs logiques.

EXO+ lienmini.fr/jdl3-137

Fiche 1 EXO 2 6 10 — Fiche 2 EXO 3 7 11 — Exercices interactifs

Leçon

38 Les modalisateurs

Activité 1 **Un(e) élève attend le bus. Voici les phrases qu'il(elle) se dit :**

1. Il se pourrait qu'il ait eu une panne de moteur. **2.** J'en suis certain(e) : il a eu une panne de moteur. **3.** Je pense qu'il est pris dans un embouteillage. **4.** Il aura été pris dans un embouteillage. **5.** Il est sans doute pris dans un embouteillage. **6.** Et s'il était pris dans un embouteillage ?

a. Recopiez les 6 phrases et classez-les dans cet ordre :

(–) phrase exprimant le moins de certitude ——— phrase exprimant le plus de certitude (+)

b. Dans chaque phrase, qu'est-ce qui exprime ce degré de certitude ?

Activité 2 **a. Lisez la description suivante : quelle(s) impression(s) ressentez-vous ?**

Balzac décrit la salle à manger de la pension Vauquer.

Cette salle, entièrement boisée, fut jadis peinte en une couleur indistincte aujourd'hui, qui forme un fond sur lequel la crasse a imprimé ses couches de manière à y dessiner des figures bizarres. Elle est plaquée de buffets gluants sur lesquels sont des carafes échancrées, ternies […]. Il s'y rencontre de ces meubles indescriptibles, proscrits partout, mais placés là comme le sont les débris de la civilisation aux Incurables[1]. […]

Pour expliquer combien ce mobilier est vieux, crevassé, pourri, tremblant, rongé, manchot, borgne, invalide, expirant, il faudrait en faire une description qui retarderait trop l'intérêt de cette histoire. […] Enfin, là règne la misère sans poésie.

1. hospice parisien recueillant les pauvres.

H. de Balzac, *Le Père Goriot*, 1835

b. La description est-elle méliorative (positive) ou péjorative (négative) ?
Est-elle objective (neutre) ou subjective (exprimant un point de vue personnel) ?

c. Quels mots, expressions ou tournures le prouvent ? Faites un classement de votre relevé.

Activité 3

Observez cette photographie.
Exprimez votre opinion personnelle sur les conditions de vie de cet enfant (7 lignes).
Vous utiliserez les mots ou expressions suivants :

je pense que — sans doute — assurément — à mon avis

Je retiens

- Les **modalisateurs** servent à **exprimer un avis**, en fonction de sa **subjectivité**. Ils sont particulièrement employés dans l'argumentation pour **exprimer le doute, la certitude, l'opinion personnelle**.
- Les modalisateurs permettent aussi d'**exprimer un jugement**, qu'il soit **mélioratif** (positif) ou **péjoratif** (négatif) : cela est révélé par les figures de style (comparaison, métaphore) et le lexique.

Pour dire, pour écrire

Les modalisateurs servent à entrainer la **conviction de l'auditeur ou du lecteur**. Ils sont employés pour **nuancer et renforcer des arguments**, afin de convaincre.

Nuances	Procédés
Doute	Adverbe : peut-être Mode ou temps : conditionnel, futur antérieur Phrase interrogative
Certitude	Adverbes : sans aucun doute, assurément Verbes : assurer, affirmer Temps : futur, impératif
Opinion personnelle	Adverbes : de mon côté, en ce qui me concerne Verbes : penser, avoir le sentiment

Repérer

1 Dans ces extraits, le jugement formulé est-il mélioratif ou péjoratif ? Justifiez en analysant précisément un des modalisateurs et ses effets.

1. Venise est là, assise sur le rivage de la mer, comme une belle femme qui va s'éteindre avec le jour ; [...] elle meurt saluée par toutes les grâces et tous les sourires de la nature.

F.-R. de Chateaubriand, *Mémoires d'Outre-Tombe*, 1849

2. Il était plutôt pitoyable même, maigrichon, souffreteux, blafard, presque vert, au point que ses camarades de jeu, pour se moquer de lui, l'appelaient Laitue.

D. Buzzati, *Le K*, 1966, trad. J. Remillet, © Robert Laffont

3. Il parut alors une beauté à la cour, qui attira les yeux de tout le monde, et l'on doit croire que c'était une beauté parfaite puisqu'elle donna de l'admiration dans un lieu où l'on était si accoutumé à voir de belles personnes. **Mme de Lafayette**, *La Princesse de Clèves*, 1678

2 a. Ces phrases expriment-elles une certitude ou un doute ?

1. Je ne saurais souffrir qu'on méprise la richesse.

D. Diderot, *Mon père et moi, dialogue*, 1773

2. « Si tu étais un virtuose violoniste, le nom de Kacew, ce serait très bien », répéta ma mère en soupirant. [...] Elle avait d'abord nourri l'espoir que j'allais être un enfant prodige [...]. Ma mère avait toujours rêvé d'être une grande artiste.

R. Gary, *La Promesse de l'aube*, © Gallimard, 1960

b. Justifiez en relevant un modalisateur dans chaque phrase.

3 EXO+ 4 EXO+

Lire

5 a. Quelle impression se dégage du train ? Quels mots ou constructions y contribuent ?

b. L'image est-elle méliorative ou péjorative ?

Prête-moi ton grand bruit, ta grande allure si douce,
Ton glissement nocturne, à travers l'Europe illuminée
Ô train de luxe

V. Larbaud, « Ode », *Les Poésies de A. O. Barnaboot*, 1913

6 a. Dans les deux premières lignes, quelle figure de style sert à faire le portrait du personnage ? Quels adjectifs sont péjoratifs ?

Le narrateur décrit Mme Thénardier.

Les lecteurs ont peut-être, dès sa première apparition, conservé quelque souvenir de cette Thénardier grande, blonde, rouge, grasse, charnue, carrée, énorme et agile [...]. Tout tremblait au son de sa voix, les vitres, les meubles et les gens. Son large visage, criblé de taches de rousseur, avait l'aspect d'une écumoire. Elle avait de la barbe. **V. Hugo**, *Les Misérables*, 1862

b. Expliquez pourquoi ce portrait est péjoratif. Vous analyserez, entre autres, les deux dernières phrases.

7 EXO+ 8 EXO+

Écrire

9 Décrivez le tableau. Utilisez des modalisateurs pour formuler des hypothèses sur l'interprétation de cette œuvre.

S. Dalí, *La Persistance de la mémoire*, 1931

10 Expliquez votre point de vue sur la prise en charge des personnes âgées. Vous emploierez la 1re personne et des modalisateurs pour développer deux arguments de votre choix.

Commencez par : *Lorsqu'une personne âgée devient dépendante, ses enfants s'occupent d'elle ou la confient à des professionnels. À mon avis...*

11 EXO+ 12 EXO+

EXO+ lienmini.fr/jdl3-138

Fiche 1 EXO 3 7 11 — Fiche 2 EXO 4 8 12 — Exercices interactifs

Bilan

▶ *Avez-vous bien compris les leçons sur la manière d'exprimer un jugement dans un texte ? Vérifiez en lisant cet extrait et en répondant aux questions d'un groupe.*

Texte support

Le portrait de Thénardier

L'auteur fait le portrait de Thénardier, un ancien soldat qui a servi dans les armées de Napoléon, en particulier lors de la bataille de Waterloo. Il est ensuite devenu aubergiste.

Le Thénardier était un homme petit, maigre, blême, anguleux, osseux, chétif, qui avait l'air malade et qui se portait à merveille ; sa fourberie commençait là. Il souriait habituellement par précaution, et <u>était poli à peu près avec tout le monde, même avec le mendiant auquel il refusait un liard</u>[1]. Il avait le regard d'une fouine. [...] Sa coquetterie consistait à boire avec les rouliers[2]. Personne n'avait jamais pu le griser[3]. Il fumait une grosse pipe. Il portait une blouse et sous sa blouse un vieil habit noir. [...]

Il y avait des noms qu'il prononçait souvent, **pour** appuyer les choses quelconques qu'il disait, Voltaire, Raynal, Parny [...]. Du reste fort escroc. Un filousophe. [...] Il contait avec quelque luxe qu'à Waterloo, étant sergent dans un 6e ou un 9e léger[4] quelconque, il avait, seul contre un escadron de hussards de la Mort, couvert de son corps et sauvé à travers la mitraille « un général dangereusement blessé ». **De là,** venait, pour son mur, sa flamboyante enseigne, et, pour son auberge, dans le pays, le nom de « cabaret du sergent de Waterloo ».

V. Hugo, *Les Misérables*, 1862

1. pièce de monnaie de peu de valeur.
2. transporteur, qui conduit un chariot. Le roulier passe souvent pour un homme de mauvaise vie.
3. saouler.
4. noms de régiment.

Groupe 1

Repérer

1 **Précisez la valeur des connecteurs en gras dans le texte.**

2 **Relevez les deux *et* dans les deux premières phrases :**
- lequel a un sens d'opposition ?
- lequel a un sens d'addition ?

3 **Dans le portrait du personnage de la 1re phrase, les adjectifs sont-ils mélioratifs ou péjoratifs ?**

Lire

4 **Relevez un modalisateur par lequel l'auteur désigne explicitement son personnage.**

5 **a.** **De quel animal Thénardier est-il rapproché (l. 7) ?**
b. **Pourquoi ?**

6 **Pourquoi la phrase soulignée est-elle ironique ?**

Écrire

7 **En 3 lignes, montrez que V. Hugo propose un portrait physique et moral de Thénardier.**

8 **À votre tour d'écrire en 5 lignes le portrait péjoratif ou mélioratif d'un personnage.**

G. Brion, *Les Thénardier*, 1865

Groupe 2

Repérer

1 Précisez la classe grammaticale et la valeur des connecteurs en gras dans le texte.

2 Montrez que les deux deux *et* des deux premières phrases ont des valeurs différentes.

3 Le portait du personnage est-il péjoratif ou mélioratif ?
Justifiez par une citation.

Lire

4 **a.** Relevez deux modalisateurs qui désignent explicitement Thénardier.
b. Quels sont les deux mots qui composent « *filousophe* » (l. 15) ?

5 Quelle figure de style permet de rapprocher le personnage d'un animal (l. 7) ?

6 **a.** Dans la phrase soulignée, quelle figure de style provoque l'ironie ?
b. Relevez un autre passage où la même figure de style crée l'ironie.

Écrire

7 Quel portrait V. Hugo livre-t-il de Thénardier dans ce passage ?

8 À votre tour d'écrire en 8 lignes le portrait péjoratif ou mélioratif d'un personnage.

Groupe 3

Repérer

1 Précisez la classe grammaticale et la valeur des connecteurs en gras dans le texte.

2 Quelle est la valeur des deux *et* dans les deux premières phrases ?
Justifiez.

3 Quel portrait l'auteur propose-t-il de Thénardier ?
Justifiez par deux citations.

Lire

4 **a.** Relevez les trois modalisateurs qui désignent explicitement Thénardier.
b. Comment est composé le mot « *filousophe* » (l. 15) ? Pourquoi s'agit-il d'un modalisateur ?

5 Quelle figure de style permet de rapprocher le personnage d'un animal ?

6 **a.** D'où l'ironie vient-elle dans la phrase soulignée ?
b. Relevez un autre passage ironique dans le texte.

Écrire

7 Quel portrait de Thénardier V. Hugo nous livre-t-il ? Répondez en citant le texte (8 lignes).

8 À votre tour d'écrire en 10 lignes le portrait péjoratif ou mélioratif d'un personnage.
Vous emploierez l'ironie.

BREVET
DICTÉE lienmini.fr/jdl-023
Groupes 1, 2 et 3
Écoutez et écrivez le texte de cette dictée pour vous préparer à l'épreuve du brevet.

R. Hossein, film *Les Misérables*, avec F. Seigner et J. Carmet, 1982

BREVET

Trouver des repères pour comprendre un texte

Les éléments de repérage permettent de trouver une **première accroche** sur un texte que l'on ne connait pas et aussi d'éviter de graves erreurs d'**interprétation**. Il s'agit d'être **attentif(ve)** à certains éléments et de **se servir** de ses connaissances.

Exemple de sujet

Jan Franzevich Cloglinsky, *The Tea Rose*, 1905, huile sur toile (80 x 67,5 cm), State art Museum, Kharkov (Ukraine).

Delphine de Vigan est une auteure française contemporaine. Elle a écrit plusieurs romans d'inspiration autobiographique dont Rien ne s'oppose à la nuit, *qui a remporté plusieurs prix littéraires. Elle y raconte comment, après la mort de sa mère prénommée Lucile, elle a décidé de lui consacrer un livre.*

Au commencement, lorsque j'ai fini par accepter l'idée d'écrire ce livre, après une longue et silencieuse négociation avec moi-même, je pensais que je n'aurais aucun mal à y introduire de la fiction, ni aucun scrupule à combler les manques. […]

Au lieu de quoi je ne peux toucher à rien. Au lieu de quoi il me semble que je reste des heures les mains en l'air, les manches remontées jusqu'aux coudes, ficelée dans un horrible tablier de bouchère, terrorisée à l'idée de trahir l'histoire, de me tromper dans les dates, les lieux, les âges, au lieu de quoi je crains d'échouer dans la construction du récit telle que je l'avais envisagée.

Incapable de m'affranchir tout à fait du réel, je produis une fiction involontaire, je cherche l'angle qui me permettra de m'approcher encore, plus près, toujours plus près, je cherche un espace qui ne serait ni la vérité ni la fable, mais les deux à la fois.

Je perçois chaque jour qui passe combien il m'est difficile d'écrire ma mère, de la cerner par les mots, combien sa voix me manque. Lucile nous a très peu parlé de son enfance. Elle ne racontait pas. Aujourd'hui, je me dis que c'était sa manière d'échapper à la mythologie, de refuser la part de fabulation et de reconstruction narrative qu'abritent toutes les familles.

Je n'ai aucun souvenir que ma mère m'ait donné à entendre de sa bouche les différents événements qui ont marqué *son* enfance, je veux dire qu'elle les ait évoqués dans un récit énoncé au *je*, qui nous aurait donné accès, au moins en partie, à sa vision des choses. Ce qui me manque au fond, c'est son point de vue à elle, les mots qu'elle eût choisis, l'ordre d'importance qu'elle eût attribué aux faits, les détails qui lui eussent appartenu.

Delphine de Vigan, *Rien ne s'oppose à la nuit,* © JC Lattès, 2011.

1. Observer le paratexte

Méthode

Le paratexte est constitué de l'ensemble des éléments qui entourent le texte.

- **Lire le chapeau** (en italique, avant le texte) : des éléments importants y sont donnés sur la **situation de l'extrait** dans l'œuvre, sur **le ou les personnages,** sur **les circonstances du récit.**
- **Repérer les indications éditoriales,** en fin de texte.

Elles donnent **le titre de l'œuvre** (en italique), **l'auteur et la date de parution** de l'ouvrage.

Ces indications peuvent aider à situer le texte dans **un contexte historique, un courant littéraire,** par exemple, en tout cas, au moins un siècle.

Exemple appliqué

- **Chapeau :** l'auteure, Delphine de Vigan, évoque à la fois sa mère et son travail d'écrivain.
- **Sujet du récit :** la mère de l'auteure comme sujet du livre.
- **Période de l'action :** le passé de la mère, et le moment de l'écriture.
- **Lieu de l'action :** les lieux où Lucile a vécu, et ceux que l'auteure a fréquentés pour mener à bien son projet.
- **Indications éditoriales :** la date de publication (2011) permet d'identifier un ouvrage contemporain. On peut donc s'attendre à un contenu abordé de manière nouvelle, que l'on ne pourra pas nécessairement rattacher à un courant littéraire connu et bien identifié. On prêtera aussi attention à l'inventivité de l'écriture. Le titre, énigmatique, évoque à la fois un sentiment d'impuissance et une obscurité difficile à percer.

2. Mobiliser ses connaissances

Méthode

◗ **Identifier les caractéristiques de la forme du texte : théâtre, roman, nouvelle, poésie, autobiographie...**

◗ **Saisir le type de texte et le registre dominant :** est-ce une **narration**, une **description**, une **argumentation** ? Est-il lyrique, pathétique, tragique ? Soyez attentif(ve) à des **procédés spécifiques** (types de mots employés, dans quel but, temps des verbes, champs lexicaux, figures de style…).

◗ **Rapprocher le texte d'autres œuvres ou extraits** que vous avez étudiés. Cela vous aidera à en trouver **les caractéristiques** et aussi à dégager **sa singularité**.

Exemple appliqué

◗ **Genre du texte :** Je = narrateur = auteur : autobiographie

◗ **Type de texte :** narration avec des temps verbaux et des repères temporels qui permettent de distinguer une progression.

◗ **Registre dominant :** un registre pathétique qui donne l'impression d'un témoignage personnel.

◗ **Écho avec d'autres œuvres :** ce texte peut évoquer *Le Livre de ma mère* d'Albert Cohen, également écrit après la mort de sa mère, et *Enfance* de Nathalie Sarraute, où l'auteure raconte à la fois son enfance et le travail entrepris pour la raconter.

3. Dégager une impression générale / Identifier la situation d'énonciation et le thème

Méthode

◗ **Dégager une impression générale :** sentiment éprouvé par le lecteur à la première lecture.

◗ **Identifier la situation d'énonciation :**

– On identifie le **système énonciatif** (qui parle à quelle personne).

– On repère **les personnages.**

– On définit le **cadre spatio-temporel.**

◗ **Repérer le thème du texte :** il est souvent déjà présenté dans le paratexte.

Exemple appliqué

◗ **Impression générale :** écrire sur sa mère semble être une épreuve, comme le montrent les nombreuses marques de la négation.

◗ **Système énonciatif :** énonciateur : « je » = l'auteure / narratrice en train d'écrire.

◗ **Personnages :** l'auteure (qui livre un témoignage sur sa mère et sur son travail d'écrivain) / sa mère, dont elle se souvient.

◗ **Cadre spatio-temporel :** pendant le travail d'écriture (au commencement puis au cours de celui-ci) / quand Lucile était encore en vie (dans une phrase).

◗ **Thème :** la difficulté d'écrire sur une personne qui ne peut plus témoigner.

4. Repérer les étapes du texte / Formuler un projet de lecture

Méthode

◗ **Comprendre les différentes étapes d'un texte :** même si les questions posées ne le demandent pas, c'est très important pour bien maitriser le sens du texte.

◗ **Saisir l'enchainement de la chronologie ou des idées** en vous aidant des débuts de paragraphe.

◗ **Relever des expressions qui frappent** ou une construction particulière (syntaxe ou figure de style).

◗ **Trouver un fil directeur :** il sera une aide pour répondre aux questions de réflexion personnelle sur le sens du texte.

Exemple appliqué

◗ **Fil directeur :** Comment le texte livre-t-il un témoignage subjectif où la présence des négations exprime la difficulté d'écrire sur un être disparu ?

La progression	Expressions frappantes	Idée retenue
- « Au commencement... » - « Au lieu de quoi... » - « chaque jour qui passe » - « au fond »	- « je pensais que je n'aurais aucun mal à y introduire de la fiction » - « incapable de m'affranchir tout à fait du réel » - « Elle ne racontait pas. » - « Ce qui me manque [...] c'est son point de vue à elle »	- L'auteure croyait que son imagination l'aiderait. - En fait, elle se sent obligée de rester au plus près du réel. - Elle manque d'informations sur cette enfance. - Elle ignore comment sa mère l'aurait racontée.

5. Faire un lien avec l'image

Méthode

◗ **Identifier le thème principal** de l'image et celui du texte.

◗ **Repérer comment ce thème est traité** dans chaque document.

Exemple appliqué

◗ **Thème :** un portrait de femme.

◗ **Traitement :** le texte et l'image proposent une expérience similaire. Le texte évoque avec précision le travail de l'auteure, mais ne dit presque rien sur Lucile. Le tableau donne l'impression d'être tout près de la femme, mais ne montre pas son visage. L'arrière-plan obscur de l'image est angoissant, tout comme le travail d'écriture pour la narratrice.

Réussir sa réécriture

Il s'agit de **réécrire** une ou plusieurs phrases **avec un/des changement(s)** qui en entraine(nt) d'autres. Pour préparer cette partie de l'épreuve, il faut vous exercer aux différents changements.

1. Changer de temps

Méthode

- **Comprendre la consigne :** il peut s'agir de passer d'un temps simple à un temps composé (ex. : présent → passé composé) ou d'un récit au présent à un récit au passé (ex. : présent → passé simple).
- **Bien repérer les verbes du texte :** pour cela, vous pouvez les barrer ou les souligner.
- **Réécrire la phrase** en faisant tous les changements nécessaires.

Exemple appliqué

Réécrivez le passage suivant en remplaçant le présent par l'imparfait. Faites les modifications nécessaires.

« Incapable de m'affranchir tout à fait du réel, je produis une fiction involontaire, je cherche l'angle qui me permettra de m'approcher encore, plus près, toujours plus près, je cherche un espace qui ne serait ni la vérité ni la fable, mais les deux à la fois. »

Incapable de m'affranchir tout à fait du réel, je produisais une fiction involontaire, je cherchais l'angle qui me permettrait de m'approcher encore, plus près, toujours plus près, je cherchais un espace qui ne serait ni la vérité ni la fable, mais les deux à la fois.

2. Changer de voix

- **Comprendre la consigne :** il s'agit de passer d'une voix active à une voix passive, ou l'inverse.
- **Souligner les verbes conjugués.**
- **Encadrer les sujets et les COD** pour la voix active ; **les sujets et les compléments d'agent** pour la voix passive.
- **Faire attention aux accords.**

3. Changer de personne et/ou de nombre

Méthode

- **Comprendre la consigne :** on peut vous demander de passer d'une 1re personne du singulier à une 1re personne du pluriel, ou d'une 1re personne à une 3e personne. On peut aussi combiner deux demandes : passer, par exemple, d'une 2e personne du singulier à une 3e personne du pluriel.
- **Bien observer les changements demandés :** y en-a-il un ou deux (ou plusieurs, mais c'est plus rare) ?
- **Repérer les éléments à modifier :** les pronoms, les GN, les accords… Vous pouvez les encadrer ou les souligner.
- **Réécrire la phrase** en faisant tous les changements nécessaires.

Exemple appliqué

Réécrivez cette phrase en remplaçant « je » par « nous ». Faites les modifications nécessaires.

« Au commencement, lorsque j'ai fini par accepter l'idée d'écrire ce livre, après une longue et silencieuse négociation avec moi-même, je pensais que je n'aurais aucun mal à y introduire de la fiction, ni aucun scrupule à combler les manques. »

Au commencement, lorsque nous avons fini par accepter l'idée d'écrire ce livre, après une longue et silencieuse négociation avec nous-mêmes, nous pensions que nous n'aurions aucun mal à y introduire de la fiction, ni aucun scrupule à combler les manques.

4. Changer de type de discours

Méthode

- **Comprendre la consigne :** c'est un exercice assez souvent demandé, qui consiste à passer du discours direct au discours indirect ou, parfois, du discours indirect au discours direct.
- **Dans le cas du passage au discours indirect :** bien faire attention à la syntaxe (pronoms, déterminants, types de phrases) ; respecter la concordance des temps.
- **Dans le cas du passage au discours direct :** respecter la ponctuation du discours direct (guillemets, tirets, deux points) ; faire les changements de temps qui s'imposent.

Réussir sa dictée

Bien réussir sa dictée, c'est avant tout savoir quoi faire **à chaque étape** de l'exercice et **mobiliser ses connaissances** pour faire une **relecture efficace**. Le texte (de 10 à 15 lignes environ) vous sera lu trois fois.

Exemple de sujet

Pour écrire, il me faut le matin ; et que ce soit le premier acte de la journée. La nuit ne m'est pas propice. Rébarbative, la feuille grisaille.

Je me sers d'un feutre noir pour que l'écriture soit lisible et fortement encrée. Je corrige avec d'autres feutres multicolores. Sur le sombre, j'aime déverser des arcs-en-ciel.

Je m'attends, d'un jour à l'autre, à bondir vers l'ordinateur et le traitement de texte. Mais j'hésite encore…

Aurais-je régressé ? Ayant, depuis peu, même renoncé à la machine à écrire que j'utilisais jadis en constant va-et-vient ?

J'avoue retrouver un plaisir suave, quasiment charnel, à n'écrire qu'à la main !

Andrée Chédid, « Méthodes », *Poèmes,* © Flammarion, coll. Mille&Une pages, 2014.

Méthode

À la 1re lecture, il faut seulement écouter.

- **Se concentrer sur le sens général du texte :** ne pensez pas à l'orthographe.
- **Identifier les éléments clés du texte :** vous pouvez, par exemple, essayer d'imaginer la scène racontée.

À la 2e lecture, écrire le texte sous la dictée.

- **Soigneusement noter la ponctuation,** au moment où l'on vous dicte le texte.
- **Ne pas s'arrêter :** si vous ne comprenez pas un mot, continuez pour ne pas prendre de retard, la relecture vous permettra de compléter le mot qui vous manque.

À la 3e lecture, vérifier qu'aucun mot n'a été oublié : lorsqu'on vous relit le texte, complétez les mots qui vous manquent. C'est seulement ensuite que vous chercherez à les orthographier ou à les accorder lors de votre relecture personnelle.

Relecture personnelle : relire le texte phrase par phrase, proposition par proposition en vous aidant de la ponctuation pour découper la phrase.

- **Penser à tester des transformations :** changement de personne ou de nombre.
- **Dernière relecture personnelle : relire le texte entier** très lentement pour vérifier que vous n'avez pas oublié de lettre et que tous les accords sont logiques.

Exemple appliqué

Éléments clés :

- **qui ?** l'auteure Andrée Chedid.
- **caractéristiques de l'énonciation :** texte à la 1re personne.
- **temps principaux :** présent.

Phrase 1 : portez une attention particulière aux mots se terminant par le son [e].

Pour écrire, il me faut le matin ; et que ce soit le premier acte de la journée.

- Aidez-vous des liaisons : « premier acte ».
- Identifiez la classe grammaticale du mot : et = conjonction de coordination (on pourrait dire « et aussi ») ; premier = adjectif qualificatif (il indique une qualité du nom « acte ») ; journée = nom commun.
- Appuyez-vous sur les règles de grammaire : l'adjectif s'accorde en genre et en nombre avec le nom qu'il qualifie, donc « premier » doit s'accorder avec « acte », masculin singulier.

Phrase 6 : faites attention à l'orthographe du nom composé employé au pluriel.

Sur le sombre, j'aime déverser des arcs-en-ciel.

- Dans les mots composés, quand le premier mot est un nom commun, il prend la marque du pluriel (sauf dans « des pot-au-feu », des « rez-de-chaussée »).
- Le dernier mot est un nom commun, mais il ne peut pas être au pluriel : le pluriel de « ciel » serait « cieux ». (« Ciels » s'utilise uniquement dans le domaine de la peinture, et en poésie.)

Phrase 10 : si vous hésitez entre l'imparfait et le passé simple pour un verbe du 1er groupe à la 1re personne, remplacez-le par un verbe du 3e groupe comme « vendre ». On dirait plutôt : « … la machine à écrire que je vendais… », car c'est une habitude passée qui est évoquée.

BREVET

Réussir son sujet de réflexion

Le sujet de réflexion n'est pas le plus choisi, pourtant il permet de **s'appuyer sur ses connaissances, ses gouts et son expérience** pour rédiger un texte.

Exemple de sujet

Sujet de réflexion : Selon vous, l'art peut-il permettre de mieux connaitre une personne ? Vous répondrez à cette question dans un développement argumenté en vous appuyant sur votre culture, et en particulier votre expérience des différentes formes d'art (littérature, peinture, photographie, cinéma, musique...).
Votre rédaction sera d'une longueur minimale d'une soixantaine de lignes (300 mots environ).

1. Bien identifier le thème à traiter

Méthode

- **Relire le sujet et dégager le thème.**
- **Relier le sujet au texte d'étude** afin de pouvoir utiliser des termes et procédés présents dans l'extrait.
- **Noter sur le brouillon les contraintes** imposées par l'énoncé : type d'écrit, personne à employer, situation spatio-temporelle demandée.

Exemple appliqué

- **Thème :** ce que l'art révèle de quelqu'un.
- **Contraintes d'écriture :** développement argumentatif, à la 3e personne (avec remarques possibles à la 1re personne), utilisation du présent de vérité générale.

2. Construire une argumentation cohérente

Méthode

- **Comprendre les mots-clés du sujet.**
- **Rechercher les idées et des exemples** (expérience, lectures, films...).
- **Enrichir son brouillon :** compléter et organiser ses notes en faisant correspondre à chaque idée un exemple qui peut venir l'illustrer.
- **Organiser un plan structuré :** présenter ses notes en 2 ou 3 grandes parties constituant les étapes du développement. Chaque partie comporte des paragraphes avec 1 argument et 1 exemple.

Exemple appliqué

- **Mots-clés :** ce que l'art révèle de quelqu'un.
- **Idées :**
  - l'art comme expression de soi : une œuvre peut révéler les gouts ou la sensibilité de l'artiste qui l'a créée ou de ceux qui l'aiment ; les textes d'un auteur peuvent nous renseigner sur ses valeurs.
  - l'art comme résultat d'un ensemble d'éléments contextuels : les artistes sont parfois influencés par leur environnement culturel ; le regard du public, sa lecture d'une œuvre, peuvent donner à cette dernière un sens différent de celui qu'elle avait pour l'artiste.
- **Plan :**

I. L'art peut révéler des aspects d'une personnalité.
II. Il est aussi le résultat d'un contexte, fait d'éléments extérieurs.

3. Rédiger chaque étape du devoir en respectant les contraintes d'écriture

Méthode

- **Dans l'introduction :**
  - présenter le thème au lecteur sans répéter le sujet ;
  - formuler une problématique à partir du sujet ;
  - annoncer brièvement les étapes du développement.
- **Dans la conclusion :**
  - résumer ce qui a été dit et proposer une réponse à la problématique posée en introduction ;
  - ouvrir la réflexion sur une nouvelle perspective.
- **Dans le développement :**
  - la première phrase de chaque partie doit reprendre, sous forme rédigée, le titre du plan ;
  - la rédaction des paragraphes, dans chaque partie, doit être soignée : les connecteurs logiques permettent au lecteur de suivre la progression de l'argumentation. L'emploi de verbes ou de mots précis exprimant la pensée ou le jugement aident à comprendre le point de vue adopté dans chaque partie.

Exemple appliqué

Introduction : On oppose souvent la science, moyen de connaissance, et l'art, moyen d'expression. L'art ne permet-il pas alors de révéler qui l'on est ? Nous envisagerons d'abord l'art comme expression de soi, mais aussi comme reflet d'une époque.	– thème – question – annonce du développement
Développement : Les artistes sont parfois influencés par les courants littéraires et artistiques de leur époque. On trouve alors dans leurs œuvres des thèmes traités par beaucoup de leurs contemporains, si bien qu'elles ne reflètent pas seulement leur personnalité (par exemple, au XIXe siècle, la mode de l'orientalisme).	– idée du paragraphe : le rôle du contexte culturel – argument – exemple
Conclusion : L'œuvre d'art est en partie le résultat d'une construction. Elle n'est donc pas une simple fenêtre ouverte sur l'esprit et le cœur de son auteur ou de son public. Mais en permettant à la fois d'exprimer ou d'éprouver des idées et des émotions, et de réfléchir sur leur sens, elle aide à mieux se connaitre soi-même.	– reprise du développement – ouverture

Réussir son sujet d'imagination

Le sujet d'imagination n'est **pas un sujet libre** : il ne faut pas donner libre cours à son imagination, mais **inventer des éléments en répondant à des contraintes d'écriture précises.** Celles-ci peuvent être détaillées explicitement, ou seulement suggérées. À vous alors de vous poser assez de questions pour ne pas être hors sujet.

Exemple de sujet

Sujet d'imagination : Alors que l'auteure s'est endormie, sa mère lui apparait en rêve, et raconte un évènement de sa vie qui l'a marquée. Pour mieux la comprendre, l'auteure lui pose des questions. Après en avoir précisé les circonstances, imaginez cet échange. Votre rédaction sera d'une longueur minimale d'une soixantaine de lignes (300 mots environ).

1. Analyser le sujet et identifier ses contraintes

Méthode

- **Chercher si le sujet a un lien direct avec le texte** et lequel.
- **Identifier le genre d'écrit** à produire.
- **Définir le type d'énonciation demandée :**
  - à quelle personne doit-on rédiger ?
  - quelles sont les données spatio-temporelles ?
  - éventuellement, y a-t-il un registre à privilégier ?

Exemple appliqué

- **Le lien avec le texte proposé :** le dialogue est à imaginer car le texte le montre comme difficile.
- **Le genre d'écrit demandé :** « après en avoir précisé les circonstances » impose un début narratif ; « pose des questions » et « échange » impliquent principalement un dialogue.
- **Le choix du type d'énonciation :** le récit peut être à la 1re personne ou à la 3e personne (ce n'est pas précisé). Dans le dialogue, chaque personnage s'exprime à la 1re personne.
- **Les données spatio-temporelles :** l'époque où se situe l'évènement raconté par la mère peut être éloignée de l'année de publication.
- **Les passages narratifs et descriptifs** seront principalement au passé.
- **L'intensité du récit** peut se traduire dans la ponctuation, les modalisateurs et l'emploi du présent de narration.

2. Chercher des idées et les organiser au brouillon / Enrichir son récit

Méthode

- **Trouver des idées.**
- **Faire appel à ses connaissances personnelles.**
- **Écrire au fur et à mesure les idées ou images** que l'on a, sans chercher d'ordre particulier dans un premier temps.
- **Organiser ses idées** selon une certaine logique (chronologique pour un récit, spatiale pour une description…).

Exemple appliqué

- **Évocation du passé de la mère :** ses sensations, ses émotions ou ses pensées, sur le moment et avec le recul.
- **Mise en situation :** il faut prendre le point de vue de la mère quand elle raconte, et de l'auteure quand elle l'interroge.
- **Organisation :**
  - les éléments descriptifs (au début, et dans le récit de la mère) ;
  - les passages narratifs ;
  - les réactions au moment de l'évènement et au moment de l'échange.

3. Enrichir son récit

Méthode

- **Trouver une cohérence.**
- **Construire une progression détaillée de son texte** après avoir regroupé de manière cohérente les idées du brouillon.
- **Nuancer son propos :** en rédigeant, il faut enrichir ses idées avec des mots de vocabulaire variés, en tenant compte des champs lexicaux utilisés.
- **Formuler une conclusion** et bien se relire.

Exemple appliqué

- **Moments clés :** pour l'auteure, le moment où sa mère lui apparait, et le moment où elle découvre un aspect inconnu de celle-ci ; pour la mère, le moment où l'évènement survient (action vécue, parole entendue...)
- **Rythme du récit :** courte évocation des circonstances des « retrouvailles » ; récit de l'évènement raconté par la mère avec des pauses dans son récit pour montrer sa difficulté à parler.

Sujet guidé

Au cours de la Première Guerre mondiale, le soldat Albert vient d'être enterré dans le sol à la suite de l'explosion d'un obus. Pensant qu'il va mourir, il revoit en pensée ses parents, M. et Mme Maillart, ainsi que Cécile, la jeune fille qu'il aime.

Il reprend doucement une respiration saccadée, ses poumons n'en peuvent déjà plus. Des larmes commencent à monter qu'il parvient à réprimer. Il se dit que pleurer, c'est accepter de mourir.

Il ferait mieux de se laisser aller, parce que ça ne va plus être long maintenant.

Ce n'est pas vrai qu'au moment de mourir toute notre vie se déroule en un instant fulgurant. Mais des images, ça oui. Et de vieilles encore. Son père, dont le visage est si net, si précis, qu'il jurerait qu'il est là, sous la terre avec lui. C'est sans doute parce qu'ils vont s'y retrouver. Il le voit jeune, au même âge que lui. Trente ans et des poussières, évidemment, ce sont les poussières qui comptent. Il porte son uniforme du musée, il a ciré sa moustache, il ne sourit pas, comme sur la photographie du buffet. Albert manque d'air. Ses poumons lui font mal, des mouvements convulsifs le saisissent. Il voudrait réfléchir. Rien n'y fait, le désarroi prend le dessus, la terrible frayeur de la mort lui remonte des entrailles. Les larmes coulent malgré lui. Mme Maillart le fixe d'un regard réprobateur, décidément Albert ne saura jamais s'y prendre, tomber dans un trou, je vous demande un peu, mourir juste avant la fin de la guerre, passe encore, c'est idiot, mais bon, on peut comprendre, tandis que mourir enterré, autant dire dans la position d'un homme déjà mort ! C'est tout lui, ça, Albert, jamais comme les autres, toujours un peu moins bien. De toute façon, s'il n'était pas mort à la guerre, que serait-il devenu, ce garçon ? Mme Maillart lui sourit enfin. Avec Albert mort, il y a au moins un héros dans la famille, ce n'est pas si mal.

Le visage d'Albert est presque bleu, ses tempes battent à une cadence inimaginable, on dirait que toutes les veines vont éclater. Il appelle Cécile […], mais les traits de Cécile ne remontent pas jusqu'à lui, comme si elle était trop loin pour lui parvenir et c'est ça qui lui fait le plus mal, de ne pas la voir à cet instant, qu'elle ne l'accompagne pas.

Pierre Lemaitre, *Au revoir là-haut,* © Éditions Albin Michel, 2013.

- *Ce paragraphe, en italique, appartient au paratexte. Il peut vous aider, mais vous ne devez jamais le citer.*
- *Pour commencer, lisez deux fois le texte en repérant les indices spatio-temporels et les personnages.*

Paroles de poilus, volume 1 - Guéno-Bramanti. D'après la lettre de Lazare Silbermann, reprise de l'ouvrage de Jean-Pierre Guéno © Éditions Soleil, 2012.

Questions *(20 points)*

Toutes vos réponses devront être rédigées.

Sur le texte littéraire

1. Comment la douleur physique du personnage est-elle exprimée ? *(1 point)*

Recouvert de terre, le personnage a beaucoup de mal à respirer (« Albert manque d'air »). Comme il manque d'air, son visage est « presque bleu » et « ses tempes battent à une cadence inimaginable ».

La réponse à la question « comment » est une explication et prend appui sur des citations.

2. a. Pourquoi peut-on dire que les souvenirs envahissent l'esprit du personnage ?

Le personnage pense aux personnes qu'il aime et se souvient d'elles : ses parents et Cécile, la jeune femme qu'il aime. Les souvenirs se bousculent dans son esprit et prennent la forme d'« images ».

b. À quel temps verbal sont-ils évoqués ? Pourquoi, selon vous ? *(2 points)*

Les souvenirs du personnage sont évoqués au présent de l'indicatif. Cela traduit le fait que le personnage est habité par ses souvenirs, qu'il les revit.

La question « pourquoi » implique que l'on s'appuie sur des arguments et sur des exemples qui constituent des preuves venant illustrer ces arguments.

3. « Mme Maillard le fixe d'un regard réprobateur, décidément Albert ne saura jamais s'y prendre, tomber dans un trou, je vous demande un peu, mourir juste avant la fin de la guerre [...]. »

a. Qui s'exprime dans cette phrase ?

Ce sont les paroles supposées de la mère d'Albert, Mme Maillart.

b. Comment les propos sont-ils rapportés ? Est-ce habituel ? *(2,5 points)*

Les propos sont rapportés directement, mais sans les marques habituelles du discourt direct (guillemets, verbe introducteur...). L'auteur fait ce choix pour montrer qu'Albert a en tête les propos de sa mère, se les imagine.

La force des sensations traduit l'intensité dramatique du moment : le personnage « voit » et « entend » sa mère dans ses derniers instants.

4. « Il ferait mieux de se laisser aller, parce que ça ne va plus être long maintenant. »

a. À quel temps le premier verbe est-il conjugué ?

Le verbe « ferait » est conjugué au conditionnel présent.

b. Pourquoi peut-on dire que cette phrase exprime les pensées du personnage ? *(2 points)*

Le passage exprime les pensées angoissées du personnage car il croit qu'il va bientôt mourir. L'emploi du conditionnel pour se donner un conseil et l'adverbe temporel « maintenant » montrent que l'auteur traduit les pensées du personnage.

5. Relevez une phrase nominale dans le texte. Justifiez son emploi. *(1 point)*

« Mais des images, ça oui. » « Et des vieilles encore. » Les phrases nominales (ou adverbiales) produisent un effet de rapidité, d'empressement au texte et suggèrent le surgissement des images dans l'esprit du personnage.

La question insiste sur le lien à établir entre le rythme et l'urgence du moment. Il faut donc ici faire le lien entre la syntaxe et le sens.

6. a. Quelle est la nature grammaticale d'« inimaginable » ?

C'est un adjectif qualificatif.

b. En montrant comment il est composé, expliquez le sens de ce mot. *(1,5 points)*

Son radical est formé sur le verbe « imaginer ». Le préfixe in- est privatif et le suffixe -able est employé pour former un adjectif.

La question porte sur un point de vocabulaire qui demande rigueur et précision, puisqu'il s'agit de la morphologie du mot, c'est-à-dire de la manière dont il est formé.

7. a. Quelles sont les émotions ressenties par le personnage ?

Le personnage est effrayé par sa situation, comme le montre le champ lexical de l'effroi (« désarroi », « terrible frayeur »). Il est persuadé qu'il va mourir et éprouve un profond désespoir (« Il ferait mieux de se laisser aller, parce que ça ne va plus être long maintenant »).

b. Relevez le champ lexical d'une émotion pour justifier votre réponse. *(4 points)*

Le champ lexical des pleurs traverse le texte (« des larmes commencent à monter », « les larmes coulent malgré lui »).

Ces deux questions portent sur les émotions mais attention ! la 7 concerne la personne, la 8 votre propre réaction.

8. Que ressentez-vous à la lecture de ce texte ? Comment le point de vue choisi par l'auteur le permet-il ? *(2 point)*

Ce texte peut provoquer de fortes émotions chez le lecteur qui s'associe à la peine et à la douleur d'Albert. Il peut aussi susciter la pitié, de la compassion pour lui. L'emploi du point de vue interne permet de voir la scène à travers les émotions et les sentiments du héros. Ainsi, nous sommes associés à ce qu'il ressent.

Sur le texte et l'image

9. Sachant que les images illustrent la lettre d'un poilu au front, quels points communs y-a-t-il entre l'image et le texte ? *(2 points)*

Les points communs entre le texte et les images sont les suivants. D'abord, ils évoquent tous deux les souvenirs heureux d'un poilu à la guerre. Le texte et l'image concernent en particulier la relation amoureuse d'un soldat. Ensuite, les deux documents évoquent le malheur d'un soldat face à un obus qui le blesse.

En trois images, défile sous nos yeux l'équivalent du texte : l'évocation d'un passé heureux, la soudaineté de l'obus, et le mot « malheur » de la troisième évoque le destin funeste du soldat.

10. Pourquoi, selon vous, le texte est-il ainsi réparti entre les trois vignettes ? *(2 points)*

Le texte, tiré d'une lettre de poilu, est partagé pour suggérer l'opposition entre les moments de bonheur qu'il a vécus avec la jeune femme dont il est amoureux et les moments de malheur, dus à la guerre et au canon. Ainsi nous comprenons que le malheur du soldat vient de cette arme.

Réécriture (5 points)

Réécrivez cette phrase en remplaçant « il » par « ils » et en employant le passé simple. Vous procéderez à toutes les modifications nécessaires.

« Il reprend doucement une respiration saccadée, ses poumons n'en peuvent déjà plus. Des larmes commencent à monter qu'il parvient à réprimer. Il se dit que pleurer, c'est accepter de mourir. »

Ils reprirent doucement une respiration saccadée, leurs poumons n'en pouvaient déjà plus. Des larmes commencèrent à monter qu'ils parvinrent à réprimer. Ils se dirent que pleurer, c'était accepter de mourir.

Pour préparer cette réécriture, remémorez-vous la conjugaison du passé simple et les règles d'accord sujet/verbe au pluriel.

Dictée (5 points)

Elle leva les yeux et le vit. Il marchait à sa rencontre, il était encore loin, au fond de la rue. Si Charlotte l'avait accueilli au seuil de la pièce, s'il avait ouvert la porte et était entré, comme elle imaginait cela depuis si longtemps, comme faisaient tous les soldats en revenant de la guerre, dans la vie ou dans les films, alors elle aurait sans doute poussé un cri, […] aurait pleuré…

Mais il apparut très loin, se laissant reconnaître peu à peu, laissant à sa femme le temps d'apprivoiser cette rue rendue méconnaissable par la silhouette d'un homme dont elle remarquait déjà le sourire indécis.

Andreï Makine, *Le Testament français,* 1995, © Mercure de France.

Pour préparer la dictée, revoyez la conjugaison de l'imparfait, du plus-que-parfait et du conditionnel passé. Revoyez aussi les accords du participe passé.

Rédaction (20 points)

Vous traiterez au choix l'un des deux sujets de rédaction suivants.
Vous écrirez une ligne sur deux.
L'utilisation d'un dictionnaire de langue française est autorisée.

Lisez attentivement les deux sujets avant de choisir celui pour lequel vous avez le plus d'idées. Une fois le choix fait, ne changez plus.

Sujet 1

Selon vous, est-il utile de raconter la guerre dans des textes de fiction ? Que nous apportent-ils que ne révèlent pas des documents historiques ?
Vous répondrez à cette question dans un développement argumenté en vous appuyant sur vos lectures, votre culture personnelle et les connaissances acquises dans l'ensemble des disciplines.
Votre rédaction sera d'une longueur minimale d'une soixantaine de lignes (300 mots environ).

Lisez attentivement le sujet et notez au brouillon les contraintes imposées. Notez au brouillon tous les arguments qui vous viennent à l'esprit sans vous limiter à trois. Ainsi, vous pourrez ensuite faire un tri et conserver seulement les meilleurs.

Cherchez des exemples précis, réels ou imaginaires, pour illustrer vos arguments.

Pistes de réponse :

Introduction

Les textes de fiction permettent de donner l'impression de partager la vie des soldats et de connaitre leurs émotions. Il est ainsi possible de dénoncer la guerre avec des arguments qui font appel aux sentiments (arguments de persuasion) souvent plus efficaces que les analyses historiques plus objectives.

Développement

- décrire la guerre à partir du point de vue d'un ou de plusieurs combattants (ex. : « Le Feu » d'H. Barbusse), en montrant la dureté du quotidien ;
- montrer que la souffrance est partagée aussi par les soldats ennemis (ex. : «À l'Ouest, rien de nouveau » d'E. M. Remarque)
- prouver à travers les exemples que la guerre est un fléau pour l'humanité qui, malgré les violences de part et d'autre, n'empêchent pas parfois une forme de solidarité entre les hommes (ex.: « Joyeux Noël » de C. Carion, un film sur la fraternisation entre les soldats au moment de Noël).

Conclusion

Des scènes même fictives permettant l'empathie du lecteur avec les personnages sont sans doute plus marquantes que des analyses d'historiens qui n'ont pas vécu les évènements qu'ils évoquent.

Sujet 2

Un soldat qui s'est aperçu de la disparition d'Albert finit par le découvrir enseveli et presque mort.
Racontez la scène en insistant sur l'émotion du moment et sur le pouvoir de la solidarité.
Votre rédaction sera d'une longueur minimale d'une soixantaine de lignes (300 mots environ).

Soulignez les éléments attendus et notez en vrac, au brouillon, tout ce qui vous vient à l'esprit pour remplir ces critères. Relisez le sujet pour vérifier que ces idées ne sont pas hors sujet.

Écrivez un premier texte au brouillon puis vérifiez qu'il remplit toutes les consignes. Terminez en vérifiant que le nombre de lignes demandé est respecté et que vous n'avez pas fait de faute d'orthographe.

Pistes de réponse :

Introduction

Les circonstances de la disparition d'Albert sont évoquées brièvement ; puis la prise de conscience du soldat qui constate que son ami a disparu ; moment de tension dramatique et de suspense avant le début du récit proprement dit.

Développement en 3 étapes

1. les premières recherches, l'inquiétude grandissante, le sentiment qu'il est trop tard ;
2. malgré tout, le soldat se met à appeler, à chercher et découvre un cratère creusé par un obus ; certitude qu'Albert a été enterré lors de l'explosion ; début des recherches, appel à l'aide et arrivée d'autres soldats ; tous fouillent le sol ;
3. soudain, une main apparait ; découverte d'Albert que le soldat croit mort ; mais, contre toute attente, Albert respire encore ; il est mis à l'abri ; intense moment d'émotion lorsqu'il comprend que son ami l'a sauvé.

Conclusion

Lors de sa convalescence, Albert exprime toute sa reconnaissance ; cette conclusion peut aussi être élargie et montrer comment l'amitié et la solidarité peuvent surmonter les dangers et l'adversité même dans des situations dramatiques.

ÊTRE (AUXILIAIRE)

INDICATIF

Présent		Passé composé		
je	suis	j'	ai	été
tu	es	tu	as	été
il, elle	est	il, elle	a	été
nous	sommes	nous	avons	été
vous	êtes	vous	avez	été
ils, elles	sont	ils, elles	ont	été
Imparfait		**Plus-que-parfait**		
j'	étais	j'	avais	été
tu	étais	tu	avais	été
il, elle	était	il, elle	avait	été
nous	étions	nous	avions	été
vous	étiez	vous	aviez	été
ils, elles	étaient	ils, elles	avaient	été
Passé simple		**Passé antérieur**		
je	fus	j'	eus	été
tu	fus	tu	eus	été
il, elle	fut	il, elle	eut	été
nous	fûmes	nous	eûmes	été
vous	fûtes	vous	eûtes	été
ils, elles	furent	ils, elles	eurent	été
Futur simple		**Futur antérieur**		
je	serai	j'	aurai	été
tu	seras	tu	auras	été
il, elle	sera	il, elle	aura	été
nous	serons	nous	aurons	été
vous	serez	vous	aurez	été
ils, elles	seront	ils, elles	auront	été

SUBJONCTIF

Présent		Imparfait	
que je	sois	que je	fusse
que tu	sois	que tu	fusses
qu'il, elle	soit	qu'il, elle	fût
que nous	soyons	que nous	fussions
que vous	soyez	que vous	fussiez
qu'ils, elles	soient	qu'ils, elles	fussent

CONDITIONNEL – Présent

je	serais
tu	serais
il, elle	serait
nous	serions
vous	seriez
ils, elles	seraient

IMPÉRATIF – Présent : sois, soyons, soyez

PARTICIPE

Présent	Passé
étant	été

INFINITIF : être

AVOIR (AUXILIAIRE)

INDICATIF

Présent		Passé composé		
j'	ai	j'	ai	eu
tu	as	tu	as	eu
il, elle	a	il, elle	a	eu
nous	avons	nous	avons	eu
vous	avez	vous	avez	eu
ils, elles	ont	ils, elles	ont	eu
Imparfait		**Plus-que-parfait**		
j'	avais	j'	avais	eu
tu	avais	tu	avais	eu
il, elle	avait	il, elle	avait	eu
nous	avions	nous	avions	eu
vous	aviez	vous	aviez	eu
ils, elles	avaient	ils, elles	avaient	eu
Passé simple		**Passé antérieur**		
j'	eus	j'	eus	eu
tu	eus	tu	eus	eu
il, elle	eut	il, elle	eut	eu
nous	eûmes	nous	eûmes	eu
vous	eûtes	vous	eûtes	eu
ils, elles	eurent	ils, elles	eurent	eu
Futur simple		**Futur antérieur**		
j'	aurai	j'	aurai	eu
tu	auras	tu	auras	eu
il, elle	aura	il, elle	aura	eu
nous	aurons	nous	aurons	eu
vous	aurez	vous	aurez	eu
ils, elles	auront	ils, elles	auront	eu

SUBJONCTIF

Présent		Imparfait	
que j'	aie	que j'	eusse
que tu	aies	que tu	eusses
qu'il, elle	ait	qu'il, elle	eût
que nous	ayons	que nous	eussions
que vous	ayez	que vous	eussiez
qu'ils, elles	aient	qu'ils, elles	eussent

CONDITIONNEL – Présent

j'	aurais
tu	aurais
il, elle	aurait
nous	aurions
vous	auriez
ils, elles	auraient

IMPÉRATIF – Présent : aie, ayons, ayez

PARTICIPE

Présent	Passé
ayant	eu

INFINITIF : avoir

AIMER (1ER GROUPE)

INDICATIF

Présent		Passé composé		
j'	aime	j'	ai	aimé
tu	aimes	tu	as	aimé
il, elle	aime	il, elle	a	aimé
nous	aimons	nous	avons	aimé
vous	aimez	vous	avez	aimé
ils, elles	aiment	ils, elles	ont	aimé
Imparfait		**Plus-que-parfait**		
j'	aimais	j'	avais	aimé
tu	aimais	tu	avais	aimé
il, elle	aimait	il, elle	avait	aimé
nous	aimions	nous	avions	aimé
vous	aimiez	vous	aviez	aimé
ils, elles	aimaient	ils, elles	avaient	aimé
Passé simple		**Passé antérieur**		
j'	aimai	j'	eus	aimé
tu	aimas	tu	eus	aimé
il, elle	aima	il, elle	eut	aimé
nous	aimâmes	nous	eûmes	aimé
vous	aimâtes	vous	eûtes	aimé
ils, elles	aimèrent	ils, elles	eurent	aimé
Futur simple		**Futur antérieur**		
j'	aimerai	j'	aurai	aimé
tu	aimeras	tu	auras	aimé
il, elle	aimera	il, elle	aura	aimé
nous	aimerons	nous	aurons	aimé
vous	aimerez	vous	aurez	aimé
ils, elles	aimeront	ils, elles	auront	aimé

SUBJONCTIF

Présent		Imparfait	
que j'	aime	que j'	aimasse
que tu	aimes	que tu	aimasses
qu'il, elle	aime	qu'il, elle	aimât
que nous	aimions	que nous	aimassions
que vous	aimiez	que vous	aimassiez
qu'ils, elles	aiment	qu'ils, elles	aimassent

CONDITIONNEL – Présent

j'	aimerais
tu	aimerais
il, elle	aimerait
nous	aimerions
vous	aimeriez
ils, elles	aimeraient

IMPÉRATIF – Présent : aime, aimons, aimez

PARTICIPE

Présent	Passé
aimant	aimé

INFINITIF : aimer

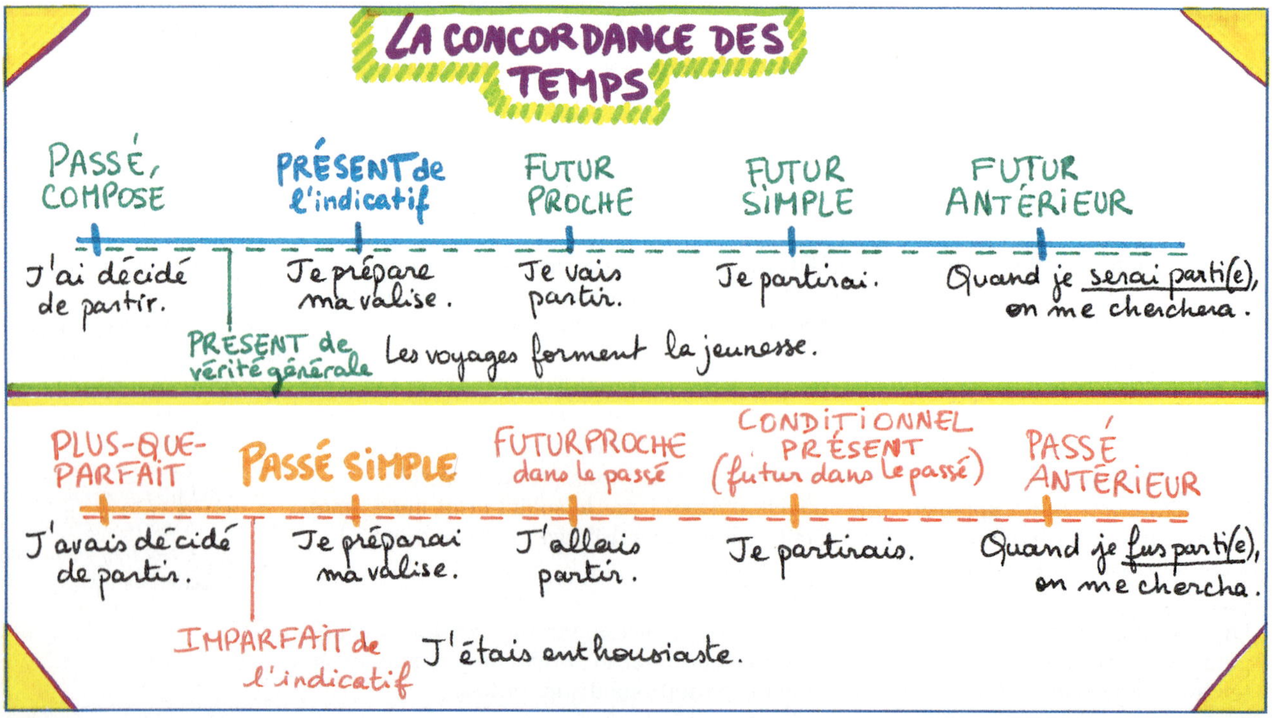

AGIR (2E GROUPE)

INDICATIF

Présent		Passé composé		
j'	agis	j'	ai	agi
tu	agis	tu	as	agi
il, elle	agit	il, elle	a	agi
nous	agissons	nous	avons	agi
vous	agissez	vous	avez	agi
ils, elles	agissent	ils, elles	ont	agi
Imparfait		**Plus-que-parfait**		
j'	agissais	j'	avais	agi
tu	agissais	tu	avais	agi
il, elle	agissait	il, elle	avait	agi
nous	agissions	nous	avions	agi
vous	agissiez	vous	aviez	agi
ils, elles	agissaient	ils, elles	avaient	agi
Passé simple		**Passé antérieur**		
j'	agis	j'	eus	agi
tu	agis	tu	eus	agi
il, elle	agit	il, elle	eut	agi
nous	agîmes	nous	eûmes	agi
vous	agîtes	vous	eûtes	agi
ils, elles	agirent	ils, elles	eurent	agi
Futur simple		**Futur antérieur**		
j'	agirai	j'	aurai	agi
tu	agiras	tu	auras	agi
il, elle	agira	il, elle	aura	agi
nous	agirons	nous	aurons	agi
vous	agirez	vous	aurez	agi
ils, elles	agiront	ils, elles	auront	agi

SUBJONCTIF

Présent		Imparfait	
que j'	agisse	que j'	agisse
que tu	agisses	que tu	agisses
qu'il, elle	agisse	qu'il, elle	agît
que nous	agissions	que nous	agissions
que vous	agissiez	que vous	agissiez
qu'ils, elles	agissent	qu'ils, elles	agissent

CONDITIONNEL

Présent	
j'	agirais
tu	agirais
il, elle	agirait
nous	agirions
vous	agiriez
ils, elles	agiraient

IMPÉRATIF

Présent : agis, agissons, agissez

PARTICIPE

Présent	Passé
agissant	agi

INFINITIF agir

PARTIR (3E GROUPE)

INDICATIF

Présent		Passé composé		
je	pars	je	suis	parti(e)
tu	pars	tu	es	parti(e)
il, elle	part	il, elle	est	parti(e)
nous	partons	nous	sommes	parti(e)s
vous	partez	vous	êtes	parti(e)s
ils, elles	partent	ils, elles	sont	parti(e)s
Imparfait		**Plus-que-parfait**		
je	partais	j'	étais	parti(e)
tu	partais	tu	étais	parti(e)
il, elle	partait	il, elle	était	parti(e)
nous	partions	nous	étions	parti(e)s
vous	partiez	vous	étiez	parti(e)s
ils, elles	partaient	ils, elles	étaient	parti(e)s
Passé simple		**Passé antérieur**		
je	partis	je	fus	parti(e)
tu	partis	tu	fus	parti(e)
il, elle	partit	il, elle	fut	parti(e)
nous	partîmes	nous	fûmes	parti(e)s
vous	partîtes	vous	fûtes	parti(e)s
ils, elles	partirent	ils, elles	furent	parti(e)s
Futur simple		**Futur antérieur**		
je	partirai	je	serai	parti(e)
tu	partiras	tu	seras	parti(e)
il, elle	partira	il, elle	sera	parti(e)
nous	partirons	nous	serons	parti(e)s
vous	partirez	vous	serez	parti(e)s
ils, elles	partiront	ils, elles	seront	parti(e)s

SUBJONCTIF

Présent		Imparfait	
que je	parte	que je	partisse
que tu	partes	que tu	partisses
qu'il, elle	parte	qu'il, elle	partît
que nous	partions	que nous	partissions
que vous	partiez	que vous	partissiez
qu'ils, elles	partent	qu'ils, elles	partissent

CONDITIONNEL

Présent	
je	partirais
tu	partirais
il, elle	partirait
nous	partirions
vous	partiriez
ils, elles	partiraient

IMPÉRATIF

Présent : pars, partons, partez

PARTICIPE

Présent	Passé
partant	parti

INFINITIF partir

ALLER (3E GROUPE)

INDICATIF

Présent		Passé composé		
je	vais	je	suis	allé(e)
tu	vas	tu	es	allé(e)
il, elle	va	il, elle	est	allé(e)
nous	allons	nous	sommes	allé(e)s
vous	allez	vous	êtes	allé(e)s
ils, elles	vont	ils, elles	sont	allé(e)s
Imparfait		**Plus-que-parfait**		
j'	allais	j'	étais	allé(e)
tu	allais	tu	étais	allé(e)
il, elle	allait	il, elle	était	allé(e)
nous	allions	nous	étions	allé(e)s
vous	alliez	vous	étiez	allé(e)s
ils, elles	allaient	ils, elles	étaient	allé(e)s
Passé simple		**Passé antérieur**		
j'	allai	je	fus	allé(e)
tu	allas	tu	fus	allé(e)
il, elle	alla	il, elle	fut	allé(e)
nous	allâmes	nous	fûmes	allé(e)s
vous	allâtes	vous	fûtes	allé(e)s
ils, elles	allèrent	ils, elles	furent	allé(e)s
Futur simple		**Futur antérieur**		
j'	irai	je	serai	allé(e)
tu	iras	tu	seras	allé(e)
il, elle	ira	il, elle	sera	allé(e)
nous	irons	nous	serons	allé(e)s
vous	irez	vous	serez	allé(e)s
ils, elles	iront	ils, elles	seront	allé(e)s

SUBJONCTIF

Présent		Imparfait	
que j'	aille	que j'	allasse
que tu	ailles	que tu	allasses
qu'il, elle	aille	qu'il, elle	allât
que nous	allions	que nous	allassions
que vous	alliez	que vous	allassiez
qu'ils, elles	aillent	qu'ils, elles	allassent

CONDITIONNEL

Présent	
j'	irais
tu	irais
il, elle	irait
nous	irions
vous	iriez
ils, elles	iraient

IMPÉRATIF

Présent : va, allons, allez

PARTICIPE

Présent	Passé
allant	allé

INFINITIF aller

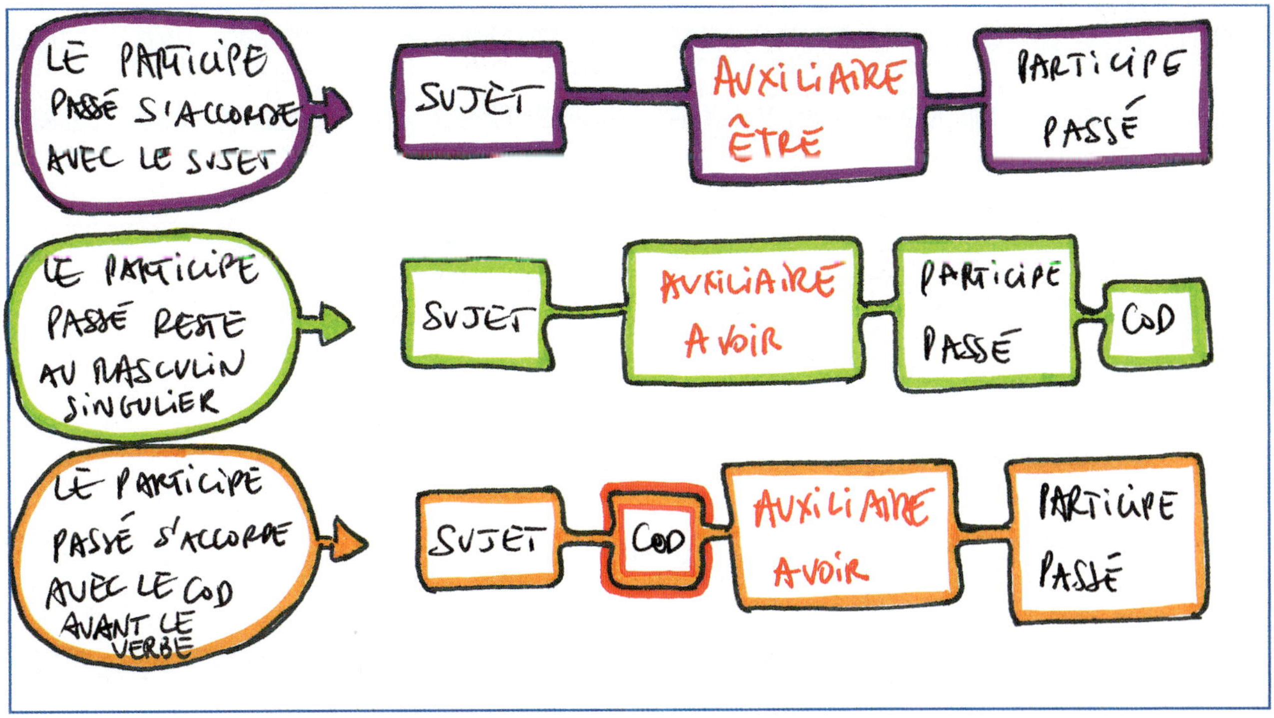

CUEILLIR

INDICATIF	
Présent	
je	cueille
tu	cueilles
il, elle	cueille
nous	cueillons
vous	cueillez
ils, elles	cueillent
Imparfait	
je	cueillais
tu	cueillais
il, elle	cueillait
nous	cueillions
vous	cueilliez
ils, elles	cueillaient
Passé simple	
je	cueillis
tu	cueillis
il, elle	cueillit
nous	cueillîmes
vous	cueillîtes
ils, elles	cueillirent
Futur simple	
je	cueillerai
tu	cueilleras
il, elle	cueillera
nous	cueillerons
vous	cueillerez
ils, elles	cueilleront
CONDITIONNEL	
Présent	
je	cueillerais
tu	cueillerais
il, elle	cueillerait
nous	cueillerions
vous	cueilleriez
ils, elles	cueilleraient
SUBJONCTIF	
Présent	
que je	cueille
que tu	cueilles
qu'il, elle	cueille
que nous	cueillions
que vous	cueilliez
qu'ils, elles	cueillent
IMPÉRATIF	
Présent	
cueille, cueillons, cueillez	
PARTICIPE	
Présent	**Passé**
cueillant	cueilli
INFINITIF	
cueillir	

DIRE

INDICATIF	
Présent	
je	dis
tu	dis
il, elle	dit
nous	disons
vous	dites
ils, elles	disent
Imparfait	
je	disais
tu	disais
il, elle	disait
nous	disions
vous	disiez
ils, elles	disaient
Passé simple	
je	dis
tu	dis
il, elle	dit
nous	dîmes
vous	dîtes
ils, elles	dirent
Futur simple	
je	dirai
tu	diras
il, elle	dira
nous	dirons
vous	direz
ils, elles	diront
CONDITIONNEL	
Présent	
je	dirais
tu	dirais
il, elle	dirait
nous	dirions
vous	diriez
ils, elles	diraient
SUBJONCTIF	
Présent	
que je	dise
que tu	dises
qu'il, elle	dise
que nous	disions
que vous	disiez
qu'ils, elles	disent
IMPÉRATIF	
Présent	
dis, disons, dites	
PARTICIPE	
Présent	**Passé**
disant	dit
INFINITIF	
dire	

FAIRE

INDICATIF	
Présent	
je	fais
tu	fais
il, elle	fait
nous	faisons
vous	faites
ils, elles	font
Imparfait	
je	faisais
tu	faisais
il, elle	faisait
nous	faisions
vous	faisiez
ils, elles	faisaient
Passé simple	
je	fis
tu	fis
il, elle	fit
nous	fîmes
vous	fîtes
ils, elles	firent
Futur simple	
je	ferai
tu	feras
il, elle	fera
nous	ferons
vous	ferez
ils, elles	feront
CONDITIONNEL	
Présent	
je	ferais
tu	ferais
il, elle	ferait
nous	ferions
vous	feriez
ils, elles	feraient
SUBJONCTIF	
Présent	
que je	fasse
que tu	fasses
qu'il, elle	fasse
que nous	fassions
que vous	fassiez
qu'ils, elles	fassent
IMPÉRATIF	
Présent	
fais, faisons, faites	
PARTICIPE	
Présent	**Passé**
faisant	fait
INFINITIF	
faire	

METTRE

INDICATIF	
Présent	
je	mets
tu	mets
il, elle	met
nous	mettons
vous	mettez
ils, elles	mettent
Imparfait	
je	mettais
tu	mettais
il, elle	mettait
nous	mettions
vous	mettiez
ils, elles	mettaient
Passé simple	
je	mis
tu	mis
il, elle	mit
nous	mîmes
vous	mîtes
ils, elles	mirent
Futur simple	
je	mettrai
tu	mettras
il, elle	mettra
nous	mettrons
vous	mettrez
ils, elles	mettront
CONDITIONNEL	
Présent	
je	mettrais
tu	mettrais
il, elle	mettrait
nous	mettrions
vous	mettriez
ils, elles	mettraient
SUBJONCTIF	
Présent	
que je	mette
que tu	mettes
qu'il, elle	mette
que nous	mettions
que vous	mettiez
qu'ils, elles	mettent
IMPÉRATIF	
Présent	
mets, mettons, mettez	
PARTICIPE	
Présent	**Passé**
mettant	mis
INFINITIF	
mettre	

PEINDRE

INDICATIF	
Présent	
je	peins
tu	peins
il, elle	peint
nous	peignons
vous	peignez
ils, elles	peignent
Imparfait	
je	peignais
tu	peignais
il, elle	peignait
nous	peignions
vous	peigniez
ils, elles	peignaient
Passé simple	
je	peignis
tu	peignis
il, elle	peignit
nous	peignîmes
vous	peignîtes
ils, elles	peignirent
Futur simple	
je	peindrai
tu	peindras
il, elle	peindra
nous	peindrons
vous	peindrez
ils, elles	peindront
CONDITIONNEL	
Présent	
je	peindrais
tu	peindrais
il, elle	peindrait
nous	peindrions
vous	peindriez
ils, elles	peindraient
SUBJONCTIF	
Présent	
que je	peigne
que tu	peignes
qu'il, elle	peigne
que nous	peignions
que vous	peigniez
qu'ils, elles	peignent
IMPÉRATIF	
Présent	
peins, peignons, peignez	
PARTICIPE	
Présent	**Passé**
peignant	peint
INFINITIF	
peindre	

PRENDRE

INDICATIF	
Présent	
je	prends
tu	prends
il, elle	prend
nous	prenons
vous	prenez
ils, elles	prennent
Imparfait	
je	prenais
tu	prenais
il, elle	prenait
nous	prenions
vous	preniez
ils, elles	prenaient
Passé simple	
je	pris
tu	pris
il, elle	prit
nous	prîmes
vous	prîtes
ils, elles	prirent
Futur simple	
je	prendrai
tu	prendras
il, elle	prendra
nous	prendrons
vous	prendrez
ils, elles	prendront
CONDITIONNEL	
Présent	
je	prendrais
tu	prendrais
il, elle	prendrait
nous	prendrions
vous	prendriez
ils, elles	prendraient
SUBJONCTIF	
Présent	
que je	prenne
que tu	prennes
qu'il, elle	prenne
que nous	prenions
que vous	preniez
qu'ils, elles	prennent
IMPÉRATIF	
Présent	
prends, prenons, prenez	
PARTICIPE	
Présent	**Passé**
prenant	pris
INFINITIF	
prendre	

Mode / Temps	Personne	DEVOIR	POUVOIR	SAVOIR	VENIR	VOIR	VOULOIR
INDICATIF – Présent	je	dois	peux	sais	viens	vois	veux
	tu	dois	peux	sais	viens	vois	veux
	il, elle	doit	peut	sait	vient	voit	veut
	nous	devons	pouvons	savons	venons	voyons	voulons
	vous	devez	pouvez	savez	venez	voyez	voulez
	ils, elles	doivent	peuvent	savent	viennent	voient	veulent
Imparfait	je	devais	pouvais	savais	venais	voyais	voulais
	tu	devais	pouvais	savais	venais	voyais	voulais
	il, elle	devait	pouvait	savait	venait	voyait	voulait
	nous	devions	pouvions	savions	venions	voyions	voulions
	vous	deviez	pouviez	saviez	veniez	voyiez	vouliez
	ils, elles	devaient	pouvaient	savaient	venaient	voyaient	voulaient
Passé simple	je	dus	pus	sus	vins	vis	voulus
	tu	dus	pus	sus	vins	vis	voulus
	il, elle	dut	put	sut	vint	vit	voulut
	nous	dûmes	pûmes	sûmes	vînmes	vîmes	voulûmes
	vous	dûtes	pûtes	sûtes	vîntes	vîtes	voulûtes
	ils, elles	durent	purent	surent	vinrent	virent	voulurent
Futur simple	je	devrai	pourrai	saurai	viendrai	verrai	voudrai
	tu	devras	pourras	sauras	viendras	verras	voudras
	il, elle	devra	pourra	saura	viendra	verra	voudra
	nous	devrons	pourrons	saurons	viendrons	verrons	voudrons
	vous	devrez	pourrez	saurez	viendrez	verrez	voudrez
	ils, elles	devront	pourront	sauront	viendront	verront	voudront
CONDITIONNEL – Présent	je	devrais	pourrais	saurais	viendrais	verrais	voudrais
	tu	devrais	pourrais	saurais	viendrais	verrais	voudrais
	il, elle	devrait	pourrait	saurait	viendrait	verrait	voudrait
	nous	devrions	pourrions	saurions	viendrions	verrions	voudrions
	vous	devriez	pourriez	sauriez	viendriez	verriez	voudriez
	ils, elles	devraient	pourraient	sauraient	viendraient	verraient	voudraient
SUBJONCTIF – Présent	que je	doive	puisse	sache	vienne	voie	veuille
	que tu	doives	puisses	saches	viennes	voies	veuilles
	qu'il, elle	doive	puisse	sache	vienne	voie	veuille
	que nous	devions	puissions	sachions	venions	voyions	voulions
	que vous	deviez	puissiez	sachiez	veniez	voyiez	vouliez
	qu'ils, elles	doivent	puissent	sachent	viennent	voient	veuillent
IMPÉRATIF – Présent		dois, devons, devez	*pas d'impératif*	sache, sachons, sachez	viens, venons, venez	vois, voyons, voyez	veuille, voulons, veuillez
PARTICIPE – Présent		devant	pouvant	sachant	venant	voyant	voulant
PARTICIPE – Passé		dû	pu	su	venu	vu	voulu
INFINITIF		devoir	pouvoir	savoir	venir	voir	vouloir

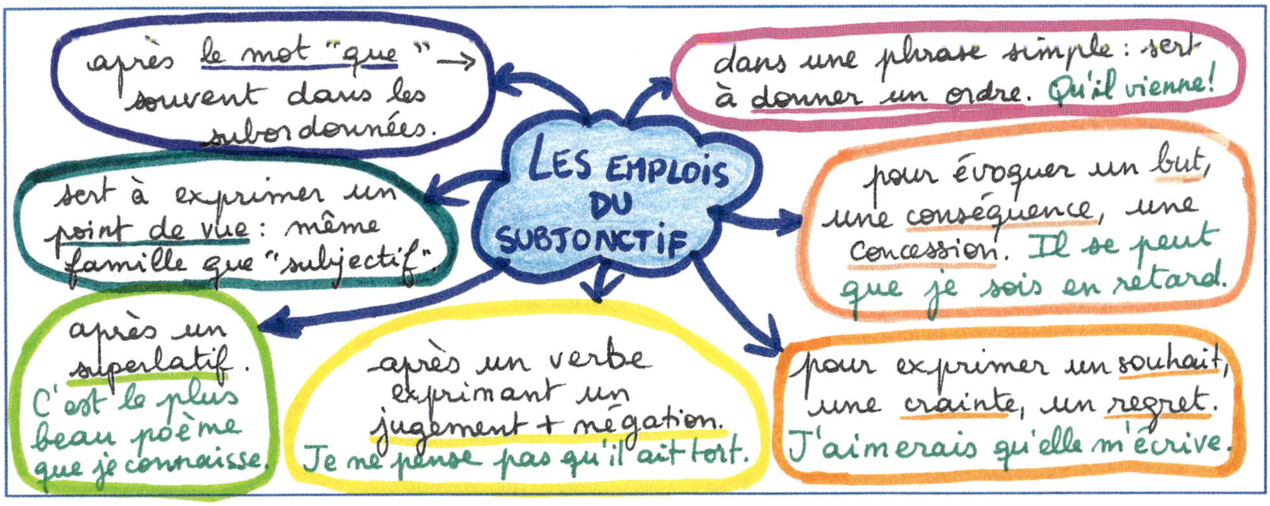

Index des notions

Partie littérature • Partie langue

Index des auteurs et des œuvres

Partie littérature • Partie langue

Pour les œuvres des éditions Gallimard, voir : www.gallimard.fr

LA PHRASE

phrase complexe

proposition principale + proposition(s) subordonnée(s)

PROPOSITION SUBORDONNÉE RELATIVE

complète un NOM

- expansion du nom
- introduite par un **pronom relatif** (qui, que, dont, où…)
- fonction : complément de l'antécédent

J'ai adoré la série ***dont tu m'avais parlé.***

PROPOSITION SUBORDONNÉE CIRCONSTANCIELLE

complète une PHRASE

supprimable, déplaçable

donne une indication de **temps**, **moyen**, **manière**, **but**, **cause**, **conséquence…**

Je regarderai le prochain épisode ***dès qu'il sortira !***

- **but :** pour que, afin que…
- **cause :** puisque, parce que…
- **conséquence :** si bien que…
- **temps :** quand, lorsque…
- **opposition :** quoique, bien que…
- **comparaison :** comme…
- **condition :** si

PROPOSITION SUBORDONNÉE COMPLÉTIVE

complète un VERBE

ne peut être ni déplacée ni supprimée

PROPOSITION CONJONCTIVE

introduite par ***que***

Je ne voudrais pas ***que tu me dévoiles la fin de la saison.***

PROPOSITION INFINITIVE

- sans mot subordonnant
- sujet propre au **verbe à l'infinitif**

J'observe les personnages ***évoluer*** *à chaque épisode.*

PROPOSITION INTERROGATIVE INDIRECTE

introduite par un **mot interrogatif**

Je me demande ***comment*** *les scénaristes ont conçu l'intrigue.*